||||| ||||||||||||||||||||||||| |||||
D1325749

F·18

MÉMOIRE VIVE

Questions de principe sept

Paru dans Le Livre de Poche :

LES INDES ROUGES.

LA BARBARIE À VISAGE HUMAIN.

L'IDÉOLOGIE FRANÇAISE.

QUESTIONS DE PRINCIPE I, II, III, IV, V, VI.

LE DIABLE EN TÊTE.

ÉLOGE DES INTELLECTUELS.

LES DERNIERS JOURS DE CHARLES BAUDELAIRE.

LES AVENTURES DE LA LIBERTÉ,
UNE HISTOIRE SUBJECTIVE DES INTELLECTUELS.

COMÉDIE.

Collection dirigée par Jean-Paul Enthoven

BERNARD-HENRI LÉVY

Mémoire vive

Questions de principe sept

LE LIVRE DE POCHE

1994-1995

*Pour les essais nucléaires. Sauver Michel Foucault.
Comment filmer une actrice trop célèbre ? Une
conversation avec Alain Sarde. La grande Nathalie
Sarraute. Lyncher Günter Grass ? Ténébreuse affaire
au Front national.*

Pour ou contre les essais ? Plutôt pour, évidemment.
Ne serait-ce qu'à cause de la campagne de désinformation, sans précédent depuis longtemps, lancée par les
Gaillot, Cousteau et autres écolos. La fin de la guerre
froide, nous disent-ils, rendrait « inutiles » ces essais.
La vérité est, évidemment, inverse : c'est parce que la
guerre froide est finie, parce que les vieilles menaces
ont disparu et que d'autres se profilent, c'est parce que
l'ancien monde s'est écroulé et que de nouveaux
désordres surgissent, prospèrent, prolifèrent, qu'il était
urgent de repenser, et moderniser, nos arsenaux. Bon
sens. Évidence. Et chez ces militants étranges (que l'on
aurait apprécié, soit dit en passant, de voir aussi
inquiets du sort des enfants de Sarajevo que de celui
des mollusques et poissons du Pacifique), une passion
de l'ignorance que l'on ne connaît hélas que trop...

L'œuvre de Michel Foucault réduite à une affaire de
sida, d'homosexualité, de sadomasochisme. Monsieur
Homais devenu critique. L'œil du valet de chambre
promu au rang de méthode. On tremble devant tant de
bêtise. On aimerait ne rien dire si la presse, déjà, ne se
faisait l'écho de ce monument de philistinisme.

Le plus beau dans « La cérémonie » de Chabrol : le traitement qu'il inflige à ses personnages et, d'abord, à Huppert et Bonnaire. Des actrices célébrissimes. Donc saturées d'images et de rôles. Et le génie d'un œil que l'on ne sent soucieux, au fond, que d'une chose : chez l'une comme chez l'autre, traquer l'irrégularité ultime, la faille inexplorée, cette fêlure secrète, inaperçue jusqu'à lui, qui sera, dès lors, sa ressource, et comme son gisement le plus précieux. Un regard. Une expression qui s'éternise. Et c'est le contre-emploi qui va, l'espace du film, éclipser tout ce que l'on savait des comédiennes et de leurs jeux.

Défendre le cinéma d'auteur... Est-ce à dire qu'il y ait un cinéma sans auteur, contre lequel il s'insurgerait ? Et quid d'une littérature où se ferait le même partage – livres avec auteurs et livres sans auteurs ? C'est une conversation avec Alain Sarde : l'un des producteurs français qui sait – et pour cause ! – de quoi il parle quand il évoque ce combat pour les images, contre le cliché...

Le terrorisme « gagne » la France ? Erreur. Il y est né. Dans l'ombre des poseurs de bombes d'aujourd'hui, au fond de leurs poubelles et de leurs bouteilles de gaz, le spectre de ces « terroristes de proie » qui, il y a très exactement deux siècles, inventaient et la chose et le mot. Bizarre que, de ce bicentenaire-là, il ne soit nulle part question.

Dans la nouvelle émission de Guillaume Durand, les premières images de Mitterrand en son Irlande, c'est-à-dire à Latche. Les ânes du Président. Ses arbres centenaires. Ses dindons. Les jus d'herbes, et les mixtures, que lui prépare une sorte de gendre écolo. Et puis, soudain, au hasard d'un mouvement de caméra, une page du manuscrit sur lequel il semble travailler. On regarde, forcément. On cherche, un peu malignement, à lire. Et voici – quelle ironie ! – les seuls mots que l'on déchiffre : « *Pétain avait dit...* »

Günter Grass n'est pas mon romancier préféré et je n'attendais personnellement pas de miracle de ce « *grand roman de la réunification* » que l'on nous annonçait régulièrement, et pompeusement, depuis des années. Mais de voir la presse allemande se déchaîner ainsi contre lui, de voir tant de critiques rejoindre les responsables politiques les plus obtus pour fustiger la « trahison » de l'écrivain et retrouver le ton des insultes lancées autrefois à la face d'un Willy Brandt coupable, lui, d'avoir, en pleine guerre, préféré porter l'uniforme norvégien que celui des nazis, ne peut évidemment inciter qu'à la solidarité immédiate, quasi inconditionnée. Nationalisme esthétique ? Appel au patriotisme littéraire ? Tout ce dont la littérature souffre et, à la longue, meurt. Défendre Grass contre la conjuration des imbéciles. Et ensuite, ensuite seulement, faire ce qu'ils ne font pas – et le lire.

Le nouveau livre de Sarraute. Cet autre désir d'anonymat – comme toujours, chez les très grands.

Que M. Poulet-Dachary, adjoint au maire – Front national – de Toulon, ait été victime d'un crime politique ou crapuleux, ce n'est pas à moi d'en juger. Mais je m'entends dire en revanche, à Toulon justement, l'été dernier : ce parti qui se veut « pur » et oppose aux « turpitudes » de « l'établissement » l'urgence d'une opération « mains propres » à la française est, en réalité, le plus louche, le plus faisandé de nos partis. Le Front national et ses voyous. Le Front national et ses repris de justice. Le climat de haine, et de prévarication, qui semble y régner et s'installe là où il triomphe. Avec Le Pen ? Non pas moins, mais plus, d'insécurité, de corruption, de crime.

9 septembre 1994.

11

Kusturica perd son sang-froid. Le terrorisme comme un virus. Le journal de Roland Jaccard. « Prolétaires de tous les pays, pardonnez-moi. » Lire Attali. Les avatars du « politically correct ». La fêlure de Léotard.

Contrairement à ce que dit Emir Kusturica, dans le magazine *Première*, je ne l'ai jamais traité d'antisémite – et les fidèles du « Bloc-notes » le savent bien. Mais quand j'apprends, dans la même interview, que si j'étais (sic) « *le seul Juif au monde* », alors, « *oui, il serait antisémite* » et que pour « *ces gens-là* (resic) *tous les moyens de vous tuer sont bons* », alors, en effet, je me pose des questions. Pour l'heure, j'attends la sortie du film ; et l'occasion, comme je l'ai toujours dit, de juger enfin sur pièces.

Pas de centre. Pas de stratégie. Des revendications obscures, indéchiffrables ou carrément inexistantes. Aucun doute : la France a bel et bien affaire à une vague d'attentats de style nouveau ; et il suffirait, pour s'en convaincre, de voir le désarroi des policiers, commentateurs traditionnels, ministres, intellectuels, responsables de l'opposition, journalistes – tous sidérés par un phénomène insaisissable. La terreur comme une contagion. La violence comme un virus inconnu. Et si elle était là cette grande épidémie fin de siècle que guettait – en la redoutant – le millénariste qui sommeille en chacun ?

Le charme des « journaux », par rapport aux « Mémoires » et « autobiographies » composés : la part qu'ils font au futile, à l'accidentel, au contingent, toute cette part de nos vies qui ne mène à rien et ne sait pas, au juste, ce qu'elle fait. Rares sont ceux qui, même parmi les diaristes patentés, ont l'audace d'aller au bout du parti pris. Rares sont ceux qui acceptent cette déconstruction méthodique, cette fragmentation de soi par soi, cette fêlure, ce vertige. Parmi ces rares, Roland Jaccard qui, de livre en livre – cette fois, son « Journal d'un homme perdu » –, poursuit cette périlleuse aventure. Lisez-le : parce qu'il se raconte pour se perdre, parce qu'il ne déroule le fil de sa vie que dans le secret espoir de le défaire et parce qu'il semble vivre cette défection, cette perte, comme une ascèse discrète et modeste, il est peut-être en train de s'inscrire dans la meilleure tradition de son art.

« *Prolétaires de tous les pays, pardonnez-moi.* » C'est la blague qui circulait, à Prague, dans les derniers temps de la dictature. Ce pourrait être l'exergue du nouveau livre de Goytisolo, « La longue vie des Marx », où l'on apprend que l'auteur du « Capital » n'est pas mort en 1883, mais continue, plus d'un siècle après, de hanter le monde qu'il a modelé et d'où on croyait l'avoir chassé. Puisque la rumeur tient tant à son fameux « retour à Marx », le voici – mais plus proche de Cervantes que de Maximilien Rubel et Derrida.

Le « Verbatim III » d'Attali. On peut aimer ou non. Mais on ne peut pas faire semblant de découvrir aujourd'hui – et cela vaut pour Mitterrand lui-même – le projet, la méthode, le style de l'entreprise. Hypocrisie des critiques. Tartufferie de ceux qui feignent de s'aviser soudain qu'il y avait là, dans l'ombre, un scribe auquel le Prince donnait mandat de tout noter et, bien entendu, de tout publier.

L'équivalent, en peinture, du journal intime : les soixante-quatre autoportraits de Rembrandt – ce journal d'un corps, d'un visage, d'une âme, dont on ne sait trop, là non plus, s'ils se font ou se défont.

L'Amérique a semé le « politically correct ». Elle récolte Farrakhan, ce leader noir raciste qui, *au nom du même communautarisme*, a réussi à faire défiler, l'autre mardi, des centaines de milliers de gens dans les rues de Washington. Le politically correct est « de gauche », Farrakhan est « de droite ». Mais qui ne voit qu'il s'agit, au fond, du même phénomène ? Qui ne voit que l'on entre là dans la zone où les signes politiques tournent, se brouillent, se confondent ?

« Verbatim », encore. L'un des mérites du livre : nous livrer, par petites touches, un portrait composé de l'ancien président. Le mot qui s'impose, à la lecture de ce troisième tome ? Un grand homme à qui manquait on ne sait quoi pour atteindre sa vraie taille.

J'annonce que le chômage ne diminuera pas avant trois ans. *J'annonce* que le salaire des fonctionnaires ne sera pas réévalué. *J'annonce* la reprise des essais nucléaires. *J'annonce* la rencontre du président français et de son homologue algérien Zeroual. D'habitude, quand un gouvernement annonce ce qu'il va faire, c'est pour mieux séduire le monde ou ses électeurs. Ce gouvernement-ci fait le contraire et n'annonce, à grand fracas, que des nouvelles dont il sait qu'elles lui vaudront la réprobation immédiate de l'opinion. Usage masochiste de l'effet d'annonce ?

Un livre de François Léotard – « Ma vérité » – publié chez Plon. Cet homme est étrange. Plus il fait de politique, plus il dit la détester. Plus il brigue les responsabilités suprêmes, plus il semble y répugner. Et c'est au moment où il entre dans la phase décisive de sa carrière qu'il prend – à travers ce livre – le plus de distance avec sa tribu. Ruse ? Technique suprême de séduction ? Pas sûr. Car il y a quelque chose, dans l'aveu, qui sonne juste. Je les admire – et les plains – ces hommes qui vont à la conquête du pouvoir en disant qu'ils ne sont faits que pour écrire des romans d'amour, cultiver leur jardin, méditer.

21 octobre 1994.

Bosnie : le sursaut. Quand nos responsables étaient irresponsables. L'audace de Jacques Chirac. Le triomphe de la résistance. Ce qui est mort en Bosnie.

Enfin ! C'est le premier mot – « enfin ! » – qui vient à l'esprit tandis que les avions de l'Otan, et les canons de la Force de réaction rapide, se décident à frapper. J'ignore, à l'heure où j'écris, où s'arrêtera cette frappe. Et nul ne connaît, non plus, le sort des pilotes français disparus. Mais que le geste ait été fait, que l'on se soit décidé, après trois années et demie d'indifférence et de lâcheté, à désigner clairement l'agresseur et à le châtier, que l'on ait rompu, en un mot, avec l'impunité inouïe dont jouissaient les milices terroristes de Mladic et Karadzic, voilà qui est, à soi seul, un événement considérable. Imaginons que, demain, le siège de Sarajevo soit levé. Supposons que les armées alliées aillent au bout de leur démarche et libèrent la ville martyre. Figurons-nous, oui, une capitale bosniaque qui sortirait du cauchemar et deviendrait une ville libre pour des citoyens libres. Ce serait une date dans l'histoire, non seulement de la guerre, mais de cette fin de siècle européen. Sarajevo aura été le nom de notre honte. Il sera celui de notre sursaut. Et, dans la mémoire collective de l'époque, ce jour s'inscrira au même titre que celui de la chute du mur de Berlin ou de la fin de l'apartheid.

L'heure n'est, certes, pas au triomphalisme. Et je m'en voudrais de tirer de la situation un trop facile avantage. Mais comment ne pas songer un instant à ceux qui, depuis trois ans, péroraient que l'intervention était « *impossible* » ? Comment ne pas avoir une pensée, rien qu'une petite pensée, pour ces faux experts et vrais imposteurs qui allaient répétant qu'il faudrait, pour faire plier les Serbes, « *cent cinquante mille soldats au sol* », une guerre « *terrible* » et « *prolongée* » ? Comment ne pas renvoyer à leur formidable incompétence tous ceux qui traitaient d'« *irresponsables* » les intellectuels, hommes d'Église ou simples citoyens qui se contentaient de recommander ce que les responsables occidentaux trouvent, aujourd'hui, raisonnable et juste ? On en rirait si ce n'était tragique. On se moquerait si cette mascarade ne s'était payée de tant de carnages. On se contentera de recommander la vigilance, désormais, à tous ceux que ce terrorisme intellectuel a pu intimider : ces diplomates étaient nuls ; ces généraux, incapables ; ces dirigeants onusiens qui, hier encore, faisaient la loi étaient tout bonnement complices des crimes qu'ils choisissaient d'ignorer ; voilà ce dont il faudra se souvenir le jour – car il viendra – où les mêmes sujets supposés savoir prétendront, à nouveau, nous faire la leçon.

Ce qui s'est passé pour que l'on en arrive là ? Et comment ce qui était réputé inconcevable est-il devenu le visage même de la raison ? Il y a eu le rôle des hommes sans doute – à commencer par celui de Jacques Chirac. Le poids des opinions – et, d'abord, leur écœurement face aux massacres impunis. Il y a eu l'image de nos Casques bleus enchaînés, pris en otages ou assassinés. Mais il y a un autre événement dont on ne parle guère et qui me paraît au moins aussi décisif : c'est la résistance inattendue des Bosniaques ; c'est l'héroïsme de ces hommes que l'on aura tout fait, vraiment tout, pour contraindre à capituler ; ce sont ces populations à bout de souffle, ces ombres que nous ne voulions plus voir et dont nous avions décrété la mort militaire, politique, cathodique, ce sont ces spectres exténués, ces gens qui, à en croire les fameux experts, n'aspiraient qu'à se rendre, à accepter l'arrangement qu'on leur offrait et qui, seuls contre tous, au mépris de toutes les pressions, ont préféré le risque de mourir debout à la certitude de vivre à genoux. Les raisons de ce parti pris ? Ses ressorts ? C'est une autre affaire. Mais il est clair que c'est lui qui a déjoué les calculs de nos real-politiciens et les a, in fine, forcés à s'engager. Triomphe de la volonté. Victoire de l'esprit de résistance.

Si la communauté internationale, avec ce tardif sursaut, retrouve, à défaut de son âme, sa crédibilité ? Je n'en sais rien. Mais j'en doute. Car quel bilan, quand on y songe ! Et, quoi qu'il arrive, quel désastre ! La Bosnie, bien sûr, peut survivre. Elle peut aussi agoniser et trouver dans l'actuelle démonstration de force le dernier acte de son drame : celui où, au nom de cette fermeté nouvelle manifestée à l'endroit des Serbes, on la prierait d'accepter la paix, n'importe quelle paix, c'est-à-dire, en fait, le dépeçage. Dans les deux cas, deux cent mille hommes, femmes et enfants auront disparu pour rien. Dans les deux cas, c'est notre système de sécurité collective qui aura été emporté dans la tourmente. Dans les deux cas, c'est toute une culture politique – celle, en gros, de l'humanitaire sans rivages, de la dictature des bons sentiments et de ces guerres sans morts au coût, finalement, si élevé – qui aura fait son temps. Munich avait eu raison de la SDN. La Bosnie, ce nouveau Munich, aura eu raison, quoi qu'il advienne, de l'Organisation des nations unies telle qu'elle fonctionnait depuis cinquante ans. La guerre de la fin du siècle. Une guerre pour fin d'époque. Un âge bascule avec la Bosnie, irrévocablement – sans que l'on sache, encore, vers quoi il nous précipite. Satisfaction, donc. Soulagement. Mais pas vraiment d'euphorie.

2 septembre 1995.

En Bosnie, comme au Koweit ? Du charme des rentrées littéraires. Filmer comme Héraclite philosophait ? L'affaire Heidegger, suite. Le terrorisme comme une épidémie.

Attaquer les Serbes sans les détruire... Taper, mais pas trop fort – comme s'il fallait éviter un renversement total de la situation et le supposé « désordre » qui s'ensuivrait... N'est-ce pas, très exactement, l'erreur commise par les Américains quand, au moment de la guerre du Koweit, ils s'arrêtèrent avant Bagdad et décidèrent, in extremis, de sauver Saddam Hussein ? Même pauvre petit calcul. Même machiavélisme de pacotille. Sauf que, au rythme où va l'Histoire, on ne mettra pas six ans, en Bosnie, à mesurer – et payer – le prix de l'erreur...

Ce mot du président du Pen Club de Sarajevo, à la veille des bombardements de l'Otan : « la littérature est la continuation de la guerre par d'autres moyens ».

Rentrée littéraire en France. Ses rites un peu surannés. Ses jeux. Ses faux suspenses. Ses effervescences dérisoires ou factices (surtout si on les rapporte aux théâtres – la Bosnie donc, ou l'Irak – où l'idée de « stratégie littéraire » n'est pas un vain mot ni une métaphore). Et puis tout de même, une fois ces réserves faites, une *autre* impression, contradictoire de la première. Dans le tohu-bohu régnant, au milieu de ce chaos de gestes inutiles ou d'informations sans conséquence, dans ce monde où l'on ne s'entend plus et où personne n'écoute personne, une petite troupe d'illuminés que l'on appelle des écrivains et qui déboulent au milieu de la scène pour dire simplement : « un instant d'attention, s'il vous plaît... une minute, ou deux, de silence... » Coup de pistolet, non pas dans le concert, mais dans l'universelle cacophonie.

Prendre le temps... S'inscrire dans un temps qui ne soit plus celui du zapping ni de l'affairement désordonné... C'est aussi l'expérience vécue, et offerte, par les vrais cinéastes d'aujourd'hui. Manoel de Oliveira, bien sûr – dont j'ai dit, ici, le bien que je pensais de son « Couvent ». Costa-Gavras, Claire Denis ou Raul Ruiz dans les faux courts métrages (« faux » parce que faussement « courts » et prenant, en fait, longuement leur temps) qu'a rassemblés Georges-Marc Benamou dans son « À propos de Nice, suite ». Mais aussi Theo Angelopoulos, qui, avec « Le regard d'Ulysse », réalise le film fleuve par excellence – un film qui donne à voir, et le fleuve, et le temps, et le fait que ce sont (le temps, le fleuve...) deux modalités d'une substance. J'ai, quant au film même, de vives réserves et réticences. Je déteste, notamment, ce qu'il nous y dit de la Bosnie et des Balkans. Mais qu'un tel objet existe, que l'on puisse encore filmer comme Héraclite devait philosopher, voilà qui nous rappelle que le bruit n'a pas tout à fait recouvert l'autre voix : celle de l'art et des artistes...

Réédition, chez Gallimard, des « Écrits politiques de Heidegger ». Son national-socialisme. Ses allocutions laborieuses et indignes. Mais aussi le caractère très impressionnant – et, au fond, presque inhumain – de son *refus de s'expliquer*.

« Je ne m'abaisse pas à parler aux gens. Il m'arrive de penser devant eux. » Le mot est, je crois, d'Aragon. Mais il conviendrait à cet Heidegger-là. Et aussi, au-delà de lui, à tous ceux – philosophes, artistes, écrivains – qui dédaignent la dialectique de la confession et de l'aveu. Deux familles d'esprit ? Deux types de sensibilité ?

New York. Un professeur de Columbia a fait, me dit-on, ce calcul : il y a, dans chaque édition dominicale du *Times*, autant d'informations que pouvait en rassembler, en une vie, un contemporain de Shakespeare. L'idée m'amuse. Puis m'accable. Cette pile de journaux que trois ou quatre jours d'absence auront suffi à accumuler et que je ne pourrai m'empêcher, à mon retour, de dévorer...

À la une, justement, d'un quotidien de ce matin : l'armée française « reconnaît l'innocence d'Alfred Dreyfus ». Je sursaute. Je me frotte les yeux. C'est bien le journal d'aujourd'hui. Nous sommes bien en 1995 soit un siècle après le déclenchement de « l'Affaire ». Et la France est donc ce pays où l'on tient *encore* pour une information le fait que l'armée « reconnaisse » qu'il fait jour à midi et que Dreyfus était innocent. Pérennité des passions françaises... Persistance, sans analogue, de ses querelles les plus obscures... Un autre temps encore : mais celui, cette fois, du ressentiment.

Toujours le terrorisme. L'étonnant n'est pas qu'il y ait tant d'attentats mais qu'il y en ait, au contraire, si peu. Songeons à l'ingéniosité de ces nouveaux artificiers. À la miniaturisation de leurs dispositifs. Aux technologies, à la fois sommaires et ultra-sophistiquées, dont ils semblent disposer. Songeons au formidable écho qu'éveille ce geste sans paroles et au sentiment de toute-puissance dont son auteur va pouvoir jouir. Comment, songeant à cela, ne pas être effleuré par l'idée que l'on n'a encore rien vu et que le temps de ces assassins-là ne fait que commencer ? L'humanité a vécu avec la peste. Elle vit avec le sida. Craignons qu'il ne lui faille vivre, longtemps, avec ce type d'épidémie.

16 septembre 1995.

Canguilhem, le passeur. La voix de Dominique de Roux. Régis Debray et Venise. Claude Simon et son radar. Réponse à Kahn et quelques autres.

Georges Canguilhem fut, à l'École normale, le condisciple de Sartre, Aron et Nizan. Il fut, vingt ans plus tard, l'ami de Jean Cavaillès et son compagnon dans la Résistance. Il fut, plus tard encore, l'un des inspirateurs de Louis Althusser, puis de Michel Foucault. Il fut ce « maître de vérité » qui, dans les années soixante, initia une génération – celle des « Cahiers pour l'analyse » et des « maos » – aux exigences de la rigueur. Bref, l'auteur de la « Connaissance de la vie », ce médecin devenu historien des sciences et épistémologue, aura été l'une des figures clés de l'histoire des idées contemporaines. Or voici qu'il disparaît et son nom, je m'en aperçois, n'est plus connu que d'une poignée de nostalgiques et de curieux. Est-ce nous qui avons vieilli ? L'époque ? Ou est-ce le destin de ce type d'hommes d'influencer leur temps, d'innerver ses systèmes de pensée et de replonger, leur œuvre faite, dans un quasi-anonymat ? Hier, Kojève. Avant-hier Groethuysen. Aujourd'hui Canguilhem. Mystère de ces intercesseurs discrets. Magie de ces passeurs silencieux. L'intelligentsia et ses clercs obscurs.

Dominique de Roux est mort, lui, il y a presque vingt ans. Tout, ou presque, nous séparait. Mais nous nous étions connus en 1974, à Lisbonne, dans les désordres de la révolution des œillets et nous étions devenus amis. Je le revois, le premier soir, dans sa suite déglinguée de l'hôtel Avenida Palace, avec son œil sombre, sa voix sèche, et ces cheveux très noirs, drôlement ramenés sur le devant, qui lui donnaient l'air d'un général d'Empire. Je le revois, un peu plus tard, dans un bouge du Bairro Alto, en train d'expliquer les « Écrits militaires » de Trotski à Otelo de Carvalho, le leader ultragauchiste du mouvement des capitaines. Je le réentends, une autre nuit, lui, l'anarchiste de droite, l'amoureux de Céline et Gombrowicz, scander, poing levé, mêlé à la foule immense qui, à la lueur de milliers de bougies, montait vers le palais présidentiel de Belem, « *poblo unido jamas sera vincido* ». Que diable faisait-il là ? Que cherche-t-on – que fuit-on – quand on interrompt ainsi une œuvre pour se mêler aux tumultes de son temps ? Si j'évoque aujourd'hui son nom, c'est que la Table ronde réédite « Immédiatement » et que l'on y retrouve, à défaut de la réponse à ces questions, la voix d'un écrivain-né qui fut aussi un aventurier. Portrait de l'aventurier. Relire Dominique de Roux.

Un autre aventurier : Régis Debray. Je tombe, dans « Les masques », un de ses anciens livres, sur ce superbe éloge de Venise : « *Je ne vois pas quelle cause peut valoir, aujourd'hui ou demain, qu'on prenne pour sa défense le risque de voir Venise engloutie, bombardée, atomisée.* » Debray, visiblement, a changé. C'est son droit. Mais pourquoi ne pas s'en expliquer ? Pourquoi ne pas raconter par quel cheminement littéraire, politique, peut-être personnel ou sentimental, l'homme qui écrivait, il y a cinq ans, que « *la politique doit céder la place à la Vierge blanche de la Salute* » peut jeter aujourd'hui ladite Vierge blanche, avec Baudelaire et quelques autres, aux oubliettes du « mauvais goût » ? J'ai tendance à penser que changer d'avis sur Venise n'est pas moins décisif que de varier sur Marx, Castro ou Mitterrand.

Claude Simon a quatre-vingts ans passés. C'est l'un de nos « grands silencieux ». Et on compte sur les doigts d'une main les occasions qu'il aura trouvées, dans sa vie, de sortir de sa réserve pour s'engager politiquement. Il y a eu la guerre d'Espagne, dès 36. Vichy et la Résistance. L'Algérie avec, notamment, le Manifeste des 121. Et puis il y a, tout à coup, dans une lettre ouverte adressée, par le truchement du *Monde*, à Kenzaburo Oe, autre prix Nobel, mais japonais, une défense et illustration des essais nucléaires français. Les essais comme l'Espagne ou l'Algérie ? Bien sûr que non. Mais que ce taciturne, cet homme qui ne signe rien et s'applique, depuis trente ans, à rester à l'écart de la bousculade, brise le silence à ce propos devrait au moins faire réfléchir ceux qui ne veulent voir dans cette affaire qu'une querelle d'un autre âge, périmée par la fin de la guerre froide. Les écrivains comme des boussoles.

Les Bosniaques – alliés aux Croates – reprennent une partie du terrain conquis par les Serbes et cela suffit pour que l'on nous décrive les colonnes de réfugiés « jetées » – *sic* – sur les « routes de l'exil » et victimes, à leur tour, d'une guerre proprement « insensée ». Faut-il expliquer à MM. Kahn, de La Gorce et consorts ce qui distingue une reconquête d'une conquête ? une libération d'une occupation ? faut-il leur rappeler que ces terres n'ont jamais été des terres serbes que par la force de l'épuration ethnique ? Qu'il y ait, dans les colonnes de fuyards qui convergent vers Banja Luka, des civils, et des innocents, c'est l'évidence. Que, dans les villes libérées, ces Serbes soient *également* chez eux, au même titre que les catholiques et les musulmans, cela va sans dire et il faudra, au demeurant, que les autorités de Sarajevo le disent. Mais la désinformation commence quand on nous présente comme une « purification ethnique à l'envers » ce qui n'est, pour l'heure, que la défaite des milices fascistes. Frivolité du commentaire. Confusionnisme généralisé.

23 septembre 1995.

La Bosnie comme un sortilège. Un livre de Raul Ruiz. Pourquoi j'ai signé le texte de Slama. Almodovar et Fitzgerald. Et si la tour de Babel était la chance de l'humanité ? Victoire de l'esprit de résistance.

Nouveau retour de Bosnie. Combien de voyages, en tout, depuis ce jour de juin 1992 où, avec Jean-François Deniau et un Philippe Douste-Blazy qui n'était encore que le jeune et intrépide maire de Lourdes, je suis entré, pour la première fois, à Sarajevo ? Dix. Douze, si l'on veut, en comptant deux séjours dans le centre du pays, sans passer par la capitale bosniaque. Chaque fois, je me dis que c'est la dernière fois. Et chaque fois, c'est comme un charme qui me reprend et dont je sens bien qu'il m'y attirera de nouveau. Un jour, il faudra raconter. Un jour, il faudra dire ce qui nous a tous captivés dans ce pays martyr, un peu maudit, dont la seule souffrance, il me semble, n'aurait pas suffi à nous mobiliser. À chacun sa raison, je suppose. Au moins déclinerai-je les miennes.

La thèse centrale de Raul Ruiz dans sa « Poétique du cinéma » (Éditions Dis voir) : les personnages, dans un film, naissent libres et égaux en droit. Est-ce si sûr ?

Peut-être le texte d'Alain-Gérard Slama, en défense d'Alain Carignon, est-il imparfait, ou maladroit, ou naïf, ou que sais-je encore. Si j'ai néanmoins, et avec quelques autres, accepté de le signer, c'est que l'initiative même m'a semblé venir à point. Si l'ancien ministre est coupable, et de quoi, ce sera le rôle du tribunal de l'établir. Mais que l'homme soit lynché avant d'être jugé, condamné avant d'être entendu, qu'il paie pour tous les autres, et au prix fort, des mœurs dont nul n'ignore qu'elles furent souvent la règle, voilà qui obéit à une logique qui n'est plus celle de la pure justice. Je hais les meutes. Je n'aime pas non plus les boucs émissaires. Et on ne m'enlèvera pas de l'idée que Carignon tient trop commodément, dans cette affaire, le rôle du bouc émissaire poursuivi par la meute des Tartuffe. Tous innocents, sauf lui ? Allons donc ! Ce serait si simple ! Et l'on voit trop bien comme, en l'espèce, le but est plus de faire un exemple que de juger un éventuel coupable.

Et si « La fleur de mon secret » était le meilleur film d'Almodovar ? Et si Almodovar n'était jamais meilleur que lorsqu'il parle, comme ici, de littérature et d'écrivains ? « La fleur de mon secret » : le meilleur film, depuis longtemps, sur l'écriture et ses impasses.

Si l'histoire des intellectuels était un genre, Jean-François Sirinelli en serait l'un des maîtres incontestés. Pourquoi cette gêne, alors, face à son « Aron-Sartre » ? À cause, je pense, du côté « figure imposée » du sujet. Et à cause de ce que j'y ai toujours senti de convenu et trop évident. Et si Sartre et Aron étaient de faux contemporains ? Et s'il fallait croire sur parole Simone de Beauvoir quand elle nous dit, dans « La cérémonie des adieux », que l'auteur de « La nausée » n'attacha aucune espèce d'importance à sa réconciliation avec Aron, au moment des boat people ? Et si ce « marronnier », ce « sartron » récurrent et finalement lassant, nous cachait les vrais face-à-face, qui ont vraiment fait l'histoire des idées : Sartre et Merleau, par exemple, ou bien Aron et Camus ? La manie du portrait croisé Sartre-Aron : peut-être un obstacle à la pensée.

L'horreur de Lucrèce pour les « *bêtes sans espèce* ». Les mots mêmes – le sait-il ? – que retrouve cet ami russe pour me parler de ce qu'il y a de neuf, d'irréductible à tout modèle connu et, donc, de terriblement dangereux dans ce qui se prépare à Moscou.

Yeshayahou Leibowitz et ses « Brèves leçons bibliques », chez Desclée de Brouwer. On connaissait l'intellectuel engagé – voici le commentateur de la Torah. On avait l'habitude des provocations plutôt « politiques » de cet iconoclaste sans réserve – voici l'homme de piété et de foi, exégète des textes sacrés. Entre mille exemples de ce que ce petit livre apporte et qui le rend si précieux, la relecture qu'il propose du thème de la tour de Babel. Malédiction, vraiment, la séparation des langues ? Bien sûr que non ! Une chance, au contraire. Un acte réparateur. C'est dans la tentation de « la même langue », dans le rêve des « paroles semblables », que gît le vrai danger. Éloge de la dispersion. Gloire au malentendu. On ne saurait mieux illustrer l'extrême modernité de la Bible.

Scott Fitzgerald, cité par Arnold Gingrich : « *Prenez comme modèle un être humain, et vous découvrirez que vous avez créé un archétype ; prenez comme modèle un archétype, et vous découvrirez que vous n'avez rien créé du tout.* » N'est-ce pas, autrement exprimé, l'itinéraire d'Almodovar entre le kitsch archétypal de « Talons aiguilles » et la bouleversante vérité de « La fleur de mon secret » ?

Invité par Jean-Paul Huchon, dans le cadre de son club Initiatives, à parler des raisons qui ont décidé l'Occident à agir enfin en Bosnie. Je cite Chirac, bien sûr. Clinton. L'intervention croate en Krajina. Mais aussi cette autre donnée dont on ne parle étrangement jamais : le refus entêté des Bosniaques et l'incalculable grain de sable qu'il aura introduit dans les minables calculs des chancelleries. La seule bonne nouvelle, peut-être, de ces trois années : la victoire, in fine, de l'esprit de résistance et de son génie.

30 septembre 1995.

Onze balles pour Kelkal. Légitime défense ? Penser le terrorisme. Le temps du nihilisme.

Onze balles dans le corps ! Et cette image, terrible, du cadavre retourné d'un coup de rangers ! Et cette phrase encore plus terrible – « *finis-le !* » – prononcée par le gendarme. Légitime défense ? On aimerait le croire. On attend qu'on nous le démontre. Mais ce sera bien la première fois que l'on aura vu huit cents gendarmes mis en état de légitime défense par un assassin armé d'un 7,65 et contraints, pour se défendre donc, de lui loger onze balles dans le corps – parmi lesquelles des balles Brenneke qui servent, d'habitude, à la chasse au sanglier. Khaled Kelkal était un tueur. Ce n'était pas un sanglier.

Entendons-nous. Si je dis cela, si nous sommes quelques-uns à nous interroger, ce matin, sur la façon dont on a « fini » Khaled Kelkal, ce n'est évidemment pas que l'homme inspire sympathie ni indulgence. Ce n'est pas non plus, n'en déplaise à M. Juppé, que l'on soit tenté de manifester « *plus d'égards à celui qui viole la loi qu'à celui qui la défend* ». Non. Je pense à ces policiers – ou ces gendarmes – qui ont la redoutable tâche de défendre les victimes des attentats d'hier, de prévenir ceux de demain, d'enrayer donc la spirale abjecte du terrorisme. Mais je pense, *aussi*, que ce n'est pas en violant la loi qu'on la défend – je suis certain, oui, que rien n'est pire, dans l'intérêt même de cette lutte antiterroriste, que le spectacle d'une police qui en prendrait à son aise avec cette loi, violerait ses propres principes et tournerait ainsi le dos, fût-ce pour la bonne cause, aux plus élémentaires règles de droit.

Je crois, comme Hervé Bourges – *Le Journal du dimanche* de cette semaine – qu'on a pris le risque de faire de Kelkal un « *martyr* » et que le terrorisme moderne a besoin de fermeté, pas de martyrs.

Je crois avec nombre de policiers, antiterroristes conséquents, et donc républicains, que M. Debré parle trop et qu'à force de rodomontades et de petites phrases, d'informations invérifiées et de jactance, il pourrait devenir, non plus le premier, mais le dernier flic de France : le plus maladroit en tout cas, le plus gauche – alors que nous avons besoin, pour combattre Kelkal et ses émules, d'un flic au sang froid qui soit aussi un politique et sache ce que parler veut dire. Est-ce le cas du ministre ? et du Premier ministre ?

Je suis convaincu surtout, comme le père Delorme (LCI, l'autre matin), qu'il ne suffit pas de « finir » Kelkal mais qu'il faut encore le « penser ». Kelkal était odieux, certes. Il était littéralement inexcusable. Mais l'on n'a rien dit quand on a dit cela. Et il reste à réfléchir sur le cas de cet homme, grandi dans nos banlieues, dont tout indique qu'il était, comme on dit, « en voie d'intégration » et qui a basculé – mais comment ? pourquoi ? au terme de quel processus, de quel enchaînement de circonstances et de destins ? – dans la violence la plus abjecte.

Il était une fois le terrorisme. Il était une fois – c'était l'Italie des Brigades rouges, l'Allemagne de Baader, mais aussi la France d'Action directe – un terrorisme qui avait des buts, des objectifs politiques et idéologiques ; il était une fois des terroristes qui se donnaient non seulement des cibles, mais des fins : je ne suis pas sûr que Kelkal, pour ce que l'on en connaît, ait eu d'autre fin que celle, terriblement sombre, du nihilisme le plus extrême.

Il était une fois – c'était le temps des grands récits et, parfois, des grandes espérances – des terroristes qui haïssaient le « système », la « bourgeoisie », le « capitalisme », l'« impérialisme », que sais-je encore ? Kelkal, pour ce que l'on en devine, ne haïssait rien de tel *en particulier*. Il avait « la haine », oui. Mais une haine sans objet désigné ni horizon bien assigné. Une haine dont je ne suis pas sûr qu'il eût pu dire qu'elle était la haine « de » ceci ou « de » cela et dont l'intransitivité même marquait la radicalité. Une haine sans la foi. Une haine désenchantée. La haine propre à un temps – le premier depuis des siècles – où l'on n'attend plus rien des temps à venir.

Il était une fois – c'était l'époque du communisme, et de sa guerre de positions – un terrorisme planétaire, adossé à des structures puissantes et à une internationale tentaculaire. Je ne suis pas sûr, là non plus, que ç'ait été le cas de Kelkal. Je ne suis pas sûr que l'on aille très loin en répétant, comme on le fait partout, qu'il était un « intégriste », lié à la mouvance du même nom et associé, à ce titre, à ses desseins secrets. Qu'il fût, *aussi*, un intégriste, c'est évident. Mais je crains qu'il ne faille se faire à l'idée, moins rassurante, plus vertigineuse, d'un terrorisme diffus, sans base arrière ni vrai complot : un terrorisme qui témoignerait de ce phénomène, neuf lui aussi, qu'est la pure fragmentation, ébullition, *dissolution* du lien social.

Il y aura d'autres Kelkal. Il y a déjà, à Vaulx-en-Velin et ailleurs, des imbéciles pour hurler « nous sommes tous des Kelkal assassinés ». Il faut, pour y résister, penser cette imbécillité. Et il faudra, pour la penser, penser l'époque où nous sommes entrés.

7 octobre 1995.

Le dernier Sautet. Rocard, le pénitent du vrai. Josselin et sa Signoret. Gilles Hertzog, mon ami. Bal comique à Colorado Springs. Sauver Sarah ? Massillon et la paix au Proche-Orient.

Souvent, face à un visage, un paysage, un sentiment, on songe : « Ce sont des copies – mais de quoi ? » Eh bien, je vois le dernier film de Sautet (« Nelly et M. Arnaud »), et je me dis : « Voici, peut-être, les originaux. »

Bill Clinton a besoin d'un succès international avant d'entrer en campagne électorale. Alors il dit : « Voilà ! ça y est ! la paix est faite en Bosnie. » Mutatis mutandis, il me rappelle ce grand éditorialiste qui, chaque année, à la fin août, lorsqu'il rentrait de vacances et quel qu'ait pu être, bien entendu, le nombre de coups d'État, guerres déclarées, séismes divers qui avaient pu se produire entre-temps, commençait son papier de rentrée par une phrase du genre : « Paris s'éveille, le monde renaît... »

Croisé Michel Rocard, dans les couloirs d'Europe 1. Ce militant de la rigueur. Ce pénitent du vrai. Cet homme qui, en toutes circonstances, s'évertue à prendre l'*autre* parti : celui qui le fera sortir du rang des marchands de fables et d'illusions. Ce soupçon, alors, qui m'effleure et, il faut bien le dire, m'accable : et si tel était, justement, son drame ? si l'on ne faisait pas plus de politique avec des idées justes que de littérature avec des bons sentiments ?

Un écrivain n'est jamais seul. Autour de lui ses mirages, ses morts auxquels il parle et qui vivent plus que les vivants, ses ombres chères, sa famille, ses contemporains selon l'esprit, le rêve ou l'élection. C'est le final du très beau livre que Jean-François Josselin consacre à Simone Signoret. C'est la leçon d'un écrivain qui ne sera jamais à ce point – et mine de rien – passé aux aveux.

Sautet encore. L'immense talent de Michel Serrault : quand, *malgré* la richesse des dialogues, il parvient à ne rien dire. Beaucoup de pensées, peu de mots : éloge du laconisme.

Gilles Hertzog. Le compagnon de tous mes voyages en Bosnie. L'infatigable organisateur, depuis quatre ans, de nos meetings à la Mutualité et ailleurs. Le seul, je dis bien le seul, que je n'aie jamais vu douter de l'inéluctable défaite des Serbes. Il avait, jusqu'à présent, choisi d'opérer dans l'ombre. Le voici qui s'expose avec « Armija », un grand reportage sur l'armée bosniaque qu'Arte diffuse, ce lundi, à vingt heures. Profitons-en. D'abord parce que ces images sont rares. Mais parce que leur auteur l'est tout autant : une sorte de dandy baroudeur, follement généreux, dont je ne suis pas certain que la forme très particulière d'élégance sache très longtemps s'accommoder de ce séjour dans la lumière.

Cinq anciens chefs d'État – Mitterrand, Gorbatchev, Bush, Margaret Thatcher et l'ex-président canadien – en conclave à Colorado Springs pour évoquer leurs vertes années. Comme un ballet de fantômes. Ou un bal de revenants. Une sorte de super-G7, mais à blanc, et pour rien. On aimerait un Beckett pour les mettre en scène, un Polanski pour les filmer, un Simenon pour les raconter.

Pourquoi le Front national progresse ? Parce que c'est notre dernier vrai parti politique – le dernier, en tout cas, à faire comme si la politique existait.

Malraux, dans ses « Antimémoires », n'attaque jamais un rival. Et Chateaubriand, à le lire, semble n'avoir jamais eu d'autres ennemis que Thiers, Villèle, l'obscur lieutenant Noirot ou le grand Napoléon. Hygiène d'écrivain ?

« Nous avons besoin de produits, pas d'idées. » C'est par cette phrase historique que l'excellent Fidel Castro a fait dire aux intellectuels cubains invités par les Allumés de Nantes qu'il leur refusait leur visa de sortie. Communisme pas mort. Ubu toujours au pouvoir.

Rencontrer le président Zeroual à New York ? Soit. Mais à condition, alors, de lui dire : « on ne combat pas la barbarie avec les armes de la barbarie ; vous n'en finirez avec le GIA que si vous renoncez, vous aussi, au terrorisme ».

Une jeune fille, presque une petite fille, sera peut-être condamnée à mort, et exécutée, parce qu'un vieux patron la violait et qu'après des années de silence, d'humiliations étouffées, de hontes bues, de larmes, elle a fini par le tuer. Que font les belles âmes qui pavoisaient, le mois dernier, à la Conférence mondiale sur les femmes, qui se tenait en Chine ? Que disent-elles ? Où sont-elles ? Et pourquoi les entend-on telle-ment moins dans les Émirats qu'à Pékin ?

« Une conversion est un miracle lent », disait, je crois, Massillon. C'est, très exactement, le mot pour ces amis retrouvés, cette semaine, à Jérusalem : l'idée même d'un « État », voire d'une « autonomie », en Palestine leur a toujours semblé le symbole même de la trahison ; le temps passe et ce sont eux qui, non seulement s'y résignent, mais commencent d'y voir le seul chemin vers la paix, la raison, la prospérité retrouvée.

14 octobre 1995.

Le cynisme de Zeroual. La volonté de pureté. Farces et attrapes à l'Onu. Le « Tigre » de Françoise Giroud. Cent quatre-vingt-quatre chefs d'État pris en otages.

Le président Zeroual obtient de rencontrer Jacques Chirac – et d'une ! il gagne, ce faisant, une reconnaissance internationale inespérée. Le président Zeroual annule la rencontre avec Jacques Chirac – et de deux ! il récolte avec ce second geste la gratitude de ceux que le premier avait heurtés. On aurait tort d'en vouloir au président Zeroual. Il applique à la lettre les lois de la communication moderne. Il prouve qu'il a retenu les leçons de la nouvelle démocratie virtuelle. Pourquoi aurait-il vraiment vu son homologue français dès lors qu'il avait empoché le bénéfice de la rencontre virtuelle ? Pourquoi n'aurait-il pas fait comme n'importe quel présidentiable français qui sait que l'on ne gagne qu'en saturant l'espace des possibles ? Au diable la morale... Tant pis pour les victimes, elles, bien réelles, du terrorisme... Et dommage que le président français semble avoir, lui, perdu la main...

Dans « La fin de l'innocence », le livre que Stephen Koch consacre à la grande manipulation stalinienne des années 30 et 40, il y a une très belle idée : celle d'un système de corruption qui ferait fond, non plus sur ce qu'il y a de plus vil (la vanité, l'ambition, le goût de l'argent ou même du pouvoir), mais sur ce qu'il a de plus beau, j'allais presque dire de plus saint, en chacun (la tentation, pour dire vite, de l'absolu, de l'idéal, de la justice). On peut, autrement dit, manœuvrer les hommes en les achetant ; mais on peut – et c'est ce que firent ces staliniens – jouer sur leur part la plus noble, la plus désintéressée. Question d'hier, mais aussi d'aujourd'hui : qu'est-ce qui est plus odieux et, surtout, plus efficace : corrompre par le bas ou par le haut ? tabler sur nos vices ou sur nos vertus ? prendre appui sur notre part d'infamie ou sur notre désir de pureté ?

Cinquantenaire de l'Onu à New York. Trois « witz », trois « traits d'esprit » qui, à des titres divers, trahissent l'époque et créent le malaise. Le fou rire de collégien de Bill Clinton quand Eltsine, probablement ivre, insulte les journalistes (façon de dire : « sacré Boris ! il dit tout haut à ces chiens ce que je pense, moi, tout bas, depuis tant d'années ! »). La familiarité de Chirac lançant au même Eltsine, en ouverture de leur conférence de presse commune, son étrange « c'est toi qui commences » (est-il digne du président de la République française de tutoyer le kagébiste recyclé qui présidait, la veille encore, au massacre des Tchétchènes ?). Et puis enfin, le singulier ballet des présidents de la General Motors, Reebok, Sears, j'en passe sûrement, autour d'un Fidel Castro, sage comme une image, et promu au rang de quasi-vedette de cette rencontre (la perspective de la levée des sanctions ? l'avant-goût du juteux marché cubain ? sûrement oui ; mais le malaise venait, aussi, de cette jouissance obscène que l'on devinait : toucher, oui, simplement toucher, l'un de ceux qui auront incarné la criminelle horreur du siècle et dont on voudrait tant, avant la braderie finale, consacrer, éterniser, empailler la vivante dépouille).

« *Pourquoi Clemenceau ? Pour rien. Parce qu'il me plaît.* » Ce sont les premiers mots de « Cœur de Tigre », le nouveau livre de Françoise Giroud. « Pour rien », vraiment ? Pour une fois, je ne la crois pas. Et je la soupçonne, en fait, de deux arrière-pensées. La première : nous donner à admirer, et peut-être à aimer, l'un des rares hommes qui, avec Churchill et Charles de Gaulle, auront perpétué, au XXe siècle, la noble tradition du « gouvernement » conçu comme un « art » et une « morale » – dans la France du procès Tapie, dans celle de Monsieur Juppé, ce retour à Clemenceau, cette transfusion à haute dose de clémencisme, sont-ils vraiment du luxe ? La seconde : peaufiner un autoportrait commencé à travers les biographies d'Alma Mahler, Marie Curie, Jenny Marx, et qui trouve ici, avec cette évocation du « Tigre », sa touche la plus décisive – j'aime qu'au terme de ce livre brillant, tour à tour drôle et bouleversant, bourré d'anecdotes savoureuses et de clins d'œil à notre temps, Françoise confesse que, de tous les courages, le courage politique est à la fois le plus essentiel et le plus rare...

Onu encore. La photo-souvenir de cent-quatre-vingt-quatre chefs d'État. J'imagine la scène. J'imagine le photographe qui dispose son petit monde, comme on dispose des mauvais figurants. Les grands derrière, les petits devant. Les proximités calculées... Ceux qui, au contraire, ne voulaient, ni ne pouvaient, côtoyer... Attention à ce que le Sénégalais ne me cache pas l'Italien... Gare à ce que l'émir du Qatar n'ait pas l'air trop dissipé... Je vous en supplie, Monsieur Mobutu ! pouvez-vous interrompre, cinq minutes, cette passionnante conversation avec votre camarade du Zimbabwe ? Silence, Cheikh Jaber... Souriez, Benazir Bhutto... Ah ! non, cela ne va pas, Monsieur Diouf est trop grand... Hussein de Jordanie, trop petit... Je ne vois pas Monsieur Havel qui, par ailleurs, a l'air trop triste... Svp, Monsieur Castro, restez à côté de Monsieur Havel, je trouve ça, au contraire, très amusant... Et où est donc passé Monsieur

Bongo ? Et Monsieur Eltsine ? Je ne peux pas faire la photo si Monsieur Eltsine ne tient pas en place ! La séance a pu durer une heure. (Peut-être seulement une demi-heure : mais je me rappelle la photo de famille des écrivains organisée par le mensuel *Lire*, l'année dernière, et qui avait duré une heure – pourquoi les chefs d'État seraient-ils plus rapides, ou plus dociles, que les écrivains ?) Pendant une heure, donc, un modeste photographe a tenu ces hommes en son pouvoir. Pendant une heure, la planète entière aura été tenue en respect par la seule force d'un objectif. La fable est belle. Elle dit la folie du temps.

28 octobre 1995.

Sur Emir Kusturica, son film, et l'inconvénient, pour un artiste, d'être moins intelligent que son œuvre.

J'avais écrit, ici même, que j'entendais juger sur pièces « Underground » de Kusturica. Je m'étais interdit – contrairement à d'autres – la tentation d'un « politiquement correct » qui ne trouvait, il faut bien l'admettre, que trop de matière à s'exercer dans les déclarations mêmes du cinéaste. J'attendais, autrement dit, de voir le film et ne voulais le juger qu'à l'aune de ce qu'il exprimait vraiment. Je l'ai vu, aujourd'hui. Je l'ai fait aussi scrupuleusement que possible, en oubliant les choix politiques de l'auteur, son bruyant soutien à Milosevic ainsi que les injures dont il ne cesse de m'abreuver. Eh bien, si prévenu que je fusse contre l'infamie du personnage, l'honnêteté m'oblige à dire que j'y ai trouvé un souffle, un rythme, une intelligence des êtres et des situations, une cocasserie, un sens de la farce *et* du tragique, du carnaval *et* de la souffrance, un humour désespéré, une force, qui le placent très au-dessus de ce que l'on peut voir, ces temps-ci, sur les écrans. Kusturica est, sûrement, un collaborateur de la Grande Serbie. Mais son film est, peut-être, un chef-d'œuvre.

Est-ce à dire que ce film est beau *malgré* le discours qui le sous-tend ? Est-ce à dire : un film moralement douteux, politiquement odieux, mais *sauvé* par son esthétique ? Même pas. Car le plus surprenant pour moi (comme pour tous ceux qui auront, depuis six mois, entendu l'auteur en parler), c'est que ce discours pro-serbe, la politique et la morale explicites de Kusturica, pèsent finalement peu dans le contenu même des images. Une scène peut-être, vers la fin (celle de la Land-Rover onusienne bourrée de réfugiés), où l'on devine sa haine névrotique de la cause et du malheur bosniaques. Une autre, où pointe un préjugé anti-allemand qui plombe, soudain, la narration. Mais, pour le reste, une grâce qui, comme toujours dans les grandes œuvres, allège mystérieusement le film de tout le poids des « thèses » dont la pensée diurne de l'auteur était tentée de l'accabler. « Underground » est une fiction. Une libre variation sur les « Mémoires écrits dans un souterrain » dostoïevskiens. Une fable sur les rapports du réel et de l'illusion, sur le mensonge, le temps retourné, la beauté de la paternité, l'énigme de la fraternité rompue. C'est une méditation baroque sur la guerre, oui – mais une guerre universelle, métaphorique, dont on se demande par quel malentendu on a pu la réduire (et Kusturica le premier, dans ses innombrables gloses et causeries) à la seule guerre en ex-Yougoslavie.

Aux yeux des historiens de l'art, cette affaire sera une nouvelle illustration de la loi qui veut que l'on puisse être un militant du pire mais un artiste de talent. Aragon qui écrit « La Semaine sainte » au moment même où il couvre, de son autorité immense, la répression post-sta-linienne... Céline qui donne « Rigodon », ce maître livre, quand nul n'ignore l'antisémite impénitent qu'il est aussi... D'autres... Tant d'autres... Au nombre desquels il faudra peut-être désormais compter, toutes proportions gardées, ce Janus doté non pas de deux visages, mais de deux âmes : celle qui, le soir de son couronnement à Cannes, alors que toutes les caméras du monde recueillaient le moindre de ses propos, ne sut pas lui dicter un mot de compassion pour les soixante et onze adolescents qu'un obus serbe venait, quelques heures plus tôt, de tuer à Tuzla – et celle, logée dans le même corps, qui lui avait inspiré ce film lyrique, flamboyant, dont on voit bien, aujourd'hui, qu'il méritait la palme.

Pour Emir Kusturica – et peut-être, d'ailleurs, pour nous tous –, l'aventure servira, j'espère, de leçon. Les œuvres, les vraies, sont toujours plus grandes que leurs auteurs. Les auteurs, les grands, ont toujours intérêt à se taire et à laisser parler l'œuvre à leur place. Kusturica, lui, a fait juste le contraire. Il a couvert la voix de son film. Il a multiplié les déclarations, vitupérations, professions de foi qui éteignaient, comme une mauvaise nuit, l'éclat de son entreprise. Il a accepté de débattre avec celui-ci. Couvert celui-là de boue. Bref, il a noyé – naufragé ? – son film sous un flot de paroles abjectes ou, simplement, inutiles... Quelle erreur, par exemple, d'avoir donné, l'autre semaine, l'image même de l'intolérance en refusant de venir sur un plateau de Bernard Pivot où je me trouvais avec quelques autres ! Nous aurions vu le film, alors. Nous aurions débattu du mystère – car c'en est un – de cette ambiguïté, constitutive des vrais artistes. Mais j'aurais aussi reconnu, comme je le fais ici, que ce film est un beau film qui, parce qu'il n'est réductible à aucun credo, me donne paradoxalement à penser sur la Bosnie et sa guerre. Un artiste a toujours tort de ne pas avoir confiance en son œuvre.

Quant à moi, enfin, je voudrais clore ce débat en rappelant, pour résumer, ceci. 1. Je conserve tout mon mépris au bavard qui, l'autre jour encore, dans un de ses pauvres emportements médiatiques et passablement convulsifs, renvoyait dos à dos victimes et bourreaux à Sarajevo. 2. J'attends de pied ferme le matamore qui déclare dans un magazine que « *la seule solution contre ces gens-là* » c'est – sic – « *un poing dans la gueule* ». 3. À l'artiste, en revanche, à celui qui a su nous donner la superbe parabole de la cave où survit, et étouffe, une humanité sacrifiée à la folie de l'Histoire, j'offre, sans réserve, admiration et émotion. 4. À mes lecteurs, enfin, à tous les fidèles de cette chronique, je répète qu'« Underground » vaut infiniment mieux que son auteur et que le premier doit – mais oui – être défendu contre le second.

4 novembre 1995.

Une paix au goût de cendres. John Lennon profané. Malraux et la Bosnie. L'écriture et la mort. Fin d'une époque. La violence et les Juifs. La faute de ma génération. Le suicide de Deleuze. Radiguet comme un météore. Encore et toujours Hemingway.

Cette Bosnie « réunifiée » qui n'a que les apparences de l'unité... Ce Sarajevo « rassemblé » qui conserve une zone serbe... Ce pays soi-disant souverain, mais dont il ne faudra pas moins de soixante mille soldats étrangers pour séparer les armées... Milosevic qui pavoise... Izetbegovic humilié, et si digne... Les réfugiés qui ne rentreront plus... Les criminels de guerre que l'on ne jugera pas... La « paix », vraiment ? J'aimerais le croire. Mais elle est si amère, cette paix. Elle a un tel goût de cendres. Une paix comme une délivrance – on disait, autrefois, un *lâche soulagement*.

Un soir de déprime de John Lennon. Un piano. Quelques notes enregistrées sur un vague magnétophone. Et puis, quelques décennies plus tard, un quarteron d'aigrefins que l'on appelait jadis les Beatles orchestre la mélodie, y greffe ses propres voix et nous restitue une œuvre qui n'a, bien sûr, jamais existé. Nausée, là aussi. Tristesse. On ne fait pas chanter un mort.

Élection de Zeroual. Le peuple, là, a parlé. Et ce qu'il dit, c'est, au fond, qu'il ne veut *en aucune manière* d'un accommodement avec le FIS. Éradicateur ? Je n'aime pas le mot. Les électeurs algériens probablement non plus. Mais s'il signifie, ce mot, que l'on refuse jusqu'à l'idée d'un compromis avec le fascisme vert, s'il implique le refus d'un intégrisme tenu pour *la* menace essentielle de l'époque, alors, oui, c'est ce qui est dit – et tant pis pour les beaux esprits qui, ici, ou à Rome, renvoyaient dos à dos, selon la formule consacrée, les « terroristes des deux bords »...

Je n'ai pu visionner assez tôt le film sur Malraux d'Alain Ferrari et Daniel Rondeau. Mais je serai devant mon poste de télévision, mardi, pour voir ce que mes deux amis auront fait du plus légendaire, du plus *accompli*, des écrivains du siècle. On me dit que le film s'ouvre sur des images de Sarajevo. C'est bien. Mais question, tout de même : sommes-nous si sûrs, après tout, que l'auteur des « Chênes qu'on abat », celui qui, sur la fin, renoue avec la nation et se convertit au gaullisme, aurait pris fait et cause pour la Bosnie avec la même ferveur que pour, mettons, l'Espagne ou le Bangladesh ? Ne voulant pas, à mon tour, risquer de faire parler les morts, je me garde d'en dire davantage. Mais l'idée, soudain, me trouble. Elle est sacrilège, oui. Et un peu douloureuse.

Écrire pour ceux qui ne sont plus ? Tenter, contre toute raison, de retenir leur attention ? Le grand défi pour un écrivain. L'épreuve, sans doute, la plus redoutable.

Lech Walesa fut le de Gaulle polonais. Il est battu. Mieux : la victoire revient à un ex-(néo ?) communiste qui réussit le tour de force de le transformer, lui, petit électricien de Gdansk qui rendit l'honneur à son pays, en « homme du passé ». C'est le monde à l'envers. C'est – déjà – la fin d'une époque.

L'admirable rabbin Williams, à la synagogue de la rue Copernic. Il dit ce qu'auraient dû dire les commentateurs de l'assassinat d'Ytzhak Rabin, stupéfiés de voir un Juif lever la main (sic) sur un autre Juif – à savoir que cette violence n'est ni un tabou, ni une exception, mais que c'est, au contraire, et d'une certaine façon, l'ordinaire. Les guerres civiles de l'époque biblique. Les assassinats de généraux, de rois, de prêtres. L'époque des Maccabées. Celle d'Antiochus Épiphanes, puis de Pompée, qui ne prennent pied en Judée que parce que la lutte fratricide y règne déjà. La sanglante chronique du Livre des Juges. Le meurtre, à l'époque moderne, de Jacob Israël de Haan, Haim Arlossoroff, Eliahou Giladi – la liste, hélas, est longue, c'est presque une litanie de noms... Ce spectre de la violence fratricide, il *faut* savoir qu'il hante la conscience et l'histoire juives.

Les étudiants dans la rue. Pourquoi pas ? Mais connaissent-ils, pour conjurer la loi de la jungle, de l'argent, des faciès, des origines diverses, meilleur système que celui de cette « sélection » qu'ils vitupèrent avec tant d'ardeur ? Responsabilité historique de ma génération – celle qu'ont formée les Bourdieu, Baudelot, Establet – dans ce discrédit jeté sur l'idée même de sélection démocratique.

Le contact physique avec le monde était devenu, me dit-on, insupportable à Gilles Deleuze (au point qu'il aurait préféré à cette douleur perpétuelle une demi-seconde de vide, d'apesanteur, de non-contact absolu – la demi-seconde où il s'est jeté par la fenêtre et s'est

40

probablement retrouvé, flottant entre ciel et terre, entre la béatitude et l'effroi). Une rumeur courait parmi les normaliens de la fin des années 60. L'auteur de « Différence et répétition » avait les ongles démesurément longs. Et nous disions que c'était le frôlement même des objets, leur caresse, qui lui était insoutenable et dont il devait se protéger. Nous disions, oui, je m'en souviens : le seul philosophe, peut-être le seul homme, à n'avoir pas d'empreintes digitales.

Le « Radiguet » de François Bott. Occasion de repenser à ces écrivains qui sont habités, d'emblée, par la prescience aiguë de la brièveté de leur existence. Radiguet, donc. Mais aussi Crevel. Ou Rigaud. Ou Lautréamont. Ces météores. Ces phares. Ces boulimiques de l'œuvre et de la vie qui semblent vouloir tout jouer tout de suite, tout engranger, brûler les étapes. « *L'enfant avec une canne* », dit Bott : l'exemple même d'un écrivain sachant qu'il lui fallait *vivre tous les âges de la vie à la fois.*

Réponse de Hemingway à un journaliste qui lui demandait s'il croyait en Dieu : « Sometimes, at night. »

25 novembre 1995.

Juppé en desperado. Grandeur de Pessoa. Blondel et la nuit du 4 Août. Sollers, par Denon.

Il y avait quatre sujets tabous dans la société française contemporaine. C'était l'école et l'université, le statut des fonctionnaires, la Sécurité sociale, la réforme fiscale. Eh bien, ces quatre tabous, ces quatre blocages historiques qui faisaient que la France, à certains égards, restait à la traîne de l'Allemagne, ces quatre chantiers béants, ouverts depuis des lustres et qu'il aurait pu aborder un à un, au fil des mois ou même des années, ces quatre sujets brûlants auxquels se sont effectivement brûlés tant de gouvernements avant lui et qui auraient largement suffi à occuper un entier septennat, voici que M. Juppé décide de les aborder ensemble, et de front. Face à ce calendrier étrange, face à cette façon un peu folle de nous dire « je ferai dans la fièvre, et en quelques semaines, ce que je pouvais faire dans la durée, en prenant mon temps », l'observateur a le choix entre plusieurs explications. Celle, flatteuse, d'un authentique tempérament réformateur qui lui ferait prendre à bras-le-corps les problèmes, précisément, les plus urgents. Celle, plus sombre, d'une sorte de desperado se lançant dans une opération suicide. Un goût, qui rendrait le personnage soudain presque sympathique, pour l'impopularité, le désaveu. Ou bien encore cette hypothèse qui, réflexion faite, résume les autres et ne semble pas la moins fondée : un Juppé déconsidéré, humilié par l'opinion, voué pendant des mois à des campagnes de dénigrement qu'il a probablement jugées indignes de lui et injustes – et qui, consciemment ou non, déciderait de prendre une revanche. « Ah, vous me haïssez ? Vous décidez de m'offenser ? L'affaire de l'appartement ? Les sondages accablants ? Cette vie de chien qui est la mienne depuis que je suis à Matignon ? Eh bien, voilà. Advienne que pourra. Je vous fais payer, au sens propre, le fait d'être mal aimé. »

« *Je suis la scène vivante où passent divers acteurs, jouant diverses pièces.* » C'est ainsi que se définit l'un des grands écrivains les plus énigmatiques de ce siècle : Fernando Pessoa. Poète sans biographie. Œuvre sans sujet ni auteur. Pages aux voix multiples, soufflées par un homme invisible qui passa l'essentiel de sa vie à effacer ses propres traces et n'eut de cesse que de disparaître derrière l'opacité de sa propre langue. Correspondances imaginaires. Jeux de masques et de leurres. Hétéronymie systématique. Légende vivante.

C'est tout cela que nous invite à découvrir Bernard Rapp, ce mercredi, sur France-Télévision, dans son excellente émission « Un siècle d'écrivains ». Pessoa, portugais ? Aventurier de Lisbonne ? Allons donc ! Pessoa ou *la passion d'être plusieurs autres*.

Je sais qu'il est toujours difficile de raisonner ainsi. Mais enfin, imaginons un seul instant l'actuel mouvement de grèves du point de vue des banlieues. Écoutons la colère des cheminots, ou des assurés sociaux, ou des syndicats de médecins, avec l'oreille de ces vraies zones noires, de ces territoires de non-droit et d'exclusion absolue, qui ceinturent les grandes villes françaises. Voyons, oui, *essayons* au moins de voir les cortèges étudiants de ces derniers jours, le malaise qu'ils trahissent, le sentiment – bien sûr justifié – d'être face à un horizon bouché, avec l'œil d'un de ces chômeurs de longue durée, ou de ces jeunes beurs tentés, dans les quartiers déshérités, par le nihilisme le plus extrême et le radicalisme meurtrier. Ceci, sans doute, n'explique pas cela. Et la comparaison, là comme ailleurs, ne prouve évidemment pas grand-chose. Mais enfin, comment ne pas songer que les problèmes les plus chauds de la société française contemporaine, ses injustices les plus criantes, ses détresses sans porte-voix et peut-être sans recours, ne sont pas où le dit la clameur du moment ? Comment ne pas voir que la ligne de fracture – peut-être faudra-t-il dire, un jour : la ligne de front ou de confrontation majeure – ne passe plus par le bon vieil axe historique Concorde-Bastille-République tel que le balisent, depuis un siècle, les syndicats traditionnels ? Un jour il y aura, en France, une nouvelle nuit du 4 Août. Et il y aura *aussi*, parmi les privilégiés de cette nuit là, une fraction de ceux que représente, aujourd'hui, M. Blondel. Courage de Nicole Notat, secrétaire générale de la CFDT. Lucidité de ces intellectuels – Touraine, Julliard, Brauman, Ricœur, etc. – qui condamnent aujourd'hui, dans *Le Monde*, les « *atermoiements* » de la « *gauche politi-*

que ». Et naissance d'un tiers état qui n'aura pas éternellement, soyons-en sûrs, le visage débonnaire des assurés sociaux en colère. Le cap change. L'époque bascule. Qui est disposé, vraiment, à penser l'époque qui vient ?

Venise... Les femmes... Cette légèreté, cette audace, qui sont le luxe des temps de catastrophe... Ce jeune homme qui séduit, du même coup, Voltaire et Diderot, comme lui, deux siècles plus tard, Aragon et Mauriac... Sollers aurait cherché son double dans le XVIIIᵉ, il s'y serait, non seulement trouvé, mais *inventé* un contemporain idéal, un correspondant, un frère, qu'il n'aurait pas procédé autrement ni écrit un autre livre. Denon, personnage sollersien. Autoportrait de Sollers en Denon. On dit des romans réussis qu'ils font de leurs personnages chimériques des êtres quasi réels. Affirmons d'une belle biographie qu'elle traite son objet, en principe réel, comme s'il s'agissait d'une créature imaginaire. « Le cavalier » est une des œuvres les plus accomplies de l'auteur de « Portrait du joueur ».

2 décembre 1995.

Vaut-il mieux avoir tort avec Blondel que raison avec Juppé ? Solitude de Mme Notat. Recherche vraie gauche désespérément.

L'erreur de M. Juppé : l'arrogance. On attendait un mot de lui, l'autre soir, un seul : « négociation ». Mais comme il est arrogant, et raide, il a refusé de prononcer le mot et lui a préféré celui, tout différent, de « concertation ». M. Juppé a tort. M. Juppé s'égare. On ne gagne jamais rien, M. Juppé devrait le savoir, à contraindre des grévistes à retourner, tête basse, à leur travail. On ne gagne jamais rien, en démocratie, à jouer le pourrissement d'une grève et à humilier les citoyens.

L'autre erreur de M. Juppé : croire que ce type de crise soit justiciable d'un traitement rationnel pur. Croire qu'il suffise d'avoir raison – et il a, en l'occurrence, raison – pour que cette raison s'impose à un pauvre peuple aveuglé. On peut éclairer un État. On peut faire plier un appareil. On ne convainc jamais les peuples en leur tenant le seul langage de l'intelligence. Et c'est même le propre de la politique : prendre en charge cette part de folie, d'irrationalité, qui habite aussi les peuples. M. Juppé est un piètre politique. M. Juppé ne sait peut-être pas ce que politique veut dire.

La stratégie de M. Juppé ? J'ai dit, ici, la semaine dernière : la stratégie du pistolero qui entre dans le saloon et tire sur tout ce qui bouge. J'ai dit aussi : l'amertume d'un homme qui fait payer aux Français le fait de n'être pas aimé. Je me demande, aujourd'hui, s'il n'entre pas dans ce suicide une part de calcul et de jeu. Imaginons qu'il réussisse : « quelle fermeté ! quel caractère ! » Imaginons qu'il échoue : « quelle injustice ! quelle pitié ! » – il entre alors dans le club, très fermé, des grands réformateurs désavoués...

Mais laissons M. Juppé. Oublions, un instant, ses erreurs et ses stratégies. Chacun sait, sur le fond, que son plan est, en effet, un plan raisonnable et qu'il reprend, pour l'essentiel, ce que les meilleurs esprits de la gauche réformatrice et moderniste proposent depuis dix ans. Pourquoi cette gauche ne le dit-elle pas davantage ? Pourquoi sont-ils si peu nombreux, dans ses rangs, à oser convenir que ce plan est aujourd'hui, nonobstant le style de son auteur, la moins mauvaise des solutions ? Pourquoi Mme Notat est-elle si seule ? Pourquoi le silence de M. Rocard ? Pourquoi cet air de mauvaise humeur dont Mme Aubry semble s'être fait une spécialité : « Il convient de refuser ce plan, quoiqu'il soit excellent – ou, peut être, parce qu'il l'est... »

Mieux : chacun sait qu'avec sa productivité faible, ses salaires bas mais sa garantie de l'emploi, son irresponsabilité érigée en règle de gestion et en principe, le service public, en France, était en train de réunir toutes les caractéristiques de ce que l'on appelait, jadis, l'économie à la soviétique. Le TGV ? Le téléphone ? Telle ou telle performance technologique dont se flattait la vanité hexagonale ? Les Soviétiques, aussi, avaient leurs fusées Soyouz, leurs barrages sur le Don et la Volga. Et pourtant... Fallait-il, alors, accepter ce naufrage ? aller à la catastrophe les yeux fermés ? Et n'avions-nous le choix, vraiment, qu'entre la psychorigidité technocratique et une politique conçue comme une formidable machine à fabriquer des somnambules ?

Mieux encore : ces admirables défenseurs des humbles que sont MM. Blondel et Viannet n'ont pas eu, à ce jour, un mot de solidarité pour ces vrais déshérités que sont, non seulement les sans-droits, SDF et autres exclus dont je parlais la semaine dernière, mais les trois millions de chômeurs qui sont, *aussi*, les victimes du système. Que M. Blondel se moque de ces trois millions de personnes, c'est son droit. Mais faut-il que la gauche politique lui emboîte le pas ? Et que vaut, aux yeux de cette gauche, un mouvement de colère qui laisse sur le bord du chemin le peuple des sans-culottes ?

Un ami journaliste : « rien n'est pire, dans les situations de ce genre, que de se couper du mouvement ; il faut y adhérer pour ensuite, et de l'intérieur, l'infléchir ». On sait ce que ce type de raisonnement a coûté à la gauche en ce siècle. On sait ce qu'il lui en a coûté, au nom de cette transaction imaginaire, de ne pas oser dire la vérité. Et M. Chirac lui-même : ne paie-t-il pas, à sa façon, le fait d'avoir, pendant sa campagne, choisi de ne pas « se couper » d'un électorat au bord de la crise de nerfs ?

Un autre ami, signataire de cet appel d'intellectuels qui volent « au secours » des grévistes. Sur le principe, rien de plus noble. En l'occurrence, quoi de plus étrange ? Une autre version de la formule : « Mieux vaut avoir tort avec Sartre que raison avec Aron. » Elle est devenue, cette formule – et la métamorphose donne la mesure de la régression du temps : « Mieux vaut avoir tort avec Blondel que raison avec Juppé. »

Drôle d'histoire... Drôle d'époque... Recherche vraie gauche, désespérément : celle de la lucidité, de la réforme, du courage.

9 décembre 1995.

Sympathiser avec les grévistes tout en leur disant la vérité. La faute à Maastricht et à l'Europe ? Bourdieu et le fantôme de Jean-Paul Sartre. Les vrais damnés de la terre. Pour que renaisse la gauche.

Régis Debray, le cœur sur la main, offre, via *Le Monde*, son soutien financier aux grévistes. Sait-il que, si le plan Juppé venait à être retiré, ce n'est pas pendant huit jours, mais pendant trente ans, qu'il aurait, avec l'ensemble des salariés, à payer pour cette erreur et à prouver sa solidarité à des déshérités qui n'auraient plus, pour se protéger, qu'un système de santé ruiné ? Que l'on sympathise avec les grévistes, c'est bien. Que l'on se réjouisse de voir un Premier ministre arrogant découvrir que la politique est un art qui exige tact et respect d'autrui, je le comprends. Que les citoyens prennent la parole et qu'ils renouent, fût-ce pour trois semaines, avec un esprit de fraternité qui avait déserté le champ politique, je suis le premier à m'en réjouir. Mais pas au prix de l'aveuglement. Pas au prix de la démission intellectuelle et de la démagogie. Était-il si difficile, cher Régis, de rendre hommage aux manifestants déçus par le candidat que vous avez contribué à faire élire, tout en ayant le courage de leur dire la vérité ?

Emmanuel Todd, qui fut, lui aussi, de ces intellectuels qui appelèrent, en mai dernier, à voter Chirac contre Jospin, voit, lui, dans ce mouvement le signe d'une faillite globale de nos élites. Je passe sur les douteux relents de ce procès des élites prises en bloc. Je passe sur l'étrange jubilation avec laquelle il oppose ces élites dévoyées à un peuple par principe sanctifié. Monsieur Todd, quand il écrit « élites », pense en réalité à l'« établissement maastrichtien » qu'il poursuit d'une haine obsessionnelle. Or, là encore, que veut-il dire ? Ce lieu commun d'un « parti européen » qui serait à l'origine du malaise ne trahit-il pas, à nouveau, une inculture politique abyssale ? Et la faillite, si faillite il y a, n'est-elle pas plutôt celle des gouvernants qui s'acharnent depuis vingt ans, et parce que c'est plus payant, à dissimuler la crise de l'État providence et à faire comme si tout pouvait éternellement continuer comme avant ? Si des élites ont failli, ce sont d'abord celles qui, à la place qui était la leur, dans des partis ou des syndicats dont la mission était une mission de pédagogie, ont méprisé ceux qui leur faisaient confiance, en leur mentant sans cesse et sans vergogne. M. Blondel, de ce point de vue, plus responsable que M. Trichet...

Pierre Bourdieu, lui, est allé au peuple. Il l'a fait, nous dit la presse, avec *« gravité »* et *« émotion »*. Était-ce l'émotion du clerc venant, comme à la grande époque, remettre le flambeau des luttes dans les bras robustes d'une classe ouvrière mythifiée ? Ou était-ce le fait de se sentir dans les pompes d'un Sartre juché sur son tonneau aux portes de Billancourt ? Si tel était le cas, mal lui en a pris. Car Sartre avait bien des défauts. Mais il avait du style. Et du flair. Et il avait le flair, notamment, de reconnaître la vraie « misère du monde ». Or, si légitime que soit, je le répète, le désarroi des grévistes d'aujourd'hui, il est difficile de ne pas voir qu'il y a d'autres victimes du système, d'autres candidats à l'angoisse et à la misère que les représentants d'un service public fondé sur la garantie de l'emploi. Les vrais damnés de la terre, dans la France contemporaine, ce sont les chômeurs, et non ceux qui se battent pour qu'on ne diffère pas l'âge de leur retraite. Et ces vrais damnés de la terre, n'importe quel étudiant en économie expliquera à M. Bourdieu ce que leur coûterait, par exemple, la faillite du système de santé.

Imaginons, d'ailleurs, une autre manifestation. Oh ! pas celle du RPR et de ses usagers en colère. Mais celle de ces millions de chômeurs, justement, de sans-droits, de SDF, de jeunes en recherche de premier emploi, de quinquagénaires exclus du système de production – imaginons cette population non syndiquée qui n'a accès ni à la télévision ni aux formes traditionnelles du lobbying et de l'expression et qui viendrait dire aux amis de M. Blondel : « bravo, messieurs les assurés sociaux ! courage, les cheminots ! mais essayez de penser un instant à nous ! mesurez l'effet qu'aurait sur la croissance et, par conséquent, sur l'emploi une augmentation nouvelle des prélèvements ! et demandons-nous ensemble si la pérennité de vos privilèges n'est pas aussi, un peu, la garantie de notre chômage. » Que diraient, dans cette hypothèse, MM. Todd, Debray, Bourdieu ? Quel parti prendraient-ils ? À quel défilé se joindraient-ils ?

Si je pose ces questions, ce n'est évidemment pas pour confondre des intellectuels par ailleurs fort estimables. Mais c'est pour souligner la complexité d'une situation que nous avons le devoir d'essayer de considérer comme telle. Saluer, certes, l'esprit de désobéissance qui souffle dans la rue... Déchiffrer, bien entendu, le sens du SOS que nous adresse, en cette veille de Noël, une société civile à bout de nerfs... Mais reconnaître aussi, *et en même temps*, qu'il est impossible de maintenir la forme actuelle de l'État providence sans persévérer dans une crise qui multipliera, très vite, le nombre de chômeurs, de laissés-pour-compte, d'exclus... Voilà ce que devraient faire, à la fois, ceux dont le métier est de penser la complexité. Voilà les tâches d'une gauche qui cesserait de regarder le monde avec les yeux de Germinal.

16 décembre 1995.

Vite, un nouveau Malaparte. Michel Rocard et Jean Daniel au Québec. Le génie du judaïsme. Le retour des communistes. Comme au premier siècle de notre ère. Leur cinéma et le nôtre. Bilan de l'année.

Vingt pour cent des voix pour un parti islamiste en Turquie – qui est, en principe, la patrie de l'islam laïque, libéral et moderne. C'est un signe des temps. C'est un avertissement à l'Europe, dont les réticences et les prudences pourraient se payer, un jour, au prix fort. Mais c'est aussi le rappel d'une évidence qui se vérifiera de plus en plus : le totalitarisme, quand il le peut, préfère toujours s'imposer par les urnes – il ne joue la carte du putsch, du coup de force, du léninisme, qu'en désespoir de cause, quand il a épuisé les voies légales. Malaparte a écrit « Technique du coup d'État ». Bien plus utile serait, pour prévoir les despotismes de demain, une « Technique de la subversion électorale ».

Trois jours à Montréal. Un ministre de la Culture, Louise Beaudoin, qui est éprise de la culture française comme on ne l'est plus, je le crains, qu'au Québec. Elle est brillante. Jolie. Étonnamment jeune. Elle me parle de deux « grands Français » d'aujourd'hui. Un politique : Michel Rocard. Un intellectuel : Jean Daniel.

De celui-ci, elle vient de lire un livre – « Voyage au bout de la nation » – où elle trouve la justification théorique d'un indépendantisme qui souffre de se voir trop souvent réduit, selon elle, à une « régression identitaire ». Ce qu'elle tire de ce livre de Daniel ? Primo : qu'on a un peu vite remisé l'idée de nation au magasin des accessoires. Secundo : qu'elle pourrait bien redevenir, cette idée, la belle machine de résistance qu'elle fut parfois dans son histoire. Tertio : que la France, dans cette affaire, a forcément son rôle à jouer – n'est-elle pas la patrie, à la fois, de la Nation moderne et de l'Universel ?

Chacun a salué le grand philosophe que fut Levinas. Chacun a dit la place qu'il occupa, après Buber et Rosenzweig, dans la stratégie d'ensemble de la pensée juive au xxe siècle. Une chose dont je puis témoigner : comment c'est en le lisant, dans l'émerveillement de la découverte de « Difficile liberté » et « De Dieu qui vient à l'idée », que nombre d'hommes et femmes de ma génération se sont concrètement souvenus de cette allégeance sans âge qu'impliquait le fait d'« être juif ». Quand on avait vingt ans en 1968, il y avait deux voies – en fait, deux modèles – pour sortir du judaïsme douloureux, victimaire, que nous avait légué l'après-guerre. Un maître à vivre : Albert Cohen – et son judaïsme solaire. Un maître à penser : Emmanuel Levinas – et son judaïsme positif, discutant d'égal à égal avec la pensée chrétienne. Cohen et Levinas, même combat : pour le génie du judaïsme.

Le retour des communistes en Russie ? Je l'ai annoncé ici même, et plusieurs fois, depuis trois ans. Le raisonnement était simple. Mais d'une logique implacable. La disparition des régimes communistes est la chance des idées communistes. L'écroulement des États qui s'en réclamaient, c'est comme un criminel effaçant, derrière lui, les traces de son forfait. Ou encore : comme c'est la réalité du Goulag qui condamnait la doctrine, il suffisait que le Goulag disparaisse pour que la doctrine redevienne innocente. Nous en sommes là. Et, amnésie aidant, on peut parier que le mouvement ira, désormais, s'accélérant. Prévision pour l'année qui vient : en Europe occidentale et en France, dans les sociétés de pensée mais aussi, hélas, dans ce qu'on appelle « la jeunesse », le retour en force d'un marxisme qui n'aura, j'en ai peur, rien appris, rien oublié...

Faut-il s'étonner de ce que des hommes se donnent la mort dans l'espérance d'un monde parfait ? C'est toute l'histoire de la volonté de pureté. C'est celle des cathares, dont les Parfaits, justement, ne concevaient la vie, souvenons-nous, qu'accomplie dans le « suicide mystique ». C'est celle, surtout, de bien des hérésies chrétiennes – gnostiques, manichéennes – qui pullulèrent il y a deux mille ans, dans le désordre de la grande révolution culturelle qui suivit la Crucifixion. Vivons-nous ce temps, ou le nôtre ? les derniers jours du dernier siècle de ce millénaire-ci – ou les premiers jours du premier siècle du millénaire précédent ? C'est la question. Et c'est la question même du millénarisme.

« Smoke » et « Les apprentis » racontent, au fond, la même histoire. Sauf que l'un est un film américain et l'autre un film français – et que se vérifie, une fois de plus, la même différence d'intensité entre les deux mondes. Le premier a le sens du héros. Le second ne l'a pas. Le moindre petit-bourgeois, quand le roman ou le cinéma américains s'en emparent, accède à une sorte de grandeur. Le même homme quelconque, dans le cinéma d'auteur français, y demeure mystérieusement étriqué, plus petit que lui-même, sans relief. Il est sympathique, sans doute. On rit de lui, et avec lui. On communie. On s'identifie. Mais il lui manque, à jamais, cette autre dimension qui est l'effet du souffle du romanesque américain.

L'année qui s'achève ? Incertitudes. Relents de tout. Dyspepsie généralisée. Remakes. Des paix qui n'en sont pas. Des grèves qui se terminent mal. Des événements sans aspérités. Le retour, partout, des crédulités. Si c'était une ponctuation, on dirait : un trait d'union. Si c'était une musique : du Fauré. Si c'était de la littérature : un livre non paginé. C'est juste une année pour rien, ni très aimable, ni très mémorable. Pas lieu de s'attarder. Tournons la page, vite.

30 décembre 1995.

1949

1996

La mort d'une idée. Les vœux du président. La litté-
rature à France Télévision. Soustelle, le palimpseste.
Les lunettes d'Arafat. Xavier Beauvois, le sida et le
cinéma. Si le public avait du talent.

Guerre ou paix en Bosnie ? La Bosnie de toute façon
est morte. Je veux dire : elle est détruite. Cette Bosnie
que nous avons été quelques-uns ici – et des millions
là-bas – à défendre est dévastée, sans retour, et avec la
bénédiction des grandes puissances. La Bosnie multiculturelle, cosmopolite, dont Sarajevo était, à la fois,
la capitale et l'incarnation. Cette perte-là est irréparable. Ce deuil-là, aucun arrêt des combats ne le fera
oublier. Désastre absolu.

Les vœux du président. Le fait que le lieu de discours structurellement le plus vide de l'année, celui
dont il est entendu qu'il n'y a, par définition, rien à
espérer ni redouter ; le fait que cette parole rituelle,
convenue, conventionnellement plate et aimable ; le
fait que ces vœux, oui, aient été attendus, reçus, puis
commentés comme un événement politique majeur dit
bien le malaise du moment et à quoi nous sommes
réduits. Chirac fut-il bon ? mauvais ? La question n'est
plus là. Degré zéro de la politique.

Attendre des vœux d'un président de la République
un message politique, un viatique pour l'année : c'est
comme aller chercher la littérature dans un arrêt du
Conseil d'État. (Encore qu'il y ait eu des écrivains, et
non des moindres, pour trouver du charme à la fré-
quentation du Code civil.)

Proust à Reynaldo Hahn : je ne vais dans le monde que pour apprendre à être seul.

Une biographie de Jacques Soustelle, chez Plon. Je le revois, salle Pleyel, un peu avant sa mort, à l'époque où je filmais mon histoire des intellectuels et où je cherchais des derniers témoins des âges révolus. Sa silhouette épaisse. Son regard débonnaire. Ses lunettes zitroniennes. Cet air de bourgeois de province qui aurait aimé, je le sentais bien, qu'on lui fiche la paix avec le passé. Et, derrière le masque du vieux réac sans fantaisie, l'une des existences les plus riches, les plus folles, les plus romanesques de ce siècle. N'avais-je pas, face à moi, l'un des derniers survivants du Comité de vigilance des intellectuels antifascistes de 1935 ? un gaulliste de la première heure ? un authentique héros de la France libre ? Magie de ces vies doubles dont la seconde partie semble acharnée à réécrire, blanchir – ou, en l'occurrence, noircir – la première. Une vie comme un palimpseste.

Un film sur Albert Cohen, sur France 3, dans l'émission « Un siècle d'écrivains ». Rappeler, sans se lasser, que « Belle du Seigneur » n'était pas l'exaltation de l'amour-passion mais, au contraire, sa condamnation.

Yasser Arafat aurait retrouvé la paire de lunettes noires qu'il portait jusqu'à la guerre des Six Jours et perdit à ce moment-là. Quel sens faut-il prêter à l'incident ? Et quelle signification, surtout, au fait que l'agence de presse palestinienne Wafa choisit de le révéler ?

Question des *Cahiers du cinéma* à Xavier Beauvois, l'auteur du très beau « N'oublie pas que tu vas mourir » : pourquoi n'avoir jamais prononcé le mot de sida alors qu'il n'est question que de cela dans le film ? Réponse, superbe, de l'auteur : « Parce que le spectateur est intelligent et qu'il a compris ; parce que Benoît ne le dit à personne, parce que ce n'est pas le sujet du film ; parce que c'est un mot que je n'ai jamais prononcé avec ceux que j'ai connus et qui en sont morts. »

Hommage de Jacques Derrida à Emmanuel Levinas. Fallait-il une pleine page de *Libération* pour nous expliquer que « Adieu » pouvait aussi se dire « à dieu » ?

Conversation avec Bernard Kouchner. Où va-t-il ? Que veut-il ? Restera-t-il lui-même ? Que des hommes tels que lui entrent en politique, c'est aussi l'exception française.

Après « La marche de Radetzky », « L'allée du roi » sur France 2. On commence à voir comment la machine fonctionne. Un chef-d'œuvre classique ou un livre populaire au sens noble du mot. Un metteur en scène de qualité. Des acteurs que l'on sent tout heureux de ne pas faire de pantalonnades ni de sitcom. Un soupçon de grâce. Et sept millions de téléspectateurs, à l'arrivée, qui redécouvrent ce que service public veut dire.

« Qui est là ? » C'est la première phrase de « Hamlet ». Mais c'est aussi le titre du dernier spectacle de Peter Brook aux Bouffes du Nord. Je pense à ce mot de Cocteau : « Le problème, avec les chefs-d'œuvre, c'est le public. Ah ! si seulement il y avait autant de talent dans la salle que sur la scène ! » Ce grand trou noir qu'est la salle – qui absorbe l'énergie des comédiens.

Le dernier film de Jim Jarmusch, « Dead Man » : l'équivalent, au cinéma, de « La mort de Virgile » de Hermann Broch. Je soupçonne Jarmusch d'aimer les livres autant que les images – apanage des très grands.

6 janvier 1996.

François Mitterrand au Panthéon. La part d'ombre.
Le courage du président. Une certaine idée de
l'Europe.

Franchement, j'aurais préféré ne rien dire. Passer
mon tour. J'aurais préféré – et je l'ai fait depuis lundi –
pleurer en silence le Mitterrand que j'ai aimé et pleurer, en silence aussi, sur celui qui m'a déçu. J'aurais
voulu attendre un peu. Me recueillir. J'aurais été heureux de ne pas mêler ma voix à ce concert étrange où
l'on ne sait trop qui, au juste, célèbrent les dévots – le
défunt, vraiment ? ou eux-mêmes ? cette part d'eux-
mêmes qu'il a incarnée puisque ce fut l'un des talents
de cet homme hors du commun qui, à sa façon, avait
aussi épousé la France : renvoyer à chaque Français,
ou presque, une image ou une idée de lui-même ? Je
ne me souviens pas bien de la mort de De Gaulle. Peut-
être y avait-il déjà ce climat d'idolâtrie bizarre. Mais
il ne me semble pas. Il me semble que, dans le cas de
De Gaulle, on jugeait d'abord l'homme d'État. Alors
que là... Ce côté échotier de la plupart des hommages...
Ce voyeurisme généralisé... Chacun y va de son morceau de souvenir... Chacun ressort du placard le bout
du personnage qu'il avait cannibalisé en prévision de
la circonstance... François Mitterrand était aussi un
homme d'État. Il avait, comme tout homme d'État, sa
face de lumière et sa face d'ombre. Et je ne crois pas
que faire l'impasse sur cette équivoque soit la meilleure façon d'honorer sa mémoire, ni de construire
celle du pays qu'il a si longuement incarné.

Si j'essaie d'être sincère, si j'essaie, malgré l'émotion qui m'étreint, de considérer Mitterrand comme je
l'ai toujours considéré et comme ce grand homme
public voulait, j'en suis sûr, être traité, je ne peux,
même aujourd'hui, passer complètement sous silence
ce qui m'a éloigné de lui. Je ne peux pas ne pas prononcer le nom de Vichy, par exemple. Ou de la Bosnie.
Je ne peux pas ne pas me souvenir que j'ai cessé de le

voir au moment où j'ai compris qu'il avait, quoi qu'il m'en ait dit, fait son deuil de Sarajevo et des valeurs que l'on y défendait. Je raconterai cela bientôt. Je raconterai en détail, dût la légende naissante en souffrir, la chronique de ce qui demeure, à mes yeux, sa faute la plus grave. Ce n'est pas le moment d'en parler ? Sans doute. Sauf que je ne veux pas répéter religieusement : « François Mitterrand est entré dans l'Histoire » sans évoquer, au moins d'un mot, la façon dont ce grand président a manqué le grand rendez-vous que l'Histoire contemporaine lui offrait. Ne rien en dire serait mentir. Ne pas le rappeler du tout serait verser des larmes de crocodile. Et j'avais trop de respect pour le souverain, et trop d'attachement aussi pour l'homme, pour me contenter, ce matin, d'un vague hymne funèbre – prélevé dans la langue de bois des propos circonstanciels ou hypocrites.

Reste, cela étant précisé – et la plus élémentaire honnêteté voulait que je le précise –, l'autre Mitterrand. Reste le Mitterrand que j'ai connu au début des années 70, côtoyé pendant cinq années – reste le Mitterrand que je n'ai jamais cessé de voir ensuite, jusqu'à la Bosnie donc, et auquel je dois, moi aussi, même si je ne veux pas en parler aujourd'hui, une part de ce que je suis. Ce qui m'a fasciné chez ce Mitterrand-là ? Un style, bien sûr. Une séduction sans pareille. Une attention aux écrivains dont je ne crois pas qu'il y ait jamais eu, ni qu'il y aura de sitôt, de plus parfait exemple. Mitterrand et la littérature. Mitterrand en personnage littéraire. Mitterrand ou la forme la plus achevée de cette autre exception française qui veut qu'il n'y ait pas, dans notre pays, de très grand écrivain qui n'ait nourri le regret d'une manière de gloire politique ni, inversement, de très grand politique qui, dans le secret de lui, n'ait gardé la nostalgie d'un destin littéraire possible mais manqué. Et puis une forme de courage, oh ! pas seulement le courage devant la maladie, pas ce tête-à-tête avec la mort dont nous aurons été, ces derniers temps, les témoins pétrifiés, mais cet autre courage, bien plus rare, qui appartient en propre à la politique et qui fait que sur d'autres questions essentielles (l'Europe sans doute ; mais aussi – et pêle-mêle – Israël, la vigilance face au racisme, le souci des humbles, le rapprochement avec l'Allemagne) on ne le vit guère transiger.

Souvent, on a décrit François Mitterrand comme un personnage ondoyant, divers, énigmatique, dont les véritables convictions demeuraient indéchiffrables. On l'a vu en héros de Laclos, ou de Baltasar Gracián – la politique conçue, vécue, comme un des beaux-arts. C'est en partie vrai, sans doute. Mais c'est aussi, pour le coup, très injuste. Et j'ai même le sentiment que c'est l'un des points sur lesquels le jugement des historiens pourrait bien réviser en appel celui des contemporains trop pressés. Pour le meilleur et, parfois, pour le pire, François Mitterrand était un homme de convictions. Que cela plaise ou non, il ne s'est pas départi, pendant ces quatorze ans, d'une certaine vision de la France, de l'Europe, du monde et de soi. Qui sait si ce n'est pas ce qui, désormais, manquera le plus ?

13 janvier 1996.

Le dernier roi ? Un croquis de Jean Cau. Jacques Attali, bouc émissaire. Ce que dira la bouche d'ombre. Georges-Marc Benamou, le dernier confident. Un journal posthume de Mitterrand ? Un mot de Roger Vailland. Ultime provocation de Don Juan.

J'ai dit : « idolâtrie ». Peut-être avais-je tort et ai-je sous-estimé l'authenticité de l'émotion. Est-ce lui, Mitterrand, que l'on pleure ? l'époque qui s'achève ? le siècle ? On pleure, en tout cas. Et, dans ce deuil étrange, il y a plus que l'hommage d'une moitié de la

France à l'autre – c'est comme une communion, un partage de destin, un lien social renoué autour d'un héros totémique. Peut-être François Mitterrand aura-t-il été, en effet, une sorte de *dernier roi*.

Le bilan ? Trop tôt pour dresser le bilan. Trop de vacarme commémoratif. La commémoration – qu'il a lui-même tant aimée, et pratiquée jusqu'à la nausée – est le contraire de la mémoire. Et il faut de la mémoire pour faire le bilan d'une vie.

Jean Cau dans ses « Croquis » : « François Mitterrand, lumière ou torche fumeuse de la gauche »... De quand datent ces lignes ? Peu importe. On les dirait d'aujourd'hui : c'est très exactement la question posée – qui ne se tranchera qu'au fil des années.

Un cacique socialiste : « Il y avait quelque chose de satanique en Mitterrand, une influence maligne, une façon de susciter l'amour le plus extrême, puis, lorsque l'amour se dissipait, une adoration retournée, une haine. » La haine dirigée contre soi : Bérégovoy, Grossouvre. Contre lui, le maître supposé ingrat : le docteur Gubler. Les suicidés du mitterrandisme.

Jacques Attali interdit de visite avenue Frédéric-Le Play... On dira ce qu'on voudra. On invoquera « Verbatim ». On se retranchera derrière telle confidence du président désavouant, sur la fin, le plus proche de ses proches. Rien de tout cela ne m'empêchera de trouver bizarre l'ostracisme porté sur un seul. Rien ne me fera croire qu'il n'y eut qu'un traître en Mitterrandie et que ce traître fut Attali. Logique, éternelle, du bouc émissaire. Comme si une tribu se formait – se *reformait* ? sur le dos de l'un des siens...

La prochaine étape ? La prochaine perle lâchée par la bouche d'ombre mitterrandienne ? Probable que nous ne sommes qu'au début de nos surprises et que

cet amateur de mystère et de secrets, ce carbonaro politique, ce comploteur impénitent, qui nous a avertis
qu'il croyait aux « forces de l'esprit » et, en un sens,
ne nous « quitterait plus », a savamment disposé sous
nos pas d'autres bombes à retardement. Patience ! Tout
explosera. Tout sortira. N'a-t-il pas lui-même réglé la
machine infernale de son horloge ?

Dans une semaine déjà, ou deux : le livre avec Georges-Marc Benamou. Je ne l'ai pas lu, ce livre. Mais
j'étais là, ce jour de février 1992, dans les coulisses du
colloque que nous avions organisé au Palais de Chail-
lot, quand le vieux président prit à part le jeune directeur de *Globe* et lui demanda, pour la première fois, de
venir recueillir son ultime confession : les vieux amis
s'en allaient ; les fidélités anciennes se dénouaient ;
c'était le début du dernier hiver – ne restait qu'un
homme seul en face de son passé, de ses mensonges,
de sa vérité.

Et Mitterrand lui-même ? Qui sait si l'on ne retrou-
vera pas un jour, de sa main, le « journal » qui achè-
vera d'éclairer les pistes – ou de les brouiller à jamais.
Je n'ai pas d'information, là non plus. Mais j'ai,
comment dire ? un pressentiment. Le Mitterrand que
j'ai connu, l'auteur du « Bloc-notes » de *L'Unité*,
l'homme que j'ai vu s'absenter d'un congrès, d'une
négociation politique difficile, d'un débat, pour aller
téléphoner à un correcteur d'imprimerie et lui demander de changer un mot ou de déplacer une virgule, je
ne peux imaginer que cet homme-là ait, quatorze ans
durant, renoncé à toute forme d'écriture. Plus le
temps ? Allons donc... Il aurait eu le temps de flâner,
jouer les piétons de Paris, lire, revoir ses vieux amis
d'Alsace ou du Morvan, caresser ses ânes, soigner ses
chiens et ses colverts, il aurait eu du temps pour tout
sauf pour écrire ! Étrange...

Elle a vingt ans. Elle est vénitienne. Je vois sa naïve admiration pour l'aventurier de haut vol. Et je ne peux m'empêcher de penser à ce passage des « Ecrits intimes » où Roger Vailland – qui sait de quoi il parle ! – raille la fascination des « âmes faibles » pour « le grand seigneur méchant homme ».

La dernière provocation du grand seigneur, le geste donjuanesque par excellence : la réconciliation, devant son cercueil, des deux familles. Belle image, sans doute. Beau geste d'esprit libre. Et pour le voltairien que je suis, un intéressant défi aux Tartuffes. Mais Dieu dans tout cela ? Et l'Église ? Qu'est-ce qu'ont bien pu penser, à cet instant, les prêtres catholiques garants, jusqu'à nouvel ordre, du sacrement de mariage – et contraints de bénir, à la face du monde, ce qu'il faut bien appeler l'adultère ?

François Mitterrand aura eu *deux* enterrements religieux. Pour un président, c'est un de trop. Et l'on reste sidéré qu'il ne se soit trouvé personne, au sommet de l'État, pour songer à une vraie célébration laïque. L'arc de Triomphe, comme Hugo... La place de la Concorde, comme Léon Blum... La Cour carrée du Louvre, comme Braque... L'un quelconque des monuments – par exemple, la Grande Bibliothèque – auxquels ce bâtisseur avait pris soin d'attacher son nom... Faste pour faste, on avait l'embarras du choix. Au lieu de quoi Notre-Dame et la télévision, qui ne sont pas, que l'on sache, des lieux républicains. Ce fut l'ultime bizarrerie d'une semaine qui n'en a pas manqué : l'absence de l'État *comme tel* aux funérailles de son chef.

20 janvier 1996.

Wim Wenders et Mallarmé. Le retour de la censure.
Antonioni vu par Sartre. Le vrai crime du docteur
Gubler. Bianciotti à l'Académie.

Godard : « Le cinéma, ça se fait à deux – regardez les frères Lumière. » Pour illustrer sa thèse – ou sa boutade – il y avait, jusqu'à présent, les Straub, les frères Taviani, les frères Coen. Eh bien voici, désormais, l'exemple d'Antonioni et Wenders dans « Par-delà les nuages », qui est aussi l'une des plus belles histoires d'amour vécu de l'histoire de l'art moderne : un grand artiste venant au secours d'un autre grand artiste et lui prêtant, littéralement, sa voix pour, en se taisant lui-même, dans l'humilité la plus absolue, l'aider à faire advenir l'œuvre silencieuse qu'il porte en lui. Je ne vois qu'un précédent – mais qui, lui, hélas, ne sut aboutir – à ce geste bouleversant : celui des jeunes écrivains qui, dans les années 1860, savaient que Baudelaire perdait l'usage de la parole et rêvaient de le rejoindre à Bruxelles pour, dans ses dernières notes, ou sur ses lèvres exténuées, recueillir le souffle du magnifique « Pauvre Belgique » qu'il allait emporter avec lui. Wenders a réussi ce que Mallarmé, d'autres, auront manqué.

Affaire Gubler. Je comprends l'émotion de la famille Mitterrand et j'ai été choqué, moi aussi, de voir un médecin trahir le serment d'Hippocrate qui le liait. Mais, cela étant dit, soyons sérieux. Que dire de l'autre trahison, tellement plus grave, et qui ne semble émouvoir personne, imposée à cet homme pendant quatorze ans ? Que dire de ce mensonge d'État, scellé dans de faux bulletins médicaux, dont il s'est fait le complice et dont nous fûmes tous, concitoyens du président défunt, victimes ? Et quid, enfin, de l'ahurissante décision de justice qui, en interdisant le livre, en escamotant le corps du délit, nous fait régresser, d'un seul coup, aux pires heures de la censure d'État pompidolienne ? J'aurais compris que le Conseil de l'ordre des médecins blâme le docteur

Gubler et le sanctionne. J'aurais compris, à la rigueur, une condamnation morale. Mais que la justice frappe de la sorte, que, dans l'émotion créée par la disparition du président et sous le seul prétexte que le délai de deuil et de décence n'a pas été respecté, elle renoue avec une pratique que les années Mitterrand avaient, précisément, abolie, voilà qui crée, qu'on le veuille ou non, un redoutable précédent. Loi des familles. Loi du secret. Et menace, si nous n'y prenons garde, sur tous ceux qui, dans les années futures, voudront écrire l'histoire des glorieux et des puissants.

Antonioni encore. Ces visages de grands muets qu'il vient, soudain, rejoindre dans l'imaginaire de notre époque. Baudelaire, donc, et le pauvre « Crénom » qu'il continue d'articuler jusqu'à la fin. Franz Rosenzweig, le maître de Levinas. Joë Bousquet sur sa chaise. Larbaud et son « Bonsoir les choses d'ici-bas ». Que pense-t-il, Antonioni, de l'interminable ovation qui s'élève autour de son nom ? Comment voit-il cet establishment critique qui a vilipendé son cinéma, a tout fait pour le désespérer et, justement, le réduire au silence et feint, maintenant, de le célébrer ? C'est Sartre qui disait, dans un entretien avec Madeleine Chapsal : « Je ne connais rien de plus ignoble que les réhabilitations posthumes. » Avec Antonioni nous n'en sommes, évidemment, pas là puisqu'il est lui, grâce au ciel, bien vivant. Mais comment ne pas s'interroger, tout de même, sur la sincérité de cet hommage ? Sartre, oui : « On prend l'un d'entre nous, on le fait mourir de rage ou de chagrin et puis, un quart de siècle plus tard, on lui érige un monument, et ce sont les mêmes qui font des discours sur son effigie, les mêmes chacals... »

Gubler, toujours. Pas de sympathie particulière pour l'homme. Mais tout de même ! Cet hallali... Ce lynchage... Cette façon de diaboliser l'homme et de ne lui porter, a priori, que des motivations mercantiles et basses... Cette volonté, comme disait Mitterrand lui-même (que l'éditeur n'a pas tort, sur ce point, de citer), de le « livrer aux chiens ». On aura beau dire. Dans la violence même de la réaction, dans ce spectacle d'une classe politique faisant bloc contre « l'infâme dans l'hystérie de ces socialistes – et pas seulement des socialistes ! – qui trouvent, pour fustiger le petit médecin, des mots que ni l'affaire Bousquet, ni la Bosnie, ni le Rwanda, ni le reste n'avaient su leur arracher, il y a des accents qui font symptôme et disent, à l'évidence, *autre chose*. Et si le docteur Gubler avait commis un autre crime que celui qui est imputé ? et s'il avait touché à quelque chose d'autrement plus sacré que le sacro-saint secret médical ? Ceux qui ont eu le privilège de pouvoir prendre connaissance du livre le savent : on n'y lit, sur la maladie même aucune révélation que la presse n'eût, déjà avant sa publication, donnée ; mais on trouve une information décisive, en revanche, sur l'incapacité où se serait trouvé le président, dans les derniers temps de son mandat, à exercer son pouvoir souverain. Cette information est terrible. Et on comprend qu'elle puisse provoquer l'union sacrée des politiques. Ne touche-t-elle pas au secret des secrets – qui n'est pas le secret médical mais celui du pouvoir en majesté ?

Hector Bianciotti à l'Académie. C'est la revanche de Jorge Semprun. C'est, pour tous ceux qui connaissent un peu l'auteur du « Pas si lent de l'amour », un vrai beau moment dans une belle et étrange aventure. Pour tous les écrivains français enfin – et, au-delà même des écrivains, pour tous ceux qui chérissent la langue française – c'est la meilleure nouvelle de la semaine.

27 janvier 1996.

Les charniers de Srebrenica. Hommage à Emmanuel Levinas. Faulkner et le « détail qui fait faux ». Impudence de Milosevic. Adultère virtuel. Kouchner en politique.

Les charniers de Srebrenica. Émotion. Indignation. Questions diverses et variées. L'humanité civilisée ahurie par ce qu'elle découvre, proprement saisie d'horreur. L'étrange, pourtant, est que l'on savait tout cela. L'étonnant et, d'une certaine façon, le plus choquant, est que le rapporteur des Nations unies, Élisabeth Rehn, ne dit rien qui n'ait été dit, n'apprend rien qui n'ait été su – à commencer par les survivants de Srebrenica, bien placés pour témoigner, depuis le premier jour, que ceux des leurs que le général Mladic avait raflés ne revenaient visiblement pas. Y aurait-il un temps pour l'information, et un autre pour la réception ? Une heure pour hurler, une autre pour écouter ? Y aurait-il un moment – mais lequel ? et pourquoi ? – où la monstruosité, jusque-là niée, refoulée, deviendrait officiellement monstrueuse et condamnable comme telle ? Bref, par quelle perversion du regard et de l'esprit peut-on découvrir ce que l'on savait déjà ? Les contemporains d'Auschwitz se sont posé la question. Nous nous la sommes posée, trente ans plus tard, quand, avec la publication de « L'archipel du Goulag », le monde s'est enfin décidé à voir ce qu'il savait, mais sans y croire, depuis des décennies. C'est la même énigme aujourd'hui, avec le tumulte déclenché par les « découvertes » des journalistes et des envoyés des Nations unies. Frivolité de l'époque. Cynisme. Ce goût étrange de croire lorsqu'il est trop tard et que l'on ne peut, évidemment, plus rien...

Antonioni, toujours. Son grand talent : non meubler l'espace, mais le vider ; non l'occuper, mais, comme disait Deleuze, le « déshabiter ». C'était le thème – presque le titre – de « L'éclipse ». C'est l'objet

– presque le pari – de « Par-delà les nuages ». Et c'est, bien entendu, ce qui rend le film si beau...

Hommage à Emmanuel Levinas, organisé à la Sorbonne par Salomon Malka. La seule idée à laquelle je tienne et que j'essaie, malgré l'émotion, de décliner : la continuation par Levinas, après Buber et Rosenzweig, d'un judaïsme ouvert, laïque, résolument moderne – et dont l'histoire, à la limite, ne s'inscrirait plus seulement dans celle des religions. Le judaïsme n'est pas une religion, voilà ce que dit Levinas. Le judaïsme n'est pas une superstition, voilà ce qu'il martèle de livre en livre. Le judaïsme n'est pas un archaïsme, hanté par on ne sait quel projet de retour aux sources, racines ou origines – voilà ce qu'il oppose à tous les charlatans d'un supposé « retour du sacré ». Le saint contre le sacré... La rupture absolue avec toutes les formes de sacralité... Une proximité extrême avec l'univers des villes, des visages, du droit et de la technique... Tel est le judaïsme selon l'auteur de « Difficile liberté ».

Ce mot de Faulkner – d'abord étrange et puis, réflexion faite, si juste. La clé d'un roman réussi (c'est-à-dire, j'imagine, d'un roman qui sache échapper au traquenard naturaliste) : le « détail qui sonne faux ».

Le dialogue le plus surréaliste de la semaine : celui de Warren Christopher, secrétaire d'État américain, et de Slobodan Milosevic, président de la Serbie. Le monde ne bruit que de la macabre nouvelle des charniers de Srebrenica. L'indignation monte. L'émotion est à son comble. Et voici Warren Christopher qui, comme s'il ne se rendait pas compte qu'il tient là, à ses côtés, le responsable ultime de ces horreurs et, donc, leur premier coupable, annonce benoîtement, et presque mécaniquement, qu'il faudra « juger tous les responsables ». Et puis voici le responsable en question, voici l'homme qui a déclenché cette guerre et sa cascade de tragédies, voici le président aux mains couvertes du sang, non seulement de Srebrenica, mais de toutes les villes martyres de l'ex-Yougoslavie, qui prend la parole à son tour pour, avec un aplomb extraordinaire, annoncer : « Nous sommes tous deux optimistes quant au succès de l'accord de paix. »

Un homme, aux États-Unis, qui demande le divorce au motif que sa femme a une liaison sur Internet avec un soldat de Caroline du Nord qu'elle n'a, semble-t-il, jamais rencontré. Où commence le réel et où expire-t-il ? Qu'en est-il de la sexualité à l'âge du leurre et du virtuel ?

J'ai regretté, bien sûr, l'image de Bernard Tapie donnant l'accolade à Bernard Kouchner au dernier congrès de Radical. Mais faut-il que cette image nous dissimule l'essentiel – à savoir qu'avec le fondateur de Médecins sans frontières, c'est la générosité, le courage, le parler vrai et donc, qu'on le veuille ou non, la morale qui entrent dans un parti dont il faut bien avouer que ce ne furent pas toujours les qualités premières ? L'ardeur de Kouchner. Son dévouement légendaire. Son goût de l'action et du terrain. Cette expérience concrète de la misère et de ce que l'on appelle, pudiquement, l'exclusion, si rare dans les partis traditionnels. Il faudra, bien entendu, juger maintenant sur pièces. Mais que cet homme-là entre réellement en politique, qu'il renonce au confort de l'éthique de conviction pour se salir les mains et assumer sa part de responsabilité me semble digne d'être salué et encouragé.

Un dernier mot sur Srebrenica. Culpabilité des Serbes, sans doute. Mais que dire de ceux qui ont laissé faire et avaient pourtant mandat de protéger les populations civiles ? Là aussi, il faudra tout dire. Là aussi, il faudra que lumière soit faite.

10 février 1996.

Le Pen à Moscou. Jarnac à l'école de Colombey. La violence à l'école. Cécile Guilbert sur Guy Debord. La victoire de Salman Rushdie. Gilles Anquetil et ceux qui n'aiment pas la musique. La justice ou la paix ? Comment on réécrit une biographie.

Jirinovski et Le Pen à Moscou. Trop beau pour être vrai. Casting presque trop parfait. On se dit : « dans le carnaval de la fin du siècle, c'est une scène si attendue qu'aucun scénariste sérieux n'aurait osé la proposer ». Et pourtant, oui, c'est cela. La rencontre a bien eu lieu. Et il ne reste à l'observateur qu'à se délecter de ce cliché idéologique d'une pureté quasi inouïe. Un « witz » de l'époque. Un de ses « moments » vertigineux. Un peu de sa « vérité ».

Autre scène de genre – mais, cette fois, dans le genre comique et, plus particulièrement, comédie française –, le maire de Jarnac qui s'en va rendre visite à celui de Colombey pour prendre, auprès de lui, des leçons de commémoration. On rêve de leur dialogue. On aimerait pouvoir surprendre ne fût-ce qu'une bribe de leur échange. Et les sens interdits, monsieur le maire ? comment faites-vous avec les sens interdits ? et avec les bus et les Abribus ? et avec le cimetière ? les franchises ? les tee-shirts ? les porte-clés souvenirs ? le flux des visiteurs ? son rythme ? Sainte alliance des pèlerinages. Jumelage des petites communes en charge des cendres des grands hommes. Cloche-merle saisi par l'Histoire, ses orgues, ses pompes et sa tragédie.

L'école, on l'a toujours su, est le miroir des sociétés. Mais de là à ce déferlement de violence... De là à ces images de professeurs tabassés, de proviseurs menacés... De là à ce spectacle d'un État contraint de mettre un « téléphone vert » à la disposition des maîtres martyrisés ou de nommer – on aura tout vu ! – rien de moins qu'un « médiateur » pour conjurer la brutalité des enseignés vis-à-vis des enseignants... À ce degré de délire, quand le lieu même de la transmission et du savoir désintéressé devient celui de la violence et, parfois, de la cruauté, les sociologues n'ont, hélas, plus grand-chose à nous apprendre : c'est le lien social lui-même qui est atteint – c'est comme un cancer qui, en atteignant la première cellule, deviendrait génétique et, qui sait ? peut-être mortel...

Dans le très beau petit livre que vient de publier Cécile Guilbert, chez Gallimard, cette définition de Guy Debord par lui-même : « écrivain, penseur stratégique et aventurier français ». Qui dit mieux ? Le talent de Debord ? Sa vraie singularité ? Je m'aperçois, en lisant le livre de Cécile Guilbert, qu'ils tiennent peut-être à ceci : une pensée moderne dans une syntaxe classique ; un désir de rébellion moulé dans une langue grand siècle ; un Baltasar Gracián qui parlerait de la télé, un Chamfort qui aurait médité sur Internet ou les formes douces de la servitude contemporaine... Écoutons, d'ailleurs, Debord lui-même : ses maîtres sont, justement, Machiavel, Saint-Simon, Retz, Gracián, Clausewitz – jamais des écrivains « professionnels », toujours des « anciens »...

Salman Rushdie ne fait plus de politique mais revient au roman. C'est la preuve que les autres – les ayatollahs et leurs complices – ont réellement perdu. Car que voulaient-ils, au fond ? Le tuer, certes. Mais aussi tuer en lui – et, peut-être, à travers lui – le désir même d'écrire. Victoire de la littérature. C'est-à-dire de la liberté.

C'est sans doute une infirmité, mais qu'y faire ? Il se trouve que je ne suis pas sensible à la musique et que le jazz, par exemple, n'a jamais été pour moi qu'un titre de Fitzgerald. Or voici un livre   celui de l'ami Gilles Anquetil – qui ne parle que de cela. Et le fait est que, non content de dévorer ce livre, j'y ai, me semble-t-il, entrevu un peu de ce que peuvent ressentir ceux qui, comme l'auteur, ne vivent que pour cette prodigieuse machine à capter le présent et s'y tenir. Donner à ressentir une émotion qui n'est pas la vôtre et qui est même, en un sens, aux antipodes de vous-même – qu'est-ce sinon de l'art ?

Faire justice empêcherait-il de faire la paix ? C'est une idée que l'on entend beaucoup, à Paris, ces jours-ci à propos de la Bosnie et des criminels de guerre livrés par les Bosniaques au Tribunal de La Haye. Je pense, moi, exactement le contraire. Et je suis convaincu qu'il n'y aura pas d'ordre durable dans les Balkans tant que l'on n'aura pas jugé, et puni, ces fauteurs de guerre que sont Mladic, Karadzic et leurs séides. Entre la justice et la paix je me refuse à choisir – car je les sais indissociables.

Soit un écrivain – en l'occurrence Albert Camus. Soit une biographie réputée définitive – en l'occurrence celle de l'Américain Herbert Lottman. Comment peut-on, sur le même écrivain, publier une autre biographie ? Comment peut-on, non dépasser la première, mais la recommencer ? La réponse c'est Olivier Todd qui nous la donne avec un livre dont je m'aperçois qu'il fait le chemin inverse de celui dudit Lottman : non pas réduire l'énigme, mais l'épaissir ; progresser, non en transparence, mais presque en opacité ; accumuler, au lieu des sempiternelles notes de taxi, blanchisserie, etc., les notes et zones de mystère. Le grand biographe : celui qui recrée de l'énigme, qui rhabille d'ombre un écrivain – celui qui nous montre un Camus, non pas moins, mais plus impénétrable, et dont on ne saura jamais l'entière vérité.

17 février 1996.

Le joueur d'échecs. Honneur à l'Église de France. Sida, cancer. M. Juppé respire mieux à Moscou. Salman Rushdie à Paris. Que dira Bernard Pons à Téhéran ? Un inédit d'André Malraux. De l'inconvénient d'être né avec un livre culte. L'« Itinéraire » d'Octavio Paz.

Kasparov vainqueur de l'ordinateur. On peut toujours dire, bien entendu : « victoire de l'homme sur la machine ; jamais une machine n'abolira la pensée, la raison de l'animal humain ». Mais on peut dire aussi – et ce sera le cas, me semble-t-il, de tous les vrais joueurs d'échecs : « Les échecs ne sont pas affaire de pure pensée, mais d'émotion, de passion, d'irrationalité, bref d'affect – et c'est cette part d'affect qu'aucun ordinateur au monde ne viendra jamais reproduire. » La machine raisonne, oui. Mais les échecs ne sont pas raisonnables.

L'Église a pris son temps pour recommander, face au sida, l'usage du préservatif ? Sans doute. Mais elle l'a fait. Elle a, non sans courage, choisi l'accommodement avec le siècle contre la rigidité du dogme. Et puis, soyons sérieux : qu'est-ce que « le temps » pour une Église qui garde l'œil fixé, en amont, sur le mystère du péché originel et, en aval, sur la rédemption et son inassignable épiphanie ? La voici, *la* grande institution qui, par nature et vocation, laisse le temps au temps.

Qu'est-ce qui gouverne le monde – les passions ou les idées ? Impression ce matin, en ouvrant les journaux, que la plupart des politiques n'ont ni les unes ni les autres – mais, à leur place, ces mixtes, ces hybrides, que l'on appelle des « opinions ». Le triomphe de ces opinions sur les idées et les passions : la définition même, chez Platon, de la démagogie et de son règne.

Sida, toujours. Une amie, après mon « Sept sur sept » : « C'est bien de se mobiliser contre le fléau ; et bravo à Line Renaud pour son infatigable et généreux combat ; mais quid, pendant ce temps, du cancer ? n'en mérite-t-il pas au moins autant ? et le tapage fait d'un côté ne risque-t-il pas d'étouffer l'humble voix de ceux qui luttent, et cherchent, sur l'autre front ? » Elle a raison.

Monsieur Juppé, depuis Moscou, nous fait savoir qu'il est bien aise d'échapper aux miasmes du microcosme. Aurait-il oublié l'usage républicain qui veut qu'un ministre en déplacement à l'étranger s'interdise, par principe, de porter sur son pays quelque jugement négatif que ce soit ? Et que penser, surtout, de ce jugement lorsqu'on l'entend prononcer dans une ville dont le moins que l'on puisse dire est que les miasmes, mafieux et autres, sont autrement pestilentiels que ceux qui envahissent notre capitale bien-aimée ? M. Juppé est fatigué.

Salman Rushdie à Paris. Reçu par Philippe Douste-Blazy comme il l'avait été par Jack Lang. La vraie continuité républicaine. La vraie patrie des droits de l'homme telle que nous la chérissons. Le pays de la culture et de l'esprit, ouvert à tous les écrivains, même et surtout persécutés. Dans ce geste tranquille, presque banal, d'un ministre qui accueille l'auteur – proscrit – d'un très grand roman contemporain, il y a déjà comme un défi à l'intégrisme et à ses tueurs.

Monsieur Pons, ministre des Transports, n'a pas eu, lui, cette audace ou n'a pas trouvé les cinq minutes qui lui auraient permis, dans quelques jours, quand il arrivera à Téhéran, de dire aux ayatollahs : « la main que vous serrez et qui paraphera, demain, de bon et fructueux contrats a serré celle de Salman Rushdie ». C'est dommage. C'est un peu triste. Encore que l'on me souffle, à l'instant où je livre ce bloc-notes, que le même M. Pons compte prononcer, en Iran, le nom de l'écrivain martyr. Attendons.

Stockhausen : « pas de chef-d'œuvre sans défaut ». Vrai des deux ou trois beaux livres lus, ou relus, cette année – et, cette semaine encore, de ce mythique « Démon de l'absolu » que nous attendions depuis cinquante ans et que publie enfin La Pléiade dans le tome II des œuvres complètes de Malraux. Bonheur de la lecture. Enchantement de la découverte.

Le démon de l'absolu, oui. Cette semi-biographie de Lawrence par Malraux. Cet hétéroportrait, à travers le visage de l'auteur des « Sept piliers ». Histoire et légende... Palimpseste somptueux... J'y reviendrai, bien entendu. Mais, d'ores et déjà, ce détail : les longues citations du grand aventurier dont on s'aperçoit vite, pour peu que l'on revienne au texte, que ce sont des bribes de phrases – mais émiettées, recomposées et, en quelque sorte, agglomérées pour échapper à leur orbite ancienne, trouver une autre gravitation et se couler dans un moule qui est devenu celui de Malraux. Un grand écrivain ne « cite », évidemment, jamais.

Compromis politique à Alger et venue au pouvoir de quelques religieux dits « modérés » ? C'est, me dit une amie journaliste, l'une des tentations possibles de Zeroual. Mon sentiment (et le sien) : on ne transige pas avec le fascisme ; et l'intégrisme *est* un fascisme vert.

Hervé Bazin est mort et, de cet écrivain prolifique, les grands médias ne retiennent, à l'heure des comptes et de l'hommage, que ce « Vipère au poing » écrit il y a cinquante ans. Miracle et malédiction d'être l'auteur de ce type particulier de livre que l'on appelle un « livre culte ». N'aurait-on donné que cela – que le nom resterait gravé, à jamais, dans les tables de l'histoire littéraire. Passe-t-on sa vie au contraire (et ce fut, à l'évidence, le cas de Bazin) à continuer son travail d'écrivain – et le reste de l'œuvre sera comme éclipsé par ce premier coup d'archet.

Publication, chez Gallimard, de l'« Itinéraire » de Paz. La ruse suprême d'un écrivain : faire comme s'il était mort – et, déjà, parler d'outre-tombe.

24 février 1996.

Romain Gary et le Mexique. Delon et son mythe. Qu'est-ce qu'un très grand acteur ? La mort de Marguerite Duras. Hommage à M. H.

Départ pour le Mexique. C'est de là – le Mexique – que je risque, dans les semaines qui viennent, de suivre l'essentiel de l'actualité. Drôle de situation. Drôle d'écart et de décalage. Avec déjà, au bout de huit jours, un sentiment d'étrangeté que seule la distance peut procurer. Romain Gary, quelques jours avant d'entamer le tournage de son propre film (n'était-ce pas, justement, au Mexique que cela se passait ?) : « *on voit les mêmes choses ; on se pose les mêmes questions ; mais on est allégé par la distance, libéré de son identité habituelle – le même, tout en étant un autre.* »

Delon à « Bouillon de culture ». Pas vu, malheureusement, l'émission. Mais des échos. Des commentaires. Jusque dans la presse mexicaine, des gloses sur le personnage. Et, pour ma part, une idée simple que je ne m'étais jamais formulée si clairement mais qui m'apparaît, avec le recul, dans une évidence flagrante. Ce qui frappe, chez cet homme, ce qui, en tout cas, m'émeut en lui, c'est une sorte de force inquiète ou de véhémence retenue, lâchée à l'emporte-pièce, qui opère comme une radiation. Ce Delon, chose curieuse, existe ainsi depuis qu'il est apparu. Il n'a fait aucun « progrès » en intensité car celle-ci lui fut, d'emblée, offerte tout entière. Et, sur l'échelle de Richter de cette intensité, l'onde est, au fond, la même – d'Antonioni à Godard, de René Clément à Bertrand Blier, de ce Rocco mélancolique, tragique et, en même temps, candide dont Visconti fit son héros au Casanova qui, même déchu, assombri par le rôle qui lui est prêté, éclipse, dès qu'il surgit, comparses et partenaires. Rude défi, pour un acteur, que de se frotter à Delon. Difficile partie, pour un cinéaste, que de sertir cette force inquiète. Les plus grands y parviennent sans doute. Ils dominent cette rage sombre. Ils l'orchestrent. Ils la domptent. Mais comment ne pas voir que c'est toujours elle qui, in fine, prend possession de leur regard et augmente leur rêve d'artistes ?

Delon, toujours. De ce prodige qui dure, de cette grâce qui lui fut donnée et qui, depuis des décennies, ne l'a jamais vraiment quitté, je ne vois guère d'équivalent dans l'histoire du cinéma. James Dean, peut-être ? Mais James Dean avait la mort dans son jeu, avec l'ample mythologie qu'elle engendre. Delon, lui, n'a pas eu besoin d'un destin fatal pour produire sa propre légende. Il lui a suffi d'être lui-même. Un acteur plus qu'un comédien. Un personnage plus qu'un acteur. Cette « force inquiète », oui, qui s'empare de tous ses rôles quand les rôles paraissent s'emparer de lui. Je sais déjà – je devine – quel professionnel impeccable Delon doit être sur un plateau. Je sais comme il entre dans un texte – avec quelle intelligence, quelle rigueur, quel respect de sa lettre et de son esprit. Mais je pressens aussi la dialectique qui veut que, tout en s'y pliant corps et âme, il l'ajuste à sa nature, le réinvente en secret et le repense à partir de ce que la vie a fait de lui. Éternellement le même. Éternellement un autre. Comme Gary, justement.

Marguerite Duras est morte. N'ayant jamais été de ses admirateurs ni de ses intimes, je suis moins attristé que curieux de ce climat de deuil national que je devine, de loin, à Paris et dont l'écho parvient jusqu'ici. Drôle d'époque. Ce goût de la canonisation instantanée. Cette façon de s'emparer de ses morts – de tous ses morts – pour en faire, aussitôt, des sortes de demi-dieux. Autrefois, quand un écrivain mourait, il avait obligatoirement droit à sa période de purgatoire. Aujourd'hui, on saute l'étape. On passe directement de la mort au Panthéon. Au risque, bien entendu, de voir ce panthéon devenir une armée mexicaine, ou un royaume de Lilliput à l'envers. Que Marguerite Duras soit un écrivain de très grand talent, je n'en disconviens évidemment pas. Mais de là à en faire ce géant... Ce monument... De là à l'embaumer ainsi, sans autre forme de procès... À croire que l'époque, en manque de légende, ne veuille pas prendre le risque de laisser passer un monstre sacré...

Deux questions, à partir de la disparition de Duras. Celle, d'abord, de la proximité à Mitterrand. Proches dans la vie – proches dans la mort. Chaque grand règne aurait-il son écrivain ? L'auteur de « L'amant » serait-il à François Mitterrand ce que Chateaubriand fut à Napoléon, ou Malraux à de Gaulle ? Et la commission de censure où elle s'égara quelques mois en 1940 n'est-elle pas l'équivalent de ce que fut, pour les politiques, l'hôtel du Parc ? La seconde, ensuite : qu'est-ce, au juste, que cette spécialité française que l'on appelle un « grand écrivain » ? Y faut-il une œuvre ou une image ? de beaux livres ou une belle légende ? de grandes erreurs ? de francs délires ?

Une amie très chère – appelons-la M. H. – vient également de s'en aller. Elle n'était pas écrivain. Mais elle était, à sa façon, une protectrice des Lettres et des Arts. Elle était belle. Elle était charmante. La vie lui avait beaucoup donné, mais elle le lui avait rendu – et au-delà. D'être là, si loin, à Cuernavaca, dans la dernière ligne droite avant mon premier mouvement de caméra, m'interdit d'être à Paris, ce matin, avec les amis qui la mèneront à sa dernière demeure. Je suis triste. Réduit à lui adresser, là où elle se trouve peut-être, un adieu tendre et navré. M. H. chérie... Comme vous me manquerez... Comme nous sommes seuls, désormais, sans vous...

9 mars 1996.

La caméra d'Antonioni. Sur une proposition de Jean-Paul II. Quand Dreyer inventait le gros plan. Des ayatollahs à Sarajevo ? Mystérieux autonomistes. Luc Ferry et le sens de la vie.

Antonioni : « généralement, je trouve les extérieurs avant même d'écrire le scénario ». Puis : « pour pouvoir écrire, j'ai besoin d'avoir clairement à l'esprit tous les lieux de film ; il se peut même qu'une histoire me soit suggérée par un lieu ». Puis encore : « j'aime me trouver seul là où je dois tourner ; j'aime commencer à sentir l'atmosphère sans les personnages, sans les personnes ».

On connaissait le carême alimentaire. Voici le carême cathodique tel que, dans son dernier prêche, Jean-Paul II l'a proposé. Une fois de plus, le saint-père touche juste. Une fois de plus, il dit la vérité de l'époque. Et, une fois de plus, il est peut-être en avance d'une idée et d'une solution. Faisons un rêve. Imaginons un jour par semaine sans télévision du tout. Les gens recommenceraient de lire et de parler. Ils reapprendraient à s'aimer ou à se détester pour de bon. Qui ne voit qu'il y aurait là une avancée, soudaine, de la civilisation et de ses manèges ?

L'épouvante des contemporains de Dreyer quand, pour la première fois, ils virent le visage de Jeanne d'Arc en « gros plan ». L'un : « le film le plus effrayant qui ait jamais couvert l'écran ». L'autre : le sentiment, en sortant de la projection, « d'avoir assisté à des débats entre personnages antédiluviens dont les proportions sont différentes des nôtres ». Le troisième : « comment nous émouvoir avec des personnages dont la peau est trouée de cratères, marbrée de taches de rousseur qui ont l'air de tartes ? »

Lettre d'un ami qui me rapporte ce qu'il croit savoir de la présence en Bosnie, non seulement de diplomates, mais d'agents iraniens. Lui répondre (même si je le fais pour la énième fois) : primo que ce type de rumeurs dont la presse se fait régulièrement l'écho ne me surprend qu'à demi ; secundo que je suis même plutôt étonné que le phénomène n'ait pas connu, pendant les quatre années de guerre et d'abandon par l'Occident, ampleur plus considérable ; tertio que c'est précisément pour conjurer la généralisation d'un tel mouvement que je me suis, avec d'autres, mobilisé aux côtés du peuple bosniaque. Ce que nous défendions en Bosnie ? Contre *tous* les fondamentalistes, les valeurs de laïcité, tolérance et cosmopolitisme.

Un visage au cinéma ? Pirandello : « un masque nu ».

Regain de violence en Corse. Attentat contre Guy Benhamou, journaliste à *Libération*. Tentative, à travers lui, d'intimidation des médias nationaux. Au-delà de l'émotion, et de la solidarité, je me pose une question à laquelle aucune théorie ne m'a, jusqu'ici, apporté de réponse satisfaisante : que se passe-t-il, au juste, dans la tête d'un terroriste corse ? d'où vient son désir d'autonomie ? que veut-il ? que dit-il ? à quel type de peur, de panique obéit-il ? Le XXIe siècle sera-t-il le siècle des replis identitaires ? et pourquoi ?

Réponse à la question précédente. Ou, mieux, formulation plus précise de la question. C'est à un autre ami – psychanalyste, celui-là – que je la dois. Dans les années 70, me dit-il, la grande question, chez les patients, était : « qu'en est-il de la jouissance et comment l'éprouver sans entraves ? » Dans les années 80, elle devenait : « qu'en est-il de l'argent et des moyens d'en obtenir davantage ? » Dans les années 90 elle s'est transformée : « qui suis-je ? qu'en est-il de mon identité, de ce qui la fonde ou la défait ? » Analogie de l'ordre des choses et de celui des inconscients. Unisson du murmure des divans et de la rumeur du monde. Drôle de fin de siècle, oui, qui semble tout entière hantée par l'impératif le plus pauvre, le plus navrant : celui, tout simplement, d'être soi. Cioran (je cite de mémoire) : je ne saurais m'intéresser, en ce monde, qu'aux gens qui n'ont pas le souci d'eux-mêmes.

Les éditions Plon à nouveau condamnées pour avoir publié le livre du docteur Gubler. Les juges n'ont plus, comme il y a deux mois, « l'excuse » de l'émotion et du climat du deuil national qui suivit la mort de François Mitterrand. Reste ce qu'il faut bien appeler un acte de censure. Olivier Orban : le premier éditeur saisi depuis l'époque, que l'on pensait révolue, où l'on persécutait les Pauvert et les Losfeld.

Le « sens de la vie ». J'appartiens à une génération pour laquelle – antihumanisme oblige... – la formule même paraissait sacrilège. Or voici que Luc Ferry, dans son nouveau livre, « L'homme-Dieu », revisite à sa façon cette vieille obsession des humains. Sa thèse, savante et sereine, suggère, en substance, que nos sociétés, ayant fait leur deuil des anciennes transcendances « verticales », sont condamnées à réinventer un sens « horizontal », donc laïque, à l'amour, au sacrifice, au destin. C'est là un pari philosophique dont l'optimisme m'intrigue. Ne suis-je pas resté, comme à vingt ans, de ceux qui croient que le désenchantement du monde a jeté les hommes et leurs sociétés dans une déréliction définitive ? Ciel vide. Lucidité sans appel ni recours. C'est, depuis dix ans, mon débat avec Ferry.

16 mars 1996.

La mort de Claude Mauriac. Le cas Luchini. Sara-
jevo en temps de paix. Le cinéma et le Mexique. Le
temps des vaches folles.

Avec Claude Mauriac, c'est tout un massif de littérature et de mythologie qui, soudain, s'en est allé. Depuis
vingt ans, en effet, je ne pouvais croiser cet homme
austère et aimable sans songer à la prodigieuse quantité
d'événements, d'êtres, de légendes dont il aura été le
témoin avide. De Drieu La Rochelle à Michel Foucault,
de Cocteau à Genet et au dernier de Gaulle, de Gide à
son propre père et de son père à aujourd'hui, cet
étrange greffier du siècle aura tout consigné dans ces
mausolées baroques que sont les volumes du « Temps
immobile ». Grimoire vivant. Bloc d'histoire et de
mémoire. Cet homme ne touchait-il pas, en quelque
sorte, aux deux extrémités de l'époque ? En amont, par
sa famille ainsi que par son projet de diariste, c'était
l'univers proustien. En aval, grâce à sa présence sur
l'illustre photo qui lança le nouveau roman, c'était
notre modernité romanesque la plus récente. Claude
Mauriac, ou l'arc du siècle... sa tension... son résumé...
et, il y a vingt ans encore, l'un de ceux qui, avec Clavel, parrainèrent les « nouveaux philosophes ».

Luchini dans « Beaumarchais ». « Il en fait trop »,
disent les uns. « Bouffon génial », disent les autres. Ce
qui m'amuse, moi, le plus : que cet ancien coiffeur
joue le rôle de Figaro.

Bach prenant un concerto de Vivaldi. Le recopiant
presque note par note. Et faisant œuvre originale. Une
métaphore de la création, et de sa modernité ?

Retour à Sarajevo, avec Jean-François Deniau, pour
enregistrer une « Marche du siècle ». La paix, sans
doute. L'euphorie des citoyens. Ce fameux aéroport,
tant de fois traversé sous l'œil des snipers et des obu-
siers – et où l'on se promène à présent comme si de

rien n'était : n'en a-t-on pas fait, pour l'occasion, un gigantesque studio télé, avec les soldats français transformés en figurants et remplaçant, au second plan, les traditionnels invités ? Ce qui me frappe, pourtant, chez les quelques amis bosniaques que je revois, c'est une mélancolie obscure, peut-être sans objet, et qu'ils parviennent mal à s'expliquer. Une raison, tout de même. Je ne suis sûr ni qu'elle soit vraie ni qu'elle plaise à mes interlocuteurs. Mais enfin je la donne comme elle me vient. Une manière de « dépression post-historiale » – comme si, malgré la guerre et dans la guerre, Sarajevo avait été une capitale de la douleur, mais une capitale tout de même, et que cette capitale était en train de retomber dans le néant des lieux où il ne se passe soudain plus rien. Le centre du monde et puis son point aveugle. Le halo de la lumière spectaculaire et, tout à coup, la nuit.

Le grand cinéma, comme la grande littérature : non pas le reflet du monde mais « le lieu où le monde a lieu »...

L'objectif d'un cinéaste : raréfier l'information dans l'écran ou saturer, au contraire, cet écran ? Je me situe, pour ma part, résolument dans le second camp. La tentation – qui est aussi un risque – d'en dire toujours davantage...

Le cinéma traditionnel : un dialogue entre le réalisateur et son scénariste. Celle d'aujourd'hui : entre le cinéaste et le « chef opérateur » qui, en sculptant sa lumière, devient son interlocuteur privilégié.

Interview à *Reforma*, qui est *le* grand quotidien du Mexique. Mon propos : « une fois tous les dix ou quinze ans, l'histoire du cinéma mondial propose à ce pays un rendez-vous majeur ». « Que viva Mexico » d'Eisenstein. « Les orgueilleux », d'Yves Allégret. Buñuel. Louis Malle. Huston. J'en passe.

Mais comment ne pas être tenté d'entrer dans cette histoire ? Comment ne pas essayer, fût-ce dans la présomption, de jouer à son tour la carte du grand rendez-vous ?

Mauriac, encore. Cet homme avait le don, rare, d'admirer sans réserve. Il se prêtait peu de talent et en reconnaissait volontiers aux autres. C'était un modeste forcené. Un exemple d'humilité. C'était un de ces passeurs qui, comme Rivière ou Lucien Herr, Paulhan ou Groethuysen, n'en finissent pas d'être les agents de liaison de la littérature de leur temps. Savait-il que son « Journal » prendrait un jour sa vraie place tout près du journal des Goncourt ou de celui d'Amiel ? Parfois, je m'en veux de ne pas le lui avoir dit. La pudeur – la mienne, la sienne... – rendait cet aveu difficile. Je me le reprocherai souvent.

L'épisode des vaches folles. Quel paradoxe ! C'est dans la patrie de l'ultralibéralisme thatchérien le plus doctrinal que chacun se tourne vers l'État comme vers une compagnie d'assurances – misère du libéralisme ; triomphe, quoi qu'on en dise, des prestiges de l'État providence. De plus comme pour l'épisode (tragique) du sang contaminé, on découvre que les grandes peurs contemporaines arrivent par le biais de la science plus que par celui de la superstition et de l'obscurantisme – la rationalité la plus moderne (en l'occurrence, la génétique) matrice des délires les plus archaïques.

Tourner un film au Mexique. La démesure de ce pays. Sa violence. Le pari le plus risqué, le plus déraisonnable de ma vie.

30 mars 1996.

Quelques mois d'absence. Le Pen et la haine de la France. Bourdieu, sauveur de la gauche ? L'imitation selon saint Juppé. Hommage à Marthe Robert. L'honneur perdu de Peter Handke. Enfin Jean-Paul Enthoven publie.

Quelques mois d'absence – et retrouver Jean-Marie Le Pen fidèle à ses rancœurs, ses bassesses calculées, ses haines. Étrange comme cet homme, vu de loin, peut haïr son propre pays. Il prétend le contraire ? Oui. Mais la France qu'il aime aimer est toujours une France battue, vaincue, perdue, voire corrompue – c'est une France qu'il ne sait chérir que lorsqu'il l'imagine en proie à l'on ne sait quelle gangrène : relève-t-elle la tête ? a-t-elle une bouffée de santé, de bonheur, ou simplement de bonne humeur ? Ce n'est plus sa France. Ce n'est plus la France. C'est l'anti-France, dit-il – tant il est vrai que l'extrême droite, au fond, *déteste la France*.

Quelques mois d'absence – et rien de changé, de l'autre côté, dans la stratégie de ses adversaires. N'aurions-nous le choix, vraiment, qu'entre la complaisance et l'anathème ? le compromis électoraliste et l'union sacrée qui diabolise ? Répéter comment cette affaire de « Front républicain » est ce que lui, Le Pen, appelle de ses vœux depuis dix ans ; redire que nous le construisions de toutes pièces, et de nos mains, cet « établissement » que le Front fantasme et qui le mettrait, en prenant forme, en position d'alternative ; réexpliquer – je l'ai fait, déjà, tant de fois ! – que cette « union de tous contre un » signifierait un pays coupé en deux dont cette question de l'extrême droite serait la seule ligne de partage. Rassembler, en un même bloc, la majorité antifasciste du pays ? C'est le risque, mécanique, d'une minorité fasciste montant à trente, quarante, quarante-neuf pour cent...

Quelques mois d'absence : on me dit que la gauche se refait. J'écoute. Je lis. Et j'apprends qu'elle n'a pas trouvé meilleur étendard qu'un anticléricalisme rance (gare à la visite du pape !) et, du côté des idées, Bourdieu et l'obscur Fitoussi (Bourdieu : ce que les années 60 nous lèguent de plus éculé ; Bourdieu : la pensée, comme si Foucault, Baudrillard, Furet n'avaient littéralement pas existé...).

Quelques mois d'absence : j'entends que Juppé fait des progrès, qu'il est moins raide, moins arrogant. Je l'aperçois à la télévision. Il a changé, c'est vrai. Mais c'est qu'il n'a su, comme souvent, se libérer d'un masque qu'en en prenant un autre : une onction, une suavité, une façon d'incliner la tête ou de se frotter les mains lorsqu'il s'exprime dont on dirait qu'il les prélève dans le stock des mimiques de Mitterrand. Signe d'assurance, ou de désarroi ?

Quelques mois d'absence : ce sont des disparus – des chers, très chers disparus, à commencer par Marthe Robert. Que reste-t-il de Marthe Robert ? Et qu'en sauront les jeunes gens venus, après elle, à l'âge d'homme ? Un petit bloc de mémoire. Un pan d'érudition. Un canton de la culture (Kafka, Broch et Cie) et, donc, de l'âme ou de l'esprit. Partir en laissant l'adresse des livres qu'on a aimés.

Quelques mois d'absence, et c'est non une disparition, mais un naufrage – je parle à l'abbé Pierre. Quelqu'un a-t-il expliqué par quel fatal enchaînement le virus révisionniste a pu sauter, en dix ans, de Faurisson à l'abbé ? Et dira-t-on, un jour, la vérité sur ces fameux « héros préférés » des Français qu'un étrange monde du silence met au-dessus de tout soupçon ?

Quelques mois d'absence – un œil à la liste des best-sellers. Toujours Mitterrand. Mais aussi – et c'est la même chose – l'Égypte ésotérique (quatre titres).

L'ineffable Coelho (deux). Mauvais signe, oui, quand reviennent en force les bataillons de la pensée obscure – magie, mystagogie, superstitions vagues, secrets...

Quelques mois d'absence – et Debray publie ses Mémoires. Y a-t-il un pays au monde où les écrivains donnent si tôt, si volontiers et, surtout, si souvent (dans le cas Debray, c'est, si je ne m'abuse, la troisième fois) le recueil de leurs souvenirs ? Particulièrement piquant : ce livre, dont l'objet est de nous dire « j'en ai soupé des allégeances, des maîtres, des crédulités », arrive au moment précis où, en la personne du sous-commandant Marcos, une nouvelle et ultime allégeance semble s'imposer à lui. Simultanément : « on ne m'y reprendra plus » et « toujours bon pour le service » – contradiction que, somme toute, je trouve plutôt très sympathique...

Quelques mois d'absence – et sort, chez Gallimard, la traduction des écrits proserbes de Peter Handke. L'auteur a retiré de la couverture le sous-titre d'origine, « Justice pour la Serbie ». Mais il a gardé en revanche – comment faire autrement ? – les douteuses considérations sur Srebrenica, ses charniers et l'« obscénité » de ceux qui les ont, selon lui, dénoncés. Là aussi quel naufrage ! et, au fond, quelle tristesse...

Quelques mois d'absence – et, tout même, une bonne nouvelle : sous la pression d'une presse qui, notamment en France, paraît résolue à sauver l'honneur, le Tribunal international de La Haye prend corps et se donne les moyens d'exister.

Une autre bonne nouvelle : Rohmer et Desplechin – le « miracle français » au cinéma – en tête du box-office ; vive le cinéma européen quand il mise comme ici, et inlassablement, sur l'intelligence !

Trois mois d'absence, et, enfin, mon ami Jean-Paul s'apprête à publier. Pour ceux qui, comme moi, savaient depuis vingt-cinq ans le grand écrivain qu'il est, pour ceux qui désespéraient de le voir jamais donner ses livres magnifiques et mystérieusement retenus, bref pour les quelques initiés qu'il avait mis dans le secret de ses généalogies fabuleuses et de son talent extrême, c'est, tous registres confondus, *la* bonne nouvelle de la saison.

29 juin 1996.

Le fantôme d'Eltsine au Kremlin. La famille Hemingway. Encore un mot sur le zapatisme. Souvenir d'Octavio Paz. Le pacte des massacreurs. La leçon de Dreyer. Sur un mot d'André Malraux.

Un moribond au pouvoir. On dira que les Russes ont l'habitude et que Brejnev, Andropov, Tchernenko n'étaient pas des modèles de santé. N'empêche. Une chose est un dictateur mort-vivant. Une autre est un mort-vivant librement, consciemment et, au fond, démocratiquement élu. Comme si la Russie de cette fin de siècle faisait ainsi l'aveu de sa propre décomposition : une société de spectres gouvernée par un spectre. Comme si l'Histoire contemporaine, en une pirouette ultime, venait soudain nous dire : jamais le mot de Marx n'aura sonné si juste – un spectre hante l'Europe, et c'est celui du communisme.

Margaux Hemingway. Son cadavre retrouvé trente-cinq ans, jour pour jour, après le suicide de son illustre grand-père. Coïncidence terrible. Familles, je vous hais. Ces lignées effroyables où l'on dirait que l'on a le crime, le désespoir, la folie, la réprobation dans le sang. L'âge classique en aurait fait des tragédies. Le nôtre se contente d'entrefilets – ou, ce qui revient au même, de romans-photos.

Un dernier mot sur ces « zapatistes » qui semblent devenus chez certains – Régis Debray, Danielle Mitterrand, d'autres – la dernière incarnation de l'idéal défunt. Je soutiens, moi aussi, l'insurrection douce du « sous-commandant » Marcos. Je suis même, au sens strict, le premier à la soutenir puisque le tout premier texte que j'aie écrit, le premier que j'aie surtout publié (*Les Temps modernes*, octobre 1970) était précisément consacré à cet État du Chiapas, au sud du Mexique, où le mouvement est né et où j'avais, à l'époque, mené l'enquête pendant quelques mois. Ma seule réserve, dans ce cas : cette sotte *inconditionnalité* à laquelle se sent obligée, dès lors qu'elle prétend s'engager, la gent pétitionnaire. Tellement plus juste, au contraire, de soutenir en débattant, d'appuyer en dialoguant, bref de s'engager sans doute – mais sans que cet engagement débouche sur l'idolâtrie, le fétichisme, le dédain de l'esprit de nuance et, parfois, de l'esprit tout court.

À propos de tragédie, ce beau mot de Henry James que l'on aimerait voir en exergue de tous les plans antichômage : « Un homme qui ne trouve pas d'emploi est une figure infiniment plus tragique que n'importe quel Hamlet ou Œdipe. »

Hemingway, encore. Portrait télévisé. Grandeur de cet homme qui, comme Gary, comme Malraux, aura fait la guerre sans l'aimer – exacte antithèse de tous les salopards qui, à la même époque, c'est-à-dire de 1914 à nos jours et à la Bosnie, l'auront aimée sans la faire. La morale de Hemingway contre celle, mettons, de Barrès – rossignol des carnages et belliciste de l'arrière.

Un débat prétendument littéraire où l'on nous refait le coup de la « sincérité » des écrivains – avec en prime, et forcément, l'éloge convenu de l'œuvre balbutiée, inachevée, presque maladroite ou étranglée. Plaider, à l'inverse, pour l'insincérité de l'art ?

Octavio Paz. Voûté, soudain. Presque fragile. Une voix plus sourde aussi – comme l'est toujours, il me semble, la voix des grands silencieux. Dans l'œil bleu, en revanche, la même lueur d'impatience qu'il y a dix-huit ans quand il parraina la tournée de conférences qu'avec Lardreau, Glucksmann, Dollé, Françoise Lévy, nous étions venus faire au Mexique.

Le sida... La vache folle... Maintenant cette affaire d'amiante... Terreurs fin de siècle. Pyrotechnie du pire. Rumeurs d'apocalypse. Et ce millénarisme à l'envers qui nous voudrait guéris des malédictions de l'espèce.

Marx en bandes dessinées. Non, ce n'est pas une farce. Ni l'invention dérisoire d'un yuppie en mal de profits. C'est l'initiative, au contraire, du comité central du Parti communiste chinois. On rêve. On hésite à croire. Et puis on se surprend à penser – mais, chut ! ne pas le dire trop fort ! – que « Le petit livre rouge » avait tout de même plus d'allure...

Hutus et Tutsis d'accord pour refuser l'intervention militaire au Burundi. Là aussi on croit rêver. Mais non. On a bien lu. Car telle est bien, hélas, la vérité de l'époque : union sacrée pour la mort, consensus dans le massacre – le droit des peuples à disposer d'eux-mêmes réduit de plus en plus clairement au droit de se massacrer en paix. Signe du temps ? Ou vérité du siècle ?

Ce que je trouve le plus beau dans le film d'Arnaud Desplechin : la façon dont il met en œuvre ce que j'appellerai « la leçon de Dreyer ». Je cite de mémoire :

« Ne pas filmer seulement les visages mais, derrière les visages, les sentiments et les passions qui ont fini par les habiter. » Et puis, au-delà : ce côté autoportrait en pied, en marche et à plusieurs facettes que les critiques ont, me semble-t-il, trop rarement souligné.

On connaît le mot de Malraux à la grande époque du gaullisme : entre les communistes et nous, il n'y a rien. Puissions-nous n'avoir jamais à écrire – version cauchemardesque, mais de moins en moins absurde, de la formule : entre les lepénistes et nous, il n'y a tout à coup plus rien. « Nous » ? Les démocrates qui, sur le front du droit, des idées et, bien sûr, du style, résistent sans transiger à la vulgarité du temps.

6 juillet 1996.

Le droit à la fable. Question d'ontologie. Bacon et Sollers. La vraie victoire des islamistes. Pourquoi Carignon ? Gramsci et ses « Cahiers de prison ». Un mot de Platon ? Le film le plus scandaleux de l'année. Ce qu'un écrivain ne peut entendre.

Si mon film est autobiographique ? Évidemment non, puisque rien ne vaut, en art, le droit à l'inauthenticité, à la fable, à l'étrangeté – le droit d'être complice de ce que l'on raconte en même temps qu'éminemment, fondamentalement, ailleurs.

Le problème du négationnisme n'est pas éthique, mais ontologique. Non pas : « quelle sorte d'homme faut-il être – infâme, sans scrupules, etc. – pour nier l'existence des chambres à gaz ? » Mais : « dans quel monde faut-il que nous vivions pour que ce type de questions – si les choses existent ou non, si la réalité est bien réelle... – soient tout bonnement possibles et posées ? » De l'utilité, chaque fois que l'on peut le faire, de passer du point de vue de la morale à celui de l'ontologie.

Francis Bacon selon Sollers : *le* peintre contemporain qui « va droit au système nerveux ». N'en dirait-on pas autant de Sollers lui-même et de son style violent, spasmé, direct, désenchanté, libre, rieur ? Et quelle autre explication au fait que l'auteur de « Portrait du joueur » consacre au peintre de l'« Autoportrait à l'œil blessé » le texte le plus éclairant depuis celui de Michel Leiris ? Écrire comme l'autre peint.

Que faut-il préférer : une révolution islamiste dure, convulsive, spectaculaire – ou un renversement soft du type de celui qui vient de se produire, par les urnes, en Turquie ? Pour être franc, je n'en sais rien et ne suis pas moins inquiet de voir un tel régime s'imposer ainsi, mine de rien, sans tapage ni scandale et dans le respect, en effet, des règles constitutionnelles : à croire que ce fondamentalisme modéré, neutralisé, presque banal, commence d'entrer, à la lettre, *dans les mœurs de l'époque.*

Carignon retourne en prison. Sa solitude, que j'imagine. Son désespoir. Le gâchis d'une vie. Et le malaise à la lecture, dans la presse, des extraits du réquisitoire : était-ce bien aux juges d'apprécier, sur ce ton bizarrement moralisateur, les « conduites », les « attitudes », voire les « comportements » de l'accusé ? était-il bien dans leur rôle de garants de la loi, et de la loi seulement, de gloser ainsi sur « les institutions démocratiques » et « la confiance » qu'elles devraient inspirer ? et que penser enfin d'un verdict qui s'appuie, pour la sanctionner, sur l'immoralité d'un homme qui, « devant le tribunal » et « au cours des débats », aurait tenté – je cite encore – de « mettre en cause d'autres hommes politiques » au risque – je cite toujours – de « déstabiliser l'État » ? Étranges griefs. Singulière rhétorique. Par-delà l'autorité de la chose jugée, comme un parfum de lynchage, de règlement de comptes, d'expiation – une communauté politique miraculeusement *blanchie* par la grâce de la culpabilité d'un seul.

Publication, chez Gallimard, des « Cahiers de prison » de Gramsci – ce « cerveau » que les fascistes italiens voulaient « empêcher de fonctionner » pendant « vingt ans ». Un cerveau, oui, à l'état pur. Une mécanique intellectuelle en circuit fermé. Et le prodige, notamment, de cette bibliothèque invisible, sans encre ni volumes, que se forment, paraît-il, les enfermés à vie. Gramsci et ses livres imaginaires. Gramsci en héros borgésien. La littérature, la pensée, comme songe, volonté et représentation.

Le « grand politique », selon Platon : celui qui a le sens de ce qui est immortel et de ce qui ne l'est pas. Traduisez. Comparez. Et vous verrez ce qui sépare les dispositions d'aujourd'hui des vertus et estimations d'hier. Que valent un temps, et un monde, où le goût de la popularité aurait supplanté, à jamais, le désir d'immortalité ?

Avec ses perversions mal répertoriées, ses corps suppliciés et mécanisés, ses chairs couturées de cicatrices, ses sexes en lambeaux, ses scènes d'amour non seulement filmées mais *vécues* comme des crimes partagés, avec sa fascination pour les crashes automobiles et son érotisme de tôle froissée, le film de David Cronenberg choquera-t-il les âmes sensibles et fera-t-il l'objet du grand débat de l'été ? Si tel était le cas, si l'œuvre devait faire scandale comme elle l'a fait au festival de Cannes, cela nous en dirait moins sur elle que sur l'époque : si sage, si prude, si étrangement vouée aux démons de l'ordre moral que l'adaptation d'un roman qui, lorsqu'il parut, il y a vingt ans, passa comme une lettre à la poste de l'idéologie deleuzienne ambiante apparaît tout à coup comme une transgression majeure, un sacrilège. L'œuvre, au demeurant, est belle.

Sondage CSA-*La Vie* : 70 % de Français – 30 % d'électeurs lepénistes – estiment que le Front national est bien, malgré ses dénégations insistantes, un parti d'extrême droite. Comme dit *Le Canard enchaîné* : Jean-Marie Le Pen sera-t-il contraint de traduire en justice ses propres électeurs ?

Deux phrases, supposées flatteuses, suffisent à me rendre un interlocuteur définitivement étranger. La première : « vous connaître dans la vie, en dehors de vos livres, vous montre sous un jour tellement plus sympathique » – exactement le contraire de ce à quoi aspire un écrivain. La seconde : « bravo, et encore merci, de si bien défendre vos idées » – comme si lesdites idées avaient besoin d'être défendues, comme s'il leur fallait plaider mystérieusement coupable et comme si l'on devait, en un mot, s'excuser d'avoir à penser.

13 juillet 1996.

Cher Hemingway... Le livre de Konopnicki. Léotard, Millon et compagnie. Arrêterons-nous Mladic et Karadzic ? Merci, Nelson Mandela. Poubelle de l'humanité. Gilles Deleuze, hélas ?

Si la « conversation » est un art ? demanda un jour une femme du monde à Ernest Hemingway. Bien sûr que non, lui répondit l'auteur de « L'adieu aux armes ». La preuve : la plupart des grands écrivains monologuent, écoutent parfois, mais ne dialoguent jamais. Moyennant quoi il obtint de la dame ce qu'il en attendait : qu'elle s'offre sans trop d'« art » et, pour le reste, lui fiche la paix.

« Les filières noires ». C'est le titre du dernier livre de Guy Konopnicki – l'enquête la plus fouillée menée, depuis celle d'Edwy Plenel et Alain Rollat, sur les coulisses, les filiations, les réseaux secrets du Front national. Pas d'invective. Pas d'excommunication ni d'anathème. Mais une enquête, oui. Des faits, rien que des faits. Et une analyse, presque clinique, de l'idéologie du Front, de ses généalogies les plus obscures, de la biographie de ses responsables ou de ses inspirateurs, de ses relations avec les milieux de l'extrême droite, voire avec le milieu tout court. Victor Barthélemy, cela vous dit quelque chose ? et Laurent Mirabaud ? et que savez-vous des vraies raisons qui, au moment de la guerre du Golfe, portèrent Jean-Marie Le Pen à soutenir Saddam Hussein ? Ne voulant pas imposer à mes lecteurs un de ces « droits de réponse » dont l'extrême droite devient coutumière, je n'en dirai pas davantage – mais les encouragerai à se plonger très vite dans ce livre vif, roboratif et, je le répète, redoutablement informé : la lecture la plus utile, à mon sens, en ce début d'été maussade, un peu glauque et tout bruissant, hélas, de douteux et sinistres présages.

Un ministre de la Défense avouant avoir mis sur écoutes les collaborateurs de son prédécesseur – membre, au demeurant, de la même majorité et du même parti que lui : voilà où en est la France ; voilà où en est, en France, une classe politique qui n'a plus besoin de personne - et même pas du Front national – pour se ridiculiser et se disqualifier. L'incident n'est pas seulement grotesque, il est terrible – nouveau signe de cette déroute, de ce suicide programmé, de cet autodafé étrange et quasi sacrificiel qui semblent devenus le lot de la plupart de nos partis.

Déluge d'informations, pièces à conviction, dossiers divers sur les charniers de Srebrenica et la responsabilité, dans le massacre, de Mladic et Karadzic. La communauté internationale en tire-t-elle les leçons qui s'imposent ? Met-elle en œuvre les moyens nécessaires pour arrêter les coupables désignés ? Et ce tribunal qu'elle a créé et qui, contre toute attente, fait son travail et sauve l'honneur, va-t-elle lui offrir le bras armé sans lequel resteront lettre morte les sanctions qu'il prononcera ? Apparemment, non. Et voici plutôt revenu, comme il y a un an, le temps des atermoiements, petites lâchetés, faiblesses consenties : « Karadzic est si puissant, si dangereux – il serait si périlleux, pour l'Occident, de tenter de s'emparer de lui. » On croit rêver. On se croit ramené, oui, un an, deux ans en arrière – au temps, que l'on croyait révolu, où les Serbes n'étaient forts que de notre faiblesse et où une bande de factieux tenait mystérieusement en respect les armées coalisées de l'Occident. Drôle d'époque, non pas ignare mais surinformée – et où c'est de cette surinformation qui naissent la bêtise et, à nouveau, la démission.

Triste 14 Juillet. Heureusement Nelson Mandela était là pour nous parler, non des taux d'intérêt de la Banque de France, mais de Voltaire, Rousseau, Montesquieu, la prise de la Bastille, la liberté, les droits – bref, pour prendre l'événement au sérieux et nous donner, lui, l'étranger, une admirable leçon de France. Pour ma part, j'étais à Toulon – occupé, avec quelques autres, à dire aux lepénistes : « le 14 Juillet est la fête de la Fédération et, donc, de la République ; touchez pas à la République ; touchez pas au 14 Juillet ; il y a des millions d'hommes et de femmes dans nos villes, et dans nos "banlieues", qui ne laisseront pas faire ce putsch symbolique, ce rapt ».

Des fuites radioactives au centre de stockage de La Hague. Quatre leçons, au moins. Incompétence de l'État qui n'a rien vu venir. Haine de l'information et goût maniaque du secret. Mépris des citoyens sacrifiés à des calculs, des politiques à courte vue. Et puis, il faut aussi le dire, indifférence suicidaire desdits citoyens qui n'ont pas l'air plus émus que cela d'apprendre qu'ils sont assis sur cette poubelle géante – événement sans précédent dans l'histoire de l'espèce humaine, de ses déchets, de leurs relations : comme si l'époque s'accoutumait à ses apocalypses sèches... comme si l'humanité se faisait, elle aussi, à l'idée de son autodissolution possible...

Tout le monde compare « Crash », le film de David Cronenberg dont je parlais la semaine dernière, à la peinture de Francis Bacon. Trop beau pour être vrai. Beaucoup moins belle, en revanche, mais plus proche de la réalité, la relation avec Gilles Deleuze – ses corps sans organes, ses devenirs-machine du corps, son éloge du tatouage, sa théorie de la libido nomade, ses machines désirantes, son vitalisme mécanisé – toutes tentations que l'on retrouve dans ce film bizarre, assez génial et qui, comme on le prévoyait, commence déjà de faire scandale. Il y a vingt ans, à l'époque de « La barbarie à visage humain », j'aurais vu dans cette parenté deleuzienne une raison suffisante pour détester le film. Aujourd'hui, le conformisme, la régression, la normalisation idéologique et morale vont si vite que j'y verrais presque, au contraire, une raison de m'y intéresser. La pensée, même adverse, plutôt que l'invasion de la platitude et de la sottise.

20 juillet 1996.

Penser le chômage ? Milosevic, assassin. Un mot de Francis Ford Coppola. Pitié pour les Tchétchènes. Le Dieu de Baltasar Gracián. Malraux, Euripide et la guerre d'Espagne. Misère des Olympiades, Olympiades de la misère. Le cinéma selon Païni. Intellectuel ou artiste ?

Pourquoi écrivais-je, l'autre semaine, que le chômeur est une figure « tragique » ? Parce que nulle théorie ne semble en mesure de le penser : parce que les mots qu'il suscite sont tous en retard sur la chose : parce qu'un événement que rien ne vient réfléchir ni penser est bien, à la lettre, un événement tragique.

Le Bosniaque Ejup Ganic en visite à Belgrade. On se réjouit, bien sûr. On se dit : « voilà, c'est la paix, c'est vraiment la paix cette fois ». Et puis, tout de même, au fond de soi, le vilain murmure qui ajoute : « que vaut cette paix ? que dit-elle ? et faut-il vraiment se réjouir de voir Milosevic tirer les marrons du feu de cet armistice après avoir, il y a quatre ans, allumé les feux de la guerre ? »

Dans un ancien numéro des *Cahiers du cinéma*, ce mot de Francis Ford Coppola à Nicolas Saada : « *on essaie de me tuer, mais on n'y arrive jamais ; au bout d'un certain temps je deviendrai – comment dites-vous cela ? – une éminence grise ; et on m'aimera bien ; et je serai comme un vieil oncle ; et peut-être que je pourrai user d'une véritable influence* ». Finir comme un vieil oncle : rêve de cinéaste, rêve d'écrivain.

Il y a trois semaines, le peuple russe votait. Et, tandis qu'il votait, l'Occident l'observait – obligeant les bouchers du Kremlin à interrompre la guerre en Tchétchénie. Aujourd'hui, plus de vote. Donc, plus d'observateurs. Et le carnage qui, par conséquent, reprend de plus belle. Serait-ce la nouvelle science requise chez les massacreurs : la science du spectacle, de ses lois, de ses intermittences, de ses rythmes – ce moment, notamment, où le faisceau magique balaie une zone de misère, hésite, la quitte enfin et la replonge ainsi dans une obscurité propice à tous les forfaits impunis ? Le Tyran d'aujourd'hui n'est plus « grammairien » mais « journaliste ».

Dieu, selon Baltasar Gracián, a pour « stratégie » de maintenir l'homme *éternellement en suspens*. N'est-ce pas la stratégie même de l'artiste ? et, parmi les artistes, tout particulièrement du cinéaste ? « Monter » son film comme le Dieu de Baltasar Gracián incarne ses créatures : c'est, aussi, ce que disait Pasolini et la façon dont il travaillait.

Le désenchantement du spectateur qui a « fait » du cinéma : au début de chaque plan, il devine le « Action ! » ; à la fin de la plus émouvante des scènes d'amour, il entend le terrible « Coupez ! ». Rien de semblable, étrangement, dans mes rapports – de lecteur, d'auteur – avec la littérature.

Relu, alors que la télévision commémore la guerre d'Espagne, les Brigades internationales, etc., « L'espoir » de Malraux. Le statut de ce type de livre ? Son rapport au fragment d'Histoire dont il se veut le témoin ? Et sommes-nous vraiment si certains qu'il exalte l'événement dont il s'est inspiré ? Autre hypothèse, inquiétante mais concevable : loin de l'éterniser, il le dissoudrait ; loin de le monumentaliser, il le neutraliserait ; cannibalisme d'une littérature qui, en réinventant le monde, le nie.

Le pire dans les résultats de l'enquête du Tribunal international de La Haye sur les charniers de Srebrenica : le crime ne fut pas seulement atroce ; il fut prémédité ; et il le fut, surtout, au vu et au su de ce que l'on appelle les « grandes puissances ». Honte à elles. Honte à nous tous. Pour ce crime-là, quel tribunal ?

À propos de « L'espoir » encore, ce mot d'un personnage dans « Les Troyennes » d'Euripide : *« il est vrai que si les dieux ne nous avaient pas abattus et ruinés de fond en comble, Troie n'eût pas été célébrée par les Muses ; elle ne leur eût pas inspiré des chants immortels »*. Version précoce du fameux : « *le monde est fait pour aboutir à un beau livre* ».

Ouverture des Jeux olympiques. Comédie de la fraternité. Comédie du prétendu village planétaire. Comédie de la ferveur de ses enthousiasmes marchands. Et Juan Antonio Samaranch, président du Comité international olympique, qui ose se féliciter de ce que son mouvement soit « *plus important –* sic *– que l'Église catholique* ». Signe des temps troublés : la médiocrité des religions qu'ils s'inventent.

Dans *Les Inrockuptibles* de ce mois-ci, interview de Dominique Païni, le patron de la Cinémathèque. J'y lis, notamment, ceci : « *le cinéma, c'est de la pensée et non des images* ». Et encore : « *c'est le cinéma moderne qui a fondé les cerveaux de cette fin de* XXe *siècle ; non seulement le cinéma pense, mais il a une pensée qui ne peut s'incarner en termes autres que cinématographiques* ». Et encore à propos des cinéastes de la « nouvelle vague » ils ont d'abord appris « *non pas à faire les films, mais à écrire sur les films ; ils ont commencé par ça et c'est l'écriture qui, plus tard, leur a permis de faire des films* ». Question de Païni : l'inverse est-il vrai ? et de qui dirait-on qu'il a « commencé » par les images et en est venu aux livres ? Privilège, encore, de la littérature.

La différence entre un « intellectuel » et un « artiste » ? Très simple, au fond (même s'il reste à savoir laquelle des deux positions est, aujourd'hui, la plus enviable) : le premier travaille à rendre le monde un peu plus intelligible ; le second fait l'inverse et préférera le voir encore plus énigmatique.

27 juillet 1996.

Le nouveau terrorisme. Scorsese, quoi qu'il arrive. Le « sous-commandant » Marcos et ses zélotes. Un mot de Truman Capote. Le monde réduit à ses voix. Des excuses, monsieur Le Pen !

Terrorisme nouvelle époque. Plus d'idéologies. Plus de politique. Une violence pure, qui ne s'embarrasse plus ni de raisons ni de mots. Et le véritable affrontement, le face-à-face qui se révèle : non plus – schéma classique – « les terroristes contre les États » mais – plus vertigineux – « la Terreur contre le Spectacle ». Écoutez plutôt. Et imaginez. Le Spectacle qui claironnait : « les dernières olympiades du millénaire ; la fête de la fin du siècle ; les systèmes de sécurité les plus sophistiqués, les plus inviolables jamais conçus ». Et, face à cette surenchère, une autre surenchère, diabolique, qui répondait : « inviolables ? vraiment ? eh bien, voyons voir ça ; ce sera technique contre technique ; sophistication contre sophistication ; votre ingéniosité contre la nôtre ; notre désir contre le vôtre ; et, en écho à votre défi, une sur-terreur, un sur-défi... » Spécularité monstrueuse. Aimantation sourde de l'un par l'autre. Les olympiades comme objet de désir et, en guise de passage à l'acte, un carnage abominable. Question à peine formulable – mais il faut, face à l'horreur, et si l'on veut, un jour, en venir à bout, poser *toutes* les questions : et si, pour les assassins d'Atlanta, il s'était aussi agi de participer, à leur manière, à la grande kermesse planétaire annoncée ?

Vu, avec retard, le magnifique « Casino » de Scorsese. Face à une œuvre de cette ampleur, face à tant de talent et, surtout, d'intelligence, que reste-t-il du cinéma français et de ses petites natures ?

Étrange, cette affaire du Chiapas et du « sous-commandant » Marcos. Le mouvement, en France, est à peine né que voici les esprits forts, les journaux branchés, les intellectuels à qui on ne la fait pas et les journalistes décrypteurs de mythes qui en font, sinon le procès, du moins l'analyse critique instantanée. Autrefois, il fallait dix ans. Il se passait un interminable temps entre la folie Mao et son procès, le délire stalinien et sa dénonciation, l'aveuglement cubain, cambodgien, palestinien et le jour où, enfin, au terme d'un long et douloureux travail, les yeux se dessillaient. Autrefois, oui, il y avait, entre le moment de la passion politique et celui où l'on s'en déprenait, un temps qui était celui de l'illusion, de son installation dans les âmes, du dégât qu'elle y faisait, puis du doute, du vacillement ultime, du deuil. Aujourd'hui tout va plus vite. Les étapes se télescopent. C'est comme si le mirage naissait avec, déjà programmé, le jeu de sa dissipation. Ce sont comme des chimères nouvelles qui nous arriveraient tout armées, c'est-à-dire, au fond, déjà désarmées – des chimères dont on est tenté de dire qu'elles sont *à désenchantement incorporé.* Ces chimères comme des éphémères, ces ivresses contemporaines de leur propre dégrisement, que faut-il en penser ? marquent-elles un progrès de nos lucidités, un recul de nos crédulités – ou sont-elles le signe, au contraire, de la frivolité de l'époque et de son cynisme ?

Discussion avec un ami qui trouve que « Casino » est le moins bon film de Scorsese. Débat sans objet. La seule question dans la saison présente, alors que la haine de la culture prend si volontiers la forme de sa célébration, en ces temps dominés par les non-films des non-cinéastes et les non-livres des non-écrivains, que faut-il préférer – le film raté d'un auteur ou l'œuvre réussie d'un non-auteur ?

Ce qui vous fait « le plus peur au monde » ? Cette réponse de Truman Capote qui m'a toujours fait rêver : « s'engager sur la pente de la folie et passer le restant d'une pauvre vie à écouter le bruit que l'on fait en applaudissant d'une seule main ».

François Musy monte la bande-son de mon film. Pour cela, il a commencé – c'est sa méthode – par s'enfermer pendant des semaines avec les « sons seuls » que nous avions rapportés du Mexique. Il n'a rien vu. Rien lu. Il s'est contenté d'écouter des dizaines et des dizaines d'heures de dialogues sans image, d'ambiances sans décor, de clameurs, de soupirs, de pépiements obscurs, de bruissements, froissements, frôlements, grondements, crissements divers, grincements, rires ou silences. Et la première question que je lui pose lorsqu'au bout de ces semaines passées, seul, dans son studio de Rolle, à entendre ces voix sans chair et ces bruits sans corps ni objet, il vient enfin découvrir les premières séquences du film, est évidemment : « ce que vous voyez ressemble-t-il à ce que vous imaginiez ? entendiez-vous ces couleurs ? vous figuriez-vous ces paysages ? et le visage de ces foules, ces souffrances, ces joies, cette qualité de lumière, cette poussière, vous en étiez-vous fait une idée ? » Musy me répond que oui. Tel un narrateur borgésien, il avait recomposé à l'aveugle un univers dont il n'avait que le timbre. La chair des sons. Le corps d'un souffle. Et si le monde, au fond, pouvait se réduire à ses voix ?

Les profanateurs de Carpentras étaient bien, aux dernières nouvelles, des skinheads proches de l'extrême droite politique. Nausée. Dégoût. On attend des excuses de M. Le Pen.

3 août 1996.

Les écrivains et le cinéma. Oui au boycott de l'Iran et de la Libye. Godard et la littérature. Proust et Joyce pouvaient-ils se rencontrer ? La dernière arme des Burundais. Michel Debré et Charlie Chaplin.

Idée fixe de tous les écrivains – Cocteau, Duras, Pagnol, Gary, Malraux, Guitry – qui se sont essayés au cinéma : il ne faut pas « adapter » l'écrit à l'image. En effet : à quoi bon faire du cinéma, troquer la plume contre la caméra, si c'est pour faire encore de la littérature (c'est-à-dire, inévitablement, de la sous-littérature) ?

Suffirait-il qu'une initiative soit d'origine américaine pour que l'on doive s'y opposer ? On le croirait à voir le pauvre tollé déclenché, dans les capitales européennes, par la loi clintonienne contre l'Iran et la Libye. Que cette loi soit mal fichue, c'est possible. Qu'elle soit trop électorale pour être honnête, c'est évident. Mais de là à la condamner en bloc et à lancer cet appel inepte à la résistance contre l'hégémonisme yankee, il y a un pas que seuls l'esprit de la marchandise ou l'antiaméricanisme le plus primaire peuvent permettre de franchir. Qui sont nos vrais ennemis : les terroristes ou les Américains ? où sont le « courage », la « dignité », etc. (mots dont on se gargarise, avec de beaux mouvements de menton) : chez ceux qui récusent la mise à l'index d'États dont nul n'ignore qu'ils servent de base arrière à nombre de mouvements terroristes – ou chez ceux qui, convaincus, à tort ou à raison, que la méthode américaine n'est pas la bonne, tenteraient d'en proposer une autre et, s'ils le peuvent, de l'imposer ? Misère d'une Europe en retard, comme d'habitude, d'une lucidité et donc d'une guerre. Souvenir de ces réalpoliticiens, moqués par le surréalisme, qui redoutaient que leur fermeté ne compromît nos livraisons de lard et de saucisse. Entre les intérêts de Total et ceux d'une démocratie en guerre contre l'intégrisme de la fin du siècle, oser dire ce que l'on choisit – et, donc, ce que l'on sacrifie...

Un autre écrivain passé derrière la caméra : Jean-Luc Godard. Un écrivain sans livres ? Un écrivain qui n'aurait écrit, lui, qu'en images ? Sans doute. Mais peu importe. Voir, pour s'en convaincre, l'admirable discours prononcé l'année dernière à Francfort-sur-le-Main et reproduit dans le dernier numéro de la revue *Trafic*. Husserl, Novalis, Spengler, Joyce, Braudel, Ramuz, j'en passe : telles sont les références majeures d'un des plus grands cinéastes d'aujourd'hui ; telles sont les vraies ombres qui peuplent son musée, sa cinémathèque imaginaires ; on me dit que « For ever Mozart », qui sortira en octobre, est beau comme un poème de Mallarmé.

Dans la biographie de Jean-Yves Tadié, le récit de la rencontre, en mai 1922, entre Joyce et Proust. Voilà deux écrivains gigantesques. Voilà les deux monuments de la littérature du XXe siècle. Or ils ne se disent rien. L'un n'inspire rien à l'autre. Et, de l'auteur de la « Recherche », Joyce se contentera de noter – indifférent, presque méprisant : *« vie analytique et immobile ; le lecteur termine ses phrases avant lui »*. Tristesse de ces rendez-vous manqués. Amertume, après coup, de ces malentendus immenses qui font aussi l'histoire de l'esprit. Les malentendus d'aujourd'hui ? Nos propres rendez-vous manqués ? Question que nous devrions tous, à tout instant, nous poser – sans illusion, hélas, sur les chances de pouvoir y répondre.

Dans le même texte de Godard, ce mot si juste – et dont le champ d'application va très au-delà du cinéma : dans la formule fameuse de Truffaut sur la *« politique des auteurs »*, tout le monde a fait semblant de croire que le mot important c'était « auteur » – alors que, bien entendu, *« le mot digne d'intérêt était celui d'avant »*. Les cinéastes, les écrivains, bref, les artistes dignes d'intérêt : ceux dont l'œuvre ne craint pas de se montrer fidèle à ce jeu de règles et de dogmes qui est l'autre nom – au choix – d'un style ou d'une politique.

La même semaine : prolongement des grèves de la faim chez les « sans-papiers » et signes, de plus en plus inquiétants, d'un génocide annoncé au Burundi. Et si c'était la même chose ? la même logique de fond ? et si cette guerre effroyable, tragique, incompréhensible, que se livrent les Burundais était, elle aussi, un appel ? une adresse aux puissants du monde ? et si c'était un de ces gestes que l'on invente pour, en désespoir de cause, attirer l'attention de qui, sans cela, ne vous écoute plus ? Grève de la faim et grève de la vie. Suicides individuels et collectifs. Des peuples entiers qui, au moment de sortir de l'Histoire, imagineraient cette dernière parade, ce cri. L'autoliquidation, chantage des plus démunis ? Le massacre, leur arme ultime ? Et, dans les zones noires du nouvel ordre mondial, l'autodafé des âmes comme dernière chance de se faire entendre ?

Époque, il y a cinquante ans, où le roman était en avance sur le cinéma : plus riche dans l'exploration des âmes, plus habile à bâtir ses fables et ses personnages – formidable machine à complexifier ce que le cinéma simplifiait. Et s'il fallait se faire à l'idée inverse ? et si le cinéma nous en disait, soudain, davantage qu'une littérature exténuée ?

Je n'avais rencontré Michel Debré qu'une fois, par hasard, dans un avion. C'étaient les débuts du lepénisme. Et en conclusion d'une longue diatribe contre les faux patriotes qui allaient, si l'on n'y prenait garde, faire *« main basse »* sur la belle idée de nation, il m'avait cité ce mot d'Orson Welles qui m'avait, dans sa bouche, paru sur le moment si étrange : *« ce n'est pas Charlot qui a volé sa moustache à Hitler – mais l'inverse. »*

10 août 1996.

La dignité des « sans-papiers ». Entre Debré et Hue, rien ? Comment l'esprit vient aux lois. Qui sont les vrais clandestins ? Comment, sans capituler, « régulariser » les grévistes de la faim.

Il y a deux façons de faire, comme on dit, « le jeu » de Jean-Marie Le Pen. L'une : céder à la pression, donner le spectacle d'un État affaibli, insoucieux de se faire respecter, velléitaire, inconstant. L'autre, plus pernicieuse : entériner le discours lepéniste, consentir à ce qu'il mène le bal et dicte à la vie politique ses obsessions, son calendrier, ses lapsus. Voyez l'étrange silence du Front national dans cette affaire des sans-papiers. Pourquoi parlerait-il quand d'autres le font à sa place ? quel intérêt à s'exprimer quand tant ses postulats que sa sémantique deviennent monnaie courante ? Et n'a-t-il pas déjà gagné quand on voit une affaire de simple police devenir affaire d'État – et, au sommet de l'État, un ministre perdre son sang-froid et traiter de « braillards » des grévistes de la faim qui, à tort ou à raison, risquent leur vie pour rester en France ?

L'autre victoire de Le Pen et du néopopulisme qui s'installe, c'est l'image de M. Hue au premier rang, avec Alain Krivine et quelques autres, des manifestations de solidarité avec ces sans-papiers ; c'est le spectacle de toutes ces organisations acceptant, Parti socialiste en tête, de se reconnaître, comme au bon vieux temps, dans un texte rédigé par des apparatchiks du PCF ; bref, c'est le grand bond en arrière qui fait que la gauche française peut se retrouver, l'espace d'une saison, autour d'un quarteron de « has been » requinqués pour l'occasion. Une droite dure, d'un côté, courant derrière ses démons. Une gauche morte, de l'autre, rassemblée autour de ses spectres. C'est le double visage politique de la France en cette période de prérentrée. C'est l'image, espérons-le fugitive, d'un double cauchemar entrevu.

D'ailleurs, écoutez-les. Écoutez M. Debré d'un côté, MM. Krivine et Hue de l'autre. Le premier : « les sans-papiers ne sont que l'aile avancée d'une horde de polygames et délinquants – régularisons leur statut et c'est toute la misère du monde qui viendra déferler après eux ». Les seconds : « ils sont l'âme d'un monde sans âme, l'avant-garde des damnés de la terre – laissons entrer non seulement ceux-là mais tous ceux qui leur ressemblent, dont ils sont les porte-parole, et qui, pour notre salut, suivront ». Le discours est identique. L'irresponsabilité, rigoureusement symétrique. Et c'est à ces deux versions de la même chimère – trois cents irréguliers frayant la voie à trois cent mille autres – que la raison oblige à répondre.

Ce que veulent ces sans-papiers, en fait ? Ce qu'ils sont ? Certainement pas des clandestins : les clandestins se cachent – eux manifestent au grand jour. Pas davantage des politiques : nulle trace, dans leur attitude, de je ne sais quelle volonté d'embarrasser un ministre, de déstabiliser un régime. Encore moins les représentants de ces centaines de milliers d'immigrés auxquels on ouvrirait automatiquement la porte en les admettant au séjour en France : « nous sommes des sujets, disent-ils ; chacun de nous est un sujet ; et ce qu'ont en commun ces sujets, c'est un certain rapport à des lois – les lois dites Pasqua – dont nous nous estimons victimes ». Car voilà bien l'essentiel, voilà ce dont ils témoignent : le souci d'une loi dont chacun sait qu'elle est absurde, souvent inapplicable, et dont ils ne réclament rien d'autre que l'amendement démocratique.

Prétention démesurée ? insupportable ? et un tel souci ne relève-t-il pas d'une « stratégie » visant, comme dit le ministre de l'Intérieur, « à faire disparaître les lois de la République » ? Ne réagiront ainsi que ceux qui ignorent ce qu'est justement une loi de la République, d'où elle vient, de quoi elle est faite et dans quel type d'historicité elle vient traditionnellement s'inscrire. Elles ne sont pas d'un bloc, ces lois.

Elles ne tombent pas du ciel. Elles sont, elles ont *toujours* été, aussi, le fruit des mouvements de la société, de ses déchirements, de ses conflits. Méconnaître cela, s'en étonner, s'indigner de ce que quelques centaines d'étrangers et les Français qui les appuient en appellent à la réforme d'un texte législatif, c'est méconnaître l'esprit des lois, leur origine toujours et éternellement remise en jeu – c'est opposer à la loi vivante des démocraties la loi morte de l'État policier.

Si l'on ne risque pas, en négociant, d'adresser au monde un « signal » que chacun interpréterait comme un terrible aveu de faiblesse ? Oui si cette négociation devait prendre la forme d'une pure capitulation. Non si elle est l'occasion d'une vraie réflexion sur la loi et si, dans la même foulée, commence de se mettre en place cette politique de l'immigration dont tous les régimes, depuis vingt-cinq ans, ont cru pouvoir faire l'économie et dont l'un des premiers signes serait la chasse à ces autres clandestins – les plus dangereux de tous – que sont les pourvoyeurs de travail au noir et autres passeurs de sans-papiers. Où est la vraie menace au demeurant, où est le vrai risque de la contagion : dans une négociation maîtrisée, menée au cas par cas et marquée par le double souci de l'humanité et du droit – ou dans la multiplication sauvage, à travers l'ensemble du pays, et dans un climat de fièvre propice à tous les débordements, de mouvements du type de celui de l'église Saint-Bernard à Paris ?

Un dernier mot. Rien ne serait plus regrettable que de voir l'État se défausser de ces tâches en les confiant, comme cela se murmure, à telle ou telle instance « modératrice » ou « médiatrice ». Il n'y a qu'un médiateur en démocratie – et c'est l'État lui-même. Toute autre solution paraîtrait, pour le coup, humiliante pour la République et ruineuse pour ses institutions.

24 août 1996.

Merci aux « sans-papiers ». Pourquoi ils ne sont pas des clandestins. Réformer les lois Pasqua. Enfin le vrai débat. Renouer avec le génie français.

Les « sans-papiers », encore. Oublions, pour un moment, le dénouement dramatique de la crise. Oublions les portes de l'église fracassées et l'image qu'elles donnent de notre pays. Oublions les larmes des enfants, la détresse des regards. Oublions l'insigne maladresse d'un ministre et d'un gouvernement qui confondent brutalité et fermeté. Oublions même le navrant spectacle de cette vieille et fausse gauche dont je redoutais, la semaine dernière, qu'elle ne se refît une virginité sur le dos des grévistes de la faim et qui n'a pas manqué, hélas, de se conformer, elle aussi, à son rôle. Mettons, oui, tout cela provisoirement de côté. Et dressons plutôt l'*autre* bilan : celui, dont on parle moins, des effets positifs du drame de l'église Saint-Bernard.

1. **Les « sans-papiers » ont gagné.** C'est une victoire étrange, sans doute. Amère. Et il est clair que nous aurions tous préféré que l'on fît, pour y arriver, l'économie de tant de violence. Mais enfin, le résultat est là. Les « sans-papiers » ne sont plus des nombres, mais des cas. Leur sort est, comme il se devait, examiné au cas par cas. Et il semble, à l'heure où j'écris, que le nombre total des autorisations de séjour qui leur seront finalement délivrées ne soit pas inférieur à ce que proposaient leurs porte-parole. Victoire – fragile – des humbles. Défaite – inavouée – des monstres froids. Un mouvement d'opinion triomphant. Une avancée de l'humanité et du droit.

2. **Les « sans-papiers » ne sont plus des « clandestins ».** Sans doute ne l'ont-ils, sur le fond, jamais été. Mais combien étions-nous, il y a quelques semaines encore, à le dire et le savoir ? Qui, parmi nous, était-il réellement conscient de ce qui distingue les immigrés

entrés clandestinement en France et ceux qui y sont venus régulièrement, qui y ont travaillé pendant des années, qui ont payé des impôts, fondé une famille, cotisé aux caisses d'assurance sociale – avant qu'une nouvelle règle du jeu (en l'occurrence, les lois Méhaignerie et Pasqua) ne les fasse, un beau matin, basculer dans l'illégalité ? La nuance est de taille. Elle décide du regard que nous portons sur nos étrangers. Elle décide donc, d'une certaine façon, de l'état de notre santé et de notre culture démocratiques. Or c'est le mérite de cette crise que d'avoir, sinon établi, du moins popularisé ce distinguo – c'est sa vertu que d'avoir, sur ce point ô combien symbolique, fonctionné comme un opérateur de complexité et de vérité.

3. **Les lois Pasqua sont mortes.** Messieurs Juppé et Debré nous disent, bien entendu, l'inverse. Ils continuent d'annoncer qu'ils feront respecter la loi, toute la loi, rien que la loi. Mais qui ne voit l'absurdité, désormais, d'un tel programme ? Qui ne voit comme lesdites lois, hier tenues pour des dogmes par l'ensemble de l'opinion et, surtout, de la classe politique, sont devenues soudain l'objet d'un légitime soupçon ? On peut regretter, derechef, qu'il ait fallu en passer par là. Mais on ne peut regretter, en revanche, cet autre progrès en lucidité. On ne peut, sans malhonnêteté, nier que la révolte ait eu pour heureux effet de révoquer en doute des textes dont chacun, je le répète, s'était lâchement accommodé et qui apparaissent enfin pour ce qu'ils étaient : des machines, non pas à éliminer, mais à fabriquer des clandestins – des mauvaises lois, des lois mal faites, des lois que l'esprit démocratique bien compris devait inciter non à figer, mais à réformer.

4. **Le grand débat sur l'immigration est, peut-être, enfin ouvert.** Il était, ce débat, dominé jusqu'ici par l'extrême droite, et l'on ne pouvait guère s'y risquer sans buter, à chaque pas ou presque, sur les pièges qu'elle s'ingéniait à semer. Eh bien, infléchissement là

encore. Peut-être retournement. Car ce sont toute une série de thèmes, parfois d'arguments ou de raisons, que ce mouvement des « sans-papiers », comme tous les mouvements démocratiques, injecte dans l'espace de la discussion. Quelle est la part de la misère du monde dont la France peut, et doit, se charger ? C'est, évidemment, toute la question. Mais que cette part existe, que l'immigration zéro soit un leurre, qu'un flux maîtrisé d'immigrés soit à la fois conforme au génie français et aux besoins d'une économie moderne, voilà une idée, par exemple, qui, pour la première fois depuis longtemps, paraît progresser dans les esprits – voilà une idée qui aura plus fait de chemin, dans nos têtes, en quinze jours qu'en quinze ans.

5. **D'autant – dernière leçon – que le mouvement semble avoir, contre toute attente, éveillé un écho plutôt favorable dans l'opinion**. Il convient d'être prudent, naturellement. Et bien léger serait l'observateur qui, fort d'un ou deux sondages, prendrait un frémissement pour un revirement – et un mouvement du cœur ou un réflexe pour l'expression d'un courant profond. Mais enfin : que la France ait du cœur, qu'elle ait, dans une affaire comme celle-là, précisément les bons réflexes, que ce pays réputé frileux et xénophobe éprouve spontanément de la sympathie pour les plus déshérités de ses hôtes, voilà une information qu'il serait absurde de bouder et que révèle à nouveau, le drame de l'église Saint-Bernard. Et si le président de la République se trompait lorsqu'il annonce, depuis Brégançon, que les Français éprouvent « une irritation croissante à l'égard des immigrés » ? et si le pays était, sur ce terrain, plus mûr qu'il ne le croit ? À lui de nous le dire. Et à lui d'en tirer, alors, les conséquences morales et politiques – en remettant sur le métier ce « modèle français d'intégration » qui fut un exemple pour l'Europe et pourrait le redevenir, s'il le voulait, dès aujourd'hui.

31 août 1996.

Le charme de Bruxelles. Le mystère Morand. Pourquoi des biographes ? Drôle de rentrée littéraire. Tapie chez Lelouch. Scorsese avait raison. La France et sa « politique arabe ». Défense de Régis Debray.

Bruxelles. Une des villes – avec Genève – où l'on respire le mieux. Parce qu'elle a, comme l'admit un jour Baudelaire, le goût des grandes capitales en même temps que celui des bourgs reculés ? La vérité est que, installé ici par nécessité, pour les besoins du montage de mon film, j'y retrouve le charme d'un état dont ce lieu est, pour moi, synonyme : entre la pieuse lourdeur des « racines » et le brutal affairement du « voyage », cet état médian, miraculeux, délicieux, qu'il faudrait appeler, simplement, le « séjour ».

« Mes enfants ne comprendraient pas. » C'est la raison donnée, pour se récuser, par l'avocat du pédophile belge Dutroux. Face à cette variante du fameux « entre la justice et ma mère » de Camus, face à cet homme dont le métier est précisément, et par principe, de défendre l'indéfendable mais qui avoue qu'« entre la justice et sa fille c'est sa fille qu'il a choisie », on ne peut qu'éprouver un léger sentiment de malaise. Même si, aussitôt, l'on se reprend : n'est-il pas symétrique, ce malaise, de celui que l'on ressent quand c'est l'inverse qui se produit et qu'un avocat se porte aux côtés d'un tortionnaire, d'un ancien nazi – ou, comme ici, d'un assassin d'enfants ? Inconsistance du cœur et de l'émotion. Incertitudes du sentiment moral. Et aussi, mais cela va sans dire, haut-le-cœur devant des crimes qui vont au-delà de l'insoutenable.

À propos de pédophilie : relu, au hasard de cette fin d'été, l'étrange « Hécate et ses chiens ». Je cherche dans les biographies de Morand. J'interroge. Et je m'aperçois qu'il y a là une zone de mystère absolu – un incident de l'œuvre qui n'a, dans la vie de l'auteur, aucune espèce de répondant. Rare, chez Morand.

Rare, au-delà de lui, chez les écrivains modernes. Non pas le « tas de secrets » de Malraux, mais une sorte de trou noir qui n'aurait d'existence que littéraire.

Mon goût des biographies d'écrivains (ces jours-ci, le « Zweig » de Dominique Bona) : le plaisir interdit de refaire, mais à l'envers, le travail qu'avait opéré l'œuvre. Elle avait, comme la mort, transformé la vie en destin. Eh bien voilà le biographe qui, sous le destin, retrouve cette vie effacée. Impitoyable curiosité du biographe. Voyeurisme pervers de son lecteur. L'œuvre, sous leur double regard : le plus périlleux des palimpsestes puisque c'est la seconde écriture que l'on gratte et que l'on prend le risque d'effacer.

Il a la vérité du « vécu », son authenticité, son cachet : c'est ce que l'on dit, comme chaque rentrée, des romans les plus réussis. Combien plus grand, à mes yeux, le livre qui fait le deuil éclatant du vécu ! Et combien je préfère ces autres écrivains qui, au lieu de bâtir des livres à l'image de leur vraie vie, sculptent au contraire leur vie à l'image des livres qu'ils ont aimés !

Rentrée « molle »... « Incertaine »... Vertige des « possibles »... Jeu inhabituellement « ouvert »... C'est ainsi que les augures découvent, cet automne, la nouvelle rentrée littéraire. Et ce sont les mêmes mots, tout à coup, que ceux de la rentrée sociale – ne caresse-t-on pas, dans les jurys, le rêve d'une « autre politique » qui répondrait, elle aussi, à la « déflation » généralisée des inspirations et des talents ? Une rentrée romanesque à l'unisson de la rentrée politique. Signe des temps. Mais mauvais signe.

Tapie dans le film de Lelouch. Plus navrante que l'immoralité de la démarche justement dénoncée par Karmitz, plus grave que le regret de voir le symbole des années fric représenter le cinéma français à Venise, cette évidence *esthétique* : Tapie reste Tapie ; pas un instant le spectateur n'oublie qu'il est Bernard Tapie ; le cinéaste, autrement dit, a échoué à en faire un acteur.

Une curiosité, tout de même, dans cette affaire Tapie-Lelouch : le blanchiment par l'image ; le spectacle comme blanc-seing ; l'idée d'un cinéma qui serait, en tant que tel, l'équivalent d'un casino où l'on viendrait blanchir et recycler la part maudite de l'époque. On évoquera la folie du temps. Son immoralité. On nommera même, pour rire, le grand Scorsese et, précisément, son « Casino ». Qui sait si, par-delà l'anecdote, nous ne sommes pas en présence d'un fait de civilisation – cette civilisation qui, depuis quelques millénaires et autant de religions, avait vu dans l'image le symbole même du leurre, de la faute et du péché ?

On reproche à Bill Clinton de n'être intervenu en Irak qu'en fonction d'intérêts bassement électoraux. Que dire alors de ceux qui, au nom d'intérêts non moins bassement commerciaux, condamnent l'intervention ? Entre « électoral » et « commercial », il y a de nouveau la morale : l'ombre des milliers de Kurdes gazés, il y a cinq ans, par un Saddam Hussein impuni – les corps de ceux qui en ont réchappé mais dont il ferait, livré à lui-même, le même gibier, le même carnage.

La fille de Che Guevara accuse Régis Debray d'avoir, en Bolivie, « parlé plus que nécessaire ». Cette terrible allégation venant, comme par hasard, trente ans après les faits mais, au lendemain de la publication d'un livre où l'écrivain affiche enfin sa rupture avec le castrisme, on hésite entre la tentation d'en sourire, celle de crier son dégoût et la surprise de retrouver intacte la mécanique du procès stalinien. Je n'ai pas toujours, loin s'en faut, été d'accord avec Debray. Mais face à la bassesse de l'attaque, je veux lui dire ma solidarité – admiration pour le jeune héros qu'il fut, estime pour l'écrivain qu'il est.

7 septembre 1996.

Comment l'interdiction du Front national ferait le jeu de Jean-Marie Le Pen. La fin d'un pays. Un point d'histoire à propos du fascisme français. La vérité sort-elle de la bouche des enfants ?

Pourquoi l'interdiction du Front national est-elle une mauvaise idée ? Parce que, à la fin des fins, le fonds de commerce du Front n'est ni l'immigration, ni l'insécurité, ni même l'inégalité entre les races – mais, bien avant cela, en amont de ces thématiques « locales », l'incroyable prétention à être le seul parti qui, sur ces questions et quelques autres, ose dire la vérité. « Il y a des tabous, dit en substance Le Pen. Des zones de silence et de non-dit. Il y a des problèmes qu'il faut éviter de soulever sous peine de se mettre au ban de l'établissement. Eh bien, je les pose, moi, ces problèmes. Je brise la loi du silence. Et c'est pourquoi les tenants de la langue de bois veulent à tout prix me censurer, me diaboliser ou m'interdire. » Le raisonnement est infâme. Mais il est, hélas, efficace. Et c'est lui qu'en bannissant son parti l'on viendrait automatiquement renforcer – c'est son argument central (celui d'une parole crue, donc périlleuse pour les bien-pensants) que l'on accréditerait. Interdire Le Pen ? La tentation est grande. Mais il faut y résister. Ce serait lui offrir *l'illustration même* de son fantasme. Ce serait, proprement, lui *donner raison*.

Bruxelles toujours. La presse, les journaux télévisés, les gens ne parlent que de l'affaire Dutroux ainsi que de cet ex-ministre accusé d'avoir, il y a cinq ans, commandité l'assassinat d'un de ses collègues. Étrange spectacle que celui de ce pays ébranlé, déstabilisé, dévasté par deux faits divers assurément énormes mais qui restent des faits divers. On connaissait les révolutions dures et douces. De rue et de palais. On connaissait les révolutions violentes et les révolutions de velours. Voici cette variante inédite, mais bien à l'image de l'esprit du temps : la révolution par le fait divers, la dissolution dans le fait de société – une série de crimes crapuleux et hop ! c'est tout un pays qui découvre l'envers de son histoire, la face noire de son lien social. C'était un pays normal, avant. C'était un pays qui tenait debout. Surgissent deux affaires de mœurs et il s'avise qu'il avait la justice la plus corrompue d'Europe, la police la plus impuissante, les institutions les plus branlantes et les moins légitimes – il découvre qu'il n'avait plus d'État du tout et reposait sur le néant. Comment un pays s'effondre. Comment une société implose. Leçon, bien sûr, pour les voisins.

Le seul argument sérieux des partisans de l'interdiction du Front national : le précédent du boulangisme, qui était l'ancêtre du lepénisme et fut bel et bien liquidé le jour, en 1889, de la dissolution de la Ligue des patriotes. Deux choses, pourtant, que l'on oublie de préciser. La première : le boulangisme était *déjà* très affaibli et non, comme son héritier d'aujourd'hui, *encore* en phase ascendante. La seconde : si l'interdiction eut alors briser le mouvement, si les matamores qui, la veille, faisaient trembler la République ont sombré dans le ridicule puis, du jour au lendemain, dans l'oubli, ils ont tout de même laissé derrière eux cette bombe à retardement que sera « l'affaire Dreyfus ». « La revanche de Boulanger », a peut-être pensé le capitaine quand il a vu se dresser contre lui cette France de la rancune à qui l'on venait de retirer sa forme d'expression. Mon autre crainte donc : si d'aventure nous recommencions et mettions hors la loi un parti dont on ne dissoudra pour autant ni les militants ni les électeurs, bref, si nous tirions toutes les conclusions du fait que Jean-Marie Le Pen est en effet un ligueur antidémocrate et factieux, nous prendrions le risque d'un refoulement du même calibre. Combattre Le Pen sans merci, bien sûr ; récolter la guerre civile, surtout pas. Lui fermer les portes du Parlement, pourquoi pas ; lui ouvrir celles de la rue, sûrement non. Le danger est là. L'on aimerait être certain que l'on en prend, partout, la mesure.

L'événement culturel de la semaine aura été sans conteste l'attribution, à Venise, du prix de la meilleure actrice à une enfant. La qualité du film – remarquable – n'est pas une cause. Non plus d'ailleurs que le charme, la grâce, voire la justesse de ton de l'enfant. Mais une chose est la grâce – une autre l'art. Une chose est le ton, voire le don – une autre ce métier, cette technique, ce mixte de mémoire et d'invention qui font la voix d'un acteur. En sorte qu'en mélangeant tout, en confondant *l'interprétation* d'un rôle avec le *naturel* d'une fillette qui s'est contentée d'être ce qu'elle était, le jury de Venise ne s'est pas seulement couvert de ridicule, il a commis une mauvaise action. Abaissement de l'acteur. Déni de son métier. Et, au bout du compte, une confusion des genres au moins aussi périlleuse, car beaucoup plus consensuelle, que celle qui, au même moment, nous présentait Bernard Tapie comme l'égal de Raimu ou de Gabin : ah ! cette fameuse « unanimité » dont on nous aura rebattu les oreilles dans les heures et les jours qui suivirent le palmarès ! au nom de quoi ? par quel miracle ? et y a-t-il un comédien, si grand soit-il, susceptible de provoquer pareil armistice des goûts et des passions ? Gare à la religion de l'enfance. Gare aux pâmoisons devant la sainteté de l'enfant, messie des sociétés, sauveur d'un genre en perdition. Pureté dangereuse. Démagogie des bons sentiments. En vagissant en chœur devant les mérites de son enfant-roi, en oubliant que l'enfance est, comme disait Descartes, le moment de la vie où l'entendement est « soumis au corps », donc « condamné à l'erreur » et, bien sûr, à l'apprentissage, le jury en question nous a moins renseignés sur le film que sur le moment : triomphe d'un infantilisme qui est, comme chacun sait, la maladie sénile des sociétés.

14 septembre 1996.

Défense du pape. Pitié pour la Bosnie. Une littérature sans critiques ? Et si Karl Zéro faisait vraiment un vrai journal ?

Pourquoi tant de haine contre le pape ? demande Gérard Leclerc dans son dernier livre. Il a raison. Et, face à l'actuel déferlement de papophobie, on a envie de rappeler quelques évidences. La première : ce pape « réactionnaire » contre lequel prétendent se lever tant de hérauts de la liberté est l'un des hommes les plus libres de l'Europe contemporaine – celui auquel elle doit, cette Europe, un peu de sa liberté retrouvée. La deuxième : en prenant les positions que l'on sait sur la contraception, l'avortement et les mœurs, il est dans sa stricte fonction de pape – il ne demande à personne d'être catholique mais, à ceux qui font le choix de l'être et à eux seuls, il rappelle le sens de ce choix, les principes qui le guident et les conséquences qu'il implique. La troisième : qu'il y ait un lieu en ce monde ou, en tout cas, dans nos sociétés, où continue d'être dit que la condition humaine ne peut pas faire l'impasse sur la question du mal, du péché, de l'interdit, qu'il s'y trouve une poignée d'hommes et, parmi eux, un pape pour rappeler que l'espèce ne fera jamais complètement l'économie de sa part noire ou maudite, est peut-être difficile à entendre – ce n'en est pas moins une bonne nouvelle parce que c'est un gage de civilisation et un rempart contre la barbarie. Merci au pape d'exister. Merci, par-delà l'anecdote et les péripéties de l'« affaire Clovis », de jouer son rôle de pape.

On s'étonne que, à Sarajevo aussi, le nationalisme gagne du terrain. Mais que voulait-on au juste ? Que les Bosniaques continuent, seuls, de croire à la Bosnie ? Que cette Bosnie dont nous n'avons pas voulu et dont nous avons, pendant quatre ans, programmé, souhaité, exigé le dépeçage, ils soient les derniers à la désirer ? Voulait-on qu'ils soient admirables à notre place ? qu'ils aient le courage que nous n'avons pas eu ? Voulait-on qu'ils soient plus démocrates que les grandes nations démocratiques ? plus fidèles aux droits de l'homme que ne le sont leurs inventeurs ? Et lorsqu'ils ne le sont pas, lorsque, à leur tour, ils baissent la garde et, pris de lassitude, nous disent : « cette Bosnie que vous nous avez imposée, cette Bosnie coupée en trois et faite de trois États croupions, eh bien nous l'acceptons – la mort dans l'âme, mais nous l'acceptons », faut-il le leur reprocher ? faut-il y voir l'aveu que l'on attendait parce qu'il justifierait enfin, et rétrospectivement, nos démissions ? et aura-t-on le culot d'accuser les malheureux d'être de « mauvais héros » qui, en tombant le masque, apparaîtraient soudain semblables à leurs adversaires d'hier et de demain ? Mauvaise foi. Ignominie de l'argumentation. On croit entendre ces bourgeois français du début du siècle qui, à la fin de l'affaire Dreyfus, quand revint de l'île du Diable l'innocent qu'ils avaient laissé condamner, trouvèrent qu'il n'était, tout à coup, pas assez conforme à l'image qu'ils s'en étaient formée : mauvais héros, lui aussi ; infidèle à son image idéale – « donnez-nous un autre innocent », clamaient ces beaux esprits sur le ton de ceux qui, presque un siècle après, veulent voir dans le résultat des élections de Bosnie la preuve que les victimes n'étaient pas non plus de « vraies victimes »...

À quoi servent les « critiques » ? et s'il y a des grandes œuvres, littéraires ou cinématographiques, qui se sont imposées sans la critique et contre elle ? À cette question d'un journaliste belge, une réponse qui, visiblement, le déçoit : non seulement je « crois » à la critique, mais je pense qu'elle est un paratexte qui fait corps avec le texte et, d'une certaine manière, l'achève. Comme si l'œuvre, sans elle, n'était pas tout à fait elle-même. Comme si elle restait incomplète, presque virtuelle, tant que la parole critique ne s'en est pas emparée. Objets inachevés qui n'ont point tout à fait leur âme tant qu'un authentique commentaire ne les oriente pas vers leur destin, les grands livres *ne peuvent se passer de critiques.*

Le Front national annonce une « révolution ». Cela ne surprendra que les naïfs ou les amnésiques – ceux qui ne savent plus que les fascismes ont toujours été, d'abord, des mouvements révolutionnaires.

Karl Zéro est-il de droite ? C'est la nouvelle question à la mode chez certains chroniqueurs télé. Avec, pour s'opposer à lui, la figure de Pierre Desproges en qui les mêmes, soit dit en passant, et lorsqu'il était vivant, voyaient le prototype de l'anarchiste de droite qu'ils disent aujourd'hui détester. Je connais un peu Karl Zéro. Et je crois, en vérité, qu'on lui fait là un bien mauvais procès. La vraie question : le type d'humour qu'il pratique – grinçant, parfois cruel, entre Jouvet et, justement, Desproges. L'autre vraie question : celle du statut d'un « journal » qui, mêlant info et intox, oscillant entre gag et enquête, fourguant de la connaissance à des gens qui, au fond, viennent d'abord là pour rire, assume une fonction qu'il faut bien, à la lettre, appeler pédagogique. Zéro, pédagogue ? Il y avait, dans son « Vrai journal » de la semaine dernière, une enquête sur les crimes pédophiles dont l'extrême brutalité, parfois la crudité, nous en disait soudain plus long que bien des indignations convenues.

Pour dire la vérité d'un temps : être à la fois dehors et dedans, au cœur et à la marge – le plus en retrait possible et le plus possible dans le siècle. Position de l'écrivain. Point de vue de la littérature. Et disqualification de ces deux erreurs symétriques : la mondanité à tous crins, l'œuvre dissoute dans le siècle ; le puritanisme frénétique, l'amour sans limite des médias.

21 septembre 1996.

Juppé déclare la guerre à Le Pen. La vérité au cinéma. Papon enfin jugé ? Stendhal et Piero della Francesca. Renoir et le noir et blanc. Dangers du Front républicain. Encore Stendhal.

Peu suspect d'indulgence à l'égard d'Alain Juppé, je n'en suis que plus à l'aise pour saluer la fermeté de ses prises de position récentes face à la montée du Front national. Que le parti de Le Pen soit un parti « antisémite, raciste et xénophobe », on le savait certes déjà. Qu'il le pense, lui, Juppé, que telle soit sa certitude intime et qu'il n'ait, en conscience, guère varié sur la question, on peut lui en faire aussi crédit. Mais qu'il le dise aujourd'hui, qu'il le fasse avec cette force, que le Premier ministre en exercice rompe avec la langue de bois pour déclarer la guerre à un parti dont chacun sait qu'il chasse sur les mêmes terres électorales que lui, voilà un geste à la fois décisif et courageux – le geste d'un grand républicain et, peut-être, d'un homme d'État. Une fois de plus cette évidence, qu'enseigne un siècle d'histoire de l'Europe et dont le maire de Bordeaux s'est peut-être souvenu : c'est la « gauche » qui, le plus souvent, défile aux cris de « le fascisme ne passera pas » ; mais c'est de la « droite » que, en réalité, tout dépend – chaque fois qu'elle a cédé, le fascisme est passé ; c'est quand elle a tenu bon, quand elle lui a résisté et qu'elle lui a opposé ses propres valeurs, qu'il a fini par être défait.

« Secrets et mensonges », le film de Mike Leigh, Palme d'or au dernier Festival de Cannes. Tout le monde a commenté l'admirable scène du café – long plan-séquence très simple, sans mouvement de caméra, où deux femmes, assises côte à côte, conversent et se découvrent. Confidence, aujourd'hui, de l'auteur : cette scène si simple, si criante de « naturel » qu'on la dirait improvisée, il lui a fallu cinq mois de répétitions pour la mettre au point et la tourner – cinq mois de mensonge pour que les deux actrices adviennent à leur vérité.

Le pape : « c'est quand la nuit nous enveloppe que nous devons penser à l'aube ». C'est, presque au mot près, une citation des « Pensées » de Pascal. Réminiscence ? Message crypté ?

Papon enfin jugé pour crimes contre l'humanité. On pense au ministre du Budget de Giscard. On se rappelle les longues années où il fut ce libéral bon teint, convenable, recevable, dont nul ne s'étonnait qu'il appartînt au paysage politique français. Et il est difficile alors de ne pas rendre justice, une fois n'est pas coutume, à l'époque : non pas en perte de lucidité, *mais en progrès* ; non pas, comme on le répète mécaniquement, zappeuse, oublieuse, frivole mais *travaillant sur sa mémoire* ; non pas le refus du deuil mais peut-être, et enfin, le *début de son accomplissement*.

Réédition, en Folio, de l'« Histoire de la peinture en Italie » de Stendhal. Plus de sept cents pages bien serrées. Presque une encyclopédie. Or quand, entre les grands et les petits maîtres, les fameux et les obscurs, je cherche le nom de Piero della Francesca, « mon » peintre renaissant, je ne le trouve quasiment pas. Une ou deux mentions, en passant. Des allusions brèves. Comme si l'inventeur de la peinture moderne, l'ancêtre lointain du cubisme, l'auteur admirable de la « Crucifixion » et de la « Madonna del parto » n'existait littéralement pas aux yeux du plus averti des historiens d'art de cette époque. Mystère de cette transparence. Énigme de cette disparition. Ce qui fait qu'un artiste peut s'effacer d'un siècle, s'occulter, devenir comme invisible ou s'y inscrire à l'encre sympathique – avant bien entendu, mais *au siècle suivant*, de réapparaître et de triompher. Relire, sur ce point – c'est-à-dire sur les « effets de structure » qui dessinent, en un temps donné, le champ du visible et de l'invisible – les indépassables pages de Louis Althusser dans « Pour Marx ».

Revu « La règle du jeu » de Renoir : ce noir et blanc qui donne *le sentiment de la couleur*. Tombé, immédiatement après, sur le téléfilm français que, par charité, je ne nommerai pas : cette débauche de couleurs fluo, faussement lumineuses, qui laissent, le film fini, une étrange *impression d'atonie*. Comme dit Delacroix dans son « Journal », réédité par Plon : l'art – le grand art – de *faire de la couleur avec du gris*.

Le « Front républicain » l'emporte sur le « Front national ». On respire. On se dit : « ouf ! un sursaut ! un refus unanime ! un barrage ! » Mais, aussitôt après, on se reprend : car le fait même que l'on en soit là, le fait que l'on ait besoin de cette coalition républicaine et que le parti de Jean-Marie Le Pen puisse prétendre, à l'inverse, s'opposer à elle et la récuser, n'est-il pas plus inquiétant encore ? Imaginons une élection nationale sur le modèle de ces élections locales. Imaginons une France où l'on aurait, d'un côté, la droite et la gauche confondues dans le même vertueux refus – et, de l'autre, les bataillons de la rancune et de la haine menés par Le Pen ou un autre. Alors ils auront gagné. Car ils apparaîtraient enfin pour ce qu'ils prétendent être depuis dix ans : l'alternative à un « établissement » perdu pour la vraie politique.

Stendhal encore. Le « grand style » est-il réellement, le plus « naturel » – celui qui épouse la « pente » de son auteur ? Bien plus passionnants me semblent – y compris, d'ailleurs, dans les meilleures pages de l'« Histoire de la peinture en Italie » – les moments où un artiste prend, consciemment ou non, le pari inverse. Remonter le courant des mots. Aller à contre-courant de ses propres mots.

28 septembre 1996.

Panne du sens ? À quoi servirent les maoïstes français. L'amitié. Manoel de Oliveira et Olivier Chatzky. Une confidence d'Izetbegovic.

Leitmotiv de toutes les politiques contemporaines : l'homme a besoin de « sens », il est en panne de « sens », il faut donner à son existence un « sens » dont elle est dépourvue – manière élégante de dire qu'il faut, pour qu'il ait de *vraies* raisons de vivre, tenter de lui en donner des *fausses*... N'est-ce pas le contraire même de l'idéal démocratique ? la négation de ce principe de finitude qui est notre gage d'autonomie ?

Lu, au dos de la couverture d'un livre récent, mon nom mêlé à celui des anciens « gardes rouges français ». J'éclate de rire, bien entendu. Mais non sans me remémorer, tout de même, ce que j'écrivais il y a vingt ans du maoïsme et de son rôle. Moment de folie collective ? Pure erreur ? Oui et non. Car ce fut aussi, dans les conditions très particulières de la France des années 60, une formidable machine de guerre contre le stalinisme régnant et, donc, le totalitarisme. Ruse de l'Histoire. Traitement du mal par le mal. En quoi Sollers n'a pas tort, dans *Le Figaro* de ce matin, de dire : « cet engagement n'était pas un égarement ; de ce moment de ma jeunesse, je ne regrette rien ».

Sollers, justement. L'amitié entre deux écrivains (et, peut-être, l'amitié tout court) : non pas, comme on le croit souvent, une pratique de l'échange, du dialogue, du pourparler interminable, de la causerie approfondie, mais juste le contraire – une connivence si aiguë, une entente si bien établie, qu'elles se passent quasiment de mots et ramènent la conversation à sa dimension la plus minimale. Laconisme de l'amitié. Rareté de la parole amie. L'amitié – ou la parole réduite à sa forme sténographique.

Nouveau film d'Oliveira. Et nouveau chef-d'œuvre. On pense à Jean Renoir ordonnant à sa secrétaire, dans les derniers mois de sa vie : « pousse mon fauteuil roulant, je suis comme une caméra marchant au ralenti ». (À cette différence près, tout de même : quatre-vingts ans passés – et l'inentamable jeunesse d'Oliveira.)

La « vie » dans un grand roman : celle, non des héros, mais des mots. Eh bien, c'est la même chose pour la vie dans un grand film : celle, non des personnages, mais des images et de leur implacable enchaînement. Le Oliveira, encore. Absurdité, dès la première image, de l'idée selon laquelle une fiction pourrait avoir maints déroulements possibles et, par exemple, maints commencements. Elle n'en a qu'un. Sans doute ni contingence.

Le goût du jour au cinéma : l'éloge de la maladresse, de l'inachèvement, presque de l'amateurisme – ce *tremblé* du désir et de la forme où l'on voit trop souvent, en France, le cachet de l'authenticité. Face à cela, quelques films qui tiennent ferme le cap inverse : outre – toujours – le Oliveira, le très bel « Élève » d'Olivier Chatzky. Leçon de forme et de maîtrise. De rythme et de fabrication. Un art de la contemplation en même temps qu'une science, extrême, du mouvement. Des lumières rares. Des couleurs sans espèce. Des clairs-obscurs que l'on ne voit, d'habitude, qu'en peinture.

Bref un film qui ne double pas, mais augmente, la beauté du monde. On me dit que son succès n'est pas à la hauteur de son ambition. Raison de plus pour se ruer dans les salles qui le projettent encore.

Izetbegovic à Paris. Pas revu depuis la fin de la guerre et son précédent passage à Paris – un an déjà ! Nous le retrouvons, Hertzog et moi, tel qu'en lui-même la paix ne l'a visiblement pas modifié. Pensif. À peine vieilli. La voix douce, mystérieusement accordée au regard. Mélancolique, presque triste – de cette tristesse profonde, peut-être sans objet, dont ni la fin de la guerre ni la victoire électorale ne semblent avoir atténué l'empire. Il pose des questions sur Chirac. Se moque, une nouvelle fois, du procès en « fondamentalisme » que lui font les médias français. Il nous parle des morts de Bosnie et, surtout, de ses blessés. Est-ce Napoléon qui a construit les Invalides ? Non ? Ouf ! Il préfère cela. Car il n'aimait chez Napoléon que le souci – qu'il lui prêtait – de ses soldats morts ou blessés. Et puis, au détour de la conversation, entre souvenirs des temps de guerre et évocation de la Bosnie future, cette confidence qu'il nous lâche et qui est aussi un point d'histoire. Le 11 octobre, soit trois jours avant le cessez-le-feu et au plus fort, donc, de l'offensive de son armée, il reçoit un appel de Warren Christopher, puis un autre de Richard Holbrooke. « Les miliciens serbes, lui disent ils, sont à la veille de la déroute. Vous pouvez, par conséquent, l'emporter militairement. Mais, selon des informations concordantes, les généraux de Milosevic grondent. Plusieurs divisions nouvelles font mouvement vers votre frontière. On est également inquiet, en Serbie, des trois cent mille réfugiés qui, si vous preniez Banja Luka, reflueraient vers Belgrade, au risque de déstabiliser le régime. Bref, vous devez vous arrêter. L'Amérique vous en intime l'ordre. Prjedor et Omarska, dites-vous ? Vous voulez, avant de déposer les armes, reprendre Prjedor et Omarska – ces deux villes symboles de l'horreur, ces hauts lieux de la douleur bosniaque ? Soit. Mais vous avez deux jours pour cela. Deux jours, pas un plus. » Deux jours plus tard, le 13 octobre, l'armée bosniaque est encore au seuil des villes martyres. Elle demande un sursis. Elle évoque le précédent de l'Amérique elle-même, libérant Bergen-Belsen. On lui refuse le sursis. Et c'est alors qu'Izetbegovic, la mort dans l'âme, s'incline et signe.

5 octobre 1996.

La leçon de Raymond Aron. Barrès, Drieu, Maurras et quelques autres. Justice pour les intellectuels. Les « élites », voilà l'ennemi ? Pourquoi Kouchner a perdu. Pas de compromis avec le Front national.

Raymond Aron, devant la Société française de philosophie, le 17 juin 1939 : « La constitution de nouvelles élites dirigeantes est le fait fondamental des régimes totalitaires. » Puis, le même jour : « Au fur et à mesure que la révolution se prolonge, l'élite nouvelle l'emporte sur les élites anciennes. » Puis encore, dans le même texte : « La lutte entre les anciennes classes dirigeantes et les élites nouvelles » est l'un des axes du fascisme, qu'il soit italien ou allemand. Je n'ai pas l'habitude de citer Aron. Mais, face aux apprentis sorciers qui, de nouveau, soixante ans après, entonnent le même refrain de l'indignité fondamentale des élites, face au néopopulisme qui, comme dans les années 30, explique tous les maux du jour par la faillite desdites élites, comment résister à la tentation d'évoquer ces mots, cette leçon ?

Il y a trois façons, en France, de décliner ce vieux thème. Des élites fondamentalement impures, corrompues, etc., auxquelles s'opposerait un peuple demeuré pur : c'est, en gros, la position de Barrès dans sa période boulangiste et antisémite. Des élites exsangues, épuisées, à bout de souffle, qu'un peuple traditionnellement sain devrait revitaliser : c'est l'obsession, par exemple, de Drieu au moment de son ralliement au PPF et à Doriot. Des élites éventuellement honnêtes, mais déconnectées du pays réel, sans lien avec ses forces vives – c'est le grand souci des maurrassiens quand ils veulent instaurer, entre les deux ordres, un rapport plus « naturel », plus « organique ». Je ne crois bien entendu pas que les élites d'aujourd'hui soient, plus que celles d'hier, exemptes de reproche. Mais je dis qu'il est impossible de ne pas réentendre, dans le tumulte présent, l'écho de ces voix de Barrès, Maurras, Drieu – dans la nouvelle crise des démocraties, les funestes séductions d'une certaine tradition fasciste.

Un exemple de cette haine fanatique des élites : la façon dont l'opinion s'engouffre dans la brèche ouverte, bien malgré eux, par un ou deux livres récents – la façon dont on clame que ce sont les intellectuels dans leur ensemble, tout leur effort de pensée, leur aventure en tant que telle, que l'époque a discrédités. Que nombre de ces intellectuels se soient déshonorés, je suis le premier à en convenir. Mais que ce soit la fonction qui, avec eux, ait failli, qu'il faille se débarrasser, en bloc, de la mémoire de Sartre, Heidegger, Aragon, qu'il faille les faire taire, ces clercs, pour opposer à leur égarement la science muette des simples ou, au contraire, des compétents, voilà qui nous remet dans les pas de ce qu'il y eut de pire, justement, dans l'histoire des idées contemporaines. On croit conjurer, enfin, le spectre du totalitarisme. On ne fait que ressusciter, hélas, cet anti-intellectualisme de principe qui en fut une des données les plus constantes.

Un autre exemple : le trouble jeu de massacre qui vise, pêle-mêle, écrivains, journalistes, vedettes de télévision, industriels, politiques, gouverneurs de la Banque de

France, j'en passe – tous ceux qui, par un bout ou par un autre, entrent dans la catégorie, infamante, des « médiatiques ». Peu importe, là encore, le cas de tel ou tel. L'important, *l'essentiel*, c'est que dans « média » il y a « médiation » et qu'il n'y a jamais de démocratie pensable sans représentation, délégation, refroidissement des passions collectives et communautaires, séparation de la société d'avec elle-même, bref une forme ou une autre de cette « médiation » maudite. Un monde sans médiation ? Un monde de l'immédiateté, c'est-à-dire, au choix, de la brutalité, de la spontanéité, de la guerre de tous contre tous. Une société qui ferait de la guerre contre ses élites une priorité ? Une société qui, bon gré mal gré, prendrait le chemin de la barbarie.

Un autre exemple encore : la défaite de Bernard Kouchner à Gardanne. On dit qu'avec Kouchner, c'est l'Europe, l'esprit de Maastricht, etc., qui ont perdu – et c'est vrai. Mais prenons-y garde. Il s'est passé autre chose à Gardanne. Car que fait-on quand on reproche à un candidat de n'être qu'un « parachuté » ? Que signifie ce procès en « parisianisme » qui a scandé toute sa campagne ? Cela signifie qu'on attend d'un député qu'il soit l'expression, non de la nation, mais de la région. Cela sous-entend qu'on le perçoit, non plus comme le porte-parole d'une idée, mais comme le fondé de pouvoir d'un intérêt. Cela implique, en d'autres termes, que l'on a rompu avec le principe même de la représentation républicaine : une représentation qui tenait toute sa noblesse du fait qu'elle était censée incarner, non une volonté particulière, mais la volonté générale tout entière. Gardanne, ou l'idéal citoyen en danger.

On pourrait multiplier les exemples. À quoi bon ? Car tel est bien l'air du temps, passablement nauséabond. Et telle est, du coup, l'urgence pour ceux que ce déferlement de démagogie effraie. Aux libéraux qui, à Gardanne ou ailleurs, hésitent sur le parti à prendre, il faudra inlassablement répéter qu'ils n'ont qu'un ennemi mortel, attaché non à les contredire mais à les détruire – et cet ennemi, c'est le Front national. Aux penseurs de terroir néogaullistes qui croient faire preuve d'insolence ou d'audace en promettant de « secouer – sic – les cocotiers de la société française », il sera bon d'objecter que leur ton n'est pas toujours très loin de ceux qui veulent « faire rendre gorge » à Juppé et aux siens. Et à ceux enfin qui, dans l'État, semblent croire que l'incantation populiste peut tenir lieu de courage politique ou de volonté réformatrice, on rappellera que l'appel au vitalisme perdu a toujours été, en Europe, la dernière des politiques.

19 octobre 1996.

Contre le Front national, la lutte à mort. Hommage à Nicole Notat. Les Nahon, boucs émissaires ? Oui à une nouvelle loi antiraciste. Maurice Clavel, Jack Lang et la réinvention de la gauche française. Un recalé du warholisme. Baudelaire à Bruxelles.

Je n'ai pas dit que le Front national était le *seul* ennemi de la droite libérale : j'ai dit qu'il était le seul à vouloir, non lui nuire, mais *la détruire*. Avec les autres – socialistes, communistes... – elle est engagée dans une lutte dont l'enjeu est le pouvoir. Avec lui, Le Pen, changement de registre et de nature : c'est d'une lutte à mort qu'il s'agit – qu'elle sous-estime les enjeux du combat, qu'elle tarde à se déterminer ou fasse le moindre faux pas et elle sera, non battue, mais broyée (comme le furent, soixante ans avant elle, les droites italienne, française et allemande).

Nouveau symptôme de la destruction des élites dont je parlais la semaine dernière et qui est, décidément, l'une des tendances lourdes du moment : le cas de

Nicole Notat, femme de gauche et syndicaliste courageuse, que l'on a vue, jeudi dernier, dans la manifestation des employés du secteur public, conspuée, bousculée, presque malmenée – sans qu'un seul de ses homologues songe, ni sur le moment ni plus tard, à lui dire sa solidarité. Notat, victime expiatoire ? Notat, ou l'éthique de responsabilité sacrifiée sur l'autel de la démagogie.

Autre lynchage médiatique qui n'a, apparemment, rien à voir (encore que...) : celui de Marianne et Pierre Nahon, ces deux marchands de tableaux piégés par un cinéaste et, sans doute, par leur propre naïveté – mais dont l'infortune, au lieu de provoquer, chez leurs confrères, un élémentaire réflexe de solidarité, ne semble susciter, là aussi, que procès d'intention, insinuations plus ou moins douteuses, propos haineux. Est-il vrai que le comité d'organisation de la FIAC songerait même à les exclure « pour faute professionnelle grave » ? On voit mal ce qu'est, en art, une « faute professionnelle grave ». Mais une chose est certaine : la démarche, si elle aboutissait, serait sans précédent ; en s'alignant sur n'importe quel syndicat de bouchers ou ordre des médecins, ledit comité verserait dans le corporatisme le plus imbécile ; en donnant à penser que des galéristes qui – en bien ou en mal, peu importe – n'ont parlé que d'eux-mêmes et l'ont fait en leur seul nom portent « préjudice » au marché tout entier, elle ouvrirait la porte aux dérives les plus redoutables et, d'abord, à la transformation du milieu de l'art en milieu tout court. Les Nahon sont de grands marchands. Ils aident, promeuvent, soutiennent, « éditent » de grands artistes. Oublier tout cela pour, comme je l'entends ici ou là, « régler leur compte » aux « brebis galeuses » et les transformer, ce faisant, en « boucs émissaires » d'on ne sait quelle culpabilité obscure et, comme toujours, imaginaire, ce serait, pour le coup, le type même du geste mafieux.

Oui, bien sûr, le combat contre le Front national est affaire, non de droit, mais de politique. Mais faut-il, pour autant, s'interdire *tout* recours à la loi ? et faut-il, quand cette loi (qui, *de toute façon*, existe) paraît périmée ou inadaptée, s'interdire de la réformer ? Sur ce point, Jacques Toubon a évidemment raison. Et pour tous ceux qui, comme moi, répètent depuis dix ans que les idées du Front national ne sont pas des idées comme les autres, il est difficile, aujourd'hui, de s'opposer au projet. La lutte contre Le Pen est notre priorité à tous. Gare à ne pas y mêler arrière-pensées politiciennes et mauvaise foi !

Chirac bien reçu à Damas – et mal à Tel-Aviv : est-ce un bon signe ?

Brigitte Bardot, prix Léautaud. Affaire de littérature ? Non. Affaire de chats. Ou, peut-être, de misanthropie. Comme si les prix devaient aller, non à des livres, mais à des tempéraments.

Ségolène Royal à la télévision. Degré zéro de la pensée. La politique réduite à ses bons sentiments et ses poncifs. On songe à Maurice Clavel : « pour battre la droite, il faut d'abord casser la gauche ». Avec qui ? Quel ténor, quelle figure réellement charismatique, pour traverser la vallée de larmes ? Je songe à Jack Lang, entrevu, le même soir, sur une chaîne câblée et dont je m'avise soudain que la parole est devenue étrangement rare – l'une des dernières paroles, pourtant, à demeurer en phase avec l'époque sans avoir rien perdu de sa pugnacité. Lang a, paraît-il, nombre d'ennemis dans son propre camp. Après l'échec de Kouchner et la demi-retraite de Rocard, face aux contre-performances de Jospin et au silence persistant de Fabius, les « ennemis » en question ont-ils vraiment le choix ?

L'incident de Jérusalem. Bonne opération pour Chirac qui se fait, à peu de frais, une belle réputation de courage. Bonne opération pour le provocateur Netanyahou qui affiche, une fois de plus, l'épaisse et fausse intransigeance qui lui tient lieu de politique. Le seul perdant, dans l'affaire, aura été l'obscur policier à qui le président français demande, au plus fort de la bousculade, s'il veut le voir « rentrer dans son pays » et dont on imagine le visage faisant instantanément le tour du monde et devenant aussi célèbre que celui du fameux Chinois face au tank de la place Tiananmen (le quart d'heure de gloire warholien, mais aux dimensions de la planète !) si, au lieu de rester bouche bée, il avait eu le réflexe, par exemple, de répondre « oui ».

Baudelaire détestait à la fois les Belges et les enfants. Qu'aurait-il dit de la manifestation de dimanche ? Je l'imagine, sur son balcon de l'hôtel du Grand Miroir, voyant passer les trois cent mille pénitents blancs venus dire leur nostalgie de la pureté perdue. Cher Baudelaire. Pauvre Belgique.

26 octobre 1996.

L'affaire Marek Halter et ses leçons. Je me souviens du commandant Massoud. Charles Hernu et la bouche d'ombre. Les menstruations de la Vierge. Le style du président. Et s'il fallait se décider à vieillir ?

Après la bibliothèque d'Orange épurée, puis l'éviction de Gérard Paquet de son festival de Châteauvallon, voici le tour de Marek Halter dont la présence, à la Fête du livre de Toulon, est jugée « inopportune » par la mairie. Ce qui frappe, dans cette affaire, c'est, bien sûr, l'arrogance d'un parti qui ne s'embarrasse plus de précautions pour afficher son antisémitisme. Mais c'est aussi – prenons-y garde – l'intelligence stratégique dudit parti qui, engagé dans ce qui ressemble de plus en plus à une lutte pour la conquête du pouvoir, vise, au fond, assez juste. Car le fascisme n'a jamais eu, à la fin des fins, qu'un ennemi vraiment sérieux. Ce ne sont pas les lois – qu'il tourne aisément. Ni les Parlements – où il entre couramment. Ni même les immigrés – ses proies les plus faciles. Non. Son pire ennemi, le plus radicalement haï en même temps que le plus irréductible, a toujours été, et demeure, *la culture*. Quand ils entendent le mot culture, les gens du FN sortent leur revolver. Contre-attaque à l'usage de ces temps obscurs : soyons nombreux, quand nous entendrons le mot FN, à inverser la logique et à sortir notre culture.

J'ai connu le commandant Massoud il y a presque vingt ans quand, avec Marek Halter justement, nous lui apportions, au cœur de la vallée du Panchir où il tenait tête aux Soviétiques, les premiers émetteurs de ce qui allait devenir « Radio Kaboul libre ». Il était jeune, intrépide. C'était le plus brillant des chefs militaires. Mais celui qui incarnait alors l'aile démocratique de la résistance avait surtout la particularité d'avoir emporté avec lui, jusqu'au fond des villages et des grottes où il s'abritait des bombardements, une bibliothèque immense, riche, disait-on, de plus de cinq mille ouvrages – une bibliothèque-bivouac où il puisait, nous expliqua-t-il un jour, l'essentiel de son énergie. Ce guerrier qui, par la force des armes alliée à celle de l'esprit, tint en échec l'Armée rouge va-t-il céder aujourd'hui aux talibans ? Ce grand général doublé d'un amateur de littérature va-t-il, vingt ans après, être vaincu par ce que l'islam fondamentaliste compte de plus rétrograde ? C'est, pour l'ancien jeune homme que je suis, une pressante et terrible énigme. C'est, pour tous ceux qui – là comme ailleurs – savent que la partie se joue entre culture et intégrisme, l'un des vrais rendez-vous de la fin du siècle.

On savait que Charles Hernu avait été vichyssois. On apprend aujourd'hui qu'il aurait émargé au KGB. D'une collaboration l'autre. D'une infamie à son ombre portée. Et puis une trame de plus dans l'interminable intrigue de cette « Histoire des treize » qu'aura décidément été l'aventure mitterrandienne. Que nous réserve, encore, la bouche d'ombre de l'idéologie française au XXe siècle ?

Aux éditions des Cahiers du cinéma, « Conversations » de Manoel de Oliveira avec Antoine de Baecque et Jacques Parsi. C'est ce que l'on peut lire de plus intelligent ces jours-ci, sur le montage, les rapports de la littérature et du cinéma, le muet, le désir de fiction, le statut de la vérité en art, les liens du sébastianisme et du marxisme ou même la modernité de la Bible et des Évangiles. Qui, sinon l'auteur de « Val Abraham », se souvient encore des pages de Claudel sur les menstruations de la Vierge Marie ? qui s'intéresse au fait qu'à l'époque de la naissance du Christ la virginité « n'était socialement pas bien vue » et que « si une fille restait vierge elle empêchait la venue du Messie » ? Leçon de cinéma. Exemple de philosophie vécue. Et puis, sous la plume d'un des deux auteurs, une méditation sur cette inaltérable jeunesse de Oliveira dont j'ai déjà parlé, moi-même, dans ce bloc-notes et dont la description vaut, au mot près, pour Picasso : il y faut, dit de Baecque, un corps qui « n'ait pas beaucoup servi, attentivement préservé » ou alors, au contraire, qui ait « beaucoup vécu, comme celui d'un athlète entraîné ». Corps d'artiste et corps glorieux. Antiphysiologie de l'esprit.

Des images de l'algarade de Jacques Chirac avec son escorte de policiers israéliens, Daniel Schneidermann dit, dans sa dernière chronique du *Monde*, que ce sont des premières images « véritablement présidentielles » du septennat. Sur la forme, il n'a peut-être pas tort. Mais sur le fond ? Sur le fond j'attends que l'on m'explique comment on peut afficher une amitié avec Hafez el-Assad, puis plaider le dossier de la levée des sanctions contre l'Irak de Saddam Hussein et réserver son ire à un homme – Netanyahou – dont on admettra qu'il est le seul des trois à n'avoir pas de sang sur les mains. Netanyahou est *un nationaliste* dont la politique désastreuse nuit aux intérêts d'Israël. Assad et Saddam sont *des terroristes* dont la haine de la démocratie menace non seulement Israël mais le monde. La nuance est de taille. Elle m'interdit, jusqu'à nouvel ordre, de me joindre au chœur de ceux qui applaudissent sans réserve à la « liberté retrouvée » du chef de l'État.

Trente ans de pensée française racontés par *Le Magazine littéraire*. On feuillette l'album. On parcourt les chronologies. On rêve sur ces querelles éteintes, ces livres à demi oubliés, ces photographies jaunies et déjà légendaires. Jusqu'à ce que l'on s'avise que c'est de nous qu'il s'agit : notre histoire, nos débats, le présent d'hier soir déjà transformé en passé, notre jeunesse en un mot, un sédiment de nous-mêmes. Ce vertige soudain, cette image d'une génération, la nôtre, vue et comme écrasée au téléobjectif du souvenir : est-ce, dans l'histoire des idées, ce que l'on appelle vieillir ?

2 novembre 1996.

Netanyahou contre Israël. Jean-Jacques Rousseau et le Zaïre. Le pari des Rita Mitsouko. Lagardère pour cible ? L'Amérique selon Valols, Dieu et quelques autres. Un mot de Primo Levi. Aragon sur Malraux.

Pourquoi dis-je de Netanyahou qu'il est un homme dangereux, mettant son pays en danger ? Parce que Israël, le vrai, celui de la Bible en même temps que du premier sionisme, n'a jamais eu qu'une vocation : déjouer la loi des races, des racines, des territoires, appartenir à ce qui, par principe, récuse toute appartenance – le contraire, autrement dit, de ce que défend aujourd'hui le gouvernement Netanyahou. Heureusement, face à lui, ces centaines de milliers de citoyens qui descendent dans la rue au cri de « la paix maintenant ! » : la vérité, l'honneur d'Israël.

Zaïre. À propos des limites de ce tout-à-l'humanitaire que l'on oppose à nouveau à l'horreur, rien à ajouter au procès qu'instruisait déjà « La pureté dangereuse ». L'humanitarisme, ce vitalisme. Ce naturalisme. Cette façon de transformer les hommes concrets en une masse indifférenciée, un amalgame de chairs et de souffrances. Et puis cette cruauté d'un regard officiellement compassionnel mais où dominent, en réalité, le voyeurisme et la fascination mal déguisée : « à force de voir mourir et souffrir, les prêtres et les médecins deviennent impitoyables », dit Rousseau au livre IV de l'« Émile » – jugement qui, en toute rigueur, s'applique au téléspectateur du « 20 heures » confronté à ce spectacle de l'extrême que sont les grandes catastrophes humanitaires. Entomologie. Vivisection passionnée. L'humanité comme un cobaye. L'humanitaire comme un laboratoire. Et urgence, face à cela, d'une vraie intervention – alternative à la pitié des États brancardiers. La France, aux dernières nouvelles, romprait avec cette logique et se proposerait d'envoyer cinq mille soldats sur place. Mais le fera-t-elle ? Et n'est-il pas *déjà* trop tard ?

Nouvel album des Rita Mitsouko. Des cordes et des flûtes pour, nous dit-on, « imiter le son des synthés ». Le monde à l'envers ? Non. Notre monde. Celui où, depuis longtemps, les rôles se sont renversés puisque l'artifice y est devenu plus réel que le réel – l'étalon même du vrai, sa mesure, sa nature.

Jean-Luc Lagardère est un ami et je n'ai, soyons clair, pas de compétence particulière pour juger du bien-fondé de la cession de Thomson à tel ou tel. Ce préalable étant posé, on me permettra d'avoir un avis sur quelques-uns des traits d'époque dont sa mise en examen aura été le révélateur. 1) Surchauffe hystérique d'un discours qui, par glissements progressifs du plaisir sémantique, vous transformerait en « escroc » n'importe quel chef d'entreprise mis en cause par un actionnaire. 2) Absurdité d'un climat où il revient à l'opinion et, dans le meilleur des cas, à la presse d'apprécier le bien-fondé, et le prix, des services rendus à son groupe par le chef d'entreprise en question. 3) Jubilation, enfin, de ladite opinion assistant, ou croyant assister, à la mise en procès d'un de ces « grands » dont elle voudrait se persuader qu'ils sont les boucs émissaires des maux dont elle est accablée. Je ne m'inquiète pas pour Lagardère, que j'ai vu triompher d'adversités plus redoutables. Mais je m'interroge sur ce jeu de massacre dont on voit, chaque semaine ou presque, paraître une nouvelle cible. L'affaire Lagardère comme un symptôme. La « destruction des élites » continue.

Mon malaise face à la musique : vieille histoire dont je m'expliquerai un jour – et probablement trop personnelle pour que je le fasse ici. Ce sentiment, cela dit, me semble, lui, assez général pour pouvoir être partagé : l'omniprésence d'une pseudo-musique qui devient comme le bruit de fond de l'époque et ne peut qu'alimenter, en retour, le désir de la voir s'interrompre ou se taire. Au choix, dans ce cas : la littérature ou le silence.

L'Amérique a voté. Et l'Europe, entre-temps, se complaît dans un antiaméricanisme aussi primaire que douteux. En France par exemple, quand finira-t-on par comprendre que l'antiaméricanisme de principe est une des passions politiques les plus anciennes et les plus tristement codées – un thème qui, de Georges Valois au Front national en passant par Céline, Drieu La Rochelle, d'autres, est un des poncifs de l'extrême droite ? Je ne suis pas un « inconditionnel » de l'Amérique. Mais la haine inconditionnelle de l'*American way of life*, de sa culture, de son histoire est toujours, elle, un thème fasciste.

Le problème du « crime contre l'humanité » et la question, plus actuelle que jamais, de savoir si l'on doit, si l'on peut, pardonner ces forfaits qui « saignent », dit le Psalmiste « jusqu'à la fin des temps ». La réponse, je la trouve dans un texte de Primo Levi, cité dans le beau livre que vient de lui consacrer Myriam Anissimov : « je suis disposé à pardonner celui qui a démontré dans les faits qu'il n'est plus l'homme qu'il a été ». En peu de mots tout est dit.

Cadeau de Martin Peretz, directeur de *New Republic* : un exemplaire d'archives du numéro de 1938 où Aragon publia son fameux article sur « L'espoir » de Malraux. Cette phrase qui, soixante ans après, résume mieux qu'aucune autre le « paradoxe » de l'artiste engagé : « l'homme qui risque sa vie pour le peuple espagnol écrit en même temps que le seul peuple au monde qui soit digne d'être sauvé est le peuple des statues ».

9 novembre 1996.

Cocteau à Los Angeles. Les zapatistes et George Soros. Léaud chez Assayas. Un mot de Maurice Sachs. Le « titre pétard » de Romain Goupil. Toujours le Zaïre. La leçon de Godard et Antonioni. Une biographie de Pessoa. Qu'appelle-t-on penser ?

Cocteau disait de Paris qu'elle « ferait de belles ruines ». C'est le sentiment dominant à Los Angeles

– ville moderne, futuriste, sans mémoire, etc., mais où je n'ai jamais, autant que cette fois-ci, senti la crainte des incendies, des tremblements de terre, du « big one ». Apocalypse tomorrow ?

Les zapatistes en visite. Syndrome « Jaguar » ou « Un Indien dans la ville ». On n'organise pas une « tournée » politique comme on ferait d'une curiosité ou d'un cirque.

Ironie du sort (ou nécessité, qui sait ?) : les mêmes, au même moment, célèbrent un autre visiteur – George Soros. Zapatistes-Soros, même combat ? Oui, bien sûr, aux yeux du Spectacle.

Grandes photos de Malraux, partout, dans les rues de la ville. Les idées sont-elles faites pour être pensées ou vécues ? Pensées, bien entendu. Car c'est l'antidote au fanatisme.

Jean-Pierre Léaud dans le dernier Assayas. Cas de ces acteurs dont on a envie de dire : ils ne jouent pas le personnage, ils le créent – il n'y a pas d'abord le personnage puis un acteur pour l'incarner, il y a l'acteur puis le personnage qu'il suscite et, à la lettre, inspire.

L'empressement glauque autour de Soros : on songe au « Tout-Paris » de « Tableau des mœurs de ce temps » faisant fête au financier Morning. On le croit « détenteur, raille Maurice Sachs, d'un secret magique, de quelque pierre philosophale ». Les temps, et leurs mœurs, ont-ils vraiment changé ?

Baudelaire disait qu'il y a deux sortes de titres : les titres mystérieux et les titres pétard. Un livre vient de paraître, qui cumule les deux vertus : celui du cinéaste Romain Goupil, « Lundi c'est Sodomie ». Ce qui se cache derrière ce titre ? Le polar le plus drôle, le plus décalé, le plus *radical* de la saison.

Sur la musique au cinéma, le lieu commun dominant : qu'elle y soit sans y être, qu'elle s'écoute mais ne s'entende pas – qu'elle ne se prenne pas, en d'autres termes, au jeu de ses propres effets. Et pourquoi donc, mon Dieu ? en vertu de quel décret ? Toujours l'imbécile décret qui veut que la technique, en art, ne se montre pas.

Butor en son labyrinthe. Où habites-tu ? Nulle part, dit l'écrivain. Et il y a dans cette « part nulle » son bien le plus précieux.

Henry Kissinger publie « Diplomatie » (gros opus indigeste où l'on trouvera, entre autres, quelques obscénités sur la Chine). Lumière des étoiles mortes.

Goupil encore. Attaqué par Patrick Besson dans *Le Figaro littéraire* de ce matin. Précision à l'usage de ceux que surprendrait la violence extrême de la charge : le premier fut engagé dans la défense de la cause bosniaque – le second fut du quarteron d'écrivains qui, après Srebrenica, préférèrent voler au secours des massacreurs. Ne jamais oublier, dans un débat, de sous-titrer ses partis pris – ce que, pour ma part, je fais ici.

Pourquoi les voix, au cinéma, seraient-elles nécessairement « synchrones » ? S'essayer au pari inverse. Poésie d'une voix qui flotterait autour du corps de son acteur. La leçon d'Antonioni. Celle, bien sûr, de Godard.

Les socialistes ont raison d'annoncer un programme radicalisé et gauchi : la démocratie meurt de ne plus offrir d'alternative à un électorat désespéré. Ils ont tort, en revanche, de faire des promesses dont ils sont les premiers à savoir qu'ils ne les tiendront pas : la méthode a marché pour Chirac – mais, comme les mauvaises blagues, elle ne marchera vraiment qu'une fois. Minc, dans *Libé*, retour du « socialisme dans un seul pays ».

Israël, contre l'esprit d'appartenance. C'est cela. Qu'ils relisent, ceux que mon dernier bloc-notes aura heurtés, Theodor Herzl lui-même, fondateur et théoricien du sionisme. On est en pleine affaire Dreyfus. Partout l'emporte l'esprit des lieux, des races, des terroirs. Et il ne dit, au fond, que ceci : « Il y a un lieu au moins, où cet esprit doit abdiquer – et ce lieu sera Israël. »

Le pari littéraire le plus fou de l'année : celui de Robert Bréchon racontant en six cent vingt pages (éditions Christian Bourgois) la vie de celui des écrivains du siècle – Fernando Pessoa – qui s'employa avec le plus de talent à n'avoir, justement, *pas de vie*. Biographie d'une ombre. Itinéraire d'un fantôme. Six cent vingt pages, oui, pour raconter l'histoire d'un homme qui voua son existence à effacer ses propres traces.

Le temps de Kafka : des coupables sans crime. Le temps d'après Kafka (le nôtre) : des crimes sans coupables – des massacres, des tragédies, parfois des génocides, dont on peine à reconstituer l'enchaînement des causes, des circonstances et, donc, des culpabilités. Le Zaïre, évidemment – malgré la décision d'intervention annoncée, enfin, à Washington.

Ces jeunes gens à la télévision répétant à chaque instant : « notre génération pense que... notre génération veut que... voici ce que notre génération ne peut plus entendre, accepter, etc. » Non-sens. Ce n'est pas ainsi que l'on pense. Ce n'est pas penser que penser selon son sexe, sa situation, sa génération.

16 novembre 1996.

L'affaire NTM. Si Juppé était Mendès. Marek Halter, Toulon et le prix Goncourt. Réhabiliter les Croix-de-Feu ? Castro chez Agnelli. Un film sur les insectes. La première défaite de CNN. Aristote et l'esprit de génération.

Les textes de NTM choquent ? C'est que l'on a oublié ceux de Sartre et Foucault, dans la presse maoïste des années 70. Appels au meurtre des « bourgeois ». Patrons « pendus par les couilles ». CRS non pas « condamnés à mort », mais transformés en « SS ». Et nous n'avions pas, à l'époque, l'alibi du rap et des banlieues !

La France soutient la candidature de Boutros-Ghali à sa propre succession à la tête de l'Onu. Au choix : aveuglement politique ou acharnement thérapeutique. Qu'en pensent les survivants de Bosnie ?

Le plus mystérieux chez Juppé : qu'il ne fasse rien de son impopularité. Un Français sur cinq seulement pour le soutenir ? Le record d'Édith Cresson pulvérisé ? Ce serait l'occasion, j'imagine, de dire : « battu pour battu, voici les grandes réformes que j'entreprends, les grands chantiers d'avenir sur lesquels je choisis de finir ». Au lieu de quoi, cette morne survie. Cette singulière série de reculs. La prudence de Balladur, tant daubée par les chiraquiens quand il était au faîte des sondages – et que, pour le coup, rien n'explique.

Interrogée sur l'hommage rendu à Marek Halter par les libraires de Toulon, Mme Roze, prix Goncourt 1996, y voit une « provocation ». Ensuite, bien sûr, elle se rétracte. Elle regrette son fâcheux lapsus. Mais demeure la première impression : se mettre dans la peau des fascistes au pouvoir, imaginer leurs réactions et, par avance, s'y conformer, entrer, en un mot, dans leurs raisons et faire comme si ces raisons étaient raisonnables, c'est le début de l'esprit collabo.

L'affaire NTM encore. Si le « malaise » des banlieues suffit à justifier la violence verbale du groupe ? Non, bien entendu. Car autant excuser à ce compte, et en vertu du même malaise, la violence des lepénistes contre les institutions républicaines. N'empêche. Des artistes emprisonnés, une interdiction de chanter, l'arsenal de la répression la plus lourde mobilisé contre le plus populaire des groupes rap, ce serait, si la décision se voyait confirmée, un autre dérapage, plus redoutable encore, et qui ne pourrait que redoubler ses effets les plus pernicieux. Douste-Blazy et Toubon l'ont compris. Et ils ont sauvé, en le comprenant, ce qui restait à sauver : outre leur honneur, la responsabilité de l'État de droit.

Réhabilitation du colonel de La Rocque et de ses Croix-de-Feu. Signe des temps. Confusionnisme intellectuel. Car on mélange, ce faisant, deux choses. Que la plus active, en effet, des ligues de l'entre-deux-guerres n'ait pas été nazie au sens, par exemple, de l'Allemagne, que son chef se soit bien conduit face à l'occupant et qu'il ait fini dans la Résistance avant d'être déporté, c'est parfaitement exact, nul ne l'a jamais sérieusement nié et Jacques Nobécourt, dans son livre (Fayard), a raison de le rappeler. Mais que ce problème de *conduite* règle celui de l'*idéologie*, que la *biographie* du chef des Croix-de-Feu autorise à ne pas entendre la réalité de son *discours*, que l'on passe sous silence, autrement dit, son antiparlementarisme virulent, sa haine de la démocratie et des lumières, ses appels incessants à la voix de la rue contre celle du pays légal, que l'on refuse de prendre en compte la « nausée » de La Rocque face à une « décadence » dont seule une « révolution nationale » pouvait, selon lui, remonter le cours, que l'on efface du même coup, le « maréchalisme patriote » qui fut le sien dans les premiers temps de Vichy et qu'évoque Zeev Sternhell dans *Le Monde des livres* de la semaine dernière, voilà qui devient contestable et, dans le climat du moment, périlleux. Révisionnisme soft. Toujours le même refus de voir, en ce qu'elle a de spécifique, la tradition fasciste française.

Fidel Castro au Vatican : on est troublé mais on comprend (le pape a bien reçu Kurt Waldheim – pourquoi ne recevrait-il pas le vieux dictateur ?). Le même Fidel chez Agnelli : on est également stupéfait, mais on comprend, cette fois, beaucoup moins (sauf à rappeler le mot de Lénine sur ces capitalistes qui, par cynisme, vendraient à leurs ennemis jusqu'à la corde pour les pendre). L'indignation passée, surgit l'autre question – romanesque : laquelle des deux rencontres a-t-elle été la plus étrange, la plus improbable, la plus fertile en malentendus ?

Un film sur les insectes, interprété par des insectes. Pas encore vu. Mais lu, dans *Télérama*, ces déclarations des deux auteurs : « ces êtres étrangers sont faits de la même pâte que nous » ; il y a, entre eux et nous, « un pont qui peut s'établir » ; nous « partageons avec eux une sorte de destin commun ». Le film est peut-être beau. Mais le propos est débile. Mépris du genre humain, ou haine du cinéma ?

Les réfugiés hutus rentrent au Rwanda. Stupeur dans les chancelleries. Désarroi dans le barnum humanitaire. Les médias du monde entier sidérés par la nouvelle. C'est l'Histoire qui, pour une fois, va plus vite que l'information – c'est CNN prise à revers et la revanche du réel sur le virtuel.

Les gens qui parlent « au nom » d'une génération ? Aristote, dans sa « Physique » : « génération » égale « corruption ».

23 novembre 1996.

Le retour de la lutte des classes. Ingrid Caven et ses fantômes. Le nouvel emprunt russe. La voix de Jean-Luc Godard.

Les routiers. Qu'est-ce qui, dans ce conflit, a tant troublé les observateurs ? Pourquoi cette surprise, cet émoi et, au fond, cet effroi ? Parce qu'il nous rappelle une évidence que l'obsession – légitime – du chômage avait presque fini, à force, par nous faire perdre de vue et que l'on appellera, faute de mieux, l'évidence de la lutte des classes. Eh oui ! Il y a les trois millions et demi d'exclus qui ne trouvent pas de travail du tout. Mais il y a *aussi* le combat silencieux des hommes et des femmes qui travaillent – mais pour des salaires de misère, à des cadences infernales et au prix d'une détresse dont on ne parlait plus guère. Retour, donc, du refoulé. Retour de cet autre drame, éclipsé par celui des chômeurs, qui est celui des semaines de soixante heures, du chantage à la productivité, des corps exténués, des vieillesses précoces. L'autre soir, dans l'émission de Paul Amar, sur TF1, ce routier qui ressemblait à Yves Montand dans « Le salaire de la peur » et qui ne cessait de répéter qu'il voulait l'indemnisation des « heures gâchées ». Cette idée, non d'une *vie gâchée* (le mot eût été inutilement pathétique), mais (plus humble, plus piteux et, donc, bien plus poignant) des *heures gâchées*, me bouleverse.

Ingrid Caven à la Grande Halle de la Villette pour deux récitals exceptionnels. Décolleté dans le dos. Peau blanche, comme de la poudre de cocaïne. Halo de lumière dorée qui sculpte une silhouette inchangée malgré les années. Et puis ce timbre rauque, animal et céleste, quand vient le moment de l'« Ave Maria ». ce n'est le timbre d'aucune des vedettes de la chansonnette d'aujourd'hui et le public le sent bien – recueilli, terriblement silencieux, suspendu à cette voix de diva, à la fois intérieure, douloureuse et glorieuse. Chère Ingrid. Si seule, soudain. Rescapée d'on ne sait quel désastre. Petit soldat-dandy d'un combat dont elle ne sait plus elle-même ce que furent les enjeux ni les fronts. C'est beau. Mais c'est un peu triste. Comme si, quand elle entre en scène, surgissait avec elle une époque – celle des seventies, de la folie-Fassbinder, de ses déjantés, de ses suicidés, mais aussi de ses survivants et des enfants naturels du couple diabolique, fascisme et stalinisme, etc., etc. Ingrid, reine de la nuit. Ingrid, ange bleu d'un siècle crépusculaire.

Remboursement des emprunts russes. Mauvais gag. Images, pour le coup sinistres, de la France de la petite épargne et de ses coupons jaunis. Nouveau signe, également, de cette braderie collective, de ce blanchiment frénétique à quoi semble se livrer, avant de solder ses comptes et, peut-être, de se saborder, le siècle finissant. Mais, signe pour signe, voici cet autre signe qui s'adresse, lui, au siècle qui arrive et devrait nous faire réfléchir : *aux emprunts russes d'aujourd'hui*. Car enfin, soyons sérieux. Ces banques qui prêtent à nouveau, et tous les jours, à l'État de Boris Eltsine, ces démocraties qui, cédant au chantage à l'implosion d'une nomenklatura déjà condamnée, déversent des milliards de dollars dans le grand trou noir d'une économie dont, cette semaine encore, dans *Le Monde*, Alexandre Soljénitsyne décrivait « l'agonie », bref, ces irresponsables qui, sans la moindre garantie financière ni politique, subventionnent un régime aux abois, dépourvu de légitimité et de perspectives, dominé par les mafias et les seigneurs de la guerre en Tchétchénie – ces euro-financiers brillants ne commettent-ils pas la même folie que leurs arrière-grands-parents finançant à fonds perdus le « développement » de la Russie tsariste ? On se réjouit des deux pauvres milliards de francs qui vont regonfler le bas de laine de quelques épargnants acharnés qui conservaient, comme des reliques, leurs titres bradés. Personne, étrangement, ne se demande ce que ces deux milliards coûteront et coûtent déjà – personne ne paraît se soucier de la contrepartie réelle dont ils sont le gage et le leurre. Rendez-vous, non dans quatre-vingts ans, mais dans dix – quand l'heure sera venue de faire les comptes de ce que l'Europe, avec une constance dans l'erreur décidément acharnée, aura englouti dans ce nouvel emprunt russe.

Jean-Luc Godard, chez Laure Adler, veut parler de son dernier film (j'y reviendrai), « Mozart for ever ». Il dit des choses, bien entendu. Il parle du muet, du parlant, du cinéma comme pensée, de la télévision, du monde. Mais ce qui me frappe le plus, c'est le ton, l'extrême lenteur du ton, sa modestie, presque sa prudence, comme si chaque mot comptait, comme s'il fallait le peser, l'évaluer longuement, ne surtout pas le dilapider ni le prononcer à côté – comme si, dans le déferlement de stéréotypes et, donc, de mots idiots qui constituent le bruit de fond de l'époque et de son spectacle, la moindre faute de mot était une faute tout court ; comme s'il n'y avait pas de plus grande urgence, pour un cinéaste d'aujourd'hui, que de sauver les mots et, par voie de conséquence, le sens. Je le regarde. Je regarde où va son regard. Et je m'aperçois que, bizarrement, il ne se pose jamais vraiment sur ses interlocuteurs, ni sur son intervieweuse encore moins sur les téléspectateurs – quoi alors ? Eh bien, les mots justement. Il ne regarde, au fond, que les mots. Il ne s'écoute pas, mais se regarde parler. J'ai écrit, un jour, que ce timide de génie, cet antinaturaliste qui ne croit aux mirages ni de la « communication » ni de l'« immédiateté » a mis, entre le monde et lui, une caméra. Je découvre, ce soir, qu'il a aussi disposé une fine barrière de mots – et que la préserver, cette barrière, est une autre affaire de morale.

30 novembre 1996.

Levinas et l'existence de Dieu. Le terrorisme au quoti-
dien. Toulon et la démocratie. Qu'est-ce qu'un son ? Un
appel de Jacques Julliard. Zéro est revenu. Godard for
ever.

Relu « De Dieu qui vient à l'idée » de Levinas. Sa
position (qui, au fond, est aussi la mienne) : « Dieu
existe, mais je n'y crois pas. »

Comme après chaque attentat, panique, sursaut,
branle-bas de combat des consciences et des vigilances
– tous signes qui indiquent notre incapacité à prendre
en compte cette donnée nouvelle du terrorisme : un
phénomène, non plus accidentel, mais permanent,
répétitif, structurel. Vivre avec le terrorisme.

Complot contre le livre de X. Vérification, une fois
de plus, de l'immense avantage de l'attaque sur la
défense, de la haine sur l'amitié : la première est totale,
absolue, obsessionnelle et, donc, efficace ; la seconde
est relative, dolente, vaincue d'avance. Renversement
de la formule : il faudrait que nos amis nous traitent
comme nos ennemis.

Routiers, suite. Et si *le* grand clivage passait, désormais, entre ceux (routiers donc, mais aussi cheminots,
aiguilleurs du ciel, employés de l'EDF, etc.) qui sont
en position de paralyser le pays, de le prendre en otage,
etc., et ceux qui n'en ont pas le pouvoir ? Contradiction
au sein du peuple. Nouvelle lutte des classes.

Est-il exact que sur la tombe de Louise de Vilmorin
figure cette simple – et terrible – épitaphe : « Au
secours ! » ?

Borges : « je suis résolument monotone ». Le mot
pourrait être de Godard. Mettons qu'il *soit* de Godard.

Toulon, ville « fasciste » ? Sans doute, puisque c'est, avec Orange et Marignane, l'une des villes où le FN est au pouvoir. Mais quelques heures suffisent à constater ceci : parce que les Toulonnais font face au FN et à ses idées, parce qu'ils sont au contact de la Bête et dans l'obligation d'y résister, parce que Jean-Marie Le Chevallier, leur maire, a été élu par un électeur sur trois et que les deux autres sont, depuis dix-huit mois, plus ou moins entrés en résistance, Toulon est aussi la capitale de l'antifascisme – elle est, si l'on veut, *la ville la plus antifasciste de France.*

Rolle. Entre Lausanne et Genève, au pied du glacier, un petit bourg sage, hors du temps, avec ses vignes bien plantées, ses coteaux, sa campagne presque artificielle tant elle paraît figée – et là, dans une maison de village, hors du temps, le studio de mixage d'où sont sorties quelques-unes des bandes-son les plus sophistiquées du cinéma français récent. Le son a plus besoin de paix que l'image. Il se nourrit, non de bruit, mais de silence. Le lac, tout près, qui semble là pour absorber les parasites du son, réduire ce qui pourrait lui résister – neutraliser, en un mot, l'espace où il se déploie.

Jacques Julliard rédige et fait circuler un message de soutien aux manifestants de Belgrade. Il y aurait à dire sur les manifestants en question, leur réveil tardif, leur nationalisme persistant, etc. Mais il faut signer, néanmoins. Et que réagissent comme moi tous ceux qui, pendant quatre ans, ont soutenu la Bosnie martyre n'est évidemment pas innocent : notre ennemi n'était pas le peuple serbe mais la barbarie d'un régime dont, sans toujours le savoir, il était l'autre victime.

L'idéal pour un « effet sonore » au cinéma : croire que l'on a vu ce que l'on a sûrement entendu.

Les derniers livres de Jacques Derrida – collections de conférences, causeries diverses, articles. Cette façon de recueillir ses propres vestiges, de se panthéoniser de son propre vivant.

Le son, encore, au cinéma. Le monter par rapport, bien sûr, à l'image – mais aussi par rapport à lui-même. Les cinéastes devraient être capables de voir leur film, non pas seulement en coupant le son, mais en coupant *aussi l'image.*

Karl Zéro est de retour. Au sommaire de son nouveau « Vrai journal », un reportage sur Le Pen commenté par Guy Konopnicki et qui, à lui seul, justifierait la reprise de l'émission. Sa thèse ? Le Front national se veut le fer de lance de la lutte anticorruption. Or c'est – selon, donc, Zéro et Konopnicki – le parti le plus corrompu de France. C'est le parti de la pègre et de l'argent sale. Accusations graves. Aura-t-on un démenti ?

Un grand acteur à qui maints éditeurs proposent d'acheter ses souvenirs : « ma mémoire n'est pas à moi ». Leçon d'élégance.

On a salué en Georges Duby le très grand historien, l'écrivain, le successeur de Marc Bloch et le contemporain de Michel Foucault. Je pense, aujourd'hui, au premier président du Conseil de surveillance de la Sept – celui qui, lorsqu'il me passa le flambeau, en juillet 1993, me dit : « j'aimerais que cette chaîne de télévision fasse aussi partie de mon œuvre ».

Godard encore. Parfois l'idée m'effleure qu'il pourrait s'être *trompé d'art.* Proust qui aurait fait de la peinture. Delacroix des romans. Ou encore – clin d'œil à Bernard Frank – Stendhal du théâtre.

7 décembre 1996.

L'âge de la retraite. Levinas et la prison. Avec les manifestants de Belgrade ? Le dernier Coppola. Chirac et ses journalistes. Le « Picasso » d'Ivory. Jérôme Clément et l'Italie. La bibliothèque de Mitterrand.

La question de l'âge de la retraite au cœur du débat démocratique. C'est bien. Mais pourquoi pas, tant que l'on y est, le débat sur l'âge de notre mort ? Je ne plaisante qu'à demi. L'un est le corrélat logique de l'autre.

Un lecteur de Levinas en prison. Le trouble des jurés d'assises quand ils ont eu à juger un criminel qui cherche – et trouve – son salut dans les livres. Ma satisfaction secrète face à cette nouvelle réponse à la bondieuserie laïque : la philosophie *n'est pas* l'amour de la sagesse ; elle *n'est pas* le plus court chemin vers la sérénité des âmes.

Ce mot de Thomas Mann, quelques années après la guerre, qu'il faudrait pouvoir rappeler à ceux qui, de nouveau, doutent de l'Europe et de son urgence : « si l'on ne veut pas d'une Europe allemande, il faut une Allemagne européenne ».

Un bon film tourné par un médiocre cinéaste : « Mission impossible » de Brian De Palma. Un mauvais film signé d'un très grand cinéaste : « Jack » de Francis Ford Coppola – cette fable navrante où Robin Williams incarne une âme d'enfant qu'un mauvais sort a logée dans un gros corps d'homme de quarante ans. L'équivalent, en littérature, de ce chassé-croisé entre talents et performances ?

Il y avait, l'autre semaine, l'impossible biographie de Borges. Voici aujourd'hui – et à la télévision ! – l'impossible portrait du plus mystérieux des écrivains contemporains (c'est à peine si l'on sait le visage qu'il a, le lieu où il vit, s'il est même encore vivant) :

J.D. Salinger. Comment filme-t-on un mythe ? une invisible légende ? un romancier devenu, à force de se cacher, plus irréel que ses personnages ? Réponse de Benoît Jacquot, le 18 décembre, dans l'émission – décidément excellente – « Un siècle d'écrivains ».

Que reprochent à Milosevic les manifestants de Belgrade : le fait d'avoir fait la guerre en Bosnie ou celui de l'avoir perdue ?

C'est entendu : Jacques Chirac n'est pas le premier à désigner les journalistes chargés de l'interroger. De Gaulle l'avait fait, avec Michel Droit. Et Mitterrand avec Mourousi. Et les choix de ce président-ci ne sont pas, on l'admettra, les moins heureux de la série. Mais enfin quel aveu ! Aux États-Unis, on se demande « comment on fabrique un président ». En France, la question devient : « comment on fabrique *l'image* d'un président ». Régression démocratique. Recul sur l'Amérique. Ce qui choque n'est pas que l'on passe « pardessus la tête » des journalistes du service public (les mêmes se seraient plaints, dans le cas contraire, d'être « instrumentalisés » par le pouvoir) mais que, comme dans les mauvais opéras, la mise en scène l'emporte sur la musique (ah ! l'irrésistible tentation, quand on n'a rien à dire sur le fond, de « créer l'événement » dans la forme...). À quoi sert la télévision moderne : à devenir notre nouvelle agora – ou à diffuser des émissions produites par Jacques Pilhan ?

Il y a le dialogue franco-allemand. Mais il y a aussi – condition d'une Europe réussie – le dialogue franco-italien. Qui mieux qu'Arte la chaîne du premier dialogue – pouvait prétendre réactiver le second ? Je pense, en écoutant Jérôme Clément ouvrir le grand colloque qu'il organise, ce jeudi, au Théâtre du Rond-Point, à un texte d'Alexandre Kojève intitulé « L'Empire latin » et qui plaidait, déjà, pour cette bipolarité européenne...

Belgrade encore. Malaise face à ces centaines de milliers d'hommes et de femmes qui font la preuve, tous les jours, que l'on peut se révolter, dire non à Milosevic, le contraindre, peut-être pas à composer, mais au moins à les entendre – et qui ne l'ont jamais fait pendant les quatre années de la purification ethnique en Bosnie. L'Histoire avance, certes. Mais pour de bonnes raisons.

Le « Picasso » de James Ivory. Périls du genre. Vulgarité annoncée – et, hélas ! rarement conjurée. Sans cesse, on garde à l'esprit « Le mystère Picasso » de Clouzot.

Un inédit de Brecht. L'auteur d'« Arturo Ui » aurait, dans les années 20, croisé Hitler dans une brasserie de Munich. Son impression ? Celle d'un homme politique médiatique qui prenait des cours d'art dramatique pour parfaire sa gestuelle. Proximité d'un instant – mais qui en dit si long ! Court circuit – mais ô combien éloquent...

Nathalie Sarraute en Pléiade. Insigne honneur pour un vivant. L'entrée dans la prestigieuse collection n'est-elle pas la plus grande part d'éternité disponible pour un écrivain – comme un avant-goût, en ce monde, d'une immortalité promise ? Autre Panthéon.

Choqué que l'on donne à la nouvelle Bibliothèque nationale le nom de François Mitterrand ? Non. Pas vraiment. Car n'y aurait-il qu'une exception à la règle non écrite qui veut, paraît-il, que les institutions de cette espèce ne portent jamais le nom d'un homme que ce serait celle-là : ce président lettré, amoureux fou des livres – le premier, dans l'histoire de la République, à s'être fait immortaliser, le jour de sa photo officielle, la main posée sur un livre ouvert. J'ajoute que ce choix libère le nom de la grande pyramide que je propose de baptiser – histoire du Louvre oblige ! – « pyramide Vivant Denon ».

14 décembre 1996.

1997

Toscan du Plantier, ou l'histoire telle qu'on la raconte. Georges-Marc Benamou, le dernier confident. Entre deux réveillons, les SDF. Benamou, Le Monde et Mitterrand. Force ouvrière en Corée. Paul Valéry et le vieux président.

La femme d'un ami – Daniel Toscan du Plantier – assassinée. La presse – et pas forcément la pire – titre : « l'affaire Toscan »... Voilà, oui, où nous en sommes. On dit « l'affaire Toscan » comme on dit « l'affaire Tapie », ou « l'affaire X », ou « l'affaire Y ». Beaucoup à dire sur l'indécence extrême du lapsus. Beaucoup aussi, quant au fond, sur cette nouvelle découpe de l'Histoire – la grande comme l'intime – non plus en « événements » mais en « affaires »...

Du vivant, déjà, de Mitterrand, certains se demandaient : « pourquoi a-t-il choisi Benamou ? comment cet homme qui avait le choix – l'embarras du choix – des témoins a-t-il élu ce jeune journaliste hors normes, irrespectueux des usages, pour l'accompagner dans sa dernière aventure ? » Eh bien, la réponse, la voici. Elle est dans ce livre très beau, très grave, très littéraire – elle est dans ce livre de douleur et de respect, écrit dans la plus pure tradition française, où l'on ne sait ce qu'il faut louer le plus, de l'art du trait ou du portrait, du style ou de la scène de genre. Benamou n'est pas Saint-Simon ? Soit. Mais ce qui frappe dans son livre, c'est qu'il a, en effet, les qualités des grands mémorialistes : cruel avec tendresse ; jugeant, tout en peignant ; proche, très proche du modèle et, soudain, s'en éloignant ; en sympathie quand il faut l'être ; non dupe quand il ne faut pas l'être ; résistant à sa séduction ou tantôt, au contraire, lui cédant. Mitterrand, donc, ne s'y est pas trompé. Il avait deviné l'écrivain. Il avait pêché, non l'âme, mais le regard. Il avait choisi Benamou à cause de ce regard incroyablement pénétrant. Je le dis d'autant plus humblement que, connaissant moi-même l'auteur depuis presque vingt ans, je crois bien être, comme les autres, passé à côté de ce talent-là. J'aime cette bévue. J'aime, depuis huit jours, notre stupeur à tous face à l'événement littéraire que constitue l'intrusion de ce regard dans le paysage littéraire du moment. Un écrivain est né. Et nul ne l'a vu venir.

Vague de froid. Scandale de ces « sans domicile fixe » mourant de froid, tous les jours, dans la France de l'an 2000. On a honte. On s'indigne. Parfois, on se mobilise. On se réjouit aussi, bien sûr, qu'un secrétaire d'État, Xavier Emmanuelli, prenne le problème à bras-le-corps et sauve, non seulement l'honneur, mais des vies. Reste cette autre voix, en chacun, difficile à faire taire : « s'inquiéter du sort des SDF à Noël, c'est bien – mais avant Noël ? et après ? leur sort, et les raisons de ce sort (que nous connaissons bien et que nous avons acceptées), cessera-t-il d'être insupportable quand le thermomètre sera remonté de cinq ou de six degrés ? » Scandale au-dessous de zéro – normalité au-dessus...

Benamou encore. Les courtisans, aux dernières nouvelles, pesteraient contre le livre. Normal. Car s'il est, au fond, plutôt tendre pour Mitterrand, s'il grandit son héros et son insatiable appétit de vivre, si la scène dite des ortolans est d'abord une scène magnifique, un beau moment de vie et de libertinage, si elle traduit l'ultime sursaut d'un gisant qui sait qu'il va s'éteindre, mais se cabre, se défend et défie une dernière fois la mort, le trait est sans pitié, en revanche, pour la troupe des courtisans qu'il aura, jusqu'à la dernière minute, cruellement manipulés. L'auteur lui-même en était ? Bien sûr. Et il a l'honnêteté, d'ailleurs, de ne le cacher à aucun instant. Mais c'est le miracle de la littérature de permettre, in extremis, de s'excepter du lot. Benamou fait penser à cet écrivain allemand, Günter Wallraff, qui s'était déguisé en Turc pour enquêter sur la situation des travailleurs turcs dans son pays. Il s'est déguisé, lui, en mitterrandiste. Il est le Günter Wallraff de la mitterrandie finissante. Et il livre ainsi les secrets non du maître, mais de la tribu – seul « crime » qui, n'en doutons pas, ne lui sera pas facilement pardonné. J'ajoute que sur le fond des choses – en l'occurrence, la fin du règne et l'incapacité partielle du président à assumer toutes ses fonctions – il apporte des informations qui recoupent et prolongent celles que la presse, et notamment *Le Monde*, avait, à ses risques et périls, déjà rendues publiques. Livre d'historien autant que d'écrivain. Contribution décisive à l'histoire française de l'époque.

Grève en Corée du Sud. Des centaines de milliers d'hommes et de femmes protestent contre les cadences infernales, le productivisme à outrance, la religion de l'entreprise et du travail – bref, les supposées vertus qui ont fait, paraît-il, le « miracle coréen ». Où va la Corée si elle tourne le dos à son « génie » ? Où va le monde si les Coréens eux-mêmes se mettent à prendre modèle sur Blondel et Viannet ? Je ne suis pas économiste. Mais quelque chose me dit – et ce n'est pas tout à fait une plaisanterie – que, si les syndicats coréens l'emportaient sur les féroces féodalités locales, ce serait peut-être, ici, un coup porté à la mécanique infernale de la « crise »...

Benamou toujours. Le choix de Benamou par Mitterrand. J'ai d'autres hypothèses. À commencer par celle-ci. Allez savoir si le vieux roi ne sentait pas *aussi* que sa vraie affaire était moins l'Histoire que le roman. Allez savoir s'il n'aurait pas fait, à sa façon, le fameux raisonnement de Baudelaire selon Valéry : « Voilà ma situation ; untel a pris l'Histoire ; tel autre, la grande politique ; il me reste le roman – il me reste à devenir, oui, un magnifique personnage de roman, énigme inépuisable pour les générations futures autant que pour mes contemporains. »

11 janvier 1997.

Les « accros » du mitterrandisme. Canguilhem et les mathématiques. Des ortolans affaire d'État. Paris Match et les juges. La mort de Jean-Edern Hallier. Faut-il regretter le temps des pamphlets ?

Mitterrand encore. On croit toujours que c'est fini. On se dit : « c'était le dernier livre, les gens en ont assez ». Et puis voilà un nouveau récit qui relance la machine, déchaîne à son tour les passions – voilà un autre best-seller qui rappelle que l'ancien président, plus encore que de son vivant, reste un intarissable phénomène et filon d'édition. Plus ils en donnent, plus on en réclame. Plus l'offre croît, plus la demande croît avec elle. Ce n'est plus de la librairie, c'est de la toxicomanie. La France est droguée, et sa drogue s'appelle Mitterrand.

Je pense à la définition des mathématiques selon Canguilhem : « une théorie extérieurement fermée et intérieurement ouverte ». C'est la situation, sinon du mitterrandisme, du moins des études mitterrandiennes : extérieurement fermées (par la mort physique du sujet), intérieurement ouvertes (sur la prolifération des œuvres que cette mort, loin de tarir, semble au contraire accélérer). C'est l'étrangeté de cette affaire, son défi à toutes les lois de la production intellectuelle : une histoire qui, comme les mathématiques, n'en finit pas de produire du neuf au sein d'un espace saturé.

164

Ce qui fascine chez ceux qui, depuis huit jours, réagissent à ce livre de Benamou, c'est leur obsession de l'infime. L'un nous révèle qu'il a coupé l'ortolan du président en deux. L'autre assure qu'il l'a coupé en quatre. L'autre encore que le malade n'était pas en état, de toute façon, de l'avaler comme dit le chroniqueur – à l'ancienne, sous une serviette. Le quatrième refait le compte des plateaux d'huîtres qu'il a engloutis, le soir de ce dernier réveillon. Disputes byzantines. Culte de la relique et du détail. L'idolâtrie de la relique n'est-elle pas le propre des sectes ? Les maniaques du détail ne sont-ils pas, à leur façon, des révisionnistes ?

Mais l'événement mitterrandologique de la semaine aura été, bien entendu, la condamnation de *Paris Match* – coupable d'avoir, il y a un an, publié les photos du président gisant sur son lit de mort. Le jugement est idiot, car les photos étaient très belles. Il est contraire à ce que voulait le défunt : nous savons, aujourd'hui, combien ce roi républicain tenait à ce que soit exposé le spectacle de sa maladie, de son agonie, de sa mort. Mais il est surtout, lui aussi, très inquiétant – car que signifie un jugement qui, comme le souligne Roger Thérond, le directeur de l'hebdomadaire, déboute pratiquement la famille (un franc de dommages et intérêts pour chacun des plaignants), mais insinue que c'est l'ordre public que ces pages auraient troublé (l'amende, pénale, de 100 000 F est due à « la société ») ? On ne sait qui, du quatrième pouvoir (celui des médias) ou du troisième (celui des juges), « dérive », en l'occurrence, le plus.

Rien à voir entre la mort de Mitterrand et celle de Jean-Edern Hallier. Et l'on se gardera de trop gloser sur la coïncidence troublante des dates : le polémiste foudroyé un an, jour pour jour, après l'enterrement de son adversaire favori – comme si celui-ci, en une parade ultime, un coup de Jarnac, avait eu finalement raison de celui-là... Une remarque, cependant. D'un mort, on se demande toujours ce que fut sa dernière parole. Bien plus passionnante à mes yeux, surtout lorsqu'il s'agit d'un romancier, la question de sa dernière lecture : les derniers mots qu'il a eus, non sur les lèvres, mais dans la tête – ses vraies dernières pensées d'écrivain, c'est-à-dire, au fond, de lecteur. Je ne peux imaginer que la dernière lecture de Hallier n'ait été, comme nous tous en ce dimanche, ce fameux livre sur Mitterrand. Je ne peux imaginer qu'il soit mort sans avoir à l'esprit l'hallucinante chronique des derniers instants de François Mitterrand. Hallier est mort, à la lettre, *avec* l'ancien président.

Ému par la mort de Hallier ? Oui, bien sûr. Trop de moments partagés. Trop de souvenirs, qui sont ceux de sa jeunesse et de la mienne. Le temps du premier *Idiot*. Celui des vacances à Courmayeur. Anna. La petite Ariane. Le livre sur les luttes de classe en France que nous voulions écrire ensemble. On n'échappe pas à la règle. On est, quoi qu'on en dise, contemporain de ses contemporains. Que l'un d'entre eux s'en aille – et c'est un peu de soi, forcément, qui disparaît... Et puis, en même temps, non. Pas d'hommage hypocrite. Pas de couplet sur le-grand-écrivain-dévoyé-qui-malgré-ses-excès, etc. Je ne veux pas – je ne peux pas – effacer ce qui, depuis quinze ans, sans merci, m'a séparé de lui. Les textes orduriers. Les attaques ad hominem. La violence du ton. Sa vulgarité. L'antisémitisme, enfin. Je pardonne tout. Je n'oublie rien.

Bel article de Kéchichian, dans *Le Monde* de ce jeudi, sur la forme même du pamphlet. Suffit-il d'une plume acerbe, demande-t-il, pour faire un bon pamphlet ? Les vrais, les grands pamphlétaires ne sont-ils pas des gens qui, avant d'avoir un style, ont des convictions, une vision du monde, des valeurs ? Que serait, d'ailleurs, une plume sans âme ? Et « un style sans esprit » ? Vraies questions. À quoi j'ajouterai, encore, ce doute : y a-t-il des grandes œuvres qui ne soient faites *que* de pamphlets ? les pamphlétaires *professionnels* ne sont-ils pas de faux indignés, des révoltés de convention – l'équivalent, dans l'ordre de la colère, de ce que sont, dans celui du deuil, les pleureuses ? Les pamphlets de Hugo ne valent que parce qu'ils sont adossés aux « Misérables ». On ne lit ceux de Bernanos que parce qu'il est d'abord l'auteur de « Sous le soleil de Satan ». Le pamphlet est un genre. Ce n'est pas une religion.

18 janvier 1997.

Le cas Bourdieu. Non à la séparation des juges et de l'État. Le secret de l'instruction et ses effets pervers. Poivre d'Arvor et les « paparazzi ». Henry James au théâtre. Le Pen chez les extrémistes serbes.

Il y a un cas Bourdieu dans le paysage intellectuel français. On connaissait le super-mandarin parlant au nom de la basse intelligentsia. On avait le pur produit de l'élite dénonçant, chez Cavada, la « misère du monde » avec l'abbé Pierre. Voici, désormais, la star des médias théorisant son allergie (conceptuelle) à la télévision. Il faudra bien qu'un jour Bourdieu se décide : Alceste ou Tartuffe.

La Bibliothèque François-Mitterrand située à quelques mètres du camp d'Austerlitz, cette annexe de Drancy où fut installé, à partir de novembre 1943, un centre de triage. Trop beau – et trop triste – pour être vrai. Et pourtant... Je pense à un texte de Chaunu expliquant que la France est le pays du monde où l'on compte, depuis longtemps, la plus forte proportion de morts par rapport aux vivants. Je pense aussi, surtout, à l'idéologie française, ses fantômes, ses revenants. La pire « ruse » du moment.

Séparation des juges et de l'État ? Bien sûr. L'intention est bonne. Mais l'idée, fort périlleuse. Premier péril : le corporatisme d'une justice, privée d'extériorité et d'ancrage, forcément close sur elle-même, qui ne tirerait plus que de soi le principe de sa cohérence. Second péril, connexe : l'illégitimité d'un système qui, rompant avec l'État et, donc, avec le souci politique, romprait, qu'on le veuille ou non, avec le vieil idéal citoyen. Le problème n'est pas l'indépendance de la justice – c'est la démocratie. L'urgence, la vraie, n'est pas de « libérer » les juges – elle est de les soumettre à un État de droit refondé.

Même chose avec le « secret de l'instruction ». Sur le papier, tout le monde est pour. Encore que... Voyez le cas de l'Irlande tel que nous le révèle la bien étrange enquête sur le meurtre de Sophie Toscan du Plantier. C'est, avec la Grande-Bretagne, le lieu de l'habeas corpus absolu. C'est le pays où l'usage comme les principes imposent que rien ne filtre d'une enquête criminelle de cette espèce. Résultat : si rien ne s'imprime dans les vrais journaux, si aucun suspect ne voit son nom cité dans l'équivalent local du *Monde* ou du *Figaro*, le système se rattrape avec cette spécialité anglo-saxonne que sont les tabloïds. L'équation est implacable. La fausse presse chasse la vraie. Quand les journalistes se taisent, ce sont les échotiers qui jactent. Respect du secret de l'instruction égale triomphe de la presse de caniveau et de son sensationnalisme nauséabond.

Un mot à propos de la presse à sensation, sur le dernier livre – et le sort – de Patrick Poivre d'Arvor. Sur la machination dont il fut l'objet l'été dernier, en Grèce, de la part d'un « paparazzi », il a visiblement raison. Sur le danger que ferait peser l'arrivée massive, en France, d'une presse de type tabloïd, on ne peut également que le suivre. D'où vient, alors, qu'il ait tant de peine à se faire entendre ? d'où vient la petite rumeur qui tente, de-ci de-là, de disqualifier son témoignage : « mauvais avocat... victime suspecte... cet acharnement dont vous vous dites la cible, n'en êtes-vous pas complice ? responsable même ? n'avez-vous rien fait, vraiment, pour mériter le sort, etc. ? » Piètre parade. Mauvais procès. Qu'il y ait, dans ce livre, des outrances ou des amalgames, c'est la loi du genre. Mais, pour l'essentiel, il vise juste. Et il le fait, de surcroît, non sans courage.

S'il n'y avait qu'un spectacle à voir, cette semaine, ce serait l'adaptation par Simone Benmussa, à la Comédie des Champs-Élysées, du « Peintre et ses modèles », de Henry James. Vieille fable. Éternel paradoxe du vrai, du faux, du réel et de leur représentation. « Libérez-vous de la chose esthétique », dit James. « Le faux seul est aimable. » C'est la leçon de Baudelaire. C'est celle de Valéry. C'est le cœur même de la grande obsession littéraire. Et c'est, en l'occurrence, de l'excellent théâtre.

Le cinéma n'est ni au-dessus de la vie (Hitchcock), ni au-dessous (Rossellini) – il est de plain-pied avec elle, taillé dans la même étoffe, la relayant quand elle défaille, reprenant la parole quand elle bredouille. « Ne coupez pas », dit le grand cinéma – celui qui, en réalité, prolonge l'existence, lui fait écho, la joue autrement. Aujourd'hui ? Le très beau « Brigands, chapitre VII », d'Otar Iosseliani.

Le Pen était déjà l'ami de Saddam Hussein. Il soutenait le FIS et le GIA dans leur sanglante lutte pour la défense d'une pureté identitaire en Algérie. Le voici maintenant – mais est-ce bien nouveau ? – reçu en grande pompe par Vojislav Seselj, l'extrémiste serbe classé par les Américains, fin 1992, sur la liste des criminels de guerre en Croatie et en Bosnie. Étrange maçonnerie, décidément. Singulière internationale où, par-delà les dissentiments de surface, quelques secrets de famille, des mots de passe, une stratégie, rassemblent. Que les niais s'en étonnent, qu'ils ne perçoivent là qu'une dispersion d'obscurantismes obéissant, chacun, à sa loi propre, amusera sûrement les membres de la secte : ils savent, eux, la dévotion profonde qui les regroupe.

25 janvier 1997.

Sur un nouveau « silence des intellectuels ». La mort de Louis Pauwels. Appel à l'islam modéré. Monsieur Papon et « l'idéologie française ».

Nous y sommes. Comme chaque saison, ou presque, voilà que l'on nous refait le coup du *« silence des intellectuels »*. Il s'agit, cette fois, de l'Algérie. Et tous les petits malins de gloser sur ceux-qui-pleuraient-sur-la-Bosnie-et-n'ont-soudain-plus-rien-à-dire-de-l'Algérie-et-de-sa-tragédie. Que le silence en question soit, comme chaque fois, un silence imaginaire et que nous soyons un certain nombre – Jean Daniel, pour n'en citer qu'un – à évoquer, semaine après semaine, l'interminable bain de sang ne trouble pas nos procureurs. Et ce sont d'ailleurs les mêmes qui, au moment de la Bosnie justement, nous faisaient le procès inverse – ce sont les mêmes qui, demain, changeront, s'il le faut, de refrain pour, avec une identique arrogance, reprocher aux clercs de *« se mettre en avant »*, de se placer *« sous les sunlights »* ou encore de *« faire leur pub sur le dos des Algériens »*. La vérité est qu'ils ont besoin de ce *« silence »*. Ils disent *« silence des intellectuels »* et c'est comme une incantation qui conjurerait le fait qu'ils n'ont, eux, pour le coup, rien à dire. Pour ma part, je n'ai pas cédé à l'intimidation de ceux qui, à Sarajevo, me trouvaient trop *« visible »*. Je ne céderai pas davantage au chantage de ceux – les mêmes – qui nous somment, là, séance tenante, d'improviser une solution pour « *terroriser les terroristes* ». Rôle des intellectuels : parler, certes – mais à leur heure, selon leur rythme et sous la seule dictée de leur conscience.

Un ami est mort, Louis Pauwels, dont je ne partageais pas les idées et avec lequel je ne m'étais pas privé de polémiquer – la fin des années 70 notamment, l'époque de la « nouvelle droite », avant sa conversion au catholicisme... Comment peut-on être l'ami d'un homme dont tant de choses vous ont séparé ? Le fait ne surprendra que les esprits sectaires. Ou ceux, mais cela revient au même, qui croient que c'est dans le seul métal des convictions que se forgent les sympathies. J'aimais Louis. Je crois qu'il m'aimait bien, aussi. Et j'ajoute – histoire de mieux faire entendre, peut-être, ce qui me séduisait en lui – qu'il m'arrivait de penser que, plus mystérieuse encore que son amitié pour moi, était son amitié avec lui-même : comment, me demandais-je encore cet été, lors de l'un de nos derniers dîners, tandis qu'il me racontait un épisode particulièrement savoureux de ses rapports avec André Breton, Pauwels cohabite-t-il avec Louis ? quel drôle de ménage peuvent-ils bien faire : l'homme de droite, d'un côté, l'idéologue des racines et de la bourgeoisie bien-pensante, le Romain – et puis cet autre personnage, tellement plus fantaisiste, qui n'aimait, au fond, que les actrices, le jeu d'échecs, la littérature et, jadis, le libertinage ? Privilège d'homme libre. Vertu des vies accomplies.

Silence pour silence – et pour revenir à l'Algérie –, le vrai silence, le plus pesant, est évidemment ailleurs. C'est celui d'une classe politique paralysée par une alternative imbécile (les assassins du FIS ou les tortionnaires de Zeroual) sans avoir l'air d'imaginer que le rôle des démocraties pourrait être de soutenir – pardon de la lapalissade, mais elle semble de rigueur ces temps-ci – les forces démocratiques regroupées, par exemple, autour du parti de Saïd Sadi. C'est celui des quatre millions d'Algériens qui vivent en France et que l'on connut, en d'autres temps, bizarrement plus militants – il y a sûrement, ici, des esprits généreux, prêts à reprendre le chemin des porteurs de valises d'autrefois : mais quelles valises ? pleines de quoi ? et pour le compte, surtout, de qui ? Et puis il y a le silence, enfin, de cet islam modéré, laïque, libéral dont nous savons qu'il a une belle et glorieuse histoire mais dont on aimerait voir les héritiers plus clairement mobilisés face à la montée d'un intégrisme qui les vise au premier chef. Cet affrontement des deux islams sera l'une des grandes affaires du XXIe siècle. Cet islam des Lumières, il est le seul vrai recours contre le fanatisme. Que ses avocats ne le comprennent pas, qu'ils se dérobent face à leur responsabilité – et la faillite sera aussi lourde que put l'être, au siècle précédent, celle des démocraties en butte au totalitarisme triomphant.

Je ne suis pas à Paris pour voir Maurice Papon tenter de « plaider sa cause » face à la caméra de Paul Amar. Mais on m'envoie la sténographie de l'émission : réduits à leur lettre, dépouillés de toute la part d'affect que dénotait, j'imagine, le visage du vieil homme posant à la victime ou ferraillant, je ne sais, avec les fantômes de son passé, les propos bruts qu'il a tenus. Je passe sur la mise en cause des associations juives « *coresponsables* » du génocide. Je passe sur la dénonciation d'on ne sait quelles « *hautes instances* » occupées, « *depuis New York* », à « *financer* » l'injuste conspiration dont il se dit victime. Le comble de l'infamie fut atteint, semble-t-il, au moment où l'ancien secrétaire général de la préfecture de Gironde, présumé coupable de la déportation de mille cinq cent soixante hommes, femmes et enfants juifs, osa dire qu'il « *s'honorait* » d'avoir réquisitionné des « *wagons de voyageurs* » plutôt que des « *wagons de marchandises* » et que d'avoir fait mener l'opération par des « *gendarmes français* » avait permis d'épargner à ces « *pauvres gens* » les « *conditions honteuses* » imposées par « *les Allemands* ». Stupeur. Nausée. Comment cet homme ne comprend-il pas que c'est très exactement ce type de propos qui le condamne ? Comment n'entend-il pas que c'est justement là, dans le fait de placer son « honneur » dans le choix du type de wagons censés mener plus humainement les Juifs à la chambre à gaz, que fut l'ignominie propre à Vichy ?

1er février 1997.

Giscard et l'Algérie. Kouchner abandonnera-t-il la politique ? Un film de Jacques Fansten. Alain Minc au secours de François Mitterrand. Une rencontre avec Pamela Harriman. Tapie en prison.

Giscard d'Estaing recommande de négocier avec le FIS. Quel étrange raisonnement ! Avec un FIS faible, il fallait donc se montrer intraitable. Avec un FIS fort, donc encore plus dangereux, il faudrait composer et, au fond, s'incliner. N'est-ce pas très précisément ce que l'on appelle un raisonnement munichois ?

Je lis que Bernard Kouchner, écœuré par des mois d'humiliations répétées de la part de ses alliés, songerait à jeter l'éponge et à abandonner la politique. J'oublie un instant ma sympathie pour l'homme. Je trouve juste très inquiétant ce spectacle d'une classe politique frileuse, fermée sur soi — qui ne semble, une fois de plus, occupée qu'à rejeter le corps étranger. De Servan-Schreiber à Kouchner, cette façon de chasser les francs-tireurs, esprits libres et autres irréguliers dont elle aurait, pourtant, si grand besoin pour retrouver son style, son souffle et sa santé.

« C'est pour la bonne cause », de Jacques Fansten, est d'abord une comédie, désopilante, qu'iront voir tous ceux qui avaient aimé « La fracture du myocarde » et « Roulez jeunesse ». Mais cette histoire d'un enfant qui, à l'insu de ses parents, puis avec leur

173

complicité, accueille et cache un petit Africain est aussi une fable où, mieux que dans bien des colloques et traités savants, s'expriment les contradictions, les impasses, l'hypocrisie et, aussi, la grandeur du système humanitaire. Que fait-on quand on fait le Bien ? La part, dans notre générosité, de l'amour-propre, de l'amour de soi, de la vraie bonté ? La télévision ? Le spectacle ? Comment se résout-on, quand on est une famille de petits-bourgeois, menacée par le chômage, la crise, etc., à prendre en charge la misère du monde ? Quid, enfin, de l'autre misère – celle des organisations humanitaires, de leurs intérêts de boutique et d'appareil ? Ces questions de fond, c'est à un cinéaste qu'il revient de les poser. Rassurant.

J'ai souvent rêvé d'une histoire de la littérature qui explorerait les livres que les écrivains n'ont pas écrits. Le « Pauvre Belgique » de Baudelaire... Les « Liaisons heureuses » de Laclos... La « Morale » de Sartre... Ou encore – si l'on veut bien admettre que l'auteur était aussi un écrivain – ce « Coup d'État du 2 décembre », annoncé pendant trente ans, mystérieux, dont Mitterrand, à la fin de sa vie, confiait qu'il n'avait pas renoncé à le donner et qu'Alain Minc, non sans audace, vient peut-être d'écrire à sa place... Philippe Séguin, fort de sa légitimité bonapartiste, a dit, ici même, tout le bien qu'il convenait de penser du livre. C'est en amateur d'énigmes littéraires que je reviens, moi, sur l'affaire : Minc partagerait-il ce goût de la littérature virtuelle ? aurait-il écrit le premier chapitre de cette anthologie rêvée des livres qui n'ont pas eu lieu ?

Algérie, encore. Nul ne sait si Giscard d'Estaing a parlé en son nom propre ou si c'était comme un ballon d'essai préparant d'autres prises de position. L'impression qui domine : que le but de nos responsables, gauche et droite confondues, est moins d'aider l'Algérie que d'éviter les attentats en France. Alors, tantôt on soutient Monsieur Zeroual dans sa volonté d'« éradication » brutale, souvent barbare. Tantôt on dit : « bon, voilà, il n'y parvient pas, changeons donc de stratégie – et crèvent les Algériens pourvu que nous ayons, nous, la paix ». Politique à courte vue. Refus de la politique.

Mort de Pamela Harriman, l'ambassadrice des États-Unis en France. Elle aimait tellement Paris ! Et Paris, aujourd'hui, le lui rend si bien ! Je la revois, il y a deux ans, la nuit des bombardements alliés sur Sarajevo, lors de ce dîner improvisé qu'elle avait donné à la Résidence et où était apparu, à l'improviste, le président bosniaque Izetbegovic. Cette intelligence souriante. Cette façon de feindre de ne rien savoir pour vous contraindre à vous découvrir. Son charme aussi. Cette beauté étrange qui défiait les atteintes du temps. Madame Harriman faisait partie de ces êtres qui ont décidé, un beau jour, de se fixer sur un âge, de s'y tenir – et qui y parviennent, finalement, assez bien. Ses jambes fines qui émergeaient, ce soir-là, d'une robe sac façon Courrèges années 60. Son visage de poupée. Son regard d'émail bleu. Cette façon de dévisager les hommes puis de baisser pudiquement les yeux, qui trahissait la séductrice de talent. Je savais ce que l'on disait, dans la ville, de son passé follement romanesque. Je me souvenais de la façon gourmande dont Mitterrand, quelques jours avant de recevoir ses lettres de créance, interrogeait ses visiteurs sur la belle ambassadrice. La voilà entrée, pour de bon, au Panthéon des vraies grandes aventurières – aux côtés de Mata-Hari, Louise de Vilmorin, Inès Armand, Madame Rolland ou la princesse de Belgiojoso.

Tapie en prison. La France voulait une image et une seule : celle de « Nanard », menottes aux poignets, entrant à la Santé. Il ne l'a pas donnée, cette image. Il la lui a bizarrement refusée. Et il y a dans ce refus, dans cette façon de se cabrer et de bouder les lois d'un système auquel il n'a jamais hésité, en toutes circonstances, de donner sa livre, non de chair, mais d'image, une manière d'aveu : « finie la comédie ; plus personne ne joue ; de ce nouvel épisode de ma vie je refuse, pour la première fois, de faire une péripétie de mon mirobolant destin ». Heure de vérité. Rupture biographique. Reste l'humble douleur d'un homme, seul en face de lui-même, et qu'il convient désormais, comme il semble le demander, de laisser en paix.

8 février 1997.

Les leçons de Vitrolles.

1. **Le Front républicain n'est plus un barrage à la montée du Front national.** Il n'a certes jamais été la solution miracle que d'aucuns imaginaient. Et nous savions que, s'il pouvait faire momentanément obstacle à la pression frontiste, il ne pouvait avoir, à long terme, que des effets pervers. Mais là c'est à court terme qu'il a échoué. C'est dans le feu même de l'élection que sont apparus les effets pervers redoutés. La situation du candidat de gauche, affaibli par une mise en examen ? L'aveuglement d'une droite qui n'a pas toujours compris qu'elle n'a qu'un ennemi mortel et que cet ennemi, c'est le FN ? Tout cela a joué. Mais moins que cette loi : le Front républicain *ne peut pas* être une stratégie de résistance à la montée du Front national puisqu'elle offre, au contraire, au Front le visage même de son fantasme – un syndicat de nantis, occupé de ses seuls intérêts, auquel il opposerait, seul contre tous, une rupture de style, de ton, de contenu.

2. **La « pédagogie démocratique », à Vitrolles comme ailleurs, a échoué.** Chacun sait, aujourd'hui, qui sont messieurs Le Pen et Mégret. Or une majorité d'électeurs n'en ont pas moins voté, dimanche, pour leur liste – 52 % d'électrices et d'électeurs n'en ont

pas moins choisi, en connaissance de cause, un programme qui allait aggraver le chômage, dissuader les entrepreneurs de s'installer dans leur ville, accroître la misère, installer peut-être le chaos. Faillite de l'esprit des Lumières. Ruine de ce platonisme du pauvre qui fait trop souvent office de vision du monde : « nul n'est méchant volontairement ; le fascisme est un préjugé ; éclairons les âmes égarées – elles rentreront dans le chemin de la droite et de la juste raison ». Le vote Le Pen n'est pas un malentendu. Il procède de motifs plus irrationnels, plus mystérieux : jusqu'à quand les analystes feront-ils l'impasse sur cette part noire, souvent trouble, qui constitue la vraie trame de l'inconscient politique ?

3. **La stratégie de l'anathème, voire de l'excommunication, a fait également faillite**. On a diabolisé le Front. On a fait honte à ses électeurs de ce qu'on leur présentait, non comme un vote, mais comme un délit. On leur a dit – moi le premier : « le vote FN est un vote immoral ; vous avez tort de voter FN ; car vous vous mettez, ce faisant, au ban du jeu politique ». Eh bien, force est de constater que les électeurs s'en sont moqués et que ce type de discours – dont je continue de penser, par parenthèse, qu'il demeure juste en son principe – leur a peut-être même fourni des raisons de persévérer. Et si tout le désir de l'électeur FN était là ? Et s'il s'agissait, en effet, de se mettre, sinon au ban, du moins en marge d'un jeu politique jugé, à tort ou à raison, frappé de discrédit ? Et si tout l'inconscient de ce vote consistait à dire : « le jeu est bloqué ; figé dans ses tabous ; nous avons une "classe" politique qui ne nous propose qu'une pensée unique et, donc, désespérante ; le FN fait exception ; c'est pourquoi nous le rejoignons ». Le vote FN n'est pas un vote de protestation comme pouvait l'être le vote communiste des années 60. C'est un vote de transgression – et c'est le fait nouveau.

4. Il n'y a qu'une bonne réponse à la montée du FN – c'est la réinvention de la politique. Plus facile à dire qu'à faire ? Certes. Mais encore faut-il le dire. Car si ce qui précède est exact, si la source de ce vote FN est dans le désespoir des électeurs confrontés à des partis qui se ressemblent, s'il s'agit de transgresser la loi d'une corporation dont l'esprit de consensus bloquerait l'horizon collectif, bref, si leur message est, en substance : « je ne peux me résigner à ce que demain soit identique à aujourd'hui et c'est pourquoi je vote pour celui qui, fût-ce dans l'infamie, nous berce de l'illusion d'un avenir alternatif », alors la leçon est claire : il faut réinventer l'alternative ; retrouver le sens du différend ; il faut que la gauche ressuscite la gauche, que la droite ressuscite la droite et qu'elles réapprennent à s'affronter, sans merci ni compromis. On dit souvent : « la politique, ce n'est pas les belles paroles ; c'est le terrain, la présence dans les quartiers, les cages d'escaliers, etc. » C'est faux. La politique, c'est d'abord la parole. C'est le choc des discours. C'est le libre débat entre ces discours adverses.

5. On savait que le FN traitait les étrangers comme des chiens – on sait désormais qu'il traite les femmes comme des poules. Que la femme en question – Catherine Mégret – se soit accommodée de son rôle de potiche ne change rien à l'affaire. Tous ceux qui l'ont entendue ânonner ses discours, tous ceux qui l'ont écoutée, au soir du scrutin, annoncer que sa victoire n'était pas la sienne mais celle de son mari, tous ceux enfin qui ont vu, le lendemain, le maire par procuration, Bruno Mégret, aller prendre ses fonctions tandis que le maire élu restait, elle, à la maison pour vaquer aux tâches domestiques, savent quelle idée l'on se fait, chez ces gens, du rôle des femmes en politique. J'ajoute que, d'un strict point de vue juridique, cette stratégie du prête-nom ne me semble pas moins répréhensible que dans le monde de l'industrie. A-t-on le droit de faire campagne en lieu et place d'un autre ? la notion d'homme, ou de femme, de paille a-t-elle cours en démocratie ? et que pense le Conseil d'État d'un candidat invalidé qui se moque éhontément de la loi et persiste à se présenter – mais derrière le « faux nez » d'une « fausse candidate » qui aura eu l'étrange imprudence de s'afficher officiellement comme telle ? On a annulé des élections pour moins que cela. Je suggère l'invalidation de madame Bruno Mégret.

15 février 1997.

De la critique en général et du lynchage en particulier.

Je ne vais pas « répondre » – et surtout pas ici – au tir de barrage, sans précédent, me dit-on, dont mon film vient d'être l'objet. Je ne veux pas parler du film même. Je ne veux pas non plus poser la question qui, moi aussi, me brûle parfois les lèvres : pourquoi tant de véhémence ? que fais-je pour la déchaîner ? que me vaut le privilège de cristalliser ainsi, chez certains, régulièrement, depuis vingt ans, une haine si névrotique ? Ayant eu le loisir, en revanche, d'observer in vivo le fonctionnement de cette petite corporation – je n'aime pas le mot : mais c'est ainsi qu'il lui plaît, semble-t-il, de s'afficher – qu'est « la » critique de cinéma, je voudrais dire deux ou trois choses de ses rites et usages.

1. **La désinformation**. Je n'en prendrai qu'un exemple. Celui de cette fameuse « interdiction » que j'aurais faite aux critiques de voir le film avant sa sortie. J'aurais pu, bien entendu, le faire. J'aurais pu estimer – c'est une position qui se défend et c'est, au demeurant, celle d'un grand nombre de cinéastes – que le regard des professionnels n'a pas à précéder celui des spectateurs. Il se trouve que ce ne fut pas le cas. Aucun

critique – je dis bien aucun – ne peut prétendre qu'il lui ait été interdit de voir ce film dès lors que je l'ai eu achevé. Et la preuve, s'il en était besoin, en serait dans ces journaux qui, le matin même de la sortie du film, consacraient une demi-page à se plaindre que je ne le leur avais pas montré et en consacraient une autre à dire le mal qu'ils en avaient tout de même pensé. Pourquoi cette contre-vérité, alors ? Pourquoi tant de complaisance à répercuter, jusqu'à la nausée, une information dont chacun sait qu'elle est factuellement fausse ? La réponse leur appartient.

2. **L'effet de meute**. J'ai déjà, dans ma vie, eu l'occasion de faire face à des assemblées houleuses ou hostiles. Mais il m'aura fallu attendre cette circonstance – et la présentation de mon film à Berlin – pour découvrir ce spectacle, au demeurant cocasse : un rassemblement, non de militants, mais de journalistes chauffés à blanc par une camarilla parisienne – et se comportant, pour le coup, en vulgaires provocateurs de meeting. Il paraît que le procédé n'est pas neuf et qu'il y a des précédents fameux de festivals où des réalisateurs furent interdits de parole par ceux-là mêmes qui venaient, en principe, solliciter ladite parole. L'ancienneté de la méthode ne m'empêche pas de la trouver étrange. Ni sa récurrence de demander : qui abdique sa fonction – l'auteur qui vient se soumettre à la question critique ou la critique qui s'y dérobe ? qui escamote le geste critique, l'enjambe, etc. : le cinéaste ou les professionnels en chaleur qui font passer l'esprit de lynchage avant le devoir de médiation ?

3. **Une conception policière du fonctionnement de leurs propres journaux**. Le cinéma est un art populaire. Alain Delon est, dans cet art, une star populaire par excellence. Et il était donc naturel – encore que préoccupant, mais c'est une autre affaire – de voir des magazines rivaliser d'empressement, se prendre de vitesse, surenchérir parfois, pour interroger mon acteur

principal, le photographier, lui consacrer leur couverture, l'afficher, etc. (phénomène qui, soit dit en passant, se produisait au même moment, et dans les mêmes proportions, avec Woody Allen, puis avec les vedettes du film de Berri). Mais la « critique », là non plus, et s'agissant de moi, ne l'a pas entendu de la même oreille. Derrière chacune des apparitions d'Alain Delon, elle voyait une main diabolique (la mienne). Derrière chacune de ses prestations, elle voyait une démission (celle de leur propre journal, instrumentalisé par ma toute-puissante malignité). Et elle a mobilisé des trésors d'imagination pour reconstituer le système d'influences occultes qui m'auraient permis d'imposer ce que leurs supports désiraient. C'était me faire beaucoup d'honneur. Mais c'était, surtout, se faire une idée bien misérable d'eux-mêmes, de leurs journaux et de la presse en général. Arrogance et masochisme. Bizarrerie d'une société du spectacle qui renverse les rôles et veut se croire manipulée par ceux-là mêmes qu'elle sollicite et dévore. Bizarre époque...

Je pourrais évoquer encore la pratique – spectaculaire pour qui vient de la littérature – de la critique ad hominem. Je pourrais demander réparation, à certains, de la bassesse avec laquelle ils ont cru devoir traiter tel ou telle de mes proches. Je devrais m'étonner aussi du puritanisme – réel ou feint, je ne sais – des nigauds qui, après Godard et Karina, Rossellini et Bergman, Gary et Jean Seberg (j'en passe évidemment, car c'est toute l'histoire du cinéma qu'il faudrait pouvoir passer en revue), en sont encore à s'émouvoir qu'un auteur puisse filmer et diriger sa propre femme. Mais peu importe. Devant tant d'inconséquence, je me contenterai de dire ma nostalgie d'un âge où régnaient les Serge Daney, les Jean-Louis Bory, les Jean Douchet – ces cinéphiles authentiques pour qui la critique, même sévère, était d'abord un « art d'aimer ». Un art qui ne sait plus aimer est, toujours, un art condamné. Un genre qui, n'ayant plus le pouvoir de remplir les salles, se console en les vidant est un genre à l'agonie. Je ne lui aurais pas consacré cette chronique s'il ne s'agissait que de moi. Je pense à tous ceux dont le cinéma est la vie et qui sont, pour quelques années encore, soumis à son verdict.

22 février 1997.

Vertus et limites de la désobéissance civique.

Le mouvement de protestation contre la loi Debré a eu au moins trois mérites. Le premier : contraindre le pouvoir à céder sur un point dont chacun savait qu'il était contraire à la Constitution et, donc, à l'esprit de nos lois – il est bon que l'article ait disparu ; il est sain qu'un gouvernement entende ce type de message et sache alors reculer. Le deuxième : agir comme un opérateur de vérité (ou un révélateur de caractère) dans une classe politique qui avait, en la matière, et notamment à gauche, trop longtemps oscillé entre pragmatisme et opportunisme – quelle joie de voir un Fabius, un Rocard sortir de leur silence ! quel soulagement de les entendre trouver les mots justes, et qui portent ! Le troisième : réanimer la conscience civique, voire la pratique du débat public – j'ai assez montré comment l'extinction de ce débat était le vrai terrain où le Front national faisait son lit pour ne pas dire aujourd'hui : le mouvement n'aurait-il servi qu'à cela, n'aurait-il été qu'une agora où de simples individus réapprenaient à mêler leur voix à la libre discussion citoyenne, qu'il faudrait le bénir d'avoir existé. Pour toutes ces raisons, oui, je me félicite d'avoir signé. Même si se pressent, aussitôt, questions, réserves – raisons de douter ou de continuer autrement le combat.

L'indécence de la référence à Vichy. Je sais, bien entendu, qu'il s'est trouvé, dans les rangs mêmes de la manifestation de samedi, des gens pour refuser l'amalgame. Mais tout de même... La gare de l'Est ! Les étoiles jaunes ! Debré dans la peau de Laval ! Robert Hue en résistant ! On ne le répétera jamais assez : les immigrés ne sont pas nos nouveaux Juifs ; le malheur des premiers n'est, en aucune façon, comparable à celui des seconds ; et continuer de tout mêler, continuer de sous-entendre que le précédent du nazisme nous serait de quelque secours pour voir clair dans les difficiles problèmes liés à l'immigration est, au mieux, un signe d'irresponsabilité – au pire un aveu de révisionnisme doux.

Le maximalisme politique de certains des organisateurs. Je n'ignore pas, là non plus, que la tonalité dominante fut bien plus mesurée, pondérée, responsable. N'empêche ! Il faut dire et répéter que le discours des libéraux-libertaires qui crient : « ouvrons grandes les frontières ! l'immigration n'est jamais un problème ! » est le symétrique de l'autre : « fermons portes et fenêtres ! l'immigration est, toujours, une erreur ». Il faut dire, répéter, marteler qu'il n'y aura pas, dans ce pays, d'opposition sérieuse à la lepénisation rampante des esprits tant que l'on n'aura pas renvoyé dos à dos ces deux illusions jumelles : « l'immigration zéro » d'un côté, l'utopie, de l'autre, d'une immigration sans contrôle ni frein. Krivine et les « durs » de la majorité, même combat ? Mais oui. Car tous font la même impasse : sur l'ordre du politique, ses médiations nécessaires, ses lois.

La structure même de la pétition. Cette façon que l'on a eue de nous ranger, pour signer, en catégories sociales, économiques, voire sexuelles. Grande première, il me semble. Première fois, sauf erreur, où l'on voit surgir cette chimère qu'est une pétition collective, corporatiste, communautaire – le contraire de ce principe, vieux comme l'affaire Dreyfus, qui veut que le citoyen, quand il signe, n'est plus qu'un citoyen et n'appartient plus, le temps de cette signature, à d'autre communauté qu'à celle de ses cosignataires, insurgés comme lui et pour les mêmes raisons que lui. Effet des circonstances ? Maladresse ? Ou signe des temps, plus inquiétant : un peuple protestataire qui ferait son deuil de l'universel et se serait secrètement rallié à une conception communautariste de la démocratie, de la vie sociale ?

On pourrait évoquer encore tel ou tel aspect cocasse du mouvement – ce numéro de *Libération* qui, en publiant la liste exhaustive des signataires, était comme l'accomplissement du fameux programme warholien : cinquante-cinq mille personnes sauvées parce qu'elles auront eu, non pas un quart d'heure, mais un quart de ligne de célébrité... On pourrait ironiser sur ceux qui ont découvert, le jour du défilé, que les certificats d'hébergement dataient de 1982 – belles âmes réduites à se demander par quel mystère on pouvait rester fidèle à l'esprit de la « gauche éternelle » en déclarant, pendant quinze ans, l'arrivée chez soi d'un étranger et basculer soudain dans « Vichy » en déclarant aussi son départ... Il faudrait souligner qu'un article peut en cacher un autre et qu'il y a pire, dans la loi Debré, que ce fameux article premier qui a focalisé toute l'attention : l'article 4 bis du projet, celui qui permettrait d'invoquer une possible « menace à l'ordre public » pour refuser le renouvellement de sa carte de résident à un étranger installé en France depuis dix ans et sur la tête de qui serait désormais suspendue l'épée de Damoclès d'une « menace » virtuelle, jamais précisément constatée et dont l'appréciation serait laissée au soin du préfet, donc du maire – cet article 4 bis ne vise plus les « clandestins » mais les « réguliers » et va donc à rebours de l'objectif affiché d'« intégration » des immigrés. Bref. Le débat est loin d'être clos. Peut-être même ne fait-il, d'une certaine façon, que commencer. Et l'on n'espère, dès lors, qu'une chose : qu'à l'esprit de désobéissance s'adjoignent, plus que jamais, ces autres vertus civiques que sont la culture politique, le goût et le souci du droit – ainsi que cette « éthique de responsabilité » qui est l'autre nom, chez les intellectuels, de l'amour du Bien public.

1er mars 1997.

Lectures.

Bouleversé, comme tous ses amis, par l'histoire de Jean-Dominique Bauby. Un grave accident cérébral. Une paralysie quasi totale qui ne lui laisse l'usage que d'une paupière. Le désespoir. Une vie infime. Et, du fond de ce calvaire, un livre – « Le scaphandre et le papillon » – dicté par les seuls clignements de la paupière valide. Jean-Dominique sait-il qu'il y a un précédent – et quel précédent ! – à ce geste magnifique et terrible ? C'est celui de Franz Rosenzweig, disciple de Martin Buber et maître à penser d'Emmanuel Levinas, qui écrivit de la même manière, avec l'aide de sa compagne notant, sous la dictée de l'œil, l'un des plus grands livres de la philosophie juive contemporaine, « L'étoile de la rédemption ». Âme sans chair. Pur esprit. Miracle d'une intelligence déprise du corps-tombeau et accouchant d'un très beau livre.

Quelle bonne idée de rééditer le fameux texte de Blanchot qui, mieux que nul autre, définit « l'intellectuel » ! Les intellectuels, disait Blanchot, ne sont pas *les* écrivains. Ni *les* peintres. Ni, bien sûr, *les* cinéastes. Ce sont ceux-là sans doute, et bien d'autres encore – mais pour autant, et pour autant seulement, qu'ils cessent de travailler, interrompent le face-à-face avec leur œuvre ou leurs démons et interviennent, pour un instant, dans les affaires de la cité. On ne naît pas intellectuel, on le devient. On ne l'est pas à temps plein, mais forcément par intermittence. Intellectuel n'est pas une fonction, une catégorie sociale, un métier – c'est

185

un état d'exception de l'intelligence. « Intellectuel professionnel » est toujours une contradiction dans les termes – la naissance d'un intellectuel n'est jamais qu'un accident dans la vie d'un artiste, d'un écrivain. Un geste d'intellectuel, alors ? Celui, bien sûr, des cinéastes requis par le refus de la loi Debré. Mais celui – plus intéressant – des mêmes cinéastes qui, estimant le but atteint, refont le trajet inverse, liquident leur mouvement et, non sans dignité, retournent à leurs caméras.

Les « Méfaits des intellectuels », c'est le titre d'un livre du début du siècle dont l'auteur, Édouard Berth, était un disciple de Georges Sorel et passa, vers 1910, au maurrassisme pour fonder, avec d'autres, le Cercle Proudhon. C'est le texte fondateur de l'anti-intellectualisme contemporain. Mais c'est surtout la preuve que l'anti-intellectualisme de principe, la mise en cause des intellectuels en tant que tels, le procès de leur irresponsabilité supposée, de leur goût pour les abstractions, les idées dites générales, la médiation, la théorie, la distance vis-à-vis du réel, le monde des « chimères » ou des « nuées » (Maurras) – c'est la preuve que toute cette thématique en charrie toujours une autre, qui en est comme la face noire ou le contrepoint malin : culte du corps, éloge de l'instinct, apologie de la « plèbe » et de sa « violence rédemptrice », sacrifice de l'universel sur l'autel du collectif, bref, un corpus conceptuel qui n'est jamais loin, hélas, de ce qui, du vivant même de Berth, va s'appeler le fascisme. Je suggère, pour le coup, la réédition de ce texte. J'en recommande la lecture à tous ceux qui, de nouveau, sans toujours savoir ce qu'ils disent, moquent le principe même de l'intervention des clercs dans le débat public et la cité.

Louis-René des Forêts sur la liste des best-sellers. Le paradoxe est encore plus singulier que celui du livre de Pierre Bourdieu, présent sur toutes les chaînes de télévision. Des Forêts, le silencieux. Des Forêts, l'ami de Blanchot. Je le revois, un soir, il y a quinze ans, dans un couloir de métro, s'approcher doucement de moi et me reprocher très vite, à voix très basse, avant de s'en retourner comme il était venu et de se fondre dans la foule, un texte que je venais de consacrer aux engagements d'avant guerre de son ami. L'ombre de des Forêts. L'écriture de des Forêts, aux frontières de l'absence et du silence. Des Forêts comme le fantôme d'un autre temps, d'un autre régime de l'esprit. Et ce drôle de tapage, tout à coup, qui se fait autour de son nom. Forte hausse du laconisme à la bourse des valeurs du moment.

Comment un philosophe s'arrange-t-il de ceux qui l'ont précédé ? S'en nourrit-il ? Les oublie-t-il ? Quel rapport, en un mot, de la philosophie à son histoire ? À ceux que la question intéresse – et ils seront très vite nombreux, si j'en juge par le débat naissant autour du projet de réforme de l'enseignement de la philo dans les lycées – je conseille une dernière lecture : les cours au Collège de France de Michel Foucault tels que viennent enfin de les publier Le Seuil et Gallimard. Tantôt Foucault cite en effet, il s'adosse à un grand texte – il emprunte le raccourci d'un livre, d'un mot parfois, d'un nom, dont on sent bien qu'ils vont fonctionner comme une économie de pensée. Tantôt, au contraire, il élude, ellipse la citation attendue, il refait pour son propre compte le chemin qu'un autre a pourtant fait : mais c'est que la référence, cette fois, bloquerait le mouvement du texte, l'empêcherait d'aller au bout de lui-même – c'est comme si l'économie devait coûter aussi un peu de l'élan du concept. Deux régimes, pour le coup, de l'esprit. Deux diététiques de la pensée. Et erreur de ceux qui, entre les deux, feraient un choix catégorique. Foucault, éducateur.

8 mars 1997.

Foucault et Bergson. Le président à la télé. Juifs et chrétiens. Qu'est-ce qu'un génocide ? De La Boétie à Kadaré. Baudelaire ou Barbey ? Quand Simone de Beauvoir refondait le féminisme.

Encore un mot sur Michel Foucault – celui des cours au Collège de France, admirables, que j'évoquais la semaine dernière. Plus j'avance dans le texte, plus j'entre dans sa théorie des « pouvoirs » et des « bio-pouvoirs », des « faits de domination » et des « pratiques d'assujettissement », plus je lis ce qu'il écrit de la « résistance » et de la « guerre », du « faire vivre » et du « laisser mourir » – et plus je sens, auprès de lui, l'influence d'un autre maître, rarement cité, qui n'est pas Nietzsche, ni Bataille, ni Clausewitz, mais Bergson. Oui, Bergson, le plus étrangement occulté des philosophes du XXᵉ siècle.

Chirac à la télévision. Contrairement à ce qui se dit, je le trouve plutôt bon, sympathique, convaincant. Le problème, c'est l'émission. Son dispositif. Son style. C'est cette façon de s'adresser aux « jeunes » comme s'ils étaient – au même titre que, mettons, les agriculteurs ou les chefs d'entreprise – une catégorie sociale à part entière. Quand les présidents de la République se libéreront-ils de leurs conseillers en communication ? Quand ce président-ci acceptera-t-il l'idée qu'il n'est plus candidat, mais élu ?

De Franz Rosenzweig, dans « L'étoile de la rédemption », cette remarque – que je rapporte à un prêtre en charge, comme on dit, des « relations avec le judaïsme ». La naissance du Christ, dit Rosenzweig, est un événement de l'histoire juive. C'est probablement même, insiste-t-il, l'événement le plus énorme de l'histoire juive de tous les temps. Or cette histoire, après l'événement, continue comme si de rien n'était – on continue de prier, de célébrer les fêtes, d'écrire et réécrire les grands textes de la tradition comme s'il ne s'était rien passé du tout. Génie du judaïsme. Grandeur de sa résistance à l'Histoire – jusques et y compris, donc, quand il s'agit de sa propre histoire. On n'entend rien, sans cela, à sa relation au catholicisme. La donner, cette page, à tous ceux qui, d'un côté comme de l'autre, sont engagés dans cette mystérieuse et féconde impasse qu'est le « dialogue judéo-chrétien ».

Génocide ou pas génocide au Rwanda ? Question oiseuse, évidemment. On rougit d'avoir à la poser au moment où, là-bas, dans l'indifférence quasi générale, l'hécatombe recommence. Un mot, tout de même – pour rappeler, au moins, l'évidence. Il y a génocide chaque fois qu'une communauté d'hommes est la cible d'une violence totale, indistincte, ontologique – chaque fois qu'elle est touchée dans son être ou, mieux, chaque fois que, de cet « être même », on s'acharne à faire un « non-être ». Les Hutus aujourd'hui massacrés ne sont pas des ennemis à abattre. Ni des prisonniers à échanger. Ni même d'anciens adversaires dont on chercherait à se venger. C'est de la matière humaine qui, soudain, ne vaut plus rien.

En Albanie, non plus, l'Europe ne fera rien. Non qu'elle soit impuissante. Elle ne l'est pas davantage qu'elle ne le fut par exemple en Bosnie – et Ismaïl Kadaré a raison, dans *Le Monde*, de réclamer une force européenne d'interposition qui conjurerait le pire. Non. Ce qui arrête, ce qui paralyse, ce qui tétanise la volonté et, peut-être, la réflexion, c'est, plus encore qu'en Bosnie, l'idée même de ce « pire » et l'image de notre destin que, soudain, il nous renvoie – cette révolte sans merci, cette implosion périlleuse et noire, ce lien social qui craque, se défait et met brusquement à nu la fragilité formidable de toutes les sociétés. L'Albanie, notre cauchemar. L'Albanie, ou l'envers du rêve éveillé des communautés. Qu'adviendrait-il, demandent les politologues depuis La Boétie, si les sujets s'avisaient de reprendre leur mise, c'est-à-dire leur consentement ?

Que se passerait-il si, d'un seul coup, cédant à l'athéisme le plus radical, ils cessaient de croire, non pas en Dieu, ni au Bien, mais à la Société ? Eh bien, voilà. L'Albanie...

Un dialogue entre Baudelaire et Barbey d'Aurevilly. Baudelaire : la première vertu d'un écrivain, c'est « le sang-froid ». Barbey : non, c'est « la patience ». Pour une fois, je donne raison à Barbey.

Dans le beau livre de François Taillandier (« Aragon, 1897-1982 », Fayard), cette remarque en passant : « l'une des raisons de ceux qui n'aiment pas Aragon réside dans sa prodigieuse capacité à survivre ». Le propre de *tous* les écrivains ?

Ce qui me frappe dans les lettres de Simone de Beauvoir à son « amant américain », Nelson Algren, c'est évidemment, comme tout le monde, *l'autre* Beauvoir qui s'y découvre – insouciante, passionnée, midinette, fleur bleue, etc. Mais c'est aussi – et par-delà cette image déjà étrangement convenue – la figure philosophico-politique qui s'y découpe et qui est celle, pour aller vite, de « la féministe amoureuse ». Le féminisme, une revanche ? Une idéologie de haine, de ressentiment, de combat ? Allons donc. Lisez plutôt. Écoutez cette belle voix tendre, allègre ou, parfois, douloureuse. Et voyez, surtout, la chronologie : 23 février 1947, première lettre à l'amant – deux ans plus tard, 1949, publication du « Deuxième sexe ». Tout est là. Tout est dit. C'est au moment où, corps et âme, elle se livre à son « amour transatlantique » que l'auteur de « L'invitée » forge les concepts du féminisme moderne ; c'est parce qu'elle va au bout de son art d'aimer qu'elle se donne les moyens de penser la spécificité, irréductible, de son sexe.

15 mars 1997.

190

Léotard et le FN. Un livre de Dominique-Antoine Grisoni. Écrivains sans biographie ? Quand Blanchot passe aux aveux. Drieu et Malraux selon Poirot-Delpech.

François Léotard croit-il à ce qu'il dit lorsqu'il renvoie Front populaire et Front national dos à dos ? Évidemment non. Trop fin pour cela. Trop viscéralement antifasciste. Et déjà en train, d'ailleurs (cf. *Libération* de ce jeudi), de rectifier habilement le tir en rappelant – et c'est, bien sûr, exact – que seule une droite forte, fidèle à elle-même et à ses valeurs, peut faire barrage au FN. N'empêche. Les mots sont là. Le mal est fait. Et reste l'idée, dans la tête de milliers et de milliers d'électeurs, qu'il n'y aura pas lieu de choisir, le moment venu, entre un républicain (même socialiste) et un antidémocrate (même à visage humain). Ainsi va la banalisation de Le Pen. Ainsi s'accrédite l'idée que son parti est un parti comme les autres. Ainsi va ce procès de corrosion du langage par où commencent toujours les fascismes.

Un virus remplace un mythe. C'est le constat de Dominique-Antoine Grisoni scrutant dans « Le corps ingénu » (éditions Zulma) l'une des péripéties les plus récentes de l'histoire de notre imaginaire. Le « virus », c'est, bien sûr, celui du sida. Le « mythe », c'était celui d'une virginité lestée depuis des millénaires de tout son poids de fantasmes, effrois, promesses, rêves ou cauchemars. Le prix de ce passage ? La rançon de cette révolution où l'on voit cette idée de virginité perdre soudain ses prestiges et le spectre de la maladie s'installer peu à peu dans l'espace laissé vacant ? Lisez le livre. Lisez ses commentaires du « Journal d'un séducteur » de Kierkegaard, de « La philosophie dans le boudoir » de Sade ou encore des « Liaisons dangereuses ». Je parlais la semaine dernière de Michel Foucault – dont on se rappelle la magistrale « Histoire de la sexualité » restée, hélas, inachevée. N'est-ce pas le destin des grandes œuvres de se poursuivre ainsi, plus

ou moins sauvagement, sous la plume de disciples inspirés ? Grisoni nous avait donné, il y a quelques
années, plusieurs essais de philosophie marxiste.
Bizarre – et intéressant – de le retrouver là.

Portrait télévisé de Louis-René des Forêts. Une fois
de plus, le partage entre les deux catégories d'écrivains. Les écrivains à biographie : Malraux, Drieu,
Aragon... Les écrivains sans biographie : Valéry, Mallarmé, Roussel, Blanchot et, donc, des Forêts. Que
signifie, cela dit, cette occultation du biographique ?
que révèle-t-elle vraiment ? que cache-t-elle ? et ces
vies apparemment transparentes, sans incidents ni histoire, sont-elles les plus ternes ou, au contraire, les plus
chargées de secrets ?

Blanchot, justement. Un tout petit texte, édité par
Fourbis il y a quelques mois – et passé bizarrement
inaperçu. On y trouve – à ma connaissance, pour la
première fois – l'évocation de son passage à Jeune
France, cette association subventionnée par Vichy et
héritière des mouvements « non conformistes » ou
« préfascistes » des années 30. On y lit le bref récit,
ou la mention, de plusieurs rencontres avec Drieu La
Rochelle – dont deux en pleine guerre, où l'auteur de
« Socialisme fasciste » tenta de convaincre son cadet
de reprendre la direction de la NRF. Silhouette de Jean
Vilar. Ombre de Paul Flamand, le futur fondateur des
éditions du Seuil. Rarement le grand silencieux en aura
tant dit en si peu de lignes.

Drieu encore. Son dernier dialogue avec Malraux, en
mai 1943, tel que Bertrand Poirot-Delpech le reconstitue
pour la scène du Vieux-Colombier. Tout est là. Les
femmes. Le courage. L'énigmatique ascendant que ce
fasciste en tweed exerça, jusqu'au bout, sur ses contemporains. La tentation communiste de la fin. La vision
d'un Staline qui débarrassera la France, une fois pour
toutes, de sa rêveuse bourgeoisie. La littérature au-dessus

de tout. Le résistant venant offrir au collabo de se refaire une vertu dans sa Brigade Alsace-Lorraine et le collabo qui, préférant aller au bout de son orgueil et de ses choix, choisit, non sans panache, de payer au prix fort son infamie. Bref, une belle page d'histoire littéraire. Une situation de théâtre exemplaire. Un de ces moments, rares, où le mentir-vrai traque au plus près le mystère des êtres tendus entre littérature et politique. Avec, tout de même, cette question qui ne m'aura pas quitté pendant les deux heures de ce beau dialogue des morts : qu'aurait pensé Poirot-Delpech lui-même, s'il n'en avait été l'auteur, d'une « Alerte » où c'est Drieu qui, tout compte fait, et qu'il le veuille ou non, triomphe ? que nous aurait-il dit, lui, si attentif aux séductions que peut encore exercer le « chic » des années 30, d'un spectacle où l'affectivité, le charme, le sens de l'honneur, la pureté des intentions vont au traître – tandis que Malraux, lui, se voit assigné au rôle, infiniment moins flatteur, de l'acrobate métaphysicien et ambitieux dont le vrai souci aurait été de ne pas rater son rendez-vous avec l'Histoire et la victoire ? n'aurait-il pas trouvé la fable « trouble » ? « politiquement incorrecte » ? n'aurait-il pas crié à la « complaisance » ? à l'« indulgence coupable » ? au dandysme irresponsable, équivoque, etc. ? Mais trêve de mauvais esprit. Entre la vertueuse chronique qu'il aurait pu commettre et le beau texte d'écrivain que, contre une part de lui-même, il nous donne, je n'hésite pas un instant. Docteur Poirot (le chroniqueur) et Mister Delpech (l'écrivain) : magie de la littérature qui, une fois de plus, gagne à se colleter avec l'ambiguïté des êtres, la confusion des sentiments et, parfois, la réversibilité des valeurs

22 mars 1997.

Baudrillard et l'extrême droite. Stendhal à la télé.
La faute de Netanyahou. Pourquoi Rushdie a gagné.
Lire Heidegger ? Dieu est accueil. Bruxelles avant
Dutroux. Grotowski au Collège de France. Warhol par
Schnabel. Kant à Jérusalem. Toujours l'Algérie.

D'un écrivain qui ne se montre pas, qu'est-ce qui nous manque le plus : le corps, le visage – ou la voix ?

Fin du règne de « l'argent fou ». C'est bien. Mais le puritanisme d'aujourd'hui, la diabolisation de l'argent et de ceux qui en font métier n'en sont-ils pas l'envers ? Autre folie.

L'écrivain qui choisit d'être de son temps, de vivre avec son temps : c'est aussi, qu'il le veuille ou non, celui qui *consent à se tromper*. Égaré comme l'époque. Égaré avec son époque.

Jean Baudrillard dans *Krisis*, la revue d'Alain de Benoist et de l'extrême droite intellectuelle. On croit rêver. Encore que...

« Une conversation est une bataille », dit Stendhal dans la préface à ses « Chroniques italiennes ». Les meilleurs, à la télévision, s'en souviennent. Les autres ? Paroles de vent. Paroles pour rien. Échanges sans vraies paroles.

Les conservateurs israéliens : « la sécurité est notre souci ; ce que nous faisons – implantations, construction d'un nouveau quartier à Jérusalem-Est – nous le faisons pour la sécurité d'Israël et de son peuple ». Faux, bien entendu. Grossièrement faux. Leur répondre : « votre souci n'est pas la paix, mais l'idée ; ce n'est pas la sécurité, mais l'idéologie ; c'est par idéologie, pour l'idéologie, parce que l'idéologie (celle, en l'occurrence, du Grand Israël) est votre préoccupation première que vous vous conduisez comme vous le faites ».

Du doyen Zamansky, ce grand mathématicien récemment disparu et qui fut à sa façon – discrète – l'un des maîtres de notre génération, cette formule étrange : ce n'est pas le faux qui est un moment du vrai, mais le vrai qui est un moment du faux. Fin mot de la science moderne. Dernier mot de la guerre des idées.

Un homme politique qui se résoudrait à n'être ni haï ni aimé.

Salman Rushdie, chez Poivre d'Arvor. Les mollahs avaient trois objectifs en lançant la fatwah. Étouffer « Les versets sataniques » : ils y ont échoué puisque « Les versets » sont disponibles, aujourd'hui, dans le monde entier. Tuer l'écrivain en lui : ils n'y sont pas parvenus puisque le « condamné » n'a pas cessé, depuis, d'écrire – cette semaine encore, le très beau recueil de nouvelles que publie Plon, son nouvel éditeur. Imposer l'image, enfin, d'un islam dur, terroriste, intégriste : là, en revanche, ils ont réussi – et c'est la responsabilité de tous de lutter contre cet islamisme, visage moderne de la barbarie.

Un jeune cinéaste – par ailleurs très impliqué dans les manifestations contre le Front national explique que Heidegger était un « fasciste » et que le lire est donc « suspect ». Que réclame-t-il, au fond ? Le droit de ne pas lire. Celui de ne pas savoir. Une démocratie conçue non plus comme accès aux livres, mais comme prime à l'ignorance.

Jacques Derrida, dans son dernier livre (« Adieu », éditions Galilée), rappelle le commandement biblique d'« aimer l'étranger ». Dieu est amour ? Bien sûr. Mais également : Dieu est accueil... Dieu est asile... Les crimes contre l'hospitalité sont, aussi, des crimes contre Dieu...

Exposition franco-flamande au Grand Palais. Ainsi donc la Belgique serait autre chose que le pays de l'affaire Dutroux et de l'horreur économique ? Tiens donc ! David et Rodin. Baudelaire et Hugo. Temps admirable où Bruxelles était aussi la seconde patrie des artistes français exilés.

Procès de Jésus. La pièce manquante, la déposition qui, à l'évidence, éclairerait tout : l'évangile selon saint Judas.

Jerzy Grotowski, nouveau professeur au Collège de France. Depuis la chaire improvisée des Bouffes-du-Nord où il choisit, contre tout usage, de prononcer sa leçon inaugurale, cette formule – citée de mémoire : « la théorie est une boîte à outils ; quand l'outil n'aide plus, il faut laisser tomber l'outil ».

Andy Warhol au cinéma, sous les traits de l'acteur David Bowie. Désolant. Caricatural. De l'artiste génial, il ne reste qu'une perruque grotesque, des dandinements d'idiot, quelques onomatopées en guise de « fusées » – un mondain lamentable, sans style ni talent. Qu'a voulu l'auteur, Julian Schnabel ? Règlement de comptes ? Inconscience ? Ou bien contribution discrète à ce que l'air du temps véhicule de pire dans son rapport à l'art moderne ?

Israël encore. On dit : il faut « revenir à la paix », il faut « restaurer la paix ». Illusion des diplomates. À quoi s'oppose le principe kantien (deuxième section de « Vers la paix perpétuelle ») : « l'état de paix des hommes vivant les uns à côté des autres n'est pas un état de nature – celui-ci est bien plutôt un état de guerre ». Manière de dire que cet état de paix n'advient qu'à condition d'être voulu, imposé, *institué*.

Ce mot très beau mais terrible qui se répète, d'après *Le Monde*, entre Oran et Alger : « la mort rôde comme un chameau aveugle ». On voit le chameau. On imagine sa course folle, ses ruades. Une mort qui n'a plus de sens. Plus de cibles. Une mort qui n'aura bientôt plus d'auteurs identifiables ni assignables. Âge nouveau de la mort.

29 mars 1997.

La défaite de Le Pen. Cioran et le statut des « erreurs de jeunesse ». Contre l'intégrisme, contre le fanatisme, relire la Bible.

On disait « il ne faut pas parler de Le Pen ; il ne faut pas répondre à Le Pen ; il y a, dans le lepénisme, comme une machine infernale qui piège les discours qui s'y opposent et les transforme à son avantage ». Eh bien, on avait tort de dire cela. Et il aura suffi d'une journée, à Strasbourg, pour que le piège se desserre et que la foule des démocrates paraisse, sur le terrain même de l'adversaire, marquer des points, couvrir sa voix et recommencer, peut-être, de le marginaliser. Ce qui s'est passé, pendant cette journée ? Oh, pas grand-chose. Un ton nouveau. Une dignité tranquille dans la contre-attaque. Un côté civique, citoyen dans les cortèges. Et puis surtout, surtout, cet air de manifestation heureuse, sûre d'elle-même et de ses valeurs, qui, pour la première fois depuis dix ans, *réagissait* moins au discours du Front qu'elle n'*affirmait* le sien. Rassembler les antifascistes avant de les séparer des fascistes, réaffirmer la mémoire des premiers plutôt que de fustiger celle des seconds, bref, glorifier les valeurs communes des uns avant de faire honte aux autres de leur parole de guerre et de mort, c'était, apparemment, la juste formule. Un nom, depuis huit jours, incarne ce style et cette stratégie. C'est celui de Catherine Trautmann, maire de Strasbourg, qui, avec son mélange si remarquable de colère et de rigueur, d'enthousiasme et d'esprit de mesure, d'intransigeance sur les principes et d'habileté dans les méthodes, sauve, avec d'autres, l'honneur de la classe politique. Une sorte de Badinter, mais qui serait passé par les urnes. Le type même de personnage dont on désespérait qu'il pût jamais s'autoriser du double sacre, celui du peuple et celui de la morale – et pourtant...

Qu'est-ce qu'une « erreur de jeunesse » ? Quel statut a-t-elle dans l'œuvre d'un auteur ? Et doit-on tenir rigueur à un homme des horreurs qu'il a pu écrire quarante ou cinquante ans plus tôt, dans un état d'esprit qui n'est, souvent, plus le sien ? La question s'est posée pour Heidegger. Blanchot. D'autres. Mais la voici qui rebondit à propos de ces engagements roumains et crypto-hitlériens d'avant guerre que, dans un livre remarquable (Gallimard), met au jour Patrice Bollon. Je le revois, le vieux Cioran, ce jour de 1989 où j'étais venu l'interroger dans le cadre de mon enquête sur l'histoire des intellectuels. Je revois, là-haut, dans sa mansarde, son visage de hibou apeuré quand il avait senti que j'allais aborder le sujet délicat. Son silence, à ce moment-là. Sa hâte à me voir partir. Son embarras déjà quand, un moment plus tôt, évoquant son refus constant des honneurs, des distinctions littéraires et des prix, j'avais commencé de suggérer – mais sans deviner, bien sûr, la portée de l'hypothèse : « dans l'affaire du prix Paul Morand par exemple, votre refus était-il sans lien avec le fait que la princesse Soutzo, femme de Morand, était roumaine et que l'annonce même du prix allait déclencher, en Roumanie, on ne sait quelle fièvre biographique ? »... Cioran avait-il peur ? A-t-il passé sa vie à redouter l'arrivée de l'historien, du journaliste ou du chercheur qui rappellerait ce passé maudit ? Est-ce une raison de son fameux silence ? de sa phobie des médias ? de ce goût d'écrire pour n'avoir plus de visage ? On voit clairement la ligne de partage. Un écrivain est quitte de son « erreur de jeunesse » quand il l'a pensée, rejetée et qu'il a choisi, du coup, de n'être plus tout à fait le même homme. Qu'il l'occulte au contraire, qu'il se refuse à en faire le deuil – et à cet homme qui n'a pas changé, à ce sujet dont le noyau biographique continue d'abriter la même invisible vérité, comment ne pas tenir rigueur du terrible secret qui le fonde ?

L'intégrisme, chacun le sait, commence ou finit toujours par une bataille sur l'intégrité des textes religieux. Lettre sacrée. Intouchable. Évangiles donnés à l'homme une fois pour toutes, sans qu'il lui soit permis d'y remettre jamais la main. Qu'il enfreigne l'interdit, qu'il prétende toucher au texte, l'interpréter, l'interpoler, qu'il ose dire, ou laisse entendre, que Dieu nous a légué une parole lacunaire, inachevée, imparfaite – et c'est alors que se déchaîneront (cf. Rushdie) les foudres des imams ou, parfois, des évêques et des rabbins... C'est dire l'importance de la série d'émissions consacrées par Arte, ces derniers temps, aux grands textes fondateurs de la mystique monothéiste. On y voyait des interprètes, en effet. Des exégètes. On y écoutait des scoliastes inspirés, scrutant le moindre verset, le dilatant, le multipliant, faisant naître autour de lui gloses, échos, variantes, assonances. Pourquoi le nom « Christ », par exemple ? À partir de quelle date ? Quelle signification, précise, avait le mot en grec ? en araméen ? À chaque question, mille réponses. Derrière chaque point du dogme, mille nuances que la vulgate avait pétrifiées. Et entre ces érudits, entre ces fous d'une lettre non plus sacrée mais sainte puisque ouverte, désormais, aux vertiges de la profondeur et du sens, entre ces savants admirables, capables de passer leur vie entre un fragment de Flavius Josèphe ou une révélation de Grégoire de Nysse, une compétition muette, mais étrangement fraternelle – un démenti à ceux qui, cette semaine encore, n'auront cessé de répéter qu'entre les fameuses « trois religions » qui se partagent « le même Livre » l'affrontement est inévitable. Vous avez été bouleversé par les bombes humaines du Hamas ? les rodomontades d'Arafat ? la mauvaise foi de Netanyahou ? Il fallait regarder Arte. Il faut relire la Bible.

5 avril 1997.

Les écoutes de l'Élysée. Flic ou romancier ? Plenel et Hallier. « Le plus grand écrivain de sa génération ». Le cas de conscience de Michel Charasse. Le secret de l'âge du spectacle.

Affaires. Trafics divers. Révélations de toutes espèces. Et, maintenant, cette histoire d'écoutes téléphoniques commanditées, en personne, par l'ancien président de la République. Quand donc François Mitterrand cessera-t-il de nous hanter ? Quand la bouche d'ombre mitterrandienne finira-t-elle de dégorger ses perles noires ? « Je crois aux forces de l'esprit, disait-il. Où que je sois, vous m'aurez toujours près de vous. » Peut-être y pensait-il. Peut-être se figurait-il déjà ce drôle de destin posthume : revenant, mort-vivant – ombre maléfique et glauque continuant, longtemps après, de rôder dans notre dos. Spectre de Mitterrand.

Les plus sévères diront : « Néron, plus le téléphone ; Louis XIII allant, déguisé en manant, espionner ses sujets dans les bas-fonds ; Fouché ; mœurs de flic ou de dictateur. » Les plus indulgents – ou les plus cyniques : « Mitterrand romancier ; goûteur et chercheur d'âmes ; jamais ce diable d'homme ne s'est intéressé qu'à l'envers de ses semblables, leurs passions, leurs secrets, le manège obscur de leurs désirs. » J'aimerais prendre le second parti. Sauf que Mitterrand n'était pas romancier, mais chef d'État. Il n'avait pas été élu pour écrire un roman, mais pour gouverner un État de droit. Or qu'est-ce que gouverner un État de

200

droit, sinon se porter garant de la liberté de ses citoyens ?

Le romancier quand même. L'homme qui ne se lassait jamais de la comédie humaine de son époque. Il a un mérite, au moins, que nul ne lui contestera : celui du choix de ses personnages. Dans la liste des « écoutés », deux noms plus que jamais. Celui de Jean-Edern Hallier, celui d'Edwy Plenel. Le vice et la vertu. L'immoralité du temps, d'un côté – et de l'autre, le pourfendeur de sa part d'ombre, l'apôtre de la morale en politique, l'image même de ce journalisme démocratique qui lui faisait, au fond, si peur. Le reste ? Oh ! le reste... Menu fretin. Mixte des deux modèles et centrisme du sentiment. Seuls comptaient les premiers rôles. Ou, si l'on préfère, les archétypes. Il allait droit aux extrêmes, aux archétypes du moment. Réflexe d'artiste. Sûr instinct, qu'on le veuille ou non, du collectionneur de caractères.

Hallier. Le cas Hallier. Je nous entends nous moquer quand il se disait traqué, persécuté par Mitterrand. Je repense à nos haussements d'épaules quand il réduisait le règne à l'on ne savait quel face-à-face entre lui et le souverain. Eh bien, nous pouvions rire. Car c'est lui, nous le découvrons avec stupeur, qui avait raison. Et force est d'admettre aujourd'hui la sinistre évidence : ce nouveau Maurice Sachs, cet histrion national et grand maître en tromperies, n'était, en l'occurrence, ni mégalomane ni menteur. Mitterrand ne pensait qu'à lui. Mitterrand se sentait menacé par lui. Justice à Hallier, hélas ! De tous les écrivains français, c'est lui dont Mitterrand aura fait son interlocuteur privilégié.

Un homme d'État a les ennemis qu'il mérite. Les juges qu'il s'est choisis. Dans cette nation littéraire qu'est la France, le peintre et le modèle ont toujours la même taille. Terrible ? Mais oui, terrible. Car même type d'hommes, dans ce cas. Mêmes couleurs dans leurs palettes. Même type de regards portés sur l'âme de leurs contemporains, ses ressorts, les moyens de la manœuvrer. La fable des deux théologiens de Borges qui passent leur vie à se combattre, se porter les coups les plus rudes – jusqu'à se rendre compte qu'ils étaient, en tous points, identiques... Mitterrand le savait sans doute. Hallier le savait sûrement. Que n'avons-nous – pour une fois – écouté, sinon Mitterrand, du moins cet Hallier qui l'obsédait ? Nous y aurions perdu des illusions. Mais gagné un peu de temps.

On pense à la phrase de Churchill ; la différence entre les statues et les hommes, c'est que, lorsqu'on s'en approche, les statues paraissent plus grandes, les hommes de plus en plus petits. Ainsi de Mitterrand. Ainsi de ce chef d'État paré, de son vivant, des plus hautes vertus et rapetissant à vue d'œil tandis que s'accumulent les révélations les plus accablantes. C'était cela, Mitterrand ? C'est pour cela que nous avons voté, milité, vécu ? Et faudra-t-il, dans le bilan, intégrer le mensonge érigé en système, le caprice déguisé en secret d'État – et l'image, pour finir, de ce dialogue au sommet entre un aventurier et un pantin ? Je pense au désarroi des socialistes. Je pense à Lang. À Jospin. Je pense même à Charasse, empêtré dans son rôle de dernier des Mohicans. Comment, quand on doit tout à un homme, faire le deuil de sa grandeur – et comment, quand on se doit au peuple, faire l'économie de l'ingratitude ?

D'aucuns, à la lumière de cette affaire, réfléchiront sur le statut du « secret-défense » dans les sociétés modernes. Tout aussi instructif, celui du secret tout court à l'âge du spectacle et des grands médias. De moins en moins de secrets, voilà ce que dit cet âge. De moins en moins d'écoutes clandestines, de turpitudes cachées, de mystères, voilà sa leçon nouvelle. Et extraordinaire accélération, en tout cas, de leur vitesse de divulgation – telle est désormais la loi... Et si c'était aussi cela, le progrès démocratique ? Et si une démocratie se jugeait aussi, pour le meilleur et parfois le pire, à la rapidité d'évaporation de ses zones d'opacité ? Des siècles, dans les sociétés archaïques. Des décennies, dans les mondes totalitaires. Des années, des semaines, peut-être un instant, sous le règne de l'opinion. On rêve d'un Aristote classant les types de régime selon le régime de leurs secrets.

12 avril 1997.

Encore le silence des intellectuels. Le pape et les Juifs. Wittgenstein et l'Algérie. Le retour de « Bonnie and Clyde ». Badiou sur Deleuze. Réponse à Jean Daniel.

Simone Veil reproche aux intellectuels leur « silence » sur l'Algérie. Elle n'a pas tort. Sauf que les intellectuels ne sont pas au pouvoir et qu'elle serait mieux inspirée d'adresser son reproche à ses amis du gouvernement. Eux non plus ne disent rien. Eux non plus ne font rien. Voilà l'un des problèmes les plus politiquement brûlants du moment – et ils n'ont, pour y répondre, pas de politique du tout... Si, d'ailleurs, ils en ont une. Paris, au moins, en a une. Éviter la contagion, contenir la violence meurtrière, bref, prier pour que les attentats ne débordent pas les frontières algériennes et ne viennent pas sur notre sol – ce qui, on en conviendra, est un peu court face à l'horreur des massacres et face à la menace, surtout, d'un État islamiste à nos portes.

Cité par *Le Monde*, et malheureusement éclipsé par l'éclat du voyage à Sarajevo, ce propos du pape, vendredi dernier, devant la commission biblique pontificale : « L'identité humaine de Jésus-Christ se définit à partir de son lien avec le peuple d'Israël, avec la dynastie du roi David et la descendance d'Abraham » ; puis :

« Jésus était un authentique fils d'Israël, profondément enraciné dans la longue histoire de son peuple – l'Église a pleinement accueilli son insertion dans l'histoire du peuple d'Israël. » En quelques mots, tout est dit. En deux phrases, c'est toute la tradition de l'antisémitisme chrétien qui voit voler en éclats ses raisons. Une fois de plus, grandeur de Jean-Paul II.

L'Algérie encore. Soyons juste – et avec les intellectuels, et avec les politiques. La vérité est que nul n'a de solution et que si nous ne disons rien c'est que nous n'avons, les uns comme les autres, rien à dire face à la tragédie. Ne jamais en dire plus que l'on ne croit – ni, surtout, plus que l'on n'en sait : c'était la règle de conduite du clerc selon Wittgenstein et c'est peut-être, au fond, un devoir d'honnêteté minimale dans cette affaire. Mais alors il faut le dire. Il faudrait faire clairement l'aveu de ce qui entre de désarroi dans notre silence à tous. Il faudrait que les États osent avouer : « nous sommes démunis ; nous ne savons que faire ni que penser ; nous cherchons désespérément, nous, les puissants, le moyen de riposter à des bandes de tueurs qui sont, pour l'heure, plus puissants que nous » – et il faudrait, de cette recherche, faire l'objet d'un débat national.

Bel exploit de ce pompier italien entrant dans la cathédrale de Turin en flammes et sauvant le suaire du Christ d'une inévitable destruction. Le même jour, on lit qu'un directeur de casino américain acquiert à prix d'or une autre relique : la chemise de Clyde Barrow, le célèbre gangster de « Bonnie and Clyde », avec ses trente impacts de balles, ses traces de poudre et de sang séché – et puis, nous dit sans rire l'acheteur, tout ce « morceau d'histoire des États-Unis » dont elle est le symbole. D'un suaire l'autre. Sacré d'hier et d'aujourd'hui. Foi dans le mystère de l'incarnation et culte fétichiste de la marchandise. Il y a, dans le télescopage de ces deux images, un assez bon résumé de l'époque.

Le livre d'Alain Badiou sur Deleuze. Il observe que l'auteur de « Logique du sens » est un des rares philosophes modernes à n'avoir pas eu de vrais disciples – l'apparition d'un disciple, dit-il, est toujours un malentendu et Deleuze aura tout fait pour conjurer, de son vivant, ce type de malentendu. Ma question : que faut-il souhaiter à une grande pensée ? son importance se mesure-t-elle au nombre de ceux qu'elle aide à vivre, à penser ? ou les philosophies majeures sont-elles des philosophies moins visibles, clandestines, presque furtives, empêchées par leur radicalité même de s'agréger aux blocs d'opinion constitués – et qui, si elles agissent sur leur temps, le font sans vraiment s'y mêler ? Image du fleuve Alphée. Image d'un poison qui attaquerait le corps du siècle – mais en secret.

Jean Daniel croit devoir défendre la mémoire de François Mitterrand contre les « procureurs » qui, comme moi, « instrumentent » le fantôme de Jean-Edern Hallier contre l'ancien président. Trois remarques. 1. Je suis de ceux qui n'ont, de son vivant, jamais cessé de dire ce qu'ils avaient à dire de Hallier et de ses infamies : pas de leçon, sur ce point, à recevoir aujourd'hui de quiconque ; nul besoin, surtout, de revenir à tout propos gifler le cadavre d'un homme avec lequel je me suis employé, pendant presque vingt ans, à n'avoir tout bonnement pas de contact. 2. Il n'est pas question de donner à l'écrivain défunt je ne sais quelle « stature » de « héros national victime de l'arbitraire des grands », mais de se demander par quelle ubuesque aberration un « grand », François Mitterrand, a pu lui donner le rang d'ennemi privé numéro un : pour moi, il était un médiocre pamphlétaire, doublé d'un maître chanteur ; pour l'ancien chef de l'État, il était une obsession, un objet de curiosité ou de crainte, un interlocuteur majeur – et c'est là le plus navrant. 3. Que Jean Daniel répugne à « réviser » son jugement sur les septennats mitterrandiens, c'est son droit ; mais qu'il ajoute, pour en « relativiser » le scandale, que la

« pratique » des écoutes est une pratique « en usage dans les quatre cinquièmes de la planète » est un argument indigne de lui. Je n'aurai pas la cruauté d'énumérer toutes « les pratiques en usage sur les quatre cinquièmes de la planète » dont nous conviendrions, lui et moi, qu'elles seraient le déshonneur du dernier cinquième (celui, non des républiques bananières, mais des démocraties) : je respecte trop Jean Daniel pour ne pas imaginer que, dans cette affaire, son goût de la fidélité l'a malencontreusement emporté sur sa vigilance de citoyen.

19 avril 1997.

Une dissolution bienvenue. Le vrai débat sur l'art moderne. La belle colère de Pierre Mertens.

Que le président de la République ait, en décidant la dissolution, voulu conjurer une défaite annoncée, qu'il se soit laissé guider, en d'autres termes, par des arrière-pensées politiques partisanes, c'est possible, c'est même probable et c'était, au demeurant, son droit le plus strict. Mais, politique pour politique – et en attendant les 25 mai et 1er juin, où il appartiendra, à ceux qui le voudront, de censurer, en conscience, l'actuel gouvernement – on aura mauvaise grâce à ne pas admettre qu'en prenant sa décision il a accompli deux autres gestes qui, gauche et droite, nous concernent tous. Le premier : il a pris de vitesse ceux qui, dans son propre camp, comptaient profiter des prochains mois pour fourbir leurs armes anti-Maastricht et attiser, à la veille du passage à l'euro, les dissensions majoritaires – il a colmaté le front, brisé les velléités sécessionnistes des Villiers, Séguin et autres Pasqua et, comme jadis Mitterrand avec les siens, rendu irréversible l'ancrage européen des gaullistes. Le second : il a pris de court un Front national qui venait, à Vitrolles, de trouver un nouvel élan et espérait bien, lui aussi, quoique sur un autre ton ! se servir d'une campagne longue pour distiller ses venins, orchestrer ses rumeurs et ses chantages, bref semer, comme il sait le faire, la haine et la violence – il suffit d'entendre M. Le Pen hurler au « hold-up électoral » pour deviner de quel fonds de commerce on l'a volé ! il suffit de voir sa comique et presque pathétique déception pour imaginer les grands moments auxquels la campagne courte voulue par le président nous aura permis d'échapper ! Objectera-t-on que l'on a, ce faisant, escamoté le conflit et, par conséquent, le débat ? Oui et non. Car la politique est un art de la guerre. Et à la guerre comme à la guerre – surtout s'il s'agit aussi, comme ici, du style, voire du sort, de la démocratie et de sa culture.

Il y a, dans le tintamarre actuel autour de la peinture contemporaine, de bons et de mauvais débats. Mauvais débat : celui qui rejette dans la même poubelle d'un art supposé « nul », « insignifiant » ou « dégénéré » l'ensemble de ce que montrent les marchands, les musées ou les FRAC – comment ne voit-on pas la vulgarité de l'argument ? les mauvais relents de ce type de procès ? comment, sans nécessairement crier au « fascisme », ne pas retrouver, dans ce climat de Restauration, l'écho de ce qu'il y eut de pire dans les discours sur l'art au XXe siècle ? Le bon débat, en revanche : celui qui tourne autour de la question esthétique, philosophique, *métaphysique*, de la « fin de la peinture » – vous êtes « le premier dans la décrépitude de votre art », disait déjà Baudelaire à Manet ; pourquoi ne pas retourner le compliment à Combas, Garouste, Soulages, Martinez, Buren ? pourquoi ne pas les confronter, ces artistes d'aujourd'hui, à la belle et terrible question de la « fin de l'art » ou du « dernier tableau » telle que se la sont posée, au fil du siècle, tous ceux qui ont compté ? Bonnard : « l'art est une passion périmée ». Malevitch : « un préjugé du passé ».

207

Giacometti : « le peintre, la peinture, c'est fini ». Bacon : « un corps, un visage, voilà ce qu'il n'est plus possible de dépeindre ». J'en passe, évidemment – à commencer, pêle-mêle, par Rodchenko, Strzeminski, Rothko, Reinhardt, Newman, Stella, Mondrian, ces artistes immenses qui ont passé leur vie, et leur œuvre, à ruminer le lamento hégélien sur l'« achèvement », non seulement de l'« histoire », mais des « beaux jours » de l'esthétique : moyennant quoi ils n'ont cessé, bien entendu, d'inventer les formes les plus sublimes. Non, autrement dit, à la mise en procès poujadiste de la modernité artistique en tant que telle. Mais oui, cent fois oui, à la question sans fin de la fin de l'art moderne – source, pour les artistes, d'une intarissable inspiration.

Qui sont les écrivains les plus exposés, demande Pierre Mertens dans son nouvel essai (« Une seconde patrie », éditions Arléa) ? Ce sont les plus singuliers, comme Kafka. Les plus irréguliers, comme Pasolini. Ce sont ceux qui, comme Malraux, se sont dédoublés en hommes d'action et ont tenté d'inscrire leur œuvre sur le double registre de la littérature et de l'Histoire. Ah, tonne Mertens dans des pages d'une belle véhémence, la détestation si particulière que ce type d'écrivain peut susciter ! les procès insidieux ! les suspicions obliques, mais acharnées ! cette façon, chez les chiens de garde de la culture, de déprécier, brocarder, calomnier, lyncher – ne sont-ils pas tous d'accord, par exemple, depuis un demi-siècle, pour « brûler » l'auteur du « Procès » ? Il faut « défendre les grands », insiste Mertens. Il faut les « protéger ». Ce sont eux, les plus grands, qui sont les plus harcelés et, donc, les plus menacés. Après quoi il nous offre – Mertens, toujours – une défense et illustration magnifique de cette autre cible des petits maîtres du cynisme fin de siècle : la « passion », le « pathos », les supposés « bons sentiments », peut-être même l'« amour », le « romantisme » ou la part de « mélodrame » qui, de « Macbeth » aux « Trois sœurs », de « Parsifal » à « La condition humaine » ou à « Vertigo », habitent, pour leur plus grande gloire, toute une catégorie de chefs-d'œuvre – ce que l'époque appelle le « kitsch » et dont le refus n'est que l'autre nom de notre répugnance à la grandeur. N'y aurait-il qu'un essai à signaler, cette semaine, que ce serait celui-ci. En feront leur lecture tous ceux pour qui la littérature est bien, comme pour l'auteur, cette seconde patrie, cette autre famille – tous ceux qui sont orphelins de tout, sauf des livres.

26 avril 1997.

Notre dernière grande élection ? Elkabbach sur les pentes de l'Olympe. D'une épidémie – d'âmes – dans la classe politique. Ismaïl Kadaré et les écoutes. Chirac perd ses rouges. Le cas Tillinac.

Élections ternes. Sans relief. Comme si les grands partis tardaient à s'ébrouer. Comme si la machine à croire, choisir ou même débattre ne parvenait pas à démarrer. Et partout, confirmé par les sondages, le même désenchantement d'un peuple s'avisant de la nouveauté de l'époque : une temporalité neutre, sans ruses ni surprises, dont il n'y aurait, pour la première fois, *rigoureusement rien à attendre*. Sagesse de la période ? Ou, comme d'aucuns nous l'annoncent, prodrome du désespoir ?

Autre façon de dire les choses. Ce désenchantement collectif, cette incapacité d'adhérer aux programmes des partis de gouvernement, on peut y voir le signe d'un cynisme – donc d'un extrémisme silencieux – qui serait la vérité du moment. Mais on peut aussi rappeler – et ce serait évidemment l'inverse – que la passion politique, en France, est toujours allée de pair avec la poussée des extrémismes ; qu'ils ont toujours été, ces extrémismes, les corps noirs autour desquels elle a déployé ses rites, ses bannières, ses querelles, et que si elle s'exténue, si elle n'a plus ni repères ni enjeux, c'est peut-être la preuve, justement, que s'étiolent en secret les discours qui la structuraient. Sommes-nous en route, autrement dit, vers un PC ou un FN renforcés qui récolteraient le fruit de la lassitude ? Ou vivons-nous, plus prosaïquement (et parce que FN et PC seraient, en réalité, sur le chemin d'un irrévocable discrédit), la dernière grande élection *politique* de notre histoire ? Question de fond. Bien malin qui répondra.

Elkabbach sur Europe 1. En voilà un qui continue d'y croire ou qui fait, au moins, semblant. Pour les nostalgiques de l'ordre ancien, pour ceux que la perspective de l'exténuation prochaine du politique emplit d'abord de mélancolie, c'est un régal de le réentendre, chaque matin, bousculer son invité, l'écouter, l'interrompre à nouveau, chercher à le déstabiliser, bref faire comme s'il avait, encore et toujours, *quelque chose à nous raconter*. Singulier personnage, en vérité ! Étrange tempérament que celui de ce croyant défait, sans doute désabusé – mais qui n'est jamais mieux lui-même que lorsqu'il est ainsi, un genou à terre, affaibli. Il y a un personnage, dans la mythologie, qui m'a toujours fasciné. Il s'appelle Antée. C'est le fils de Gaïa et de Poséidon. Et il a la faculté de ne reprendre vie que chaque fois qu'il touche terre. (Au point qu'Héraclès, son adversaire, n'a pu finir par l'étrangler qu'en le tenant en l'air, bien au-dessus du sol, à bout de bras.) Eh bien voilà. Elkabbach, c'est Antée.

C'est « sans états d'âme » que Pasqua finit par se rallier à Juppé. C'est « sans états d'âme » que Chevènement annonce son accord avec Jospin. C'est encore « sans états d'âme » que Mitterrand, d'après Ménage, se serait résolu à mettre Edwy Plenel sur écoutes. Et c'est toujours « sans états d'âme » que le secrétaire général du RPR endosse son propre programme ! Bizarre, quand on les met bout à bout, cette épidémie de « sans états d'âme »... Faut-il entendre la classique dénégation (c'est *avec* états d'âme, justement, à contre-cœur, la mort dans l'âme qu'ils avalent, les uns et les autres, les couleuvres de l'euro, de la campagne anticipée, etc.) ? Ou faut-il, pour une fois, prendre le symptôme à la lettre (l'écho, jusque chez les responsables, de ce grand désenchantement ?). Autre question. Autre mystère.

Affaire des écoutes, suite et fin. « Le palais des rêves » d'Ismaïl Kadaré. Un État qui se met à l'écoute d'une population entière – ses pensées diurnes, ses rêves, ses calculs, son intimité. Comme toujours, le dernier mot va au roman. Comme toujours, c'est le roman qui dit la vérité.

Le sociologue Emmanuel Todd annonce qu'il votera communiste. Panique dans ce qui reste de Phares et balises. Pour moi, simple confirmation de la méfiance que m'a inspirée, dès le premier jour, cette drôle de chimère « chiraco-gauchiste » inventée, au moment de la présidentielle, par Todd et quelques autres. Toujours la même histoire. Il faut toujours prendre garde à l'inconscient des langues politiques.

J'ai rencontré Denis Tillinac, son compère, une fois. C'était il y a dix ans. Je me souviens que c'était en plein procès Barbie puisque j'étais à Lyon et qu'il était venu m'y soumettre la transcription d'une interview. Je l'avais trouvé drôle. Sympathique. J'avais bien aimé sa bouille d'intello rigolard, qui n'aimait que les livres et la Corrèze et aurait détesté se voir pris au sérieux pour autre chose que ses romans. Et j'avais été frappé, surtout, de l'extrême honnêteté avec laquelle il m'avait dit : « la politique n'est pas mon truc : je crois, contrairement à vous, qu'elle est la perdition des écrivains ; elle m'intéresse, sans doute ; mais je ne me reconnais nulle compétence pour en parler d'autorité ». L'idée de voir le même homme, dix ans plus tard, et au seul motif qu'il est l'un des vieux « copains » de Chirac, promu à la dignité d'oracle, sollicité comme une pythie, l'idée de le voir sondé par les spécialistes comme s'il était à lui seul un échantillon représentatif de la Chiraquie, l'idée de le voir se prêter au jeu, pérorer, trancher de tout et accepter de voir le système s'emparer de la moindre de ses humeurs sur le chômage, les élites, le franc, pour la disséquer, l'opposer à un ministre ou l'apporter, au contraire, à l'eau du moulin d'un autre, cette idée m'eût semblé alors – et me semble plus que jamais – aussi contraire à son talent qu'à la tenue du débat citoyen. Pierre Bergé, dans le rôle, avait tout de même une autre allure ! À quand, puisque nous frisons le ridicule, l'inscription, dans la Constitution, du rôle de porte-parole ami-du-président ?

3 mai 1997.

La critique à l'estomac. L'encre et le fiel. Les étranges méthodes de M. Rinaldi.

Il arrive un grand malheur à M. Rinaldi. Cet homme a eu du talent. Il fut, dans les années 80, l'un de nos critiques les plus redoutés. Or on le lit de moins en moins et ses articles dont, jadis, bruissaient les salons ont fini, avec le temps, par faire partie du paysage et par lasser. Alors, comme tous les vieux acteurs, il force le trait, il en rajoute, il agite bien fort ses petits bras pour retenir une attention qui s'enfuit. Hier, une ruade suffisait. Avant-hier, une humeur. Aujourd'hui, il en est à l'horion, à l'insinuation calomnieuse, au coup bas. On craint le pire pour demain. Et c'est moi qui, cette semaine, à cause de quelques lignes sur Cioran, me trouve faire les frais de cette surenchère dans le venin.

Je ne m'attarderai pas sur l'incroyable violence des épithètes dont il me dote, ni sur sa façon, douteuse, de fustiger « l'opulent M. Lévy », sa « Compagnie », son « influence ». Je n'insisterai pas sur l'indélicatesse du faiseur qui, tout à son désir d'épater, ne dédaigne pas les larcins quand il trouve son bien chez un grand écrivain : le mot, en l'occurrence, du prince de Ligne sur un borgne doublé d'un idiot qui n'eut, pour mourir, qu'« un œil à fermer et peu d'esprit à rendre » – la formule est drôle, alors il la recopie, sans guillemets... Et quant à ses livres, enfin, je les connais visiblement moins bien qu'il ne connaît les miens et me garderai de corroborer – ou, d'ailleurs, d'infirmer – l'image, dont on me dit qu'il souffre, d'une œuvre ampoulée, un peu provinciale, où l'usage immodéré des digressions absconses serait censé « faire Proust ». Si je lui consacre ces lignes, c'est que sa chronique de *L'Express*, revenant sur l'affaire Cioran, pose aussi quelques questions, propices à la mise au point.

1. Que Cioran ne soit pas le seul à avoir joué, à ses débuts, avec le pire, c'est l'évidence – encore qu'il soit inutile, pour le dire, de prendre ce ton ridiculement pathétique et pompeux. Je prétends simplement qu'il y a deux façons de vivre ce type d'erreur. Celle de Soljénitsyne, exemplaire, qui eut le courage de la nommer et, ainsi, de s'en libérer. Celle de Cioran, plus commune, qui refusa toujours de s'en expliquer et alla jusqu'à changer de langue pour n'avoir pas à la penser.

2. Que le rappel de ce type de passé attriste les admirateurs d'un écrivain, chacun le sait, et cela n'empêche évidemment jamais de lire l'écrivain en question – fût-il (mais oui, M. Rinaldi !) « Heidegger, Céline ou Pound ». Mais doit-on, pour autant, interdire le travail de la vérité ? faut-il pousser ces petits cris – « cracher sur les tombes », etc. – quand on évoque ces égarements ? et a-t-on le droit, surtout, de comparer au cas de Lucie et Raymond Aubrac poursuivis par la calom-

nie la situation d'un intellectuel capable, à Bucarest, en pleine montée du fascisme, d'écrire que « la vitalité juive est si agressive que notre tolérance à l'égard de ce peuple nous mènerait de façon certaine à la banqueroute » ? Que M. Rinaldi soit incapable de faire la différence entre un antisémite et un résistant, qu'il ne voie pas que les Aubrac luttaient contre la Gestapo au moment où l'auteur de ce type d'« audaces » en était encore à traîner du côté de la légation roumaine à Vichy, c'est son affaire. On le priera seulement de renoncer au rôle, trop lourd pour lui, de redresseur de torts politiques : on croit voler au secours d'un martyr, on fait le beau, on prend la pose – et voilà, c'est trop bête, on se retrouve à barboter dans les eaux glauques de l'époque et de ses pires confusions.

3. *L'attitude des écrivains vis-à-vis de la gloire et du spectacle.* Que montre-t-on quand on se montre ? Que cache-t-on quand on disparaît ? Est-il si certain, par exemple, que la légendaire réserve d'un Blanchot soit sans rapport avec son engagement fasciste des années 30 ? Et que dire, à l'inverse, d'un Gary inventant Ajar – est-il du côté de l'exhibition ou du secret ? du narcissisme ou du masque ? Il y a là de belles énigmes pour les vrais amateurs de livres. Mais il faudra davantage, pour expliquer, par exemple, le fameux « silence » des « grands invisibles », que le cliché vertueux, naïf et gentiment ébahi de l'écrivain « authentique », goûtant « les délices de l'ombre » et « les charmes de la pauvreté ». Allons, Rinaldi ! Vers la littérature compliquée, essayons de ne pas voler avec des idées trop simples...

4. *La question de la critique, enfin.* Rinaldi, comme dirait Gide, s'est mis un jour grand critique comme on se met grand coiffeur. Mais est-ce être grand critique que d'aménager sa lucarne en stand de tir où l'on massacre tout ce qui bouge ? et suffit-il, pour avoir de la plume, de transformer ses aigreurs en jugements, ses

214

amertumes en esthétique – suffit-il, pour fonder un art critique, de ne célébrer que des inconnus et de matraquer des écrivains (Handke, Duras, Sollers, d'autres...) dont le seul point commun est d'avoir plus de succès que vous ? Mauriac, dont notre petit maître ne perd jamais l'occasion de revendiquer la filiation, soutenait que, pour pouvoir être méchant, il faut savoir être bon à l'occasion. Et quant à Cioran lui-même, ce contempteur du genre humain n'omettait pas, quand il lisait, de pratiquer l'« exercice d'admiration ». Mais il est vrai qu'il est plus difficile de donner à aimer que d'exécrer – il y faut non seulement une générosité, mais une faculté de juger qui sont l'apanage des vrais grands mais dont Rinaldi fut, hélas, toujours parfaitement dépourvu. Misère d'une époque où l'on prendrait le ressentiment pour de l'esprit – et le fiel des âmes basses pour l'encre des saintes colères.

10 mai 1997.

Crépuscule de Cannes ? Le joueur d'échecs. Stars d'hier et d'aujourd'hui. On demande Graham Greene. Que veut le PCF ? L'Europe de Monsieur Séguin. Une saison au Portugal. Mitterrand-Chirac, ou les paradoxes du cynique.

Ingmar Bergman reçoit, à Cannes, la palme des palmes. Tout le cinéma du monde est là, au grand complet, pour l'honorer. Mais c'est sa fille qu'il envoie, à sa place, chercher le trophée. Je suis sûr qu'il y a de bonnes raisons – la fatigue du voyage, le grand âge, etc. – à ce que d'aucuns ont pu prendre pour une désinvolture ou un dédain. Reste, néanmoins, le symbole et la fable ; le peuple des visibles rassemblé dans l'ombre d'une salle obscure et, en scène, sous le projecteur, l'invisible lauréat.

Kasparov battu par Deep Blue. Victoire de la machine ? Défaite historique de l'homme ? Chute du dernier rempart qui protégeait le vivant des assauts du mécanique ? Les choses sont, heureusement, plus compliquées que ne le veut le lamento humaniste qui s'élève depuis huit jours. Car récapitulons. La machine était programmée pour battre Kasparov. On avait donc intégré à sa mémoire le nombre presque infini des coups joués, depuis qu'il joue, par le champion. Ce qui signifie qu'il restait une possibilité, pour lui, de l'emporter : jouer un coup, n'importe lequel, qu'il n'avait jamais joué ; et la vraie question, alors, devenait : allait-il, en jouant ce coup inédit, cesser d'être Kasparov ? ou fallait-il qu'il soit, pour le jouer, plus Kasparov que jamais – c'est-à-dire imprévisible ? Kasparov a perdu parce qu'il a eu peur de la machine. Prenant peur, il s'est, à son tour, mécanisé et l'a, en retour, humanisée. Il a oublié, ce faisant, qu'il n'y avait qu'une machine invulnérable : celle qu'il aurait lui-même programmée. L'intelligence de l'espèce tributaire d'un joueur d'échecs et de son sang-froid – voilà qui, pour le coup, rassure et réjouit.

Cannes encore. Autre signe des temps – et de l'irrésistible dégradation qui semble, hélas, affecter ce type de manifestation : une soirée, sponsorisée par je ne sais quel marchand, et où les gardes du corps sont plus nombreux, dit-on, que les stars. Jadis, les stars étaient muettes, presque invisibles – et c'est leur « aura » qui les rendait inatteignables. Aujourd'hui, elles sont bavardes, cannibalisées par les médias – il faut des *body guards* pour rétablir la distance et remplacer l'aura d'antan. Que sont nos mythes devenus ? et que vaut un imaginaire dont seuls des cordons de police éloigneraient encore les étoiles ?

Zaïre. Un pays qui implose. Un ballet de dupes et de fantoches. Une armée qui reflue sans combattre – en mettant à sac ses propres casernes. Un Mobutu à l'agonie, seul dans la tourmente, sur fond de viols et de rapines, essayant de sauver ce qui peut l'être, c'est-à-dire à peu près rien. Il nous manque un Kapuscinski ou un Graham Greene pour raconter cette démence. Il nous faudrait l'œil d'un romancier qui, seul, en la circonstance, verrait juste.

Le PS propose de créer sept cent mille emplois nouveaux. Le PC renchérit et en propose un million et demi. Tel est l'état présent de l'esprit, dans cette campagne électorale : voulant montrer qu'on est deux fois plus à gauche, on propose deux fois plus d'emplois et on dit, donc, deux fois plus de bêtises.

Monsieur Séguin, lui, fait savoir qu'il se rallie à l'esprit de Maastricht. Première réaction : l'opportunisme, en politique, est une vertu décidément sans limites – Matignon vaut bien une messe ou, au moins, une conversion. Seconde réaction, plus optimiste : c'est Begin qui a fait la paix avec l'Égypte ; de Gaulle qui a mis fin à la guerre en Algérie ; pourquoi les anti-maastrichtiens du RPR n'opéreraient-ils pas, in fine, le passage à l'euro ? Ironie du sort. Ruse de l'Histoire.

La France deviendra « le Portugal de l'Europe », grondent les esprits responsables lorsqu'ils évoquent les funestes conséquences qu'aurait, pour nous, l'interruption du processus européen. Ils ont raison, bien entendu, sur le processus. Mais je les trouve bien sévères pour le Portugal, où je suis ces temps-ci et d'où je tiens à les rassurer : il y fait bon vivre ; on y est, contrairement à la légende, plutôt moins mélancolique qu'à Paris ; et on y découvre des écrivains admirables, bien évidemment méconnus par *notre* provincialisme : José Saramago, par exemple (« L'année de la mort de Ricardo Reis », au Seuil).

« Ne vous inquiétez pas, "ils" ne le feront pas... » C'est la formule magique de la campagne. C'est la réponse que l'on nous donne chaque fois que nous nous inquiétons de la démagogie économique des uns, des ambiguïtés européennes des autres. Et c'est même

– soyons francs ! – la façon que nous avons, dans notre for intérieur, de nous rassurer nous-mêmes avant de voter, qui pour les inconséquences de Jospin, qui pour celles des amis de M. Chirac. En clair, cela veut dire qu'on ne vote plus pour des pensées, mais pour des arrière-pensées. Ou mieux : nous nous apprêtons à choisir nos députés en fonction non de la sincérité de leurs positions, mais de la quantité de cynisme que nous leur prêtons. Perversion de l'esprit public ? Ou mutation, plus profonde, dans l'âge démocratique ? Une chose est sûre : cette perspective du reniement érigée en argument électoral, cette façon de nous dire – de se dire – « votons pour celui-ci, car il est clair qu'il ne fera pas ce qu'il annonce », est un phénomène assez nouveau. Raisonnait-on de la sorte en 1981 ? Votait-on Mitterrand en songeant : « je le choisis parce que je sais qu'il sait que son programme n'est pas applicable » ? Ce n'est ni le moins inquiétant, ni le moins paradoxal, de l'affaire : le premier de nos cyniques aura été le dernier à être élu sur la sincérité supposée de ses convictions.

17 mai 1997.

Retour du national-communisme. L'élément de Luc Besson. L'humour d'Alain Madelin. Monsieur Baignères, des Cahiers du cinéma. *Ce qui reste de l'esprit yougoslave. La politique sans le FN ? Dominique Desanti, une autre Lucie Aubrac. Les nouveaux compagnons de route.*

Un quarteron d'intellectuels, assez pathétiques, appelle à voter communiste. Ce n'est pas un événement majeur. Mais enfin... C'est un signe des temps. C'est une manifestation supplémentaire de l'insoutenable légèreté de certains de nos penseurs, de leurs engagements capricieux et, en la circonstance, irresponsables.

Intéressant d'observer comment le syndrome anti-Maastricht a su catalyser quelques-unes des pulsions les plus douteuses de l'idéologie française. Péguistes attardés, bernanosiens en goguette, disciples de Sorel et de Proudhon, antitotalitaires dont la révolte se confondait avec des nostalgies identitaires : tous d'accord pour accoucher de cette nouvelle chimère, le national-anarcho-communisme.

« Le cinquième élément » de Luc Besson sur la voie des plus grands succès de l'histoire du cinéma. Faut-il dire : « voilà, vous voyez bien, les Français, quand ils s'y mettent, peuvent faire aussi bien que Steven Spielberg » ? Ou est-ce, au contraire, la dernière défaite de l'exception culturelle et de son esprit, « l'american way of shooting, ses effets spéciaux, son esthétique de clip et de BD, gagnant, non seulement le public, mais les meilleurs de nos cinéastes » ?

D'Alain Madelin, ce mot qui devrait rester dans les annales de la très grande obscénité politique : *« Les Irlandais ont l'Ira, les Espagnols Eta, les Italiens la Mafia. Eh bien, la France a l'Ena. »* Tentation, face à tant de vulgarité, de défendre ladite Ena. Vrai éloge à faire d'une institution qui a, certes, ses défauts, mais qui ne mérite évidemment pas l'opprobre dont la couvre une opinion pavlovisée : ne lui devons-nous pas, *au moins*, une certaine idée de l'État et, donc, de la République ? et le mérite est-il si mince, en ces temps de dégradation de l'esprit public, de corruption généralisée ?

J'avais, grâce à M. Toubiana – des *Cahiers* –, la palme du « film le plus nul de l'histoire du cinéma ». Mais voici, grâce à M. Baignères – du *Figaro* –, le mistigri qui passe à Mathieu Kassovitz et à son « Assassin (s) ». Baignères-*Cahiers*, même combat ? Deux visages de la même critique – frivole, inculte, à l'estomac ? « Le film le plus nul »... « L'histoire du cinéma »... Je rêve sur ces superlatifs, et sur la rage immense qu'il doit falloir pour oser les imprimer. Pour l'heure, il faut voir « Assassin (s) ».

Rue Saint-Louis-en-l'Île. La petite librairie bosniaque de Paris – Le Lys – qui met son point d'honneur à vendre livres et journaux de Zagreb, Belgrade, Skopje, Pristina, autant que Sarajevo. Preuve que l'esprit yougoslave n'est pas mort – et que ce sont les Bosniaques qui, aujourd'hui comme hier, en entretiennent la flamme. Lundi soir, Jovan Divjak, ce général d'origine serbe qui fut au premier rang de la lutte contre la purification ethnique, vient y parler de la guerre. Sarajevo, capitale de la résistance. Paris, refuge des exilés.

Si le Front national continue de se déchirer, puis décline et se marginalise, ce pourrait être le déclin de la politique en tant que telle (qui n'a cessé, comme chacun sait, de se structurer depuis des décennies autour d'une sorte de corps noir – hier le PC, aujourd'hui le FN). Mais si la politique décline, si cette campagne devait être notre dernière grande campagne politique, alors le Front national devrait, en toute logique, reprendre l'essentiel de son poids (puisqu'il se nourrit, comme on sait aussi, de l'exténuation du débat, de la généralisation du consensus). Cercle – vicieux ! – de la raison politique.

L'opinion bouleversée, à juste titre, par le beau destin de Lucie Aubrac. Mais sait-on qu'il y a une autre Lucie Aubrac dont les hauts faits n'ont rien à envier à ceux de la première et qui se trouve être, par ailleurs, l'un des meilleurs témoins de la vie des idées au cours du demi-siècle ? Elle s'appelle Dominique Desanti. On la connaissait, jusqu'ici, pour ses romans et ses biographies. Mais viennent de paraître ses Mémoires, qui racontent une vie magnifique : la Résistance donc, mais aussi Aragon, l'épopée communiste et ses égarements, Picasso et son chauffeur, le Sartre antinazi du « Welcome Hotel », le goût de Lacan pour le carpaccio, *Tel quel*, Foucault à San Francisco. Il y a deux portes dans la maison de l'immortalité : Dominique Desanti a choisi celle du témoin engagé, du greffier – qui sait si, dans un autre demi-siècle, l'auteur de « Ce que le siècle m'a dit » n'apparaîtra pas comme un des guides les plus précieux pour comprendre l'époque qui s'achève ?

À propos des nouveaux amis de M. Hue, cette observation que nous étions quelques-uns à faire, au moment de la destruction du Mur : pour ceux – la plupart – qui réduisaient l'affaire au « Goulag » et aux « violations des droits de l'homme », la chute *du* communisme pouvait être la chance *des* communistes ; loin de sonner le glas d'un « idéal » dénaturé par ses « incarnations », l'implosion des mondes de l'Est pouvait fort bien, au contraire, en ressusciter charmes et prestiges. Communistes *parce qu'*il n'y a plus de Goulag, communistes *parce qu'*il n'y a plus d'URSS, communistes, en un mot, *parce que* le système a failli et qu'ils pensent n'avoir plus à subir l'opprobre des crimes commis en son nom, tels sont les nouveaux compagnons de route. Et en avant pour le « socialisme national » ! et vive « l'horreur économique » !

26 mai 1997.

La deuxième mort de François Mitterrand. Solitude de Jacques Chirac. Vertu de Lionel Jospin.

Dès mercredi soir, vingt heures, la cause était entendue. Ce premier gouvernement Jospin aurait, entre autres mérites, celui de solder enfin les comptes du mitterrandisme. Il le fait en excluant, bien sûr, les « éléphants » de la première génération Mitterrand (y compris, et cela m'attriste, Jack Lang). Mais il le fait (et c'est plus subtil encore) en lançant une OPA sur ses « enfants » : cette seconde génération que l'ancien président avait formée et à laquelle Lionel Jospin vient s'offrir comme une sorte de père de substitution. Se débarrasser des frères et adopter les fils... Le meurtre ne saurait être plus parfait. C'est vraiment la seconde mort du père déchu. Et à tous ceux qui s'interrogeaient sur la psychologie du nouveau Premier ministre, à ceux qui le disaient froid, sans passion, etc., à ceux qui, s'étonnant de ne pas sentir, à l'endroit de l'adversaire Chirac, plus de rage ou de colère, se demandaient : « mais où est donc son ressort ? qu'est-ce qui le fait aller ? on ne gagne pas des élections avec, pour seul moteur, l'amour des siens et du genre humain », voici la réponse : il était là, le ressort ; tout près, comme il se doit ; il était dans la sourde haine d'une « culture Mitterrand » dont il a été, comme nous tous, terriblement proche, dont il partageait peut-être quelques-uns des secrets les plus lourds et avec laquelle il savait qu'il fallait rompre pour renaître.

Chirac. Pour un écrivain, le personnage de l'heure, c'est forcément Chirac. Les historiens s'interrogeront longtemps sur les vrais motifs de la dissolution. Peut-être le président s'ennuyait-il. Peut-être Alain Juppé, ce clone, cette doublure, lui était-il finalement trop proche et un président, sous la Ve, a-t-il moins besoin d'un autre lui-même que d'un Premier ministre qui lui résiste (Chaban, sous Pompidou ; le couple Mitterrand-Rocard ; lui, Chirac, sous Giscard) ou qui, au moins, le déçoive, le désenchante (les autres Premiers ministres de Mitterrand – qui d'entre nous ne l'a entendu tonner contre *« ces incapables qu'il avait promus et qui, etc., etc. »* !). Peut-être cet animal politique rêvait-il d'en découdre à nouveau, de revenir à la bataille et de s'offrir un vrai troisième tour de présidentielle : mais à la loyale, cette fois, corps à corps, droite contre gauche – un troisième tour sans Balladur. Le résultat, en tout cas, est là. La défaite. Le gouffre sous ses pas. Un désarroi que j'imagine et qu'aucun président, avant lui, n'avait vécu à ce degré. Mitterrand a connu, bien entendu, l'échec. Mais de justesse. Avec, très vite, une revanche. Et surtout, il n'avait pas son pareil pour donner à penser que c'étaient les siens qui perdaient et lui qui, deux ans plus tard, leur rapportait le pouvoir perdu. Là, c'est l'inverse. Cette défaite est la sienne. Ce bide bang, c'est lui, et lui seul, qui l'a voulu. Et, n'en déplaise à ceux qui se livraient, dès le lendemain, à cet exercice favori des temps de débâcle qu'est la chasse au bouc émissaire – un jour Juppé, un autre Villepin –, il sait, lui, que le trou noir qui emporte la moitié des siens, son propre pouvoir, son parti, sa réputation de fin politique, peut-être la Ve République, c'est lui, et lui seul, qui l'a creusé. Dignité de Jacques Chirac. Solitude de Jacques Chirac. Et les questions qui, je le sais, se posent en pareilles circonstances : le désaveu ; le désamour ; cette France qu'il ne sent plus et qui, pense-t-il, ne l'a jamais aimé ; le malheur ; la grâce qui s'enfuit ; la malédiction qui le poursuit ; seul comme Jacques Chirac.

Revenons au gouvernement et à ce qu'il annonce. Il y a, dans la nouvelle équipe, des hommes et des femmes que j'ai, ici même, trop souvent salués pour y revenir aujourd'hui. Il y en a d'autres (l'absurde Chevènement à l'Intérieur, les trois ministres et secrétaires d'État communistes) dont la présence a de quoi troubler – et je pense, d'abord, à la construction européenne. Les intentions sont là, sans doute. Ainsi que des responsables bien décidés, je le sais, à les mettre en œuvre. Mais nous sommes entrés dans une phase de son histoire où l'Europe se construira moins dans les chancelleries, et donc au Quai d'Orsay, ou même à Bercy, que dans la somme des décisions prises, au jour le jour, par *tous* les acteurs de la vie publique – nous sommes à cette avant-dernière heure où la belle idée européenne qui fut, et demeure, le rêve de plusieurs générations de socialistes ne sera plus l'expression d'un songe, ou même d'une volonté, mais la résultante d'une politique. Que l'on cède, par exemple, à un ministre des Transports qui pourrait avoir la tentation de consacrer les archaïsmes qui font la loi à la SNCF ou à Air France – et en creusant les déficits, on s'éloignera du cap. Que l'on reprenne, fût-ce en l'amendant, le plan de réforme de la Sécurité sociale proposé par Alain Juppé et soutenu par Nicole Notat – et, pour les mêmes raisons, mais inversées, on fera un pas dans la bonne direction. M. Jospin, en d'autres termes, fera l'Europe s'il est vraiment le Tony Blair qu'attend la gauche française – il la défera si, ce qu'à Dieu ne plaise, la logique des alliances, ou celle de la facilité, le conduisait à adopter la politique de M. Blondel. Le choix est décisif. Il suppose du caractère – il semble que l'on n'en manque pas. Mais aussi cet « art de la déception » qui, parce qu'il est l'un des noms du courage en politique, devrait contraindre à dissiper les plus redoutables malentendus accrédités par la campagne – et c'est là que l'on attend, bien sûr, la vertu de Lionel Jospin.

7 juin 1997.

Jospin et ses promesses. Raymond Roussel et les « silencieux ». Le soleil de Roger Hanin. Tillinac est-il un autre Régis Debray ? Le risque calculé de M. Strauss-Kahn. L'Europe selon Bataille et Larbaud.

Le peuple de gauche face à Lionel Jospin. On ne « rêve » plus, comme en 1981. Je ne suis même pas certain que l'on « revendique », comme au temps de Mitterrand deuxième manière. Non. Au nouveau Premier ministre, on s'adresse de manière soudain plus prosaïque : « voilà ce que tu as promis – ces promesses que tu as faites, il faut maintenant les tenir ». Et le chef du gouvernement s'aviserait-il de se dédire, s'aventurerait-il à protester : « j'ai promis en effet ; mais un peu vite ; c'était le feu de la campagne », qu'on s'obstinerait sur le même ton, avec la même tranquille et impitoyable fermeté : « fallait pas promettre, maintenant que tu as promis, il faut t'exécuter ». Religion de la promesse. Les promesses, rien que les promesses. Et entre gouvernants et gouvernés une sorte de pacte, de contrat social renoué qui est la nouveauté de ce début de quinquennat. Un pessimiste dira : l'héritage pervers du chiraquisme et de ses engagements déçus – comme si Chirac, en faisant à Jospin cadeau de son pouvoir, lui avait offert le poison qui va avec. Les optimistes : une opinion qui devient adulte et qui, en s'ajustant sur le parler-vrai jospinien, accepte elle-même les lois, toutes les lois, du dialogue citoyen – mais gare, alors, à Vilvorde et au rendez-vous des sept cent mille emplois.

Biographie de Raymond Roussel par Jean-Michel Caradec'h, chez Fayard. La vraie question, quand un écrivain se tait, s'excepte du commerce des semblables, c'est : « Que tait-on quand on se tait ? sur quoi fait-on silence ? » Dans le cas de Roussel, le bilan est évidemment magnifique. Mais, à côté de lui, tant de *petits* silencieux dont on ne peut s'empêcher de songer, lorsqu'ils passent enfin aux aveux : « Ce n'était donc que cela ? ils n'avaient que cela à taire et, maintenant, à révéler ? »

D'où vient que le film de Roger Hanin m'ait ému ? L'amitié sans doute, que j'aurais bien tort de cacher Le jeu de Sophia Loren. Celui de l'enfant. Mais aussi ce détail dont se gausse un critique, ce matin, et que je trouve, moi, précisément très bouleversant. L'affiche ne dit pas « un film » mais « le » film de Roger Hanin. Comme si Roger s'y était, en effet, mis tout entier. Comme s'il avait, avec « Soleil », comme Pagnol avec « La gloire de mon père » ou Cohen avec « Le livre de ma mère », réalisé, toutes proportions gardées, l'œuvre de sa vie – après quoi on peut se taire, disparaître, faire autre chose. Ces œuvres-là ont une puissance toujours sidérante. Elles convoquent l'émotion. Elles forcent le respect. Y résister ? À quoi bon...

On n'a jamais tant entendu Denis Tillinac que depuis que son champion a perdu. Je l'observe. Je lis, dans *Le Monde*, sa chronique d'une défaite annoncée. Et je me demande s'il ne serait pas en train de devenir, toutes proportions gardées là aussi, le Régis Debray de la droite vaincue. Procès rituel des élites. Confusion de la sociologie et de la politique. L'État contre la société et le culte d'une politique réduite à la pure incantation. La même religion, un peu boy-scout, d'une fidélité qui, soit dit en passant, comme le notait Pivot dans sa chronique du *Journal du dimanche*, n'est pas allée jusqu'à donner au président défait la primeur d'analyses formées, nous dit-on, depuis deux ans. Le peuple saint, dévoyé par de mauvais bergers. La douteuse idée d'une France qui ne se réforme pas, mais qui s'exalte. Et puis, surtout, la même inimitable manière de carburer à la déception bourrue : « j'y ai cru, j'ai été trahi, je ne regrette rien ». Tillinac est à Chirac ce que fut Debray à Mitterrand. Il aurait tort de s'offusquer de la comparaison : dans mon esprit, elle est flatteuse.

Jospin, dans l'affaire de l'Europe, jouait quitte ou double. Ou bien son attitude était interprétée comme le signe d'un recul, d'une réticence – et les sceptiques de tous les pays, à commencer par les Allemands, s'engouffraient aussitôt dans la brèche. Ou bien ils étaient sensibles à la force de la « vertu tranquille » et, non seulement rien ne se perdait, mais, en augmentant le « pacte de stabilité » du « volet social » réclamé, on apportait à l'idée européenne l'infléchissement que l'on attend depuis des années. C'est, ce jeudi, cette seconde hypothèse qui prévaut. Auquel cas MM. Strauss-Kahn et Jospin auront fait, une fois de plus, la preuve que l'audace, en politique, est la vertu qui paie ; un mot, un coup de force, un risque calculé – et c'est peut-être l'Europe sociale qui sort des limbes et balbutie.

À un auditoire catalan, plutôt nationaliste, j'explique : « l'Europe, c'est comme l'érotisme selon Bataille ; on transgresse les frontières, bien entendu ; mais quand on transgresse une frontière, on la nie moins qu'on ne la réaffirme – on la traverse et, dans le même mouvement, on la confirme ». Et encore : « le passage à l'Europe, c'est comme la traduction selon Larbaud dans son « Saint Jérôme » ; on passe d'une langue à l'autre, sans doute ; on enfreint la sacro-sainte limite de la langue finie et fermée ; mais c'est le moyen de la corrompre et, donc, de l'enrichir ». Mon programme européen ? Bataille, plus Larbaud.

Claude Lanzmann – au *Monde*, toujours – à l'occasion de la reprogrammation de « Shoah » au Cinéma des cinéastes : « face à la Shoah, il y a une obscénité absolue du projet de comprendre ; ne pas comprendre ». L'idée peut surprendre. C'est pourtant celle de toutes les grandes philosophies face à l'énigme du mal absolu. Expliquer le Mal, le comprendre, c'est l'intégrer dans une chaîne de raisons qui vont, de proche en proche, le rendre logique, puis nécessaire, puis naturel et, finalement, banal. La philosophie refuse de comprendre car, en comprenant, elle banalise.

14 juin 1997.

Mort de Pol Pot ? La figure du dictateur malade. Le Cambodge, ou la fin de l'idée de Révolution.

Jeudi matin. À l'instant de remettre ce bloc-notes, j'entends que Pol Pot est mort. Ou peut-être arrêté, on ne sait pas. Mais quelle importance, au fond ? Seul compte, s'il a lieu un jour, le grand procès politique du polpotisme, des hommes qui l'ont mis en œuvre, des idées qui l'ont rendu possible – et ce procès, s'il arrive, se fera avec ou sans lui. Ne pas oublier, ce jour-là, que c'est en France que celui qui s'appelait encore Saloth Sâr fit ses études à l'aube des années 50. Ne jamais oublier que la France des Lumières, l'Université des droits de l'homme et de la Sainte Démocratie a *aussi* produit cela. Par quels détours ? quelle ruse de l'Histoire ? C'est ce que le procès aura, précisément, à établir. Mais qu'il ait fallu des idées pour armer cette tête et que ces idées aient été, pour partie, les nôtres, qu'un génocide de cette ampleur ait été impossible sans l'effet multiplicateur d'une idéologie et que cette idéologie soit, aussi, celle d'un certain Occident, voilà qui n'est pas douteux et qu'il ne faut cesser de rappeler. Pour l'heure, on est loin, hélas, de la grande explication. Et on ne comptera pas, pour nous en rapprocher, sur les assassins blanchis qui règnent à Phnom Penh et qui, depuis vingt-quatre heures, multiplient les déclarations dont le sens est, comme toujours : « un seul coupable, Pol Pot ; tous innocents, sauf le monstrueux, le mystérieux, l'incomparable, l'ineffable Pol Pot ». Classique. Tristement classique.

Intéressante, en revanche, l'image du dictateur traqué, probablement très malade, porté sur un brancard par ses derniers fidèles, allant de cache en cache, de maquis en maquis, dans cette forêt khmère dont il avait fait, jadis, le symbole de la pureté perdue et où c'est sous une tente à oxygène que, selon les rares témoignages, s'achève son équipée. Je pense – même si le degré de terreur est, *évidemment*, incomparable – au théoricien des « Damnés de la terre », Frantz Fanon, terriblement affaibli, perfusé, transfusé, qui, à Tunis, sur la fin, recevait ses visiteurs, lui aussi, sous une tente à oxygène. Je pense à Mohamed Toha, ce leader maoïste du Bangladesh que j'avais fini par retrouver, entre Jessore et Khulna, agonisant, bardé de tubes et de drains, sous une bulle de fortune où, entre deux crises d'étouffement, il refaisait le monde, l'homme nouveau, le Bengale futur. Il y a la figure du révolutionnaire-guérisseur qui annonçait : « l'humanité est malade ; de mauvais bacilles la dégénèrent ; je suis le bon médecin qui vient neutraliser le bacille, liquider l'agent corrupteur, restaurer la santé perdue ». Eh bien, voici l'autre figure, jumelle, du révolutionnaire-grabataire qui reprend, comme en écho : « je suis malade ; je suis, sur mon grabat, l'image même de cette humanité déchue ; si je me sauve, je la sauve ; si je succombe, elle succombe » – et en avant, là aussi, pour la chasse aux insectes nuisibles qui, en visant la pureté, débouche sur le cauchemar. Double visage du même fantasme guérisseur. Double version d'un médicalisme politique qui a toujours été synonyme de révolution totalitaire. Nietzsche disait de la santé qu'elle était un point de vue sur la maladie – et, de la maladie, un point de vue sur la santé. Ce que le siècle nous dit et que le génocide cambodgien vient confirmer, c'est que la révolution – et son revers, la barbarie – est un double point de vue, et sur la maladie et sur la santé.

Car tout est là. Pourquoi cette affaire Pol Pot est-elle si décisive ? À cause des morts, bien sûr. Mais à cause de la place qu'elle occupe, également, dans l'histoire de l'idée de Révolution. Jusqu'à Pol Pot, on disait : « les révolutions échouent parce qu'elles ne vont pas assez loin, qu'elles ne sont jamais assez radicales – comment voulez-vous qu'elles réussissent quand elles ne touchent qu'aux rapports de production, et pas au pouvoir d'État ? ou au pouvoir d'État, mais pas aux inégalités de naissance ? ou à ces inégalités, mais sans voir que c'est au plus profond de la culture des hommes, dans leur langue, leur désir, leur inscription dans le réel, que sont les nœuds de la soumission ? » Sur quoi Pol Pot vint : « le pouvoir est affaire de culture ? je supprime la culture, les livres et la mémoire ! il est affaire de langue ? j'invente un nouvel alphabet et, donc, une nouvelle langue ! il se perpétue à travers les rapports de désir ? je réforme le désir, je réglemente la sexualité, je renverse un siècle de psychanalyse et des millénaires de rapports hommes-femmes ! il a rapport au réel, à l'espace ? je vide les villes, je les mets à la campagne et je provoque ainsi le remodelage le plus inouï du lien entre les sujets ! » C'est la révolution la plus sérieuse de l'histoire de l'humanité. C'est la première révolution dont on ne puisse plus regretter qu'elle se soit arrêtée à mi-chemin. Et comme l'expérience débouche sur l'horreur que l'on sait, elle pose cette équation désormais évidente : « révolution extrême égale barbarie extrême ; plus l'une est radicale, plus l'autre l'est aussi ; plus le désir d'absolu va loin, plus absolue sera l'horreur » – le rêve de table rase, le projet de changer l'Homme en ce qu'il a de plus profond sont, en d'autres termes, définitivement criminels ; ils le sont par essence, et non par accident. Telle est la leçon philosophique du polpotisme. Telle est, par-delà les monceaux de cadavres, sa contribution à l'histoire noire de ce siècle. Et c'est pourquoi l'événement est au moins aussi important que, par exemple, la chute du mur de Berlin.

21 juin 1997.

Michel Foucault et le Cambodge. Paul Bowles à Tanger. Dominique Strauss-Kahn en allemand. Genet, Gary et Althusser. Chirac, seul comme Mitterrand ? Un livre d'Hadrien Laroche. Rêver de Burroughs. France-Soir et les pédophiles. La mémoire de Levinas.

Retrouvé dans mes notes, en marge d'un entretien qu'il m'avait donné pour *L'Observateur*, cette réflexion de Michel Foucault. C'était en 1976. Au moment même de cette tragédie cambodgienne à laquelle j'ai consacré ma chronique de la semaine dernière. Et je ne peux imaginer que le philosophe n'en ait eu l'horreur à l'esprit en prononçant ces mots. « La vraie question, disait-il, n'est plus de savoir si la révolution est possible, mais si elle est encore *désirable*. »

Tanger, Paul Bowles, ce soir, hors du petit appartement où il reçoit, d'habitude, ses visiteurs. Nous sommes à l'École américaine. C'est la « première » d'une pièce que son ami Joe Mac Philips met en scène et dont il a écrit la musique. On oublie toujours que Paul Bowles est aussi musicien. Avant d'être écrivain ? Il a la coquetterie de le prétendre. Comme si ce dandy voulait laisser entendre qu'il s'est, comme Stendhal, trompé d'art et de destin.

Voir, à Tanger, sur je ne sais quelle chaîne qui la recycle, l'image du ministre de l'Économie, Dominique Strauss-Kahn, répondant, en allemand, à l'interview d'une télé allemande. L'affaire, me dit-on, fait grand bruit. Normal. Et, en même temps, sidérant. Quoi ? L'Allemagne est censée être, depuis quarante ans, notre partenaire privilégié, notre souci de chaque instant, notre obsession, notre horizon – et il aura fallu attendre si tard pour qu'un ministre de la République s'adresse, dans leur langue, à ces contemporains capitaux ? Bravo au ministre. Et, du coup, comme la République, la France, l'Europe semblent bizarres.

Le beau livre d'Hadrien Laroche, au Seuil, sur le « Dernier Genet » (« dernier » étant à entendre au double sens d'« ultime » et d'« infâme »). Les textes de ce dernier Genet. Le fait qu'il les édite en arabe, dans des revues palestiniennes. Je vois deux autres cas de grands intellectuels qui ont choisi, comme lui, de publier hors de leur langue. Foucault, donnant en Italie ses fameux écrits « iraniens ». Gary dont il a fallu attendre l'hiver dernier pour découvrir, chez Calmann-Lévy, la traduction française de l'« Ode au général de

Gaulle ». Peut-être aussi certains textes d'Althusser. Que fait-on quand on se conduit ainsi ? que fuit-on ? quel risque conjuré – quelle alliance nouvelle, ou renversée ?

Mort ou pas mort, Pol Pot ? Toujours au Cambodge ou déjà disparu ? La légende court. La rumeur alimente la rumeur. Encore un pas et il se trouvera un amateur de « mystères » pour nous refaire le coup du tombeau ouvert. On a les piétés qu'on peut et les superstitions qu'on mérite.

L'actuel président ni plus ni moins « seul » que ne l'était son prédécesseur, lors des précédentes cohabitations – vaincu lui aussi, boudé par les siens et ne parvenant pas davantage à imposer ses vues, ni ses hommes, au parti qui lui devait d'exister ? Oui et non. Car, entre le parti de l'un et celui de l'autre, cette nuance qui change tout : le parti de Chirac est un parti qui fonctionne au chef, au père, etc. ; c'est une machine où le légitimisme tient lieu de politique à la plupart ; j'imagine le drôle d'effet que cela doit faire de voir un Séguin (l'un de ceux chez qui ce « patérialisme » politique passe pour être le plus fort) rejoindre le camp des parricides officiels...

Encore le « Dernier Genet ». Cette tache dans l'histoire de sa vie. Cette zone d'ombre. C'est ce que l'on préfère dans la vie d'un écrivain. Ces moments dont on ignore tout et dont on ne sait ce qu'il faut conclure : s'il a trop vécu, ou plus du tout – si le peu de traces laissées tient à l'extinction du moteur biographique ou au fait qu'il s'est mis à tourner, soudain, à plein régime.

Cet autre vieux Tangérois qui avoue : « Depuis la mort de Burroughs, je rêve de lui chaque nuit. » Je songe à Berl hanté par Drieu au point qu'il « finissait par croire à l'immortalité de l'âme » (Cocteau).

Photo dans *France-Soir* d'un écrivain qui, sous prétexte que ses livres mettent en scène des adolescents, nous est quasiment présenté comme un criminel pédophile en puissance. *France-Soir* a tort de s'arrêter en si bon chemin. *France-Soir* devrait, tant qu'il y est, demander la mise à l'index de Gide et de Montherlant, de Socrate et de Lewis Carroll, de Colette. *France-Soir* devrait exiger des bûchers des vanités pour les œuvres, hautement criminelles, de Pierre Klossowski, de Balthus, de quelques autres.

Un intellectuel juif laïque ? Celui qui peut dire : « je n'ai pas lu la Bible et, pourtant, la Bible m'influence ; je ne connais pas le Talmud mais le Talmud, lui, me connaît ».

Arnaud Viviant, dans *Les Inrockuptibles* de la semaine dernière : Jospin, en verlan, se dit Pingeot (qui est le nom, comme chacun sait, de *l'autre* famille de Mitterrand). Legs, reniements – leurs trajets métaphoriques.

Obscure querelle autour de la mémoire (et des inédits) d'Emmanuel Levinas. Les écrivains ne sont jamais assez prudents (ni assez orgueilleux). Ils ne devraient rien laisser au hasard (ni, donc, à leurs héritiers). Une œuvre aux arêtes vives (dont ils auraient eux-mêmes, comme les chefs de guerre qu'ils sont aussi, pris soin d'arrêter la frontière).

28 juin 1997.

Aubrac : les chiens aux trousses. Pinget, Pleynet, éloge de l'esprit de chapelle. Françoise Giroud ou la douceur de vivre. Le pape, le diable et Jean Genet.

Le grand débat de l'été – car il y a toujours, à Paris, même en été, un « grand débat » – aura été, me dit-on, la mise en procès de Lucie et Raymond Aubrac sous les auspices de *Libération*. J'ai les actes du procès, c'est-à-dire la pile d'articles sous les yeux. Je lis. Quand la nausée est trop forte, je feuillette. Comment peut-on ? Comment ose-t-on ? De quel droit cette assemblée d'historiens, ou de nains, ou les deux, a-t-elle pu se permettre cette inquisition, cette suspicion, ce massacre en règle d'une jeunesse, d'une vieillesse, d'une vie ? Et comment les intéressés eux-mêmes, les Aubrac, ont-ils pu tomber dans le piège, se prêter à cette mascarade, cette citation à comparaître, cette humiliation qui, à ce que je comprends, s'est étalée sur des semaines ? Cruauté insensée de l'époque. Sa manie de l'inculpation. Cette façon de taper sur les têtes dès lors qu'elles dépassent un peu et de les faire, de force, rentrer dans les épaules. Et là, sur des pages et des pages, un couple de vieux héros cuisinés comme des suspects, taraudés comme des bêtes traquées, mis en contradiction avec eux-mêmes devant le tribunal d'une Opinion assoiffée d'une « Vérité » qui a le parfum de son désir de vengeance – qui sont ces gens, encore une fois ? de quel droit, cette mise en examen ? et comment osent-ils convoquer les nécessités de l'« Histoire » pour justifier ce lent et patient lynchage à froid ?

Mort de Robert Pinget. Il y a eu le « nouveau roman ». *Tel quel*. Peut-être les « nouveaux philosophes ». Et puis plus rien – je veux dire : plus de « groupes » littéraires, d'« écoles », de « chapelles », ces rassemblements d'écrivains qui, à en croire l'esprit du temps, n'auraient finalement servi qu'à museler la liberté d'écrire, assécher ses sources d'inspiration, embrigader. Je pense exactement le contraire. Je regrette le temps des chapelles et des écoles. Car pourquoi croit-on que les écrivains se groupaient ? Parce que la littérature est une forme de guerre et que, ensemble, ils conduisaient cette guerre. Malheur à une littérature qui se croirait définitivement en paix avec son temps ! Malheur à des écrivains qui croiraient venu le moment de rendre les armes aux philistins. Qu'ils lisent, ceux-là, le témoignage d'un des leurs, homme de guerre s'il en est, Marcelin Pleynet. Artaud au Vieux-Colombier... L'interminable « affaire » Heidegger... L'itinéraire, bien sûr, de *Tel quel* à *L'Infini* – c'est lui qui donne son titre à ce beau livre... Je me reproche de ne l'avoir pas lu, et donc pas signalé, avant l'été. Car on y puise deux leçons – au moins – qui ne seront pas de trop en cette veille de « rentrée » littéraire. Un écrivain est d'autant plus libre qu'il est intraitable, et vice versa. Seuls sont, a priori, dignes d'être considérés ceux pour qui la littérature est une *forme de vie*.

Je ne suis sûrement pas le mieux placé pour faire l'éloge de Françoise Giroud – et encore moins à l'occasion de son nouvel ouvrage, « Arthur ou le bonheur de vivre » (Fayard). Mais tant pis. Sa vie, très belle, comme un tumulte d'images, ou comme des pages en désordre, ou comme un livre mal broché. Des scènes à pleurer de bonheur. Des tragédies qui épouvantent. Le fils mort dont elle parle pour la première fois – à sa façon : pudique, retenue et puis, soudain, un aveu qui pétrifie. Et aux toutes dernières pages, celles où elle évoque l'entrée en vieillesse, la séduction qui la fuit, la mort qui commence à rôder et dont elle s'étonne de ne pas avoir plus peur, une émotion que je n'avais pas ressentie, depuis bien longtemps, à la lecture de ce type de récit. Chère Françoise... Douce et terrible Françoise... Revenue de tout mais de rien... S'étonnant d'être née mais pas de devoir mourir... Pessimiste, probablement désespérée – « recommencer ! ah non, la balance des douleurs est trop lourde... » ! – et, en même temps, si vivante, indomptable... Je me souviens du temps, il y a vingt ans, où, avec Michel Butel, nous titrions un éditorial de notre journal : « Françoise Giroud, ou la douceur de vivre avant la révolution ».

Les temps ont changé. Mais pas tant que cela. Et vous êtes là.

Le plus étrange dans la visite du pape aura finalement été l'extraordinaire coup de vieux pris, en trois jours, par ce qu'on appelait le « parti laïque » en France. Où étaient-ils passés, nos bouffeurs de curés pavlovisés, où étaient-ils embusqués, les « comités Clovis » et autres sociétés de libre pensée qui prétendaient, il y a quelques mois, défendre la République contre l'infâme, la modernité contre l'obscurantisme, alors qu'ils étaient, évidemment, *les plus* archaïques, *les plus* réactionnaires – alors que ce sont eux, oui, qui sentaient la sacristie, la vraie, celle des idées toutes faites, du conservatisme rance, du cynisme à front de bœuf ? Ils avaient disparu. Ils s'étaient volatilisés. On les aurait dit assommés par l'image de ce très vieil homme porté par le souffle de centaines de milliers de jeunes Français. La papamobile ? Pas de commentaires. La messe média ? Plus de ricanements. Et pour tous les politiques, pour tous les dealers patentés de croyance, une formidable leçon de savoir-faire politique. On rêve à ce qu'ont bien pu se dire, en ce jour de Saint-Barthélemy, dans le salon du Bourget, le protestant Jospin et le pape polonais. On devine le désarroi ou, au moins, la perplexité de tous les professionnels du lien social face à cet infatigable pourvoyeur d'espérance. La sainteté, disait Genet, c'est forcer même le diable à croire en Dieu.

30 août 1997.

Diana et les chiens de guerre. Lynchage à l'envers. Haro sur les photographes ? Qu'est-ce qu'une photo volée ? Les vrais charognards. Photographiquement correct. Violence du spectacle.

Encore la férocité de l'époque. Son inhumanité extrême. Le spectacle de ces chiens de guerre, de cette meute, de ces mouches à viande humaine, on ne sait quelle image adopter, aux trousses de la princesse Diana. Est-il vrai qu'il y a eu des photographes pour continuer, alors qu'arrivaient les premiers secours, de shooter le corps à l'agonie ? Est-il possible qu'il ait fallu, avant d'extraire le corps, dégager de force des preneurs d'images qui ne songeaient qu'à capturer son dernier soupir ? Tout est possible. Donc tout est vrai. Et cette seule idée, comment le nier, donne la nausée. Encore que...

1. Une Mercedes file dans la nuit à cent quatre-vingts kilomètres à l'heure. Au volant, un chauffeur dont il est établi qu'il a – au moins – sept ou huit whiskys dans le nez. La voiture où montent les amants tragiques est donc, déjà, un probable cercueil. Est-il bien sérieux, dans ce cas, de mettre en examen les sept paparazzi lancés à sa poursuite ? N'y a-t-il pas là une façon pour le moins expéditive de faire lumière, et justice ? Et peut-on offrir ainsi les coupables à la vindicte d'une foule qui – à Paris, à Londres... – les désigne et les réclame ? Lynchage à l'envers. La meute contre la meute.

2. Parmi les paparazzi qui suivaient la voiture fatale ou qui, après l'accident, se pressaient sur les lieux du drame, il y avait des brutes et des vrais photographes, des charognards et d'authentiques preneurs d'images – il y en avait même un ou deux qui, de Tiananmen à la Bosnie et au péril, cette fois, de leur propre vie, ont immortalisé des scènes majeures de l'histoire contemporaine. Est-il permis de mettre tout ce monde dans le même sac ? A-t-on le droit, dans un moment d'émotion collective, c'est-à-dire, inévitablement, d'hystérie, de jeter le discrédit sur toute une profession ? Et ne vaudrait-il pas mieux, à tout prendre, méditer sur la perversion d'une époque pour laquelle un massacre à Pékin et la traque d'une star participent du même réel ? Équi-

valence des images. Égale dignité des séquences. Indifférence d'un monde qui mesure désormais toutes choses en unités de spectacle.

3. Les charognards, soit. Mais qui sont les charognards ? Les photographes à l'affût ? Leurs commanditaires ? Ou le peuple des lecteurs qui ont fait savoir depuis longtemps que l'image d'un baiser au large de la Sardaigne ou celle, mieux encore, des deux amants unis dans une ultime et mortelle étreinte pesait plus lourd, à leurs yeux, que celle d'un massacre en Algérie ? Je sais ce que l'argument peut avoir de spécieux. Et loin de moi l'idée d'innocenter, au motif qu'ils répondent à une « demande », des hommes dont le métier est pathétique, parfois ignoble – et qui pourraient fort bien, en conscience, résister à ses dérapages. Mais, ignominie pour ignominie, convenons que la responsabilité est, au moins, bien partagée. Nous sommes tous des voyeurs. Nous sommes tous des paparazzi. Hypocrisie de ces ministres qui donnent leur intimité en pâture aux chasseurs d'images et s'offusquent ensuite de leur impudeur. Singulier aveu d'une Deneuve confiant, dans un entretien à *Libération*, qu'elle ne dédaigne pas, « chez le coiffeur », de lire les magazines people qu'elle exècre. Misère, comme dit Emptaz dans *Le Canard* de ce mercredi, de cette foule de badauds qui, « Instamatic à la main », crient haro sur les voleurs d'images...

4. Images volées... Mais qu'est-ce, après tout, qu'une image volée ? Toutes les vraies photos, toutes celles qui ont – un peu – dit la vérité du temps, ne sont-elles pas justement, et par définition, des photos volées ? Et que seraient, à l'inverse, des photos qui ne le seraient pas – que serait une société où, en réaction à l'abjection des traqueurs de vie privée, on ne tolérerait plus de photos qu'officielles, retouchées, révisées ? On les connaît, ces mondes où l'info volée a disparu. On les devine ces univers suffocants, déjà

morts, où les informations sont sages comme des images et où les images sont toutes, et toujours, accréditées. Catéchisme pelliculaire. Photobiographies autorisées. Règne d'un autre PC – le photographiquement correct. Le cliché volé reste, dans la morale de cette histoire, ce qu'il y a de pire – à l'exception de tout le reste.

5. Le fond de l'affaire, c'est qu'il y a quelque chose de terrible, et d'inévitablement tragique, dans cette « société du spectacle » où l'on n'a longtemps voulu voir que le règne d'une exquise et très soutenable légèreté. Sauvagerie de l'affrontement entre les « visibles » et ceux qui les traquent. Violence du corps à corps entre ceux qui, comme Diana, font commerce, ou levier, de leur image et ceux qui les y aident avant de les anéantir. Fini le bon temps des Lartigue et des Brassaï. Fini le temps où tous les baisers volés avaient la saveur d'un poème de Prévert ou d'un gentil cliché de Doisneau. Chacun, dans l'affaire, joue désormais sa peau. Chacun a besoin de l'autre pour survivre et exister. Et si, dans ce drôle de drame, ce jeu de dupes, cette dévoration mutuelle et permanente, il peut y avoir des pauses, ou des rémissions, ou le pauvre petit bouquet de fleurs offert, un jour où elle demandait grâce, par Diana à ses persécuteurs, il n'y aura, il faut le savoir, ni vrai compromis, ni paix, ni code de bonne conduite. On ne peut que sortir du jeu. Ou s'attendre au pire en y entrant.

6 septembre 1997.

Le visage de Mohamed al-Fayed. Héraclite et les Palestiniens. Le leader du FIS au tribunal de La Haye ? Comment célébrer Georges Bataille ? Netanyahou, premier antisioniste d'Israël. Martin Amis et son mauvais esprit. Quand le Quai d'Orsay se paie notre tête. De Heidegger à Jaspers, et retour.

Le personnage le plus émouvant de l'affaire Diana (le seul, étrangement, dont on ne nous dise rien – sinon à travers des images fugitives et... volées) : Mohamed al-Fayed, l'homme qui voulait être anglais, le père-courage écrasé de chagrin. Son beau visage saccagé, surpris par la caméra quand, à l'entrée de Westminster, un huissier lui demande son carton.

Héraclite : « les âmes qui meurent dans le combat sont plus pures que celles qui meurent de maladie ». Je retrouve la phrase, presque au mot près, dans les propos d'un militant palestinien rapportés par un quotidien de Jérusalem. Troublant.

Les hommes de Karadzic désarmés par une poignée de soldats de la SFOR, conspués par les habitants serbes de Banja Luka, bref, traités comme des soldats d'opérette, des matamores, des lâches. L'image est réjouissante. Mais terrible. On voudrait savoir ce qu'en pensent les irresponsables qui, en France et ailleurs, ont construit, quatre années durant, le mythe de l'invincibilité des milices serbes... Pitié. Colère, aussi.

La voix d'Aragon à la télévision. Pas son visage, sa voix. La vraie signature d'un écrivain.

Rentrée romanesque. Kundera : « le roman est ce territoire où tout jugement moral est suspendu ». Gombrowicz : « la morale est le sex-appeal des écrivains ». Comment trancher ?

Abassi Madani se fait fort de pouvoir arrêter la tuerie en Algérie. En bon français, cela s'appelle un aveu. Le chef historique du FIS avoue, puisqu'il peut les stopper, qu'il est l'organisateur, l'instigateur, le responsable des massacres. On reste confondu par tant de cynisme et, de la part des responsables qui prennent au sérieux son « offre », par tant de naïveté. La communauté internationale, après ces mots, n'aurait en principe qu'une attitude possible : le traiter comme elle a fini par traiter Karadzic – mais il est vrai qu'il a fallu, pour cela, cinq années.

Georges Bataille aurait cent ans. Comment commémore-t-on un écrivain qui entendait – je le cite – « écrire comme une fille enlève sa robe » ou – je cite encore – « penser comme penserait une bite s'il lui était loisible de revendiquer ses propres besoins » ? Le spectacle ne manquera pas d'intérêt.

Autre centenaire : celui du sionisme. Que reste-t-il, demandent ses héritiers, du message de Theodor Herzl ? Et la plupart de répondre – et ils ont, évidemment, raison : l'obligation, à la fois stratégique et morale, de faire la paix avec les Palestiniens. Ils n'oublient, hélas, qu'un détail. C'est que cet anniversaire, et cette obligation, coïncide avec le règne du plus grand *antisioniste* qu'ait connu l'histoire d'Israël – Benjamin Netanyahou.

Martin Amis, l'écrivain britannique, auteur notamment de « L'information » et, plus récemment, de « Visiting Mrs Nabokov », chez Bourgois : « Madonna chante, Marilyn jouait, Diana ne s'est donné la peine que de respirer ». Mauvais esprit.

Communion... Communion... Le village planétaire n'avait que ce mot à la bouche, le jour des obsèques de Diana. Et chacun de s'extasier sur les deux milliards et demi d'yeux regardant au même moment les mêmes images, versant les mêmes larmes, fraternisant dans le même chagrin. Je dois avoir, moi aussi, très mauvais esprit. Car je ne peux m'empêcher de penser, quand j'entends ça, à ce mot d'un homme politique allemand qui, en 1933, annonçait, plutôt ravi : « à partir d'au-

jourd'hui plus personne, en Allemagne, ne sera seul ».
Mais non. Je m'en veux déjà. Comment peut-on, ose-
t-on, comparer l'incomparable, etc., etc. ?

De la mort de Mobutu, le Quai d'Orsay estime que
c'est « un événement à caractère privé qui concerne
avant tout la famille du défunt à laquelle nous présen-
tons nos plus sincères condoléances ». Le Quai d'Orsay se fiche-t-il de nous ? A-t-il déjà oublié la longue
connivence de la France, sous cinq présidences successives, avec le bourreau zaïrois ? Et nous croit-il assez
sots pour avoir oublié, nous aussi, ce ministre juppéiste
des Affaires étrangères qui, il y a tout juste quelques
mois, pontifiait que le maréchal tortionnaire était « incontestablement la seule personne » capable de maintenir l'intégrité territoriale du Zaïre ? Il y a des jours où
la langue de bois cesse d'être comique pour devenir
franchement ignoble.

Martin Heidegger, dans une lettre à Karl Jaspers de
juillet 1949 : « j'ai le sentiment de ne croître encore
que dans les racines et non plus dans les branches ».
Est-ce ce que l'on appelle la « maturité » d'un écrivain,
d'un penseur ?

Jaspers, quelques jours et, dans l'édition Gallimard
de leur « Correspondance », quelques pages plus tard :
la parole philosophique a deux statuts possibles. Celui
d'une « maison » de l'être. Celui, au contraire, d'un
« pont » entre les êtres. Un « pont », une « maison ».
En deux mots, tout ce qui reste à penser, un demi-
siècle après, des rapports entre l'être et la pensée.

13 septembre 1997.

Philippe Séguin et le Front national. Solitude de Jacques Chirac. Scholem, Arendt, Papon et l'« idéologie française ». Pourquoi ce silence sur l'Algérie ?

Philippe Séguin n'est pas suspect d'indulgence à l'égard de Jean-Marie Le Pen. Et pourtant... Je lis, dans *Le Monde*, son explication de *« la percée »* du Front national : le dernier parti, nous dit-il, à convaincre qu'il *« propose de gouverner et non pas d'administrer le cours des choses »* – le dernier, aussi, à donner le sentiment de *« savoir encore s'indigner »*. Diable ! *« S'indigner »*... N'est-ce pas faire beaucoup d'honneur à ce parti que de lui attribuer cette vertu d'indignation ? n'est-ce pas lui faire un cadeau inespéré que d'en faire le dernier refuge de cette passion déclinante mais magnifique qu'est, en politique, la passion de l'indignation ? et surtout, n'est-ce pas un peu trop vite dit – est-ce vraiment d'« indignation » qu'il s'agit quand les hommes de Le Pen éructent leur haine des Juifs, des immigrés, des démocrates ? et n'est-ce pas jouer (dangereusement) avec les mots que de parler d'« indignation » pour des gens qui ne se sont jamais insurgés que contre la République, la culture, la liberté de penser, la liberté tout court, la tolérance, l'idéal citoyen, la politique ? Le FN n'est pas le parti des indignés. Le FN n'est pas, contrairement à ce que l'on entend ici ou là, le parti des humbles en colère, ou en déroute. Le FN n'est même pas l'héritier de cette fameuse « puissance tribunicienne » qu'incarna le PC au lendemain de sa période stalinienne. Le FN est un parti. Il a, comme tous les partis, ses idées, ses dogmes, sa tradition. Sauf que cette tradition est celle du fascisme européen : sa vraie famille, son identité la plus sûre et, pour nous tous, Philippe Séguin en tête, la meilleure raison de s'y opposer.

Ce qui est fascinant avec Jacques Chirac, c'est l'obstination qu'il met à s'enfermer dans des situations de solitude. On a l'impression qu'il les recherche. Peut-être y prend-il même plaisir. On a le sentiment – déjà en 1993... – que cet homme, souvent dépeint comme la « vitalité » personnifiée, va chercher là, dans ce sombre cocktail de trahisons, de délaissements, de défaites, la source de ses élixirs. Mitterrand était ainsi. Nixon, sans doute. Peut-être, à sa façon, quand il songea à abandonner la politique, Lionel Jospin. Il y a toute une catégorie d'hommes d'État, oui, qui ne sont jamais si profondément eux-mêmes que lorsqu'ils touchent le fond et qu'amis et ennemis, adversaires et compagnons s'accordent à les donner pour « morts ». Alors qu'il y en a d'autres – le meilleur exemple, le *contre-exemple*, en est Giscard – dont le moteur biographique tourne en sens rigoureusement inverse et qui, parce qu'ils n'ont ni le goût ni le sens du Tragique, peut-être aussi parce qu'ils furent, d'emblée, bénis des dieux et des électeurs, se brisent dans l'adversité et ne sont plus rien lorsqu'ils sont seuls. Deux familles, donc. Deux types de rapports à la solitude et à l'échec. Pour les premiers – qui sont évidemment les plus passionnants et que l'on appellera, par commodité, les « réprouvés » ou les « hués » –, j'imagine qu'il existe une sorte de lieu de transit, ou de caisson obscur, où ils séjournent tour à tour, se croisent parfois, fraternisent peut-être et échangent, à l'occasion, le secret de leurs déroutes ou de leurs innombrables résurrections. C'est le sas noir de la politique. La salle de ses destins perdus. C'est le lieu où, tout naturellement, elle rejoint aussi le roman.

Faut-il juger Papon ? Bien sûr. Comment ? C'est toute la question – et c'est celle, notamment, qu'auront à se poser, durant le procès, les médias. Car, comme d'habitude, de deux choses l'une. Ou bien, à travers l'ancien secrétaire général de la préfecture de Bordeaux, inculpé de crimes contre l'humanité pour avoir déporté mille cinq cent soixante Juifs, on juge un système ou, mieux, une France qui accouchèrent *dans la ferveur* d'un fascisme national : et alors, oui, ce procès sera une bonne chose – il contribuera à poser enfin la question de cette « idéologie française » qui, de 1940 à 1942, puis au-delà, put programmer à la fois, sans nulle contradiction, un patriotisme antiallemand et la volonté d'instaurer, à l'instar de l'Allemagne mais conformément au « génie français », un véritable « ordre nouveau ». Ou bien ce n'est pas le cas, juger Papon nous exonère miraculeusement de toute espèce de culpabilité, on dit : « voilà, Papon est coupable, donc la France, ses élites, ses intellectuels, ses fonctionnaires sont innocents » – et alors il faudra dire de ce procès ce que Gershom Scholem disait de celui d'Eichmann dans sa polémique avec Hannah Arendt : un « *dénouement inadéquat* », une « *issue facile et faible* », la « *suggestion déplacée qu'on est arrivé à la fin de l'épisode* », bref, l'« *illusion* » d'avoir « *trouvé un moyen d'expier l'inexpiable* »...

Le gouvernement français, dit M. Jospin, est « *contraint dans son expression* » face à l'horreur qui se déchaîne, jour après jour, en Algérie. Que signifie ce mot étrange ? Qu'est-ce qui peut bien « contraindre », face aux tueries, « l'expression » de la voix d'un grand pays comme la France ? Quel non-dit, quelle terreur inavouée auraient-ils le pouvoir d'empêcher, non plus même *l'action* (cela fait beau temps qu'on en a fait le deuil), mais la simple *expression* d'une réprobation démocratique ? Et faudrait-il entendre que la « non-intervention », au terme d'un progrès doctrinal réellement extraordinaire, devra désormais commencer avec l'énoncé même des principes qui nous sont chers et que nous voyons si terriblement bafoués ? Le Premier ministre nous a habitués à plus de clarté. Il doit en dire davantage.

27 septembre 1997.

Que faire en Algérie ? Casser la spirale de la haine.
Le devoir de l'État. Pour une commission d'enquête
internationale. L'Algérie, comme l'Albanie. Viser les
coffres-forts.

Encore, toujours, l'Algérie. Ce mythe de notre impuissance face aux tueries. Cette façon qu'ils ont tous – Chirac, Jospin en tête – de répéter, jusqu'à la nausée : « inacceptables sont les massacres ; intolérable est le spectacle des femmes décapitées, des bébés découpés en rondelles ou éventrés ; mais nous n'y pouvons rien ; nous ne ferons rien ; c'est aux Algériens eux-mêmes, et à eux seuls, de mettre un terme à la tragédie ». Et s'ils se trompaient, une fois de plus ? Et s'il y avait là, comme en Bosnie, une erreur d'analyse effroyable ? Et si ce n'était *justement plus* la seule affaire des Algériens et que les démocraties avaient plus de moyens qu'on ne le dit de peser sur le cours des choses ? En voici cinq. Voici cinq gestes simples, et concrets, qui sont à la portée des gouvernements occidentaux – et, par exemple, de la France.

1. Obtenir de M. Zeroual qu'il tente de casser la spirale de l'horreur enclenchée par les islamistes. La France, c'est le moins que l'on puisse dire, a une certaine « expérience » de la sale guerre en Algérie. Pourquoi ne pas dire, dans ce cas : « nous savons, nous, Français, ce que coûtent la répression aveugle, le ratissage urbain, les exécutions sommaires, la mythologie du dernier quart d'heure » ? Pourquoi ne pas dire à cet État FLN qui est, jusqu'à nouvel ordre, notre seul interlocuteur : « halte à l'État fou ; halte à la vendetta d'État ; les islamistes, si sanguinaires soient-ils, ont droit à des procès ; ils ont le droit, eux aussi, de n'être ni torturés ni massacrés ; c'est en répondant à la terreur par la contre-terreur qu'on finit de ruiner la démocratie et qu'on fait le lit du fascislamisme » ?

2. Exiger de l'État algérien qu'il protège ses populations civiles. C'est le rôle de tout État. C'est, ou ce devrait être, sa tâche la plus sacrée. Or c'est ce que cet État-ci ne fait, précisément, plus. Et c'est l'essentiel du pays qui, à l'exception de la capitale et des champs pétrolifères du Sahara, devient un champ de tir offert à la sauvagerie des bandes armées. Pourquoi ? En vertu de quel calcul, quel compromis, quel obscur partage des rôles ? C'est une autre affaire. Mais l'affaire d'aujourd'hui, l'urgence, c'est de pouvoir dire aux militaires d'Alger : « assez de ces massacres perpétrés à la porte de vos casernes ; assez de ce tango de la mort avec le FIS ; assez de ce poker de la honte avec le GIA ; défendre votre peuple ou l'inviter, comme en Kabylie, à se défendre lui-même est votre premier devoir – c'est sur votre aptitude à le remplir que vous serez jugés par vos partenaires, vos banquiers, les acheteurs de votre pétrole, la communauté internationale ».

3. Exiger l'envoi d'une commission d'enquête internationale sur le lieu des derniers massacres. De deux choses l'une. Ou bien l'État algérien s'y refuse – et il alimente les terribles soupçons qui pèsent sur l'implication directe ou indirecte de ses forces de sécurité ; il accrédite, en d'autres termes, la thèse d'un FIS fils du FLN et il confirme qu'il y a là deux forces conspirant à l'éradication des démocrates. Ou bien il y consent, il autorise des parlementaires, des observateurs de l'Onu, des juristes, des médecins, des intellectuels à venir sur les lieux des tueries – et, dans la nuit qu'est, à nouveau, cette guerre sans images ni visages, il permet qu'un peu de lumière advienne : ce ne sera pas la solution miracle ; mais ce sera un premier geste de solidarité ; ce sera un pas en direction de ces millions d'hommes et de femmes atrocement seuls, désemparés.

4. Si la commission d'enquête devait conclure soit à l'implication des forces de sécurité, soit à l'impuissance de l'État à maîtriser une terreur dont il ne serait pas responsable, alors il faudrait obtenir de l'Onu l'envoi d'une force d'interposition du type de celle qui, voilà quelques mois, a conjuré l'implosion de l'Albanie. Pourquoi ce qui fut possible là ne le serait-il pas ici ? En vertu de quelle logique, ou de quelle mauvaise conscience, s'interdirait-on, à Alger, un type d'ingérence que l'on s'est autorisé à Tirana ? Nous nous moquons de votre mauvaise conscience, nous disent les jeunes gens qui vivent, dans l'effroi, cette seconde guerre d'Algérie. Nous n'avons que faire de vos états d'âme et des cadavres dans vos placards. Nous voulons juste être protégés. Juste échapper aux assassins.

5. Si, enfin, les autorités se dérobaient à leurs devoirs, si, pour mieux disposer de leur propre peuple, ou, ce qui revient au même, mieux s'entendre avec leurs adversaires islamistes officiels, elles s'abritaient derrière les grands principes d'on ne sait quel « droit des peuples à disposer d'eux-mêmes », alors il faudrait user d'une arme à laquelle il est ahurissant que nul n'ait l'air de songer : l'arme économique. C'est une arme difficile à manier, sans doute. Mais elle a fait ses preuves en Irak, en Afrique du Sud, dans une moindre mesure en Serbie ou en Iran. Pourquoi, là encore, ne pas essayer ? Pourquoi, en utilisant la menace de l'embargo sur ces exportations d'hydrocarbures dont la nomenklatura au pouvoir tire l'essentiel de ses ressources, et dont le moins que l'on puisse dire est que le peuple algérien n'a, jusqu'ici, guère vu la couleur, ne pas tenter de forcer le destin ? Les Algériens attendent un geste. Ou, à défaut, la confirmation du fait que nous nous lavons les mains de leurs cent mille morts impunies.

4 octobre 1997.

Procès Papon : pour en finir avec le mythe d'une France « qui ne savait pas. »

Papon et les siens savaient-ils ? Avaient-ils les moyens, au moins, de savoir ? Ou faut-il croire au contraire ceux qui, depuis cinquante ans, ne cessent de répéter que le « terrifiant secret » de la solution finale était trop bien gardé pour qu'un fonctionnaire de Vichy puisse avoir la moindre idée de ce qui attendait les Juifs à l'arrivée des trains de la mort – faut-il croire ceux qui nous expliquent qu'on ne saurait inculper un homme de « crimes contre l'humanité » dont il n'aurait, dans le « brouillard » de son époque, pas pu connaître l'existence ? Face à cette question cruciale – peut-être la plus cruciale du procès – des *faits*. C'est-à-dire des *textes*. Puisés aux meilleures sources – celle, notamment, du livre, paru il y a dix ans, de Stéphane Courtois et Adam Rayski, « Qui savait quoi ? ». Ces textes et faits devraient nuancer les certitudes de ceux qui, tout à leur souci d'effacer le crime, continuent d'entretenir la légende d'une France ignorante, jusqu'à la fin, de la réalité de la Shoah.

C'est, en mai 1942, par exemple, la diffusion par la BBC, puis par des grands journaux européens comme le *Daily Telegraph*, d'un document, émanant du Bund de Pologne, où il est question de « *l'extermination physique du peuple juif sur le sol polonais avec l'aide des fascistes ukrainiens et lituaniens* ».

C'est, le 1er juillet 1942, toujours sur la BBC, une émission du grand journaliste français Jean Marin, futur directeur de l'AFP, qui évoque, avec plus de précisions encore – notamment sur l'existence de « chambres à gaz » dans ce qu'il appelle, lui aussi, des « *camps d'extermination* » –, le massacre de sept cent mille Juifs.

C'est, en décembre de la même année, une « Déclaration » solennelle, signée par onze gouvernements alliés, où il est fait état de « *nombreux rapports* » selon lesquels « *les autorités allemandes* » mettraient à exécution « *l'intention si souvent répétée de Hitler d'exterminer le peuple juif en Europe* » ; cette « *déclaration* », répercutée par la presse internationale, parle de « *massacres* », d'« *exécutions massives* », de « *plusieurs centaines de milliers d'hommes, femmes et enfants* » détruits par les moyens les plus « *sauvages* ».

C'est la presse collaborationniste, dont il n'est pas vrai qu'elle se soit imposé le silence sur la Shoah. Courtois et Rayski citent, entre dix autres, l'exemple d'une série d'articles publiée par *Le Pilori* en juillet 1942 : « *nous savons* », dit l'auteur, que « *le règne du Juif va prendre fin* » ; nous savons que « *des événements mondiaux en cours* » ont « *déjà décidé du sort de la race juive en Europe, en Asie, en Afrique* » et que « *les décisions prises envers la race maudite sont inéluctables, sans appel* » ; nous savons, ajoute-t-il encore, que les « *mesures préliminaires* » visant à séparer les Juifs des Français ne font que préparer « *les mesures d'ordre général et définitives qui vont être appliquées* » ; nous savons que cette « *race* » est « *sur le point de disparaître* de façon absolue – c'est l'auteur de l'article qui souligne – *de la surface de la planète* ».

C'est la presse de la Résistance qui n'a, elle, pour le coup, aucune raison de se censurer et qui, même si la question est loin d'être, hélas, son principal souci, affirme (*J'accuse* du 20 octobre 1942) que « *onze mille Juifs déportés ont été asphyxiés pour expérimenter de nouveaux gaz toxiques* », que des « *chambres à gaz* » ont été installées (*J'accuse*, 25 décembre) à Chelmno, Brezec, Auschwitz, Treblinka ; ou encore (*Cahiers du témoignage chrétien*, avril 1943) qu'il n'y a « *pas de*

*doute possible concernant le plan de Hitler d'extermi-
ner complètement les Juifs sur le continent européen ».*

Ce sont des témoins comme Jünger, qui note, dans
son « Journal », en date du 30 mars 1942, comment,
*« après avoir rassemblé les victimes, on leur fait
d'abord creuser les fosses communes, puis on leur
ordonne de s'y étendre, et on les tue à coups de feu,
d'en haut, par couches successives »* et qui, huit mois
plus tard, le 31 décembre 1942, en déplacement dans
le Caucase, rapporte des témoignages selon lesquels
les Allemands auraient construit des *« tunnels à gaz où
pénètrent des trains chargés de Juifs ».*

On pourrait multiplier les exemples. On pourrait
évoquer la lettre à Pétain du grand rabbin de France,
Jacob Kaplan. Celles, terriblement informées, du pri-
mat des Gaules, le cardinal Gerlier, ou encore du pasteur Boegner. On pourrait – il *faudrait* – pouvoir citer
la confirmation, par le Vatican, dans un document
adressé au Département d'État américain en novembre
1942, de l'existence de chambres à gaz dans certains
camps polonais. Il y aurait encore, répercutée par les
médias du monde entier, la conférence de presse de
Stephen Wise, quelques jours plus tard, à New York,
où le nombre de Juifs déjà assassinés est évalué à deux
millions. Aucun de ces témoignages, c'est évident, n'a
suffi. Aucun n'a eu assez de force pour vaincre l'incrédulité des contemporains face à un crime sans précédent. Mais une chose est l'incrédulité, une autre
l'ignorance. Une chose est de ne pouvoir (c'était l'attitude d'un Raymond Aron) imaginer l'inimaginable
– une autre est de prétendre n'en avoir rien su ni connu.
Que l'homme Papon soit, ou non, coupable, ce sera
aux juges, et aux juges seuls, de l'établir. Mais que
rien n'ait pu filtrer de l'horreur du génocide avant l'ouverture des camps, c'est l'examen, le simple examen
des textes, qui le dément. Contre une mythologie trop
facile. Contre tous les négationnismes. Contre ceux

qui, pour mieux « en finir avec Vichy », s'improvisent une mémoire trop vierge.

11 octobre 1997.

En marge d'« Une autre histoire de la littérature » : l'énigme de « l'écrivain français ».

Si Rabelais est, ou non, l'ancêtre de James Joyce ;
pourquoi Malraux au Panthéon et pas Baudelaire ou Rimbaud ;
si une maladie – l'asthme, pour Proust – peut, en littérature, tenir lieu de viatique ou de salut ;
quelle est la plus dure des drogues dures : la coke, l'héro ou la lecture de la « Recherche du temps perdu » ;
si le véritable objet de la « Recherche » est le Temps, le Moi, la Société ou, plus raisonnablement, le Sexe ;
ce que fut le tourment d'André Gide quand il s'avisa que Proust avait du génie et qu'il l'avait éconduit ;
Gide, encore ; le modèle qu'il invente et qui va, en gros, jusqu'à Sartre, du grand écrivain-engagé-qui-met-sa-gloire-au-service-du-genre-humain : va et vient entre le Congo et le Nobel, les damnés de la terre et les honneurs ;
s'il existe des gloires littéraires qui ne reposent sur le malentendu – « nous autres artistes, disait Verdi, n'arrivons à la célébrité que par la calomnie » ;
si le premier de ces malentendus n'est pas celui qui sépare l'écrivain de la perception qu'il a de lui-même : si Flaubert savait qu'il était en train de devenir Flaubert ; si Baudelaire, place des Barricades, à Bruxelles, avait la moindre idée qu'il serait vu, un jour, comme l'égal, au moins, de Victor Hugo ; si Chateaubriand a vraiment cru qu'il resterait par « Atala », « Le génie

252

du christianisme » ou « Les Natchez » et non les « Mémoires d'outre-tombe » ;

si l'on peut écrire « La vie de Rancé », cet autre chef-d'œuvre, « à la demande » de son confesseur ;

s'il jette le masque dans les « Mémoires » et dans « Rancé », ou s'il s'en plaque un autre sur le visage ; si c'est la fin de la comédie ou, au contraire, un dernier rôle ;

le rôle, en littérature, des femmes qui n'écrivent pas : les femmes de Chateaubriand, donc ; mais aussi, entre Corneille, Racine et Molière, Marquise Du Parc ; entre Victor Cousin, Vigny, Musset et Flaubert, Louise Colet ; entre Souvarine, Bernier et Bataille, un siècle plus tard, Colette Peignot ; de ces collectionneuses d'écrivains, faut-il dire : « quel parcours ! quel sans-faute érotique ! » ou « ô ! saint amour des belles-lettres ! » ?

qui, de Flaubert ou de Baudelaire, enterre le romantisme ? qui décide d'en finir avec la sotte idée du nécessaire « enthousiasme » littéraire ?

si les surréalistes, ces « enthousiastes », étaient des puceaux ;

si l'on peut être officiellement insoumis, institutionnellement insurgé – ce qu'est cette posture étrange, qu'incarnèrent les surréalistes, du rebelle académique ;

comment cohabitaient, en Breton, le libertaire et le flic ; s'il faut voir la main du hasard dans le fait qu'il fut fils de gendarme, tandis que Louis Aragon était lui, fils d'un préfet de police ;

quel est, chez Aragon, le secret de l'impunité : le Parti ? un narcissisme à toute épreuve ? le grand amour (mais oui !) ? ou, tout simplement, le génie ?

Valéry – fils, lui, d'un employé des douanes – qui se tait jusqu'à « La Jeune Parque » ; Racine et ses onze ans de silence entre « Phèdre » et « Athalie » ; qu'un « grand silencieux » devrait se juger, non à sa pose, mais au poids des choses tues ;

ce qu'il veut dire, Valéry, quand il parle de « casser la marionnette » – et si c'est la même chose que Malraux s'employant à « réduire la part de comédie » ;

pourquoi le même Valéry n'a jamais songé à s'allonger sur un divan – ne fût-ce que pour vérifier que l'on n'en finit pas si aisément avec l'affect et le sentiment ;

comment la plupart des très grands échappent, de toute façon, à leur enfance ; comment Malraux, Drieu, Aragon construisent leur œuvre, non dans la fidélité, mais dans le reniement de l'enfant qu'ils ont été ; comment ils rompent, tous, avec l'inconsciente pédophilie d'une part du milieu littéraire ;

si Claudel était fréquentable ;

ce qu'il veut dire, lui, le catholique fervent, en faisant inscrire sur sa tombe : « ici reposent la cendre *et la semence* de Paul Claudel » ;

si l'on pouvait, à Berne, Bucarest ou Tanger, passer une soirée avec Morand sans se sentir agressé par l'antisémitisme virulent de sa femme, la princesse Soutzo ;

pourquoi l'antisémitisme de Céline n'est pas dissociable de son génie – pourquoi il serait vain de prétendre découper le bloc de son œuvre : le « Voyage » et les « Bagatelles », le « grand » romancier et l'« abject » pamphlétaire ;

le coût d'un look : Camus et son air de faux Humphrey Bogart ;

le poids d'un mythe : si Queneau était réellement cet encyclopédiste de génie qui épatait ses contemporains – ou un faiseur ;

le choc d'une homonymie : Stendhal employant les mots de Husserl – aller vers « les choses mêmes » – pour dire son refus du pathos, du sentimentalisme, du romantisme encore ;

si c'est Larbaud, ou Blum, qui invente la distinction entre les « beylistes » et les « beylants » ;

pourquoi l'idée de génie de « La comédie humaine » est le retour de ses personnages ;

l'énigme – le tourment ? – des écrivains d'un seul livre ;

ces questions, et d'autres, je les croise dans une « autre histoire de la littérature », celle de Jean d'Ormesson, lue par plaisir autant que par devoir ; la panoplie littéraire dans toutes ses nuances ; le grand mystère de « l'écrivain français », de sa genèse, de ses emblèmes ; j'y reviendrai.

18 octobre 1997.

Sept questions sur le procès Papon.

Si le procès Papon doit être celui d'un homme ou d'un système ? D'un homme, bien sûr, lorsqu'on est juge (et l'on a raison de rappeler, dans ce cas, que les prétoires ne sont pas faits pour administrer des leçons d'histoire). D'un système, bien sûr aussi, quand on est simple citoyen (et, alors, c'est le contraire ; il faut laisser l'accusé face à ses juges ; il faut s'interdire d'apprécier, à leur place, un crime que des années d'instruction ont permis de cerner – il faut, sauf à céder à la tentation du lynchage, se désintéresser du cas Papon pour ne considérer que la leçon de mémoire dont il devient prétexte).

Si c'est, justement, l'affaire des citoyens ? s'il est normal de voir un procès quitter ainsi le prétoire pour descendre dans la rue ? Il y a deux procès, en vérité. Le premier se joue au tribunal : il y est question d'un homme, de sa conscience, de sa participation au crime ou des circonstances qui, éventuellement, l'atténueront – et ce n'est, en effet, pas notre affaire. Le second a pour théâtre la mémoire de chacun d'entre nous, son histoire personnelle ou familiale, l'image qu'il se donne du bien ou du mal, de l'héroïsme, de l'infamie – et on voit mal au nom de quel terrorisme on nous interdirait de réfléchir à cela. La sérénité des juges ? C'est s'en faire une bien piètre idée que de l'imaginer impressionnée, intimidée, par l'écho de cet examen de conscience national.

Si nous nous complaisons dans cet examen ? s'il entre une part d'«autoflagellation» dans la façon qu'ont certains – Église, syndicats de policiers – de « demander pardon » ? Étrange argument, à nouveau. C'est une belle chose de demander pardon. C'est l'un des gestes les plus nobles. Et c'est aussi, par parenthèse, l'un des plus féconds pour une société civilisée. Rêvons – ce n'est qu'un exemple... – d'une police « se repentant » *avant* le début des années 60 : peut-être la France faisait-elle l'économie de l'*autre* massacre ; peut-être n'aurions-nous pas à porter *aussi* le deuil des deux cents ou trois cents Algériens jetés à la Seine, le 17 octobre 1961, sur ordre d'un préfet qui s'appelait, encore, Maurice Papon.

Si, en rappelant cet autre massacre, on n'est pas en train de « banaliser » ce qu'eut d'unique la Shoah ? C'est, évidemment, le risque. Mais il y a le risque inverse : maintenir ce crime unique dans une extraterritorialité historique qui rendrait inutile son souvenir. Le cas Papon est, de ce point de vue, exemplaire. Il permet de faire précisément le lien entre deux types de forfaits qu'il s'agit, non de confondre, mais de tenter de penser ensemble. Il fait du crime contre l'humanité, non plus un crime sacré, presque abstrait, mais une mesure de l'inhumain. Et c'est un vrai progrès, derechef, de la conscience démocratique.

Si l'on ne risque pas aussi, en exhumant de tels épisodes, de ternir la mémoire du gaullisme ? Oui, bien sûr. Mais c'est, pour le coup, quasi vital pour un pays adulte. De Gaulle était un grand homme, pas un dieu. La République qu'il instaura était un régime, pas un paradis. Et il serait pour le moins absurde de nier que ce régime ait eu, comme tous les régimes, sa part d'ombre ou même ses crimes d'État. M. Séguin veut relever les « ruines » de son parti ? Tant mieux. Mais il devrait se souvenir qu'on ne bâtit pas sur le vent, ni sur les trous d'une mémoire trafiquée – il devrait savoir que le « devoir d'inventaire » est, pour toutes les familles, un gage de santé quand ce n'est pas (cf. les socialistes) de reconquête idéologique et politique.

Si ce remue-ménage médiatique ne va pas, de surcroît, « salir » la Résistance ? La salir, bien sûr que non. La complexifier, l'historiciser, l'arracher au seul univers de la légende dorée, probablement oui – et, une nouvelle fois, tant mieux. Ce serait se faire une idée bien médiocre et, pour le coup, bien « masochiste » des Français que de les juger trop sots, ou trop vulnérables, pour regarder en face l'histoire vraie de la France libre : ces hommes de chair et de sang, humbles et glorieux, faillibles et immenses, qui dans la brume et la tourmente, le chaos et, parfois, l'ambiguïté, sauvèrent l'honneur.

Si la France, enfin, est ou non « comptable » de Vichy ? C'est le président de la République qui, en l'occurrence, avait raison dans sa déclaration solennelle d'il y a deux ans – et l'on est atterré de voir l'étrange acharnement avec lequel la classe politique semble, de Séguin à Jospin, vouloir effacer ces mots, ce geste. Que la majorité du pays se soit, en 1940, résignée ou ralliée à Vichy, c'est une évidence. Qu'un gouvernement français ait, jusqu'en 1942 et au-delà, non pas suivi, mais *anticipé* les exigences allemandes les plus odieuses est une autre évidence. L'admettre n'est pas « oublier » la Résistance. C'est lui rendre, au contraire, sa vraie grandeur : celle de héros d'autant plus admirables qu'ils furent, d'abord, une poignée – et ne devinrent qu'au fil des ans l'irrésistible armée des ombres.

25 octobre 1997.

*Lettre de Shanghai. Ce que veut dire « Shanghai »
en chinois. La putain de l'Asie ? L'urbanisme selon
Claudel et Saint-John Perse. Au détour d'un « lilong ».
Fin de l'Histoire ou modèle inédit ? Comment le nom
du plus célèbre des dissidents est devenu imprononçable à Shanghai. Pour saluer Wei Jingsheng, martyr
de la démocratie.*

Shanghai. Encore une ville qui tourne le dos à la
mer. Encore un port où, mystérieusement, on ne sent
jamais le port. On me dit que Shanghai, en chinois,
signifie justement « avant la mer ». Et je dois marcher
jusqu'au Bund, puis jusqu'à l'ancien consulat britannique, pour sentir les parfums caractéristiques des
villes d'océan. Marcher et marcher encore : qui a dit
qu'il n'y a qu'en marchant que l'on prend possession
d'une ville ?

On a beau se raisonner. On a beau se dire : « c'est
fini ; le temps des fumeries d'opium, des hôtels
louches et des gangsters chinois n'est plus que celui
du folklore de Shanghai ». C'est bien après ce temps-
là, pourtant, que court le voyageur. Et de n'en rien
reconnaître, de ne trouver, derrière les enseignes
louches de la rue de Nankin, que des karaokés où l'on
vient s'enfermer pour chanter en famille, ou d'innocents bistrots pour ados américanisés offrant un Coca à
leur belle, suscite une irrésistible mélancolie. Shanghai
était « la putain de l'Asie ». C'était le « paradis » des
trafiquants et des aventuriers. C'est devenu, avec
Hongkong et Canton, la vitrine des « quatre modernisations ». La morale y gagne. Le romanesque y perd.

Le vide de Shanghai, la nuit. La fin des effervescences du jour. La grande avenue déserte, que l'on
devine voulue, conçue, pour des foules innombrables
– celles-là mêmes qui, dès l'aube, à l'heure du tai-chi
quotidien, occupaient la chaussée tout entière. Est-ce
le vide lyrique du « grand camp de pierres », raconté

par Alexis Léger à Gide ? Est-ce celui de cet espace « en jachère » et comme « lacunaire » où Claudel voyait le propre de l'urbanisme à la chinoise ? Est-ce encore le vide, sublime, qu'invite à honorer le « Tao-tö-king » parce qu'il « confère à la roue son usage, au luth son harmonie » ? Mais non, bien sûr. C'est juste le vide de la ruine, de la désolation profonde de Shanghai : c'est le vide d'une ville devenue fantôme d'elle-même – on a beau m'assurer qu'elle « entre dans la modernité », je ne parviens à y voir que le siège d'une humanité en déroute.

Un tout jeune homme, ce matin, dans un « lilong » proche de l'ancien temple de Confucius. Seul. Prostré. Examinant, avec un air d'infinie tristesse, ses pieds, ses mains, puis ses coudes, puis encore ses pieds. La scène dure bien cinq minutes. Et puis, tout à coup, étonnamment vaillant, il se redresse, sort de sa poche un téléphone portable et se rue vers un tramway.

Un autre jeune homme. Il joue d'une sorte d'orgue à bouche qui s'appelle, je crois, un « lesheng ». Face à lui, en extase, une jeune fille, vêtue d'une de ces longues robes de soie, fendues sur le côté, que mon imagination prêtait plutôt aux courtisanes. Et puis, tout à coup, l'inverse : il pose son instrument, prend la main de la jeune fille – et, ensemble, ils se mettent à pleurer comme dans un mauvais sit-com de Hongkong.

Le jardin Yu Yuan. Ses lacs artificiels. Ses fleurs innombrables. Ses murs en forme de dragon. Ses pagodes. Ses kiosques multicolores. Et, déambulant à travers ces vestiges, des touristes chinois, gauches, un peu empruntés, endimanchés – intimidés par leur propre passé. Étrangeté à soi-même. Image de servitude extrême.

La vraie question chinoise est celle, évidemment, des deux systèmes. Quid d'un système à deux têtes ? Jusqu'à quand une société peut-elle fonctionner avec une économie capitaliste et un pouvoir politique tyrannique ? Et les théoriciens occidentaux qui nous expliquent que les deux libéralismes vont forcément de pair rencontrent-ils, à Shanghai, les limites de leur théorie ?

Autre version de la question : cohabitation ou contradiction ? aberration ou synthèse inédite et durable ? la Chine produit-elle, à son rythme, ses « critères de convergence » avec l'univers de la marchandise – ou invente-t-elle un nouveau type de régime qui ne nous paraît impensable que parce qu'il n'a jamais existé avant elle ? Dans le premier cas, l'Histoire est finie. Dans le second, elle recommence – mais à quel prix !

Je ne voulais pas quitter la ville sans avoir, une fois au moins, publiquement prononcé le nom de Wei Jingsheng, ce martyr de la démocratie condamné à deux fois quatorze ans de détention pour avoir réclamé la « cinquième modernisation » – celle, précisément, de l'État. Ça tombe bien. Car c'est l'heure de la conférence de presse, et une trentaine de journalistes chinois sont là, pour entendre parler cinéma. Peine perdue ! À peine le maudit nom prononcé, ils se lèvent comme un seul homme et, sans l'ombre d'une protestation ni d'un éclat, quittent simplement la salle.

Plus terrible peut-être, et pour l'orateur et pour eux : j'avais, histoire de conditionner l'auditoire, commencé par évoquer la « mémoire rebelle de la ville » – fondation du PCC en 1921, émeutes ouvrières de 1927, « Cent fleurs », poussées démocratiques diverses. Or, là, les journalistes ne bougent pas. Ne bronchent pas. Tout juste se regardent-ils, interloqués, comme s'ils ne comprenaient pas. Je m'aperçois qu'ils ne savent plus de quoi je parle – absents à leur propre mémoire, ignorants de leur propre passé.

L'attaché culturel français à Shanghai ira, après l'incident, présenter « les excuses de l'État français » aux organisateurs du Festival. Il dira bien « l'État français ». Pas la « République », l'« État » français. À l'heure du procès Papon et des débats qu'il suscite, le lapsus est presque trop beau. Et pourtant... Incertaine idée de la France.

8 novembre 1997.

Marchais n'était-il qu'un comique troupier ? François Mitterrand et les livres. Lambron, l'oublié. Havel ou Huntington ? L'Algérie dans Le Monde. *Bodard, le patron. L'hommage de Saddam Hussein au grand Satan. Athènes, Jérusalem et Louxor.*

C'est la semaine où il n'est question que des quatre-vingt-cinq millions de morts du communisme. Or un leader communiste disparaît et on salue sa disparition comme celle d'un grand humoriste – on nous la présente, partout ou presque, comme si le cirque télévisuel perdait son meilleur acteur. Marchais-Coluche... Marchais-Pierre Dac... Dérision. Nihilisme. Du deuil à l'âge du spectacle.

Un libraire du Palais-Royal où François Mitterrand avait ses habitudes raconte à l'un de mes amis qu'il payait toujours ses livres, lui-même et de sa poche. Pour ceux qui se souviennent que l'ancien président n'avait jamais un sou sur lui et ne payait, justement, jamais rien, l'information est intéressante : de cet homme qui ne sortait d'argent que pour s'offrir une édition originale de « La recherche du temps perdu » faut-il dire qu'il n'attachait de prix qu'à la littérature ?

Papon sera peut-être acquitté. Mais Lambron, lui, est d'ores et déjà le grand oublié de la saison littéraire. Pourquoi comparer ceci à cela ? Parce que « 1941 » est *le* roman qui dit la vérité de l'affaire Papon (ainsi que, soit dit en passant, de l'affaire Mitterrand et de sa présence à Vichy avant la Résistance). C'était, à mes yeux, par-delà la beauté du livre, une vraie raison de le couronner. Allez savoir si, pour d'autres, ce n'était pas justement la meilleure raison de ne pas le faire !

Hasards de l'édition : un recueil de textes de Vaclav Havel paraît, chez Calmann-Lévy, en même temps que, chez Odile Jacob, « Le choc des civilisations », de Samuel Huntington. D'un côté, le dissident devenu président, qui continue de parler sur l'universalité des valeurs démocratiques. De l'autre, un prétendu « expert » plaidant pour la relativité de ces valeurs et, qu'il le veuille ou non, pour leur déclin. Y a-t-il des civilisations fermées, par nature, aux droits de l'homme ? et faut-il dire du monde de l'Islam qu'il est incompatible avec l'héritage démocratique ? C'est le débat Havel-Huntington. Mais c'est, surtout, celui de l'époque. J'y reviendrai.

Lettres d'Algérie, dans *Le Monde*, depuis lundi. Poids des mots. Force de l'écrit. Ces hommes et ces femmes abandonnés, qu'un mince cordon de phrases relie encore à nous. Et dans ces phrases, dans ces lettres que l'on dirait déjà *sauvées de la destruction*, la même tonalité de désespoir que dans les images qui, voilà cinq ans, sortaient de Sarajevo. Alger et Sarajevo. Alger comme une autre prison. Et, à Alger comme à Sarajevo, cette lancinante et terrible question : que faire ? comment répondre ? comment, à notre tour, rompre l'insupportable silence ?

Biographie de Lucien Bodard par Olivier Weber (en même temps que la réédition de sa magistrale « Guerre d'Indochine »). Je le revois – je le retrouve – tel qu'en lui-même, dans la toute première image que j'ai de lui, au bar de l'Intercontinental de Calcutta, retour des maquis bengalis : « pas d'émotion, disait-il, face à l'invraisemblable horreur de la guerre ; pas de sentiment ; il faut juste (et c'est déjà énorme !) décrire, raconter, regarder l'horreur en face – il faut ajuster sa langue à l'absolue déchéance des choses et tant pis si, mis en mots, l'enfer paraît un songe ». C'était la leçon de Malaparte. Celle du Hemingway de « En ligne ». C'était la seule morale en vigueur dans ce club d'aventuriers littéraires qu'étaient les grands reporters de ce temps-là. Témoignage ou fiction ? Écrire sa vie ou vivre son œuvre ? Bodard aura été l'un des derniers à se poser ce type de questions. Il est peut-être *le* dernier à concevoir le journalisme comme une région du roman, et inversement. Et c'est pourquoi, au club de ces monstres-là, il aura, à jamais, sa table et sa bouteille.

Saddam Hussein se protège en bourrant de civils ses cibles stratégiques et ses palais. Cynisme ? Bien entendu. Mais aussi, bien plus étrange, pari sur les valeurs de l'adversaire – certitude qu'il peut compter sur la compassion américaine plus que sur la force de ses armées. Hommage du vice à la vertu. Paradoxe du pervers. Un homme qui, au moment même où il hurle qu'on affame ses femmes et ses enfants, dément, par sa propre stratégie, le procès fait à son ennemi. On songe à ces ennemis d'Israël qui enterraient leurs morts aux portes de Jérusalem – seul moyen, disaient-ils, d'empêcher l'arrivée d'un Messie auquel ils étaient censés ne pas croire...

En noyant dans le sang la vallée des Reines, les islamistes de Louxor ont fait plus encore que massacrer soixante-deux touristes. Ils ont tué un peu de leur passé, et du nôtre. Ils ont assassiné un peu de cette part d'Égypte qui, depuis toujours, est en chacun. Ils ont sacrifié – car c'est, à l'évidence, d'une sorte de sacrifice qu'il s'agit – des dizaines d'hommes et de femmes sur l'autel de l'une des plus hautes civilisations mondiales : la première, disait Malraux, dans son « Pour sauver les monuments de Haute-Égypte », à avoir, pendant trois mille ans, « traduit le périssable en éternel ». Tous, nous avons en partage Jérusalem, Athènes, mais aussi Louxor. Tous, plus ou moins confusément, nous savons que Louxor est, comme Jérusalem, comme Athènes, une région de l'Être et de l'Esprit. C'est à cela qu'on s'en est pris. C'est ce crime contre l'esprit que l'on a, également, perpétré. Escalade – métaphysique – dans le terrorisme.

22 novembre 1997.

La mort de Barbara. L'enfance selon Baudelaire. L'honneur selon Lionel Jospin. Les fables de La Fontaine ne suffisent-elles plus à faire un Français ? Sarraute et Thomas Bernhard. Raymond Roussel et Duras. La vraie naïveté de Jean-Jacques Annaud. Un nouveau Vaclav Havel ?

Barbara était juive. Je l'ignorais. Je le découvre, ce matin, dans la presse. Je la vois du coup, pour la première fois, en petite fille traquée, dix ans en 1940, statut des Juifs, étoile jaune, mort aux trousses, police française. Et, soudain, tout s'éclaire : voix cassée, lyrisme triste, désespoir à fleur de peau, chanter comme on se souvient, défi à l'absence, catastrophe suspendue – l'impossible deuil, chez l'éternelle dame en noir, de la petite Monique Serf qui, « de valise en valise et d'hôtel en hôtel »...

La toute-puissance des juges est-elle un phénomène si nouveau qu'on le dit ? La révolte des « Parlements » à la veille de 1789. Et, avant cela, la Fronde.

Les enfants, rois d'un jour à l'Assemblée nationale – avec adoption, tout ce qu'il y a de plus sérieux, d'une loi qu'ils inspirent, discutent et finissent par voter sous l'œil émerveillé des « vrais » députés. On songe à ce qu'auraient pensé d'une telle initiative un Freud ou un Baudelaire. On se souvient de « l'injure sans pardon faite à l'enfance » dans les « Chants de Maldoror ». On se dit : une société qui en est là, un monde qui croit devoir placer dans « l'enfance » la source de la légitimité est un monde sénile, gâteux et condamné.

Élection de Miss Monde : beauté déjà embaumée : une femme si jeune, si belle – et déjà comme une nature morte.

Ces écrivains qui mettent plus de soin à rater un livre qu'à le réussir ; « Toute une histoire », le nouveau roman – décevant – de Günter Grass.

Un « honneur », vraiment, la présence de ministres communistes dans le gouvernement de la République ? Pourquoi diable parler d'« honneur » là où il aurait suffi de dire – et on aurait, il me semble, beaucoup mieux compris – pari politique, nécessité électorale, pure arithmétique parlementaire ?

La vraie question posée par le débat sur la nationalité : si l'on a confiance, ou non, en la France et en sa culture immémoriale. *Confiants*, les partisans d'un droit du sol qui revient à dire : un enfant né, grandi, éduqué dans ce pays sera automatiquement, presque naturellement, français. Méfiants, étrangement *pessimistes* sur la force d'intégration de leurs propres valeurs, les partisans du fameux « acte volontaire » d'adhésion à la fin de l'adolescence : comme si d'avoir existé dans ce pays, d'en avoir quotidiennement vécu le génie, d'avoir appris à lire et écrire dans La Fontaine, La Bruyère ou Alexandre Dumas ne suffisait plus à faire un Français...

Du nouveau livre – très beau – de Nathalie Sarraute on dit, ici ou là, que « les vrais héros ce sont les mots ». En effet. Mais des mots qui ne sont pas les amis du livre, mais ses ennemis – des mots que tout le travail littéraire consiste à briser, fracturer, contrarier, bref, *libérer*. Thomas Bernhard : « les mots allemands sont suspendus comme des poids de plomb à la langue allemande »...

« Gladiateur agonisant » : cette définition nietzschéenne du pape – que l'on dirait écrite tout exprès pour Jean-Paul II.

Roussel calculait qu'il avait travaillé quinze heures sur chaque vers des « Nouvelles impressions d'Afrique ». Marguerite Duras, dans un portrait que diffuse ces jours-ci la télévision italienne, raconte qu'elle a écrit « L'amant » au « fil de la plume ». Qui ment ? Et où est la littérature ?

Et si le vrai problème, dans le film de Jean-Jacques Annaud, n'était pas le héros mais le sujet ? si c'était moins le personnage que *le Tibet lui-même* ? Trois expéditions officielles vers Lhassa en 1938 et 1939. Obsession – chez les artistes, les écrivains, mais aussi Hitler lui-même – de ce fameux « toit du monde » où la race « aryenne » était censée trouver son origine. Nostalgie de la pureté, en un mot, bien plus dangereuse que la décision – qui, en soi, ne me choque guère – de faire d'un ancien nazi le protagoniste de l'aventure...

Un ami égyptien : les touristes sont partis, mais les caméras du monde entier sont arrivées. Comme si elles attendaient le prochain attentat, comme si elles l'éclairaient et le cadraient par avance – comme si elles préparaient leur prochain « direct » anticipé...

Le dissident chinois Wei Jingsheng sort de prison et ce qui frappe aussitôt, dans ses toutes premières déclarations, c'est la force, la précision, l'acuité extrême de sa pensée. Comme Mandela en son temps. Comme Vaclav Havel. Comme tous ces dissidents soviétiques des années 70 qui, en une phrase (le fameux « échangeons Brejnev contre Pinochet » de Boukovski), savaient résumer l'époque. Hommes de fer. Intelligences, non seulement indomptées, mais chauffées à blanc par l'enfermement. Il y a des hommes que la prison détruit. Il y en a d'autres qu'elle aguerrit et, au fond, grandit.

Mon ami égyptien, encore. Qu'attendent-ils ? Le propre d'un événement est de n'être précédé d'aucun signe. Comme dit saint Paul : « le jour du Seigneur viendra comme un voleur dans la nuit ».

29 novembre 1997.

Pourquoi Netanyahou est un danger pour Israël. Et si l'on arrêtait de se demander ce qui fait, ou non, « le jeu du Front national » ? Ferrari, Sarkozy et le fascisme à la française.

Peut-être ai-je choqué en disant de M. Netanyahou qu'il était un « ennemi » d'Israël. Mais, sur le fond, je ne varie pas et je continue de penser que l'occupation maintenue des « territoires » est contraire à la vocation, à l'essence, à la sécurité même de l'État hébreu. Pourquoi la *vocation* ? Parce que le sionisme n'a jamais dit de la future entité juive qu'elle devait s'établir sur la totalité d'un Eretz Israël qui, pour être fidèle à la lettre de la Bible, devrait, au demeurant, s'étendre aux deux rives du Jourdain : personne, que l'on sache, ne réclame cela ; le plus obtus des faucons a déjà renoncé, autrement dit, à soixante-quinze pour cent du territoire de la Promesse ; en sorte que l'on voit mal au nom de quelle logique il ferait une affaire sacrée du maintien de colonies à Hébron ou Ramallah. Pourquoi *l'essence* ? Parce que le sionisme est un des idéaux politiques les plus nobles qu'ait produits le xxᵉ siècle et qu'il n'est pas compatible avec l'oppression durable d'un peuple par un autre : l'« autonomie », en d'autres termes, est une demande palestinienne ; mais c'est aussi une urgence pour les Israéliens eux-mêmes ; faute de quoi ce qu'ils appellent « l'héritage moral de la nation » – et dont le premier commandement, celui qui revient le plus fréquemment dans la Torah, est d'« honorer l'étranger » – sombrera, tôt ou tard, dans l'opprobre d'un apartheid ou d'une autre libanisation. Pourquoi, enfin, la *sécurité* ? Parce que la présence, à l'intérieur même des frontières, d'une minorité nombreuse, haineuse, et de plus en plus extrémisée, est une menace au moins aussi redoutable que celle d'un État hostile : Ytzhak Rabin l'avait compris ; les grands généraux d'Israël, ceux qui se sont vraiment battus pour assurer la survie du pays, le répètent sans relâche depuis trente ans ; et il faut, là encore, toute l'imbécile obstination de ceux qui mettent l'idéologie au-dessus de la stratégie et, donc, des questions de sécurité pour méconnaître ce péril. Le sionisme a juste cinquante ans. Puisse cet anniversaire, au goût parfois si amer, être l'occasion de se rappeler ces évidences.

La question de l'étranger est au cœur, aussi, de la politique française. Le gouvernement de Lionel Jospin a-t-il bien fait d'adopter, en l'affaire, un « profil bas » ? Fallait-il, comme il nous l'a répété, rechercher à toute force le « consensus » ? Et quel sens y avait-il – de peur de « faire le jeu du Front national » – à éviter d'« ouvrir un débat » qui, de toute façon, s'est quand même ouvert et fait rage depuis huit jours ? Ah ! « faire le jeu » du Front national... Cette obsession nouvelle... Ce réflexe quasi pavlovien. Cette recommandation, presque cet impératif, qui tiennent lieu de politique, voire de morale, à ceux – et ils sont de plus en plus nombreux ! – qui, n'ayant rien à nous dire de la France ni du monde de demain, s'effraient de leur propre ombre et du vide de leur propre pensée... Encore un peu et il faudra, pour ne pas faire « le jeu du Front national », ne plus parler du tout d'immigration, ni du procès Papon, ni des banlieues, ni des crimes du communisme, ni de ceux du nazisme ! Encore un peu et on devra, pour ne pas faire, toujours, « le jeu du Front national », éviter d'être étranger, ou basané, ou de lire les livres qui fâchent, ou de prononcer le nom de Vitrolles et de Toulon ! Encore un pas et M. Le Pen sera comme un bœuf sur la langue de chaque citoyen français – et ce bœuf nous interdira de nous exprimer, ou de réfléchir, sur tous les sujets les plus brûlants où se jouent notre avenir, notre présent, notre mémoire ! Or M. Le Pen n'est pas un bœuf mais une grenouille. Et rien n'est plus grotesque que cette espèce de silence qui se fait sur le passage de la grenouille – comme si le moindre de nos mots allait, encore une fois, contribuer à la faire enfler. À chacun sa conviction sur cette difficile question de l'immigration. Mais ceci, au moins, est certain : le choc des convictions, leur affrontement, leur radicalisation même sont une bonne chose pour l'état de santé démocratique de ce pays ainsi que – puisque c'était la question – pour la résistance au lepénisme. On ne combat pas le racisme en se taisant, mais en parlant. On ne fait pas barrage au fascisme en s'effaçant, mais en s'affirmant. On a toujours raison, à droite autant qu'à gauche, sinon de se révolter, du moins d'engager le débat.

Reprise du procès Papon, justement. Et deux films, qui sortent ces jours-ci et que l'on aimerait pouvoir recommander – dans leurs moments de liberté, hélas assez nombreux – aux jurés de la cour d'assises de Bordeaux : celui d'Alain Ferrari sur la Milice et celui, tiré du livre de Nicolas Sarkozy, que Claude Goretta consacre à la vie de Georges Mandel. On y trouvera le portrait d'un homme (Mandel, donc) qui est très exactement l'*anti-Papon* : serviteur de l'État lui aussi, modèle d'administrateur à l'ancienne, républicain, patriote – et, en même temps, homme de refus, résistant de la première heure, convaincu que le devoir d'un fonctionnaire peut être, dans certains cas, de désobéir. Mais on y verra surtout brossé (c'est tout le sujet du beau film de Ferrari) le portrait de cette « Milice », finalement mal connue, qui fut une sorte de Gestapo tricolore et qui, devançant la pression allemande, parfois même s'y opposant, servit de bras armé au pétainisme : le respectable M. Papon d'un côté, les tortionnaires et les voyous de Joseph Darnand de l'autre – ce sont les deux faces d'un même « fascisme à la française » qui laisse paraître, une fois encore, l'autonomie de ses méthodes, de ses ambitions, de son histoire.

6 décembre 1997.

Communisme et nazisme : quand Arendt et Camus n'avaient pas peur des mots. Une autre version du révisionnisme. Ce que la Shoah eut de vraiment spécifique.

Fascisme et communisme sont-ils « comparables » ? Si cela veut dire « identiques », si l'idée est de confondre les deux systèmes dans on ne sait quelle nuit où tous les crimes sont gris, alors non, bien sûr, ils ne le sont pas. Si comparer veut dire, en revanche, *penser ensemble*, s'il s'agit de poser un *genre* (« le totalitarisme ») qui aurait deux *espèces* distinctes (« nazisme » et « communisme »), si l'idée est, en d'autres termes, d'identifier un *programme* à partir duquel se distribueraient les *performances* de deux grands totalitarismes à la fois spécifiques et cousins, alors oui, la démarche est légitime, elle est même élémentaire, et l'on voit mal, sans cela, comment produire l'ombre d'une analyse à propos de ce qui demeure la double et grande énigme du xxe siècle. Comparer, c'est penser. Comparer, c'est historiciser. Le geste de comparer – c'est-à-dire, encore une fois, de rapprocher *et* de distinguer, de confronter *et* d'opposer – est le geste même de la connaissance. On regrette d'avoir à rappeler cette évidence. On rougit, un demi-siècle après Hannah Arendt, d'avoir à répéter que ce concept de totalitarisme est le seul qui, parce qu'il les rassemble, parvient à nous dire quelque chose de ces deux événements majeurs et, pour une part, irréductibles que sont Auschwitz et le Goulag. Gâtisme de l'époque. Régression de ses débats. Cette façon d'applaudir à l'audace d'un M. Hue qui consent à trouver « monstrueux » les crimes d'un stalinisme dénoncé depuis cinquante ans par Arendt, Aron, Camus, tant d'autres. On croit rêver. On ne rêve pas. Car c'est ainsi que se solde le siècle, dans une sorte de parade où défileraient, comme pour une réplique ultime, les grands et petits rôles du répertoire. Paroles gelées. Ballet des spectres.

Que veulent, en vérité, ceux qui ne veulent pas comparer ? Et que cache cette obstination étrange et, de nouveau, si insistante : « non, non, ça n'a rien à voir, on n'a pas le droit de rapprocher les crimes nazis de cette espérance dévoyée que fut le communisme, etc. » ? Il y a la bonne vieille clause, d'abord, de l'idéologie la plus favorisée : persistant refus d'admettre que c'est *son idéal même* qui, parce qu'il vise une société sans classes, transparente à elle-même, purgée de ses « insectes nuisibles » et de sa part de « négativité », condamne le communisme. Mais il y a aussi, sur l'autre front, un effet presque plus pervers encore : il y a, *du côté du nazisme lui-même*, l'armement d'un second piège qui, parce qu'il détache l'hitlérisme de son contexte, parce qu'il s'interdit la moindre comparaison entre, par exemple, l'idéologie « national-bolchevique » des frères Strasser et celle des premiers léninistes, parce qu'il refuse, en un mot, de reconnaître la moindre pertinence à l'analyse des circonstances qui ont présidé à sa naissance, en fait un événement anhistorique, flottant dans un éther vague et n'ayant plus grand-chose à voir avec le réel de son époque. On part du louable souci de préserver la singularité d'Auschwitz. On se retrouve, à l'arrivée, avec un drôle d'objet qui, dès lors qu'il n'a plus vraiment sa place dans l'histoire concrète des hommes, n'a plus qu'à aller s'inscrire dans une éternité diabolique, obscure et douteuse. La souffrance juive devient impensable. Elle est de l'ordre, non du discours, mais du mythe. Elle participe, non de l'Histoire, mais d'une providence à rebours dont les Juifs seraient le peuple Christ. Et c'est ainsi que la martyrologie se transforme en son contraire : comme si le désir de maintenir la Shoah dans une extraterritorialité sacrée rejoignait celui, apparemment inverse, de la diluer dans le long cortège des malheurs immémoriaux de l'humanité – une autre forme de « révisionnisme » ; l'envers du « détail » lepéniste.

Que doit devenir, dans ce cas, la « singularité » du nazisme ? et faut-il continuer de plaider pour l'« unicité » d'une Shoah dépassant, dans l'horreur, tous les crimes commis avant elle ? Je suis convaincu que oui. Mais à condition, là aussi, de s'entendre. Ce que la Shoah eut d'unique, ce n'est pas le nombre de ses morts (85 millions, donc, pour le communisme). Ce n'est pas ses méthodes d'extermination (émission récente de Cavada rappelant la présence de camions à gaz dans l'industrie de la mort stalinienne). Ce n'est pas davantage la patente noirceur d'un discours qui, contrairement à l'autre, n'aurait jamais produit de grands « idéalistes déçus » (contre-exemple de Hermann Rauschning, qui, avec sa « Révolution du nihilisme », parue à la veille de la guerre, est un peu, toutes proportions gardées, le Souvarine de la désillusion national-socialiste). Ce n'est même pas l'idée de crime contre l'humanité (le koulak russe persécuté des années 20 n'avait à se reprocher, lui non plus, que le crime d'être « né »). Non. Ce que la Shoah eut de réellement unique, c'est, comme l'ont montré, entre autres, Poliakov et Mauriac, la part « métaphysique » du forfait (ce peuple de la « Bible », de la « Promesse » et de la « Mémoire » que visait *aussi* la fureur nazie à travers les corps suppliciés des hommes, femmes et enfants déportés). Distinction « théorique » ? Autre « détail » ? Bien sûr que non. Car seule façon, au contraire, d'échapper à la comptabilité macabre. Seule définition du crime nazi qui ne laisse aucune prise à une concurrence victimaire où s'enracine, également, le révisionnisme. Il fallait « comparer », oui, le fascisme au stalinisme pour isoler ce qui, en lui, résiste à la comparaison et fait de sa fureur, pour de bon, la mesure de l'inhumain.

13 décembre 1997.

Seillière, Jospin et David Rousset. Qu'est-ce qu'un terroriste ? Kouchner chez Elkrief. La mort de Claude Roy.

Seillière contre Jospin. Le baron de droite contre le protestant de gauche. C'est la comédie, truquée, que s'offrent les Français en cette fin d'année. L'un – Jospin – sait, mieux que personne, ce que sa loi sur les trente-cinq heures coûterait, s'il l'appliquait, à l'économie du pays – mais il doit des comptes à ses troupes et, donc, il fait semblant. L'autre – Seillière – n'ignore rien du réalisme de son adversaire ni, par conséquent, de son embarras, mais il feint de le prendre au mot – ce qui lui vaut, du côté des siens, une faveur sans précédent. Les « deux cents familles » contre le « Front popu ». C'est un classique du répertoire. Mais c'est aussi une caricature. La même impression « spectrale » que dans le débat sur les crimes du communisme. Le même sentiment d'avoir affaire à un simulacre d'affrontement où chacun, à tour de rôle, dépêcherait sa marionnette sur le devant de la scène, ou dans les lignes adverses. (À propos des crimes communistes, d'ailleurs, un dernier mot : je m'en veux, la semaine dernière, de n'avoir pas songé à signaler que l'essentiel du « Livre noir » de cette année se trouvait dans le « Livre blanc » de 1951 ; il m'aura fallu, pour m'en souvenir, la mort de ce merveilleux personnage, résistant de la première heure, puis antitotalitaire intraitable, que fut David Rousset ; hommage, donc, à David Rousset ; gloire à l'auteur de ces deux grands livres qui serviront à jamais de tombeau à ceux qui n'en ont pas eu : « L'univers concentrationnaire » et « Les jours de notre mort ».)

Carlos était « un mégalomane », raconte Magdalena Kopp, son épouse, à un hebdomadaire allemand. Il n'était avide que d'argent, de jouissance et, au fond, de « pouvoir ». En un mot, tout est dit. Terrorisme et pouvoir. Le terrorisme comme volonté et représentation du pouvoir. La vraie nature des terroristes qui, avant d'être des rebelles, des révolutionnaires, des desperados, etc., sont des bêtes d'État manquées. Qu'est-ce, à la fin, qu'un poseur de bombes ? Que doit-il y avoir dans sa tête pour qu'il s'arroge ainsi le droit de rayer les vivants de son choix de la surface de la planète ? Il y a un flic. Doublé d'un juge. Doublé d'un bras armé ou d'un bourreau. Il y a les principaux attributs, autrement dit, d'un État greffés sur une cervelle. Un terroriste, c'est un micro-État. C'est un concentré, un modèle réduit d'État. C'est un monstre, oui, mais froid – à la façon des « monstres froids » décrits et dénoncés par Nietzsche. Pousser jusqu'à son terme la réflexion sur le totalitarisme engagée par David Rousset, c'est aller, du même mouvement, jusqu'à la vérité du terrorisme. (Pendant ce temps, un écrivain, Tahar Ben Jelloun, se rend en Égypte endeuillée par le terrorisme des Fous de Dieu. Il voyage. Il écoute. Il publie, dans *Le Monde*, ses impressions d'après massacre. Les mots contre les mitraillettes... La littérature contre ces États miniatures que sont les kamikazes de Louxor... Pour les intellectuels, comme pour les politiques, ce n'est qu'un début, le combat continue.)

Une journaliste vient m'interroger sur la création, il y a vingt ans, d'Action internationale contre la faim. Il y avait là Jacques Attali, Françoise Giroud, Marek Halter, Maria Antonietta Macciocchi, Gilles Hertzog, Guy Sorman, d'autres. Notre illusion d'alors : croire que la pitié était une *vertu* quand elle n'était, sans doute, qu'une *passion*. Notre autre erreur, la féconde mais incontestable erreur de ce que l'on devait, assez vite, appeler « l'idéologie humanitaire » : confondre *l'humanitaire*, justement, et *l'humain* ; réduire les droits de *l'homme* à ceux du *vivant* ; prendre le risque, un jour, de traiter nos semblables comme une autre espèce menacée – faire de *la politique*, autrement dit, une région de *l'écologie*. Le débat eut lieu. D'une certaine façon, il a *toujours* lieu. Bernard Kouchner, ce soir encore, chez Ruth Elkrief, à LCI : frémissement intact ; énergie retenue ; on le sent prêt, et c'est son côté formidablement sympathique, à reprendre demain son sac de riz ; et puis, tout à coup, l'autre voix – celle du vrai politique qu'il est aussi devenu.

Mort de Claude Roy. Ce drôle de personnage, rieur et curieux, charmeur et savant, croisé dans les parages du *Nouvel Observateur*, au début des années 70. Son visage de boxeur désenchanté. L'ironie de son regard bleu. Cette façon de la jouer modeste : « j'ai été l'intime de Vailland, Picasso et Vilar ». Ce stendhalisme perpétuel. Cette sérénité tolérante, ultrasceptique, de ceux que rien ni personne n'abusera plus. Son secret ? Peut-être cet homme qui traverse « Notre avant-guerre » de Brasillach et qui fut maurrassien avant de devenir compagnon de route des communistes a-t-il été vacciné, très vite, contre les fièvres de l'égarement. Peut-être a-t-il eu, dans ses premières années de vie publique, son compte de déraison. Les hommes disposent, au fond, d'une quantité finie d'erreur possible. C'est comme une peau de chagrin à l'envers, sur laquelle les plus avisés sauraient qu'il vaut mieux tirer sans tarder afin d'avoir le temps, ensuite, de manifester esprit de mesure et clairvoyance. Autre loi de la comédie du siècle : il est bon de se tromper vite et intensément ; il est sage d'épuiser au plus tôt son compte d'aberration — meilleur moyen d'aborder l'âge d'homme avec tout loisir, enfin, de n'avoir plus à se tromper.

20 décembre 1997.

1998

Retour d'Algérie. Où en est le terrorisme ? Vingt pour violer une femme. Des viscères en guirlandes sur les arbres. L'indécence de la question « qui tue qui ? ». Notre devoir et le leur.

Voyage en Algérie. Besoin d'aller y voir. Besoin de me rendre compte, sur le terrain, de la réalité des choses. Désir, tout simplement, de faire mon métier d'intellectuel. J'ai donné, au *Monde*, des « choses vues ». Voici quelques conclusions.

1. Où en est le terrorisme en Algérie ? Et si, comme on en a le sentiment depuis Paris, l'Algérie sombre dans une violence sans fin ? D'une certaine manière, oui. Il suffit de compter les morts, il suffit, comme j'ai tenté de le faire, de voir, ou d'écouter, les survivants pour mesurer l'indécence de ceux qui, autour de M. Zeroual, continuent de nous parler de terrorisme « résiduel ». Reste qu'Alger n'est plus une ville en état de siège ; ni Tizi Ouzou, en Kabylie ; reste que, dans des zones entières du pays, l'armée, mais aussi le peuple, les groupes d'« autodéfense » et les « patriotes » ont repris l'initiative et mis en échec les assassins. Ce terrorisme ne serait pas si sauvage, il ne repousserait pas, chaque jour davantage, les limites de la démence, il ne s'en prendrait pas, surtout, à des douars isolés, pauvres entre les pauvres, démunis, s'il n'avait, politiquement et, peut-être, militairement, perdu la partie.

2. S'il s'agit toujours d'un islamisme ? si la part islamiste, donc religieuse, de ce terrorisme continue de
dominer ? Oui et non. Que l'islam – un islam dévoyé,
certes, coupé de ses sources et de sa grandeur – soit la
référence obsessionnelle des tueurs, cela demeure vrai
dans bien des cas ; et rien n'est plus éloquent, à cet
égard, que le spectacle de ces hommes qui, avant de
martyriser l'une de leurs captives, avant de la violer à
mort en s'y mettant, dans la même nuit, à dix, vingt,
voire davantage, trouvent le temps de réciter la sourate
supposée sanctifier ces « mariages de jouissance ». Ce
terrorisme, néanmoins, se passe très bien d'alibi. Ces
fous de Dieu sont, de plus en plus souvent, des fous
tout court. Et je rapporte la conviction que les deux
grandes mouvances « rivales » – AIS, GIA – ont éclaté
en une myriade de groupuscules, sans stratégie ni
commandement communs, assoiffés de sang, obsédés
de pure rapine. Un terrorisme local. Un terrorisme
mafieux. Un terrorisme à double visage : religieux et
mafieux.

3. La nature de ses crimes ? et si l'on doit, pour
les qualifier et, un jour, les juger, recourir à l'arsenal
juridique du crime contre l'humanité ? Non et oui. *Non
parce qu'il y a*, dans ces carnages, un ciblage de la
victime, une sorte de discernement extrême, qui tranchent avec la logique de l'extermination indifférenciée : cette famille-ci, pas celle-là ; cette maison-ci, pas
la voisine ; on imagine, depuis la France, autant d'Ora-
dour-sur-Glane à l'algérienne alors que la boucherie
– c'est aussi ce qu'elle a de troublant – frappe des
familles bien précises dont le crime est d'avoir retiré
leur soutien aux groupes armés. *Oui, cependant*, cent
fois oui, car on voit mal quel autre mot utiliser face à
l'innommable horreur de ces corps décapités, de ces
femmes écartelées, de ces cadavres de nouveau-nés
retrouvés dans un four à pain de Raïs, ou face, encore,
à l'image de ces branches d'arbres, dans la forêt de
Baïnem, où l'on a pendu en guirlandes les viscères

arrachés des victimes – l'Algérie ou la nécessité de reprendre, élargir, repenser l'idée de crime contre l'humain.

4. L'État. Sa responsabilité, et celle de son armée, dans cette tragédie. Il est responsable, évidemment. Il est, comme tout État, comptable du sort de ses civils. Et j'ai été horrifié d'apprendre, par exemple, qu'une ville comme Larbaa, au cœur de la Mitidja, a pu être le théâtre de trois carnages successifs en cinq mois sans que l'on se soit décidé à l'entourer d'un périmètre de sécurité analogue à celui que j'ai pu voir autour du complexe industriel d'Arzew, dans l'Oranais. Mais qu'il soit coupable, en revanche, qu'il soit à l'origine directe des tueries, que la Sécurité militaire noyaute ou instrumentalise les massacreurs aux seules fins de « terroriser » les populations et de les contraindre à « basculer », voilà une hypothèse qui heurte et la conscience et le bon sens : « terrorisées », les populations le sont, hélas, déjà ; « basculer », se dissocier d'un islamisme auquel elles avaient, naguère, donné leurs suffrages, voilà longtemps que c'est chose faite – et c'est même une des raisons de la vendetta dont on les poursuit ! Les victimes, sur le terrain, ne cessent de nous le dire : « nous savons bien, nous, qui tue qui... »

5. Notre tâche, enfin. Dire et redire cela. Refuser cette logique de l'amalgame qui fait le jeu des égorgeurs. Distinguer entre le pire (les islamistes) et le moins pire (un État tiraillé, c'est vrai, entre deux clans ; une clique autoritaire, héritière du FLN, d'un côté, une génération de « quadras », rêvant de démocratie, de l'autre). Et puis, aussi, s'adresser aux responsables de cet État pour leur dire : « terroriser les terroristes est, nous en savons quelque chose, le plus difficile pour un gouvernement ; mais c'est votre devoir, et c'est le nôtre, de vous y aider ». Et encore : « devant l'horreur de ces hécatombes, vous n'avez plus le choix : décréter la mobilisation générale de vos

citoyens et de vos soldats et placer même, s'il le faut, "un soldat derrière chaque citoyen" ; si cela ne suffit pas, en appeler à l'ingérence des consciences, des regards, voire de la force internationale ; et si cela non plus n'est pas possible, si vous ne vous résolvez ni à ceci ni à cela, céder la place à d'autres qui sauront, mieux que vous, gagner cette guerre et peut-être, du même élan, la bataille de la démocratie ».

10 janvier 1998.

Lionel Jospin et l'affaire Dreyfus. Pourquoi il faut soutenir le mouvement des chômeurs. La vraie responsabilité du pouvoir, à Alger.

Où Monsieur Jospin a-t-il la tête ? Et comment peut-il affirmer, sans rire, que c'est l'ensemble de « la » gauche qui se rangea, à l'époque, derrière Dreyfus ? Il oublie que, en 1898, le groupe parlementaire socialiste est encore hostile à la révision. Il oublie la solitude de Zola au moment de son « J'accuse » puis quand l'ensemble de la presse de gauche – *Petite République* en tête – s'incline devant la « sagesse » du jury qui le condamne en cour d'assises. Il oublie les hésitations de Jaurès. Il oublie le manifeste du 20 janvier où les autres leaders socialistes refusent de s'engager dans « une lutte entre deux factions de la classe dirigeante ». Il oublie que, l'année suivante, au moment de la constitution du cabinet Waldeck-Rousseau, un « Appel à la France ouvrière et socialiste », signé de Guesde, Lafargue et Vaillant, en est encore à voir dans le dreyfusisme une « diversion » détournant le prolétariat de son juste combat de classe. Il oublie les feuilles anarchistes qui, comme *Le Père Peinard*, parlent du « youtre alsacien ». Il oublie les syndicalistes qui, comme Émile Pouget, disent leur dégoût du « youpin Dreyfus ». Il oublie, en un mot, que le dreyfusisme fut longtemps le fait d'une poignée de marginaux (Péguy, Bernard Lazare, Lucien Herr...). Il oublie, au fond, la terrifiante puissance d'un antisémitisme de gauche qui prend sa source chez Marx (attaques, dans « Les luttes de classe en France », contre les « Juifs de la Bourse »), Proudhon (« le Juif est l'ennemi du genre humain, il faut renvoyer cette race en Asie ou l'exterminer ») et qui, au Congrès socialiste de 1900, permet encore à une minorité de militants de proposer d'ajouter l'adjectif « antisémite » à ceux de « démocratique, républicaine et anticléricale » pour définir la ligne nouvelle de leur parti. Monsieur Jospin s'honorerait de se rappeler – de découvrir ? – cette page noire de l'histoire de la gauche. Il y a des circonstances où l'on se grandit en présentant ses excuses.

La bonne nouvelle de la semaine, c'est le mouvement des chômeurs. Ils étaient l'envers de notre décor. La part maudite de la société. Ils étaient sans noms, sans visages, presque des âmes mortes, des fantômes. Ils étaient des « fin-de-droits » – *fin-de-droits* : mesure-t-on bien la cruauté, l'inhumanité extrême, de la formule ? – voués à une pure survie comptable. Les voici qui existent. Les voici qui s'insurgent. Les voici qui font irruption, vrais corps, vrais visages, dans un jeu politique qui doit, désormais, compter avec eux. On peut regretter que telle organisation instrumentalise leur révolte. On peut sourire de voir tel syndicat se faire le héraut de leur détresse dans le moment même où il se bat pour le maintien de situations acquises qui sont, comme chacun sait, en partie responsables de ladite détresse. N'empêche. Le fait est là. C'est un signe de santé du corps social. C'est un sursaut de dignité, de maturité. Les hommes politiques – droite et gauche confondues – seraient bien inspirés d'y prendre garde : il y a là trois millions d'hommes et de femmes qui ne croient plus à leurs promesses, qui ne veulent plus de leurs aumônes, dont personne n'achètera plus le silence pour un, deux, voire trois milliards de francs

– et qui, n'ayant d'autre ressource que celle de leur renvoyer à la figure le mépris dont ils les ont accablés, ne sont qu'au tout début de leur mouvement. De deux choses l'une. Ou bien la lutte contre le chômage devient, enfin, cette priorité nationale, cette « croisade », qu'on nous annonce depuis tant d'années. Ou bien le nihilisme l'emportera sur la morale – le désespoir deviendra, pour de bon, une forme moderne de la politique.

L'Algérie encore. Faut-il, au nom de la lutte contre l'islamisme, donner un « blanc-seing » au pouvoir algérien ? Non, bien sûr. J'ai simplement dit, ici même, que la stricte pudeur exige de distinguer entre le « pire » et le « moindre mal ». J'ai dit, et je répète, qu'il est indécent de mettre sur le même pied l'« émir » autoproclamé qui éventre une femme enceinte et le militaire qui, fût-ce mollement, ou tardivement, donne la chasse à l'assassin. Et j'ai dit, surtout, que la façon qu'ont certains, après chaque carnage, et après qu'il a été dûment revendiqué par les GIA, de poser la question : « qui tue qui ? » n'a pour effet que d'occulter les vrais procès qu'il faudrait faire à ce pouvoir : celui de l'incompétence de son armée ; celui de son apparente indifférence au malheur des populations civiles ; celui, encore, car les droits de l'homme ne se divisent pas ! de la torture dans les prisons, des exécutions sommaires d'islamistes ou des disparitions. Écoutons les résistants d'Alger. Écoutons ces femmes admirables qui manifestent pour demander non « qui tue qui ? » (question obscène), mais « que fait l'État ? » (vraie question démocratique). Écoutons cette presse libre qui, conçue, écrite, imprimée dans des conditions de précarité qui confinent à l'héroïsme, trouve la force, ce jeudi matin, d'interpeller le président Zeroual en regrettant qu'il ne trouve ni les gestes ni les mots de Moubarak après Louxor. Et admirons enfin ces députés qui menacent de boycotter les travaux du Parlement tant que la « situation sécuritaire » – autant dire les

tueries et les moyens de les enrayer – ne sera pas inscrite à l'ordre du jour. Arrêter le massacre et les massacreurs : c'est la seule question qui vaille ; c'est,
désormais, la seule urgence ; le reste est bavardage,
irresponsabilité, insulte aux victimes.

17 janvier 1998.

*Les « regrets » de M. Jospin. Désespérer Billancourt.
Qu'est-ce qu'un « homme d'État » ? Le complexe de
Pénélope. Jospin contre « l'horreur économique ». Qui,
à droite, pour relever le défi ?*

Jospin présente ses regrets à l'opposition après son
dérapage de la semaine dernière sur l'affaire Dreyfus.
Le geste est sans précédent. Il est d'une honnêteté
– d'une humilité ? – trop rare pour ne pas être souli-
gnée. Ayant été, moi-même, au premier rang de ceux
qui interpellaient le Premier ministre, ayant dit, ici
même, qu'il se « grandirait » en s'excusant, j'aurais
mauvaise grâce, aujourd'hui, à ne pas saluer son attitude. Irruption de l'élégance en politique. Il devait y
avoir un parfum presque « britannique », ce jour-là,
dans l'enceinte du Palais-Bourbon.

Autre geste d'homme d'État, le même jour, dans le
même discours : celui qui concerne le mouvement des
chômeurs. On attendait un démagogue. Ou, en tout cas,
un politique. On attendait un malin qui, vu les
échéances électorales, céderait sans le dire, promettrait
sans tenir, bref, glisserait, pour mieux l'endiguer, sur
la vague d'une révolte emblématique du « peuple de
gauche ». Au lieu de quoi, le cap maintenu. La fermeté
d'une éthique. Un drôle de type qui, au risque de décevoir, voire de désespérer ses Billancourt, s'arc-boute
sur quelques idées simples et vient, en gros, nous dire :
si légitime que soit ce mouvement de protestation des

285

fins-de-droits, si forte leur détresse, si grande l'injustice qui leur est faite, on ne peut céder à des mots d'ordre qui, s'ils étaient satisfaits, ne feraient que retarder l'Europe et, aggraver la souffrance sociale. Homme à principes. Homme de rigueur et de cohérence. Jusque-là, cette rigueur passait pour de la raideur. La voilà qui, tout à coup, ressemble à du courage.

Différence entre un homme politique et un homme d'État ? Nous y sommes. Le premier flatte les siens ; il cajole sa majorité « plurielle » ; il résiste à ses adversaires, mais n'en finit pas de céder à ceux qui l'ont élu et, peut-être, le rééliront. Le second : c'est aux siens, d'abord, qu'il résiste ; c'est à son propre camp que, s'il le faut, il s'oppose ; ce sont « les siens », bien sûr ; c'est « son camp » ; mais que, de ce camp, montent des voix qui, à tort ou non, lui semblent s'égarer, que la déraison s'empare des âmes et que des démagogues accourent pour flatter leurs emportements, et c'est à eux donc qu'il viendra dire : « vous ne m'avez pas élu pour cela ; ce n'est pas sur ce contrat que je me suis, voilà sept mois, présenté devant le peuple ; je m'en tiens à ce contrat – dussé-je, ce faisant, déplaire, décevoir et le payer, peut-être, lors de nos prochains rendez-vous ». M. Jospin serait-il un « homme d'État » ?

Autre différence. L'homme politique commence toujours par dire « oui », tout de suite, par principe, presque sans réfléchir : quitte ensuite, moderne Pénélope, à contredire ce qu'il a dit, défaire ce qu'il a fait – quitte, dans sa logique du soir, à délier l'intrigue ourdie dans la logique du jour. L'homme d'État fait l'inverse. Il commence, s'il doit dire « non », par dire « non ». Il commence par résister, quand il le faut, aux élans d'une société dont il juge, à tort ou à raison toujours, qu'elle ne mesure pas la portée de sa volonté. Et c'est ensuite, et ensuite seulement, qu'il aménage ce non, l'amende dans les limites de la raison, rectifie, selon la sagesse du cœur, ce que cette simple raison pouvait avoir d'insupportable. Politiquement, c'est l'attitude la plus périlleuse. Mais c'est, à nouveau, la plus digne. C'est la plus respectable. C'est la seule qui, surtout, et en l'occurrence, soit à la mesure de ce que le mouvement des chômeurs a, lui aussi, de plus respectable. Révolte juste. Profondément, politiquement, juste. Ce n'est pas en entretenant l'illusion, ou le mensonge, qu'on lui rendrait justice.

Jospin, encore. Le plus audacieux, dans son discours, c'est ce qui concerne non les minima, mais le principe même d'une société où le non-travail serait rétribué à l'égal, ou presque, du travail. Absurdité, dit-il. Risque de délitement du corps social. Début d'un bouleversement sans pareil de ce qui fait lien entre les hommes. Ce que le Premier ministre a compris, oui, ce qu'il a rappelé aux tenants modernes de « l'horreur économique », c'est que le citoyen est aussi un producteur, un travailleur, bref un *homo economicus* qui tire de cette situation même une part de son identité. Un monde où le sujet se réaliserait en dehors de toute sociabilité ? C'était le rêve des utopistes des années 60 : Gorz, Illich. C'est encore, aujourd'hui, l'illusion de tel ou tel tribun juché sur le malheur social. Il fallait du culot pour se dresser contre cette chimère et venir dire à des hommes et des femmes que cette société brise : « le travail est, jusqu'à nouvel ordre, l'atome de toute société ». Il l'a fait. Il a accepté, au grand affolement de ses conseillers électoraux, d'endosser le rôle du rabat-joie diseur de vérité. Pour cela aussi, il mérite le respect.

L'opposition, enfin. Se trouvera-t-il, dans ses rangs, un responsable pour saluer ce parler-vrai ? S'en trouvera-t-il un pour nous dire, par-delà l'inertie des clivages et des querelles, que cette position est la seule que pouvait décemment prendre un Premier ministre en exercice ? Y aura-t-il assez d'esprits libres pour, du côté de chez MM. Séguin et Bayrou, résister systématiquement aux réflexes pavloviens de leur propre camp et dire à leur adversaire : « tant pis pour vos écolos ! oubliez vos communistes ! il y a, à l'Assemblée, une majorité de cœur et d'idées pour appuyer une politique qui, sans duperie, ferait de la lutte à long terme contre le chômage la priorité des priorités ! ». Ce serait le meilleur service à rendre à trois millions d'hommes et de femmes qui n'en peuvent plus d'être les otages d'affrontements politiciens. Ce serait aussi, pour le coup, la vraie fin de l'exception française.

24 janvier 1998.

Ce que se sont dit le pape et Fidel Castro. Le sexe de Clinton, s'il eût été plus court...

Le pape et Castro. Le génie qu'a ce pape de subjuguer ses contraires – hier Arafat, avant-hier Ali Agça, maintenant le vieux dictateur cubain, patriarche en son automne, l'homme qui, depuis quarante ans, bafoue les droits de l'homme, opprime l'Église et ses évêques. Qu'ont-ils pensé l'un de l'autre ? Qu'ont-ils bien pu se raconter ? Ils ont parlé santé, dit-on. Leurs deux vieux corps épuisés. Leur belle vigueur ancienne. La mort qui rôde, mais qu'ils tiennent encore à distance. Moi non plus, saint-père, je ne vais pas bien. Quelle familiarité dans ce « moi non plus » ! Quelle sympathie soudaine ! Ils ont parlé boutique, aussi. L'avenir de leurs illusions. Leurs viviers respectifs d'élus et de saints. Le Christ et le Che. La martyrologie comparée. Non, on n'a pas rêvé. Il y avait bien, derrière le pape, la double effigie du Christ et de Che Guevara. Guerre des suaires. Concurrence des extases et des passions. Comment ça marche chez vous ? Non, chez vous ? Dites, saint-père ; comment fait-on, chez les catholiques, à une encablure du millénaire, pour tenir ferme

sur le dogme ? L'air docile de Fidel. Son côté fils pro-
digue, légèrement repentant, j'ai ôté ma vareuse militaire, voyez comme j'ai l'air humble. Garcia Marquez
à ses côtés, plus jeune, plus roublard, style « moi, on
ne me la fait pas ; je garde la distance » – et puis attentif tout à coup, terriblement concentré lui aussi. Car
telle est bien la question. « Qu'est-ce qu'ils ont, ces
chrétiens, que le communisme n'a plus ou qu'il n'a,
peut-être, jamais eu ? C'est drôle. On avait tout fait
pour tarir la source. On croyait qu'en abolissant la
transcendance on rapprochait Dieu des hommes et
qu'on lui donnait ainsi une sorte de nouveau bail. Eh
bien, non. Le contraire. C'est eux qui ont gagné. » On
sentait bien, chez le pape, la sympathie pour ce vieux
peuple, catholique en ses tréfonds, pauvre, oh oui, si
pauvre – que préfère-t-il, à tout prendre, de cette pauvreté cubaine ou du triomphe, derrière la porte à côté,
de la moderne Babylone qu'est l'Amérique de la marchandise ? Et on sentait, chez Fidel, au seuil de la mort,
cet air de défaite triste : « tout ça pour en arriver là !
que de temps perdu, mon Dieu ! que de batailles en
vain ! j'aurai passé ma vie à croire qu'on pouvait
inventer une religion, battre le catholicisme sur son terrain ; mais non ; voilà ; retour à la case départ ; c'est
eux qui avaient raison ; ils avaient un truc infaillible,
peut-être le fait de dealer avec la naissance et la mort,
l'entrée dans le monde et la sortie – alors que nous
nous sommes égarés, nous, *épuisés*, dans l'entre-
deux ». Un siècle pour rien ? Le xxᵉ siècle, tout entier,
à jeter aux poubelles de l'Histoire ?

Honteux, pendant ce temps, le spectacle d'une Amérique enragée par ce qu'elle n'appelle plus que le
« Fornigate ». Honteux, ces débats oiseux sur la sexualité du président. Honteuse, l'obscénité de ces médias
qui exhibent ce que Clinton avait caché, qui produisent
l'objet du prétendu délit, qui en jouissent, qui s'en
repaissent. Honteux, ce voyeurisme sous couvert de

vertu. Honteux, ce média-sex sans relâche, ce télé-shop sur fond de sorcières de Salem. Honteuse, l'hypocrisie de ceux qui, après avoir dévoilé l'affaire, après l'avoir exhibée en ses parties les plus intimes, après avoir disserté, à longueur d'antennes et de colonnes, sur la grave question de savoir si la « fellation » est, ou non, un « acte sexuel », ont le culot de venir dire : « ce n'est pas au sexe que nous en avons, mais au mensonge ; le président a le droit de baisser son pantalon, pas celui de prêcher le faux témoignage ». Honteuse, l'idée de la démocratie qui se dégage de ce foutoir juridico-médiatique – comme si « démocratique » était le système du tout voir, tout dire, tout montrer ; comme s'il n'y avait pas, au cœur de l'exigence démocratique, une part d'ombre, une zone obligée de secret et de privé ; comme si le citoyen-président n'était pas, lui aussi, un sujet, ayant droit, lui aussi, à une vie privée – comme s'il était on ne sait quelle icône, brûlée au feu du nouveau bûcher des vanités, celui de la dictature de l'opinion et de ses médias de masse. Honteux qu'il ne se soit trouvé personne, aucun éditorialiste, aucun leader d'opinion, pour, en Amérique toujours, s'insurger contre cette curée. Honteux que l'intéressé lui-même n'ait pas eu l'esprit d'envoyer tout de suite promener la meute : « allez vous faire voir ailleurs ! je vous emmerde à pied, à cheval, en voiture, à la télé » ! Honteux que cet homme qui tient bon face à Saddam Hussein ait pu se coucher devant Dan Rather. Honteux, le soupir de soulagement de Saddam : « ouf ! ce ne sera pas encore pour cette fois ! tant que l'Amérique a le nez dans les caleçons de son président, l'ordre règne à Bagdad ». Honteuse, la satisfaction de Netanyahou. Honteuse, l'humiliation d'Arafat dans la scène, désormais fameuse, où l'on voit CNN lui préférer Monica Lewinsky et Paula Jones. Honteux de voir les affaires du monde suspendues au bon vouloir d'un magistrat qui se sert de la justice pour avoir la peau d'un adversaire. Le nez de Cléopâtre, s'il eût été plus long... Le sexe de Clinton, s'il eût été plus court... On a beau dire que, pendant le spectacle, les affaires continuent. Ce psychodrame imbécile et vicelard pourrait, s'il durait, changer – un peu – la face du monde. Si la démocratie meurt un jour, ce ne sera plus sous les assauts d'un fascisme ni sous ceux d'un totalitarisme plus ou moins teinté d'intégrisme. Ce sera de cette mort douce, dans un éclat de rire gras : celui d'un peuple de spectateurs, ivre de ressentiment contre les princes qu'il s'est donnés, affamé de haine et de vengeance, qui en aura tout bonnement oublié ce que citoyenneté veut dire.

31 janvier 1998.

Le prix de la « démocratie directe ». Klarsfeld est-il un Vergès à l'envers ? Le retour d'Arman. Pour Anne Sinclair. Qu'est-ce que la philosophie ? Rocard et Lautréamont. L'antiracisme selon Tahar Ben Jelloun. Trahir Nabokov en lui restant fidèle. La croisade de Guy Konopnicki. Camus et l'Algérie. Encore la peine de mort aux États-Unis.

Émotion planétaire autour du cas de Karla Faye Tucker. Ce visage si doux. Cette beauté. Ce repentir si visiblement sincère. Et, face à cela, l'imbécile cruauté d'un gouverneur (George Bush Jr.) et, il faut bien le dire, d'une opinion publique (massivement acquise à la cause de la peine de mort). Vertus de la démocratie directe ?

Je me moque du « droit », dit, en substance, Arno Klarsfeld. Je me fiche du « métier » d'avocat. Je n'ai qu'un amour, celui de la « vérité » qu'une morale, celle du « militant ». Sait-il que, disant cela, il parle comme Vergès ? Se rend-il compte qu'il est, en la circonstance, une sorte de Vergès à l'envers ?

Arman au Jeu de Paume et, déjà, le torrent des stéréotypes sur son univers « saturé », « étouffant », etc. Misère des clichés. Je ne connais rien de plus *léger* qu'une « colère » ou une « accumulation » d'Arman.

Le « retour » d'Anne Sinclair. Quoi ? Une journaliste qui dit « je » à la télé ? l'ex-intervieweuse de « 7 sur 7 » qui ose avoir un avis sur Druon, Papon, le couple Mégret, l'Algérie ? Eh oui ! Les temps changent ! Le consensus n'est plus ce qu'il était ! Il m'aurait suffi d'entendre les cris épouvantés de la basse-cour pour avoir envie de soutenir l'entreprise. Mais, en plus, l'émission est bonne, la journaliste est au meilleur d'elle-même et, de surcroît, elle invente peut-être un genre – celui du bloc-notes en images (mérite qui n'est pas mince dans un univers que l'on croyait, pour le coup, saturé – celui de la télévision).

Deux livres de François Dagognet (Éditions Synthélabo), épistémologue et historien des sciences, héritier de Canguilhem et Bachelard. La vérité n'est jamais *donnée* (bon sens). *Reçue* (apprentissage). Elle est le fruit d'une *violence dans la pensée* (philosophie).

Rocard, fidèle à ce « parler-vrai » qui fait, depuis vingt ans, sa différence, dénonce les « liaisons dangereuses » de Mitterrand. Face à lui, les « gloussements sonores de la poule cochinchinoise » (Lautréamont, « Chants de Maldoror », chant VI, strophe I).

Tahar Ben Jelloun : « Le racisme expliqué à ma fille » (Seuil). Sa fille, seulement ? Allons donc ! J'échangerais bien ce petit livre contre les traités des Taguieff et autres théoriciens estampillés « antiracistes ». Quand la littérature se mêle de politique... Quand un romancier descend vraiment dans l'arène...

L'adaptation, par Adrian Lyne, de « Lolita ». Le film est si navrant qu'on passe deux heures à tempêter intérieurement : « ce détail-ci... celui-là... comment peut-on inventer de la sorte ? prendre pareille liberté avec un grand texte ? » Rentré chez soi, on reprend le grand texte. Ô surprise : ce mauvais film était, jusque dans le moindre frémissement, fidèle à la lettre du livre de Nabokov... Trahir un chef-d'œuvre en lui restant fidèle.

Aragon, dans « Le con d'Irène » : « moi, par exemple, je ne pense pas sans écrire : je veux dire qu'écrire est ma méthode de pensée »...

Que faire face à Le Pen ? Réponse de Guy Konopnicki dans un petit livre, « Manuel de survie au Front », qui sort ces jours-ci (Éditions Mille et Une Nuits) et que la classe politique, à six semaines des régionales, ferait bien de méditer. Le Front national, dit premièrement Konop, se veut « républicain » : erreur ! c'est un parti qui, par les idées et par les hommes, plonge ses racines dans le terreau du doriotisme, c'est-à-dire du fascisme tricolore. Le Front national se veut « français d'abord » : imposture ! c'est un parti qui, dans toutes les crises internationales où son pays se trouve impliqué, prend systématiquement le parti de l'ennemi – FIS en Algérie, Saddam en Irak, Flamands antifrançais en Belgique, etc. Le Front national se veut le « Monsieur Propre » de la politique : troisième erreur ! troisième imposture ! ce parti est, en réalité, le plus compromis de tous dans les histoires d'argent sale, de voyoucratie locale, de petit et grand banditisme...

Camus : « mal nommer les choses c'est aggraver le malheur du monde. » Rappeler le mot à ceux qui répugnent à donner aux massacres en Algérie leur nom : des massacres *islamistes*, commis *au nom de l'islam* et qui, sans mettre évidemment en cause l'esprit, ni même la lettre, du Coran, restent inintelligibles hors de cet horizon théologico-politique. Pour comprendre l'Algérie, relire aussi Spinoza. Et Voltaire.

Karla Faye Tucker, encore. Cette atmosphère de veillée mortuaire mondiale. L'humanité entière, ou presque, suspendue aux lèvres de la jeune femme et à celles du gouverneur sans âme. Comme c'est étrange, quand on y songe ! Voilà un monde qui ne perd, c'est le moins qu'on puisse dire, aucune occasion de dire le peu de prix qu'il accorde à la vie. Voilà une humanité qui, le même jour, dans les mêmes journaux télévisés, donne mille et une preuves de son indifférence à la loi du meurtre qui prévaut, par exemple, en Algérie. Et la voilà donc, cette humanité, qui retient son souffle, s'arrête au bord du chemin et, gravement, se demande : « avons-nous le droit, après tout ? y a-t-il rien de plus précieux, en ce monde, que la vie d'une jeune femme qui, etc. ? » On hésite sur le sens à donner à cette espèce de syncope, d'interruption dans la sauvagerie : paradoxe, tartufferie suprême, exception magnifique, ou remords ?

7 février 1998.

Robert De Niro et la tyrannie des juges. Qui était Bertolt Brecht ? qu'est-ce qu'un « grand homme » ? La mort de Maurice Schumann : recherche « voix de la France », désespérément.

Ainsi donc, la France est un pays où un juge, le juge Nguyen, peut, selon son bon plaisir, faire cueillir Robert De Niro ou, l'été dernier, Alain Sarde à leur domicile ou leur hôtel ; tenter, plusieurs heures – ou plusieurs jours – durant, de les faire répondre d'un crime qui n'existe que dans son imagination enfiévrée ; convoquer, préalablement, la presse ; la tenir en haleine, à la porte de son bureau ; ne rien lui dissimuler, ni des pièces du dossier, ni du spectacle inespéré d'un puissant traîné dans la boue ; et puis, une fois le mal fait, une fois la réputation de l'intéressé entachée à tout jamais, protester qu'il n'y est pour rien, qu'il menait juste son enquête et que ce n'est pas sa faute si les médias s'en sont emparés... On peut, face à pareilles méthodes, méditer sur la psychologie du personnage : mégalomane ? Narcisse ? maniaque de la publicité ? obsédé ? pervers ? On peut, comme Me Kiejman, avocat de Robert De Niro et d'Alain Sarde, trouver que l'impunité est un prix trop cher payé à la sacro-sainte indépendance des juges : on poursuivra alors Frédéric Nguyen pour « violation du secret de l'instruction » et « atteinte au principe de la liberté d'aller et venir » – on regrettera aussi, chemin faisant, de le voir, par cet étrange excès de zèle, couvrir de ridicule sa personne et sa fonction. Mais on peut – on doit – surtout s'arrêter sur le fonctionnement d'une démocratie qui, en libérant le pouvoir judiciaire de la tutelle de l'exécutif, pose cette autre question : quid de la responsabilité des juges devenus, une fois coupé le fameux « cordon », les hommes les plus puissants de France ? qu'est-ce qui, hors de tout contrôle politique et républicain, les empêchera de trancher selon leur caprice, leur fantasme, leur jurisprudence privée ? qu'est-ce qui, dans le droit français, nous protégera, en un mot, contre la vertigineuse folie d'un seul ?

Bertolt Brecht aurait cent ans et les médias, comme de bien entendu, sont pleins de l'événement. Pour dire quoi, au juste ? Mais que Brecht était un génie, voyons ! Mieux : un héros ! Mieux encore : une sorte de saint laïque dont l'auréole illuminerait l'avant et l'après-guerre allemands ! Oublié, du coup, le stalinien. Effacées, les turpitudes du dramaturge à la botte, complice d'Ulbricht et de ses bureaucrates imbéciles. À la trappe, les textes moins forts, les pièces didactiques et pesantes. Il ne reste que Mère Courage, Arturo Ui et sa résistible ascension, l'artiste qui fut le premier, avec Reich, à saisir la structure psychologique du fascisme, la phrase en effet magnifique sur les gouvernants disposés, quand le peuple pense mal, à dissoudre le peuple et à en nommer un autre – il ne reste qu'un personnage aseptisé, embaumé par le travail commémoratif, momifié sous les hommages, lifté, presque blanchi, qui n'a plus, avec le Bertolt Brecht de chair et de sang, génial et minable, prophète et courtisan, qu'un rapport de lointaine parenté. L'époque est bizarre, décidément. C'est tout l'un ou tout l'autre, avec ses grands hommes. Tantôt elle les abaisse ; elle a si peur de la grandeur, elle l'a si fort prise en horreur, qu'elle n'a de cesse de la nier et fait comme au temps des Indiens Jivaros, quand on réduisait la tête de ses ennemis ; « circulez, crie-t-elle, circulez, il n'y a rien à admirer, les grands ne sont pas si grands, ils sont toujours plus petits qu'on ne le croit » ; discours qui, soit dit en passant, fut tenu sur le même Brecht quand parut, il y a quatre ans, une biographie qui le présentait comme un plagiaire, écrivant la plupart de ses grands livres sous la dictée des femmes de sa vie... Tantôt, à l'inverse, elle les canonise ; elle a si peur de leur humanité, elle se sent si déroutée par leur statut d'êtres vivants qu'elle en fait des surhommes, statues absurdes, robots du Bien : « pas un mot contre saint Bertolt, une réserve serait un outrage, il entre dans l'Olympe des monstres blanchis, expurgés de leur part obscure, inavouable, épouvantable » : point de vue aussi absurde que le premier, car son exact symétrique, sa réplique pavlovisée ; ne sont-ce pas les mêmes qui, d'ailleurs, ont embrassé l'un, puis l'autre, au gré de l'humeur du moment, sans l'ombre d'un reniement ? Comme s'il y avait, au fond, un tabou, et un seul, dans cette affaire : l'idée, il est vrai plus complexe, que le secret des Grands est généralement dans l'entre-deux – Bien et Mal mêlés ; noblesse et impureté indissociées ; ce mixte, chez les géants, d'une part maudite et d'une élection.

Mort de Maurice Schumann. Je pense que cet homme a été, à Londres, « la voix de la France ». Je pense que rien n'est plus beau que cette idée d'une France portée, cinq années durant, par la force d'une voix. Je pense aussi : « c'est étrange ; déjà, soixante-dix ans plus tôt, au temps de Mac-Mahon, la République ne tint qu'à une voix – cette fameuse voix de majorité de l'amendement Wallon ; ce n'était pas la même voix ? sans doute ; mais enfin, c'était une voix ; c'était déjà une seule voix... » Et je pense encore : « souvent, les très grandes choses ne tiennent qu'à un fil, à un très mince filet de voix – la France est une grande chose ; la République l'est aussi ; où sont les voix, humbles et fortes, qui sauront, comme autrefois, porter la République et la France ? »

14 février 1998.

Le cas Jünger. Révolution « ethnique ». Un étrange « antihitlérien ». L'hommage de François Mitterrand. « Orages d'acier » ou « Voyage au bout de la nuit » ?

Après Brecht, Jünger. Même sanctification. Même momification instantanée. Même façon de réécrire une biographie pour l'expurger de tout ce qui pourrait contredire l'image du grand écrivain. « Nazi » ? Non, « nationaliste ». Juste « nationaliste ». C'est ainsi que titre, au lendemain de sa disparition, un quotidien du matin. Et c'est, en France au moins, la tonalité générale de la plupart des nécrologies. Retour aux textes.

1923. Jünger a publié deux livres, « Orages d'acier » et « La guerre, notre mère ». Un soir, au cirque Krone, il entend, pour la première fois, un jeune agitateur nommé Adolf Hitler : c'était « comme une purification », dira-t-il ; « ce n'était pas un discours, c'était un événement ayant la force de l'élémentaire » ; dans ce pays « humilié » qu'était l'Allemagne d'après le traité de Versailles, voici qu'« un inconnu parlait et disait ce qu'il fallait dire, et tous sentaient qu'il avait raison »...

1923, encore. 23 septembre. Il vient d'envoyer ses livres, avec une dédicace enthousiaste, « au guide national, Adolf Hitler ». Il donne au *Völkischer Beobachter* son premier grand article politique. Dans cet article, il annonce la « révolution » – mais « la vraie », celle qui « n'a pas encore eu lieu », dont « l'idée » sera « ethnique » et dont la « bannière » sera « la croix gammée ». L'argent ? Non, « ce n'est pas l'argent qui en sera le moteur, mais le sang » ; car le sang « doit assurer la liberté de l'ensemble par le sacrifice de l'individu, il doit lancer ses vagues contre toutes les limites auxquelles nous sommes confrontés, il doit éliminer tous les éléments qui nous sont nuisibles ».

1926. Le putsch de la Brasserie, trois ans plus tôt, a échoué. Hitler se convertit – ou feint de se convertir – à la stratégie de l'action légale. Jünger, avec ses amis de la *Standarte*, puis d'*Arminius*, ces journaux ultra-nationalistes qui sont les laboratoires du fascisme naissant, plaide pour que se regroupent, autour du « noyau plein de sang » des groupes d'anciens combattants, les groupes extrémistes (« radikalen »), racistes (« völkischen ») et nationaux-sociaux (« national-sozialen ») qui pullulent dans l'Allemagne de l'époque. Le « seul moyen », dit-il toujours, dont nous sommes certains de ne jamais nous « servir », c'est « l'électoralisme ».

1930. La prise du pouvoir approche. Jünger prend ses distances avec « Kniebolo ». Mais il croit toujours à la vertu rédemptrice de la guerre. Il continue de penser que la nation entendue comme communauté de sang (« Blutgemeinschaft ») est le moteur de l'Histoire. Et il donne aux *Süddeutsche Monatshefte* un texte intitulé « À propos du nationalisme et de la question juive » où on lit : « dans la mesure où la volonté allemande gagnera en netteté et trouvera sa forme, le moindre espoir qu'un Juif puisse devenir allemand en Allemagne ne sera qu'une vaine illusion et il se verra placé devant une ultime alternative : ou bien être juif en Allemagne ou bien ne pas être ». Pour l'« aristocrate », le bel esprit, dont on nous explique qu'il ne fut jamais, au grand jamais, touché par le virus antisémite, c'est, on l'admettra, assez troublant...

Années 30, encore. Il refuse, c'est exact, d'entrer à l'Académie allemande de poésie. Il proteste contre la Nuit des longs couteaux et l'élimination de l'aile « progressiste » du parti nazi. Il s'éloigne non seulement politiquement, mais géographiquement, de l'Allemagne nazie, puisque c'est le temps des voyages aux Açores, aux Canaries, au Maroc, à Paris. Mais de l'auteur du « Travailleur », de l'apôtre d'une « race » destinée à réaliser la « révolution technique antichrétienne », peut-on réellement dire qu'il rompt avec Hitler ? peut-on, comme François Mitterrand dans son hommage de 1995, admettre qu'il « dessine l'espace de la liberté humaine et de ses vrais combats » ? Jünger reste antilibéral. Il reste définitivement, férocement, antidémocrate. Inspirateur du premier national-socialisme, il partage, jusqu'à la toute dernière heure, le principe même de sa politique.

Paris enfin. Années 40-44. On connaît l'ami des écrivains. L'officier élégant, croisé chez Florence Gould ou, bientôt, au Raphaël. On connaît surtout, dans le « Journal », les pages émues sur le port de l'étoile jaune et la rafle du Vél' d'Hiv. Mais pourquoi ne cite-t-on pas, tout autant, les fragments sur Laval et Pétain ? l'adhésion, jamais démentie, au principe même de la collaboration ? pourquoi ne s'étonne-t-on pas de le voir, dans son « Journal » toujours, traiter si sévèrement les résistants français ? Pierre Garçonnat (l'un des interprètes les plus aigus de la politique jüngérienne) : la frontière, pour cet étrange « antihitlérien », passe moins entre « résistance » et « collaboration » qu'entre « roture » et « noblesse » – étant entendu que participent de cette « noblesse » Drieu, Montherlant ou Benoist-Méchin au même titre, ni plus ni moins, que d'Estienne d'Orves.

On fait gloire à Jünger d'avoir été « européen » : les nazis l'étaient aussi. On met à son crédit d'avoir été le « précurseur de l'écologie » : les mouvements de jeunesse nazis ne le furent pas moins. Reste, bien entendu, l'écrivain – le grand écrivain ? – qui, par définition, excède ces égarements. Là, le débat est ouvert. D'un côté Gracq – ou Gide, qui, dès 1942, tenait « Orages d'acier » pour « le plus beau livre de guerre » qu'il ait jamais lu. De l'autre ceux qui, « livre de guerre » pour « livre de guerre », préféreront, pour s'en tenir aux seuls contemporains, « Voyage au bout de la nuit ». Jünger ou Céline ? Voilà, peut-être, le vrai débat.

21 février 1998.

Gare à l'antiaméricanisme. Saddam Hussein et les diplomates. La « place du Calife ». Ce sont les Irakiens qu'on abandonne. Chevènement récidive

Pas de guerre, donc, avec l'Irak. Pas de « victimes innocentes » ni de « bombardements aveugles ». Le premier réflexe est de se réjouir. Mais quel drôle de climat, en même temps. Quel soulagement étrange. Et, dans l'euphorie qui règne, dans ce concert de « on a gagné ! on a gagné ! » qui monte, depuis quelques jours, de toutes les capitales européennes, que de questions mal posées, truquées ou, tout bonnement, esquivées...

La nature, d'abord, du régime irakien. L'extrême férocité de sa dictature. Nous étions, nous sommes encore, si occupés à fustiger le « militarisme » de l'Amérique, son « impérialisme » revenu, voire la « légèreté » avec laquelle elle envisage les conséquences, pour les populations civiles, d'un bombardement ou de l'embargo, que nous en oublions presque l'évidence : il y a un responsable ultime, et un seul, des souffrances des populations en question, et ce responsable s'appelle Saddam Hussein... Saddam, l'affameur des pauvres. Saddam, le massacreur des Kurdes. Saddam, l'homme qui sourit dans les charniers et ne voit dans ses sujets qu'un formidable bouclier à l'abri duquel il sauve son pouvoir et sa peau. On peut avoir plus ou moins de sympathie pour Bill Clinton. On n'a pas le droit, au nom d'un « antiaméricanisme » aux relents toujours nauséabonds, de renvoyer dos à dos la « double terreur » de Washington et de Bagdad.

Pourquoi, d'ailleurs, Saddam a-t-il cédé ? Et qu'est-ce qui l'a finalement contraint d'ouvrir aux inspecteurs de l'Unscom ses « sites présidentiels » ? Je veux bien que l'on applaudisse au « talent » de Kofi Annan et j'ai été frappé, moi aussi, par la façon dont Hubert Védrine a su, d'un bout à l'autre de la crise, faire entendre la voix de la France. Mais, de grâce, ne soyons pas naïfs ! Ne laissons pas l'autosatisfaction nationale occulter l'essentiel – à savoir que, sans cette puissance américaine, sans la présence, dans le Golfe, des porte-avions de l'US Navy et sans sa détermination, surtout, à s'en servir, nos finesses diplomatiques n'auraient été que rodomontades et que l'aimable M. Annan n'aurait pas posé le pied sur le sol irakien. Saddam Hussein, comme tous les dictateurs, se moque des diplomates. Saddam Hussein, dans la plus pure tradition fasciste, ne respecte et ne respectera qu'un langage – celui de la force.

A-t-il vraiment cédé, d'ailleurs ? et sommes-nous si certains – par la menace ou la diplomatie, peu importe – de l'avoir fait plier ? Il faudrait, pour cela, que l'on ait confiance en sa parole ; or il est, chacun le sait, un chef d'État sans foi, sans loi et, donc, sans parole. Il faudrait être convaincu qu'il n'a pas mis à profit ces précieuses semaines de discussions et négociations pour déplacer ses armes de destruction massive ;

et, au fond, qui en jurerait ? qui se portera garant du fait qu'il ne les a pas mises à l'abri et ne nous a pas, une fois de plus, possédés ? Il faudrait, surtout, être sûr qu'il n'a pas reconquis, pendant ces quelques jours, tout son crédit perdu dans le monde arabe : cette « place du Calife », vide depuis Kadhafi, Khomeyni ou l'ancien Arafat et qu'il est peut-être en mesure, tout laïque qu'il soit, de remplir à son tour. Et je ne parle pas enfin du fabuleux cadeau que viennent de lui faire les négociateurs occidentaux en annonçant que la levée des sanctions économiques est à l'ordre du jour : elle était, cette levée des sanctions, son vrai but de guerre depuis des années ; inconcevable il y a seulement huit jours, elle est, soudain, à portée de main – quel triomphe !

Supposons même qu'il soit désarmé. Admettons, un instant, qu'il ait perdu la capacité de bombarder Tel-Aviv, Riyad ou Koweit City. Est-ce assez pour parler de victoire ? Sommes-nous quittes de nos devoirs quand, en réduisant sa capacité de nuire à l'extérieur, nous lui laissons tout loisir de torturer, massacrer, voire gazer à l'intérieur ? Pis, en exigeant l'inspection de ses palais, mais pas de ses prisons, ni de ses salles de torture, n'est-ce pas, toutes proportions gardées, comme si, en 1939, nous avions dit à Hitler : « Auschwitz non, Dachau, oui ; pas touche à la Pologne ou à la Tchécoslovaquie, mais, en Allemagne, faites comme il vous plaira » ? C'est tout le problème, évidemment, de ces « guerres démocratiques » qui ne sont jamais (voir la Bosnie) que des guerres de *containment*. Mais, au moins, ne pavoisons pas. Et ne parlons pas de « victoire » quand, en renonçant à frapper, nous abandonnons un peuple aux caprices sanglants d'un psychopathe.

Un dernier mot. Il ne manquait – du moins en France – qu'une note au concert : celle de la franche infamie. Nous l'avons, grâce à Jean-Pierre Chevènement, cet incorrigible « ami » de l'Irak. *« Même en 1940 »* – déclare-t-il à propos de l'inspection, par les envoyés de l'Onu, des sites de stockage possibles d'armes chimiques et bactériologiques – « *même en 1940, donc, les Allemands ont défilé sur les Champs-Élysées, mais ils n'ont pas regardé ce qui se passait sous le tombeau de Napoléon* » (*Le Monde*, 26 février). Si les mots ont un sens – et, dans la bouche d'un ministre en exercice, ils en ont forcément un – ce sont les palais de Saddam qui sont la version moderne du tombeau de Napoléon et, plus grave, ce sont les représentants de Kofi Annan qui seraient comparables à la Wehrmacht défilant, en 1940, dans Paris. On en rit ? On en frémit. Ah ! ce parfum d'étrange défaite qui n'en finit pas de flotter dans l'air de ce pays...

28 février 1998.

Lucien Bodard.

Première image de Lucien Bodard. C'est il y a vingt-cinq ans. Au Bengale. Mon premier reportage. Sans doute l'un de ses derniers. Nuages poivrés de Calcutta. Grondement, au loin, d'une foule en folie. Un chemin de terre boueuse, avec Jean Vincent, son vieux copain, qui a présumé de ses forces et qu'il doit presque porter. J'ai le souvenir d'un homme agile, mobile, le pas un peu incertain mais léger, à l'affût, follement curieux. Il ne dit rien, mais voit tout. Il ne prend pas de notes, mais enregistre le moindre frémissement de « l'air de la guerre » autour de nous. Bodard était un journaliste. Un vrai. Avec un goût du détail, une précision extrême de la sensation, un rapport physique au monde et une façon d'écrire avec le corps qui le plaçaient aux antipodes du journaliste assis, câblant ses dépêches depuis la piscine de son hôtel, que raconte une légende imbécile. Bodard le patron. Bodard le maître à voir et à sentir. Nous sommes quelques-uns à avoir, grâce à lui, sur ses traces, tenté de témoigner de la fureur du monde.

Le corps de Bodard. Énorme, c'est vrai. Envahissant. La plupart des écrivains entrent en littérature par la tête. Ils voudraient bien y entrer par le corps – mais c'est ce qu'il y a de plus difficile, n'est-ce pas ? alors, bon, ils se font une raison et doivent se contenter de la tête. Lui, en revanche, y parvient. Comme Hemingway, comme Faulkner – mais combien d'autres en citerat-on ? – il est ce corps en mouvement, cette machine à écrire avec les yeux, le souffle, la voix de la gorge et celle du désir, les nerfs comme des orgues, la grande éloquence de la chair. Mais attention ! Ne pas imaginer, pour autant, je ne sais quel personnage « pachydermique », mi-Falstaff, mi-Rabelais, tempérament « colossal », mufle, balourd, âme « taillée au sabre », etc., etc. Dieu ! que de clichés, là aussi ! J'ai le souvenir d'un être délicat, pudique à l'excès, raffiné. Tous ses amis ont, je crois, le souvenir d'une âme exquise, presque fragile, logée dans cette masse en effet gigantesque. « Je ne connais que deux corps semblables, lui ai-je dit un jour. Je ne connais que deux exemples de cette combinaison étrange : démesure du corps, légèreté de l'âme ; carcasse de mastodonte à l'intérieur de laquelle sifflote une voix d'adolescent. Bodard et Depardieu. » La comparaison l'a fait rire. Il m'a semblé qu'elle lui faisait plaisir.

Journaliste ? Écrivain ? Les deux, bien entendu. Mais pas successivement. Pas une moitié de la vie l'un – puis la seconde moitié, l'autre. Non. Il est *déjà* écrivain dans ses reportages indochinois. Il est *toujours* journaliste dans ses fictions chinoises. Il est, *depuis le début*, ce journaliste-écrivain, double fil entrelacé, songe et vérité mêlés, comme tous les grands romanciers. Héritier d'Albert Londres ? C'est vrai qu'il est l'héritier d'Albert Londres et qu'après lui, avec le triomphe définitif de la télé, le moule sera cassé. Fils de Malaparte ? C'est vrai qu'il y a dans son lyrisme haletant quelque chose de « Kaputt » – dernier de lignée, là encore, ultime représentant de ce genre bizarrement déserté qu'est devenue la grande littérature de guerre. Mais on s'avisera, avec le recul, qu'il était, en réalité, à la croisée des deux traditions : bête sans espèce ; seul ou presque en son genre ; dès son vivant, ce fossile glorieux, témoin d'un âge condamné puisqu'il naissait et allait mourir avec lui.

La Chine. D'accord, Bodard est né en Chine, à Tchoung King, à quelques heures de jonque de Shanghai, etc. Mais j'ai toujours pensé que, dans son rapport avec cette Chine, dans la présence obsédante de la Chine d'un bout à l'autre de son œuvre, il y avait bien davantage que l'effet d'une simple « naissance ». Chine vécue et rêvée. Chine voulue et, pourtant, si précise. La Chine comme un paysage élu – l'équivalent, au fond, de la baleine chez Melville : lui aussi a voulu ce qu'il y a de plus gros, de plus phénoménal ; alors voilà, à mi-chemin, encore, du corps et de l'âme, dans l'entre-deux mystérieux où se conjuguent les fatalités de l'un et les aspirations de l'autre, il a *inventé* la Chine... Bodard le Chinois. Bodard qui, non content de ressembler à un Chinois, finissait toujours – regardez bien ! – par imprimer un peu de Chine sur les visages, ou les lieux, qu'il approchait. C'est notre dernière conversation. Et ma dernière image de lui, Marie-Françoise est là. Il explique, avec une infinie mélancolie, combien il aimerait, avant de mourir, retourner une dernière fois en Chine. Et nous concluons, tous les trois, très gais soudain, que non, ce n'est pas la peine, puisque la Chine est où il est : « Heureusement que tu n'aimes pas la campagne ! tu serais capable, si on te laissait faire, de siniser jusqu'à la Normandie ! » Bodard, ce Midas qui transformait tout ce qu'il touchait en Chine.

305

Comme Proust, comme Musil, comme Céline, dans la cave de Meudon, sur le manuscrit de « Rigodon », Bodard s'éteint – très doucement, dans les bras d'une femme aimée – après qu'il a achevé la dernière ligne de son dernier manuscrit. Heureux homme. Heureuse mort. La chance, pour un écrivain, de s'en aller ainsi, juste à l'heure – lucide jusqu'à la toute fin, tenu par la seule force de la littérature et du culte qu'il lui voue. Il laisse ses proches accablés. Le monde, sans sa grande voix, paraît tout à coup plus petit. Mais lui s'en va apaisé, peut-être joyeux – qui sait ? Il a mis le point final aux deux livres : celui de l'œuvre et celui de la vie, désormais indissociés.

7 mars 1998.

Souvenir du Kosovo. Chronique d'un désastre annoncé. Milosevic au banc des accusés.

Je suis allé au Kosovo il y a sept ans, au tout début de la guerre de Yougoslavie. Je me souviens d'une terre exsangue. Je me souviens de visages craintifs ou, parfois, plus farouches. Je me souviens d'une capitale – Pristina – que l'on sentait, déjà, au bord de l'insurrection. Je me souviens d'un intellectuel – Ibrahim Rugova – qui était le Vaclav Havel du lieu et qui me raconta, d'une voix douce, le martyre des Kosovars humiliés, emprisonnés, torturés, ou même massacrés par une minorité serbe qui, depuis des décennies, se conduisait, à l'intérieur de l'ensemble yougoslave, comme une véritable puissance coloniale. Je me souviens m'être rendu à Pec, à trente kilomètres de Pristina, dans un monastère magnifique, siège du patriarcat de l'Église orthodoxe, où nous sommes tombés – Thierry de Beaucé, l'ambassadeur Wynaendts et moi – sur un quarteron de prêtres étranges, fous de Dieu et de la Grande Serbie, qui, la Bible dans une main et le flingue sous la soutane, se lancèrent dans une reconstitution démente, parfaitement fantaisiste, de l'histoire millénaire des Slaves du Sud d'où il ressortait que le Kosovo était le vrai « berceau » de la nation serbe ; que les Albanais qui y vivent aujourd'hui sont un peuple « rapporté » ; qu'ils ont beau constituer quatre-vingt-dix pour cent de sa population totale, ils n'en sont pas moins, au regard de la « mémoire » et de l'« esprit », une sorte de « minorité » ; et que la seule manière, pour cette « majorité de fait », de redevenir cette « minorité de droit », c'est, au choix, l'« expulsion » ou le « massacre ». Sept ans, oui. Si j'évoque cet épisode, c'est pour rappeler – *me* rappeler – à quel point l'explosion était prévisible, à quel point elle était inscrite dans la logique même de l'idéologie grand-serbe – à quel point le sort du Kosovo était, dès le premier jour, plus encore que celui de la Croatie ou de la Bosnie, le souci des nationalistes de Belgrade, leur obsession, leur but ultime : le premier et le dernier acte de la tragédie yougoslave.

Aujourd'hui, donc, nous y sommes. Cette guerre programmée est commencée. Les massacres promis, par avance légitimés par cette débauche de mémoire malade, truquée, hypertrophiée, dont les moines de Pec m'avaient donné l'exemple, sont à l'ordre du jour. Et l'on peut à nouveau, sans risque de se tromper, prévoir ce qui risque de se passer si la communauté internationale ne bouge pas – si elle persévère dans l'aveuglement, la politique à courte vue, la lâcheté. Les groupes paramilitaires d'Arkan redoubleront d'arrogance et de violence. Comme au début de la guerre de Croatie et de Bosnie, et selon un scénario parfaitement rodé, ils multiplieront les provocations auxquelles répondront les expéditions punitives les plus féroces. Les Kosovars, poussés à bout, finiront par descendre dans la rue. Les forces serbes, chauffées à blanc, finiront par tirer dans le tas. Comme en 1981, au moment du printemps démocratique de Pristina, il y aura non plus des dizaines mais des centaines, peut-être des milliers de morts, dans les rues de Kosovo Polje, de Pec ou de Drenica. Les civils, sans défense, plus démunis encore que les Bosniaques, fuiront, à travers la plaine, vers les frontières de la Macédoine et de l'Albanie. En Macédoine justement, mais aussi au Monténégro et, bien entendu, à Tirana, ces « Kurdes de l'Europe » que sont les Albanais serreront plus que jamais les rangs autour de leurs frères assassinés – déclenchant, jusqu'en Grèce et en Turquie, une série de réactions en chaîne sans précédent, sur le continent, depuis la Seconde Guerre mondiale. Apocalypse ? Non. Effet, rigoureusement prévisible, d'une folie nationaliste qui, depuis le discours au Champ des Merles, n'a, je le répète, jamais fait mystère de son objectif. Il faut écouter les dictateurs. Ils annoncent toujours ce qu'ils vont faire. Ainsi Milosevic, cet autre Saddam Hussein, qui a toujours annoncé qu'il était prêt, pour récupérer le « berceau de la Serbie », à déstabiliser l'Europe.

Si telle est la situation, et si tel est le risque, que peut-on faire ? D'abord, bien sûr, arrêter le massacre. Pour cela, pour enrayer la mécanique de cette purification ethnique nouvelle manière, il faut obtenir l'envoi d'une force d'interposition, civile ou militaire, qui aura pour principal mérite de briser le huis clos des tueurs et des futurs tués. Il faut soutenir Rugova, autrement dit, puisque cette ingérence des regards et des consciences, cette internationalisation douce, est sa revendication depuis des années. Il faut le soutenir, aussi, parce que ce leader charismatique est un démocrate impeccable, théoricien d'un idéal citoyen étranger aux mythologies racistes du sang, du sol, etc. Il faut le renforcer, oui, le sanctuariser, peut-être le faire venir à Paris, parce que ce résistant, cet homme qui incarne l'identité « nationale » du Kosovo a su ne pas céder à la haine, ni appeler à la vengeance – et parce qu'il demeure donc (mais pour combien de temps ?) le meilleur et dernier rempart à une hystérie nationaliste

« grand-albanaise » dont le triomphe serait un désastre. Et puis, enfin, il ne faut pas oublier que ce que l'on appelle, dans les chancelleries, la « question du Kosovo » est, avant tout, une « question serbe » : cette question qui a nom Milosevic et dont la fonction, presque la nature, seront, jusqu'au bout, de mettre les Balkans à feu et à sang. La clé de la crise est à Belgrade. Tant que l'on ne se décidera pas à traduire le maître de Belgrade devant le Tribunal pénal international, le problème restera insoluble et l'Europe sera en danger.

14 mars 1998.

L'imbécile folie d'une alliance avec le FN. Acquitter Papon serait un désastre. Merci, Jean-Paul II.

S'allier avec le FN, comme Mitterrand l'a fait avec le PC ? Trois erreurs de calcul – au moins – chez ceux qui, de nouveau, voudraient ouvrir cette fausse fenêtre. La première : n'est pas Mitterrand qui veut – la rouerie de Mitterrand ; le talent politique de Mitterrand ; qui, dans la droite d'aujourd'hui, peut rivaliser avec ce stratège, ce tacticien hors pair que fut, qu'on le veuille ou non, Mitterrand ? qui, toute considération morale mise à part, aurait l'habileté de faire à Jean-Marie Le Pen le coup risqué, mais finalement diabolique, du baiser de la mort à Georges Marchais ? La deuxième : les socialistes étaient forts – la droite républicaine est faible ; le PS s'alliait au PC parce qu'il l'avait, en secret, déjà emporté – la coalition RPR-UDF s'allierait avec un FN qui a, lui, le vent en poupe et bénéficierait donc, à l'inverse, d'un rapport de forces favorable, que feraient, une fois le tabou levé, ceux des électeurs qui résistent encore aux sirènes frontistes ? comment, dès lors que le dialogue serait décrété légitime, endiguer le flot de ceux qui seraient tentés d'aller voir du côté d'une extrême droite jugée, à tort ou à raison, plus radicale, plus vigoureuse, plus hardie ? La troisième, enfin : socialistes et communistes étaient, certes, des ennemis ; mais c'étaient des frères ennemis ; ils avaient – et c'était bien, d'ailleurs, ce qui rendait les antitotalitaires d'alors si méfiants à l'endroit du PS – sinon des valeurs, du moins une histoire, une mémoire en commun : rien de tel entre droite et extrême droite ; rien qu'une lutte à mort, sans répit ni merci, qui dure depuis, au moins, Vichy et la guerre d'Algérie : Le Pen ? l'ami de ceux qui, en 1962, tentèrent d'assassiner de Gaulle ; mieux : l'héritier de ceux qui, vingt ans plus tôt, s'employaient à tuer les gaullistes dans les maquis ; au nom de quelle logique suicidaire et folle les descendants de ces gaullistes-ci tendraient-ils la main à un homme qui n'a visiblement qu'un projet – les tuer, cette fois pour de bon, même si ce n'est que symboliquement ? Les partisans de la main tendue au Front national ne sont pas seulement des lâches, ce sont des crétins.

Le procès Papon s'achève et je continue, comme au premier jour, de trouver bon qu'il ait eu lieu. Long ? Les grands procès sont toujours longs. Confus ? Contradictoire ? La justice des hommes est toujours confuse, elle est toujours contradictoire. Banal, l'accusé ? Banalisé, humanisé, par ces mois de débats ? Oui. Mais qui, là encore, s'en étonnerait ? ne sait-on pas, depuis Hannah Arendt, que le mal est forcément banal, que les grands criminels, en effet, nous ressemblent et qu'ils n'ont jamais, tout bien pesé, que l'étrangeté familière des miroirs ? Ce procès aura eu, en tout cas, un mérite. Il a posé la question de Vichy. Je dis bien Vichy. Pas la collaboration, qui fut autre chose. Non, vraiment Vichy. Ce fascisme national. Ce fascisme aux couleurs de la France. Ce fascisme qui mettait son « point d'honneur » à se démarquer d'une collaboration classique, vulgairement bottée et casquée, qui ne fut effectivement le fait que d'une minorité de Français. Un fascisme tranquille. Un fascisme paisible. Un fascisme d'homme gris et de fonctionnaires disciplinés dont les audiences ont établi que, même s'ils ignoraient l'existence des chambres à gaz, ils savaient que les hommes, femmes et enfants juifs, raflés par leur police, allaient à une mort probable. Acquitter Maurice Papon ? Ce serait un désastre. Car ce serait un formidable quitus donné à toute une France : celle qui crut, ou voulut croire, qu'il suffisait, pour atténuer le crime, d'offrir des couvertures, ou de meilleurs wagons, aux déportés – celle aussi de ces responsables qui, forts de leur « humanisme » maintenu, n'eurent parfois qu'un pas à faire pour, le moment venu, donner des gages à l'autre bord et un autre pour, un peu plus tard, se remettre au service de la République. Toujours l'« idéologie française ».

Non, je ne suis pas « déçu » par le texte de repentance de l'Église catholique sur la Shoah. Oh ! bien sûr, on aurait préféré voir plus expressément condamnés les « silences » de Pie XII. On aurait aimé des mots forts sur la « politique » d'un Vatican dont la complaisance, l'indifférence odieuse au pire n'eurent pas grand-chose à envier à celles des autres États. Mais, pour le reste, quel beau texte ! Quel souffle pour dire les « racines hébraïques » de la foi chrétienne, Jésus « descendant de David », l'« appartenance au peuple juif » de la Vierge Marie et des Apôtres ! Jusqu'à la distinction entre les antisémitismes chrétien et nazi qui, contrairement à d'autres, me semble non seulement juste, mais capitale. L'antisémitisme hitlérien était, en effet, d'inspiration païenne. La figure honnie, dans ce nouveau délire, n'était plus, c'est vrai, celle du Juif « déicide », mais celle du Juif « déiphore ». Le reproche qu'on lui faisait n'était plus, autrement dit, d'avoir tué le Christ, mais, au contraire, de l'avoir inventé. Et il est encore vrai que la Shoa aura été le fruit non pas, comme on le dit sottement, d'une « Europe chrétienne » parvenue au terme de sa course, mais d'une Europe qui, d'une certaine façon, était « insuffisamment christianisée ». Paradoxe ? Sans doute. Mais manière également, prenons-y garde, de penser jusqu'au bout l'horreur du crime : cette haine jamais vue, unique dans l'histoire des hommes, dont l'unicité tenait peut-être à ce qu'elle était, effectivement, une « haine vouée à Dieu ». Ce sont les mots de la commission. Ce sont, aussi, ceux de Levinas et de Kafka.

21 mars 1998.

La mémoire courte. Ils ont voulu tuer de Gaulle. Pauvre Blanc ! Pauvre Millon ! Humilier la droite. Perdre des voix en perdant son âme. La gauche tartuffe. Honneur au président Chirac.

Il faut avoir la mémoire courte pour oublier que le fascisme, en Europe, ne passe jamais par la rue, mais par les urnes : Hitler et von Papen, Mussolini et la droite conservatrice italienne.

Il faut avoir la mémoire courte pour, quand on est gaulliste, oublier que MM. Mégret, Gollnisch ou Le Chevallier sont les héritiers des gens qui, il y a trente ou cinquante ans, au moment de la guerre d'Algérie ou de l'Occupation, tiraient sur les gaullistes, les torturaient, les menaient au martyre.

Il faut avoir la mémoire courte pour ne pas voir que le FN n'a, toutes tendances confondues, qu'un objectif stratégique, une obsession : vaincre, non la gauche, mais la droite ; casser, non les « socialo-communistes », mais cette France « républicaine » et « modérée » dont ils rêvent de mettre les caciques à genoux ; n'est-ce pas ce qu'a littéralement dit Jean-Claude Martinez, « facho de service » (sic), au soir de l'élection en Languedoc-Roussillon : « le RPR est à genoux, je n'ai qu'un regret : J'aurais voulu que Jacques Blanc demande pardon »... Pauvre Blanc !

Il faut avoir la mémoire courte, et une idée de soi-même bien misérable, pour se mettre, comme Millon, en situation de se faire ridiculiser, humilier, rappeler à l'ordre par ses nouveaux parrains : Le Pen réclamant déjà sa démission ; Gollnisch racontant, goguenard, le détail d'une entrevue qu'il voulait, piteusement, dissimuler ; pauvre Millon ! pauvre malin qui n'avait pas compris qu'un pacte avec des gens pareils ne sera jamais un pacte secret !

Il faut avoir la mémoire courte, ou être effroyablement naïf, pour ne pas savoir que, lorsqu'on traite avec des maîtres chanteurs, c'est toujours aux maîtres chanteurs que revient le dernier mot : Le Pen encore, moquant, avec une incroyable insolence, « ceux qui disent avoir obtenu les voix du FN sans son accord » et qui « sont un peu comme les dames de petite vertu qui disent, en faisant le trottoir, qu'elles sont encore vierges ». Et dire que ce sont ces benêts qui prétendaient, « comme Mitterrand » (re-sic), souper avec le diable...

Il faut avoir la mémoire courte pour, quand on se dit « libéral » et que l'on a, des décennies durant, fustigé, à juste raison, l'alliance avec les communistes, s'autoriser de ce précédent pour justifier l'alliance d'aujourd'hui. De deux choses l'une, chers républicains de l'UDF ; ou bien vous disiez, à l'époque, n'importe quoi, et vous trompiez vos électeurs ; ou bien vous pensiez vraiment que tendre la main à des « totalitaires » était une infamie, et on comprend mal au nom de quelle logique vous vous réclameriez de cette infamie pour en inaugurer maintenant une autre...

Il faut avoir la mémoire courte pour ne pas voir que le baiser des fascistes est toujours un baiser de la mort : pour ceux qui en doutaient, les électeurs de l'Oise, du Gers, du Nord, du Puy-de-Dôme, des Pyrénées-Orientales, du Finistère, de l'Essonne viennent de confirmer la loi d'airain – n'est-ce pas dans les cantons où la droite avait, une semaine plus tôt, vendu son âme qu'elle perd ses voix et mord la poussière ?

Il faut avoir non seulement la mémoire, mais l'intelligence et les idées courtes pour ignorer qu'il y a, en France, tout un électorat centriste et, lui, réellement libéral qui, de sondage en sondage, rappelle qu'il ne veut à aucun prix de compromis avec le FN : le compromis serait-il noué qu'ils seraient dix, quinze, peut-être vingt pour cent à déserter la maison commune et à donner donc, mécaniquement et pour longtemps, le pouvoir à la gauche.

Il faut avoir la mémoire courte pour ne pas vouloir entendre, à l'inverse, que c'est la fermeté républicaine, le divorce avec l'extrémisme, le refus de passer avec lui quelque accord que ce soit, qui a donné à la droite ses seuls victoires récentes : législatives de 1993, présidentielle de 1995.

Il faudrait avoir la mémoire courte, et l'âme basse, pour n'être plus capable d'entendre qu'un seul discours : non pas « s'allier avec le FN est immoral, ceux qui le font se déshonorent » ; mais « s'allier avec le FN est suicidaire ; ceux qui s'y risquent sont assurés de perdre ».

Il faudrait avoir la mémoire courte encore pour – soyons juste – oublier la part de responsabilité de la gauche dans la banalisation des thèmes du FN, puis dans l'accoutumance des électeurs aux jeux pervers de l'alliance : n'est-ce pas à elle, la gauche, que l'on doit l'introduction de la proportionnelle dans les élections législatives et régionales en 1986 ? n'a-t-elle pas eu, elle aussi, ses vingt ou vingt-cinq députés élus, l'année dernière, avec les voix du Front national ? et M. Soisson était-il moins coupable quand, au moment des précédentes régionales, il était « de gauche » mais acceptait déjà l'appoint des lepénistes ?

Il faut avoir la mémoire courte, enfin, pour ne pas saluer les quelques hommes qui, tout au long de cette semaine tragique, ont montré le chemin de l'honneur – à commencer, bien sûr, par le président Chirac. Un ton. Une force. L'appel au sursaut et à la conscience de chacun. En quelques mots, tout était dit. C'était comme si l'essence même du gaullisme apparaissait. C'est si simple, au fond, de dire non.

28 mars 1998.

Pourquoi M. Millon est, d'abord, un crétin. Le Front national et le débat d'idées. Au temps de l'union de la gauche... Ceux qui font le lit de Le Pen. Un mot navrant de VGE.

Trop fort, le qualificatif de « crétin » appliqué à M. Millon ? Je ne crois pas. Car M. Millon n'est pas, comme on le dit souvent, un « lâche ». Ce n'est pas un « opportuniste ». Ce n'est même pas un « collabo », pactisant avec de nouveaux « nazis » sous l'œil de nouveaux « résistants » – image à la fois excessive et facile. Non. C'est juste un type qui a cru pouvoir jouer au plus fin avec le FN, le tuer en l'embrassant, l'étouffer en s'alliant à lui ; c'est juste un pauvre bougre qui s'est cru plus malin que le malin et qui l'a, dès le lendemain d'ailleurs, payé au prix le plus fort : huées, risée, humiliations sans précédent, la canaille frontiste le traînant dans la boue après l'avoir hissé sur le pavois, toutes choses qui font de lui un personnage

315

pathétique, un brin disjoncté, presque touchant – mais d'abord, au sens propre, un crétin.

Le problème du FN est, à la fin des fins, un problème d'idées. C'est un problème politique, sans doute. C'est un problème de principes, de morale, etc. Mais c'est aussi, avant tout, un pur problème d'idées. D'un côté, ceux qui, dans l'ordre des idées donc, estiment que droite et extrême droite sont comme les rameaux d'une même branche, ou les deux branches d'une même famille : c'est très naturellement qu'ils plaideront, ceux-là, pour un regroupement de ladite « famille », un rapprochement de « toutes les droites ». De l'autre, ceux qui, toujours dans l'ordre des idées, jugent qu'entre les partisans de l'Europe et ceux de la nation ethnique, les disciples de Tocqueville et ceux de Barrès ou de Maurras, les héritiers de De Gaulle et ceux de l'OAS ou de Vichy, il n'y a de vraiment commun que l'homonymie partielle d'un nom – « droite » et « extrême droite » n'ayant pas beaucoup plus de parenté que le « chien constellation céleste » et le « chien animal aboyant » selon Spinoza : et c'est tout naturellement aussi, sans se faire vraiment violence, qu'ils militeront, sur cette base, pour le refus de l'alliance. Résister au FN ? Affaire de pensée, oui. Donc de topologie. L'affaire d'une droite qui refusera de penser que fascisme et démocratie puissent cohabiter aux extrêmes d'un même *espace* politique.

Sur ce point, mais sur ce point seulement, parallèle avec l'histoire de la gauche des années 70 et 80. C'était le même débat « topographique ». C'était le même type de ligne de partage – théorique avant d'être tactique, stratégique ou même éthique. D'une part, les attardés d'un Congrès de Tours qui persistaient à voir « socialisme » et « communisme » comme des frères inconciliés, des parents éloignés mais unis par une mémoire, une généalogie partagées : fondement théorique de cette catastrophe morale qu'on appela l'« union de la gauche ». En face, les tenants d'une gauche moderne à qui cette union posait un problème, non seulement de conscience, mais de pensée ; entre socialistes et communistes, disaient-ils, ce qui sépare doit être plus fort que ce qui rassemble ; il faut en finir, en d'autres termes, avec l'image, commode mais terrible, de la grande et sainte famille dont le Parti communiste eût formé la branche extrême. Ce travail n'est pas fini ? C'est vrai. Mais il fut largement engagé. Et c'est lui, c'est ce refus d'une homonymie confondant dans le même cliché – « la » gauche – les adeptes des Lumières et les partisans du fascisme rouge qui, plus encore que la dénonciation morale du Goulag, a précipité la naissance, en France, d'un pôle antitotalitaire fort. Maurice Clavel, en 1977 : « casser la gauche pour vaincre la droite ». Vivement un Clavel qui, à l'autre bord, vingt ans après, reprendrait : « casser la droite, vraiment la casser, pour vaincre la gauche » !

La gauche, justement. On dit, un peu partout, qu'elle ferait, par cynisme, le jeu du Front national. D'accord sur le « jeu ». Mais pas tout à fait d'accord sur le « cynisme ». Car c'est, là encore, la pensée qui commande. C'est, dans ce cas aussi, une perversion de l'esprit qui fonde la perversité morale. Je suis convaincu, en un mot, que l'on ne peut, comme font tels ou tels hiérarques postmitterrandiens, souhaiter que le FN progresse, s'affirme face aux libéraux, un jour peut-être les écrase et apparaisse alors comme la seule alternative sérieuse au jospinisme régnant que si au calcul sordide s'ajoute une conviction de fond : la conviction que l'affaire n'est, somme toute, et dans l'ordre de l'esprit, pas si décisive qu'il y paraît et que, entre droite et extrême droite, c'est du pareil au même, bonnet blanc et blanc bonnet – toujours la même histoire des deux branches rivales mais complices de la même engeance politique... Dans l'histoire des idées, ce préjugé a un nom : il s'appelle le « gauchisme » ; c'est lui qui, dans l'Allemagne des années 30, a conduit une partie de la gauche à faire le lit de l'hitlérisme ; c'est lui qui, dans la France de la fin du siècle, pourrait, en toute bonne conscience et au mépris du « devoir d'inventaire » proclamé, conduire une fraction de la gauche à faire le lit du lepénisme.

Le mot le plus terrible de la semaine : celui de Valéry Giscard d'Estaing expliquant que la preuve que Charles Millon n'est pas raciste, c'est qu'il a adopté un petit Laotien. C'est l'analogue du tristement fameux : « je ne suis pas antisémite puisque mon meilleur ami est juif ». C'est, dans la bouche d'un ancien président de la République, la politique ravalée au rang du préjugé, du café du commerce, de la vulgarité de pensée. Et si c'était *aussi* cela, la lepénisation des esprits ?

4 avril 1998.

Le premier roman de Mazarine. Les Mitterrand et la littérature. La Chine du président Chirac. Simon Leys et la « Chanson de Roland ». Mallarmé contre Vivendi.

Ne jamais perdre une occasion de prendre la température du système. Ainsi du charivari médiatique déclenché par la publication du roman de Mazarine Pingeot. La personne n'est pas en cause – elle est apparue subtile, charmante, toute en intelligence et en retenue. Le livre non plus – pas encore Beauvoir ni Duras, mais, n'en déplaise aux méchantes langues, plutôt très réussi pour un premier roman. Non. C'est la machine elle-même qui semblait folle. Le philosophe de service, à TF1... *L'Observateur*, qui, cette semaine-là, faisait la couverture de *Paris Match*... Cette façon, chez l'intéressée, de se cacher en se montrant, de se montrer en se cachant – de se dissimuler en se plaçant, si habilement, au centre de la lumière... Figure, peut-être pas inédite, mais renouvelée de la grande comédie littéraire : faudra-t-il dire, désormais, « cachée comme Mazarine » comme on dit « lettre volée », « botte de Nevers », « riche comme Crésus », etc. ?

Les Mitterrand, pour l'heure, saturent le champ et rappellent, s'il en était besoin, l'affinité de leur patronyme avec la littérature ou ce qui y ressemble. Il y avait déjà la « Bibliothèque Mitterrand » et « la Mazarine ». Il y avait les phénomènes de librairie déclenchés, de son vivant puis après, par les textes du président ou sur lui. Il y avait encore Danielle avec ce qu'un autre éditeur, cette même semaine, dans une surenchère iconique assez comique, nous présente comme « le vrai » événement Mitterrand. Voici maintenant Mazarine, dont on attend, bien sûr, que le second roman tienne les jolies promesses du premier – mais non sans méditer, une fois encore, sur l'avertissement fameux, le soir des derniers vœux télévisés : « je crois aux forces de l'esprit ; où que je sois, etc. » Quelle histoire !

Chute de popularité de Chirac après ses déclarations sur le Front national et sur l'indignité de ceux qui pactisent avec lui. Ainsi va la France. Il s'y trouve un nombre respectable de citoyens pour regretter que leur président n'ait pas reçu Le Pen à l'Élysée comme il a reçu les autres responsables. Il s'y trouve des hommes et des femmes pour n'avoir pas supporté qu'il traite en homme politique différent le chef d'un parti raciste, xénophobe, antirépublicain. Pendant ce temps, Giscard flatte les lepénistes en Auvergne. Soisson reprend sa démission en région Bourgogne. Bref, le FN continue de semer le trouble dans les esprits, la confusion dans les rangs : aurait-il gagné sa première bataille – qui consistait, ne l'oublions jamais, à humilier, briser la droite ?

Chirac encore. Qu'il reçoive le Premier ministre chinois et qu'il profite de la circonstance pour négocier avec lui de bons contrats commerciaux, peut-être la raison d'État l'exigeait-elle. Mais fallait-il le faire avec cette pompe ? Fallait-il que rien ne soit dit, publiquement au moins, de la terrible répression qui frappe, à Pékin, les dissidents ? Le même président qui, voilà quelques semaines, ne daignait pas faire recevoir Wei Jingsheng, le héros du « Mur de la démocratie », devait-il accepter sans réagir que son invité puisse déclarer : « nous avons une identité de vues sur la question des droits de l'homme » ? Il y a des hommages qui tuent. Il y a des compliments qui sonnent comme des gifles ou des injures. Il y a deux Chine, monsieur le président. Celle de Zhu Rongji et des assassins de Tiananmen. Celle de Wei Jingsheng, qui sera peut-être, un jour, un autre Vaclav Havel.

Hasard du calendrier : c'est la même semaine que sont rééditées, dans la collection Bouquins, les œuvres complètes de Simon Leys – l'homme qui, parce qu'il a vu, un matin, à sa porte, un groupe de gardes rouges torturer à mort un vieux mandarin, a fait, avant tout le monde, le serment de ne jamais pactiser avec un régime capable d'engendrer cela. Qu'est-ce qu'avoir raison, ainsi, avant tout le monde ? Statut de ces paroles, et de ces hommes qui ont raison trop tôt et contre tous ? Tocqueville... Victor Serge... Thomas Mann et le nazisme... Simon Leys... De deux choses l'une. Ou bien on a le temps d'attendre, on a – et c'est le cas de Leys – assez de patience et de sang-froid pour attendre que le temps vous rattrape. Ou bien on n'a pas ce temps, on n'a ni le goût ni la patience ni, parfois, l'âge d'espérer réparation, et alors quelle amertume ! Proust reconnu, de son vivant, par quelques grands esprits : Daudet, Morand, Berl – mais les autres ? La jument de la « Chanson de Roland » morte juste « au moment où elle s'habituait à ne plus manger » – quelle dérision !

Il a fallu des mois, des dizaines et des dizaines de conseillers, des centaines, peut-être des milliers, de tests pour transformer, nous dit-on, la « Générale des eaux » en « Vivendi ». On pense à cette folle gestion du subliminal collectif. On pense aux armées de spécialistes occupés à essayer le nouveau nom, le peser, l'estimer. On se dit qu'un mot pareil, un mot où l'on a injecté une telle quantité de jus de crâne, un mot aussi serti de sens, aussi lourd de connotations secrètes ou sonores, un mot où l'on a si patiemment dosé l'écho respectif de la « vie », du « dividende », de « Vivaldi », j'en passe sûrement, on se dit que ce mot-là est comme un bloc signifiant radioactif, que c'est comme un morceau d'inconscient à ciel ouvert – on se dit que c'est, ou que ce devrait être, le mot-valise le plus lourd de toute la langue française. Et puis on se reprend et on se dit que non, justement : le moindre mot d'un poète, le mot le plus banal ou, au contraire, le plus rare agencé, dans la seule grâce d'un instant, par un seul écrivain sera toujours, et heureusement, plus riche, plus lourd, plus savant ; et c'est, n'est-ce pas, la revanche de la littérature.

11 avril 1998.

Retour à Sarajevo. Un livre de Daniel Schneidermann.

Chaque génération a eu son rendez-vous avec l'Histoire. Il y a eu la génération de la guerre d'Espagne. Celle de la guerre d'Algérie. Celle, encore, de la guerre du Vietnam. Il y a eu, aussi, la génération qui a cru découvrir non seulement l'horreur, mais l'honneur, l'exemple du courage, l'image même de l'esprit de résistance ou des valeurs antifascistes, *avec la guerre de Bosnie.* J'essaie de dire cela, maladroitement, devant la petite troupe rassemblée dans les salons de cette présidence où je ne suis pas revenu depuis la fin des combats, mais où j'ai tant de souvenirs et où Alija Izetbegovic me remet la seule décoration que j'aie jamais acceptée et que, peut-être, j'accepterai jamais. J'essaie de leur dire, à ces amis retrouvés, ce qu'ils ont représenté pour toute une génération, donc, de Français et d'Européens : une leçon de vaillance et de dignité, la voix vraie de l'Europe – le spectacle, à la fois très rare et très familier, d'une poignée d'hommes et de femmes qui, pendant que l'Europe se couchait, ont défendu, presque seuls, les valeurs bafouées de l'Europe. Ce qu'ils font maintenant, une fois la paix revenue, de cette page d'histoire magnifique ? Où ils en sont, ces héros, avec les valeurs de cosmopolitisme et de tolérance dont ils étaient les porte-drapeau et dont on murmure, à Paris, qu'une islamisation rampante les ferait, petit à petit, reculer ? La question me brûle les lèvres, bien entendu. Malgré le trouble, malgré l'émotion, malgré l'envie, aussi, de ne surtout pas gâcher notre petite fête, je m'apprête à mettre les pieds dans le plat et à la poser. Mais voici le président qui, comme s'il me devinait, sur ce ton d'extrême détermination et de mélancolie mêlées que je lui ai toujours connu, répond déjà : « Le combat pour la tolérance et la liberté n'est pas terminé en Bosnie ; le livre reste ouvert ; l'Histoire continue de s'écrire ; dites bien aux Français que Sarajevo, malgré les ruines, reste et restera cette ville modèle qu'ils ont aimée ; dites à ceux qui nous ont aidés qu'ils n'auront jamais, je dis bien jamais, à rougir du soutien qu'ils nous ont apporté. » Je regarde, autour de nous, les visages soudain plus tendus des anciens combattants de la ville. Je regarde Samir, Jovan, Franjo, ces hommes d'origine diverse quittés il y a deux ans, Serbes, Croates et Musulmans ensemble, sur les hauteurs de Zuc et de Grondj – nous les avions filmés dans « Bosna ! », le Protocole les a presque tous retrouvés et invités. Est-ce l'humeur du moment ? Un reste de foi ? D'espérance ? Est-ce ce mot de Péguy, relu dans l'avion, qui me trotte dans la tête : « con-

traints à l'héroïsme comme à une inexpiable gloire » ?
Je choisis – comme eux, il me semble – de donner acte,
encore, au « de Gaulle bosniaque » de son engagement.
Sarajevo, mon amour.

Il y a eu la légende de la France résistante, je veux
dire unanimement résistante, dressée comme un seul
homme, dès le 18 juin, derrière le général de Gaulle.
Il y a eu – seconde étape – l'époque de Paxton,
d'Ophuls et des grandes révisions : « oui, bien sûr, la
France a résisté, mais ni tout de suite ni tout entière ;
ne lui a-t-il pas fallu en passer, d'abord, par le long
sommeil pétainiste ? n'a-t-elle pas dû, avant cela,
exorciser les séductions d'un vichysme où l'immense
majorité se reconnut ? » Eh bien, voici, née du procès
Papon et, au fond, des années Mitterrand, une troisième
thèse que défend Daniel Schneidermann dans un livre
qui devrait faire date mais qui, comme de juste, est
en train de passer inaperçu (« L'étrange procès », chez
Fayard) : « oui, bien sûr, la France a été ceci *et* cela ;
résistante *et* pétainiste ; mais le pire est qu'il lui est
arrivé de l'être, non pas *successivement*, mais *simultanément* ; le pire est que ce fut dans les *mêmes têtes*, et
au *même moment*, que la culture et l'esprit de Vichy
ont, parfois, cohabité avec ceux du gaullisme et de son
insubordination ». La thèse est terrible. Elle est beaucoup plus troublante encore que celle du « peuple de
collabos ». Et l'auteur ne cache d'ailleurs pas – ce sont
les meilleures pages du livre et, aussi, les plus personnelles – l'effroi qui l'a saisi quand, au fil des
audiences, le jour, par exemple, des témoignages de
Guichard ou de Druon, il a senti vaciller en lui l'image,
tellement rassurante, de cette belle lutte en noir et
blanc (idées pures, conceptions immaculées...) à
laquelle une éducation antifasciste orthodoxe l'avait
habitué. Il y aurait donc eu, « sous l'Occupation », des
« préfets résistants » ? Il y aurait eu, « à Vichy », des
hommes qui, tout en appliquant le statut des Juifs et en
envoyant leurs victimes vers les camps et donc à la

mort, avaient la conviction de s'opposer aux exigences « excessives » des Allemands ? Il y aurait même eu des jeunes gens qui, comme Mitterrand, mériteraient « à la fois », sans avoir le sentiment de se renier, « leur francisque et leur médaille de la Résistance » ? Eh oui, il y a eu de tels hommes. Ils n'entachent évidemment en rien la grandeur de ceux – car il en reste, grâce au Ciel ! – qui, non contents d'entrer aussitôt dans la lutte armée, ont toujours conjuré en eux l'infamie du discours, de la pensée et de l'impensé du pétainisme. Mais ils n'en constituent pas moins un autre visage de la France, un autre de ses grands archétypes : né – c'est toujours Schneidermann qui parle – de l'« accouplement contre nature » mais « quasi permanent » de l'esprit de Vichy et de son contraire, c'est l'ultime et irréductible point aveugle de cette histoire. Autre époque. Autre débat. Puisse ce livre, sombre mais beau, briser la chape de silence et lever le dernier tabou.

18 avril 1998.

L'euro vaut-il une messe ? Nuit et brouillard au Rwanda. « Le prince moderne », de Michel Guénaire. Hitler et Wittgenstein. Bourdieu, le dernier de la classe.

Passage à l'euro. Une partie du RPR dit : « ne votons pas avec les socialistes, ça fera le jeu du Front national ». Une autre partie du RPR (la même ?) répond : « ne renonçons pas à la monnaie unique, donc à nos convictions, car c'est ainsi que, à la fin des fins, on ferait le jeu du Front national ». Résultat : la majorité, dans le doute, choisit de ne pas choisir et s'abstient dans ce qui restera l'un des « grands » votes de la législature. Suggestion : et si on essayait, à droite comme à gauche, de se poser un peu moins la question

de ce qui fait, ou non, « le jeu du Front national » ?
Mais peut-être manqué-je de patience. Ou d'humour.

Jean-Christophe Mitterrand, et d'autres, appelé à
témoigner sur le génocide du Rwanda. Effet Papon.
Jurisprudence Papon. Image, plus ou moins claire, de
ces « crimes de bureau » dont on vient, grâce à Papon,
de débattre pendant six mois. Comme s'il était acquis,
soudain, que, du bas en haut de l'échelle, chacun sera
désormais comptable du mal qu'il a, par légèreté,
lâcheté, indifférence, ou même ignorance, simplement
laissé s'opérer... Que la question soit posée, que l'interpellation soit possible, que les responsables de la
politique africaine de la France aient à répondre devant
l'opinion d'un crime dont ils se sont contentés, dans le
pire des cas, de ne rien vouloir savoir, c'est peut-être
très injuste, c'est sûrement pénible à vivre et douloureux – mais n'y a-t-il pas là, en même temps, une avancée du droit, de l'esprit de responsabilité et, donc, des
réflexes démocratiques dans ce pays ?

Le plus difficile sera, de toute façon – et au Rwanda
même – de clairement désigner les coupables. Car s'il
eut une originalité, ce génocide, ce fut de n'avoir pas
de tête justement. Pas de chef. Ce fut de se propager
selon une logique qui tenait plus de la logique virale
que de la rationalité politique ou même du pur délire.
Les génocides, d'habitude, ont des « penseurs ». Ils
ont, ensuite, des « exécutants ». Il y a toujours des SS,
des SA, une Angkar, des escadrons de la mort. Il y
a toujours, si nombreux soient-ils, des préposés à la
boucherie qui font la sale besogne et en exemptent le
peuple. Or rien de tel, cette fois-ci. C'est le peuple
entier qui a tué. C'est la communauté hutue, presque
unanime, qui a exécuté le programme. C'était un bourreau pour une victime, un bourreau derrière chaque
victime – c'était autant de bourreaux que de victimes
désignées et découpées à la machette. Miniaturisation
du génocide. Prolifération, à l'infini ou presque, de la

pulsion génocidaire. Dans la longue histoire des massacres, le Rwanda invente cette variante terrible : un peuple qui, dans le brouillard et la nuit, dégringole collectivement dans le crime – un génocide autogéré.

Lu cette semaine : un livre de Michel Guénaire qui s'intitule « Le prince moderne » (Flammarion) et dont devraient s'emparer tous ceux qui, ces jours-ci, dans l'opposition mais aussi ailleurs, rêvent de « refondation ». Comment renouer le lien social ? demande l'auteur. Comment remédier à cette décomposition sans précédent de nos codes, rituels, systèmes de références partagés ? Et sa réponse est à la fois paradoxale, discutable et stimulante : en restaurant la politique ; en en réhabilitant le goût et l'ambition ; mais attention ! une politique entendue en termes non seulement de « programmes » mais d'« exercice », non d'« idées » mais de « pratiques » – une politique qui, en un mot, serait prise au pied de sa lettre et de ses usages. Retour à Machiavel. Nostalgie d'une « vertu » qui ne serait plus affaire de seule morale ni de moralisme.

Wittgenstein et Hitler réunis, raconte Roland Jaccard dans *Le Monde*, sur une même photo de classe, dans un collège de Linz. Que se sont-ils dit ? Comment se sont-ils perçus ? Est-ce lui, Wittgenstein, ce « Juif » dont l'auteur de « Mein Kampf » dira qu'il a « trahi son amitié » et déclenché, ainsi, son antisémitisme ? On rêve de ce qu'un romancier ou un auteur de théâtre feraient de cette incroyable rencontre. On voudrait imaginer l'impensable proximité – et pourtant... – de l'incarnation du mal absolu et de celui des philosophes modernes qui s'est voulu le plus étranger à la pensée même de ce Mal absolu. Mieux que Proust et Joyce se croisant à Paris. Mieux, plus riche, et plus vertigineux, que le dialogue de Machiavel et Montesquieu aux Enfers. Il y a des rencontres qui sont des dramaturgies à elles seules. L'Histoire est un metteur en scène génial et facétieux.

326

Bourdieu à la télévision. Comment ce mandarin s'y prend-il pour dénoncer les médias tout en ne cessant de s'y produire ? Comment cet homme de pouvoir (Collège de France, revues, maison d'édition, antennes à l'étranger...) fait-il pour nous donner les emblèmes de sa puissance pour preuves de l'aversion qu'elle lui inspire ? Et puis, dernier mystère, l'étrange et tardive faveur de ce sociologue ambitieux – survivant, avec Derrida, de cette génération des maîtres des années 60 dont il était déjà, à l'époque, une sorte d'aide de camp peu doué : promotion à l'ancienneté ? hommage, à travers lui, à une saison de la pensée dont il n'était que le soldat de plomb ? et cette âpreté désolée ? ce ressentiment si visible ? ce dépit ? ne serait-ce pas une manière de réponse, justement, à des aînés qui, d'Althusser à Foucault, de Barthes à Lacan, l'ont un peu trop méprisé ? Revanche du carabinier. Triomphe, amer, de l'épigone humilié.

25 avril 1998.

Karl Jaspers et le Rwanda. Stefan Zweig et le sionisme. Les échecs, selon George Steiner. Le paradoxe de Mai 68. Encore les rouges-bruns ?

Le Rwanda et la France. Soutien, jusqu'à l'été 1994 au moins, aux thèses racistes du « Hutu Power ». Volonté, à travers ce « Hutu Power », et avec l'aide du très « francophone » Mobutu, de faire pièce, dans la région des Grands Lacs, à l'offensive diplomatique anglo-saxonne. Présence, attestée par maints témoins, d'instructeurs et de parachutistes français dans les rangs, puis dans les camps, des génocideurs. Équivalent, selon d'autres témoignages (Patrick de Saint-Exupéry dans *Le Figaro*, François-Xavier Verschave dans sa très documentée « Françafrique », chez Stock), de plusieurs millions de dollars d'armes livrées par Paris, entre la mi-avril et la mi-juillet, soit pendant toute la durée du génocide, au régime assassin et à ses hordes. Tels sont les faits. Les mettre en parallèle, ces faits, avec, par exemple, le célèbre texte de Karl Jaspers qui, pour s'intituler « La culpabilité allemande », n'en définit pas moins la forme générale de la « culpabilité morale » dans une tragédie de cette nature. Après les Arméniens, les Juifs et le Cambodge, le quatrième génocide du xxe siècle.

Quel est le commandement qui revient le plus souvent dans les textes sacrés du judaïsme ? Ce n'est pas la prescription de pureté. Ce n'est pas l'observance des fêtes ou du shabbat. Ce n'est même pas le devoir de servir le Seigneur ou le respect dû à son père et à sa mère. C'est (47 occurrences, dans la Bible !) le souci de l'étranger, l'ardente nécessité de l'accueillir et de l'honorer – c'est, autrement dit, l'impératif, non seulement politique mais moral, de traiter l'autre comme soi-même sur la terre sainte d'Israël. Pas de sionisme sans ce souci. Pas de cinquantième anniversaire de la naissance de l'État sans ce rappel. Ou alors un État sans âme, et sans gloire, qui donnerait – ce qu'à Dieu ne plaise ! – rétrospectivement raison aux Cassandre qui, comme Stefan Zweig dans sa lettre fameuse à Martin Buber, redoutaient que « ce dangereux rêve d'un État avec canons, drapeaux et médailles » ne finisse par trahir un jour les « belles » et « douloureuses » valeurs de l'universalisme juif. Israël a cinquante ans ? Qu'on lui offre – *qu'il s'offre...* – le seul cadeau qui vaille : un pas de plus sur la voie de la paix avec les Palestiniens.

Du déclin moral d'Israël, de cette crise morale d'un sionisme qui fut, ne l'oublions jamais, l'une des grandes pensées libératrices de ce siècle et peut donc fort bien, dès demain, le redevenir, l'écrivain George Steiner se dit alerté par un signe minuscule mais décisif : les échecs ; le jeu d'échecs ; le fait, explique-t-il, que, dans l'histoire du jeu d'échecs, les champions ont souvent été des Juifs et que, là, tout à coup, l'équipe nationale israélienne est devenue bizarrement médiocre. La preuve par les échecs ? Elle en vaut bien une autre. De même, dans le même livre – « Barbarie de l'ignorance », conversations avec Antoine Spire – cette définition de Heidegger : « le plus grand des penseurs et le plus petit des hommes ». Steiner n'est pas, lui non plus, « le plus grand » de nos contemporains. Mais ce nouveau texte (publié par Le Bord de l'eau, un éditeur bordelais hélas confidentiel) est vif, passionnant, constamment paradoxal et provocant – l'une des lectures le plus stimulantes de la semaine.

De Steiner encore, dans le même livre, une remarque sur les « alliances très troublantes entre la plus haute philosophie et le despotisme ». Heidegger, bien sûr. Mais aussi les compagnons de route du stalinisme. Les éblouis du léninisme. Tous ces grands intellectuels qui, jusqu'à la Révolution culturelle chinoise et un peu au-delà, ont adoré la tyrannie comme si elle était la forme déguisée, mais achevée, de la liberté. N'est-ce pas, toutes proportions gardées, le paradoxe de la pensée 68 ? N'était-ce pas l'ambiguïté de ce très beau, mais très étrange, moment d'histoire que fut la révolution réussie de Mai ? Bientôt, la fête sera finie. Le tumulte commémoratif sera apaisé. Il restera à penser ce mystère qui, soyons francs, demeure entier : comment cet incontestable mouvement libertaire n'a-t-il trouvé à se dire que dans les catégories d'un discours dont la lourdeur marxiste paraît, avec le recul, si flagrante ? Ruse de l'Histoire ou de l'Esprit. Hegel ou, toujours, Heidegger.

Entrevu, dimanche, sur Paris Première, un drôle de petit homme, très péremptoire, très agité, dont le nom m'a échappé mais qui venait d'écrire un livre inspiré, disait-il, par « la pensée de Chevènement ». Il se déclarait « patriote » et « républicain ». Il était en guerre contre l'« Europe ». Le mot de « cosmopolitisme » semblait, dans sa bouche, une injure. Il doutait qu'un Sorman ou un Goupil puissent avoir une « idée de la France » et il était certain que, de l'« américanisme », venait l'essentiel de nos maux. Sans doute suis-je injuste avec cet essayiste. Mais chaque époque a sa matrice du pire, n'est-ce pas ? Chacune a sa scène, ou sa soupe, primitive où mijotent les ferments des délires à venir. Eh bien j'ai eu le sentiment d'y être, tout à coup. J'ai cru entendre là, presque plus encore que dans la bouche d'un idéologue du Front national, ce mixte de patriotisme imaginaire et d'archaïsme, de paranoïa sécuritaire et de xénophobie tranquille, de haine de l'Europe et de repli frileux sur les identités les plus simples, qui préfigure nos prochaines régressions. Rouges et bruns, comme d'habitude. Ils seront – ils sont déjà –, rouges dehors et bruns dedans, les tenants du nouvel axe qui ira, comme jadis, de nos révolutionnaires conservateurs à nos progressistes nationaux. La version fin de siècle d'un délire des années 20 ?

2 mai 1998.

Adieu l'Algérie ? Cannes, le remake. Céline en prison. Blanchot, Larbaud, Bernanos, trois biographies. Pour en finir avec la célébration de Mai. Lire Rambaud et Goupil. Charles Millon : l'infamie.

Ma thèse sur le pouvoir algérien était : « ces gens ne sont pas des assassins, ce sont juste des incompétents ». Eh bien, il y a des gens qui, parmi eux, ne sont pas du tout, du tout, contents de la thèse. Mieux valait l'autre formule, disent-ils – mieux valait passer pour des assassins que pour des incompétents : et ils me le font savoir en interdisant un film sur l'islamisme radical en Algérie.

Hillary Clinton en Corrèze. Emma Thompson à Cannes, dans le rôle de « la » présidente. Laquelle est la vraie ? Qui dit la vérité, et pourquoi ?

Cannes encore. La salle en transes – ovation debout, émotion, grand moment, etc. – quand Kofi Annan, secrétaire général de l'Onu, vient dire : « l'art est une des formes les plus libres de la communication ». Se rend-elle compte, la salle, que c'est ce que l'on peut dire de plus plat, et de plus bête, sur « l'art » ?

Tarek Aziz à Paris. Empressement des marchands de pétrole venus sonder ses désirs, ses intentions – lui faire fête. Les affaires, les affaires... Et le monde qui, soudain, se prend à singer ses pires caricatures...

La toute première des « lettres de prison » de Céline (éditées ces jours-ci – enfin ! – par Gallimard) : « je n'ai pas fait de propagande » ; je n'ai « jamais de ma vie » écrit « un seul article de journal » et « encore moins parlé en public ou à la radio » ; je suis « responsable », autrement dit, d'« un livre », et d'un livre seulement, « Les beaux draps ». Toute la question est là. Qu'est-ce qui, pour un écrivain, est le plus « grave » : un livre ou un article de journal – un pamphlet antisémite abject (mais composé) ou un acte de propagande étourdi ?

Le point commun à tous les critiques télé, à peu près sans exception : ils n'aiment pas la télévision.

Biographie de Blanchot. Six cents pages (éditions Champ Vallon). Je vais tout de suite aux pages sur les années troubles de l'auteur de « Thomas l'obscur ». Il faut le savoir : les gens ne s'intéresseront vraiment, dans nos vies, qu'à ce que nous aurons voulu cacher.

Que vaut-il mieux, qu'est-ce qui *protège* le mieux la vie d'un écrivain : le silence ou le bruit ? Le retrait ostentatoire ou, au contraire, le tumulte, le malentendu sonore et assumé ?

Dans la biographie que lui consacre Béatrice Mousli (Flammarion), un Valery Larbaud qui attache plus de prix à ses traductions de Joyce ou de Whitman qu'à l'achèvement de sa « propre » œuvre. Dans une lettre de Franz Rosenzweig (« L'écriture, le verbe et autres essais », aux PUF) : « traduire est, en tout état de cause, le but propre de l'esprit » – et, plus loin, dans le même livre : il y a des concepts de Spinoza qui sont, en traduction, « plus originaux que l'original ».

Dans la biographie de Bernanos par Jean Bothorel (Grasset), le portrait d'un grand écrivain, gaulliste, antinazi, résistant à sa façon – et aveuglé, jusqu'à la toute fin, par la passion antisémite. Une certaine France, à nouveau. Celle qui (Bernanos, donc) fait grief à Hitler de « déshonorer l'antisémitisme » et qui (aujourd'hui) trouve que Le Pen « fait du tort » aux idées justes du Front national.

Jadis : l'éternel retour. Aujourd'hui : l'éternel remake.

Les « immigrés de la seconde génération » : contradiction dans les termes ; l'une de ces formules pièges qui marquent la lepénisation des esprits.

Ce qui manque le plus à la commémoration de Mai 68 ? La rage. Cette lucidité « furieuse », et « enragée », dont parlait Bataille et qui « mêle le rire à l'esprit religieux le plus profond ». Au lieu de quoi, la haine. Comme dans toutes les commémorations, la haine profonde, viscérale, à peine déguisée, de ce que l'on est censé célébrer. Dans un monde sans rage ni vraie mémoire, dans un monde voué à cette haine et au ressentiment, la commémoration comme un pense-bête.

À conserver tout de même, dans cette célébration de Mai : le feuilleton de Patrick Rambaud dans *Le Monde* ; le roman de Romain Goupil, « À mort la mort », chez Julliard ; et puis, du même Goupil, l'admirable « Mourir à trente ans » que rediffuse France 2, à une heure du matin. Une heure du matin ! Est-ce que c'est une blague ?

Avalanche de courrier après mon bloc-notes sur Millon. Il faut savoir, chers lecteurs. Ou bien Millon croit vraiment qu'en gouvernant sa région avec onze vice-présidents Front national ou en donnant la commission culture au néopaïen et ex-fondateur du Grece Pierre Vial il aide la droite républicaine à reprendre l'avantage sur le parti lepéniste, et c'est, en effet, une sottise. Ou bien il n'en croit rien, il a juste voulu garder le pouvoir à tout prix (et même si le prix à payer est cette « union des droites » dont son conseil régional devient le laboratoire), et il prend le risque, alors, d'intégrer le FN dans le jeu politique, de banaliser ses hommes et ses idées, bref, de dire aux Français qu'entre la « droite libérale » et la « droite fasciste » la différence est, non de nature, mais de degré – et c'est, évidemment, une infamie. Sottise ou infamie, il faut choisir – et l'on ne voit pas de troisième terme.

16 mai 1998.

Qu'est-ce qu'un événement sans postérité ? La « Chambre sourde » de Lyotard. Sartre à Tanger. Des « listes Bourdieu » aux européennes ?

Le plus étrange dans l'interminable commémoration de Mai 68, c'est qu'elle ait pu se dérouler, pendant un mois, sans donner lieu au moindre débat. C'est rare, une commémoration sans débat. C'est rare, un événement réduit, si vite, à sa vulgate : cliché de clichés, morne ressassement d'images pieuses – la première manifestation, peut-être, de ce que l'on commença d'appeler, alors, la « société du spectacle »... D'habitude, face à un événement de cette taille, les historiens, mais aussi les témoins, disputent. D'habitude – guerre d'Algérie, Vichy, affaire Dreyfus... – les survivants ruminent leur différend, cuisent et recuisent les veilles haines : nous connaissons tous de ces « entêtés » qui continuent, trente ou cinquante ans après, à ne pas « se serrer la main »... Là, tout le monde serre la main de tout le monde. Amis et ennemis, Grimaud le préfet « vertueux » et Cohn-Bendit l'enragé ostensiblement « rangé », tous les témoins sont là, tous communient dans la même version sirupeuse de la même prétendue aventure partagée. Un événement sans différend. Un événement sans enjeux et, en apparence du moins, sans vrais cadavres dans le placard. Un événement que l'on dirait purgé, même, de toute sa part d'énigme – cette indécision nécessaire qui flotte dans le sillage de tous les événements majeurs. Un événement sans reste ni postérité. Un événement transparent. Un événement soldé avant d'être raconté. On a commémoré Mai – et Mai reste impensé.

Au commencement était le Verbe ? Allons donc ! Au commencement étaient l'ordure, la vermine, les culs-de-basse-fosse de la non-Histoire, les pourrissoirs de dieux et de héros – au vrai commencement, au commencement du commencement, juste avant le Verbe, la Loi, le Désir, la Parole était un marécage où végétaient larves muettes, insectes, reptiles innommables et informes, mollusques hallucinés. C'est ce que dit la Bible. C'est ce que répéteront, après elle, Kafka, Bataille ou le Thomas Mann du « Docteur Faustus ». Mais c'est aussi, nous dit Jean-François Lyotard, dans le magnifique essai posthume que publie ces jours-ci Galilée et qui s'intitule « Chambre sourde », l'obsession d'André Malraux : le grand Malraux, le seul, celui qui, de « La voie royale » aux « Voix du silence », n'a cessé de s'interroger sur le miracle des œuvres et de leur invraisemblable surgissement hors du chaos qui les enfante. Je ne comprenais pas bien, jusqu'ici, pourquoi Lyotard, à la fin de sa vie, s'était écarté de ses « récits païens », de ses « Dérive à partir de Marx et Freud », « Économie libidinale » et autres « Dispositifs pulsionnels » pour se lancer dans une biographie de Malraux qui fut son dernier vrai livre. Eh bien voilà. Nous y sommes. Lyotard traitait Malraux en philosophe. Sous le rhéteur, le ministre, sous la pompe et la pose de l'hommage à Jean Moulin mais aussi des récits de « L'espoir », il traquait le métaphysicien noir. Comme Sartre encore, avec son « Flaubert », il avançait masqué – le masque du biographe.

Retour à Tanger. Cette ville dure, finalement. Un peu sauvage. Cette ville où les regards semblent plus sombres, et les voix plus âpres, que partout ailleurs au Maroc. Je connais peu de villes si peu accueillantes au « tourisme » : clameurs étouffées, couleurs très belles mais éteintes, cette façon d'être sur la mer sans y être, de lui tourner si méthodiquement le dos – cette façon, aussi, de s'épuiser dans sa propre pénombre, cette torpeur. Le « dernier » touriste ? Sartre le cherchait à Venise. Mais non. C'est ici qu'il est, à Tanger, errant entre le café Hafah, le Socco, et le labyrinthe de ces ruelles sales – trompeuse sensualité des parfums qui, souvent, s'y achèvent en fadeur. À moins – autre hypothèse – que, par « tourisme », il ne faille entendre cette version ultime du ressentiment : laisser les morts enterrer les vivants ; tuer la vie réelle des villes pour ne rêver que de leurs cadavres ; auquel cas Tanger, oui, à cause de cette omniprésence des fantômes, Burroughs, Gysin, Genet, Tennessee Williams, Truman Capote, Gary – n'ai-je pas rencontré un journaliste, ce matin, qui croyait que Bowles aussi était mort ?

À propos de Mai 68, encore – et en vrac. Et si la vraie commémoration, la seule, nous venait d'Indonésie – ces étudiants insurgés qui ont su (mais avec l'aide, reconnaissons-le, de l'excellent M. Camdessus) renverser la dictature ?

Relu « Watt » de Beckett et, dans « Watt », cette magnifique réponse au « jeunisme » qui est un autre héritage de Mai : « Il faut à la vérité le temps de vieillir » et, plus loin, il faut le temps « mis par le vrai à avoir été vrai ». Sortir son Beckett chaque fois qu'un étourdi viendra nous dire que la jeunesse est l'avenir du monde, sa chance, son aurore, etc. ?

Et puis ce pari, enfin, que m'inspire l'héritier le moins doué mais, pour l'heure, le plus agité de ce moment d'histoire : il y aura, l'année prochaine, des « listes Bourdieu » aux européennes ou, s'il n'y en a pas, il y aura un candidat « bourdivin » à la présidentielle de 2002. C'est un pari, oui. Et je ne demande, bien sûr, qu'à me tromper. Mais les ingrédients sont là : le discrédit des élites, l'effondrement de la droite mais aussi de la gauche traditionnelles, l'ambition de l'intéressé, les relais qui se mettent en place, les bataillons d'une « gauche morale » qui, depuis quinze ans, n'en finit pas de se chercher (cf., sur cette histoire, le très précieux et très remarquable « Désir de société », de Jean-Marc Salmon, à La Découverte) mais qui, menée par un tel maître, peut aussi accoucher d'un néopopulisme. Bourdieu, Coluche triste ?

30 mai 1998.

Tanger, enfin. Bowles, musicien. De la littérature à l'âge du Viagra. Proust au téléphone. Penser par fusées. Sartre entre Nietzsche et Bataille ? Quand Lutte ouvrière retrouve Le Pen. Malaparte, l'oublié

Paul Bowles à Tanger. Chez lui, cette fois-ci. Épuisé. Recroquevillé dans le petit lit du vieil appartement, si modeste, et si peu tangérois. Des livres. Du thé. Sur une chaise, soigneusement plié, un costume de vieux dandy. Sa voix comme un long rêve. La déferlante calme des souvenirs. Sa vie, devant lui, comme un livre débroché. Le mot n'est-il pas d'Aragon ? Il m'assure qu'il est de Bill Burroughs. Et Tanger, sans Burroughs, n'est simplement plus respirable.

Bowles se serait-il « trompé d'art » ? Je vais le voir, nous allons tous le voir, comme s'il était l'un des grands romanciers du XX\ siècle. Lui ne parle que de musique. Il se voit, il se vit, comme un musicien. Il croit qu'il ne survivra, s'il survit, que par quelques mélodies. Son seul souci aujourd'hui, peut-être son ultime souci : qu'il se trouve un éditeur – il précise bien : un éditeur de musique – qui fasse une « compil » de ses disques. Coquetterie ? Malentendu. Comme Stendhal s'imaginant qu'il lui faudrait écrire du théâtre pour être, vraiment, sûr de rester. Quand je le quitte, ce dernier mot – bravade, encore, de dandy : « tout ce qui est littéraire m'est étranger ».

Conversation avec un éditeur : combien de temps pour que le Viagra fasse son entrée en littérature ? Il connaît trois romans, au moins, qui se préparent sur le sujet. Il spécule qu'il y en a, dans le monde, des dizaines et des dizaines d'autres en chantier. Sans compter les collections Harlequin ! Sans compter le jeu d'intrigues innombrables, presque infini, qu'on peut s'amuser à nouer autour de cette affaire ! Y a-t-il un cas de « grande » technique qui n'ait eu ses effets, en littérature ? Et quelle plus « grande » technique, à ce compte, que ce Viagra qui touche, semble-t-il, au nœud même du désir, donc du roman ? Morand a pris l'avion. Proust, le téléphone. Qui sera l'écrivain du Viagra ?

Proust s'est trompé sur le téléphone. C'est la revanche de Berl, pensait-il. C'était la seule façon possible, pour Berl, d'avoir enfin raison dans l'interminable débat qui les oppose sur l'amour. Le téléphone ne rapproche-t-il pas les êtres ? Ne permet-il pas de communiquer, en temps réel, le fameux émoi amoureux ? N'est-il pas, en un mot, une fabuleuse machine à réduire le malentendu entre les amants ? On connaît la suite. C'est Proust, bien sûr, qui avait raison. Mais le « premier » Proust. Celui qui n'y croyait pas. Celui qui savait – et rien, au fond, ne le dément – que le malentendu est la règle, et l'harmonie l'exception.

L'une de nos idées reçues le plus tenaces – retrouvée, cette semaine, dans une interview de Habermas : la philosophie comme instrument, justement, de « communication » – les philosophes comme agents d'on ne sait quelle « conversation démocratique » dont l'ultime horizon serait le « consensus social ». Les philosophes, en fait, ne conservent pas. La philosophie, cher Habermas, ne débat pas. Une grande philosophie – même maquillée, comme chez Platon, en « dialogues » de convention – ce sont des thèses, des théorèmes, des scolies, des gloses : c'est, au sens fort, l'impossible discussion. Mais puissance, hélas, de l'idée reçue. Son invincible vitalité. Que peut la philosophie contre la marée noire du lieu commun – même, et surtout, lorsqu'il contamine un des grands penseurs contemporains ?

Sartre rêvait d'un dernier tome de son Flaubert qui eût raconté l'auteur de « Madame Bovary », mais « à partir d'en bas, des pieds, des jambes, du sexe, bref, par l'autre moitié du corps » – il rêvait d'un livre, oui, montrant les livres des autres, donc les siens, comme « un résumé de tout le corps ». On dirait le Bataille de *Documents*. Ou le Nietzsche de la « Généalogie ». Mais non. C'est bien du Sartre. C'est bien l'auteur de « La nausée », cet intellectuel « abstrait », « cérébral », etc., dont les rapports à la « chair » passent, en général, pour « difficiles ». Est-il besoin de dire que le programme reste entier, plus que jamais d'actualité ?

Malheur des générations sans maîtres. Tristesse, ressentiment nécessaire, d'une génération qui croirait pouvoir – durablement – se passer de maîtres.

À la fête de Lutte ouvrière, un stand où l'on joue à lancer des boules de chiffons sur des quilles à l'effigie de Séguin, Sarkozy, quelques autres (dont, il me semble, Le Pen). Le problème c'est que ce type de jeu de massacre est l'exacte réplique de ceux qu'on trouve à la fête, justement, du Front national. Le problème, oui, c'est qu'une certaine extrême gauche puisse retrouver, tout naturellement, les gestes de l'autre bord : gestes de haine, gestes de mort – la politique comme art de la mort, la politique réduite au lynchage. D'où vient que nul ne s'en émeuve ? D'où vient qu'Arlette Laguiller, l'éternelle candidate, bénéficie, dans la plupart des grands médias, de cette inoxydable sympathie ?

Le livre de Lesley Blanch, sa première épouse, sur Gary : ma rancœur mise à nu.

Malaparte aurait cent ans. Mais la machine à commémorer, pour une fois, tarde à se mettre en route. Une chance pour l'auteur génial de « Kaputt » ? Sa façon d'échapper à la rafle d'une fin de siècle qui ne célèbre les grands morts que pour mieux les enterrer ? Ou bien la preuve, au contraire, d'une persistante défaveur ?

Cocteau, « Journal », 22 avril 1954. « Le sport contre toute attente est devenu le refuge d'une espèce de pensée. » J'y reviens.

6 juin 1998.

La haine du foot comme ressentiment. Bataille ou Breton. Penser avec les pieds. « République », livre VII. Silence, on joue ! Citer Karl Marx en entier.

Le dédain du sport et, en particulier, du foot chez nombre d'intellectuels. La fureur des stades ? L'hystérie chauvine des « supporters » ? Le dégoût devant cet « état de siège » auquel se réduisent, tous les quatre ans, les « fêtes » du Mondial ? Tout cela, oui, peut jouer. Mais aussi cette haine du corps qui est, comme dirait Nietzsche, l'apanage des « pensées faibles » et dont le vrai nom est « ressentiment ». On peut – et c'est mon cas – être assez indifférent à la grand-messe footballistique. On peut trouver pathétique, ou navrant, le spectacle de ces foules en délire – fanions, pauvres cocardes, la religion du but, la communauté réduite à ses cris de guerre ou de ralliement, etc. On ne peut pas *haïr* le foot sans que s'y mêle un peu de cette haine du corps dont toute pensée doit se garder. Péché contre le corps, péché contre l'esprit.

Il y a deux « lignes » sur le football. Celle de Breton, l'idéaliste, qui trouvait qu'on n'avait pas idée de dresser, former, faire courir un corps d'homme comme celui d'un animal. Celle de Bataille, le matérialiste, qui croyait, lui, que l'homme n'est jamais si profondément homme que lorsqu'il endosse cette part animale, s'y repose, la transcende. Éloge du bas. Goût de la chair et de l'ordure. Apologie de ce « gros orteil » qui, dans le fameux article de *Documents*, est le symbole de cette zone obscure où se fonde, en vérité, le sujet. Je ne suis pas un « supporter ». Mais, sur cette affaire comme sur les autres, je prends le parti de Bataille contre celui de Breton. Je préfère, et préférerai toujours, l'intelligence du corps à celle de l'idée sans corps. Ce qu'il y a de bien, dans le football, c'est qu'on y pense aussi avec les pieds. Et donc, j'y insiste, avec le corps – matière tragique.

Penser avec les pieds... C'est, à la lettre, ce que je vois sur l'écran de télévision. Ce manège. Ce ballet. Cette chorégraphie muette de passes et de feintes, d'écarts réglés et d'élans contrariés. Cette façon qu'ont les corps de ruser avec les autres, eux-mêmes, leur épaisse matérialité et, soudain, leur légèreté. Longtemps j'ai pensé, moi aussi : « gare au corps athlète ; gare à ce culte du corps parfait qui est au cœur, pour le coup, des fascismes ». Aujourd'hui, je vois bien qu'il n'en est rien. Je vois bien qu'il n'est nullement, dans cette affaire, question de corps impeccables. Corps incongrus, au contraire. Corps tordus, ou irréguliers. Et le goût, avec cette irrégularité, de produire de la grâce, du lyrisme, du mélodrame, du drame. Telle est la beauté – à mes yeux – des stades.

Première apparition du football dans la littérature (ou la philosophie). C'est un dialogue de Platon, au livre VII de « La République », où Socrate représente à Adimante et Glaucon « des hommes dans un camp d'hoplites cherchant à tuer le temps en attendant le combat ». Ils « se divisent en deux phalanges », dit-il. Ils « se disputent un objet sans valeur », poussé avec « toutes les parties » du corps, « tête, tronc, jambe ou pied » – et ce jusqu'à ce que, « l'un des joueurs l'ayant propulsé jusqu'à l'extrémité du camp, une clameur s'élève pour saluer l'exploit ». C'est bien, déjà, le football. Sa parenté avec la guerre, d'un côté (on a beau nous dire « guerre transcendée, sublimée, etc. », il reste cette dimension guerrière). Son affinité, de l'autre, avec la pensée (ce parcours « d'un pied à l'autre » n'est-il pas semblable – Socrate, toujours – à « la parole qui roule, dans l'assemblée, de bouche en bouche » ?). A l'autre bout du temps, Machiavel : jouer au « calcio » comme aux échecs – arts, indifféremment, de la guerre et de la pensée.

Ce qui reste vrai, tout de même, dans le procès de « l'horreur footballistique » : l'état d'hébétude où cette succession de matchs va très vite plonger le monde. Il peut se passer les pires choses, pendant le Mondial. Milosevic peut avaler le Kosovo. Les Hutus trucider deux cent mille nouveaux Tutsis. Le Pakistan peut faire exploser trois bombes, les GIA, en Algérie, raser des villages entiers – Castro peut, si le cœur lui en dit, réemprisonner ses dissidents. L'opinion ne bougera pas. Car l'opinion n'existera plus. Jamais le monde n'aura été si mondialisé, jamais le village planétaire n'aura été si planétarisé – et jamais, pourtant, il n'aura été si terriblement inhabité. Vide des rues. Vide des consciences et des croyances. Cette suspension hypnotique du temps où rien ne peut advenir – et où tout peut se produire. Au bonheur des barbares ? Bon plaisir des assassins ?

On peut dire du foot qu'il est l'alibi des tyrans : cf. l'Argentine de 1978 et, peut-être, le Kosovo de 1998 ; mais on peut dire, aussi, l'inverse : cf. les Basques et les Catalans portant, quarante ans plus tôt, les couleurs de la République espagnole contre Franco – cf. Mandela sortant de prison et choisissant, pour haranguer son peuple, le stade de foot de Soweto. On peut dire qu'il est « l'opium du peuple » ; mais on peut, aussi, citer *en entier* la phrase de Marx : « la misère religieuse est à la fois l'expression de la misère réelle et la protestation contre la misère réelle », elle est « le soupir de la créature accablée », elle est « l'âme d'un monde sans cœur, l'esprit d'un monde sans esprit », la religion est « l'opium du peuple » – et on peut reconnaître, alors, au football, par-delà fanions et cocardes, les vertus de toutes les cultures populaires (irrévérence, joie, revanche sur le destin des favelas, etc.). Entre les « pro » et les « anti »-Mondial, on serait bien bête de trancher. J'essaierai, quant à moi, de choisir la liberté – et le plaisir.

13 juin 1998.

Que peut un corps ? Le cannabis ou la bière. Après Millon, Balladur. Stendhal, Mérimée, Hugo. Spinoza et les « passions tristes ». Michel Poniatowski, révisionniste ? Kojève à Maastricht. Jospin et Parain. Pourquoi le Kosovo n'est pas tout à fait la Bosnie.

Intelligence du corps ? C'est toute la question posée par Spinoza dans l'« Éthique » : on ne sait jamais de quoi est capable un corps ; on parle, on parle, mais la seule chose vraiment mystérieuse, c'est de savoir ce que peut un corps.

L'alcool drogue dure, bien avant le cannabis ? Preuve par les hooligans drogués – en effet – à la bière.

Le « seul vrai concurrent de Le Pen, c'est Zidane », dit Jean Daniel dans *L'Observateur*. Le foot, encore. Et toujours l'intelligence – politique, cette fois – des corps.

Millon, soit. Mais Balladur ? Quelle tristesse. Quel désastre ! Spinoza encore. Sa critique des « passions tristes ». Parvenir à penser la politique, dit-il, sans recourir à ces passions tristes que sont la haine, l'envie, la honte, le regret, la vengeance, la crainte ou, dans cette affaire de « préférence nationale », le découragement.

Dans le « Mérimée » de Xavier Darcos, de belles pages sur l'amitié Mérimée-Stendhal et sur la certitude, chez le premier, de l'inéluctable oubli où sombrerait l'œuvre du second. Indécidabilité des gloires. Malentendu généralisé, jusques et y compris dans la plus désintéressée des amitiés. S'il y a un champ où notre lucidité est toujours prise en défaut, c'est bien celui des contemporains.

Il y a deux façons, en fait, de traiter le Front national. Le liquider ou le diluer. Le réduire ou le laisser s'infiltrer. J'imagine cette « commission sur la préférence nationale ». J'imagine réécrits, selon les recommandations de ladite commission, non seulement le droit des familles, le droit du travail, etc., mais le principe d'égalité, le préambule de la Constitution, bref les lois fondamentales qui régissent la République. Peut-être, oui, le Front national commencerait-il alors de baisser. Mais à quel prix ! Le Pen et Mégret pourraient disparaître, puisqu'ils auraient gagné la bataille des idées.

C'est l'histoire de ces gens qui, à Guernesey, tentent de convaincre Hugo de lire « Le rouge et le noir ». Le lendemain matin, penaud, le maître rapporte le livre : « désolé, mais je ne lis pas le patois ».

Devenir invisible, c'est trop tard. Mais, peut-être, imperceptible.

Ainsi de ce que l'on appelle aujourd'hui la « politique sécuritaire ». Passion d'esclave, dit encore Spinoza (« Éthique » IV, 47, scolie). Car même graine de tristesse. Même fond de haine, de méfiance et de mort.

Pourquoi écrivez-vous ? Pour réduire ou maintenir l'écart ? Communiquer, ou creuser la distance ?

Guère relevé, ce mot de l'ancien ministre Poniatowski, lors du congrès fondateur du mouvement de Charles Millon : « il est temps de mettre un terme aux divisions de la droite artificiellement créées il y a cinquante ans par la guerre ». On a bien lu. Artificiellement... Il y a cinquante ans... C'est du révisionnisme pratique. C'est la pensée révisionniste devenue principe d'une politique.

L'idéal sécuritaire encore. Lu, dans un journal anglais, qu'une compagnie d'assurances proposerait des contrats d'indemnisation en cas, non seulement de krach boursier, mais de troubles psychologiques liés à ce nouveau type de « catastrophe ». Passion triste, toujours. Sérénité « réactive » de l'âme guérie du risque.

Surpris de retrouver chez Kojève, dans un texte où il annonce « l'achèvement » de l'Histoire mondiale par « alignement des provinces de l'empire », l'idée des « critères de convergence » maastrichtiens ? Allons donc !

Tel est Jospin : quelqu'un qui a l'air – mais jusqu'à quand ? – d'avoir enfin compris que, comme disait Brice Parain, « chaque mot est une promesse » et que faire de la politique, c'est d'abord « donner sa parole ».

Face à la calomnie, faut-il répondre ou se taire ? ne rien laisser passer ou, au contraire, laisser filer ? La question n'est pas psychologique mais philosophique car elle concerne, au fond, le régime moderne de la vérité : une information qui a failli être vraie ne sera plus jamais tout à fait fausse – et c'est pourquoi il faut rectifier.

Oui, bien sûr, le Kosovo. Mais on voit bien, en même temps, la source du malaise. Si le coupable est clairement désigné (Slobodan Milosevic, nouveau fauteur de guerre dans les Balkans), la cause kosovar, elle, n'a plus les mêmes raisons de mobiliser (la Bosnie cosmopolite incarnait une certaine idée de l'Europe – adhérera-t-on, avec la même foi, au nationalisme albanais ?).

20 juin 1998.

Comment peut-on être berbère ? Cyniques et sophistes. Un matin, Roland Dumas. Du Tragique en Tapie.

Je me souviens de Matoub Lounès, un soir, à Paris, chez l'éditrice Maren Sell. Ses yeux un peu trop ronds. Sa barbe de Pan berbère. Son goût de la fête, de l'amitié, des bons vins. Sa façon de rire, oui, de rire des islamistes qui venaient de le kidnapper puis, crainte des représailles, de le libérer sans conditions. Son insolence. Son côté faux Gainsbourg et vrai voyou. Cette façon de mêler le verbe, la provocation, l'ironie, dans une vision du monde superbement poétique. Et puis ce ton, surtout, pour nous parler de « l'identité berbère » dont il était déjà le héraut : non pas une identité de plus, disait-il ; non pas une identité parmi d'autres, rivale des identités « islamique », « arabe » ou « francophone » ; mais une sorte de contre-identité – une manière de contrarier ce que toutes ces autres identités pouvaient avoir de réducteur ou de trop simple ; être berbère ? manière de dire que l'on n'est pas seulement « arabe », ni seulement « musulman » – manière de poser une identité plurielle, polyculturelle, rebelle, qui est celle de toutes les cultures majeures. Matoub était un très grand artiste. C'était, pour ceux qui le connaissaient, un merveilleux compagnon. Mais c'était aussi une certaine idée de l'Algérie – celle que les tueurs, à travers lui, ont évidemment voulu liquider.

Disparition du publicitaire Jacques Pilhan. Comment le même homme a-t-il pu conseiller à la fois, et en si peu de temps, François Mitterrand et Jacques Chirac, un président de gauche, puis de droite ? C'est très simple. Il lui suffisait de croire, j'imagine, que la différence entre la droite et la gauche n'était pas si nette, justement, qu'il y paraissait – il lui suffisait de postuler une sorte d'« art politique » pur, indifférent aux « visions du monde » ou aux « opinions », affaire de seules formes, de contenants sans contenu. Pilhan n'était pas exactement un cynique ; c'était un sophiste. Ce n'était pas un opportuniste ; c'était quelqu'un qui, à tort ou à raison, pensait que le temps des grands récits, donc des grandes fables, était passé. Ce n'était pas un vendeur de vent, un marchand de songes et de mensonges ; c'était, en un sens, le contraire : un politique absolu, un marchand de tropes et de figures – c'était un homme dont tout indique qu'en prenant son parti du Spectacle, en prenant acte du triomphe de l'Émotion sur la Pensée, ou de la Séduction sur l'Illusion, il avait, à l'inverse, et à l'échelle de la Cité, réduit la part de la comédie. Les uns diront qu'il participait, ce faisant, à l'abaissement de l'idée républicaine. Les autres assureront qu'il fut l'image même de l'esprit démocratique triomphant. Tous auront, évidemment, raison. Car tous se retrouveront dans ce constat : chaque époque a les personnages qu'elle mérite ; et Jacques Pilhan fut, pour le pire et le moins pire, l'un des vrais personnages de l'époque.

Janvier 1993. Il est six heures du matin. Je suis venu dire au revoir au président Izetbegovic dont s'achève la visite à Paris. Roland Dumas, antibosniaque notoire mais ministre des Affaires étrangères de la France, a eu, apparemment, la même idée. En sorte que nous nous retrouvons là, tous les deux, regards en chiens de faïence, n'échangeant forcément pas un mot, dans la semi-obscurité du bar du Raphaël désert. Je le trouve vieux, ce matin-là. Fatigué. Il a l'air d'un noceur levé trop tôt, qui n'aurait pris le temps ni de se raser ni de vraiment se réveiller. Tantôt il s'affale dans un fauteuil, les yeux mi-clos, la bouche un peu ouverte, serrant contre lui, comme pour se réchauffer, les pans de sa petite gabardine bleu marine toute froissée. Tantôt il se redresse, se recompose un visage de majesté – et il a l'air de ces portraits qui vous regardent dans l'ombre d'une longue galerie. Qui est le vrai Dumas ? me dis-je. Le pathétique ou le magnifique ? Le vieil enfant chiffonné, las de cette bouffonnerie, furieux d'être là, de si bon matin, à faire bêtement le ministre pour un Bosniaque dont il se fiche – ou le séducteur aux aguets, superbe à nouveau, qui, le visage légèrement empourpré, décide de rendosser le rôle et me fait son plus bel œil de Talleyrand-Choiseul ? Pas plus hier qu'aujourd'hui, je ne parviens à juger l'homme antipathique ou détestable. Je note, ce jour-là : « nous nous sommes tous trompés – le héros le plus romanesque de la Mitterrandie n'est pas Mitterrand mais Dumas ».

Tapie à TF1. Vaincu, lui aussi. Presque humble. Cette façon de se fâcher à contretemps. Ces ruses qui n'en sont plus. Ces drôles de sourires, fragiles, qui meurent trop tôt sur les lèvres. Ce visage bizarre, par moments terriblement émouvant : un reste de ferveur, un dernier vernis de jeunesse – et puis l'air, comment dire ? d'avoir *vieilli par en dessous*. Je ne sais ce que l'Opinion retiendra de cet autre Bernard Tapie. J'ignore si elle sera sensible, comme je l'ai moi-même été, à la sincérité retrouvée du personnage, à cette fêlure qui affleurait – ou si elle ne retiendra de ce moment de télévision que la promesse faite de ne plus toucher à la politique (ah ! le soulagement d'entendre que ce « mauvais symbole », ce miroir de ce que nous fûmes, débarrasse, à tout jamais, le plancher du grand spectacle !). Mais voilà. On dit, d'habitude, que l'Histoire se répète : une fois en tragédie, la seconde fois en farce. Dans le cas Tapie, c'est l'inverse et ce n'est pas l'arrêt de la Cour de cassation, ce jeudi, qui me fera changer d'avis : elle a débuté en farce, mais il n'est pas exclu qu'il y ait, soudain, une part de Tragique en cet homme.

4 juillet 1998.

Dissoudre Boris Eltsine ? Les « hommes de granit »
de Soljénitsyne. L'erreur de l'Occident. Kojève ou
George Soros ? L'éthique du capitalisme.

Fin de partie pour Boris Eltsine. Mais fin de partie,
aussi, pour les Occidentaux qui sont, au moins autant
que lui, responsables du désastre russe. Ils ont commis
une première erreur qui est d'avoir cru, ou feint de
croire, que l'on sortait du communisme par décret :
« ce n'est rien, le communisme ; c'est juste un mauvais
rêve, une chimère, une maison hantée ; c'est comme
une chape de plomb, coulée sur une société restée
vivante et à l'abri de laquelle survivrait, dans l'attente
d'un réveil glorieux, une sorte d'homme intact... » Cet
« homme intact » n'existait pas. Cette « société vivante » était un leurre. La Russie réelle, celle qui entendait
se mettre à l'heure de l'économie marchande réinventée, était un pays brisé où l'on ne devait pas tarder à
découvrir que le communisme avait, quoi qu'on en dise
– mais comme le disaient, en revanche, et depuis longtemps, les « dissidents » –, commencé de forger son
« homme nouveau ». La convertibilité du rouble,
remède à l'« homo sovieticus » ? Dissoudre en dix ans,
par la seule grâce du marché, soixante-dix années d'un
abrutissement sans pareil ? Quelle plaisanterie...

Les sociétés d'Europe centrale, bien sûr, avaient subi
un sort de même espèce : mais au moins avaient-elles
connu, avant d'entrer dans leur nuit, un vrai moment
démocratique. La Chine était celui de tous ces pays
communistes où l'effort meurtrier pour rompre avec
le « vieil homme », produire un « homme nouveau »,
casser en deux « l'histoire de l'humanité et du monde »
était allé le plus loin : mais au moins restait-il, hors la
Chine, de Singapour à Hongkong et ailleurs, une dias-
pora de marchands chinois sur lesquels pourrait s'ados-
ser, le moment venu, le projet modernisateur. Rien de
tel, en Russie. Rien que des apparatchiks, formés à la
seule discipline du Parti et dont on a cru pouvoir faire,

du jour au lendemain, des apôtres du capitalisme. Notre erreur de principe était là. L'erreur, la bévue furent d'imaginer que l'on pouvait, par enchantement ou presque, greffer une culture marchande dans la tête de ceux que Soljénitsyne appelait jadis « les hommes de granit » et dont Boris Eltsine fournit le prototype...

Cette question de passage du « communisme » au « capitalisme » était la question centrale de ces années. C'était, surtout, une question inouïe, sans précédent connu. Or le plus étrange est que rien n'ait été fait pour la problématiser – le plus étrange, le plus fou est qu'à la question des rythmes comparés de la réforme politique et économique, à la question de savoir comment on construit un État, un droit, un système fiscal, bref à la question politique, juridique, mais aussi philosophique des conditions de possibilité d'une société libre sur les décombres d'un monde nécrosé, nous n'ayons pas su consacrer le dixième de l'énergie investie naguère, par exemple, dans la réflexion sur le totalitarisme. Folie, oui. Aveuglement et paresse de l'esprit. Où est, à nouveau, la responsabilité la plus lourde : l'ivrognerie de M. Eltsine ou la légèreté de ceux – nous tous – qui ont réduit ce chantier immense, et immensément complexe, à une pure affaire de dollars ?

Car il y a pire, au fond, que la quantité d'argent partie, soit en fumée, soit dans le trou noir des comptes numérotés des nomenklaturistes recyclés. Et ce pire, c'est que l'on ait laissé s'installer ce malentendu de fond quant à la vraie nature des besoins d'un pays qui, comme la Russie, passait à l'économie marchande. On attendait des plans : on a eu des lignes de crédit. On espérait un nouveau Jean Monnet : on n'a vu que M. Camdessus. Il fallait un Kojève, capable de penser l'achèvement de l'Histoire occidentale ou, au contraire, son recommencement – au lieu de quoi ne se sont fait entendre que les prédictions de M. Soros ou les cours d'économie appliquée d'un président américain affaibli. Il y avait là le défi intellectuel le plus vaste qu'ait eu à affronter l'Occident depuis un demi-siècle et nous nous sommes déchargés sur la FED, la Deutsche Bank, le FMI et les autres de la tâche de le penser.

Dira-t-on qu'il ne pouvait en aller autrement et qu'il faut bien des capitalistes pour faire naître un capitalisme ? Oui et non. Car jamais capitalisme, justement, ne s'en est remis aux seuls capitalistes du soin de le faire naître. Jamais, plus exactement, il n'a fait l'économie d'une morale (Weber ou Schumpeter disaient une « éthique ») dont les vertus alliaient sens du profit et probité, appât du gain et goût puritain de l'épargne – et n'avaient évidemment rien à voir avec l'ivresse spéculative du trader de Wall Street relooké nouvelle Russie. Les communistes n'étaient pas ces puritains. Experts en double, triple langage, ils ne pouvaient en aucun cas devenir les médiateurs de ces « vertus ». Et toute la question est là : où les jeunes Russes d'aujourd'hui les auraient-ils trouvées, où auraient-ils pris les modèles de l'éthique marchande en gestation, dès lors que nous n'avions nous-mêmes à leur offrir que l'image du yuppie vivant le capitalisme comme un gigantesque casino ?

5 septembre 1998.

Clinton et les nouveaux maccarthystes.

Voilà, les chiens sont lâchés. Il y avait le procureur Kenneth Starr qui, fort de l'appui de la majorité républicaine à la Chambre, poursuivait, depuis des mois, sa croisade personnelle contre Clinton. Voici maintenant les démocrates, ou du moins certains d'entre eux, qui, comme le gouverneur du Maryland, Parris Glendening, ou le sénateur du Nebraska, Bob Kerrey, entrent dans la danse – il faudrait dire dans la chasse. Et en voici un autre, le sénateur Joseph Lieberman, qui, la Bible dans une main et le Code de la famille dans l'autre,

351

dresse un réquisitoire dont *Le Monde* publie de larges extraits et qui démontre – je cite – qu'un chef d'État américain est la « quintessence » de son peuple, que sa « vie privée » est, à ce titre, une « affaire publique » et qu'« avoir entretenu une relation extra-conjugale avec – je cite toujours – une employée deux fois plus jeune que lui, et cela sur son lieu de travail », est une « faute morale » gravissime, infligeant une « blessure » non moins grave à « l'orgueil national ». Ce qu'un tel discours a encore de « démocrate », c'est un mystère. Mais le fait est là. On parle de l'« Amérique profonde » pour dire ce que ce pays a, souvent, de plus obtus. L'Amérique profonde, en l'occurrence, n'est pas en cause. C'est l'Amérique politique qui, toutes tendances confondues, commence de prendre goût à ce prêchi-prêcha moralisateur. Cette Amérique-là n'a pas la rage, elle perd la tête. Ces Américains-là, ces élus qui admettent sans difficulté que, dans l'exercice de ses fonctions, leur président serre la main de tel ou tel assassin, par exemple le Chinois Li Peng, mais qui, lorsque, en privé, il caresse une jeune fille, parlent de le destituer, ces tartuffes qui viennent nous dire qu'un homme d'État se juge moins à la qualité de sa politique qu'à l'usage qu'il fait de son sexe sont des irresponsables doublés d'ayatollahs laïques.

La question posée est évidemment celle du statut, en démocratie, de l'impératif de transparence. Que cet impératif soit constitutif de la morale publique, qu'il soit un bon antidote au règne de la raison d'État et du cynisme, que le culte effréné du secret soit, à l'inverse, le commencement de l'arbitraire, ce n'est pas nous, Français, enfin entrés depuis peu dans l'ère postmitter-randienne, qui songerons à le nier. Mais que cette transparence ne doive ni ne puisse être totale, qu'il lui faille, pour être vivable, composer avec une part d'opacité, que la démocratie, en un mot, exige, dans la vie de chacun, et donc dans celle du président, un infracassable noyau de nuit et, pourquoi pas ? de mauvaise foi ou de mensonge, c'est une autre évidence dont on a scrupule à rappeler que deux siècles de démocratie l'ont établie. La démocratie, c'est le malentendu. La démocratie, c'est l'impossibilité, pour les sujets, de se constituer en « bonne » communauté. La démocratie, c'est la lutte contre le secret mais aussi, en même temps, la préservation, au cœur de la vie de chacun, de cette inaliénable réserve d'intimité et d'ombre. Un homme qui n'a rien à cacher est un homme mort. Un régime qui contraindrait ses gouvernés, mais aussi ses gouvernants, à vivre dans la lumière totale serait, à la lettre, totalitaire. De deux choses l'une. Ou bien les nouveaux ayatollahs réservent au seul président cette demande de transparence : mais c'est le doter d'une essence différente des simples mortels. Ou bien ce qui vaut pour l'un vaut pour les autres et, en refusant à Clinton le droit de compartimenter sa vie, on le refuse à tous les Américains – et c'est, dans ce cas, chaque citoyen dont le droit au for intérieur se voit, par contagion, menacé. Ces vertueux sont des vertueurs. C'est chaque sujet qui, dans l'Amérique d'aujourd'hui, est en droit de se sentir visé quand on humilie son président.

D'ailleurs, soyons logiques. Si MM. Starr et Lieberman pensent ce qu'ils disent, alors pourquoi seulement la sexualité, et pas d'autres formes de libido ? pourquoi ne vérifient-ils pas ses fréquentations ? ses goûts alimentaires ? pourquoi, si son imaginaire est l'affaire de tous, n'instituent-ils pas des comités de lecture chargés de passer au crible les livres de sa vie ? fait-il bien sa prière chaque dimanche ? ne se permet-il pas avec Hillary – car ses apartés avec Hillary sont, désormais, dans le domaine public – des blagues de garçon de bain ? ne lui arrive-t-il pas, en privé toujours, de parler avec cynisme de ses adversaires ou de son mandat ? et les intellectuels ? s'est-on assuré qu'il n'a pas, dans son entourage, trop d'intellectuels ? C'est le règne d'Ubu. C'est une nouvelle Inquisition qui, au-delà même de Clinton, commence de toucher, de proche en proche, un peu tout le monde : déjà, ce représentant de l'Indiana demandant bruyamment pardon pour ses propres péchés ! déjà, ce climat de pénitence, de contrition sirupeuse et âpre où baigne le débat washingtonien sur fond d'aveux présidentiels hebdomadaires ! Starr et Lieberman sont les maccarthystes de cette fin du XXᵉ siècle. Puisse-t-on leur résister comme on résista, naguère, au premier maccarthysme ! Il y va du sort de l'Amérique, donc du nôtre.

12 septembre 1998.

Alain Minc contre les juges.

À l'heure de l'affaire Clinton, à l'heure où un juge indépendant, fort de l'appui des médias, peut fouiller la vie privée d'un homme, traquer ses fantasmes les plus secrets, les jeter en pâture à l'opinion et l'acculer à mentir pour se protéger, à l'heure de ce lynchage légal qui, mené par un procureur halluciné, mi-docteur Folamour, mi-Grand Inquisiteur, déstabilise un président et, à travers lui, un pays et le monde, il y a un livre à lire sans tarder car il décrit le type de mécanisme susceptible de conduire à cette aberration lugubre : c'est le livre d'Alain Minc sur la révolution judiciaire et les juges.

Cette révolution des juges, commence en effet Minc, était, en principe, une bonne chose. C'était une avancée de la démocratie. Un progrès. C'était, en France par exemple, une vraie « deuxième révolution » permettant, comme la première, d'abolir d'anciens privilèges, de briser des impunités insupportables. Et ce fut, en Italie, le seul moyen de réduire une classe politique vieillie, corrompue, qui tenait, depuis la guerre, le pays en coupe réglée – ce fut la seule façon, au fond, de l'entraîner vers la monnaie commune, l'Europe, la modernité.

Mais il ajoute, aussitôt, ceci. Tout pouvoir ayant naturellement la tentation d'aller au bout de son pouvoir et les autres pouvoirs – législatif, exécutif... – ayant tendance, comme on sait, à se décomposer, le juge devient un nouveau prince, sans rival ni contrepoids, dont la toute-puissance, si elle durait, menacerait les libertés. De deux choses l'une, dit-il. Ou bien la sagesse des hommes corrige ce déséquilibre ; et les juges, en une nouvelle nuit du 4 Août (mais dont on ne voit guère poindre, hélas, les signes avant-coureurs), autolimite ce pouvoir insensé. Ou bien, comme il est probable, la vertu de quelques-uns ne suffit pas à dissiper l'ivresse du plus grand nombre (ni, surtout, les illusions d'un populisme trop heureux d'applaudir à la curée contre les puissants) ; et alors nous connaîtrons, oui, un destin « américain ».

Il faut lire les pages que Minc consacre, par exemple, au thème de l'irresponsabilité des juges. Le moindre chef d'entreprise, dit-il, répond – et c'est tant mieux – de l'usage abusif des « biens sociaux » dont il est le gardien. Les fonctionnaires rendent des comptes. Les ministres sont, sinon coupables, du moins responsables de ce qui se fait en leur nom. Mais qu'un juge, en son propre nom, condamne un innocent, qu'il détienne abusivement un prévenu, qu'il dispose de l'arme absolue qui consiste à annoncer à grand fracas la mise en examen d'un citoyen et à salir donc son honneur, quand ce n'est pas à briser sa vie, et il n'existe, dans l'état actuel de l'équilibre des pouvoirs, pas de moyen de le sanctionner, ni, à plus forte raison, de réparer.

Il faut lire ce qu'il écrit de la sacro-sainte « indépendance » dont les juges, depuis vingt ans, se font une bannière. Indépendants vis-à-vis de qui ? De quoi ? Et avons-nous à ce point oublié nos classiques – un certain Marx notamment... – pour ne pas voir que, les hommes étant ce qu'ils sont, et les juges étant des hommes, l'indépendance absolue, c'est-à-dire le dénouement du lien qui les rattache au peuple souverain, ne peut avoir que deux conséquences : soit une magistrature flottante, privée de vraie légitimité et, donc, un jour ou l'autre, arbitraire – soit, pire, sa soumission à d'autres forces, celles-là mêmes que l'État citoyen contenait et qui reviennent au galop dans la tête des juges « souverains » ? Triomphe de l'idéologie. Revanche du préjugé. Ou même – pourquoi pas ? – passion, caprice, intérêt...

Il faut lire, encore, ce qu'il dit du navrant spectacle offert par les plus « médiatiques » de ces juges quand, juchés sur leurs tréteaux, ils viennent prendre le peuple à témoin, non des difficultés de leur charge, ou des trop faibles moyens dont ils disposent, mais de leur nostalgie d'on ne sait quelle pureté perdue ou de l'envie qui leur vient, parfois, d'envisager la mise en examen du... président de la République ! La classe politique, tétanisée, regarde. Elle se tait. Qu'un imprudent songe à protester, et il sait que le nouveau maître – juges et opinion mêlés – grondera : « tiens, tiens... le mauvais citoyen... ». Voilà. Nous y sommes. Suspicion. Intimidation. Et déjà, dans les cervelles, la machine à capituler.

Car la France n'est pas l'Amérique ni le juge Nguyen l'analogue de Starr, le procureur pornocrate et fou. Mais qui ne voit que l'essentiel du dispositif est en place ? Comment ne pas comprendre que, « l'argent » étant à la France ce que « le sexe » est à l'Amérique, nous sommes mûrs, nous aussi, pour un « Monicagate » ? Puisse ce livre courageux, fort, nuancé, aider à conjurer le péril. Puissent les juges entendre, comme il les y invite, la responsabilité historique qui est aujourd'hui la leur. Condorcet ou Robespierre – telle est, selon lui, la question : ou bien l'esprit du premier triomphe, et la révolution des juges contribuera au regain démocratique, ou bien c'est le second qui l'emporte, et le droit nourrira la Terreur, les parodies de justice et, encore une fois, le populisme.

19 septembre 1998.

Maccarthysme sexuel, suite.

Clinton n'est « coupable » de rien. Clinton ne « mérite », ni de près ni de loin, le traitement dont il est l'objet. Tout homme, fût-il Clinton, a droit à sa part de secret et il faut donc, une fois pour toutes, sortir de la logique infernale qui fait dire : « d'accord, Starr va trop loin, mais Clinton l'a cherché, il s'est déconsidéré – ce lynchage dont il est la victime, il en porte, qu'il le veuille ou non, une part de responsabilité ». On peut faire à Clinton-président tous les procès que l'on veut. Ce procès-là, ce procès que l'on fait, non au président mais à l'homme et dont la pièce à conviction est une tache de sperme, cette idée d'une participation, par ce biais, à la dégradation sans précédent de sa fonction présidentielle, voilà qui est à la fois infâme et idiot. La politique, aux États-Unis, est rabaissée au rang d'un peep-show : de cette débâcle voulue, orchestrée, prolongée, par les procureurs républicains, il faut inlassablement répéter que Bill Clinton est innocent.

Clinton avait droit au mensonge. Clinton, même sous serment, et dans la mesure où il y était acculé, avait non seulement le droit, mais, d'une certaine façon, le devoir de mentir. « Ce n'est pas l'adultère qu'on lui reproche, mais le parjure. » Allons ! Comme si l'un allait sans l'autre ! Comme s'il pouvait faire ce qu'il faisait (adultère) et le faire savoir (transparence) ! Comme si mentir n'était pas la seule issue dès lors que les chiens étaient lâchés et qu'ils venaient renifler ses caleçons ! Il y a des mensonges dignes – celui-là en était un. Il y a des mensonges de légitime défense – pour défendre les siens et se défendre soi-même, pour protéger un pays qui n'avait aucune raison, en effet, de se voir infliger le déballage de ses ébats, il n'y avait qu'une solution : « faire (c'est lui, Clinton, qui parle) ce que tout le monde fait en pareil cas » – se taire, donc, et mentir.

Les ébats avec Lewinsky. On ajoute, en général, « sordides ». Ou « dégradants ». On prend l'air important, ou dégoûté, pour fustiger cette sexualité « misérable » qui aurait provoqué, dans toute l'Amérique, un immense « haut-le-cœur ». Mais enfin, qu'en savons-nous ? De quel droit, au nom de quels canons, de quel sexuellement correct nous permettons-nous de juger des pratiques sexuelles qui demeurent – c'est toujours Clinton qui parle, et il a raison – « le domaine le plus mystérieux de chaque vie humaine » ? Je n'ai pas plus d'informations qu'un autre. Mais enfin, puisque nous y sommes et que nul, donc, n'a échappé au grand spectacle voulu par le procureur Starr, le Congrès et les médias, je risque une hypothèse pas plus invraisemblable que celle de nos ayatollahs de boudoir : et si cette histoire de cul était une histoire d'amour ? et si Clinton avait aimé Monica comme, mettons, Kennedy Marilyn ? et si, avec leurs cravates et leurs cigares, avec leurs rendez-vous bizarres et leurs étreintes interrompues, avec leurs conversations téléphoniques « hard », leurs cadeaux, leurs mots doux, le président et la stagiaire avaient vécu, oui, une espèce de « passion » ? Ça ne change rien, et ça change tout. Car ce président-là devient irrésistiblement sympathique, émouvant. Et c'est lui, bien sûr, que plébiscitent aujourd'hui les sondages.

Érotique et politique. La double harmonie de l'Âme et de la Cité, du désir des princes et de celui, plus ou moins libre, de leurs sujets. Ce n'est pas une loi. Mais enfin... J'ai du mal à ne pas croire – appelons les choses par leur nom – qu'un prince frustré, qui ne baise pas, n'ait l'irrésistible tentation de baiser ses gouvernés. J'ai peine à ne pas trouver plutôt rassurante, à l'inverse, l'image d'un Bill Clinton vivant, amoureux de sa Monica, prenant le temps de l'écouter, de lui choisir ses petits cadeaux, de s'enquérir de sa vie, de lui trouver un travail. Et je suis convaincu qu'il y a effectivement de cela dans la persistante indulgence du peuple américain à l'endroit de ce chef d'État humilié, mais étrangement souverain : un président-citoyen s'éprenant, comme un Américain moyen, d'une jeune Américaine moyenne ; ce qui est bon pour la libido du président est bon pour la démocratie.

« Racontez-nous ce que nous nous interdisons de faire, ordonnent les Inquisiteurs, les peine-à-jouir, à l'accusée ! Racontez tout ! N'omettez aucun détail ! » Et quand ils en ont fini avec la malheureuse, quand ils sont bien certains de lui avoir fait dégorger ses petits secrets et d'avoir, au passage, probablement brisé sa vie, ils se tournent vers son partenaire : « À votre tour de raconter ! tout ! nous voulons tout ! les psychanalystes n'ont qu'une version – nous sommes, nous, plus exigeants et nous voulons les deux versions ! » Le coït, en somme. L'amour dans le prétoire. Des juges invisibles rejouant, comme des maniaques, l'acte qu'ils prétendent condamner. Où est l'obscénité : chez celui qui a choisi l'ombre d'un couloir pour éviter qu'on ne le voie – ou chez ceux qui, ayant reconstitué la scène, la balancent sur les écrans ? Pronostic : Bill Clinton ira au bout de son mandat et Kenneth Starr deviendra fou.

26 septembre 1998.

Considérations sur le destin de Salman Rushdie.

Salman Rushdie est libre. Qu'est-ce, un homme qui sort de ces dix années de traque et de cauchemar ? Un homme brisé, ou un vainqueur ? Un personnage de Kafka, apeuré, écrasé, qui passera le restant de ses jours à attendre la sentence d'un juge insaisissable pour un crime dont il n'a jamais rien su – ou une sorte de Soljénitsyne, trempé par l'épreuve, renforcé dans son âme et dans son art, l'un de ces hommes d'airain que rien n'atteindra plus jamais ? Je connais assez Salman pour savoir que c'est la seconde hypothèse qui est évidemment la bonne. « Des excuses ? » lui ont demandé d'étranges journalistes, au sortir de l'enfer. « Des excuses ! Vous voulez rire ! C'est moi qui attends celles de l'Iran ! » Ce Salman, le Salman rieur, facétieux, intraitable, le Salman qui, par l'humour autant que par la fermeté du caractère, a résisté à tout, jusques et y compris à la bêtise de ceux qui n'ont toujours pas compris qu'il n'a commis ni crime ni blasphème, ce Salman, donc, sort de l'aventure, la nuque raide, moins décidé que jamais à transiger sur l'inacceptable.

Le but des ayatollahs était, à défaut de le tuer, de l'empêcher d'écrire ou de le rendre fou : prisonnier sans barreaux, bête traquée, otage de lui-même et de sa peur ; et peut-être se sont-ils imaginé y parvenir, aux toutes premières heures de l'affaire, quand Salman, en plein désarroi, sembla envisager de se rétracter. Et puis, très vite, il s'est repris. Il a recommencé d'écrire. Mais attention ! Pas cette chronique de la clandestinité que tout le monde, à commencer par eux, attendait. Mais son livre le plus beau, le plus littéraire, le plus libre – un livre, « Le dernier soupir du Maure », qui n'avait mystérieusement rien à voir avec son mauvais destin et qui constituait un nouveau défi, cinglant, aux ayatollahs assassins. Défi par la littérature. Résistance par le roman.

Car, pour Salman Rushdie, la littérature est un roc. Et il est lui-même, à son image, un roc de courage et de mots sur lequel s'est brisée la vague islamiste. Autre question, alors. Que peut devenir ce roc, une fois le pire passé ? Peut-il le rester, roc, une fois que se sont refroidies les températures extrêmes de la déréliction ? Et cette énergie mise à fondre le sujet dans son roc, cet état de surfusion des sentiments et des idées où il a dû vivre depuis dix ans, cette machine à forger un sujet sans faille ni compromis, est-il non seulement possible, mais souhaitable, que tout cela survive dès lors que l'autre vie, la vie normale, reprend ses droits ? Peut-être – et comme je le comprends ! – Salman n'aura-t-il rien de plus pressé que de redevenir ce pur romancier, complice de Pinter et d'Amis, dont il me disait la nostalgie, à Londres, au printemps dernier. Ou peut-être n'y a-t-il, là non plus, rien à faire contre l'Histoire quand elle s'est emparée de vos mots, de vos rêves, de vos secrets, bref, de vous – et peut-être Salman n'a-t-il d'autre choix que de demeurer, symbole oblige, le combattant d'une liberté dont très peu d'écrivains vivants savent, comme lui, le prix.

Mais, au fond, que s'est-il passé ? Est-ce l'Iran qui a cédé ? La Grande-Bretagne qui l'a emporté ? Ou est-ce la force d'un homme seul qui, adossé à son roc, ainsi qu'à quelques médias, à quelques-uns de ses pairs, ou à l'opinion mondiale, a forcé les protagonistes de l'affaire à se ranger au parti de la raison ? Force de Salman. Endurance de Salman. L'intelligence extrême qu'il a fallu pour convaincre, au fil des ans, que le pestiféré, ce n'était pas lui, mais eux, les Iraniens meurtriers. Pourquoi avoir fait de ce seul homme un tel symbole, n'ont cessé de demander ceux qui avaient hâte qu'on en finisse ? Eh bien voilà. La réponse est là. La liberté d'écrire et de parler, donc notre liberté à tous, aura eu, in fine, le formidable pouvoir de hisser d'une part à plus de grandeur des démocraties frileuses, prêtes à tous les compromis – et, d'autre part, de faire entrer dans la cervelle des tueurs, et de leur régime, que la reconnaissance des nations a un prix et qu'on se coupe du monde quand on coupe une tête.

L'« affaire » est-elle, pour autant, terminée ? Non. Car il reste toujours, chacun le sait, l'hypothèse du tueur isolé, ivre de haine et de foi, qui aurait le sentiment, non de désobéir, mais d'être fidèle au contraire à l'esprit de la sainte foi – « ah ! les ayatollahs pactisent ! pour un plat de lentilles technologique, ils renoncent à la fatwa ! eh bien, me voilà, moi, reprenant le flambeau là, juste là, où ils ont fait la faute de le laisser choir ! » Qu'est-ce qu'un terroriste ? Ce n'est pas seulement un tueur, c'est un juge doublé d'un tueur. C'est un juge qui s'est donné le pouvoir d'exécuter lui-même la sentence. Alors, Salman sait bien qu'une nouvelle affaire est sans doute en train de naître : plus d'Iran pour commanditer le crime ; plus de Grande-Bretagne pour l'en tenir, un jour ou l'autre, pour responsable ; mais une fatwa miniaturisée, sans auteur ni vrai coupable – et d'autant plus redoutable.

3 octobre 1998.

Levinas et Eltsine. Et si Jeanne d'Autun n'était ni Giroud, ni Lambron, ni Sollers ? L'invention de Steiner. Morts pour rien au Kosovo. Bander et penser. Relire Michel Foucault. Rebatet ou Céline ? Besson, les Serbes et l'art du roman. Les deux corps du roi Clinton. Éloge du Pacs. Le sexe de Mitterrand.

D'Emmanuel Levinas, dans « L'au-delà du verset », ce mot qui semble écrit, tout exprès, pour la Russie d'Eltsine et Primakov : « Priez pour l'État ! Sans lui, les hommes s'avaleraient vivants les uns les autres... »

Et si, derrière Jeanne d'Autun, il n'y avait, en réalité, personne ? Et si cette mystérieuse et très littéraire « maîtresse » de François Mitterrand n'était ni Giroud, ni Sagan, ni Lambron, ni Sollers ? Ruse suprême d'une société du spectacle à l'agonie qui s'inventerait des pseudonymes, des masques, etc., en nous laissant croire, à tort, qu'il y aurait un « vrai » visage derrière. Âge nouveau dans lequel nous entrerions et qui serait celui des mystifications sans gloire et comme désenchantées : l'âge des masques sans visage – l'âge où, tout à coup, serait Ajar qui veut.

La commedia dell'arte contemporaine voulait son érudit « officiel » – Borges pour temps démocratiques, chargé de disserter sur l'histoire du livre et d'inaugurer les bibliothèques. Elle l'a. C'est George Steiner.

Au Kosovo, les Alliés font les gros yeux ; leurs avions seraient prêts à décoller ; peut-être, quand ces lignes paraîtront, auront-ils même *déjà* décollé, frappé et fait reculer Milosevic. Pourquoi, si les choses étaient faciles, avoir alors tant tardé ? Pourquoi tant d'horreur pour rien – massacres de Drenica, égorgements à l'arme blanche de Gornje Obrinje, femmes enceintes au ventre tranché, enfants cachés dans les forêts et pourchassés ? Peut-être, justement, parce qu'il « fallait » cet enchaînement fatal. Peut-être parce que le scénario était écrit et qu'il n'est pas de « bon » scénario que l'Histoire contemporaine ne se croie contrainte d'effectuer. Hégélianisme postmoderne : tout ce qui est « scénarisable » est rationnel – tout ce qui est rationnel est, ou sera, réel.

Au hasard du nouveau livre de Sollers, cette lettre du prince de Ligne à Casanova, qui vient de lui adresser ses Mémoires : « les deux tiers de votre livre m'ont fait bander, le troisième tiers m'a fait penser ; je vous admire pour ceci, je vous aime pour cela ».

Florence Rey. Toujours cette manie de trouver à la violence, au Mal, etc., des causes socio-culturo-économiques – en l'occurrence l'influence d'une vidéo d'Oliver Stone qui, selon le tribunal, serait à l'origine de tout. Foucault (celui de « Surveiller et punir » et de l'« Histoire de la sexualité ») : l'étrange processus de déresponsabilisation qui accompagne les progrès de la justice et qui, en même temps, la dénature.

Ce qui me gêne dans le cas Steiner ? Ni ses dialogues avec Boutang. Ni ce « Transport de A.H. » paru il y a quinze ans, qui mettait en scène un Hitler curieusement philosémite, sioniste avant la lettre, n'accomplissant son Crime que pour hâter les temps de la Promesse. Ce n'est même pas son indulgence trouble pour Rebatet. Non. Le malaise viendrait plutôt de ce qu'il puisse – dans l'ordre, non pas politique, mais littéraire – comparer ledit Rebatet à Proust ou à Céline. Sera-t-on justiciable d'une pensée « politiquement correcte » si l'on affirme – avec quelques autres, heureusement – que « Les deux étendards » ne sont tout bonnement pas comparables à « La recherche du temps perdu » ou au « Voyage au bout de la nuit » ?

Besson a pris deux Serbes pour héros de son dernier roman. Ce roman, je le tiens néanmoins – mais faut-il dire « néanmoins » ? – pour l'un des plus réussis de cette rentrée.

Les deux corps du roi selon Kantorowicz – d'un côté le corps physique et éventuellement libidinal, de l'autre le corps subtil et, par conséquent, symbolique : c'est la distinction qu'il faudrait appliquer au cas Clinton ; c'est pour ne l'avoir pas fait, c'est pour confondre les deux corps et les entraîner dans le même naufrage que les Représentants, aux États-Unis, sont en train de tuer leur démocratie. Culture et politique. Un aveuglement culturel au principe, comme d'habitude, de la catastrophe politique.

Un peu pathétique, l'obsession, chez les députés socialistes, de dissoudre le mariage des homosexuels dans une catégorie générale, plus « présentable » : tantôt le concubinage hétéro, tantôt carrément les rapports entre frères et sœurs... Pourquoi ne pas dire les choses telles qu'elles sont ? Par quelle infirmité démocratique ces gens ont-ils si peur – ou si honte – de la bonne loi qu'ils ont inventée ?

Encore François Mitterrand. Dans les deux volumes de l'excellente biographie de Jean Lacouture, une seule petite déception : pas un chapitre sur les femmes. Trop à dire ? La sexualité du Président restera-t-elle, au bout du compte, le seul secret bien gardé de ses deux septennats ?

10 octobre 1998.

Retour d'Afghanistan.

Les Français mesurent-ils bien l'horreur de l'obscurantisme taliban ? On pensait avoir tout vu. Tout connu. On se disait : « entre l'Algérie et l'Iran, entre les assassins qui éventrent les jeunes filles pour honorer le nom de Dieu et les maniaques qui, cette semaine encore, renchérissaient sur le montant de la récompense offerte à qui tuerait Salman Rushdie, on avait fait le tour de la question ». Eh bien, non. Car voici une variante du système – où l'on prétend, sous peine de mort ou de fouet, interdire, pêle-mêle, les cerfs-volants, les colombes en liberté, le port de la cravate chez les hommes, l'école ou les soins médicaux pour les filles, les combats de boxe, les langues étrangères, les canaux d'irrigation. Les intégristes étaient, nous le savions, les derniers « vrais » lecteurs (imbattables pour détecter, dans un livre de Rushdie, la demi-ligne problématique !). Les voilà qui deviennent, le crime en plus, les derniers surréalistes (à quand des mollahs pour, à Kaboul, interdire de regarder dans le fond des puits, ou vers le ciel, ou vers l'horizon ? – je plaisante à peine, nous y venons). Et les voilà qui, surtout, administrent une nouvelle fois la preuve de leur terrible vitalité – il faudrait presque dire leur *imagination* : toujours en avance d'une métastase ou d'une synthèse, ils sont comme ces virus qui ne cessent de muter et d'échapper, donc, à la prise. Les talibans, ou la plus récente des figures de l'intégrisme. Les talibans qui, alliés aux Pakistanais, sont la forme la plus virulente du délire : la haine des cerfs-volants, plus la bombe verte, plus l'immense chambre d'écho que pourrait devenir, ce qu'à Dieu ne plaise, le monde sunnite – qui dit mieux ?

Ce qui est beau, chez Massoud, le commandant légendaire qui lutte contre ces talibans, comme, naguère, contre les Soviétiques, c'est évidemment la constance. L'entêtement. C'est cette façon, comme disait Malraux, de « faire la guerre sans l'aimer » mais de la faire tout de même, depuis vingt ans, sans se lasser : admirable figure d'irréductible, ou d'intraitable, ou de résistant – le monde peut se résigner ; les institutions internationales se coucher ; toutes les chancelleries de la planète consentir à la victoire de l'Armée rouge ou, aujourd'hui, des fous de Dieu – reste un « homme contre », reste (cf. le beau film de Ponfilly) un homme qui est comme un vivant refus ou comme un grain de sable dans les grandes machines, et cet homme, c'est Massoud... Mais ce qui est peut-être plus beau encore, c'est sa façon de témoigner pour un autre islam que celui, dénaturé, des talibans. Il y a deux islams, n'a-t-il cessé de me dire, pendant ces jours passés auprès de lui, dans son bastion du Panshir, ou sur les lignes de front au-dessus de Charikar. Et il y a, entre ces deux islams, un combat terrible, sans merci, qui est au monde musulman ce que fut la guerre des Juifs selon Josèphe, ou celle de Jan Hus et de Calvin, ou celle encore des catholiques selon Savonarole et selon Botticelli. Le jour ou la nuit ? L'islam de Cordoue ou celui de la haine de la culture ? Un islam moderne, ami des femmes et de la vie – ou bien cet islam imbécile ? C'est la question des démocrates en Algérie. C'est celle que posaient, déjà, les habitants de Sarajevo sous les bombes. C'est celle de ce commandant lettré, qui sait que ses vraies victoires, il les remportera sur le front de l'esprit. Algérie, Bosnie, Afghanistan, même combat ? Oui, bien sûr. Tout se tient. L'un des enjeux majeurs du siècle qui commence.

Qui, dans ce combat, l'emportera ? Qui, d'un Massoud qui tient dix pour cent du territoire ou d'un pouvoir taliban qui occupe le reste, aura raison de l'autre ? La plupart des chancelleries ont tranché, et c'est l'une des explications du soutien plus ou moins discret qu'elles apportent, États-Unis en tête, au régime des mollahs fous : si fous soient-ils, si grands que soient leurs forfaits, ce sont eux les maîtres du pays, et c'est avec eux qu'il faudra traiter pour acheminer, par exemple, le pétrole du Turkménistan... Eh bien, au risque de surprendre, je rentre de ce voyage au cœur de l'Afghanistan libre avec deux bonnes raisons, au moins, de nourrir la certitude inverse. L'état, d'abord, des forces, et celui, notamment, de celles de Massoud : son armée intacte, son fief du Panshir inviolé, le moral de ses commandants au plus haut alors que celui des « étudiants en théologie », impopulaires dans les campagnes, donne des signes de fléchissement. Et puis surtout le temps, son rapport très particulier au temps : un homme qui se bat depuis vingt ans (dix rien que pour vaincre les Soviétiques !) est un homme pour qui le temps ne compte pas, et un homme pour qui le temps ne compte pas est un homme que rien, ou presque, n'atteindra plus – imagine-t-on les talibans tenir, comme lui, pendant vingt ans ? Donc, prendre date. Parier, contre les défaitistes, sur la victoire finale du droit. Et tant pis si, pour l'heure, on se trouve en peu nombreuse compagnie : nous n'étions pas plus nombreux à croire, dès le premier jour, à la victoire des femmes d'Alger sur leurs égorgeurs, ou à celle des Bosniaques contre les Serbes. On a toujours raison de compter sur le courage – et l'honneur.

17 octobre 1998.

Sainte Edith Stein. Avec la presse algérienne. Infamie d'Augusto Pinochet. D'après Lautréamont, Ligne de risque.

La canonisation d'Edith Stein. Le pape étant ce qu'il est, c'est-à-dire le chef d'une Église où l'on estime, à tort ou à raison mais par principe, que le christianisme est « l'accomplissement » du judaïsme, il semble assez naturel : 1. qu'il ne puisse célébrer une juive que convertie à la nouvelle alliance (qu'aurions-nous dit, s'il avait béatifié Anne Frank ?). 2. qu'il ait le sentiment, ce faisant, de commémorer à sa façon l'horreur inouïe de l'événement (ne prend-il pas soin de la présenter lui-même, cette convertie, comme martyrisée *en tant que Juive* ?). On peut récuser, bien entendu, son autorité de pape. On peut ne pas croire, comme lui, à cet accomplissement chrétien du judaïsme. On ne peut pas lui dénier le droit d'être et ce pape, et ce chrétien – on ne peut pas lui reprocher de porter le deuil d'un désastre dont il appartient à chacun de se souvenir selon sa langue, ses dogmes, sa foi, son calendrier. Jean-Paul II ne « récupère » pas la Shoah. Il ne la « christianise » pas. Il fait juste son devoir qui est, comme lors de sa visite à la synagogue de Rome, d'honorer les « racines juives » de la « foi chrétienne ». Un « Jour de la Shoah », à la date de la mort d'Edith Stein ? Mais oui. Bien sûr. C'est la réponse, cinquante ans après, aux « silences » de Pie XII.

Du jamais vu, il me semble, dans l'histoire de la presse. Le pouvoir algérien censure deux journaux *(Le Matin, El Watan)*. Et voici les autres *(El Khabar, Le Soir d'Algérie, Le Quotidien d'Oran, La Tribune)* qui, au lieu de paraître coûte que coûte, s'affirment solidaires et font grève. Leçon de radicalité démocratique. Exemple de montée aux extrêmes dans la guerre du droit contre l'inhumain. Et, comme toujours avec ces hommes qui n'en finissent décidément pas de nous stupéfier par leur courage en même temps que par leur intelligence politique, la question : saurons-nous, en France, nous hisser à la hauteur de l'exemple ? aurons-nous l'imagination nécessaire pour répondre au geste d'une presse qui, pour mieux confondre ses censeurs, se suspend elle-même et se tait ? et pourquoi ne pas tenter, alors, de lui donner spirituellement et matériellement asile – pourquoi ne pas lui offrir, ici, le temps de ce bras de fer, un peu d'espace dans nos propres journaux ? Une éclaircie dans sa nuit. Et, pour les amis de l'Algérie, une belle façon de prendre parti.

Mario Vargas Llosa et Revel ont raison : il est plus facile d'inculper Pinochet que Fidel Castro – et l'on aimerait voir les défenseurs des droits de l'homme poursuivre tel ou tel dictateur en activité avec la même énergie que ce tortionnaire à la retraite. Mais de là, comme viennent de le faire les juges anglais, à étendre à l'un la navrante impunité des autres, de là à dire « puisque l'on n'arrête ni Castro, ni Hafez el-Assad, ni Milosevic, fichons la paix à Pinochet », il y a un pas que je n'ai, moi, pas envie de franchir. Pardonner à Pinochet ? On ne peut pardonner qu'à quelqu'un qui le demande. Or, non contents de ne rien demander, les responsables de la terreur au Chili en rajoutent : « n'avons-nous pas sauvé le pays de la banqueroute ? épongé sa dette et restauré ses "fondamentaux" ? n'avons-nous pas, en échange des milliers de corps suppliciés, déchiquetés, disparus, livré une économie en ordre de bataille ? ». Rien qu'à cause de cela, rien que pour cette façon de brouiller les repères de la conscience morale de ce temps, Pinochet mérite d'être jugé. Trop facile, le pardon. Trop paresseux et trop facile. Et quant à Castro justement, on peut imaginer son soulagement lorsqu'il a su que son vieux « frère ennemi » allait peut-être mourir dans son lit : « ouf ! le boulet est passé... il n'est pas passé loin, mais il est passé... il n'y aura pas de précédent Pinochet... »

Ils se réclament de Debord, mais aussi de Lautréamont. Ils parient non sur la « révolution » mais – plus intéressant ! – sur la « scission ». Certains, disent-ils, écrivent pour « se faire pardonner » ; eux écrivent contre le « nihilisme » et les pensées du « ressentiment ». D'autres n'en finissent pas de ressasser le même pénible roman familial : papa-maman, gros nombrils et petites détresses, culte d'une authenticité conçue comme indépassable horizon de la « jeune » littérature ; eux font à cette idéologie « ombilicale », à ses « odeurs de caleçon » et de « viande humaine », une guerre totale, prolongée. Retenez leurs noms. Ils s'appellent François Meyronnis et Yannick Haenel. Et, dans l'ombre de quelques grands aînés, animent une toute petite revue, presque un tract, qui s'intitule *Ligne de risque* et qui est probablement, dans le genre, ce qui s'écrit, ces jours-ci, de plus vivant, de plus audacieux, de plus neuf. Vous êtes las des « petites natures », de leurs « petits riens », de leurs humbles misères ? Vous trouvez que la polémique de *Perpendiculaire* avec Michel Houellebecq tourne à l'académisme ? Eh bien, allez chercher la dernière livraison de ces Cahiers dans l'une des trop rares librairies qui les ont en dépôt. Vous y retrouverez le goût perdu des avant-gardes ; une manière oubliée d'écrire, de lire, de penser, « comme on fait la guerre ». Mathème et poème. La littérature, devoir de pensée. « *Une époque*, disait Mallarmé, *sait, d'office, l'existence du poète.* »

31 octobre 1998.

Boutin, Lewinsky, Deviers-Joncour – ou le « Casanova » de Sollers. Platon, Moïse, Benigni – et la représentation du mal absolu.

Le plus fort, dans le livre de Sollers : sa façon de renverser l'image convenue d'un Casanova « libertin » et homme de « plaisir », « paillard » et pourquoi pas « polisson » – sa façon, en un mot, de disqualifier par avance l'image du surmâle aux performances fabuleuses qui hante, depuis deux siècles, l'imaginaire de tous les marionnettistes officiels. « Son » Casanova, alors ? Un homme des Lumières. Un savant autant qu'un jouisseur. Un kabbaliste impeccable qui, confronté au mystère d'un autre corps, à la blancheur d'une autre peau, au potelé d'une main, à l'esprit d'une caresse, aux « fossettes » exquises du bras de M. M., aux « grands yeux bleus » de C. C., ou même à la « main de glace » qui vient, à Naples ou à Venise, lui « presser le cœur », commence par noter, juste noter, ce qui s'opère dans son propre corps, puis dans son âme : il a une plume à la main ; c'est, parfois, l'ongle de son petit doigt, coupé en pointe, et enduit de « suc de mûres noires » ; et le voilà qui consigne, méthodique et glacé, le résultat de ses observations – expérimentateur prodigieux qui aurait installé en lui-même son vrai laboratoire et dont l'objet ne serait plus la nature de l'hydrogène, ou la structure du mouvement, ou la pression de l'air au sommet du Puy de Dôme, *mais son être.* Physique des idées. Métaphysique des sensations. Antiphysique radicale, c'est-à-dire philosophie en action, où les lois du mouvement justifient les écarts de conduite – et l'inverse : le tout au grand dam d'un ordre moral qui resterait, deux siècles plus tard, spirituellement aussi accablant qu'au temps des Plombs de Venise. D'un côté, le procureur Starr, ayatollah misérable auquel les électeurs américains viennent d'administrer une leçon de démocratie. Du même côté, Mme Boutin et ses délires homophobes – ou Mme Deviers-Joncour et la manière dont la « République » peut, en France, faire de ses femmes des « putains ». De l'autre côté, en revanche, par-delà les Plombs et leurs « prisons psychiques », une écriture infatigable, un gai savoir vécu, la libre circulation d'un corps qui n'attend rien de la société, des clergés, des communautés : hommes libres, lumières partagées, le XXe siècle sera dix-huitiémiste ou ne sera pas, que la nuit soit aussi un soleil, raisons extrêmes, révoltes logiques – une image de la femme, surtout, infiniment plus heureuse, et glorieuse, que celle offerte par le trio Lewinsky-Boutin-Deviers-Joncour. Femmes contre femmes. Jouissance contre grisaille obscurantiste. « J'ai écrit ce livre, dit Sollers, pour faire honte à mon époque. » En effet.

Représenter, ou non, la Shoah ? La peindre ? La filmer ? On confond, dans cette affaire, des choses très différentes – et la polémique autour de « La vie est belle » de Roberto Benigni n'a pas arrangé les choses. C'est Platon, pas Moïse, qui exclut les poètes de la cité. C'est la tradition grecque, pas la juive, qui porte un interdit absolu sur le fait même de la fable, de la fiction, donc de la représentation. Et si la tradition juive proscrit évidemment l'idolâtrie, si elle ne cesse de dire son refus de ceux qui entendent forger de trop humaines images de Dieu, si elle est, en d'autres termes, farouchement iconoclaste dans son regard porté sur le divin, elle a toujours eu, sur la question du Mal, des positions plus nuancées. Il y a la représentation, dit-elle, qui vient *donner un sens à ce qui n'en a pas* – et cette première tentation est, en effet, très condamnable : c'est le commencement de la banalisation ; c'est une façon de rendre rationnel ce qui ne l'est pas, sensé ce qui est fou, c'est une façon de dire de cet événement monstrueux, de ce surgissement de l'enfer sur la terre ou du diabolique dans l'Histoire, qu'il est naturel, ordinaire, presque dans l'ordre. Mais il y a une autre tentation, une seconde manière de représenter, qui consistent à *donner un corps à ce qui n'en a plus* :

et c'est un geste pieux, au contraire ; c'est le principe de la mémoire et du deuil ; c'est une façon, à travers le témoignage, mais aussi, pourquoi pas ? à travers la fable et la fiction, de se faire les tombeaux de nos pères, de donner aux morts, aux « pauvres morts », des sépultures de songe ou de papier – et cet acte-là, cet hommage, je ne crois pas qu'il y ait rien, ni dans la tradition biblique et talmudique, ni dans la pensée de ses représentants les plus autorisés d'aujourd'hui (je pense, évidemment, à Claude Lanzmann et à son admirable, indépassable, « Shoah »), qui puisse nous l'interdire. On peut, bien entendu, discuter de la qualité de la fable de Benigni. On peut – ce n'est pas mon cas, mais on le peut – la juger vulgaire, légère, mal conduite, mal filmée, infidèle à la réalité des camps et de leur douleur, irrespectueuse, en un mot, de l'objet auquel elle s'est affrontée. Il est plus difficile, il me semble, de condamner le principe d'une fable sur l'Extermination au motif qu'il s'agirait – et c'est, pour le coup, exact – d'un événement métahistorique, métaphysique, ontologique (quel autre nom pour un crime où l'on tuait des hommes, des femmes, des enfants, au seul motif qu'ils *étaient* ?). Juif ou Grec, il faut choisir. Jérusalem ou Athènes – c'est, plus que jamais, toute la question.

7 novembre 1998.

Les « hommes contre » de Lionel Jospin.

La Première ou la Seconde Guerre ? À laquelle, s'il fallait choisir, le redoutable privilège de décider de nos destins ? La première, forcément. La première, sans aucun doute. Car c'est avec elle, la « Grande » guerre, que s'annoncent – pêle-mêle – le temps des charniers et celui des tranchées. La loi des massacres de masse et celle des grands nombres en folie. Le monde désorbité. Les nationalismes déchaînés. L'absurde ruée des hommes, anéantis sous le hachoir. La déroute de l'humanisme. La débâcle de la raison dans l'Histoire. La « Crise de l'Esprit » et la « fin de l'Éternel ». La fin du monde fini et la fin du monde futur. Dada, Breton. Le surréalisme au service de la révolution. La révolution, pour désœuvrer le surréalisme. « L'art est une sottise » de Vaché. Le « nous sommes les défaitistes de l'Europe » d'Aragon. « La certitude de la putréfaction finale » chez Céline. Le « genre humain » comme « perdition » et « désertion », selon Leiris et Bataille. La mort de Dieu, et non plus son retrait. La mort du Dieu mort, et non plus seulement du Dieu vivant. L'entrée, en un mot, dans les derniers temps du nihilisme. L'événement décisif, donc, qui donne au siècle son branle noir et le tire, ainsi, jusqu'aujourd'hui.

Le fascisme ? Le nazisme ? 14. Toujours 14. Car tout commence, là aussi, dans le même paysage de désastre. Tout se dit, *tout est dit*, lorsque, à l'énigmatique question qui hante ce premier après-guerre et qui est de savoir comment « ils » – les « poilus » – ont « tenu », la littérature « de guerre » répond : c'est « l'appel du sol » qui les hélait, c'est la voix obscure de la « terre », des « morts », du « sang » qui, au Chemin des Dames, les habitait, les étreignait, leur donnait ce masque d'immobilité stupéfaite et sacrifiée et, finalement, les maintenait debout ! C'est ainsi que parlent Bordeaux et Adrien Bertrand. Barrès et parfois Barbusse. Mais ce sont surtout, et déjà, les mots de Jünger ou de Drieu. C'est la philosophie de ceux qui, plus tard dans le siècle, verront le secret de l'humanité dans cet appel venu du fond de la « race » et qui, en chacun, se ferait chair. C'est la matrice, autrement dit, de ce qui ne s'appelle pas encore le fascisme mais qui balbutie là, dans la neige et la boue des tranchées, les premiers mots de sa langue. Et c'est ce qui permet de redire, par-delà les banalités d'usage sur l'humiliation allemande, le traité de Versailles, la fin des empires turc

et austro-hongrois ou le déchaînement des nationa-
lités : notre scène primitive ; notre traumatisme origi-
naire et définitif ; le xxe siècle se décide là, il s'y joue
et dessine tout entier – tout va se passer, en somme,
comme s'il y avait une sorte de programme, ou de substance, dont il n'aurait plus eu, ensuite, qu'à décliner
les attributs et les modes. Un siècle pour rien ? Oui,
bien sûr. En un sens. Le sens même de la modernité,
c'est-à-dire, encore une fois, d'un nihilisme qui se sera
déployé jusqu'à ces tout derniers temps : voir la Bosnie, n'est-ce pas... ou le Kosovo... voir ces guerres, ou
ces menaces de guerre, où l'on a le sentiment que se
répète, et se répète encore, l'interminable « première »
guerre...

De là toute l'importance de l'affaire dite des mutins
de 17. En réhabilitant, comme il l'a fait, les quarante-
neuf insoumis du Chemin des Dames, en réintégrant
dans la communauté nationale ces braves, souvent
anciens de Verdun et grands médaillés militaires, qui
ont juste refusé, un jour, le « viva la muerte » d'un
général en chef que Clemenceau qualifiait déjà de
« criminel », Lionel Jospin n'a pas seulement fait
montre de « compassion ». Il ne s'est pas contenté de
dire ces « choses humaines, justes, nécessaires ». Il a
accompli un acte beaucoup plus fondamental qui,
compte tenu de ce poids gigantesque de l'Événement 14-18, compte tenu des effets ravageurs produits
par la moindre des initiatives prises dans ce champ à
haute tension qu'est le discours sur cet Événement, ne
pouvait pas ne pas avoir des conséquences et un écho
formidables. On pensait tout savoir, a dit en substance
le Premier ministre. On croyait que, de cette matrice,
le siècle avait exprimé, à force, toutes les figures possibles et imaginables. Eh bien non. Il en manquait une,
de figure. Sur cette scène saturée d'effets où il n'est
pas une indication, ni un mot, ni un geste, qui n'aient
été traités, déclinés, exprimés jusqu'à la nausée,
exploités, il y avait un geste mort, comme on dit d'un

angle mort – il restait une sorte de trou noir, ou de trou de mémoire, et c'était l'insoumission des mutins refusant l'abattoir. Jospin, ce faisant, dit le droit. Il relit l'époque, il intervient dans la façon que nous avons de lire, et donc de vivre, ce drôle de XXe siècle dont on peut soutenir à la fois, sans contradiction qu'il n'en finit pas de finir et qu'il n'a jamais vraiment commencé – mais, ce faisant, oui, il rend sa dignité morale et politique à un droit à la désobéissance qui commencerait, désormais, dans l'ordre des armées. Parole de légiste. Parole, aussi, d'homme d'État. Lumineuse et obscure, une des vraies belles paroles du moment.

14 novembre 1998.

Dany Cohn-Bendit et le « retour de la vieille dame ».

On croyait qu'il n'était qu'une image. On découvre qu'il a une histoire. Peut-être même un destin. En tout cas, un corps. Ce n'est pas si fréquent un corps, en politique. Un vrai corps. Avec allégresse. Bonheur de vivre. Et cette façon, en quarante-huit heures, de bousculer partenaires, adversaires et concurrents. Cohn-Bendit, un vivant. Un revenant, mais un vivant. C'est son côté « retour de la vieille dame » de Dürrenmatt – cette revenante dont le retour opère comme un terrible révélateur dans la petite société de son village natal. Jospin en père sévère. Voynet, politicienne mal inspirée. Le Pen – cet autre corps – ridiculisé par avance, chaplinisé. Sans parler des gentils centristes dont il tient, à peu de chose près, le discours – mais de façon tellement plus séduisante et convaincante ! Il ne doit pas faire bon être centriste par les temps qui courent. Car survient le revenant. Il dit ce que les centristes disent depuis des années. Il tient même, sur l'euro, des propos qu'eux-mêmes hésitent à tenir. Et, miracle de la musique politique : les mêmes phrases qui, dans leur bouche, sonnaient « économiste », « marchand », etc., apparaissent, dans la sienne, ludiques, sympathiques, généreuses. Injustice, et grâce, de la politique quand surgit un Événement qui, soudain, sans crier gare, vient « donner un sens plus pur aux mots de la tribu ».

Coluche ? Rien à voir avec Coluche. Car Coluche était un provocateur, lui est un centriste. Coluche offrait une candidature de témoignage, appelée à demeurer marginale ; avec lui, le « marginal » devient central, le « témoignage » responsable – c'est toujours le son, la liberté d'allure et de ton des candidatures « pour rire », sauf qu'il y est question, maintenant, de la « monnaie unique », du « principe de subsidiarité » et des pouvoirs de la « banque centrale » ! Un signe qu'il vise, non l'extrême gauche, mais le centre : la façon dont il a traité notre spécialiste ès candidatures de témoignage – cette façon d'insulter (car « poujadiste », jusqu'à nouvel ordre, est une insulte !) notre intouchable nationale, Arlette Laguiller. Un autre signe : cette manière de dire « je suis un bon garçon ! j'ai tellement envie qu'un candidat de gauche l'emporte en 2002 ! » – il dit « Jospin », mais comment ne voit-on pas qu'il pense, déjà, « Cohn-Bendit » ? il fait le modeste – mais comment n'entend-on pas que cet homme qui s'est « fait » un président (de Gaulle), puis qui en a « fait » un autre (Giscard, ce pur produit de Mai 68 et donc, qu'on le veuille ou non, de lui, Daniel Cohn-Bendit) est en train de jouer sa propre carte et son nom ? On peut trouver le personnage insuffisant. On peut – c'est mon cas – le trouver terriblement léger sur la question, par exemple, des sans-papiers et estimer que, en la circonstance, c'est du côté du Premier ministre qu'était le courage politique. Il est difficile de nier qu'il est en train de se produire avec lui ce qui, au même moment, en Allemagne, se passe avec son ami Joschka Fischer : l'arrivée au centre du jeu d'une génération qui se tenait, depuis trente ans, à la lisière ; le recyclage, pleinement politique, de cet « esprit de Mai 68 » qui n'avait, jusqu'ici, pas rencontré son débouché ni sa vérité.

À la fois normand et cévenol, où voulez-vous que je m'enracine ? demandait Gide à Barrès. Eh bien, c'est un peu la même chose avec ce « Juif allemand » né à Montauban, à la toute fin de la guerre. Européen par vocation. Franco-allemand de naissance et d'instinct. Pur produit, autrement dit, de cette « identité européenne », désirée mais introuvable – et qu'il ne lui est pas nécessaire d'inventer pour incarner. Simone Veil, c'était l'histoire malheureuse de l'Europe. Elle était sa mauvaise conscience – la victime, en même temps que l'héroïne, lumineuse et glorieuse, de l'Europe sombre. Lui, c'est son histoire heureuse. C'est le témoin de sa réconciliation. C'est l'enfant d'une Europe revisitée, pacifiée, ressuscitée. Et c'est la preuve vivante qu'elle peut être, cette Europe, autre chose qu'un cauchemar ou une utopie. Regardez, d'ailleurs, les autres acteurs du débat. Voyez comme se fait, jusqu'ici, le choix des autres « têtes de liste ». Il y a des « grands commis » de l'Europe, mais qui n'ont jamais été de très bons politiques. Il y a des demi-Européens, mais dont on en est encore à sonder la sincérité de la conversion ou à se demander si, élus, ils siégeront à Strasbourg. Il y a les recalés, enfin, de la politique nationale française qui ne briguent un mandat, là, dans cette bataille, que faute de mieux, par défaut et comme pour se refaire. Cohn-Bendit, lui, est un vrai politique. Un vrai Européen. Il est par la force des choses, quels que soient ses mérites propres, le prototype de cet « homme politique européen » en gestation depuis cinquante ans. Il est le seul, en tout cas, et pour l'heure, dont on n'ait pas le sentiment qu'il mène cette aventure comme si elle était une élection nationale déguisée. C'est une autre de ses forces. C'est l'autre raison, il me semble, du tumulte autour de lui. Et ce sera, demain, la source de son succès.

21 novembre 1998.

Pour Michel Rocard.

Ainsi donc les propos de Rocard sur Mitterrand seraient ceux d'un homme « *pitoyable* », d'un « *raté* », d'un type qui aurait « *pété les plombs* », d'un « *gâteux* ». Ce seraient ceux, surtout, d'un « *malade* » dont un hiérarque mitterrandien nous informe qu'il serait dans la phase « *terminale* » – sic – d'une « *cure psychanalytique* ». On passera sur la vulgarité de la riposte. On passera sur l'allusion, indigne, à la vie privée de l'ancien Premier ministre. L'intéressant, dans ce propos, c'est que son auteur n'a apparemment aucune espèce d'idée de ce qu'est une « cure » analytique. La psychanalyse, en effet, est un travail sur et avec le signifiant. C'est l'art, par la seule puissance des mots, de provoquer, dans un corps, des symptômes et des effets. En sorte que, « psychanalyse » pour « psychanalyse », c'est l'inverse qu'il aurait fallu dire : un homme capable, avec un mot, de provoquer un pareil tollé, un responsable politique susceptible, par la seule grâce d'une petite phrase, de déchaîner cette tempête et de souder contre lui l'ensemble de la communauté, cet homme-là n'est pas défait mais actif, il n'est pas sur le divan mais derrière – c'est lui qui, autrement dit, est dans la position de l'analyste. Hier, le mot sur les « *rendez-vous manqués* » de la gauche, l'usage « *archaïque* » du pouvoir, le « *big bang* »... Aujourd'hui, ce mot sur Mitterrand qui « *n'était pas un "honnête homme"* »... C'est une habitude chez Rocard. Presque une science ou un talent. Et force est de constater qu'il est, en la circonstance, fidèle à ce talent et à lui-même. On le croyait fini, il resurgit. On le pensait paralysé ;

il se révèle merveilleusement libre. On disait « *Rocard est mort* » ; qui est le plus vivant – de tel bateleur courant, d'un plateau de télévision à l'autre, vendre ses petites lâchetés ou de ce moraliste qui continue, coûte que coûte, de jouer son rôle de « grand analyseur » de notre mémoire et de nos conduites ?

Car Rocard peut bien nous dire, aujourd'hui, que son mot a été « *compris de travers* ». Il peut protester qu'il fallait l'entendre, non pas au sens trivial, mais « *au sens du XVIIIe* ». L'effet est là. Il est énorme. Et le fait de prononcer un mot « entendu de travers » étant, comme chacun sait, au cœur même des procédures d'interprétation analytique réussies, l'effet en question n'en est que plus révélateur encore. Ce qu'il révèle, au juste ? Les mœurs, d'abord, d'une mitterrandie qui aura donné d'elle-même l'image d'une secte balzacienne, ou d'une bande, saisie de panique à l'idée de voir l'un des siens rompre l'« omertà » : c'était le sens, l'autre soir, sur Canal Plus, de la séquence des Guignols où l'on voyait trois conjurés attendant le « petit Rocard » au coin d'un bois, le tabassant, le réduisant en bouillie – et la scène était, comme souvent, criante de vérité. Et puis ce que ce mot révèle, c'est l'état d'une opinion qui, lorsqu'on dit « *honnête homme* » à propos de l'ancien président de la République, entend à tort ou à raison, et pêle-mêle : Pelat et le Rwanda, l'affaire Elf et celle des bulletins de santé truqués, la Bosnie, les écoutes – oui, non plus l'Écoute analytique, mais les écoutes téléphoniques, cette autre « malhonnêteté » dont il n'est pas certain que l'on ait encore mesuré la vraie portée. Nous avons, chacun, notre rapport intime à l'équivoque mitterrandienne. Nous avons tous notre interprétation de la part, en cet homme, de l'ombre et de la lumière, de la mesquinerie et de la grandeur. Certains lui pardonnent tout. D'autres, rien. D'autres encore lui seraient probablement restés fidèles sans l'affaire Bousquet ou bien – c'est mon cas – sans le mensonge à Sarajevo, puis sans sa relecture, cynique, de l'engagement à Vichy. Grâces soient rendues à Michel Rocard pour nous accompagner sur ce chemin périlleux – pour se contraindre, nous contraindre, à ce travail de deuil et de bilan.

Il se trouve des observateurs pour juger que l'éternel rival de François Mitterrand a tout de même péché, ce faisant, par « *inélégance* » ; que son propos, du coup, sentait le règlement de comptes et l'amertume ; et qu'il aurait été mieux inspiré d'instruire ce procès du vivant de l'intéressé... L'argument, cette fois, est redoutable ; François Mitterrand n'a-t-il pas la particularité, comme d'autres hommes de sa taille, d'appartenir encore à la politique alors même qu'il entre dans l'Histoire ? n'a-t-il pas, en quelque sorte, un pied dans chacun des deux règnes ? et que resterait-il du débat, non seulement politique, mais historique, si nous nous interdisions de traiter de ce type de personnages après qu'ils ont quitté le séjour des vivants ? Il me paraît surtout – cet argument – assez incompréhensible : car enfin, où est l'« amertume » dans cette affaire ? où est la « haine » ? et comment n'être pas sensible, au contraire, au caractère étrangement apaisé, presque « testamentaire », d'une voix dont chacun devine qu'elle ne brigue plus ni poste ni vrai mandat – et que son dernier souci est celui de l'Histoire en train de s'écrire ? Je ne crois pas que Michel Rocard ait « *pété les plombs* ». Ou, plus exactement, si « *plombs pétés* » il y a eu, et si un « court-circuit » s'est donc produit, c'est dans la fausse clarté d'une époque qui, une fois de plus, confond tout : la gauche politique et policière, celle des principes et des intérêts – celle qui refuse de céder sur l'idée et celle qui, au train où vont ses renoncements, admettra bientôt n'avoir d'autre mérite à faire valoir que celui d'avoir, comme elle dit, mené le peuple de gauche aux affaires.

28 novembre 1998.

Le « Massoud » de Ponfilly. Spinoza par Deleuze, Negri, Dollé et quelques autres. Le pardon selon Jankélévitch et Besançon. Levinas ou Debray ? La question de l'argent. Jean Daniel juge de lui-même.

Du philosophe Jean Cavaillès, Canguilhem disait qu'il fut résistant *par logique*. Même chose, toutes proportions gardées, pour le résistant afghan Ahmed Chah Massoud tel que nous le présente – mais cette fois dans un livre édité par Le Félin – Christophe de Ponfilly. Résistant et chef de guerre. Résistant et stratège. Résistant parce que le parti de la résistance lui semble en effet, depuis vingt ans, la conséquence logique d'une situation d'occupation. Ténacité sans emphase. Intelligibilité silencieuse. Et, au terme du parcours, une probable victoire contre la barbarie taliban.

« Ultimi barbarorum », les derniers des barbares : c'est l'affichette que voulut placarder Spinoza – le maître et de Cavaillès et de Canguilhem – au lendemain de l'assassinat des frères de Witt. Qu'entendait-il, au juste, par « barbares » ? Selon quelle « logique » prétendait-il leur résister ? Et que veut-il vraiment dire quand il conserve le manteau percé par le fameux coup de couteau ? À ces questions (et à quelques autres) répond *Le Magazine littéraire*, qui consacre à l'auteur de l'« Éthique » un excellent numéro spécial. À travers des textes de Deleuze, Negri, Dollé, un portrait du philosophe en contemporain – le tableau d'une liberté qui consiste en la « méditation, non de la mort, mais de la vie ». Spinoza ou Kant. L'impératif catégorique ou la « résistance par logique ». Et puis l'énigme, bien sûr, de l'athéisme de Spinoza et de son rapport au judaïsme.

De Karl Barth, cette admirable définition du peuple juif : « krank an Gott ». Ce qui se traduit, à peu près, « malade de Dieu ». Ou, mieux, « affligé de Dieu ».

Pardonner à Pinochet ? Même objection que celle de Jankélévitch à ceux qui, dès 1945, proposaient de pardonner aux nazis ; cent cinquante pages de grande et forte philosophie rééditées, ces jours-ci, par Flammarion dans la collection « Mille et une pages » ; relire Jankélévitch à l'heure où un chancelier allemand peut dire – mais oui ! – qu'il rêve d'un mémorial de la Shoah où l'on entrerait enfin « avec plaisir » (*Le Monde* du 2 décembre) !...

Le pardon encore. Une page, dans le dernier livre d'Alain Besançon (« Le malheur du siècle », Fayard), où l'essentiel est dit. Pardonner à un homme qui ne l'a pas demandé, c'est : 1. une faute morale de plus ; 2. un acte juridiquement nul ; 3. le signe « d'une simple paresse à examiner les faits ou d'un manque de courage devant les exigences de la justice ».

L'argument le plus solide en faveur de la vision transactionnelle de la réparation due aux Juifs spoliés par les nazis : celui d'Emmanuel Levinas plaidant pour la « valeur éthique » de l'argent et pour la possibilité, grâce à lui, d'empêcher « l'indécence de l'échange ». Dans l'argent, dit-il, « ne peut jamais s'oublier la proximité interhumaine ». Grâce à l'argent, dit-il encore, une « intrigue », c'est-à-dire un « lien social », va « d'unique à unique, d'étranger à étranger ». Soit. Mais est-ce assez ? Et quid de l'autre indécence – celle qui consisterait, comme l'explique Jean Daniel dans *L'Observateur* de cette semaine, à « transformer les martyrs en créanciers » et à laisser entendre, ainsi, que l'on peut « réparer l'irréparable » ? J'y reviendrai.

Jean Daniel, à nouveau. Étrange, à la fin, ce reproche de « narcissisme » qui revient tout le temps à son propos. Comme si l'on pouvait tenir – et publier – un journal sans y parler de soi... Comme si, d'Amiel à Constant et de Gide, son modèle, à Montaigne, l'exercice même du journal n'impliquait pas de faire de ce

« moi » l'objet littéraire par excellence... Un moi clivé, en l'espèce. Un moi en guerre contre lui-même. Un moi tantôt heureux, tantôt douloureux ou inconsolé. Un moi qui, un jour, pardonne à Mitterrand et qui, le lendemain, se le reproche. Un moi multiple, en tout cas. Indestructible et friable. Un moi où, contrairement au cliché, l'hédonisme n'est que l'autre versant d'une rigueur presque calviniste. Lire ses pages sur la musique. Ses enthousiasmes de touriste stendhalien. Voir sa façon d'accueillir la vie en jouisseur – et de s'en vouloir aussitôt. Daniel juge de Jean. Et, pourtant, si peu rousseauiste...

L'argent encore, et la politique. L'« euroland », se lamente Régis Debray dans *L'Événement*, sera un « no man's land ». Quelle misère que cette « coupure de papier » qui n'aura – sic – « aucune histoire à raconter, ni aucune figure de laquelle s'enorgueillir : pas d'événement fondateur, pas de grand dessein, pas de baptême du feu ». Et si c'était, justement, sa vertu ? Et s'il fallait se réjouir – Levinas toujours... – d'une Europe qui, via sa monnaie, romprait avec les prestiges du « lieu », des « racines », des « bonnes communautés », des « bosquets sacrés » ? L'euro ou l'extase du territoire, l'Europe ou l'« être ensemble » idolâtré – il faudra en effet choisir ; et sur cela aussi, revenir.

5 décembre 1998.

Rendre à César...

On le présente comme l'homme des « compressions » et autres « expansions ». On fait comme si ses œuvres les plus dignes de survivre étaient ses fameux « pouces » et leurs « agrandissements » gigantesques. Or il a fait cela, sans doute. Il a été cet avant-gardiste facétieux ajoutant à l'histoire de son art quelques gestes inédits. Mais il a d'abord été un sculpteur. Un vrai grand sculpteur traditionnel, héritier de Maillol et de Rodin, égal de Giacometti ou de Germaine Richier. Et il suffit de l'avoir vu, une fois au moins, au milieu de ses amas de ferrailles et de boulons, de clous immenses et de bouts de métal tordu, il suffit de l'avoir observé, si seul, si petit, si terriblement tendu et concentré, aux prises avec ses débris de bronze accumulés, pour comprendre que sa grande, sa seule affaire, aura été celle du travail de la matière. *« Voici ma Rolls, mes bijoux de famille, mes vieux cageots, mes boîtes de Coca »*, disait le sympathique amateur qui venait voir « Monsieur Compressions ». Et lui, mélancolique, un rien cynique, s'exécutait. Il comprimait ce qu'on lui demandait de comprimer. Mais la tête était ailleurs, plus près de Rodin que de Duchamp, de Brancusi que de Dali ; combien de fois l'ai-je entendu maugréer : « c'est bien joli les compressions, ça permet de payer les impôts et les pensions alimentaires, mais ce n'est pas ça, la vraie sculpture » !

On nous explique : « un artiste mondain, donc léger ; un personnage du Tout-Paris – donc une vision du monde, et de l'art, inévitablement futile ». Là aussi, c'est absurde. Car c'est faire bon marché de l'autre César : celui qui, comme Proust, allait en effet dîner en ville, mais pour y faire provision de types et de traits. Voyez la « Victoire de Villetaneuse » ou la « Fanny-Fanny ». Voyez ces corps difformes, ces ventres ballonnés ou hérissés de limes, de petites grilles froissées, de poulies, de vis énormes. Voyez la façon qu'il a eue, ce « jouisseur », de torturer ses femmes, de les défigurer, de les faire grimacer. Il y a la famille des artistes enchanteurs, bonimenteurs de profession, qui tendent un miroir flatteur et nous dorent la pilule. Il y a celle – tellement plus riche ! – des insulteurs, des imprécateurs, qui feignent de nous flatter pour mieux nous dire nos vérités. César était de cette seconde famille. Il était drôle, mais féroce. Railleur mais, à sa manière, cruel. Il était l'un des artistes les plus sombres, les plus heureusement tragiques de cette fin du xxᵉ siècle. Frivole, dites-vous ? Bon vivant ? Demandez donc ce qu'elle en pense à sa voisine de table d'un soir qui se retrouvait le lendemain sous les traits d'une grosse écorchée dont il avait retourné la peau du ventre comme un gant – entrailles et ferrailles mêlées... envers du corps et du décor... on est loin du Fouquet's et d'Eddie Barclay... on est loin de la statuaire académique et de son idéalisation du corps féminin... César, le désenchanté. Sauvagerie extrême de César.

On dit enfin : un artiste « populaire », quand ce n'est pas « populiste » ou « folklorique », qui pensait « avec les mains » et sculptait « avec ses tripes ». Quel malentendu, là encore ! Car une chose est de dire que l'enfant de la Belle-de-Mai fut un autodidacte. Une chose est d'insister sur sa conception roturière de la sculpture : esthétique du déchet, goût des chutes et des rebuts, amour des objets usés, épuisés par leur usage. Mais une autre serait d'en faire un « inculte », ne travaillant qu'« à l'instinct ». La vérité, c'est que j'ai connu peu d'artistes aussi cultivés que ce soi-disant « analphabète » et peu d'œuvres contemporaines aussi riches de citations et de références, donc aussi savantes et cryptées, que cette prétendue œuvre « innocente ». Le dialogue muet avec Motherwell... Le disciple ébloui de Michel-Ange... Ce « Centaure » magnifique qui était, dit Restany, un hommage au « Marc Aurèle » du Capitole en même temps qu'au « Colleone » de Verrocchio à Venise et au « Gattamelata » de Donatello, à Padoue... Et j'allais oublier Picasso, l'interlocuteur et intercesseur de chaque jour, la grande ombre qui le hante et dont je l'ai souvent entendu dire que tout en lui était admirable : la vitalité, l'humour, le rire des toiles et des figures, la virilité vécue comme un des beaux-arts, les femmes ou l'art, dans chaque toile, de récapituler l'entière histoire du genre... Ainsi était César ! On le croyait en train de cuisiner des pâtes pour de vieux copains marseillais. On le voyait faire le benêt et accepter de donner son nom à la manifestation la plus symbolique de la société du spectacle contemporaine. Mais il avait cette autre vie, la vraie, avec ses tuteurs, ses totems ou, simplement, ses maîtres – tous ces morts autour de ses bronzes, qui formaient son Église invisible.

Permettra-t-on à ce mort d'enterrer les vivants qui l'étouffent ? Ou faudra-t-il, une fois encore, donner raison à la loi : le plus aléatoire dans une vie n'est pas la façon d'y entrer, mais d'en sortir ? Telle est la question posée, par-delà le chagrin et le deuil, par la mort du successeur de Rodin.

12 décembre 1998.

1999

Après Pinochet, les Khmers rouges. Jean-Pierre Chevènement, saint républicain. Beaucé romancier. Rothko au musée d'Art moderne. Le corps subtil de Michel Petrucciani. Le dernier rabbin. L'euro contre Kojève. Claudio Magris, agent double.

Les belles âmes se mobilisent – et c'est bien – pour que soient enfin jugés les crimes de Pinochet. Quid, alors, de ces ex-dirigeants khmers rouges responsables de deux millions de morts, et réintégrés, sans que nul trouve à y redire, dans le jeu politique cambodgien ? Quid de la « visite de courtoisie » que vient de leur rendre, toute honte bue, un ancien secrétaire général de l'Onu, aujourd'hui haut-commissaire à la Francophonie, Boutros-Ghali ? Exiger la démission de Boutros-Ghali. Demander – c'est la moindre des choses – l'inculpation pour crimes contre l'humanité de Khieu Samphan et Nuon Chea.

Il faut, disait Juan Gris, être « *inexact mais précis* ».

Hier, c'est-à-dire jadis, il fallait un acte de résistance, une grande loi, un haut fait, pour, vis-à-vis des autres hommes politiques, marquer la différence. Aujourd'hui, un coma suffit, et voici Jean-Pierre Chevènement promu « saint républicain » au seul motif qu'il aurait frôlé l'énigmatique royaume des morts. C'est la dernière victoire de l'occultisme. Le triomphe de la magie sur l'Histoire.

« *On ne peut être à la fois ambassadeur de France et poète* », disaient les surréalistes à propos de Paul Claudel. Est-ce l'idée que la critique a en tête lorsqu'elle boude le roman de Thierry de Beaucé, « L'archipel des épices » (Plon) ? C'est dommage. Car le roman est beau. Des morceaux d'anthologie – comme le portrait de ce consul qui s'avise, un beau matin, de la déroute finale de son corps : inexorable altérité de ces organes qui se vivent, soudain, comme un destin.

Chez la plupart des peintres « abstraits » une religiosité vague, un reste de mystique sous les dehors de l'antimystique, la nostalgie d'un sens ou celle de la pureté – bref la volonté, dans le moindre trait, d'injecter de la « grâce » ou de l'« esprit ». Chez Mark Rothko, dans ses dernières œuvres qu'expose aujourd'hui le musée d'Art moderne, à Paris, c'est évidemment l'inverse : un monde sans « grâce », une désertion de toutes les « essences » et « vérités » – l'inexpression méticuleuse d'une des œuvres les plus profanes, et les plus admirables, de ce siècle.

Khieu Samphan et Nuon Chea sont « *désolés*, nous disent-ils, *non seulement pour les vies humaines, mais aussi pour les vies d'animaux, perdues pendant la guerre* ». La différence est-elle si grande avec Darquier de Pellepoix lançant, il y a vingt ans, son « *À Auschwitz on n'a gazé que des poux* » ?

Michel Petrucciani, à l'aube de sa jeune gloire. Je l'avais invité, sans le connaître, au « Grand échiquier » qui m'était consacré. Sa chair infirme mais glorieuse. Ses doigts qui, dès qu'ils se mettaient à jouer, le délestaient de sa propre disgrâce. Ce corps subtil. Cet excès du talent sur le vivant, c'est-à-dire de l'âme sur le corps. Michel Petrucciani ou la preuve que, chez les très grands artistes, le corps est un effet de l'âme – non l'inverse.

Rothko encore. La peinture la plus antifétichiste de l'époque. La critique en acte de l'idolâtrie. Le néant au cœur de l'image, l'image sans objet ni sujet. Ne disait-on pas de Rothko, dans sa jeunesse déjà : « *le dernier rabbin de l'art occidental* » ? Le saint contre le sacré. La force de la peinture contre, toujours, la marée noire de l'occultisme.

On dit : « l'économie, c'est la fatalité, l'échec programmé de la volonté – il y a des lois de l'économie, aussi implacables que des lois naturelles, et face auxquelles la politique ne peut qu'abdiquer et se taire ». Eh bien, depuis l'euro, ce n'est plus vrai. Car voilà un événement financier qui est, aussi, un événement politique. Voilà une révolution, une vraie – et c'est dans ce champ de l'économie que, étrangement, elle est advenue. L'Histoire sauvée par la technique ? Le monde désormais sans âme des politiques racheté par l'âme des technocrates honnis ? Le fait est là. Ce sont les présidents des banques centrales qui démentent Alexandre Kojève.

Surpris que, dans la guerre des deux Fronts, ce soit Le Pen qui rafle la mise alors que Bruno Mégret pensait contrôler les cadres du parti ? C'est normal, au contraire. Car le fascisme, justement, n'est jamais affaire de « cadres ». Dans le désir fasciste, c'est des « masses », pas des « cadres », qu'il s'agit.

Claudio Magris est l'agent double – triple ? quadruple ? – de l'Europe en gestation. Son nouveau livre, « Microcosmes » (Gallimard), pour dire qu'un « monoglotte » n'entend rien ni à sa langue ni à lui-même. Toute son œuvre pour jouer, contre l'obscure fiction des origines, l'heureuse dispersion des identités.

Précision. La naissance de l'euro n'est pas un événement financier, c'est une révolution culturelle.

9 janvier 1999.

Un lapsus de François Bayrou. L'honneur de Raymond Barre. Charlie Hebdo *est-il le dernier journal gaulliste ?*

C'est Charles Pasqua qui, la semaine dernière, parlait de sa liste européenne comme d'une liste capable de « ratisser large » – avouant par là qu'il confondait les électeurs avec des feuilles mortes ou du chiendent. Cette semaine, c'est François Bayrou qui, chez Jean-Pierre Elkabbach, sur Europe 1, explique que si la droite continue de se chamailler il y aura « évasion de voix » – trahissant, lui, par ce mot, qu'il considère les urnes comme des « prisons », les hommes politiques comme des « matons » et la vie démocratique comme une guéguerre entre syndicats de matons qui risquent, à trop s'entre-déchirer, de provoquer des « évasions ». Ce ne sont que des mots, sans doute. Mais quels lapsus que ces mots ! Et que d'éloquence dans ces lapsus ! Ils disent – ces mots, ces lapsus – une forme d'arrogance et de mépris. Ils expriment – certes de manière inconsciente, mais les hommes politiques, aussi, ont un inconscient et, comme chacun d'entre nous, en sont comptables – la régression d'une politique de plus en plus ouvertement ravalée au rang de simple police. Pasqua, Bayrou, d'autres (la liste serait longue) : un ton qui n'est plus supportable dans la rhétorique politique contemporaine ; un ton, fait de brutalité et de désinvolture papelarde mêlées, qu'il ne faudra pas s'étonner de voir susciter, tôt ou tard, des réactions de colère extrême, de révolte.

Je suis sévère avec Bayrou. J'ai peut-être tort. Car il est de ceux qui, cette même semaine, dans le sillage de Raymond Barre, et alors que les gaullistes, Séguin en tête, se couchaient devant le Front national, ont sauvé l'honneur à Lyon. Barre ou Séguin ? Entre les deux sumotori de la vie politique française, c'est Barre qui l'a emporté. C'est Barre qui, en quelques mots, a rendu à la politique sa dignité. Et chacun de vérifier, une fois de plus, ce théorème : on peut se déclarer « gaulliste » et se conduire comme une caricature de centriste – on peut être catalogué « centriste » et incarner les vertus cardinales du gaullisme (esprit de résistance et de révolte, refus du vichysme larvé, courage). Barre le Gaulliste, donc. Barre que l'on représente toujours plus ou moins assoupi, les yeux fermés : quel malentendu ! quelle erreur ! ou alors il faudrait dire « assoupi comme Bouddha » – lucide derrière ses paupières mi-closes, attentif quand tout le monde le croit endormi ; connaissez-vous tant de politiques de cette envergure qui n'aient pas eu, depuis six mois, l'ombre d'une complaisance vis-à-vis de ce qui se tramait dans la ville des Aubrac et de Jean Moulin ? Et qui, sinon lui, notre grand Bouddha républicain, aura si patiemment tramé, puis précipité, la chute de son ancien dauphin, Charles Millon, et de l'« idéologie française » qu'il réincarnait ? Barre l'Éveillé.

Gaullisme encore. Que l'hebdomadaire *Charlie Hebdo* ait eu l'idée d'aller vérifier, pour le rendre aux survivants de la Résistance, que le titre « Front national » n'avait jamais été déposé, c'est magnifique – et on regrette que l'initiative ne soit pas plus universellement saluée. Mais comment ne pas s'étonner, en même temps, qu'il ait fallu attendre ce moment ? Comment ne pas être sidéré que personne, avant le coup de force de *Charlie*, n'y ait apparemment songé ? Que faisaient les amicales d'anciens résistants ? Que faisait le RPR ? Que faisaient ses innombrables organes ? Ses revues ? Ses instituts de « fidélité » divers et variés ? Et comment les intéressés eux-mêmes, comment les Leriche, les Destouches, les René Concasty, les Varin, comment ces vieillards héroïques que l'hebdomadaire nous décrit arrivant à sa conférence de presse tout petits, courbés en deux sur leurs cannes, grandis dès qu'ils se mettaient à parler, ont-ils vécu ces temps de détresse où ils voyaient s'opérer sous leurs yeux cet effroyable hold-up ? Ils le savaient, eux, que « Front national » était à eux. Ils savaient que, derrière ce sigle, il y avait le meilleur de leur jeunesse. Ils avaient gardé des tracts, forcément. Des vieux articles. Ils avaient des photos de ce temps-là où on devait les voir, très jeunes, très ardents, participer, derrière des banderoles « Front national », à des meetings clandestins. Et pas un jour de leur existence ne passait, ni un soir, sans qu'ils voient à la télévision une bande de voyous outrager leur mémoire, insulter leurs morts et cela, je le répète, sans qu'aucune des associations officiellement chargées d'entretenir la « flamme » pense à s'en émouvoir – sans que personne, en quinze ans, ait eu l'idée de dire : « halte-là ! on ne fait pas main basse, comme cela, sur l'héritage de la Résistance ». Aujourd'hui le mal est réparé. Et je n'ai qu'une tristesse – à la pensée de ceux d'entre ces héros qui sont morts sans avoir vécu ce jour, ni reçu cet incomparable cadeau : le journal qui titra « Bal tragique à Colombey : un mort » éclipse toutes les feuilles prétendument gaullistes et devient, en quelques semaines, l'organe officiel de la France libre. Merci *Charlie*.

16 janvier 1999.

Pour l'indépendance du Kosovo.

Les quarante-cinq morts de Racak ont-ils été placés là, en une mise en scène macabre, par les militants kosovars de l'UCK ? Sommes-nous en présence, autrement dit, d'un remake balkanique de Timisoara ? Tout est possible, évidemment. Et peut-être, quand ces lignes paraîtront, la preuve en aura-t-elle été apportée. On me permettra néanmoins d'observer, à l'intention de ceux que la nouvelle emplit déjà d'une indécente satisfaction, que cette manipulation, même avérée, ne changerait rigoureusement rien aux données politiques d'un problème qui se pose, depuis sept ans, dans les mêmes termes et que seule notre formidable capacité d'amnésie a pu si vite ignorer (il fallait cinquante ans pour effacer les leçons du passé, aujourd'hui sept ans suffisent !). Il y a un belligérant dans les Balkans : Slobodan Milosevic. La Serbie, tant que ce belligérant y régnera, restera un État « belligène ». Et la guerre, donc, continuera, la sale guerre – avec son cortège de massacres, de villages incendiés, et peut-être, l'UCK étant ce qu'elle est, de machinations comme celle de Racak.

Que faire alors ? Comment enrayer un processus où on a le sentiment, chaque jour ou presque, de gravir un pas de plus dans l'échelle de l'odieux ? En allant au bout de l'évidence. En tirant, plus que jamais, les conséquences de l'équation Milosevic. En traitant Milosevic, autrement dit, comme il aurait dû être traité dès le premier jour de la guerre de Bosnie. Pas en partenaire, en incendiaire. Pas en interlocuteur, en criminel. À l'époque, déjà, les Occidentaux disaient : « attention ! la ligne jaune, c'est le Kosovo ! nous n'intervenons pas à Sarajevo, mais que les Serbes s'avisent de toucher au Kosovo et nous interviendrons. » Les Serbes, depuis deux ans, touchent au Kosovo. Ils le mettent à feu et à sang. Peut-être est-ce difficile à entendre au moment où les médias ne sont pleins que de l'abominable soupçon. Mais justement. C'est le moment ou jamais de se rappeler. Quels que soient les doutes, quelles que soient les méthodes douteuses de telle ou telle fraction de l'Armée de libération du Kosovo, il n'y aura d'issue à cette guerre que le jour où les Occidentaux se décideront, mutatis mutandis, à considérer Milosevic comme ils ont, à la fin, traité Saddam Hussein : en fauteur de guerre, en adversaire.

L'indépendance, alors ? Oui, bien sûr, l'indépendance. Il y a deux raisons de vouloir l'indépendance d'un pays. La terre et les morts, le droit des petites nations, la mémoire hystérisée, brandie comme un argument, les racines : ce nationalisme-là, rendu à lui-même, ne vaudrait guère mieux, bien entendu, que le nationalisme serbe. L'indépendance comme légitime défense, la terre brûlée et les morts au quotidien, un pays cassé, une capitale écrasée sous la botte d'un pays totalitaire et le droit, quand il n'y a plus d'autre recours, de s'en aller, de faire sécession : ce droit-là, en revanche, est sacré ; c'est notre devoir de le faire respecter ; les Serbes eux-mêmes ne font-ils pas, d'une certaine façon, sécession de la Serbie quand ils émigrent, par centaines de milliers, pour échapper à un État dont ils sont aussi les victimes ? Il faut se résoudre, oui, comme Ibrahim Rugova lui-même, et ne serait-ce que pour empêcher la montée en puissance des extrémistes, à l'indépendance du Kosovo.

Au risque de déstabiliser la région ? Au risque de précipiter la naissance d'une « grande Albanie » qui rassemblerait en un même État tous les Albanais de la région ? C'est l'obsession des Occidentaux. Leur hantise. Mais cette hantise est peut-être un fantasme. Pour l'heure, en effet, les observateurs sérieux ne sont sûrs que d'une chose. La grande indifférence des Albanais d'Albanie à l'endroit de leurs « frères » kosovars : non pas frères ennemis, certes, mais frères inconnus, frères dont la nuit communiste a fini de les séparer et avec lesquels ils n'ont, au fond, pas parlé pendant cinquante ans. La solidarité, en revanche, des Albanais de Macédoine – mais infiniment moins radicale qu'on ne le dit : aides, bases arrière, armes, mais pas encore, pour le moment, de réel projet d'unification. Et quant aux Kosovars eux-mêmes, lorsqu'ils fuyaient par dizaines de milliers, l'été dernier, leurs villages incendiés, le fait est qu'un quart d'entre eux allaient se réfugier chez ces cousins macédoniens – mais les trois autres quarts préféraient aller au Monténégro, qui fait partie de la Serbie... !

Qu'un Kosovo indépendant doive veiller, le jour venu, aux droits de la minorité serbe, cela va de soi. Et sans doute faudra-t-il même, pour l'occasion, inventer des procédures politiques ingénieuses : libre accès aux lieux de culte pour les Serbes, libre passage entre les deux pays, double citoyenneté. Mais, de grâce, ne laissons pas l'universel Spectacle faire qu'un éventuel Timisoara éclipse tous les charniers de cette guerre atroce. Ne laissons pas les « M. de Norpois » des chancelleries occidentales imposer leurs idées simples, paresseuses, reçues sans examen ni débat. Elles aussi, mine de rien, sèment le désespoir et la mort.

23 janvier 1999.

Modiano le noctambule. Vérité à gauche, erreur en deçà ? Sarraute par Claude Régy. « Bédouins » et « sauvageons ». Salman Rushdie musicien. Un conte des frères Grimm. Luchini, notre Jouvet. Chassez le Chevènement de votre tête.

L'écriture noctambule de Modiano. Ce flou, cet *embu*, qui effacent désormais les contours. Abandon, vraiment, de la forme romanesque ?

Les trois partis de la gauche plurielle font chacun leur liste pour les européennes : tout le monde trouve ça normal ; il n'y a pas de débat sur la question ; et c'est même perçu, dans leur cas, comme un signe de vitalité. La droite fait la même chose, les centristes de l'UDF se décident enfin à franchir le pas et à aller, sous leurs couleurs, à la rencontre des électeurs : les mêmes crient à la catastrophe ; ils disent : « c'est le signe que ça va mal, c'est le début de la décomposition » ; et il n'est pas jusqu'aux intéressés qui en semblent persuadés – voir leurs mines toutes contrites, presque penaudes, quand ils apparaissent pour en parler ! C'est étrange. C'est surtout dommage. Car c'est au bénéfice de la démocratie que l'on sort, en politique, du malentendu.

Nathalie Sarraute à la télévision, filmée par Claude Régy. Son beau visage émacié. Son austérité. Cette façon de nous dire que la postérité ne l'intéresse pas, que c'est toujours le néant qui gagne – « ça commence par rien, ça finit par rien, ça retombe dans le rien ». Et puis, à la toute fin, un remords, un doute – et, dans le silence revenu, sur le visage à nouveau impassible, un frémissement un peu enfantin : la mine de la fameuse petite fille qui se retourne *tout de même* pour voir de quoi les choses ont l'air quand elle ne les regarde pas.

Les « sabreurs » de juin 1848, puis de la répression versaillaise de la Commune, appelaient la population des faubourgs les « bédouins ». La différence avec un ministre qui, un siècle et demi plus tard, les appelle les « sauvageons » ? « L'honneur de Saint-Arnaud », de François Maspero (Plon). « Le corps de l'ennemi », d'Alain Brossat (éditions La Fabrique).

Texte de la « ballade » que Salman Rushdie vient de composer pour ses amis du groupe de rock U2 : « Suis gentiment ta voie ténébreuse, descends sous terre, je t'y rejoindrai un jour ». Parole d'écrivain. Parole qui, chez les amis de l'écrivain, doit susciter malaise, crainte vague, émotion. Salman Rushdie, mon ami.

Ce conte des frères Grimm qui s'appelle « Der Gevatter Tod » (traduction Le Roy Ladurie : « La mort-parrain ») et qui raconte l'histoire d'un homme dont n'ont voulu « ni le Diable ni le Bon Dieu » et qui, d'une certaine façon, « revient » de la mort. On pense, évidemment, à Chevènement répétant à qui veut l'entendre, à Paris et à Belfort, en français et en patois, que « ni Dieu ni le Diable n'ont voulu de lui ». On pense à cette arrogance étrange, ce sentiment d'impunité qui étaient ceux du héros du conte et semblent aussi les siens. On pense enfin, on ne peut pas s'empêcher de penser, au-delà même des frères Grimm, à cette vieille superstition qui, dans toutes les civilisations du monde, reconnaît au « trompe-la-mort » – ordalies, cercles de feu, pendus dont la corde a cassé, etc. – des pouvoirs et des droits fabuleux. Chevènement, consciemment ou non, est dans ce cas. Il joue sur ce registre-là. Et ce n'est, d'ailleurs, pas la moindre bizarrerie de son attitude : en répétant, encore une fois, à tout propos qu'il est celui dont la mort « n'a pas voulu » et que « ni le Diable ni le Bon Dieu » ne l'ont accueilli, ce « laïc » taquine, dans les têtes, l'une des superstitions les plus obscures de l'histoire des sociétés. Chevènement « va mal », disent ses amis ? Il a « pété les plombs » ? Eh bien non ! C'est le contraire. Ce revenant est un sur-vivant. Il se vit comme ce sur-vivant. Et c'est, comme pour le miraculé du conte, l'une des raisons probables de son incroyable morgue – et des injures dont, depuis huit jours, il abreuve les uns et les autres. Le Premier ministre vient de le rappeler à la raison. Ira-t-on jusqu'à lui prescrire la lecture de « La mort-parrain » des frères Grimm ?

Fabrice Luchini chez Giesbert, sur Paris Première. Cette relation non cérébrale aux textes philosophiques. Cette façon de gloser sur une fable de La Fontaine sans avoir besoin d'y ajouter un mot. Et pour les textes les plus connus, littéraires ou non, le talent d'y injecter cette soudaine et paradoxale étrangeté. Que faisait d'autre Louis Jouvet ? « Bizarre, bizarre, vous avez dit bizarre » – tout l'art ne consistait-il pas à l'injecter, cette bizarrerie, dans une phrase, en l'occurrence ordinaire ? Luchini, notre Jouvet.

La déchirure du tissu social. La violence. Cette gangstérisation tendancielle qui est la marque de l'époque.

Il faudrait, pour comprendre, relire le Foucault des derniers cours au Collège de France. Ou le Pasolini des « Écrits corsaires ». Ou encore Spinoza – le premier à nous dire : « l'objet philosophique par excellence, ce n'est pas le sujet, mais la multitude ». Chassez le Chevènement de votre tête. Recherchez spinozisme, désespérément.

30 janvier 1999.

Hegel à Amman. Oui à l'égalité, non à la parité.

Il y a là Hafez el-Assad, impeccable de faux chagrin et de piété jouée : tête du vieux chef mafieux de Palerme qui vient s'afficher aux obsèques de l'homme dont il a commandité l'assassinat. Arafat, en uniforme : claquement de talons, inclinaison, re-claquement de talons, la main qui tremble un peu mais qui salue quand même – le dernier chef palestinien laïc ? Le vice-président irakien au coude à coude avec le prince héritier du Koweit. La moitié du gouvernement israélien et l'extrémiste palestinien Hawatmé. Chirac, très raide. Kouchner, très digne, Clinton, parfait dans son nouveau rôle d'âme sensible : « mon ami est au paradis » – et, près de lui, on dirait qu'ils le soutiennent (mais dans quel combat ?), les ex-présidents Bush, Ford et Carter. Eltsine, hagard : il est venu montrer qu'il était vivant mais fait, devant le village planétaire, la preuve qu'il est en train de mourir. Assad encore, surpris par la caméra en longue conversation avec Hassan, le régent félon, déchu par le roi Hussein quelques jours avant sa mort : « attention, semble dire le félon, brisons l'aparté, nous sommes filmés ! » Le côté « clan Kennedy » des fils du roi. La moue d'Abdallah, quand il prête serment sur le Coran : très vite, quelques secondes à peine – « je suis roi, pas de temps à perdre avec des députés ». Pas de femmes, mais un cheval –

bonjour la parité ! Un désordre de têtes couronnées, émirs enturbannés, princes de sang, chefs d'État, défilant au son d'une cornemuse, puis, à la fin, d'une trompette – bizarre mélange de mélodie arabe et de rythme occidental : l'image même de ce royaume « métis » ? Ce n'est plus un cimetière, c'est un théâtre. Ce ne sont pas des funérailles, c'est la comédie de la planète. Que sont-ils tous venus pleurer ? Le roi ? La paix ? Une image du Proche-Orient ou d'eux-mêmes ? Une époque qui s'achève ? La stabilité de la région ? On pense au bal des tartuffes, dans les grands enterrements, chez Saint-Simon : ceux qui sont fondés à « draper » (porter le deuil) et ceux qui ne le sont pas. On pense à Lawrence, et à une autre procession, au même endroit, mais devant un tout autre catafalque, dans « Les sept piliers de la sagesse » : frôlements, chuchotements, alliances qui se font et se défont, passions à peine retenues, fin d'un âge, début d'un autre. Ou bien ceci, encore : il y a des jours où l'on croit voir l'esprit du monde passer, à Iéna, sous les fenêtres d'un philosophe ; il y en a d'autres où il passe, à Amman, sur la tombe du petit roi d'un tout petit pays, né d'un songe de Lawrence d'Arabie et d'obscurs découpages coloniaux : quelles convulsions après Hussein ?

La « parité ». Ce qui n'est pas acceptable, chez les partisans de la « parité », c'est évidemment leur dogmatisme. Car on peut faire le procès d'un certain exercice sexiste de la politique. On peut trouver en effet scandaleuse l'exclusion qui frappe les femmes dans tous les partis français sans exception. On peut, comme Sylviane Agacinski, estimer que cette arrogance tranquille des hommes, ce quasi-monopole qu'ils exercent sur les grands appareils de pouvoir reviennent à priver l'autre moitié, non du ciel, mais du pays du droit élémentaire à l'exercice de la souveraineté. On peut encore imaginer mille et une procédures techniques, politiques, voire financières, permettant de corriger les choses et de contraindre les partis à se rapprocher de la parité ou, pourquoi pas ? à la dépasser un jour. Mais de là à instituer ces procédures, de là à figer le partage et à opposer, sur le plan des principes, une bonne discrimination à la mauvaise, de là à proclamer qu'un parlement n'est réellement démocratique que s'il compte cinquante pour cent d'hommes et cinquante pour cent de femmes et de là, donc, à définir la citoyenneté en fonction, non pas exactement d'une « différence », mais d'un « genre », il y a un pas que l'on ne peut franchir sans prendre deux risques majeurs. Le risque « philosophique » d'un détournement durable de l'idée même d'humanité telle qu'elle s'impose au droit depuis les Lumières : le sujet – c'est Élisabeth Badinter qui a, pour le coup, raison – cesse d'être sexué lorsqu'il accède à l'ordre citoyen. Le risque de voir telle ou telle communauté (les beurs, les jeunes, les vieux, les Juifs) arguer, demain, de sa sous-représentation dans la République universelle pour exiger une discrimination positive inscrite, elle aussi, dans les textes : c'est la porte ouverte, comme dit encore Élisabeth Badinter, à toutes les dérives communautaristes. Qu'appelle-t-on état d'urgence en démocratie ? L'instauration de mesures d'exception. La suspension provisoire de la loi. Mais jamais, au grand jamais, la réécriture de cette loi, le reniement définitif des principes. Eh bien, il y a urgence, dans notre démocratie, sur le front de la parité. Il est non seulement légitime, mais urgentissime, de harceler les partis, de les forcer à se réformer. Mais l'erreur serait, il me semble, de confier à la loi ce qui revient au combat politique. L'erreur, la régression consisteraient à inscrire dans les textes ce qu'il faut imposer dans les mœurs. Oui à la lutte politique, non à la révision des articles III et IV de la Constitution : la nuance peut paraître mince, elle est essentielle ; c'est celle qui, selon Montesquieu, sépare l'état d'urgence de la dictature.

13 février 1999.

Levinas et la « parité ». Gérard Wajcman entre Duchamp, Malevitch et Lanzmann.

Encore la « parité ». Question essentielle, évidemment. Bataille idéologique de fond. Avec, au cœur d'un débat que l'on aurait bien tort de réduire à une banale « querelle d'intellectuels », cette question qui a l'âge de la métaphysique : la citoyenneté a-t-elle à voir avec la nature ? qu'est-ce, au juste, que l'Universel ? l'Universel est-il, ou non, sexué ? Je pense, pour ma part, que non. Et si je le pense, c'est que je reste fidèle à ce que nous disent les textes bibliques sur la question. Dieu, « créant l'homme à son image, les créa mâle et femelle » (Gen. I, 27)... « Mâle et femelle il les créa et les appela du nom d'Homme » (Gen. V, 1-2)... Formules énigmatiques, mais qu'Emmanuel Levinas a commentées dans une de ses « Lectures talmudiques » : égalité absolue, dit-il ; morale de la reconnaissance et du respect ; réciprocité entre partenaires qui, avant d'être « divisés », sont « parents en humanité » ; universalité d'un sujet inévitablement sexué, mais dont la différence sexuelle doit être déclarée « seconde » dès lors qu'il sort de l'état de nature pour entrer dans le règne de la Loi et nouer une authentique « intrigue sociale » ; ou encore cette formule magnifique : si la femme biblique (Gen. II, 21-23) est une « côte », c'est qu'elle est un « visage » avant d'être une « matrice »... Être fidèle à Levinas aujourd'hui, c'est tenir sur les deux fronts. Oui au combat politique le plus acharné ; oui à des pratiques politiques qui harcèleront les partis, les confondront aux yeux de l'opinion, multiplieront les procédures d'incitation, voire de contrainte, financière susceptible de faire entrer dans les mœurs l'égalité entre les sexes ; oui, autrement dit, à tout ce qui peut contribuer à décréter « l'état d'urgence » sur le terrain d'une « cause des femmes » en péril – oui à tout ce qui peut, concrètement, la faire avancer et triompher. Mais non, mille fois non, à une révision de la Constitution qui fait bizarrement l'unanimité, droite et gauche confondues, sur les bancs d'une Assemblée accusée par ailleurs, à juste titre, d'être le plus cruel miroir de la discrimination – et dont je redis qu'elle équivaudrait à une régression sans précédent : au lieu de l'état d'urgence, la révision des principes ; au lieu de mesures d'exception qui, comme toutes les mesures d'exception, ne valent que par leur réversibilité, la redéfinition irrévocable de ce qu'est un sujet politique ; au lieu d'un progrès citoyen, un retour en force de l'idée de nature... Levinas, donc, contre le sexisme inversé des dogmatiques de la parité. Et, aux côtés de Levinas, une certaine Simone de Beauvoir, adversaire, ô combien, de *tous* les naturalismes.

Quel rapport entre Auschwitz et le « Carré noir sur fond blanc » de Malevitch ? Quel est ce siècle qui commence avec un « ready-made » de Marcel Duchamp et s'achève avec le « Shoah » de Claude Lanzmann ? Qu'est-ce que l'absence ? Le rien peut-il s'incarner ? Le vide d'image et d'objet peut-il, doit-il, prendre corps ? Qu'est-ce qu'un âge de la conscience qui aura été, du même mouvement, celui de l'Absence et de l'Objet, du rien à voir et de l'approche, de l'infigurable et de la figure ? Imaginons qu'il faille désigner l'Objet par excellence de ce siècle : la minijupe, le drapeau de l'Onu, l'atome, un comprimé de pénicilline, l'Empire State Building, un presse-purée, une boîte de Coca, une ligne de coke, une brebis clonée, ou bien... ? Qu'est-ce qui est plus fort que les ruines ? L'art a-t-il changé après les chambres à gaz – et en quoi ? Qu'est-ce qu'un monument invisible ? Un trou noir ? La nuit en plein jour ? La mort industrielle ? Un corps, et un nom, perdus ? L'art moderne ? L'objet impensable ? Une grande œuvre (Malevitch encore et son autre « carré noir », mais sculpté celui-là, et en plâtre) est-elle une énigme ou une réponse ? En quoi « Shoah » (le film de Lanzmann, toujours) n'a-t-il rien de commun avec, mettons, « Nuit et brouillard » ? Son vrai débat avec Spielberg ? Avec Godard ? Avons-nous le droit, et pourquoi, de dire qu'il s'agit d'une « œuvre d'art sur la Shoah » ? L'Oubli est-il un crime ? La Mémoire un devoir ? Pourquoi le centre d'un siècle qui fut celui de l'image reste-t-il hors de toute image ? Trop d'obscurité ou trop de lumière ? Ceci est-il une pipe ? Une machine ? Un carré logique ? Est-ce le fond blanc qui produit le carré noir, ou l'inverse ? Nie-t-on avec les mots, ou sans mots ? Qu'est-ce qu'un événement sans témoins ? Un désastre sans regard ? Un premier regard ? Le regard des absents ? Une sépulture ? Un crime parfait, déjà effacé lorsqu'il se commet ? Un spectateur ? Un trompe-l'œil ? Une œuvre d'art est-elle un objet de pensée ? Malevitch, Duchamp, Lanzmann sont-ils des « artistes lacaniens » ? Y a-t-il un rapport, et lequel, entre « l'objet (a) » de Lacan et « l'objet de l'art » au XXe siècle ? Qui sont ceux qui, en un mot, font comme si le XXe siècle n'avait été qu'un songe, une hallucination, un leurre ? Et qui œuvre, donc, dans le sens inverse : un siècle qui « nous regarde » et un art qui, en ce siècle, aurait perdu sa « belle vertu consolatrice » ? Ces questions – et quelques autres – sont au cœur d'un des livres les plus étonnants du moment : « L'objet du siècle », de Gérard Wajcman (éditions Verdier). J'invite, toutes affaires cessantes, à le lire.

20 février 1999.

Un bon procès.

Le procès du sang contaminé s'achève. Imparfait, certes. Inégal. Mais enfin, il s'achève. Et je vois cinq raisons, au moins, de le trouver formidablement salutaire.

1. Le fait même qu'il ait eu lieu. Cela n'aurait pas suffi, bien sûr. Mais pour les victimes, leurs familles, pour celles des victimes qui n'ont pas vécu assez long-

temps pour voir arriver ce jour, le principe même de cette Cour de justice, la discussion contradictoire, l'interrogatoire, le défilé, à la barre, des possibles responsables d'un désastre sanitaire sans pareil étaient un droit sacré, un dû. Ni haine ni vengeance, la justice : c'était, depuis le premier jour, la requête d'Edmond-Luc Henry, le président de l'Association des hémophiles. On a fait droit à sa requête. On ne pourra plus prétendre que des ministres, parce qu'ils sont ministres, sont exemptés, en France, de tout risque de responsabilité pénale.

2. Ce procès, quoi qu'on en dise, aura été une excellente leçon de choses politique. Le désordre des audiences ? Les absurdités de l'arrêt de renvoi ? Sans doute. Mais aussi la reconstitution de ces fameuses sept semaines qui séparent la première note adressée à Laurent Fabius et l'annonce par le même Fabius, le 19 juin 1985, à l'Assemblée, du dépistage obligatoire des donneurs de sang – la reconstitution, heure par heure, minute par minute, des minutes de la décision... Comment fonctionne un État ? Comment opère-t-il dans le détail ? Comment circule une note ? Comment se déroule une réunion ? Qui sait quoi ? Qui fait quoi ? Qu'est-ce, en un mot, qu'un crime de bureau ? Quel obscur enchaînement de calculs, lâchetés, petites ou grandes négligences finit-il par le constituer ? Et comment Laurent Fabius et ses ministres ont-ils, *à l'inverse*, réussi à le conjurer ? Ce sont ces questions que l'on a posées. Patiemment. Sereinement. C'est à la fois décisif et sans précédent.

3. Que savait-on à l'époque ? Quel était l'état des connaissances sur le sida et celui de nos ignorances ? De quelle façon celles-ci se combinaient-elles avec celles-là ? Comment un certain état, par exemple, de l'immunologie, comment les concepts de « séropositivité », d'« anticorps » ou de « porteur sain » étaient-ils autant d'obstacles dans les têtes, non seulement des

responsables, mais des savants ? Ce sont des problèmes, cette fois, non de politique, mais d'épistémologie. Ce sont des questions très difficiles que l'on s'attendrait à voir aborder par des disciples de Bachelard ou Canguilhem. Or c'est de cela, aussi, qu'il s'est agi. C'est à retracer le climat de l'époque, à retrouver l'épaisseur de ses préjugés, l'inertie de ses terreurs ou de ses illusions, que des dizaines de ministres, conseillers, médecins, spécialistes de la transfusion, témoins divers, se sont employés pendant ces semaines. Et cela, encore, mérite le respect.

4. Le débat. Ce procès, convenons-en, avait commencé dans la confusion la plus extrême. On voulait des têtes. Des coupables. On voulait que, d'un si grand malheur, répondent de grands malfaiteurs. Et on était même prêt, en une aberration juridique elle aussi sans pareille et explicable, j'imagine, par l'émotion qui régnait alors, à inculper pénalement non seulement les responsables directs du dommage, mais tous ceux qui, « à des degrés divers », et « de près ou de loin », y auraient « contribué ». Eh bien, il y a eu, donc, débat. Et, comme toujours quand on ouvre un espace au débat, les choses se sont éclaircies, les esprits se sont apaisés, on a commencé de distinguer responsabilité politique et pénale, crimes par omission et commission – on a rompu, en un mot, avec le procès en sorcellerie larvé qu'instruisait l'Opinion depuis douze ans, sur fond de vieilles peurs, de diabolisation de l'État et de recherche de boucs émissaires.

5. Fabius, enfin. Il était le héros malgré lui de ce procès. Il était, pour mille raisons, sa victime émissaire désignée. Or, là aussi, le procès a abouti. Là aussi, malgré les maladresses, les naïvetés de la procédure, etc., le débat a permis d'établir, sans aucune contestation possible : primo, que le Premier ministre de l'époque n'a jamais envisagé de retarder, pour des raisons de patriotisme économique, l'homologation du

test de dépistage américain ; secundo, que la France a été, sous son gouvernement, l'un des cinq premiers pays du monde, avant les États-Unis, la Grande-Bretagne ou l'Allemagne, à prendre les mesures sanitaires dont nous savons, avec le recul, qu'elles s'imposaient ; tertio, qu'une telle lucidité, doublée d'une célérité assez exceptionnelle pour qu'un Raymond Barre, après d'autres, ait cru devoir venir la saluer, mérite non l'opprobre, mais l'hommage : la diligence de Laurent Fabius a, nous le savons désormais, sauvé des centaines de vies humaines. Oui, ce procès était nécessaire. Rarement une même génération aura pu, ainsi, voir s'installer la confusion et assister à sa défaite – contempler la naissance infâme de la rumeur et parvenir à la dissiper.

27 février 1999.

Léviathan ou Narcisse ? Lire Philippe Muray. Sartre et Bataille. Pour Guillaume Durand.

Retour à l'exposition Rothko. Concepts vivants ? Perceptions spirituelles ? La peinture abstraite, comme toute peinture, est, d'abord, affaire de sensation.

Trois randonneurs partent à la légère dans un massif en proie aux avalanches. On les cherche. On déploie des moyens gigantesques pour les retrouver et les sauver. Et, pendant que les sauveteurs s'affairent, pendant qu'ils risquent à leur tour leur vie pour arracher à la mort les imprudents, pendant que l'opinion s'émeut, espère, retient son souffle, les skieurs, depuis leur portable, appellent la presse internationale et lui vendent le récit de leur aventure. On peut trouver l'histoire choquante, immorale, etc. On peut y voir, aussi, l'illustration ironique de deux tendances lourdes de l'époque, portées, l'une et l'autre, et ensemble, au paroxysme de l'absurde. 1. *L'État providence absolu :* interdit de risquer sa vie ; interdit de mourir ; mon corps n'appartient peut-être plus, comme chez John Locke, à Dieu mais cette effervescence protectrice, cette nouvelle norme du ski sans risques comme, d'ailleurs, de la guerre sans morts, de la navigation sans naufrage, du tabac qui « nuit gravement à la santé » ou du port obligatoire de la ceinture de sécurité, ce triomphe du Léviathan-nounou, du monstre froid aux petits soins, disent bien que l'individu n'est plus que le locataire, l'usufruitier d'un corps qui appartient à tous. 2. *La spectacularisation de toutes choses :* rien ne se perd ; tout se recycle ; triomphe de Narcisse et de l'imagologie radicale ; à quoi bon se plaindre ? c'est ainsi ! il n'y a pas un événement, un sentiment, un dévouement, un désintéressement qui ne se destinent à finir, non plus dans un « beau livre », mais sur le papier glacé d'une belle photo. « Witz » de l'époque. Fable, et satire, de la modernité.

Karl Kraus : « la vie est un effort qui serait digne d'une meilleure cause ». De même Nietzsche, en 1883, dans l'hiver « le plus dur de sa vie », lorsqu'il rêve de partir au Mexique : la vie, cette « maladie » dérisoire et splendide.

On parle beaucoup, ces jours-ci, de « l'ingratitude » de notre culture, de notre « impiété » à l'endroit du passé, des nouveaux dégâts de la « modernité » et de la ritualisation des « bons sentiments ». Pourquoi si peu d'échos, alors, au livre de Philippe Muray « Après l'Histoire » (Belles Lettres), qui rassemble et développe un an de chroniques à la *Revue des Deux Mondes* et pourfend, lui aussi, avec une féroce allégresse, la « démocratie radicale », l'« Homo festivus » triomphant, la « lunaparkisation » de la planète, cette civilisation bizarre « où l'anarchiste est couronné et où tous les diadèmes sont libertaires », les « nouveaux silences » de la servitude, la littérature transformée en

« ligue de vertu », le tohu-bohu lyrique des « Gay Pride » et des « commémorations ». Je suis en désaccord avec nombre de thèses de ce livre. Sa violence me heurte. Je le trouve souvent très injuste. Mais force est d'admettre que c'est, dans ce registre, ce qui s'est écrit de plus fort, de plus percutant, depuis longtemps. On ne peut pas réclamer, à cor et à cri, l'ouverture d'un « vrai débat » et continuer d'ignorer un auteur qui, vingt ans après son très beau « Dix-neuvième siècle à travers les âges », demeure l'un de nos essayistes les plus radicalement rebelles à l'époque. Critiquer Muray, mais le lire.

Numéro spécial des *Temps modernes* sur Bataille. À quand, demande Lanzmann, leur directeur, un « Spécial Sartre » dans *Lignes* ou *Critiques*, ces revues d'origine ou d'inspiration bataillienne ?

Ainsi donc, Les Guignols auraient eu la peau de Guillaume Durand. Mine de rien, c'est une date. D'abord parce qu'on regrettera Durand, son insolence, son élégance, son art de doser le professionnalisme et la désinvolture – et, aussi, ce goût des idées, ce refus de capituler devant les démagogies du jour, qui n'étaient pas le contraire, ma foi, de « l'esprit », de « la culture Canal », et qui, par-dessus le marché, faisaient des merveilles à l'Audimat. Mais ensuite parce qu'on ne peut s'empêcher de voir dans cette affaire une étape de l'irrésistible ascension de la sympathique compagnie de marionnettes : déjà, elles avaient triomphé des politiques, qui n'ont plus d'autre choix, comme chacun sait, que de finir par leur ressembler ; voici venu le tour des commentateurs, contraints de céder la place lorsqu'ils ont le malheur de leur déplaire – voici venu le temps, après le « politiquement correct », d'un « spectaculairement correct » dont ils seraient les arbitres et dont Durand serait la victime ; à quand le stade ultime du processus – quand il leur reviendra de choisir les sujets eux-mêmes, l'actualité, les événements qui ont eu, auront, devront un jour avoir lieu ? Tout le pouvoir aux Guignols. Les Guignols plus l'électricité du grand cirque médiatique. Des Guignols qui se prendraient, soudain, pour les Prospero de la tempête hertzienne, les régisseurs de l'esprit du monde. Les Guignols sont tombés sur la tête. C'est dommage.

6 mars 1999.

Qui est Patrick Waldberg ? Réparation à Georges Bataille. Sauver Breton, Duchamp, Max Ernst. Le « courage du soldat allemand » ? Colombani et Elgey.

Que les amateurs de littérature, les fous du surréalisme, celles et ceux qui ont passé, ou passent encore, une partie de leur jeunesse à arbitrer, en rêve, la querelle Bataille-Breton, à méditer sur les tracts de Contre-attaque ou à se demander ce que fut réellement Acéphale, cette société secrète imaginée, en marge de la revue du même nom, par Bataille, que tous ceux-là se précipitent sur les trois livres du critique d'art Patrick Waldberg, compagnon lucide et fervent de l'aventure, que réédite La Différence. Il y a là « La clé de cendre », son roman. « La recherche du point suprême », contribution lucide et fervente à l'histoire de la période. Et puis la merveilleuse « Fonction du refus », que l'on lira comme une généalogie de « Dada » – Apollinaire, Duchamp, mais aussi, un peu plus tôt, « zutistes », « hydropathes » et autres « hirsutes ». Préhistoire de l'admirable XXᵉ siècle. Archéologie d'une révolte qui n'a – presque – rien perdu de sa nouveauté, de sa force.

Dans le même genre, chez le même éditeur, un gros recueil de textes de Bataille – ou autour de Bataille – qui couvrent la période 1932-1939 et qui, souvent inédits, ont été rassemblés sous le titre « L'apprenti sorcier ». Le groupe Contre-attaque à nouveau. Le Collège de sociologie. Les lettres à Souvarine et au futur héros de la Résistance Pierre Kaan. Des textes de Klossowski ou de l'énigmatique Jean Bernier. Les pièces, connues ou non, de la fameuse « réparation à Nietzsche », face à des nazis prétendant, avec un culot qui n'avait d'égal que leur analphabétisme, faire main basse sur « La généalogie de la morale » et sur « Aurore ». Et puis, au fil des pages, la réparation due à Bataille lui-même : cet écrivain immense que d'autres ignorants persistent à nous présenter comme un personnage incertain, fasciné par l'extrême et donc par le fascisme, alors qu'il fut l'un des penseurs les plus radicalement antifascistes des années 30. Radicalement ? Je veux dire antistalinien en même temps qu'antinazi. Et pour les mêmes raisons.

De Varian Fry et de la fameuse villa Air Bel, à Marseille, où, entre 1940 et 1941, ce « Raoul Wallenberg des artistes » organisa le départ vers les États-Unis de Chagall, Breton, Max Ernst, Duchamp, André Masson, j'avais parlé dans « Les aventures de la liberté » – mais à l'aveugle et dans l'ignorance des pièces du dossier. Eh bien les voici, ces pièces, grâce à la double initiative de Plon, qui nous donne la traduction de « La liste noire », le livre de Fry lui-même, écrit à chaud, au lendemain de son expulsion de France, et d'Edmonde Charles-Roux, initiatrice de l'exposition d'hommage à Fry qui se tient, à Marseille, jusqu'au 11 avril. Qu'est-ce qu'un « juste » ? Comment fonctionne, concrètement, une pareille entreprise de sauvetage ? Voler au secours des artistes ou des autres, de l'esprit et de ses œuvres ou des corps – comment choisir ? Comment vit-on, après ? Quelle autres raisons d'exister ? Que reste-t-il à faire, penser, espérer lorsqu'on peut s'enorgueillir d'avoir sauvé « Sierra de Teruel » ?

La « querelle de la mémoire » rebondit. Je nomme querelle de la mémoire – en référence à la « querelle des historiens » d'il y a dix ans – le nouveau débat qui fait rage en Allemagne et dont l'épicentre est la question de la Wehrmacht. Fut-elle – la Wehrmacht – une armée de soldats « normaux » ou d'« assassins » ? Y eut-il, comme on nous l'a longtemps dit, d'un côté, la SS et, de l'autre, le gros d'une armée régulière qui se serait contentée, non sans un certain « courage » (François Mitterrand...), de « faire son devoir » – ou bien les uns et les autres, les « bons » soldats comme les « mauvais » SS, ont-ils collaboré aux mêmes massacres de civils ? La querelle, dis-je, rebondit à cause de la publication en France, chez Hachette, de « L'armée d'Hitler », de l'historien israélien Omer Bartov, qui est, comme Daniel Goldhagen, comme moi, un partisan de la seconde thèse. Pour les mêmes raisons ? Pas tout à fait. Lisez. C'est, aussi, le débat.

Dernière lecture de la semaine : « La Cinquième ou la République des phratries », de Jean-Marie Colombani et Georgette Elgey (Fayard). On a dit ici même ce qu'avait d'apparemment incongru l'attelage entre le très antimitterrandien (et, tout autant, antichiraquien) directeur du *Monde* et celle qui fut longtemps (avant d'être « remerciée » dans des conditions qu'on aimerait, soit dit en passant, la voir un jour raconter) l'historiographe de l'ancien président. N'empêche. C'est un livre aigu. Un essai, très réussi, d'« histoire immédiate ». Avec un chapitre, le dernier, qui n'est pas sans rapport avec ce qui précède puisqu'il raconte, cette fois, l'aventure des intellectuels français de 1958 à nos jours. Tout y est. Sartre, l'anti de Gaulle. Mauriac et Malraux, contre Sartre. Le structuralisme. Les « nouveaux philosophes ». La fin de l'espérance révolutionnaire et la façon dont la chute du mur de Berlin nous aura laissés « sans voix ». Sortons-nous du XXe siècle ou du XIXe ? C'est la vraie question.

20 mars 1999.

Huit ans trop tard, la juste guerre contre Milosevic.

Qu'on ne vienne pas nous dire qu'il était trop tôt pour déclencher les frappes sur la Serbie, qu'il fallait attendre encore, négocier, prendre le temps de la discussion et du compromis. On a pris le temps, en effet. On a épuisé, pendant des semaines, des mois, des années, les ressources du dialogue. Et c'est en désespoir de cause, après que tout a été fait, vraiment tout, pour, comme le disent Clinton, Blair, Schröder et Chirac, convaincre pacifiquement Milosevic d'arrêter le massacre au Kosovo que l'on s'est résolu à employer la force. Milosevic, c'est le fond de l'affaire, n'est pas un interlocuteur ordinaire. C'est un terroriste. C'est un chef d'État qui, depuis presque dix ans, se comporte comme un maître chanteur. C'est un responsable politique qui, pour être plus précis encore, se conduit comme s'il prenait en otage son propre peuple et s'en servait comme d'un bouclier à l'abri duquel peuvent se tramer les stratégies de pouvoir les plus perverses. Que se passe-t-il dans la tête d'un homme qui sait que, s'il ne signe pas avant dix-huit heures, sa capitale sera bombardée et qui, pourtant, s'obstine ? Bravade, sans doute. Mais aussi calcul. Milosevic a *calculé* que, les Occidentaux étant ce qu'ils sont, c'est-à-dire, dans son esprit, des lâches, il lui serait profitable de les pousser à l'affrontement. Milosevic, si monstrueux que cela paraisse, a clairement *choisi* de faire bombarder sa capitale. On peut, bien sûr, en conclure qu'il a, une fois de plus, avec son cynisme coutumier, mené le bal. On devra surtout le tenir pour responsable, sur sa tête, non seulement des centaines de milliers de morts croates, bosniaques, kosovars de la sale guerre qu'il a déclenchée en 1991 et qui dure jusqu'à aujourd'hui, mais aussi, et désormais, de chacun des éventuels morts *serbes* des bombardements de la nuit de mercredi à jeudi.

Que l'on ne vienne pas nous resservir non plus le vieux refrain – usé depuis la Bosnie – sur les « solutions politiques » qui seraient toujours, et par principe, préférables aux « solutions militaires ». J'étais, dès le premier jour, favorable, en Bosnie, à une intervention militaire. Et chacun, soit dit en passant, s'accorde, avec le recul, sur le fait que cette intervention, si l'on s'y était décidé plus tôt, aurait épargné bien des morts et des désolations à Sarajevo. Dans le cas du Kosovo, cependant, j'y serais, si c'était possible, presque plus favorable encore. Car les Occidentaux, cette fois – et peut-être, justement, parce qu'ils ont tiré les leçons du désastre bosniaque –, ont un projet politique clair. Ce projet vaut ce qu'il vaut. On peut, et c'est mon cas, le trouver discutable. Mais enfin il est là. C'est lui qu'Hubert Védrine, Joschka Fischer, Madeleine Albright ont su imposer aux factions les plus dures du camp kosovar ainsi qu'aux alliés russes de la Serbie. Et c'est lui que les armées de l'Otan sont supposées faire accepter de force au gouvernement de Belgrade. En sorte que c'est l'opposition même des deux « options » qui perd son sens et l'on ne devrait plus pouvoir dire, comme Jean-Pierre Chevènement, Philippe de Villiers, d'autres, qu'il y a, « d'un côté », l'option militaire et, « de l'autre », l'option politique qu'il aurait fallu « privilégier » : l'option militaire, en la circonstance, *est* une option politique ; la guerre à la Serbie, qu'on le veuille ou non, *est* la continuation de la politique des dernières semaines ; les Occidentaux, en bombardant des cibles militaires serbes, font encore de la politique, toujours de la politique – ils explorent la *dernière* issue politique que Slobodan Milosevic, dans son délire meurtrier et, peut-être, suicidaire, a bien voulu laisser ouverte ; ils se décident enfin à traiter politiquement le cas de ce dictateur, fauteur de guerre et de terreur.

L'horreur de la guerre en Europe ? Oui. Bien entendu. Nul ne peut imaginer sans frémir le bruit des sirènes dans Belgrade, l'effroi des populations civiles de Novi Sad ou de Pristina, les morts peut-être, les destructions sûrement. Mais, imagination pour imagination, je ne peux m'empêcher d'imaginer aussi, et aussitôt, les corps suppliciés des Kosovars de Racak, le pas du milicien serbe qui vient, au petit matin, cueillir sa future victime, la dernière pensée de l'adolescent que l'on aligne face au muret avant de lui loger une balle dans la nuque – je ne peux pas ne pas imaginer ce long crime que l'on voit, je le répète, durer depuis presque dix ans, que le peuple serbe, dans son immense majorité, a, par parenthèse, avalisé et que les bombardements alliés devraient non seulement sanctionner, mais arrêter. La guerre n'est jamais jolie. Mais il y a des guerres justes. Il y a des guerres nécessaires. Il y a des paix qui, plus exactement, sont pires que la guerre. C'était le cas de cette paix honteuse qui a déjà coûté à la Bosnie tant de souffrances inutiles et qui précipitait le Kosovo, chaque jour davantage, dans la misère et le cauchemar. Les Occidentaux iront-ils jusqu'au bout de leur juste logique de guerre ? Sauront-ils non seulement faire plier Milosevic, mais le détruire ? Ou seront-ils, au contraire, soudain saisis d'effroi devant les conséquences de leur propre audace ? C'est, ce jeudi matin, la seule question qui vaille.

27 mars 1999.

Les Khmers rouges de Serbie. La guerre contre les civils. Négocier avec Milosevic ? Chronique d'une « purification » annoncée. Pour une intervention au sol.

Assistons-nous, au Kosovo, à un début de « génocide » ? Je n'en sais rien. Nul n'en sait rien. Et il faut manier ce genre de mots avec la plus extrême prudence. Ce qui est sûr, en revanche, c'est que l'on voit s'opérer, sur fond de massacres, de crimes de guerre à grande échelle, peut-être de crimes contre l'humanité, une déportation des populations comme on en avait rarement connu dans l'histoire moderne des despotismes. Des centaines de milliers de réfugiés en Albanie, en Macédoine et au Monténégro. Des centaines de villages détruits. Et Pristina devenue, au dire des rares témoins, une cité fantôme. Les Khmers rouges avaient su, il y a vingt ans, vider une ville en quelques heures. Les purificateurs ethniques de Milosevic, si on ne les arrête pas, feront mieux, pulvériseront le record : un pays en quelques jours.

Une guerre est toujours abominable. Mais enfin il y a des lois de la guerre. Et la première, la plus ancienne de ces lois, est de répondre militairement à une attaque militaire. Milosevic n'en a cure. Et quand les aviateurs de l'Otan bombardent ses casernes, ce n'est pas sur eux qu'il exerce sa riposte, c'est sur les femmes, les enfants, les hommes démunis de Pec et de Klina. Ce n'est certes pas la première fois – cf. la Bosnie – que l'on prend ainsi des civils en otages. Mais c'est la première fois qu'on le fait de manière aussi systématique – c'est la première fois qu'un chef de guerre ne prend même plus la peine, ou si peu, de faire décoller ses avions et de faire donner sa DCA, puisqu'il s'en prend directement, exclusivement, aux populations civiles désarmées. Cruauté calculée. Mais aussi insigne lâcheté d'une armée que l'on nous a toujours présentée – quelle dérision ! – comme l'héritière de la guerre antinazie...

Autre « nouveauté » par rapport à la guerre en Bosnie : l'implication directe de la Serbie, de ses troupes, de ses forces spéciales de police, de ses criminels de droit commun libérés pour la circonstance, dans des opérations de « nettoyage ». En Bosnie, le doute subsistait. On pouvait croire – on tentait de nous faire croire – que les stratèges de la purification ethnique s'appelaient Mladic ou Karadzic. Aujourd'hui, les Mladic et les Karadzic sont à Belgrade. Ils ne s'appellent plus ni Mladic ni Karadzic, mais Milosevic. Le chef d'État Milosevic tombe, autrement dit, le masque – et tombe, aussi, ce faisant, sous le coup d'une loi internationale que tente d'appliquer, avec beaucoup de dignité, le TPI de Mme Louise Arbour à La Haye. L'idée même de « négocier » avec ce criminel de guerre a-t-elle, dans ces conditions, toujours un sens ? Pouvons-nous continuer de répéter que le « président Milosevic » peut, « à tout moment », arrêter les frappes et sauver son pouvoir ?

Une phrase en tout cas qu'on aimerait pouvoir ne plus entendre : « ce sont les frappes qui sont responsables du désastre humanitaire sans précédent, etc. ». Primo, un massacre de civils par une armée déchaînée n'est pas un « désastre humanitaire sans précédent ». Secundo, tous les témoignages de réfugiés décrivent un processus où l'on voit la soldatesque serbe encercler les zones, les affamer, brûler les villages, trier les habitants, mettre les survivants dans des camions et les jeter à travers une frontière préalablement déminée – comment croire, après ces récits, à des exactions improvisées ? comment ne pas admettre que l'on a affaire à un plan longuement mûri ? comment oser, encore, prendre l'effet pour la cause et ne pas voir l'enchaînement réel des choses : une répression qui dure depuis des années, qui s'intensifie, il y a quelques semaines, quand les émissaires de Milosevic feignent de négocier à Rambouillet, et qui n'attendait, en fait, qu'un prétexte pour atteindre son paroxysme – et puis, en réponse, les frappes de l'Otan ?

Des frappes aériennes suffisaient-elles ? Et quand on a, en face de soi, des gens qui, village après village, rue par rue, font la guerre au couteau, au kalachnikov, à la grenade, peut-on se contenter d'anéantir des stations radar en Serbie ou des quartiers généraux de police ? C'est une autre question. Et il convient d'y répondre, là aussi, avec beaucoup de prudence. Sur le principe, je m'en tiens à l'avis des « anciens » de Bosnie, les généraux Cot, Rose et Morillon, tous favorables à l'envoi de troupes au sol. Quant aux modalités, on a le choix entre diverses options. Libérer le Kosovo ? Lancer des opérations commando pour désencercler un village promis à la dévastation ? Avancer de cinq ou dix kilomètres, depuis la Macédoine, pour créer une zone tampon qui permette à tout le moins de refuser le fait accompli et de maintenir le peuple kosovar à l'intérieur de ses propres frontières ? N'en déplaise aux éternels tenants du tout ou rien, il y a aussi plusieurs « phases » possibles sur l'échelle de cette intervention terrestre. Une seule certitude : c'est sur leur sol, là où ils meurent et désespèrent, qu'il faut secourir les hommes et les femmes du Kosovo.

3 avril 1999.

Réveiller le peuple serbe. Le délivrer de lui-même et de son cauchemar.

Régis Debray dénonce l'Amérique intérieure. Pas l'Amérique, non, l'Amérique *intérieure*, l'Amérique *dans les têtes*. Sait-il que c'est un classique du lexique de l'idéologie française des années 30 ? Drieu, dans « Genève ou Moscou », Bernanos, Georges Valois. Comparaison n'est pas raison. Mais enfin... Misère du médiologue pris au piège du signifiant.

Jean-François Kahn dans *Marianne*. Même Ibrahim Rugova, plaide-t-il, est favorable à l'arrêt des frappes. Comment un journaliste digne de ce nom peut-il prendre une seule seconde pour argent comptant les déclarations – quelles qu'elles soient ! – d'un homme qui n'est pas libre de ses mouvements et parle sous le contrôle de ses geôliers ?

Ce drôle de mélange d'antifascisme au passé (« je me suis battu contre les Allemands ; les Serbes ont combattu les Oustachi ») et de nationalisme au présent (« les peuples sont des drogués, ils ont besoin d'un dealer qui leur fournisse leur dose d'identification communautaire – les grandes idéologies sont mortes, le nationalisme en est le substitut »). La gauche Pasqua ?

François Mitterrand avait tout compris, dit Franz-Olivier Giesbert sur Europe 1. Il avait compris – je résume – qu'on allait à la catastrophe en donnant l'indépendance à des États qu'on ne contraignait pas, dans le même temps, à respecter leurs minorités. Je crois exactement le contraire. François Mitterrand n'avait rien compris. Et c'est en laissant grandir, en Serbie, un nationalisme hystérique et criminel, c'est en justifiant le socialisme national dans les Balkans, ses rêves de grandeur imbéciles, son impérialisme, qu'on en est arrivé là. Au commencement fut le consentement de l'Europe – c'est-à-dire, à l'époque, de la France – à l'asserbissement de la région.

Cet éditorialiste de *Libération* – Philippe Lançon – qui parle des « éclats de nazisme qui volent en tout sens dans la poussière d'un conflit à deux étages », qui disserte aimablement sur cette Serbie paradoxale « éternisée en victime, en étoile jaune des Balkans » et qui conclut : « Spielberg doit se retourner dans sa tombe – sic – d'images postsynchronisées ». Bizarre...

À propos des Serbes et du concert de rock en plein air auquel viennent assister, chaque soir, depuis le début des frappes, les habitants de Belgrade, ce commentaire, encore plus étrange, de Daniel Schneidermann dans sa dernière chronique du *Monde-Télévision*, samedi dernier : « image de courage et d'humour... danser sous les bombes, il faut oser... ce courage nous les rend admirables, en même temps que cet humour nous les rend proches ». C'est étrange, oui.

J'ai plutôt tendance, moi, à me sentir proche des Kosovars déportés, jetés sur les routes de l'exil ou ramenés,
comme ce matin, sur les lieux de leur martyre pour y
servir de boucliers humains contre l'Otan. Et quant aux
Serbes, j'attends, pour admirer leur « courage », de les
voir condamner les autres frappes, les premières, celles
qui ont tout déclenché et qu'ils ont, jusqu'à plus ample
informé, acceptées : les frappes des militaires de Milosevic contre les civils du Kosovo.

Nous ne cessons de dire (je dis bien « nous » et me
compte évidemment, cette fois, dans le nombre) : les
Serbes sont les « premières victimes » de Milosevic et,
si l'Otan fait cette guerre, c'est donc, aussi, « pour le
bien des Serbes » – pour les libérer d'un « dictateur »
qui les tient « sous la botte » et les « martyrise ». C'est
vrai, bien sûr. Mais c'est court. Et cette façon de présenter les choses fait bon marché, hélas, du fait que
ces mêmes Serbes ont, dans leur immense majorité,
voté Milosevic, voulu Milosevic – elle fait bon marché
du fait que les peuples sont aussi, parfois, responsables
de leurs dirigeants et que ce peuple-ci a approuvé,
depuis dix ans, et à de notables exceptions près, les
projets de grande Serbie, les bombardements sur Sarajevo, la guerre contre les villes de Croatie, l'épuration
ethnique au Kosovo. Un peuple aliéné, autrement dit.
Un peuple victime sans doute, envoûté, suicidaire,
désespéré – mais aussi, à la lettre, aliéné, dépossédé de
lui-même, aveugle et sourd aux crimes commis en son
nom et donc, d'une certaine façon, complice. Il faudrait
pouvoir réveiller le peuple serbe. Le libérer, non seulement de Milosevic, mais de lui-même et de son cauchemar. Voici un peuple, oui, qui, comme le peuple
allemand entre 1933 et 1945, et toutes proportions gardées, se perçoit en victime de l'Histoire dans le
moment même où il consent à l'oppression de ses voisins – voici un peuple qui est malade de son propre
imaginaire et qu'il faudrait pouvoir délivrer de lui-
même autant que de ses dirigeants. La guerre y suffira-

t-elle ? C'est peu probable. Et c'est, probablement, la vraie limite de l'action en cours.

10 avril 1999.

Un peuple de résistants. Les avions de la liberté. Indépendance pour le Kosovo. Qui parle de « Grande Albanie » ? Pour que le Kosovo ne devienne pas un abattoir.

Retour d'Albanie. Frontière du Kosovo. Impressions.

1. Un peuple de combattants. Désespéré, certes. Atrocement martyrisé. Mais un peuple de combattants qui, debout, le dos au mur, et forts d'une armée – l'UCK – que l'on nous a un peu vite présentée, en France, comme une organisation « terroriste », « maoïste », pourquoi pas « islamiste » tant que l'on y est, n'ont, me semble-t-il, qu'une idée : retrouver leurs villages et leurs biens, reconstruire leurs fermes brûlées, relever les tombes profanées de leurs familles, bref, libérer le Kosovo. Débat parisien sur ces « réfugiés » qui risqueraient, si on les accueillait en trop grand nombre, de « s'incruster » ? Que nos éminences se rassurent. Ce débat, vu de Tirana ou de Tropojë, est le type même du faux débat. Ces gens, rencontrés dans les camps de la misère ou de la résistance, n'ont apparemment qu'un désir : reprendre, sans tarder, le combat contre les barbares. Des visas, oui. Mais pour, dès que possible, rentrer chez eux.

2. L'intervention alliée. Soixante-dix pour cent des Français sont, paraît-il, favorables à l'intervention alliée contre la Serbie. Au Kosovo, c'est cent pour cent des Kosovars qui remercient l'Otan de s'être enfin décidée à entrer dans la guerre de longue durée – dix ans ! –

que mène, contre eux, Milosevic. « Les frappes ? » Quand on dit « les frappes », dans les montagnes du Kosovo, c'est aux frappes de l'armée serbe contre les civils que l'on pense en priorité. Si elles n'ont pas tout de même, les frappes alliées, « précipité » la déportation, « accéléré » son rythme, etc. ? Je suis, certes, rentré en France *la veille* du bombardement qui aurait, selon des sources serbes, atteint une colonne de réfugiés. Mais je n'ai vu personne qui, sur place, songe un seul instant à poser le problème en ces termes : merci aux avions de l'Otan, m'ont dit tous ceux que j'ai rencontrés ; merci, malgré tout, aux avions de la démocratie et du droit international ; ces avions n'ont pas de couleur – ce sont les avions de la liberté.

3. Le débat sur l'indépendance. Il y avait, et jusqu'à ces derniers mois, un débat sur l'indépendance du Kosovo. Et c'est si vrai que les Kosovars, on ne le rappellera jamais assez, s'étaient sagement rangés, à Rambouillet, à l'avis des Européens – Hubert Védrine, Robin Cook... – qui recommandaient, à titre transitoire, une phase d'autonomie. Aujourd'hui, le débat est tranché. Et il n'y a plus personne, là-bas, qui, après l'horreur de ce qui s'est produit, face à l'évidence de ce meurtre programmé, longuement et minutieusement planifié, envisage une seule seconde de revivre sous la férule des bourreaux. Milosevic l'a voulu ainsi. Milosevic, en déclenchant cette dernière phase – atroce – de sa guerre de longue durée contre les civils croates, bosniaques, puis kosovars, a décidé de l'indépendance. Que cela plaise ou non, il faut le savoir. Que l'on y soit, ou pas, favorable, c'est la nouvelle donne. Vivre avec les Serbes, en leur reconnaissant tous les droits de minorité qu'eux ont refusés aux Kosovars ; cela, il le faudra. Vivre sous les Serbes, revenir sous la botte de leurs forces de police spéciales ou des bandes armées d'Arkan et de Seselj – je souhaite bien du plaisir à ceux de nos diplomates à qui viendrait, le moment venu, l'imprudente idée de le suggérer.

4. La Grande Albanie ? La menace de « désordres » qu'elle ferait peser sur la région ? Au risque d'étonner, j'affirme n'avoir pas une fois, pendant mon séjour, entendu prononcer les mots de « Grande Albanie ». Et, d'un commandant de l'UCK à qui je faisais part de l'inquiétude des chancelleries sur ce point, j'ai obtenu cette réponse : « Les Européens sont incroyables ! Ils ont avalé, sans piper, la réunification de quatre-vingt-cinq millions d'Allemands et les voilà qui, face à la perspective – dont nul, au demeurant, ne parle – de voir cinq millions d'albanophones se rassembler en une même nation, hurlent à la catastrophe ! » Milosevic a cassé la Yougoslavie. Il déstabilise, aujourd'hui, la Macédoine et menace le Monténégro d'un coup d'État. Et ce seraient ces cinq millions d'Albanais qui mettraient en péril la « stabilité » des Balkans. Quelle plaisanterie !

5. Les déportés de l'intérieur, enfin. Ces hommes, ces femmes, ces enfants, qui errent dans cette immense prison que sont devenus les montagnes et les bois du Kosovo. Combien sont-ils ? Huit cent mille ? Un million ? Et dans quel état de dénuement, d'épuisement, de peur ? Ce sont des réfugiés sans camps, sans aide humanitaire et qui auraient, de surcroît, la mort et l'armée serbe aux trousses – mais ce sont des réfugiés et ils ont, eux aussi, besoin d'une aide d'urgence. Parachutages de vivres... Armes... Opérations de commando destinées à désenclaver et sauver telle ou telle colonne pourchassée par la soldatesque... Tous les moyens sont bons. Mais il faut aller très vite. Sauf à accepter l'idée de libérer un Kosovo qui ne serait plus, le jour venu, qu'un gigantesque abattoir.

17 avril 1999.

426

Le style de Jacques Martinez. Alain Sarde inno-
centé. Le Saint-Siège favorable au devoir d'ingérence
au Kosovo.

Difficile, cette semaine encore, de parler d'autre
chose que de la guerre au Kosovo. Ce sentiment de
malaise, presque de culpabilité, qui saisit le chroniqueur à la seule idée de se laisser requérir par d'autres
soucis, de déserter, de se divertir. Et, pourtant, la vie
qui continue... Les livres... Les œuvres... La politique
à la petite semaine... Et puis, ce matin, au retour, justement, du Kosovo, les images volées – comme on dit de
« photos volées » – de l'exposition du peintre Jacques
Martinez au musée d'Art moderne et d'Art contemporain de Nice. Martinez, me dit-on, n'aime pas le mot
de « rétrospective ». Soit. Disons, alors, « itinéraire ».
Imaginons, entre les grandes acryliques monochromes
des années 70, inspirées des travaux du groupe Sup-
ports-Surfaces, et les nus tourmentés, rouges, ocre ou
mauve pâle, de la toute dernière période, une grande et
belle histoire qui serait aussi celle de l'époque. Une
œuvre comme une vie. Une vie comme une aventure.
Et, dans cette aventure, comme souvent chez les meilleurs peintres, l'écho des débats et des tumultes, des
drames, des batailles perdues et gagnées, des cauchemars, des songes, qui furent ceux des trente dernières
années. « Abstrait » ou « figuratif » ? Résolument
« moderne » ou attentif à retrouver les gestes ou les
vibrations du « passé » ? Martinez est de ceux qui se
moquent, grâce au ciel, de ces partages convenus. À
l'heure où l'art « contemporain » donne des signes d'es-
soufflement, à l'heure où tant d'ex-« jeunes peintres
d'avant-garde » s'enferment dans un nihilisme fin de
siècle qui n'a même plus la force noire, ou la rage, du
précédent, voici un contemporain – mais oui ! – de
Cézanne, Matisse et Jackson Pollock qui se contente
de nous dire son inentamable plaisir de peindre. Style
et cohérence. Jouissance et obstination. Le long monologue d'un homme – car une exposition peut être un

monologue – qui n'a pas renoncé à son rêve fou : à force de couleurs et de formes, de gestes et de surfaces, tenter de *changer le monde*.

Un ami. Alain Sarde. Ce matin d'été, il y a deux ans, où un drôle de juge décide, sur la foi de témoignages insaisissables, qu'il aurait « violé » – sic – une « prostituée ». La presse s'empare de l'affaire. Son nom est traîné dans la boue. Ceux qui, comme l'auteur de ces lignes, osent suggérer que l'on est peut-être en présence d'un émule français du procureur Starr sont menés à leur tour devant les tribunaux. Et, aujourd'hui donc, après deux ans d'investigations, une ordonnance de non-lieu confirme ce que chacun savait ou pressentait : les « témoignages » en question avaient été, en effet, sollicités et toute l'affaire n'était qu'un pauvre montage, sorti d'une cervelle enfiévrée, et savamment médiatisé. Sentiments partagés face à ce dénouement heureux. D'un côté, bien sûr, le soulagement – qu'éprouve, sans doute, Sarde lui-même – à la pensée d'une justice qui, lorsqu'elle prend son temps, lorsqu'elle conjure les pièges de la justice-spectacle et de ses hallalis programmés, retrouve sa sérénité, dit le droit. Mais de l'autre, pourtant, l'inévitable amertume à l'idée que l'on a tout de même pu, avant de s'aviser de son innocence, jeter cet homme en prison, l'humilier, le salir, blesser peut-être les siens, tenter de faire de son nom un objet d'opprobre – et tout cela avec une violence dont il n'est pas certain qu'un non-lieu suffise à effacer la trace. Qui nous protégera de la folie d'un seul, demandais-je à l'époque, face à l'outrecuidance d'un magistrat dont aucun contre-pouvoir ne semblait en mesure de tempérer l'ardeur ? La question est tranchée : la justice a fait son travail et, ce faisant, elle a tranché. Mais qui lavera l'affront ? Comment ? Et est-il même possible de laver ce type d'outrage – le plus grave de tous puisqu'il a cru devoir se parer, un moment, de l'autorité de la justice elle-même ? C'est l'autre question : c'est celle, non plus de la responsabilité, mais de l'impunité des juges ; et je vois mal, par-delà le cas de Sarde, comment l'on pourrait, plus longtemps, se dispenser de la poser aussi.

Le Kosovo, tout de même. Le Kosovo, encore. J'ai dit, nous avons tous dit, ce que nous avions à dire sur la légitimité profonde de cette guerre, sur ses buts et, aussi, sur les ruses atroces d'une histoire dont aucun des États alliés n'avait anticipé les tours : les déportations qui continuent, les charniers, les bombardements qui n'en finissent pas et qui n'empêchent visiblement pas les massacres au sol de se poursuivre ; ne sommes-nous pas, toutes proportions gardées, dans l'exacte situation qui est, depuis cinquante ans, le « *ça* » dont nous répétions qu'il ne devait « *plus jamais* » revenir ? Tout est dit, donc. Les mots manquent. Sauf peut-être, ce mercredi, dans *Le Figaro*, ceux de Mgr Tauran, chef de la diplomatie du Saint-Siège, dont la prise de position en faveur – je le cite – du « droit », voire du « devoir » d'ingérence dans les affaires intérieures des États qui « s'abritent derrière le paravent de la souveraineté nationale » pour « commettre des crimes graves » est bien la seule bonne nouvelle de cette semaine sinistre. Puisse cette déclaration courageuse et belle faire réfléchir ceux qui s'interrogent encore sur ce qu'est une guerre juste.

23 avril 1999.

Des Irlandais de Vincennes à la paillote de Cala d'Orzu. Proust, Chanel et les « salopards ». Comme chez Alexandre Dumas... Ingénuité de Lionel Jospin. Honneur à la démocratie.

Que cette affaire de paillote incendiée soit à la fois pathétique, grotesque et, d'une certaine façon, dérisoire, que le chroniqueur ne puisse se défaire d'un léger sentiment de malaise à l'idée de s'y consacrer à l'heure de la guerre au Kosovo, des déportations qui se poursuivent, des massacres, c'est l'évidence. Mais voilà. Il y a l'expérience. Il y a le « Rainbow Warrior », les Irlandais de Vincennes, les écoutes téléphoniques illégales par une supposée « cellule antiterroriste ». Il y a tous ces souvenirs proches ou moins proches, toute cette histoire de l'infamie ordinaire qui prouvent qu'il n'y a pas, quand les principes de l'État de droit sont en jeu, de petites et de grandes affaires, de scandales majeurs ou de bavures tragi-comiques...

La question de l'État de droit en Corse ou, plus exactement, de l'état de non-droit où a fini par tomber, au fil des années, l'île de Beauté. On en avait mille preuves. Mille indices plus ou moins éloquents. En voici une nouvelle illustration qui aura le mérite, au moins, de parler à tous les vacanciers de France : la France est un pays où l'on tient pour règle que le littoral appartient à tout le monde c'est-à-dire, en particulier, à personne ; c'est une République où, depuis que le Front populaire a invité ceux que la bourgeoisie appelait les « *salopards* » à venir y côtoyer les émules de Proust et de Mademoiselle Chanel, nul ne peut accaparer la moindre parcelle d'un bord de mer réputé « bien public » ; eh bien, cette belle règle démocratique vaut partout, sauf en Corse, où l'on découvre avec stupeur qu'un grand restaurant, couru par le gratin politique local et national, peut, depuis des années, violer ce droit populaire, fouler aux pieds cet acquis social – et ce dans la plus parfaite impunité. Voilà pour le décor. Le contexte de l'affaire.

La question des « unités spéciales » auxquelles l'État de droit, face à ce délitement de l'ordre républicain, a cru malin de s'en remettre. La tentation, là non plus, ne date pas d'hier. Mais le scénario est toujours le même et ses conséquences sont implacables : on croit se doter d'une garde prétorienne, composée d'hommes sûrs, dévoués à votre cause ; on se la joue « héros de roman » entouré, comme dans « Ivan le Terrible », de ses « streltsy » ou, comme chez Alexandre Dumas, de ses « quarante-cinq » ; on intrigue ; on complote ; on distille coups fourrés et coups tordus, provocations minables et petite délation ; et on se retrouve, un beau matin, avec une machine infernale qui vous pète entre les doigts – l'assassinat du duc de Guise, des gendarmes dont on découvre qu'ils plaçaient les pièces à conviction, la veille de la perquisition, chez le « suspect », les écoutes illégales de journalistes que l'on tente, au passage, de déshonorer, et, là, donc, des super-zozos qui se révèlent des super-zéros ; une affaire d'État qui nous couvre de ridicule et de honte.

La responsabilité politique de cette affaire ? On peut croire Lionel Jospin quand il plaide que l'incendie de paillote n'est pas, a priori, sa méthode de gouvernement. On veut le croire, surtout, quand il plaide que c'est à la dernière minute, comme vous, comme moi, qu'il a appris non seulement l'incendie, mais l'existence même du GPS. Mais justement ! Quel aveu ! Et, sauf respect dû à la fonction, peut-on imaginer signe plus accablant de naïveté ? S'il y a un reproche à faire au Premier ministre, c'est celui de cette naïveté. S'il a des comptes à rendre, c'est sur l'ingénuité qui l'aurait fait s'en remettre, dans la gestion d'un dossier si délicat, à la seule compétence d'un ministre de l'Intérieur dont la finesse politique n'a jamais été le fort (l'autre jour encore, à un parlementaire qui se permettait de citer un propos, repris dans un titre du *Monde*, du bâtonnier Sollacaro, cette réponse tout en nuances : « *je vous ferai rentrer vos propos dans la gorge* »). Le postmitterrandien Jospin s'emploie depuis deux ans, non sans talent, à réintroduire un peu de morale dans une culture d'État gangrenée par le cynisme. Faudra-t-il regretter, un jour, que la politique, la vraie, celle dont Machiavel disait qu'elle est une forme de la morale, ait fait les frais du recentrage ?

Reste – pour être équitable – que, si la faute est inédite, l'inculpation des pyromanes, la mise en examen du préfet Bonnet, la nomination d'un nouveau préfet, bref, la célérité de la réaction le sont tout autant. Lionel Jospin n'avait pas le choix ? C'est possible. Mais enfin, le fait est là. Jadis – « Rainbow Warrior », Irlandais de Vincennes, etc. – les journalistes enquêtaient, les politiques biaisaient ou niaient, les juges pensaient à leur carrière, les dossiers s'enlisaient. Là, ce sont, qu'on le veuille ou non, des gendarmes qui dénoncent le délit d'autres gendarmes. C'est le pouvoir qui, à travers sa justice, pointe son propre dysfonctionnement. Et un débat démocratique s'instaure, avant même que la presse d'investigation n'ait fini son travail et ne nous apporte, qui sait, d'autres révélations. Un État qui prend les devants et qui se met, pour ainsi dire, lui-même en garde à vue : le phénomène est trop rare pour n'être pas souligné ; c'est, quoi que l'avenir nous réserve, une assez bonne nouvelle pour la démocratie.

7 mai 1999.

Levinas en 1934. La voix de Foucault. Un livre de Paul Audi. Sichère et Jouhandeau. La vanité selon Stendhal. À Weimar, Ernst Bloch. Heidegger en photos. Le savant selon Spinoza. Deleuze disciple de Wolfson ?

Levinas encore, dans le très ancien (1934) « En découvrant l'existence avec Husserl et Heidegger » récemment réédité par Vrin : « que retient-on d'une philosophie » ? un « savoir absolu » ? ou une batterie de « gestes » et d'« inflexions de voix » qui forment « le visage d'un interlocuteur nécessaire à tout discours, même intérieur » ?

La voix, bien sûr. Le timbre, l'inflexion, de la voix. Cet autre corps d'un écrivain – mais « subtil », évidemment – qu'est *l'impression* de cette voix. Ainsi, Michel Foucault, dont Gallimard et le Seuil continuent de nous donner les fameux cours au Collège de France. Après « Il faut défendre la société », « Les anormaux », sous le triple visage des « monstres », des « incorrigibles » et des « onanistes ». La voix, oui, de Foucault. Foucault tel que je l'entends, jusque dans le corps écrit de cette voix.

L'esprit ? « Je veux dire le corps ». Mais attention, dit Paul Audi (« Supériorité de l'éthique », PUF) ! « Le corps subjectif, intensif, charnel, vivant – et, à ce titre, invisible. » On est loin de la « moraline » redoutée par Nietzsche dans ce type de livre. On est loin des « petites vertus » qui, peut-être, passent de mode. J'aime cette façon de philosopher sur les *styles* autant que sur les *pensées* – à partir de Welles, Kandinsky, Michaux, Rimbaud ou Gary autant que de Descartes et Wittgenstein.

Monstruosité encore, mais « éblouissante » celle-là, et opérant comme une « lumière » pour tous ceux qui, nous dit l'auteur (Bernard Sichère, « Le Dieu des écrivains », Gallimard), y reconnaissent leur propre « monstruosité silencieuse » : Proust, Bataille, Genet, Jouhandeau – ces quatre écrivains que leur quête de « sainteté » n'a jamais, explique Sichère, écartés de l'autre sacro-saint principe dont la formule demeure « ne pas céder sur son désir ». Jouhandeau ? Mais oui. Le chapitre le plus étrange, et le plus neuf, de ce beau livre.

Adapter Proust ? Bien sûr. Mais à la façon du calife Haroun al-Rachid en quête d'aventures dans les quartiers perdus de Bagdad (« Le Temps retrouvé », IV, 388).

Relu, en marge de Cannes, l'inépuisable « Rome, Naples et Florence » où je tombe sur cette définition – ô combien de circonstance ! – de la vanité : « nous voulons savoir, avant de rire d'un trait plaisant, si les gens de bon ton le trouvent tel ». Et, dans le « Racine et Shakespeare », à propos du « bégueulisme » qui est une variante de cette « vanité » selon H.B. : « dans la vie commune, le bégueulisme est l'art de s'offenser pour le compte des vertus qu'on n'a pas ; en littérature, c'est l'art de jouir avec des goûts qu'on ne sent point ».

Lu, à Weimar (où nous célébrons, avec Arte, le cinquantième anniversaire de la Constitution allemande), les « Traces », d'Ernst Bloch – funèbre méditation sur cet autre « processus de démolition » qui peut « fêler », puis « détruire », une démocratie.

L'« album Fédier » de photographies de Heidegger. On rêve d'un « Contre Sainte-Beuve » pour philosophes établissant qu'on peut avoir été, dans la vie, le pire des salauds, des nazis, etc. – sans que cette saloperie n'entame en rien l'autre vie : celle où prendrait sa source l'œuvre même, admirable, de l'auteur. On rêve d'une vie philosophique qui pourrait se résumer à ce que Heidegger lui-même écrivait d'Aristote – et cela, selon lui, suffisait : « il naquit, il travailla, il mourut ».

Stupeur, et tristesse, chaque fois que je *réapprends* (étrange statut de ces informations que l'on passe sa vie à redécouvrir, oublier, redécouvrir encore) que Jean Beaufret, le disciple préféré de l'auteur de « Sein und Zeit », fut et mourut faurissonien.

Comment vient l'égarement aux intellectuels ? Comment les meilleurs d'entre eux, les plus talentueux, etc., peuvent-ils – encore aujourd'hui, à propos du Kosovo... – tomber dans les panneaux les plus grossiers ? Réponse, chez Spinoza : le « savant », comme l'« ignorant », voit le soleil « gros comme le poing » ; il a une « idée vraie » en plus, mais pas une « idée fausse » en moins ; la connaissance ne remplace pas l'illusion, n'en libère pas – elle s'y ajoute. *Surimpression* de la vérité et de la passion.

1934, encore. L'année, donc, de Levinas. L'année, aussi, où la philosophie *française* se reconnaît dans les noms de Koyré, Kojève ou Éric Weil. Cette année-là, donc, l'immense « Spinoza » de Harry Austryn Wolfson que Gallimard, à nouveau, prend l'heureuse initiative de rééditer. C'est, avec presque un demi-siècle d'avance, la thèse de Deleuze sur le « double régime » de l'« Éthique » et sa « double vitesse » d'écriture : l'œuvre explicite et, pour ainsi dire, officielle que commentent, depuis trois siècles, les professeurs – et puis, entre les lignes, cachée dans les « scolies » d'une apparente « géométrie », une œuvre plus mystérieuse, plus ténébreuse, qui se nourrit des métaphysiques juives et arabes traditionnelles. Secret des philosophes. La philosophie et ses *plombs*.

21 mai 1999.

Un autre Borges.

La première fois que j'ai vu Borges c'était, en 1974, à Paris, dans un hôtel de la rue des Beaux-Arts où j'étais venu l'interviewer pour *Combat*. Il était frêle. Très pâle. Sa peau translucide et marbrée. Son corps de colophane. Ses lèvres fondues, qui se distinguaient mal du reste du visage. Le regard, bien sûr. Oui, cette *espèce* de regard qu'il posait, non sur les choses, mais sur les êtres. Regard d'huître, regard sans tain – un regard obstiné et secret où brillaient des restes de curiosité. Il parlait beaucoup, comme les sourds. Mais il s'arrêtait de temps en temps pour, avec une infinie courtoisie, demander si tout allait bien, si je le suivais toujours. Nous avons parlé cinéma. Un peu littérature, mais surtout cinéma. Les films qu'il avait aimés. Ceux que, avec Bioy Casares, il avait écrits et qu'il détestait. Greta Garbo, *« la plus grande »*. Marlene Dietrich, ce *« malheur dans la vie de von Sternberg »*. Son goût des westerns quand ils respectaient la règle aristotélicienne des trois unités. Une analyse des « Forbans de la nuit » de Jules Dassin, cette version moderne de David et Goliath. « J'ai tellement aimé le cinéma ! Je suis si profondément persuadé que c'est là, et là seulement, que survit l'esprit de l'épopée ! Ce n'est pas une telle affaire de devenir aveugle quand on est écrivain. Mais le cinéma ! Ah, le cinéma ! Le vrai problème, c'est le cinéma... »

Je l'ai revu, quelques années plus tard, à Milan, où il participait à un congrès de psychanalyse organisé par Armando Verdiglione. Que diable faisait-il ? Qu'avait-il à faire dans un congrès de psychanalyse ? Pas grand-chose, sans doute. Mais il était content d'être là ; de rire avec Arrabal ; de manger des spaghettis, le soir, chez Savini ; de se faire raconter, après dîner, les flèches du Duomo et les passantes de la via Montenapoleone ; de répondre aux questions des uns ; d'interroger les autres ; ou encore d'écouter (d'épier ?) ces hôtes dont la rhétorique néolacanienne l'intriguait autant qu'une de ces sagas islandaises dont il se voulait le spécialiste et qu'il plaçait aussi haut que le « Quichotte ». Je l'ai fait parler ce soir-là, pêle-mêle, de sa fascination des miroirs et des appareils photo ; des journaux qui annonçaient régulièrement sa mort et de ceux qui révélaient qu'il n'avait, comme Shakespeare, jamais réellement existé ; du Nobel dont il ne savait plus, au juste, s'il l'avait ou non obtenu ; de Victoria Ocampo et de la revue *Sur* ; de ses promenades avec Drieu, ce « snob », dans les rues de Buenos Aires, en 1931 ; et puis, encore et toujours, la cécité – mais à propos, cette fois, de Sartre, l'autre grand aveugle du siècle, qu'il n'aimait pas beaucoup et qu'il refusait de tenir (sic) pour un authentique « gentleman »... « C'est terrible, ce qui arrive à Sartre », murmura-t-il sur un ton faussement navré. « Terrible ! Son écriture a toujours été si visuelle ! Si métaphorique, si colorée et, donc, si visuelle ! Alors, quand la nuit est tombée, il a fatalement perdu ses sources d'inspiration et ses moyens. Tandis que moi, j'ai une prose sèche. Conceptuelle. Elle n'a jamais eu trop à voir avec l'œil et ses images. En sorte que la cécité n'y a pas changé grand-chose... » De l'avance de l'écriture sur les métamorphoses de l'œil... Du pressentiment, dans l'art, des misères à venir du corps... Borges, ce soir-là, parlait sérieusement – sur un ton farce.

Et puis il y a eu cette troisième rencontre, enfin, deux ans avant sa mort, au Collège de France, où était accourue, pour l'écouter, la foule des très grands jours : notables et éminences, écrivains, grands journalistes, Michel Foucault, Henri Michaux, Raymond Aron, jusqu'à l'invisible Cioran, descendu de son grenier pour examiner le phénomène – « voyons voir, semblait-il dire, installé au premier rang ! est-il si désespéré qu'on le raconte ? l'est-il assez pour que je doive m'inquiéter de la concurrence ? ». Borges est très vieux, cette fois. Très fatigué. La voix est plus basse, un peu perdue. Mais il garde des éclairs de gaieté dans le ton. Le même côté vieux dandy, facétieux et sublime, faussaire génial et mystificateur méthodique. Le même côté Cagliostro de bibliothèque, érudit de cour (au sens où on parlait, jadis, d'abbés de cour) babélisant devant les mondains, un peu cabot. Et, à la fin de la conférence, cet ami qui lui demande : pourquoi dire tant de mal de Victor Hugo ? Lui : parce qu'il n'a rien écrit de valable

à part « Les brigands ». L'ami : mais « Les brigands »
ne sont pas de Hugo, mais de Schiller ! Lui : eh bien,
vous voyez, il n'a écrit qu'un bon livre et, en plus, il
n'est pas de lui... Autre image d'un Borges insolite
– assez loin de l'image convenue de l'« aveugle-
voyant », façon Homère ou Milton ; mais assez proche,
en revanche, de la collection de photos qu'a rassemblée
Pierre Bernès et qu'il publie, en même temps que le
second tome des œuvres complètes, dans un merveilleux album de La Pléiade. Cet album, tous les borgé-
siens rêvent qu'il devienne, avec la pierre du cimetière
de Genève, le tombeau de papier de cet homme-livre.
Borges sans hiératisme. Borges en liberté.

28 mai 1999.

*Réponse à Claude Lanzmann sur la question du
Kosovo.*

Les défenseurs des droits de l'homme en Bosnie
puis, aujourd'hui, au Kosovo font-ils un usage immodéré de la référence au précédent nazi ? C'est l'opinion, formulée lors d'une réunion de la Fondation
Marc-Bloch, du cinéaste Claude Lanzmann, auteur de
« Shoah ». Puisqu'il m'a nommément désigné comme
l'un des auteurs de cette *« confusion »*, je veux lui
répondre en mon nom – et sur le fond.

La destruction des Juifs – Lanzmann a raison de le
rappeler avec cette inlassable précision – est un événement unique, sans modèle ni équivalent et, en ce sens,
incomparable. Il y a eu d'autres massacres de masse
dans l'histoire des hommes. Il y a eu des destructions
totales (Mélos, Carthage), des déportations (la traite
des Noirs, les hécatombes de la colonisation), des
génocides (Arménie, Rwanda, Cambodge). Mais l'assassinat programmé des Juifs d'Europe, l'aberration de

ses raisons, la définition collective de ces gens comme hommes en trop sur cette terre, coupables du seul crime d'être nés, la volonté d'opérer dans le plus grand secret et en effaçant les traces de l'opération, la déshumanisation de l'entreprise, la façon, oui, de traiter comme des « *poux* » ou des « *déchets* » les hommes et les femmes exterminés, l'invention, pour ce faire, de la chambre et du camion à gaz, la sélection aussi, la déportation, le fait, autrement dit, d'aller, pour la première fois, chercher partout, d'un bout à l'autre du continent, les « cargaisons » de futures victimes pour les mener sur les lieux de leur liquidation « industrielle », tout cela crée une configuration criminelle inédite. Et Lanzmann a raison, je le répète, de plaider non seulement pour l'« *unicité* », mais pour l'« *obscénité absolue du projet de comprendre* ».

Cela étant dit, étant admis – j'y insiste – que ce forfait est sans pareil et que l'on ne peut espérer réduire, de surcroît, sa part d'inintelligibilité sans prendre le risque du relativisme et donc du révisionnisme, faut-il tenir pour illégitime, voire profanatrice, la volonté de s'en souvenir lorsque surviennent d'autres crimes d'État, de masse ou contre l'humanité ? Je ne le crois pas. Et je pense même, au contraire, qu'il y a un bon usage de la mémoire qui consiste à garder à l'esprit cette référence absolue et à s'en faire une sorte de mesure de l'inhumain, ou d'étalon de l'horreur, face auxquels puissent comparaître les crimes engendrés par l'époque. C'est ce que fait Merleau-Ponty quand, après « Humanisme et terreur », il condamne et pense enfin les crimes du stalinisme. C'est ce que dit David Rousset lorsqu'il confronte, sans les assimiler, les camps soviétiques et les camps nazis. Et la vérité est que seul ce mécanisme, seule cette mise en alerte de la conscience européenne par le souvenir maintenu de l'hitlérisme ont fini par rendre possible, dans les années 50 et ensuite, la perception de la monstruosité totalitaire. Mémoire morte ou mémoire vive ? Une mémoire qui devrait rester lettre morte – ou une mémoire qui aide les survivants, et les héritiers des survivants, à vivre, penser, reconnaître l'odeur du crime quand il survient ? C'est la question. Et j'avoue – autre exemple – ne pas comprendre au nom de quel principe, lorsque je lis le rapport intitulé « Aucun témoin ne doit survivre » sur le génocide rwandais, il me serait interdit de songer, en effet, à la Shoah.

L'ex-Yougoslavie, maintenant. Je n'ai évidemment jamais dit – et Lanzmann en a pris acte – que les assiégés de Sarajevo étaient la réincarnation des combattants du ghetto de Varsovie. Et quant au débat sur le Kosovo, je crois n'y être jamais intervenu sans prendre la précaution de préciser – et ce n'était pas, dans ma bouche, pure précaution de rhétorique – que Milosevic n'est pas Hitler, que Belgrade n'est pas Berlin et que ces forces de l'Otan qui ne se décident toujours pas à intervenir au sol, ni à armer les Kosovars, ont besoin d'encore un effort pour être vraiment antifascistes ! Mais enfin... Ces villages rasés ou vidés de leurs Albanais... Ces wagons à bestiaux... La sélection de ceux qui ont le droit de vivre et de ceux qui doivent mourir... Le fait que le nettoyage ait commencé au même instant, conformément à un même programme, dans toutes les villes et tous les villages du pays... Les charniers... Les massacres de civils... La tentative de destruction, méthodique, de toute archive susceptible d'attester de l'identité de ces centaines de milliers d'hommes et de femmes dont le seul crime est d'être nés albanais... Comment ne pas se rappeler ? Comment s'empêcher de revoir les scènes du passé ? Comment ne pas entendre, dans le témoignage des déportés, comme dans les conclusions du TPI, l'écho, fût-il assourdi, de la catastrophe du siècle ? Claude Lanzmann est, avec son grand film, de ceux qui nous ont dotés d'un détecteur d'infamie dont ne disposaient pas, et pour cause, les générations antérieures. Il a contribué à forger nos réflexes. Il nous a appris à pressentir les enchaînements de la haine, leur mécanique. Comment n'userions-nous pas de cette mémoire pour, lorsque revient la barbarie, reconnaître sa logique et, cette fois, vouloir la conjurer ?

4 juin 1999.

Croquis de campagne.

Terne, cette campagne ? Mortelle d'ennui ? Oui, sans doute... Encore que... Des temps forts. Des vraies scènes. Et, sur ces scènes, au fil de cette dernière élection du siècle, toute une série d'affrontements, reclassements, différends, rapprochements, qui dessinent peut-être, mine de rien, le paysage des années qui viennent.

Sarkozy-Bayrou. L'âpreté inattendue de leur débat. Le couple bizarre, et bancal, que formeront désormais ces deux « hommes du président ». On songe à ce film d'après Simenon où Gabin (Sarko) et Signoret (Bayrou) étaient contraints de vivre ensemble en se haïssant. On songe, surtout, à la formidable clarification que ce serait s'ils acceptaient (ou si leurs électeurs, plutôt, acceptaient) de dénoncer la connivence de façade, la convivialité contrainte : l'un en vrai patron d'un grand parti libéral-conservateur, l'autre en champion d'une démocratie chrétienne et sociale qui jouerait franchement le jeu de l'Europe – encore un effort ! on y est presque !

Au dos des kiosques à journaux, cette affiche du Front national : « Le Pen, de Gaulle, vive la France » avec, en fond perdu, le profil du Général... Ignoble, bien sûr. Indécent. Et navrant, le spectacle de ce petit-fils du héros de la France libre marionnettisé par un Gepetto qui commença sa carrière politique au côté de ceux qui tentèrent d'assassiner son grand-père. Mais signe aussi, qu'on le veuille ou non, du nouveau statut du gaullisme dans la France du siècle prochain. Signifiant vide. Dépouille partagée. Un bout chez les uns. Un lambeau chez les autres. On dirait ces bijoux de famille, ou ces couples de candélabres, qui finissent par se disperser à force d'héritages. On dirait, aussi, ce grand « cadavre à la renverse où les vers se sont mis » : le mot de Sartre à propos de la gauche de la fin des années 50 – mais le diagnostic ne vaut-il pas, tout autant, pour ce que devient le néogaullisme à l'aube du XXIe siècle ?

Le national-républicain Max Gallo vote « sans hésitation », et parce qu'elle « correspond à ses convictions de républicain de gauche et de patriote », pour la liste Pasqua-Villiers, ineffable attelage du résistant et du chouan, du représentant de commerce et du châtelain (le talent de Villiers, soit dit en passant, pour s'acoquiner avec son contraire : hier le « ploutocrate » Jimmy Goldsmith, aujourd'hui l'homme du SAC et des réseaux). Triste de voir un écrivain respectable endosser le manteau d'Arlequin ? Bien sûr. Mais, là encore, c'est, d'une certaine façon, plus clair. Depuis le temps qu'était annoncé l'avènement de cette « droite Chevènement », ou de cette « gauche Pasqua », ou de cette « droiche » – on l'appellera comme on voudra, mais voilà, nous y sommes, elle prend forme, la chimère à tête sociale et à corps national, elle est là, elle s'affirme. Regardez mes ailes, je suis oiseau ; regardez mon museau, vive les rats...

Le pauvre Robert Hue, qui croyait si bien faire en composant sa liste pluriellissime, moderne, société civile, etc., et qui s'aperçoit, en fin de campagne, que cette modernité date déjà, qu'elle était à la mode il y a dix ans et que le fond de l'air, dans sa région électorale, est en train de redevenir « rouge ». Comment vote-t-on quand on refuse, pêle-mêle, la mondialisation, la loi du marché et des marchés, les autoroutes de l'information, l'horreur économique, la modernité ? On ne vote plus pour Hue et ses paillettes (mais oui !). On vote (contre toute attente ?) pour Krivine et Laguiller, ces clones d'eux-mêmes qui, comme les Bourbon en 1815, n'ont rien appris, rien oublié.

Krivine et Laguiller, justement. Ces réfractaires orthodoxes. Ces enragés figés dans un passé qui ne passe pas. Les revenants les plus fidèles à leur propre caricature. Ce trotskisme-là serait-il, comme l'uranium, une substance indestructible, insubmersible, inrecyclable, non biodégradable ? On croit entrer dans le XXIe siècle. Et voilà des gens qui, non contents de se disputer les débris du piolet fatal comme s'il s'agissait des reliques de la Sainte Croix, font un tabac, dans les meetings, en ressortant les recettes les plus éculées du radicalisme pur et dur : poing levé, chanter « L'internationale », ce sont les patrons qui empoisonnent exprès les ouvriers, etc. Avenir d'une illusion. Retour de la volonté de pureté et de ses inévitables régressions. Ce sera aussi, hélas, le XXIe siècle.

Et puis le Kosovo, enfin. La guerre au Kosovo, donc aux portes de l'Europe. Et le fait que cette campagne se sera jouée sur la toile de fond de cette double épreuve que furent la déportation, d'abord, du peuple kosovar et l'inévitable bombardement, ensuite, de Belgrade. La leçon, de nouveau, est très claire. Ou bien le XXIe siècle fait, très vite, l'Europe politique et militaire. Ou bien il verra revenir, très vite aussi, la loi des massacres et de la folie rouge-brun. J'y reviendrai.

11 juin 1999.

Salut à Sarkozy. Un malaise nommé Dany. Stratégie de Jacques Chirac ?

Il ne m'appartient pas de « défendre » tel ou tel – et pas davantage Nicolas Sarkozy, dont je ne partage pas les choix politiques. Mais enfin ! Est-il bien sérieux de répéter, comme font les commentateurs depuis dimanche, que son duel contre Pasqua était celui de la « trahison » contre la « conviction » ? Faut-il que lesdits commentateurs aient perdu non seulement la tête, mais la mémoire, pour transformer en homme de « conscience » et héraut du « parler-vrai » (face, donc, à un président du RPR par intérim qui aurait incarné, lui, un cynisme-en-politique-dont-les-Français-ne-veulent-plus) le fondateur du SAC et des CDR, l'homme de tous les coups tordus et des réseaux douteux, l'exécuteur des œuvres chiraquiennes rallié à Balladur, puis le ministre balladurien conjuré avec Séguin, le politicien qui vote pour Maastricht au Sénat avant de voter contre le même Maastricht, un an plus tard, dans l'isoloir ? Et de qui se moque-t-on, enfin, quand on nous présente comme un « gaulliste », voire comme le « dernier grognard du Général », ce vieux bateleur sympathique, mais littéralement sans foi ni loi, qui vient, aujourd'hui encore, sous nos yeux, et par opportunisme pur, de faire liste commune avec le symbole même de l'antigaullisme militant – je veux parler de Philippe de Villiers ? Nicolas Sarkozy, face à ce monument de machiavélisme et de rouerie brouillonne, frapperait presque, à l'inverse, par la cohérence de son parcours et de son discours. Mais allez entendre cette évidence dans le climat de réprobation qui, désormais, l'entoure ! Sarkozy, le mal-aimé. Sarkozy, le Fabius de la droite de demain. Sous ma plume, c'est un compliment.

Comme elles sont étranges, les réactions de la gauche « plurielle » au score de Daniel Cohn-Bendit ! Jospin boude. Hollande ronchonne. Jean-Pierre Chevènement, jamais en reste d'une élégance dès qu'il s'agit de faire un bon mot sur le dos de son « partenaire », qualifie, en direct, depuis la place Beauvau, l'« effet Dany » d'« effet dioxine ». Bref, ce ne sont partout que commentaires pincés, agacés, parfois carrément navrés ou contrariés – quel dommage que l'« ami Robert » (entendre Robert Hue) n'ait pas mieux résisté ! on avait tout fait pour « sauver Robert » ! tout essayé pour « protéger Robert » ! et voilà ! c'est raté ! Robert par-ci, Robert par-là, et ce sacré foutu trublion qui lui est quand même passé devant ! Jusqu'à Dominique Voy-net, patronne des Verts, que l'on attendait triomphante, euphorique, et qui apparaît, sur les plateaux de télévi-sion, bizarrement sage, modeste, presque en retrait, l'air chagrin : un succès ? oh ! un succès... est-ce qu'on peut déjà parler de succès... attendons les municipales pour en être sûrs... ou les législatives... attendons, avant de réclamer de nouveaux ministères... je connais assez « Lionel » pour savoir qu'on va le braquer, qu'il n'est pas du genre à céder au chantage... Peut-être ai-je l'es-prit mal tourné. Mais la vérité est que je sens comme un malaise autour du succès, et du style, de la seule tête de liste – avec peut-être François Bayrou – à avoir fait campagne non seulement pour l'Europe, mais sur le seul thème de l'Europe et de ses valeurs. Comme si sa victoire encombrait. Comme s'il demeurait en lui quelque chose d'indéfiniment sulfureux. Comme si, même respectabilisé par les urnes, il restait cet allié pas comme les autres, incontrôlable, irrécupérable. Dany l'Européen et, encore, ce réfractaire.

Le mystère, c'est, évidemment, Chirac. Car enfin, voilà un homme qui vient, en deux ans, de liquider sa propre majorité, de décourager un à un les meilleurs de ses rivaux et, donc, de ses compagnons – et de briser, maintenant, le parti qu'il a créé il y a vingt-trois ans et qui devait être le point d'appui de sa réélection en 2002. Les ressorts de cet homme ? Les raisons, secrètes ou non, de cette longue et raisonnée entreprise de démolition ? Savait-il, obscurément, que le RPR était condamné ? Avait-il intégré le fait qu'il lui faudrait, en tout état de cause, repartir, le jour venu, à la conquête des voix perdues de la « fracture sociale » ? Cet éternel candidat rêvait-il de faire place nette ? page blanche ? Entre-t-il dans la catégorie de ces chefs (Mitterrand...) qui n'en finissent pas de haïr, ou de mépriser, leurs partisans ? Est-il le champion du monde du tir contre son propre camp (dans les années 70, déjà, casser Chaban pour faire élire Giscard, puis Giscard pour faire passer Mitterrand...) ? Maurice Clavel, naguère, tonnait qu'il fallait « casser la gauche pour vaincre la droite » : a-t-il pensé, lui, symétriquement, qu'il fallait casser la droite pour, un jour, vaincre à nouveau la gauche ? Ou bien suis-je en train de rêver tout haut et de faire bien de l'honneur au recordman, plus banal, de la fausse manœuvre politique ? Énigme, oui, de cet homme. Bizarrerie de ce désastre – subi, voulu, on ne sait. Si je savais dessiner, je le représenterais campant dans un champ de ruines, entouré de quelques proches et conseillers, content, presque béat – avec, en légende : « Enfin seul ! »

18 juin 1999.

Elie Wiesel le sait mieux que quiconque... L'assour-dissant silence des intellectuels pro-serbes. Hubert Védrine, la diplomatie et la guerre.

Elie Wiesel, dans un article intitulé « Cette tragédie n'aura donc pas de fin ? » (*Libération*, 19 juin), exhorte les Kosovars, victimes d'une guerre qui a « *la puissance implacable du destin* », à « *pardonner* » à leurs bourreaux. Soit. Mais, outre qu'il faut s'entendre sur les mots et qu'il n'est question, là, dans ces innombrables charniers découverts, jour après jour, par les forces de l'Otan, ni de « tragédie » ni de « destin », mais bien de « crimes de guerre » et de « crimes contre l'humanité », Wiesel est mieux placé que quiconque pour savoir qu'on ne pardonne, par définition, qu'à ceux qui le demandent. Les Allemands, en 1945, ont demandé pardon. Ils l'ont fait parce qu'ils étaient vaincus et pas toujours sans arrière-pensées – mais enfin ils l'ont fait et c'est cet acte de repentance qui a permis et le pardon, et la construction de l'Europe. Les soldats serbes, eux, quittent le Kosovo la haine aux lèvres, en incendiant, sur leur passage, ce qui reste du pays et en criant à qui veut encore les entendre : 1. nous n'avons rien à nous reprocher ; 2. à la première occasion, nous reviendrons, car le Kosovo est le berceau de notre nation ; 3. les vrais criminels, de toute façon, ce n'est pas nous, ce sont nos victimes... Je sais bien, cher Elie Wiesel, que dans « pardon » il y a « don ». Mais pour donner, aussi, il faut être deux. On ne peut pas donner à qui ne veut pas recevoir. Et je n'imagine donc pas les Kosovars donner leur pardon à leurs bourreaux tant que ceux-ci ne le leur auront pas, solennellement, explicitement, demandé. Jusque-là ? Oh ! jusque-là... Il faut évidemment tout faire pour enrayer, sur le terrain, la mécanique de la vendetta. Mais c'est la tâche de la KFOR – qui a le mérite de s'en acquitter sans faire, de surcroît, la morale aux survivants.

Les pro-Serbes de service. La petite troupe, si batailleuse il y a encore quelques jours, des Debray, Gallo, Besson, Dutourd, Volkoff, Chevènement, etc. C'est bizarre. On n'entendait qu'eux. Ils ne savaient plus où, ni comment, donner de la voix. Et, d'un seul coup, plus rien. On ne les entend plus. On ne les voit plus. On ne sait pas où ils en sont ni même où ils sont passés. On aimerait, pour les plus honnêtes d'entre eux, connaître leur sentiment sur l'étendue des atrocités. On voudrait savoir si la découverte des charniers les stupéfie, les horrifie, les plonge dans la perplexité, les révolte. On aimerait entendre le ministre de l'Intérieur nous dire : « oui, c'est vrai, je me suis trompé – la passion, le préjugé, l'esprit de système m'ont aveuglé. » On rêve d'un Jean-François Kahn ou d'un Debray qui auraient le courage de commenter les premiers rapports des experts du Tribunal pénal international : la centaine de corps brûlés de Velika Krusa, près de Prizren ; les fosses communes de Podujevo ; les tombes vides de Pusto Selo ; la mine de Trepca, pleine de corps calcinés ; les exécutions sommaires ; les centres de torture dans les dortoirs universitaires ; ce commissariat de Pristina, le pire de la ville, baptisé « chambre des horreurs » par les parachutistes britanniques qui l'ont découvert... Mais non. Rien. Cet assourdissant silence. Cette discrétion dont on ne peut s'empêcher de penser qu'elle vaut obstination. L'idée, inquiétante, que tous ces gens pourraient regretter, en secret, que Milosevic ait perdu la partie. C'est leur faire un mauvais procès ? À eux de nous le dire. On ne peut pas se taire après avoir tant parlé.

Hubert Védrine à Pristina, où il s'est rendu, mercredi matin, avec les ministres des Affaires étrangères allemand, italien et anglais. Cet air de distance lassée. Cette lucidité flegmatique. Ces préciosités dans la voix et, soudain, ces inflexions d'acier. Cette modestie, aussi – la modestie d'un homme qui, n'en déplaise aux Pavlov de l'antiaméricanisme primaire, a su, avec quelques autres, contribuer à faire de cette guerre une vraie guerre européenne, mais qui sait aussi, aujourd'hui, qu'il reste à faire la paix, une vraie paix et qu'il y aura autant de risques d'enlisement de cette paix qu'il y en a eu, pendant trois mois, d'enlisement dans la guerre : Milosevic encore au pouvoir... les centaines d'otages albanais emmenés de force à Belgrade... le risque, au Kosovo, de mainmise des mafias... la difficile reconstruction d'un pays cassé par les dix ans de guerre, mais aussi les quarante ans de titisme – sans parler, chez les voisins, en Albanie, de ce maoïsme européen, l'« enver-hoxhisme », que tout le monde semble oublier et dont il va pourtant bien falloir gérer, à l'heure de l'européanisation de la région, le terrible et désastreux bilan. Pas le moment de pavoiser, semble dire le ministre. Mais pas le moment, non plus, de lâcher le cap. Et pas question, surtout, de baisser la garde face à des assassins dont il faut encore s'emparer. Étrange destin de ce diplomate élevé, plus qu'aucun autre, dans le sérail mitterrandien, formé à ses disciplines et, du temps de la guerre de Bosnie, à ses aveuglements navrants – et qui semble en être sorti miraculeusement intact. Leçons de l'Histoire ? Ou force d'un caractère ?

25 juin 1999.

La querelle des langues vue d'Italie. Indes rouges, Indes noires... Le Tour de France et la dope.

Naples. Conversation avec un ami sur cette affaire de « charte des langues régionales ». Est-il bien indispensable, me dit-il, d'apprendre aux jeunes Italiens les patois de leurs grands-pères à l'heure où, comme en France, s'impose une novlangue aux accents de McDo et de franglais ? Et puis cet autre argument : il y a des langues majeures et des langues mineures ; il y a, entre ces langues, et selon la qualité des littératures qu'elles ont engendrées, une véritable hiérarchie que seule la démagogie régnante pourrait prétendre effacer ; ne risque-t-on pas, avec cette histoire de « charte », de renforcer donc la démagogie la plus obscurantiste et de faire un mauvais coup, non seulement aux États, mais aux vraies cultures ? Réponse : la charte ne met, justement, pas sur le même pied les langues mineures et majeures. Contrairement à ce qu'on essaie de nous dire, à Paris, il n'est question, dans cette affaire, ni de « détrôner » les langues souveraines ni de remettre en question les « principes fondamentaux de la République ». Et quant à l'épouvantail des fameux « actes publics » rédigés en langues mineures, c'est, évidemment, un pur fantasme puisque le texte stipule, au contraire, qu'aucune « *procédure pénale, civile ou administrative* » ne pourra être menée dans une de ces langues ; que les « *actes liés à ces procédures* » devront être rédigés dans les langues « *nationales* » ; et qu'il sera, au demeurant, interdit de s'adresser aux autorités autrement qu'en langue nationale. Intox, donc. Formidable bourrage de crâne. Et tristesse de voir, dans cette affaire, le chef de l'État baisser la garde face à ses alliés souverainistes. Est-ce la première victoire du parti Pasqua-Chevènement ? Le premier effet tangible de la montée en puissance des nationaux-républicains ?

Long article en première page du *Monde* (Françoise Chipaux) sur la nouvelle guerre qui fait rage, autour de la question du Cachemire, entre l'Inde et le Pakistan. C'est, sauf erreur, la première guerre directe entre deux pays détenteurs de l'arme atomique. L'un de ces deux pays se trouve être, de surcroît, travaillé par un islamisme radical dont il n'est pas certain – et c'est peu dire ! – qu'il soit très accessible aux fameux codes clausewitziens sur l'équilibre de la terreur, la dissuasion, la montée aux extrêmes sans passage à l'acte, etc. Et quant à l'autre, on n'y a, semble-t-il, même pas eu besoin d'islamisme pour voir la presse ultranationaliste exhorter le Premier ministre à « *écrire le dernier chapitre* » de cette guerre de cinquante ans contre l'ennemi héréditaire de l'Inde et de l'hindouisme – en clair : déclencher la dernière étape de la lutte à mort et lâcher donc une bombe sur Karachi... Or, à part cet article du *Monde* et à part quelques vagues entrefilets dans le *Corriere*, j'ai l'impression que cette affaire – énorme donc, unique, vitale pour ses protagonistes et probablement aussi importante, pour le reste du monde, que, par exemple, l'interminable guerre contre l'Irak – n'intéresse bizarrement personne et, au fond, n'existe pas. Ombre de la guerre du Kosovo ? Éloignement de ce sous-continent indien dont l'Europe, à l'évidence, se fiche ? Mon propre éloignement, peut-être ? Ou bien mon côté « Indes rouges », ma jeunesse au Bangladesh, ma période afghane, mes séjours, au début des années 80, à Peshawar, puis dans la passe de Khyber, qui orienteraient mon regard et me rendraient exagérément attentif ? Allez savoir.

Où commence le dopage ? Où finit-il ? Et de qui se moque-t-on quand on vient nous raconter que les drogues, non contentes de bousiller le corps des athlètes, contreviendraient aux nobles principes qui devraient prévaloir dans les stades ? L'hypocrisie, en l'espèce, est triple. On charge la dope de tous les maux sans oser dire qu'il y a, dans la logique même de certains sports, dans le dressage inhumain qu'ils font subir à l'athlète, dans la violence extrême qu'ils lui imposent (la boxe...), tout ce qu'il faut d'anabolisants « naturels » pour, à terme, épuiser un corps, briser un système nerveux. On nous parle d'« équité », d'« égal » accès de tous à la « performance » et à l'« épreuve », en faisant semblant d'ignorer que le sport, par le type même de supériorité qu'il requiert, par l'inégalité de départ entre les physiologies qu'il met en concurrence et jette les unes contre les autres, bref par son naturalisme forcené, est le lieu par excellence où, qu'on s'en réjouisse ou qu'on le déplore, la morale démocratique perd son sens. La direction du Tour de France, enfin, pose à la ligue de vertu et aurait voulu sanctionner, pour l'exemple, tel coureur « contrôlé positif » alors que c'est tout le système (c'est-à-dire non seulement le « public », qui a bon dos, mais la presse, les annonceurs, la télé, les sponsors, les ligues diverses et variées, le business du Tour en général) qui demande des performances de plus en plus folles, inhumaines, à ses champions tout en s'étonnant, ensuite, de les voir se mettre en situation de les accomplir. Modernes jeux du cirque où c'est la tartufferie mais aussi la cruauté qui, comme d'habitude, mènent le bal.

2 juillet 1999.

451

Mitterrand antisémite ? Spinoza, Levinas et le « lobby juif ». Pourquoi la formule « lobby juif » est, toujours, une formule antisémite. Quand Jean d'Ormesson ne répond plus. Le Visconti de sa propre mort.

Encore François Mitterrand. L'ombre de François Mitterrand. Son fantôme. « Je crois aux forces de l'esprit et, où que je serai, je ne vous quitterai pas. » Il ne pensait pas si bien dire. Et cette semaine encore, marquant la fin de l'été de son carillon funèbre, la confidence que rapporte Jean d'Ormesson dans son roman...

L'expression « lobby juif », il faut d'abord le dire et le redire, est une expression qui n'a pas de sens. Et c'est même, pour qui connaît, un peu, l'esprit du judaïsme et son génie, une quasi-contradiction dans les termes. Spinoza et le lobby juif ? Levinas et le lobby juif ? Et les rabbins du Talmud, ces diviseurs, ces coupeurs de cheveux en quatre, ces débatteurs professionnels, obsessionnels – ne leur a-t-on pas assez reproché, aux talmudistes, d'être des empêcheurs de penser ensemble, de fusionner et, donc, de faire lobby ? Telle devrait être, oui, la première réaction à cette affaire : un énorme éclat de rire, historique, sur plusieurs siècles. Et telle est la première surprise : que François Mitterrand, si fin connaisseur de la Bible et des textes sacrés du judaïsme, ait pu se laisser aller à proférer une pareille sottise.

La formule « lobby juif », il faut également le dire avec la plus grande netteté, est une formule antisémite. Elle ne l'est peut-être pas aux États-Unis, où les lobbies, tous les lobbies, ont pratiquement leurs bureaux dans le bâtiment du Congrès à Washington. Mais elle l'est en Europe, où la culture démocratique fonctionne au « parti », pas au « lobby », et où les mots, n'en déplaise à cet autre Mitterrand, naïf et zélé, qui, pour défendre son père, vient d'annoncer, urbi et orbi, « les lobbies juifs existent et le journal *Le Monde* en est le siège », ne sont pas chargés de la même histoire. Allez savoir, d'ailleurs, si le mot même de « lobby » et le fait que, justement, ce soit un mot américain ne contribuent pas, en France, à entacher la chose d'infamie... Comme si « les » Juifs étaient un corps étranger. Ou un parti de l'étranger. Comme si les Juifs n'étaient plus juifs mais, précisément, américains – étant entendu que, dans l'idéologie française, « Amérique » a le même sens que « Pologne » chez le Père Ubu : en Amérique, c'est-à-dire nulle part... Américains, c'est-à-dire cosmopolites... Le plus gênant, dans « lobby juif », celui des deux mots où s'engouffre l'imaginaire antisémite, c'est, évidemment, le mot « lobby ».

Mais il n'y a pas que les mots. Il y a aussi le silence. Tout le monde, dans cette affaire, s'est fixé sur la « petite phrase » – ce qui m'intéresse, moi, c'est aussi le « grand silence » dont l'auteur du « Rapport Gabriel » raconte qu'il s'installa, ensuite, entre lui et le président malade. On l'imagine, ce silence. On croit l'entendre. C'est le silence, normal dans une conversation, de celui qui guette une réaction et veut juger de l'effet produit. Ou c'est le silence, bien connu des analystes, de l'identification hystérique à ce que l'on croit savoir – en l'occurrence à tort – du désir, du discours, de l'attente de celui qui vous écoute. C'est un silence comme un appel. Ou comme une perche tendue en vain. C'est un silence provocateur qui dit bien que François Mitterrand, ce matin-là, tentait – et manquait – au sens propre *une provocation*.

À partir de là, deux questions. La première : pourquoi Jean d'Ormesson ? Pourquoi, à cette heure-là qui est la toute dernière heure du dernier jour de son dernier mandat, pourquoi en ce moment si décisif auquel tous les chroniqueurs du règne attacheront, et il le sait, une valeur symbolique extrême, choisir un adversaire déclaré pour en faire le destinataire de sa « confidence » ? Ce François Mitterrand-là est celui qui vient juste, par petites touches mais méthodiquement, de soutenir, pour lui succéder, le candidat Chirac contre le candidat Jospin. Et il est bien dans sa manière d'élire un homme « de droite », par ailleurs écrivain de grand talent, pour témoigner, un jour, de sa provocation ultime.

Mais voici la seconde question – elle, sans vraie réponse. Rarement une fin de vie aura été à ce point maîtrisée. Rarement une agonie aura été mise en scène avec tant de sombre volupté. Le dernier voyage en Égypte... Le dernier séjour à Venise... La dernière Roche de Solutré... Les dernières visites... Jusqu'à la couleur des fleurs, à Jarnac, le jour de l'enterrement... Et, au beau milieu de cette chorégraphie presque parfaite, en ces jours où rien n'est laissé au hasard et où il n'y a, en principe, pas de lapsus qui tienne, cette réplique, ce cri de haine, dont il ne peut ignorer que, comme son entêtement sur Bousquet, ils gâcheront tout. Alors ? Alors, il faut croire qu'il y a des limites à la mise en scène. On pense manœuvrer sa propre mort. On pense l'apprivoiser. Mais non. C'est elle qui vous manœuvre. C'est elle, comme toujours, le maître suprême. Et c'est elle qui, du coup, abêtit, rend fou et, comme dit justement la Bible, emplit finalement le cœur d'« abomination » et d'« effroi ». Mitterrand antisémite ? Comme il a dû avoir peur, et souffrir !

3 septembre 1999.

Un « sous-commandant Marcos » dans le Larzac ? Le mythe de la « malbouffe ». Faut-il brûler les OGM ? Gare à l'antiaméricanisme. Pour les cultures mineures. Le paysan et le rabbin.

Ainsi donc, José Bové ce serait « Robin des bois ». Ou « Zorro ». Ou « le sous-commandant Marcos du

Larzac ». Le voici promu nouveau « damné de la terre », salué comme tel par tout ce que la classe politique compte de responsables ou de démagogues. Et l'on a presque scrupule, face à ce déluge de conformisme et de bien-pensance, à faire entendre ne serait-ce que des nuances. Et pourtant...

La « malbouffe ». Ce drôle de mot est censé signifier que les consommateurs européens, pris dans la tenaille de la mondialisation des échanges et de la concentration de la production, se nourriraient de plus en plus mal. Toutes les études disponibles disent le contraire. Toutes les données statistiques, historiques, économétriques, diététiques prouvent que l'humanité des pays dits développés mange au contraire de mieux en mieux. Et cette prétendue loi de la malnutrition croissante est à peu près aussi absurde que pouvait l'être autrefois, au temps du marxisme pur et dur, la loi dite de la paupérisation absolue. Autre époque. Autres mots. Mêmes réflexes, même culture ?

Les aliments « transgéniques ». L'affaire de ces fameux produits « génétiquement modifiés » contre lesquels la France, son président en tête, est en train de partir en guerre. D'éminents agronomes travaillent, depuis des années, sur la question. Les États ont engagé, à cette fin, des budgets de recherche immenses. Et rien n'indique, à ce jour, que ces OGM présentent des risques pour la santé publique. Est-il bien sérieux, alors, de rayer d'un trait de plume idéologique (« l'artifice, c'est le mal... la nature, elle, ne ment pas... ») des décennies de patientes expérimentations ? Ne va-t-on pas vite en besogne quand, pour coller aux paysans et à leurs slogans (« à bas l'agriculture-Frankenstein... »), on ruine les espoirs de tous ceux qui, dans le tiers-monde, comptaient, aussi, sur le soja transgénique pour combattre ces fléaux que sont les pénuries alimentaires et la famine ?

L'affaire du « chantier McDo » de Millau saccagé. Que les McDo ne soient pas des modèles de gastronomie, c'est l'évidence. Mais le sont-ils moins que le chinois du coin ? ou telle pizzeria ? ou, même, telle auberge de terroir garantie cuisine typique et familiale ? Les paysans « antimondialistes », et leurs amis, ont beau dire. Quand ils font des « multinationales du fastfood » les boucs émissaires de leur malaise, ils sont à peu près aussi subtils que ces Américains qui voient dans les fromages français des concentrés de moisissures. Quand ils diabolisent les temples de la « merde alimentaire », quand ils en font le symbole absolu de « l'horreur économique et gastronomique », ils cèdent à cet autre socialisme des imbéciles qui n'en finit décidément pas de finir et de resurgir : l'antiaméricanisme.

La question de fond, c'est celle du statut et de l'avenir, non pas des agricultures, mais des cultures nationales ou régionales face à la culture-monde américaine. Que ces cultures soient devenues minoritaires, c'est l'évidence depuis longtemps. Mais, et après ? Pourquoi, après tout, cet effroi ? Et depuis quand une culture aurait-elle l'obligation, pour survivre, de rester ou de devenir majoritaire ? Il y a des cultures qui se sont fort bien accommodées, à travers les siècles, de cette minorité. Et l'on en connaît au moins une, la culture juive, qui doit non seulement sa survivance mais son maintien dans l'Universel au fait que, précisément, elle n'ait jamais aspiré à l'hégémonie. Pourquoi les vieilles nations européennes ne feraient-elles pas de même ? Pourquoi les défenseurs de la douceur de vivre à la française n'admettraient-ils pas, une fois pour toutes, qu'ils sont devenus minoritaires et que c'est ce devenir-mineur qui, à condition que le fil ne soit pas rompu et que la transmission s'opère, fait le prix de leurs valeurs ? Pourquoi, en un mot, ne pas recommander à ceux qui se soucient, à juste titre, de la préservation de la tradition et de la mémoire : « soyez un tout petit peu plus juifs » ?

On peut, d'ailleurs, filer la métaphore. J'observais, à la télévision, le défilé de ceux qui, de Chirac à Jospin ou Villiers, viennent dire leur indulgence navrée à l'endroit du militant emprisonné. Ils faisaient irrésistiblement penser à ces hommes politiques israéliens qui, lorsqu'un bataillon de rabbins renverse une ambulance qui roule un jour de shabbat, prennent leur mine la plus tartuffe pour dire : « non, bien sûr, ça ne se fait pas... on ne casse pas les ambulances... mais ces hommes ont tant de mérite en même temps... ils ont tant fait, en ce monde vulgairement matérialiste, pour maintenir le flambeau de l'authenticité et de la foi... » En irait-il de même de nos paysans en colère et casseurs de McDo ? Seraient-ils devenus, toutes proportions gardées, les rabbins intégristes des Français ? Nos préposés à l'Origine ? Nos fondés de pouvoir en matière de racines et d'authenticité ? Nos conservateurs du Musée national ? À l'aube du nouveau siècle, à l'âge d'une mondialisation qu'il faudra bien accepter et maîtriser, cela ne me semblerait ni conséquent, ni à l'avantage de ceux que l'on prétend défendre.

10 septembre 1999.

Vidal-Naquet contre Le Pen. Jospin face à l'affaire Michelin. Vers un capitalisme populaire, donc impitoyable ? Terreur à Moscou. « Vive l'enfer », de Christophe Bataille.

Pierre Vidal-Naquet a plus de chance que moi. Ayant évoqué, lui aussi, le passé de tortionnaire de Le Pen, ayant rappelé, autrement dit, des épisodes dits prescrits de la biographie du leader frontiste, et celui-ci lui ayant intenté, comme il le fait chaque fois, un procès en diffamation, il vient, lui, de gagner son procès. Mine de rien, c'est une date. C'est une première et c'est, donc, une date. Est-ce la revanche de l'Histoire sur un Droit jugé finalement trop rigide ? Est-ce la victoire de la Mémoire sur l'amnistie et de la Vérité sur l'amnésie ? Est-ce la guerre d'Algérie tout entière qui, peu à peu, par petites touches, comme Vichy dans les années 80, changerait de statut et viendrait enfin dans l'espace du débat ?

Jospin à la télévision. Que pense-t-il de l'affaire Michelin ? Que dit-il de ces entreprises qui annoncent, dans le même temps, des profits colossaux et des licenciements record ? Bizarrement, il n'en dit rien. Il n'en pense pas moins, mais il n'en dit rien. Et le téléspectateur en est réduit à déchiffrer les signes visibles de son malaise. Il dit, ce malaise, quelque chose comme : « la loi d'airain des marchés... la politique ne peut plus rien face à la loi d'airain des marchés... » Ou bien : « fin du volontarisme en politique... non-avenir d'une illusion que nous partagions, nous, les socialistes, avec les gaullistes incantatoires... » Ou bien, encore : « qui est dans la plus mauvaise posture – la droite décomposée à qui la réalité n'en finit pas de donner raison ou la gauche triomphante, au zénith de son pouvoir et même de sa popularité, mais qui vit, dans toute l'Europe, une débâcle idéologique sans précédent ? »

L'affaire Michelin encore. La seule chose que le Premier ministre aurait pu dire, ce soir-là, au peuple de gauche, c'est ceci : « les entreprises françaises ne sont plus tout à fait françaises ; elles sont contrôlées, pour la plupart, par des fonds de pension étrangers et, notamment, anglo-saxons ; et ces retraités anglo-saxons, qui sont devenus, au fil des ans, leurs véritables propriétaires, se fichent de l'emploi, de la détresse des salariés, etc. – ils ne s'intéressent qu'au rendement maximal de leur capital, dût-il en coûter des licenciements eux-mêmes maximaux et aveugles ». Mais il ne l'a pas dit. Car il aurait fallu, alors, dire aussi pourquoi la France n'a pas l'équivalent des fonds de pension en question. Il aurait fallu avouer qu'on a préféré, à ce jour, voir l'épargne nationale s'investir en obligations d'État, finançant la dette publique. Et il aurait surtout fallu s'attarder sur cette troublante ruse de l'Histoire : anglo-saxons ou pas, les fonds de pension drainent une épargne populaire ; c'est donc un actionnariat proprement populaire qui impose aux entreprises ces rendements inhumains ; en sorte que le capitalisme n'aura jamais été si vorace, sans pitié pour les humbles, les petits et, tout simplement, les salariés que depuis qu'il a échappé, pour de bon, aux oligarchies d'autrefois. Le capitalisme démocratique pire que les « deux cents familles » ? Mais oui.

Attentats à répétition à Moscou. Cette société déglinguée que frappent de plein fouet des bombes terriblement ciblées. Mafia ? Services secrets ? Mafias *et* services secrets unissant leurs forces pour créer un nouveau désordre social fondé sur la peur, le chantage, la mort ? Dissolution annoncée d'un lien social qui n'aurait pas survécu à la longue nécrose totalitaire ? Synthèses politiques inédites ? Affrontement, non moins inédit, entre ex-communistes et nouveaux islamistes qui se disputeraient, sur fond de misère, de détournements d'argent colossaux, de désespérance, les lambeaux de la société ? Tout est possible. Tout. Sans que l'on puisse encore dire si l'on assiste aux ultimes convulsions du siècle qui s'achève ou aux premiers frémissements d'un nouveau siècle de fer.

C'est l'histoire d'un jeune écrivain qui avait publié, jusqu'ici, des livres délicats, de facture classique, très écrits, et salués, chaque fois, par une presse quasi unanime. Or voici que ce jeune homme, Christophe Bataille, semble avoir décidé de rompre avec sa manière, de casser sa propre langue et ses procédés narratifs si parfaits et, plutôt que de nous donner encore l'une de ces proses lisses et policées dont il avait le secret, plutôt que de s'obstiner dans un genre dont il avait peut-être le sentiment d'avoir épuisé le charme et la ressource, il publie un nouveau roman, étrange, un peu fou, qui, avec ses histoires de travestis et de ferrailleurs, d'usines en flammes et de camions filant vers les hauts fourneaux de Silésie, avec son écriture heurtée, chahutée, toute pleine de cahots et de percussions, semble sorti, littéralement, d'une autre plume. Comment réagit, alors, cette presse qui l'avait encensé ? Plutôt que de tendre l'oreille et de se pencher sur le phénomène, plutôt que de lire, tout simplement lire, ce livre magnifique et incroyablement violent, elle boude, ou s'emporte, ou fait la leçon à l'insolent, qu'elle punit d'avoir changé. Comme si elle ne pouvait écouter que ce qu'elle a déjà entendu. Comme si elle ne voulait connaître que ce qu'elle croit reconnaître. Comme s'il était interdit à un écrivain, dès lors qu'on l'a identifié, de surprendre et de s'en aller.

17 septembre 1999.

Il faut en finir avec l'Onu.

Ainsi donc une maigre force internationale vient enfin d'arriver à Dili, capitale martyre du Timor. Il aura fallu, pour cela, que les milices indonésiennes anti-indépendantistes soient allées au bout de leur programme d'épuration ethnique et religieuse. Il aura fallu que deux cent mille hommes, femmes et enfants aient fui vers les montagnes, que des milliers d'autres aient été torturés, assassinés. Il aura fallu des prêtres catholiques décapités, des femmes éventrées – la ville de Dili brûlée comme les cités antiques, Mêlos, Carthage. Il aura fallu, surtout, ce scandale sans précédent d'une force internationale qui était là, sur place, qui prétendait veiller au bon déroulement du référendum d'autodétermination et qui, les exactions à peine engagées, au premier coup de machette ou presque, a fait le choix fou de déserter, abandonner sa mission et livrer donc à eux-mêmes, et à leurs tueurs, tous ceux qui croyaient en sa présence, sa parole, son mandat. Il aura fallu, oui, cette variante inédite dans l'histoire des tueries de cette fin de siècle : une Onu non seulement présente mais responsable puisque c'est elle qui a organisé ce référendum et que jamais, sans elle, sans son parrainage, son encouragement, sa garantie explicite et tenue pour inviolable, les pauvres gens de Timor ne seraient venus aux urnes – ce qui équivalait pour eux à se découvrir, se désigner à la vindicte des chiens de guerre indonésiens et aller donc au-devant d'un terrible supplice.

Il aura fallu que les opinions occidentales, ivres de stupeur, d'humiliation, de colère, découvrent aussi, via la presse, que ce massacre avait été, comme au Rwanda ou au Kosovo, conçu de sang-froid, prémédité – et que MM. Clinton, Eltsine, Chirac, Jospin, Blair le savaient. Il aura fallu que des journalistes d'investigation anglo-saxons révèlent au monde telle réunion secrète tenue, le 21 juin dernier, à Hawaï, entre militaires australiens et américains, où l'on évoqua l'envoi d'une force de quinze mille hommes mais pour conclure aussitôt, devant l'ampleur des intérêts géostratégiques en jeu, à la nécessité de n'en rien faire. Il aura fallu que l'on apprenne, la rage au cœur, que les milices pro-indonésiennes avaient, depuis des mois, au vu et au su de tous, commencé d'accumuler les fusils d'assaut de fabrication anglaise ou australienne mais que, devant l'énormité des enjeux, devant le milliard de tonnes de brut contrôlé par les militaires de Jakarta, devant le chantage de ceux qui plaidaient, comme autrefois Kissinger, qu'il n'était pas « *réaliste* » d'« *offenser* » la « *plus grande nation musulmane du monde* », il fut décidé que l'urgence était d'attendre et de laisser saigner à blanc un petit peuple de huit cent mille âmes qui n'avait, lui, à faire valoir que sa détresse et son dénuement.

Face à ce scandale, face à cet outrage à la conscience universelle, face à ce qu'un Tribunal pénal international qualifiera peut-être un jour de complicité de crime contre l'humanité, face à la mascarade de cette « force de maintien de la paix » qui arrive comme les carabiniers, ou comme les fossoyeurs, alors qu'il ne reste plus qu'à compter les victimes, à chercher les charniers sous la cendre ou même – suprême et abjecte dérision ! – à escorter les derniers soldats indonésiens qui se replient en bon ordre, leurs camions bourrés des fruits de leurs pillages et qui risqueraient, sait-on jamais, d'être l'objet de « représailles aveugles » de la part des survivants, on songe, encore, à la Somalie, au Rwanda, à Srebrenica, à la Sierra Leone, ces autres théâtres de la honte onusienne. On songe à la lente décomposition, jadis, de la SDN, cette autre bureaucratie absurde, cet autre caravansérail de nations impotentes, humiliées, paralysées par des règles de fonctionnement non moins insensées que celles de notre Onu et qui, de reculade en renoncement, cédant sur la Mandchourie, puis sur l'agression italienne contre l'Éthiopie, puis sur tout le reste, finirent par sombrer dans le déshonneur et par achever de précipiter le monde dans le chaos. Et face à tout cela, face à cette lente mais sûre SDNisation de l'Onu, face à cette Onu qui n'est plus capable de veiller que sur des spectres ou d'intervenir mais, comme l'oiseau de Minerve, à la nuit tombée, face à cette Onu définitivement grotesque, sans crédits ni crédit, sans parole ni honneur, face à cette assemblée de pantins devenus les fondés de pouvoir ou les otages d'États qui, l'un pour sauver son Tibet, l'autre par souci de son Daguestan, le troisième parce que l'Indonésie est le gendarme des marchés financiers d'Asie et que les marchés, c'est sacré, sont prêts à toutes les forfaitures, face à la bouffonnerie, en un mot, d'un « Parlement des nations » qui n'est plus en mesure de faire ce pour quoi il est fait, à savoir s'interposer, dans les situations d'extrême urgence, entre les bourreaux et les victimes, il faut se résoudre à l'évidence : l'Onu a fait son temps ; le temps de l'Onu est révolu ; il faut en finir avec cette farce macabre qu'est devenue l'Onu ; il faut, pour les temps où nous entrons, imaginer et construire une autre « organisation des Nations unies ».

24 septembre 1999.

Heidegger et les clones.

C'est la nouvelle grande querelle qui agite l'Allemagne. Tout commence le 17 juillet dernier, au château d'Elmau, en Bavière, où le philosophe Peter Sloterdijk, dans le cadre d'un séminaire consacré à Heidegger, prononce un discours intitulé « Des règles du parc humain », où il évoque, dans des termes inquiétants, les problèmes posés, au seuil du XXIe siècle, par la « sélection » et le « dressage », la « domestication » de l'animal humain. Stupeur, évidemment, de la presse. Polémique avec Habermas, héritier de l'école de Francfort et conscience démocratique du pays. Et naissance, au fil des mois, d'un gigantesque scandale qui, un an après les déclarations de Martin Walser exhortant ses contemporains à tourner la page d'Auschwitz, semble décidément confirmer que le passé, à Berlin, ne passe pas.

L'ennui avec cette nouvelle affaire, c'est que Sloterdijk, justement, n'est pas Walser. C'est un philosophe, d'abord. Et c'est un philosophe dont chacun semble oublier : primo, que son œuvre majeure, « Critique de la raison cynique », parue à l'occasion du deux-centième anniversaire de la « Critique de la raison pure », se présentait explicitement comme une reprise moderne du projet des Lumières allemandes ; secundo, que le même Habermas qui le traite quasiment de nazi saluait alors ce livre comme « l'événement le plus important dans l'histoire des idées depuis 1945 » ; tertio, que l'auteur est, jusqu'à plus ample informé, l'un des défenseurs les plus sûrs de ce fameux « patriotisme constitutionnel » qui est, en Allemagne, la véritable pierre de touche séparant les démocrates des nostalgiques du romantisme politique.

L'ennui, c'est que, par ailleurs, les documents publiés par la presse allemande et dont *Le Monde* (29 septembre) a reproduit des extraits sont des textes cyniques certes, provocateurs, voire ambigus, mais que l'on peut très bien les lire, *aussi*, comme des variations sur quelques grands motifs de la tradition philosophique. Sloterdijk parle de « parc humain » : c'est le mot de Platon, dans « La République », évoquant la « houlette » des dieux « paissant le troupeau humain ». Il parle de « dressage », ou du grand partage entre « amis de l'homme et du surhomme » : ce sont les concepts de Nietzsche dans la « Généalogie de la morale » et « Aurore ». Et quant à la vision, terriblement sombre, d'une « opposition » entre « pulsions animales » et « pulsions apprivoisantes » que l'« humanisme » aurait, selon lui, échoué à arbitrer, c'est, presque mot pour mot, ce que dit Freud dans ce grand livre, si peu lu, qu'est « Malaise dans la civilisation »...

L'auteur évoque les perspectives du clonage ? Il décrit un âge « technique et anthropotechnique » qui nous mène droit à la « sélection prénatale », la « naissance optionnelle » et la « planification explicite des caractères » ? C'est encore vrai. Mais rien ne dit, pour l'heure, que ce soit pour en faire l'éloge. Rien n'interdit de le croire quand il exprime son effroi face à ce futur de cauchemar que nous promettait la science-fiction mais qui est là, désormais, tout proche, imminent, terriblement réel et concret. Auquel cas Sloterdijk serait une sorte d'anti-Walser invitant ses contemporains, non pas à zapper, mais à regarder le mal en face. Et auquel cas nous serions peut-être en train d'instruire, à son encontre, l'un de ces procès en sorcellerie où, faute de savoir, pouvoir ou peut-être même vouloir conjurer le surgissement de l'horreur, on brûle celui qui la nomme ou s'en fait même le messager...

Un seul exemple. Le mot même de « sélection », « Auslese », qui trouble, cela va de soi, les commentateurs. Je ne suis pas germaniste. Mais les hasards de mon travail font que je sors d'une relecture de Heidegger. Et je sais que le mot allemand pour dire le tri des nazis, celui qui mène à la rampe d'Auschwitz ou qui s'y opère, n'est pas « Auslese » mais « Zucht » ou « züchten », et que « Auslese », le mot donc de Sloterdijk, signifie, dans le meilleur des cas, la « cueillette », dans le pire la « sélection naturelle » des espèces selon Darwin – mais que c'est surtout l'un des mots par lesquels Heidegger, dans son exégèse du fragment 50 d'Héraclite, puis dans l'« Introduction à la métaphysique », traduisait le grec « logos » – mélange, expliquait-il dans une de ces étourdissantes méditations étymologiques où, à tort ou à raison, il guettait le mystère de l'Être, du cueillir et du lire, du choisir et du discourir.

Bref, il est parfaitement possible – l'avenir le dira – que l'on soit en présence là, après Peter Handke, après Boto Strauss, d'un nouveau cas d'intellectuel allemand, issu de la gauche radicale, et dérivant vers un néofascisme. Mais il n'est pas non plus exclu que l'on assiste – en plus sérieux – à un remake de notre « affaire Houellebecq » de l'an dernier. Avec, en toile de fond, deux questions. La première : suffit-il de brûler un philosophe pour conjurer l'irrésistible invasion des clones ? La seconde : qu'en est-il, en effet, de l'humanisme à l'âge de la technique devenue folle ? que vaut-il ? que peut-il ? et que pèserait un humanisme frileux, hypocrite, décoratif, qui entrerait, comme dit Kubrick, « les yeux grands fermés » dans l'avenir ?

1er octobre 1999.

Les « souverainistes » et Georges Bataille. Le clonage selon Jean Baudrillard. Caillois, Pilate et Jean d'Ormesson. Monsieur Greenspan est un athlète. Les Desanti, ces flambeurs. L'axe Chardin-Baudelaire.

« Souverainisme », disent-ils. Cela s'appelle un détournement de mot. Et, pour les « amis de la souveraineté » (Platon), pour les lecteurs de Bataille (et de Nietzsche), la faute est à peine moins odieuse que les détournements de fonds, de mineurs, etc., habituellement sanctionnés par la loi.

« L'élection du président du RPR n'est pas un concours de beauté », s'exclame Philippe Séguin dans un noble élan de vertu. Il a tort. Voir les ambitions de Warren Beatty, probable candidat à la candidature pour la présidence des États-Unis.

Clonage, suite et fin. Pourquoi faire tant d'histoires, demande Baudrillard dans son dernier livre (« L'échange impossible », chez Galilée), à propos du clonage biologique quand on tolère depuis des années, sans piper, l'autre clonage, celui des âmes, qui voit les singularités se dissoudre, puis se reproduire à l'infini, dans le magma de la pensée, de la culture, de l'information uniques ? Avant le clonage génétique, le clonage culturel et social. Plus grave que la pensée du génome, la non-pensée des non-sujets devenus copies conformes les uns des autres.

Paul Reverdy : « plus je pense, moins je suis ». C'est, sous la plume d'un poète, la formule même du cogito au XXe siècle. Aux autres – Lacan, Foucault, Althusser, bref les « modernes »... – il ne restera qu'à renverser l'équation et la remettre sur ses pieds : « plus je suis, moins je pense ».

Un roman oublié de Roger Caillois, « Ponce Pilate » (Gallimard, 1961). On y voit Pilate, averti par un sage de Chaldée de la chaîne de conséquences qu'aurait la crucifixion de Jésus et comprenant donc, soudain, qu'il est en train, par son geste, de décider du cours de l'Histoire universelle. Il change, à la dernière minute, d'avis, gracie le condamné et réécrit, pour le coup, l'entière histoire des hommes. L'envers du « Rapport Gabriel » de d'Ormesson ?

L'internationale boursière, ses spéculations sans fin, ses anticipations de chaque instant, ses mouvements de capitaux qui vont plus vite que la lumière, ses achats à terme, ses glissements de terrain, ses tourbillons, ses trombes, ses avalanches d'argent fou que nul ne sait plus endiguer ni canaliser, ses gains et pertes en cascade, ses millions de micro-décisions qui font les macro-krachs ou les maxi-profits, ses milliards de dollars en suspension, ses voyages électroniques dans un empire – le dernier – sur lequel le soleil ne se couche ni ne se lève jamais, tout cela est donc apparemment suspendu à un mot, un signe, un battement de cils, un froncement de sourcils de monsieur Alan Greenspan, président de la Réserve fédérale et maître, à ce titre, de la « politique des taux » américaine. Cet homme est un colosse. Un titan. C'est l'Atlas de la planète boursière.

Jean-Toussaint Desanti : « La philosophie, un rêve de flambeur » (entretiens avec Dominique-Antoine Grisoni, Grasset). Veut-il dire que la philosophie ne sert à rien ? qu'elle se pratique en pure perte ? qu'elle est, elle aussi, un formidable potlatch, une dépense, où seule triompherait la loi du qui perd gagne ? Ou bien entend-il par là, comme les surréalistes, comme Breton dans « Nadja », comme Desnos et les praticiens de l'écriture automatique, que les grands textes – Hegel, Parménide, Husserl, Platon, Borges, Dante... – sont comme des cartes à jouer, indéfiniment battues, abattues, dans cette partie de poker vérité que serait, en somme, l'histoire de la philosophie ? Ironie de l'histoire (ou fait exprès...) : Dominique Desanti, sa femme, publie, la même semaine, sa belle biographie de Robert Desnos (au Mercure de France).

Ces écrivains, dit Michel Beaujour (« Terreur et rhétorique », éditions Jean-Michel Place), qui semblent accordés à la pénombre et dont les œuvres n'ont jamais plus de rayonnement que lorsqu'elles circulent de façon discrète, confidentielle, quasi clandestine ou ésotérique. Il cite Bataille. Je pense, moi, aujourd'hui, à Desanti – philosophe secret et maître des maîtres depuis cinquante ans.

Bernard Buffet était, avec Mondrian, *le* peintre de la ligne droite. Je lis qu'il était, dans les dernières années, atteint de la maladie de Parkinson qui est *la* maladie qui interdit de tracer, justement, des lignes droites.

Chardin, à un interlocuteur qui lui rebattait les oreilles de considérations sur les couleurs, les pigments, etc. : « on ne peint pas avec des couleurs, on peint avec des sentiments ». Soit. Mais je préfère, dans ce cas, Baudelaire lançant à un autre faux savant qui trouvait Delacroix moins bon coloriste qu'Ingres : « peindre n'est pas une affaire de couleur, ni de sentiment – mais d'idée ».

8 octobre 1999.

L'histoire des intellectuels façon Bourdieu. Quand Kofi Annan insulte Salman Rushdie. La Bible, le diable et les nazis.

Drieu devient fasciste parce que, du côté du communisme, la place est prise par Aragon. Si Aragon, à la Libération, s'en prend avec tant de violence à Gide, c'est sur un fond de vieilles rancœurs qui datent des années 30. Si Gide entame, en 1932, son mouvement de rapprochement avec les communistes, si Mauriac, quatre ans plus tard, trahit, lui aussi, sa « classe d'origine », c'est en vertu d'une « stratégie de placement » elle-même liée, dans les deux cas, à un phénomène de « vieillissement littéraire ». Éluard ou Paulhan choisissent, aussi, la Résistance à cause des « profits symboliques qu'elle promet ». Vercors, au moment de l'épuration, milite pour la suppression de la *NRF* et pousse des éditions concurrentes. Quant à Julien Benda, il ne serait jamais devenu compagnon de route, en 1946, s'il n'avait été follement jaloux de la réussite du jeune Sartre... Ce sont, parmi beaucoup d'autres, et ajoutés à ceux que donnait Slama, ici même, la semaine dernière, quelques exemples de la façon dont on traite l'histoire des intellectuels quand on se réclame de M. Bourdieu. Le livre (« La guerre des écrivains », Fayard) fait grand bruit. Il n'est question, ici et là, que de son « érudition » et de son parti pris « matérialiste ». Va pour le matérialisme. Nous rêvons tous, en effet, d'une histoire matérialiste des idées qui saurait sonder le fond noir, inavouable ou, simplement, trivial des querelles philosophiques, littéraires et politiques. Mais pourquoi matérialisme rimerait-il avec vulgarité ? Pourquoi le regard de l'historien devrait-il s'identifier à celui du valet de chambre ? Et en vertu de quel décret les choix des écrivains se résumeraient-ils, toujours, à des conflits sordides ou à des appartenances claniques ? Le critère le plus sûr pour reconnaître une « canaille », disait Lacan, c'est son « affirmation d'anti-intellectualisme » : nous n'en sommes pas très loin.

Salman Rushdie publie son plus beau livre. Le plus fou et le plus abouti. Le plus épique et, néanmoins, le plus drôle. Le plus monstrueusement inventif, baroque, foisonnant et, en même temps, le plus sentimental, le plus lyrique, le plus tendre – branché, dit-il, et c'est vrai, sur le « cœur timide et honteux du monde ». Un récit classique, pétri de mythologie – et une narration hypermoderne, une épopée pop, le grand roman du rock, du foot, de la photo, des tremblements d'encre et de terre qui font l'âge contemporain. Bref, un bonheur de lecture extrême. Un bonheur tout court pour ses amis qui voient s'éloigner, petit à petit, jusque dans son œuvre, le spectre de la fatwa : quelle belle idée notamment, quelle idée d'*écrivain*, d'avoir choisi de raconter son propre séjour en enfer de cette manière biaisée, détournée, à travers une réécriture de la fable d'Eurydice et Orphée ! Une ombre, pourtant, au tableau. C'est ce livre collectif publié par un éditeur hollandais, cette semaine, à l'occasion de la naissance du six-milliardième habitant de la planète et que le secrétaire général de l'Onu, Kofi Annan, a refusé de préfacer sous prétexte qu'il y figurait un texte de Salman. *Libération* publie ce texte. C'est une profession de foi humaniste qui plaide pour l'incroyance, la laïcité radicale, la perplexité définitive de toutes les philosophies, sciences et religions quant aux fins dernières de l'humanité. Et il a donc suffi de cela, il a suffi de ces pages où l'auteur de « La terre sous ses pieds » (Plon) répétait – après quelques autres ! – que Dieu est mort et qu'il n'y a nulle part de paradis, pour qu'une supposée autorité morale, le patron de la plus haute institution internationale, se couche, une fois de plus, devant les hypothétiques menaces des islamistes. Navrant. Déshonorant. Et signe, si besoin était, que, malgré la littérature, l'affaire Rushdie n'est, hélas, pas terminée.

Eichmann à Jérusalem. Ces deux « détails », que me raconte un ami allemand, assez bon spécialiste de l'histoire du protestantisme et que je ne me rappelais pas avoir lus dans le livre de Hannah Arendt. Eichmann, d'abord, refuse, à l'ouverture de son procès, de prêter serment sur la Bible : il veut tout ce que l'on veut ; il déploie une énergie sans pareille pour démontrer qu'il n'était qu'un humble bureaucrate, banal, discipliné et, finalement, assez humain ; sauf que, au moment du « je jure de dire la vérité, toute la vérité, rien que la vérité », c'est plus fort que lui, le naturel reprend le dessus, il se cabre à la seule idée d'avoir à jurer sur le livre maudit. Et puis, plus étrange encore, ce second épisode, un peu plus tard, au moment de l'exécution : quelle est votre dernière volonté, lui demande-t-on ? une bouteille de vin rouge, répond-il, et elle lui est évidemment accordée ; et puis le droit, ajoute-t-il, de ne pas avoir à subir la lecture d'un psaume de la Bible que me propose le pasteur de service – et c'est, à nouveau, le même terrible lapsus qui, à la toute dernière minute, révèle la nature, la profondeur théologique de sa haine. Horreur du livre juif. Horreur du livre tout court. Et, par-delà les corps suppliciés de ses millions de victimes, cette répulsion à l'endroit d'une Loi qui reste à ses yeux, comme il se doit, la figure même du diabolique.

15 octobre 1999.

Même les Chinois ont droit aux « droits de l'homme », Monsieur le Président.

Pas d'angélisme, en effet. Peut-être était-il nécessaire, après tout, de recevoir en visite d'État le président Jiang Zemin. Peut-être – c'est un très vieux débat – y a-t-il un sens à compter sur l'intensification des échanges économiques pour hâter, dans une dictature, l'ouverture politique. Reste que le président français aura, en choisissant d'organiser l'événement comme il l'a fait, commis, au moins, trois erreurs.

La première est politique et consistait à imaginer que l'on puisse, avec un homme de l'espèce de Jiang, parler des droits de l'homme au coin du feu, en catimini, « entre amis ». Le président Chirac savait-il qu'à l'instant même où s'engageait l'entretien s'ouvrait, à Pékin, le procès de quatre nouveaux « droits communs » dont le crime est d'avoir tenté d'adhérer au petit Parti démocratique chinois ? Se doutait-il qu'à peine les festivités terminées, à peine aurait-il dit sa satisfaction d'avoir pu parler droits de l'homme, pendant trois heures, avec son nouvel « ami », le porte-parole du nouvel ami lui infligerait l'affront de protester que « non, il n'est pas exact de dire que les présidents Chirac et Jiang Zemin ont parlé de droits de l'homme pendant trois heures, ils ont parlé d'une multitude d'autres sujets » ? A-t-il oublié que, il y a deux ans déjà, au moment de sa visite à Pékin, il avait fait à son interlocuteur le cadeau de suspendre, à l'Onu, la condamnation de son régime par la France, mais que, loin de lui en savoir gré, ledit régime n'a fait, depuis, qu'intensifier sa répression ? Chirac ne sera, certes, pas le premier chef d'État de bonne volonté à s'être fait berner par un totalitaire. On peut, néanmoins, regretter que les leçons du passé n'aient, justement, pas servi. Face à la barbarie tranquille, au cynisme du chef de la dernière grande puissance communiste, une longue expérience prouve qu'il n'y a qu'un langage qui tienne : celui de la pression, du chantage public aux droits de l'homme – fût-ce, si l'on y tient, avec, *en échange*, vingt-huit Airbus.

La deuxième erreur est morale et elle a consisté, visite pour visite, à transformer la visite d'État en visite privée et à réserver au massacreur de Tibétains, à l'homme qui, l'année dernière encore, fin 1998, promettait d'écraser dans l'œuf – sic – les germes de démocratisation, un accueil d'une qualité et d'un faste inouïs. On oubliera, par charité, l'image de la première dame de France valsant avec celui que Wei Jingsheng, conscience morale de la Chine, qualifie de « boucher aux mains couvertes de sang ». On oubliera l'image lamentable des deux présidents scellant leur amitié en donnant à tour de rôle le biberon, dans une ferme de Corrèze, à un agneau nouveau-né. On préfère ne pas trop penser à ce qu'ont bien pu se dire, dans l'intimité des Chirac, à Bity, le démocrate et l'homme qui, on ne le répétera jamais assez, détient, haut la main, devant l'Iran, le record mondial des condamnations à mort et a l'exquise habitude, l'exécution opérée, de faire envoyer aux familles la balle et la facture. Le plus grave et, aussi, le plus grotesque, c'est le zèle que l'on aura mis, pendant ces quelques jours, à éloigner tout ce qui pouvait offusquer l'auguste regard de notre ami chinois : chasse aux dissidents, interpellation de dizaines de Tibétains ou militants d'Amnesty International, les huit représentants de Reporters sans frontières accusés de troubler l'ordre public parce qu'ils manifestaient devant Air China – on croit rêver ! mais on ne rêve pas ! et la police ne relevant, que l'on sache, pas de l'Élysée, la responsabilité du cauchemar est, pour le coup, partagée : Chirac, Jospin, Chevènement, même combat pour dire à la vraie Chine, la Chine moderne, la Chine qui se bat, pour ce que Deng appelait la « cinquième modernisation », que nous avons, nous, Français, choisi notre camp et que c'est celui de la poignée de vieillards impitoyables et apeurés qui n'ont plus d'autre projet que de s'accrocher, coûte que coûte, à leur pouvoir.

La troisième erreur, enfin, est culturelle. Et émanant d'un homme qui se targue de connaître et d'aimer la culture chinoise, c'est un comble. De qui se moque-t-on, en effet, quand on nous dit que les valeurs démocratiques sont des spécialités « occidentales », étrangères à la « Tradition » chinoise et qui ne sauraient donc, sans ingérence, lui être « imposées » ? Le raisonnement est inepte : car, après tout, le fait de n'avoir inventé ni l'électricité ni la machine à vapeur n'a jamais obligé les héritiers de la « Tradition » à s'éclairer à la bougie. Mais il est surtout insultant et faux : car il fait bon marché du million d'hommes et de femmes qui, sur Tiananmen, il y a dix ans, érigeaient, au péril de leur vie, une « statue de la démocratie », et il fait l'impasse, dans le passé plus lointain, sur des séquences entières de l'histoire chinoise : le mouvement du 4 mai 1919, par exemple, dont les idéologues,

Hu Shi, et même le premier Chen Duxlu, étaient, à leur façon, des démocrates. M. Chirac a trop lu Peyrefitte et Kissinger. Il devrait fréquenter davantage les travaux de Granet, Gernet, Julien, Leys, ces authentiques sinologues, attachés, comme lui, à la Tradition, mais qui n'ont jamais cru, eux, qu'elle fût vouée, au nom d'on ne sait quel obscur décret, aux ténèbres de la servitude éternelle.

29 octobre 1999.

Pour les Tchétchènes.

Voilà une guerre sans images.

Voilà une guerre où, comme à Sarajevo, au Kosovo, à Timor, on tape, en priorité, sur les civils.

Voilà une guerre où, quand on sait qu'une action dite « terroriste » est partie de tel village, on décide de raser le village – quitte, comme à Sarajevo, à laisser immédiatement entendre que ce sont les victimes elles-mêmes qui se sont envoyé le Scud sur la tête (Vladimir Poutine, *Le Figaro*, 2 novembre).

Voilà une guerre que l'on ne craint pas de nous présenter (le même Poutine, dans le journal tchèque *Pravo*) comme une guerre « totale », ou une « guerre d'anéantissement », ou, plus précis encore, une guerre où il s'agit de « détruire tout ce qui est en âge de porter une arme ».

Voilà une guerre où trois cent cinquante mille hommes, femmes, enfants, soit la moitié d'une population saignée à blanc par les cent mille morts de la première guerre de 1994-1996 et déjà, avant cela, par les exterminations staliniennes, ont dû fuir leur maison pour aller s'entasser – quand, du moins, l'armée russe ne bloquait pas les routes – à la frontière de l'Ingouchie, dans des camps.

Voilà une très sale guerre dont le responsable, Poutine donc, ex-kagébiste reconverti dans la politique, promet – et il paraît que, à Moscou, ce type de langage plaît – qu'il ira chercher l'ennemi pour le « buter jusque dans les chiottes ».

Voilà une guerre où, en attendant les chiottes, et histoire de ne pas perdre la main, on bombarde les marchés (137 morts, le 22 octobre), les maternités (27 morts, le même jour) ou, comme vendredi dernier, sur la route Rostov-Bakou, une colonne de réfugiés (50 morts selon Grozny).

Voilà une guerre qui, selon la presse russe, servirait de « laboratoire d'essai pour armes nouvelles » (*Nouyé Izvestia*) et pourrait se conclure par des « frappes nucléaires » (*Argoumenty i Fakty*) – mais on ne néglige pas, pour autant, les bonnes vieilles méthodes des guerres de proximité : tortures, armes blanches, corps affreusement mutilés (*Le Monde*, 18 octobre) ramenés, pour l'exemple, sur un pont du Terek.

Voilà une guerre où l'on coupe l'électricité, l'eau, le chauffage dans les hôpitaux et où les blessés, faute de traitement, meurent comme des chiens – normal ! le président Eltsine, dans un de ses jours de lucidité, a dit que les Tchétchènes étaient des « chiens enragés »...

Voilà une guerre qui prétend faire échec aux « bandes islamistes armées », alors que, comme en Afghanistan, elle ne peut, par ses méthodes, que pousser les gens au désespoir et les jeter dans les bras desdites bandes – en l'occurrence, Chamil Bassaev et ses alliés, les « wahhabites » preneurs d'otages, minoritaires avant la guerre mais en train, avec la guerre, de prendre clairement le pas sur le président modéré Maskhadov.

Voilà une guerre menée avec un cynisme sans précédent : ne dit-on pas ouvertement, à Moscou, qu'elle a été programmée dans le seul but de faire de Poutine, ce boucher, un président ?

Voilà une guerre menée par la Russie, mais financée par l'Occident, oui, oui, par l'Occident ou, tout au moins, par le FMI – car avec quel argent croit-on que s'achètent les hélicoptères d'attaque Ka-50 ou les nouveaux Mig-29UB7 ? et faut-il être grand économiste pour comprendre que, même si c'est un « autre » argent qui sert à acquérir ces nouvelles armes, le « nôtre » sert à payer ce que l'« autre » ne paie plus et, ceci compensant cela, les choses reviennent au même ?

Cette guerre que nous finançons, pourquoi ne l'arrêtons-nous pas ? Pourquoi, puisque nous payons, ne pas dire à cet État mendiant qu'est devenue la Russie : « bas les pattes en Tchétchénie ! plus un sou tant que vous bombarderez Grozny » ? Parce que la Russie fait peur. Elle faisait peur du temps de sa puissance. Elle fait encore plus peur au temps de sa déchéance. Et le droit international s'arrête, il faut croire, à l'exacte frontière de nos hantises, de nos peurs.

Voilà une guerre nouvelle, mais j'ai l'impression de répéter, mot pour mot, ce que j'écrivais au moment de la Bosnie, et du Kosovo, et même, d'une certaine façon, de Timor.

Voilà une situation inédite, mais je me sens, comme le lecteur sans doute, saturé d'horreur, de rage froide, de honte face à cette démission collective, de colère impuissante. Et pourtant...

5 novembre 1999.

L'Histoire retiendra-t-elle que c'est le jour où le jury Goncourt décerna son prix à Jean Echenoz pour « Je m'en vais » que s'en alla, pour de bon, le meilleur ministre des Finances qu'ait eu la France depuis longtemps ? D'autres ont dit l'élégance du geste. Son panache. Ils ont dit combien ce beau réflexe politique tranche avec la jurisprudence Dumas-Tiberi et avec le « ne démissionnez jamais » mitterrandien. Reste que la promptitude de la décision, si elle honore l'ancien ministre, n'en pose pas moins de redoutables questions de fond.

Le corps même du délit, d'abord. Cette désormais fameuse médiation entre la MNEF et Vivendi assurée par le citoyen Strauss-Kahn au moment où, comme tout homme politique devrait le faire, il était revenu à son métier privé. Nul ne nie que la mission ait été remplie. Nul, jusqu'à nouvel ordre, ne parle d'« emploi fictif » ni de « salaire de complaisance ». Ce qui est donc objet de soupçon, c'est – outre une éventuelle affaire de basses « polices » (d'écritures) – la nature même de ce travail. C'est le fait que l'on puisse être payé, en France, pour une tâche immatérielle, « sans trace ». Les vertueux contre le virtuel. Le retour, à la veille du XXIe siècle, d'une conception bureaucratique, procédurale, paperassière, de la vie sociale et économique. Le premier effet de cette affaire est qu'il y a, aujourd'hui même, dans tous les cabinets d'avocats de Paris, des gens en train, pour se « couvrir », de fabriquer, dans la fébrilité, des monceaux de documents inutiles. Des avocats ou des robins ? Des hommes de loi modernes ou des caricatures façon Balzac ou Daumier ?

L'état de la justice en France. Que les juges aient conquis leur autonomie, qu'ils n'aient plus à recevoir d'« instructions particulières » du garde des Sceaux, que le Parquet soit lui-même contraint, lors du choix des procureurs, de suivre l'avis d'un « Conseil supérieur de la magistrature » et que la responsabilité pénale des hommes publics, enfin, s'aligne peu à peu sur le droit commun, tout cela est bon pour la démocratie. Mais ce que cette affaire révèle, c'est que l'on ne peut en rester là et que, si cette indépendance du Parquet n'a pas très vite pour corollaire la responsabilité des juges, si ces conquêtes démocratiques ne sont pas étayées par d'autres avancées du droit allant dans le sens, cette fois, d'un rééquilibrage des pouvoirs en faveur de l'exécutif et du législatif, alors, à l'« impunité d'autrefois » succédera, comme dit Jean-Marie Colombani (*Le Monde*, 4 novembre), une « vulnérabilité absolue ». Après le régime des partis, le gouvernement des juges et leur terreur froide. Au lieu de la présomption d'innocence, une symétrique et systématique présomption de culpabilité. Et, sous le masque des vertueux, le triomphe des vertueurs.

L'« intérêt national » n'a, pas plus que la « raison d'État », jamais été un argument. Mais enfin est-il bien raisonnable de voir le père de l'euro, l'homme qui devait, dans quelques jours, à Seattle, défendre les positions françaises, le ministre hors pair qu'ont tenu à saluer, en une unanimité sans pareille, Raymond Barre aussi bien que Hans Eichel, les experts du FMI autant, si l'on en croit les sondages, que les simples citoyens, est-il bien raisonnable de voir, donc, cet homme-là contraint d'abandonner son poste sous prétexte que l'on prêtait à un juge, sur la foi de témoignages peut-être inconsistants, l'intention de le mettre en cause ? Jadis il fallait une mise en examen. Aujourd'hui un soupçon, une rumeur, voire une lettre anonyme, suffisent. Il faut savoir, oui, que chaque ministre, chaque dirigeant d'entreprise publique ou privée, est désormais à la merci d'un corbeau qui, en dénonçant une malversation éventuellement imaginaire, le fusillera sans sommation, sans débat public ni contradictoire.

Que va faire, maintenant, DSK ? Va-t-il, comme tant d'autres, devoir attendre des mois, peut-être des années, que cette justice devenue folle veuille bien, après l'avoir sali, consentir à le blanchir ? C'est l'opinion générale. C'est l'avis de ceux, en tout cas, qui tiennent pour évident que l'ancien ministre est dans l'incapacité, par exemple, de se présenter à la mairie de Paris. Je pense l'inverse. Et il y a deux raisons au moins qui font que, à mes yeux, il se doit au contraire, plus que jamais, d'être candidat. La première est qu'affronter les électeurs serait la seule façon, non seulement pour lui mais pour chacun, de sortir de ce cercle terrible et de réaffirmer haut et fort, en son principe, la présomption d'innocence. La seconde est que, lorsque, en démocratie, apparaît un conflit si manifeste entre les trois pouvoirs, c'est à leur maître commun, au seul souverain qui tienne, c'est-à-dire au peuple, de s'en instituer l'arbitre. Dominique Strauss-Kahn avait mille raisons de livrer cette bataille électorale. Il en a désormais mille et une. Et cette « une », c'est l'obligation de trancher le nœud gordien qui, en même temps qu'il l'étrangle, annonce un dévoiement de l'esprit des lois.

12 novembre 1999.

Debord embaumé. La mode selon Baudot. Jeanne d'Arc intégriste ? Levinas et les inondations. Vernant, Hegel et Pivot. Éric Marty : astro et désastre d'Althusser. Laure Adler comme Nicole Notat. Sollers chez Proust.

Fin de saison littéraire. De plus en plus d'auteurs. De moins en moins d'écrivains.

479

Le mot si juste de Merleau-Ponty, dans « Le philosophe et son ombre », à propos des premières tentatives d'embaumement commémoratif de Husserl. Il y a deux façons, disait-il, de trahir un grand penseur. Lui faire « l'hommage superflu de nos idées ». Le réduire à « ce qu'il a lui-même voulu et dit ». À opposer à la petite agitation récente (une biographie plate, des essais vaniteux et vertueux) autour de Guy Debord.

De Worth à Saint Laurent, le paradoxe de la mode (comme on dit du comédien) : faire de la singularité avec de la ressemblance, se faire de plus en plus singulier à partir d'une prescription de similitude. Injonction contradictoire ? Oui et non. C'est la thèse de François Baudot dans son beau livre (« Modes du siècle », éditions Assouline).

C'est drôle, cette idée d'une Jeanne d'Arc « résistante ». Un essayiste d'extrême gauche (Daniel Bensaïd, « Éloge de la résistance à l'air du temps », éditions Textuel) va jusqu'à dire : « dissidente », voire symbole de l'esprit d'« hérésie ». Je vois le film de Besson. Et me frappe, moi, l'inverse. Dieu m'a dit... Dieu m'ordonne... Je trucide, au nom de Dieu, cette image de l'anti-France que sont les sales Anglais... Appelons les choses par leur nom : ne serait-ce pas plutôt, mutatis mutandis, l'analogue de notre intégrisme ? ne fait-elle pas froid dans le dos, cette façon de se dire branché, en direct, sur les commandements du Ciel ?

Bombes de boue dans le sud de la France. Images de détresse et de sauve-qui-peut. On songe aux images de l'exode à Alençon, dans « Noms propres » de Levinas. On voit, on croit revoir, le magasin de « Nouveautés pour dames » vidé, racontait-il, en un clin d'œil. Sauf que ces bombes-ci nul, bien sûr, ne les a lancées. N'en déplaise aux tenants – increvables – de la causalité diabolique.

Les téléspectateurs font un triomphe – justifié – à Jean-Pierre Vernant lors de son passage chez Pivot. Mais les mêmes acceptent, sans réaction, que l'enseignement du grec ancien disparaisse doucement des lycées. Moment ou jamais de relire la célèbre ouverture des « Leçons sur l'histoire de la philosophie » de Hegel : la Grèce, « terre natale » de l'Europe ; sans la Grèce, pas d'« humanité européenne ».

Le livre d'un jeune philosophe, Éric Marty, sur Althusser (« Louis Althusser, un sujet sans procès », Gallimard, coll. L'infini). Son talent, sans doute. Le traitement de l'aventure globale (le maître *et* le possédé). Mais, aussi, cette grande quantité d'inédits qui ne cessent de sortir des placards depuis dix ans, dont ma génération n'imaginait évidemment pas l'existence et qu'elle a du mal, aujourd'hui encore, à amalgamer au reste de l'œuvre autrement que comme un nimbe énorme et étrange. Marty, lui, y parvient. Il intègre tout naturellement le nimbe (« Lettres à Franca », etc.) à l'astre (« Lire "Le capital" »). Et cela change, du tout au tout, la représentation qu'il nous donne du désastre althussérien.

Jeanne d'Arc encore. L'idée de Besson était, si j'ai bien compris, de montrer que l'on est capable, en France, de faire aussi bien qu'à Hollywood et de défendre, mais par l'exemple, la fameuse exception culturelle. Soit. Mais pourquoi diable l'avoir fait en anglais ? Pourquoi, dans un film censé illustrer la force de la culture française et supposé aussi, soit dit en passant, raconter comment, à l'époque, les vaillants petits Français boutèrent l'Anglais hors de France, faire parler le roi de France (Malkovich, au demeurant excellent)... en anglais ?

Grève à France-Culture. De quoi s'agit-il ? De dégommer Laure Adler et seulement de cela. Le problème, c'est qu'une femme attaquée avec tant de bassesse, une responsable que l'on traite de « pute » et de « patronne de bordel » sous prétexte, primo, que l'on a du mal à admettre qu'un patron soit une patronne, secundo que cette patronne-ci a naguère écrit, en sympathie avec Jean-Paul Aron, une thèse sur l'histoire des maisons closes au XIXe, le problème, donc, c'est que cette femme-là est devenue indégommable. Jurisprudence Nicole Notat (insultée par les mêmes, et sur le même ton, l'année dernière). Symbole vivant de la parité hommes/femmes (la vraie, pas celle que l'on décrète au Parlement). Les syndicats n'ont plus le choix : il faudra juger Laure Adler *sur pièces*.

Philippe Sollers, dans sa préface très inspirée aux dessins de Proust (Stock) : « qui visite les Enfers doit s'attendre à la levée des spectres ».

19 novembre 1999.

Kosovo, deuxième ? Brumaire à Moscou. José Bové et les Tchétchènes.

Le plus étrange, dans la guerre de Tchétchénie, c'est l'impression de mauvais remake. Des bouchers, certes. Des massacreurs d'une férocité inouïe. Le fait sans précédent que, pour combattre un terrorisme, on transforme un peuple entier en peuple terroriste et on le traite en conséquence, c'est-à-dire à coups de canon. Mais aussi, dans le discours, dans la manière de présenter les choses, dans le style des porte-parole et dans leurs bulletins de victoire, cette façon de singer la guerre occidentale au Kosovo. Déjà les Serbes, au moment des bombardements sur Belgrade, organisaient des concerts de rock dont le message était : « les vrais Américains, c'est nous ; nous sommes ceux qui, dans cette région du monde, vous ressemblons le plus et vous avez donc tort de nous attaquer ». De même, aujourd'hui, dans leurs points de presse, leurs communiqués d'état-major, leurs interventions télévisées, les généraux russes : « voyez ; nous aussi, en Russie, nous savons faire une guerre moderne ; nous aussi, en Russie, nous connaissons la loi des bombardements ciblés ; les Russes sont les bons élèves de l'Otan ; la Tchétchénie est à la Russie ce que le Kosovo fut à l'Occident ». On peut trouver ce mimétisme odieux ou grotesque. Insupportable de cynisme ou pathétique. On peut, il faut, opposer aux mensonges des Jamie Shea moscovites la réalité de la sale guerre et des massacres de civils. Le fait n'en est pas moins là. Et il est terrible. Car on sait, depuis Freud, la quantité d'énergie colossale que dégage la rivalité mimétique. C'est comme une bombe atomique morale : la vraie bombe atomique des Russes d'aujourd'hui, c'est leur folie mimétique vis-à-vis de l'Occident.

Il y a un anniversaire qui, dans cette France obsédée par les commémorations et attentive, d'habitude, au moindre bi ou tricentenaire, est en train de passer bizarrement inaperçu : c'est l'anniversaire, ces jours-ci, du 18 Brumaire. C'est dommage. Car, de même que, voilà dix ans, le vrai bicentenaire de 1789 se fêta dans la rue, entre le mur de Berlin et la révolte de Tiananmen, de même, aujourd'hui, le bicentenaire de Brumaire se célèbre sur le terrain, en Tchétchénie, à travers ces galonnés qui s'offrent leur campagne d'Égypte ou d'Italie. Qui, en la circonstance, sera Bonaparte ? Qui, des généraux Kazantsev, Trochev, Gregori Chpak, tirera les dividendes de cette guerre ? Sera-ce un autre général encore, un autre brumairien, dont, par définition, comme dans tous les Brumaires, on ne connaît pas encore le nom ? Poutine sera-t-il son Barras ? Quand ? Une chose est sûre. Ce général existe. Il est déjà désigné par ses pairs, ou il est en passe de l'être, pour mettre un terme définitif à la révolution libérale en Russie. Il est impensable qu'une guerre de cette nature, si elle est gagnée, n'ait pas de débouché en termes de pouvoir. Il ne s'est jamais vu, ou quasiment jamais, qu'un Bonaparte rentrant d'Italie, ou un César rentrant des Gaules, ne tire pas, un jour ou l'autre, les bénéfices politiques de sa victoire. La seule chose à l'ordre du jour, la seule question géopolitique sérieuse de la fin du siècle et du début du prochain, la vraie menace, non seulement pour les Tchétchènes, mais pour la paix du monde et, donc, pour nous tous, c'est le Brumaire russe de l'an 2000.

Que faire, face à cette menace ? Et comment sauver ce qui peut l'être des acquis du 1989 postsoviétique ? L'Europe, comme d'habitude, est paralysée. Les États-Unis, comme en Afghanistan, n'ont d'yeux que pour le tracé des pipe-lines qui traverseront ou contourneront bientôt les zones de guerre. Restent les opinions. Reste, comme en Bosnie, comme au Kosovo, comme partout, cette autre bombe morale que constituent, en Occident, les opinions publiques. On vient de voir, à Seattle, ce dont elles sont capables. On vient de vérifier, une fois de plus, qu'elles peuvent, quand elles le veulent, opposer leur volonté à celle des monstres froids, et l'emporter. Est-ce trop demander à ceux qui, à Seattle donc, ont manifesté contre la « logique de mort » de l'ultralibéralisme de considérer que la vraie logique de mort, c'est en Tchétchénie qu'elle est à l'œuvre ? Est-il absurde d'imaginer qu'une part au moins de l'énergie mise en mouvement pour lutter contre la « malbouffe » se mobilise contre la « malguerre » qui est en train, avec notre argent, de vider la Tchétchénie de ses Tchétchènes ? En 1992, au début du siège de Sarajevo, il se trouva des écologistes pour, tandis qu'agonisaient les Bosniaques, choisir de se mobiliser en faveur des crabes et des poissons de Mururoa. Puisse la même tragique erreur ne pas se reproduire. Puissent José Bové et Ralph Nader, puissent les centaines de milliers d'hommes et de femmes qui viennent, avec eux, de redécouvrir leur formidable puissance s'aviser, avant qu'il ne soit trop tard, de l'indécence qu'il y aurait à mener la bataille pour le roquefort et contre les McDo sans dire un mot de l'autre guerre, la vraie, qui se déchaîne en Tchétchénie. Défiler à Seattle, pourquoi pas ? Mais, de grâce, n'oubliez pas Grozny.

10 décembre 1999.

Protéger les Serbes du Kosovo. Un film de Jean Daniel sur Camus. Libérer les Russes de la Tchétchénie ?

Quatre cents meurtres au Kosovo depuis la victoire des Alliés au printemps dernier. Ces quatre cents morts sont serbes. Ce sont probablement même les meilleurs des Serbes : non pas des « collabos » ; encore moins des « épurateurs ethniques » (ceux-là sont partis depuis longtemps, dans les fourgons de l'armée de Milosevic...) ; mais ceux qui avaient choisi de rester et de tenter, au contraire, le beau pari de la cohabitation multiethnique. Leur martyre déshonore ceux des Kosovars qui ont organisé, ou légitimé, leur assassinat. Il disqualifie ceux des dirigeants du pays qui ne disent mot et entérinent ainsi la loi de la vendetta. De tous les démocrates qui, en France et en Europe, ont pris fait et cause pour ce qu'incarnaient Ibrahim Rugova ou l'UCK et qui (c'est mon cas) ne le regrettent en rien, il appelle une condamnation ferme, sans réserve – ainsi que, peut-être, une réflexion de fond sur l'avenir de cet étrange État, au statut tragiquement incertain et dont nul ne sait dire de quelle autorité, de quel régime de souveraineté, tout simplement de quel droit, il relève. État « onusien » ? État « international », voire « humanitaire » ? Faudra-t-il, pour ce malheureux pays, comme, d'ailleurs, pour Timor ou pour le Rwanda, réinventer, sous l'égide de l'Europe, le vieux système des « mandats » ? Et d'où vient qu'aucun responsable politique n'ait le courage de dire qu'il existe des pays qui ne peuvent, sans préjudice majeur pour les peuples qui les composent, et pour une durée plus ou moins longue, disposer tout à fait d'eux-mêmes ? Devoir d'ingérence, suite. Achever de donner à l'ingérence son cadre juridique.

Qu'aurait dit Camus de ce drame sans fin du Kosovo ? C'est la question que l'on se posait tout au long du beau film (samedi dernier, sur France 3) consacré par Jean Daniel à l'un des écrivains contemporains qui auront le plus obstinément combattu l'insupportable idée qu'il puisse exister des bourreaux privilégiés et des victimes suspectes. Voilà longtemps qu'on nous le promettait, ce rendez-vous d'empathie, ce *« mano a mano »* fraternel entre ces deux hédonistes que sont Camus et Jean Daniel. Voilà longtemps qu'on attendait le face-à-face entre l'homme au Nobel et à la Facel-Vega écrasée sur la route de Lourmarin et l'écrivain-journaliste qui ne se lasse pas, depuis sa jeunesse, de porter les couleurs de son glorieux aîné. Et le film, de fait, était bien beau, avec ses odeurs d'Alger, l'atmosphère des théâtres parisiens, le parfum des femmes aimées, l'enracinement dans l'enfance que l'auteur du « Refuge et la source » pouvait restituer comme personne ou encore l'image peu connue d'un Camus, dans le Midi, en train de mimer une corrida – fallait-il être lucide sur la mort pour aimer la vie à ce point ! Reste, pourtant, cette leçon qui courait à travers le film et qui, par-delà le Goulag, par-delà le drame des travailleurs algériens exploités par le régime colonial, par-delà, en un mot, les combats de Camus lui-même ou les polémiques les plus fameuses auxquelles il a attaché son nom, lui donnait sa saveur « actuelle » : aucune idée ne mérite de rendre un homme sourd à la souffrance d'un autre homme ; aucune politique, aucune raison idéologique ne saurait nous faire accepter l'outrage fait à un seul ; une goutte d'injustice en ce monde, et c'est la tragédie du bonheur, de la rationalité, du Droit.

La Tchétchénie, encore. Deux sondages, l'un à Moscou, l'autre à Paris, qui, réalisés la même semaine, donnent la mesure du paradoxe tchétchène ainsi que du fossé qu'il faudra bien tenter de combler si l'on veut conjurer le risque d'une nouvelle guerre froide et, bien sûr, arrêter le massacre. Là-bas, le mystère d'un grand peuple qui, de l'époque des décembristes à celle des dissidents en passant par les assiégés de Leningrad et les défenseurs de Stalingrad, a souvent donné au monde l'exemple de la résistance et de l'esprit de sacrifice et qui, soudain, se rue dans la guerre, entérine l'épuration ethnique à coups de canon et fait un triomphe au minable Poutine ; jusqu'à Soljénitsyne qui salua naguère les indomptables zeks de Tchétchénie et qui, au nom de la sainte Russie, justifie l'asservissement d'un peuple. Ici, une majorité de sondés (*Le Monde* du 15 décembre) hostiles à la nouvelle sale guerre et favorables à un renforcement des sanctions contre la mafia au pouvoir à Moscou – preuve que, comme au moment du Kosovo encore, comme au moment de la Bosnie, les opinions sont en avance, non seulement d'une audace, mais d'une lucidité, sur des États frileux, prêts à tous les accommodements, atermoiements, aveuglements et terrorisés, non par la force, mais par la faiblesse de ce régime déliquescent ; que n'entendent-ils, nos éternels Norpois, nos Finlandais perpétuels qui viennent de se réunir à Helsinki pour condamner du bout des lèvres l'ultimatum des généraux russes aux civils affamés des Grozny, le message des Français qui leur disent : « ne cédez pas ! ne vous couchez pas ! ne rendez pas à la Russie le mauvais service de lui laisser les mains libres en Tchétchénie ! »

17-24 décembre 1999.

2000-2001

L'an 2000, c'est demain. Le premier commande-
ment. Heidegger et les climats. Islamisme-Poutine,
même combat. La Russie sans la guerre ? Le corps de
Boris Eltsine. Jamel et les CRS.

Aube grise et lourde du XXIᵉ siècle. Déconfiture
molle, fastidieuse, du XXᵉ. Heureusement, le Vatican
est là pour nous dire : « patience ! cela ne fait que
commencer ! l'humanité entre à peine dans le
commencement de la dernière année du siècle ». La
dernière chance des allumés du millenium. Un tout dernier espoir pour les déçus du passage à l'an 2000.

Chez le Rabbi Pinhas, disciple du Baal Shem Tov,
cette explication du commandement d'amour qui
semble, soudain, si lumineuse – une sorte de glose ou
de justification juive du plus énigmatique des commandements chrétiens : nous devons aimer le plus méchant
des hommes pour compenser, par cet amour, le
manque d'amour dont il est responsable, pour réparer
le tissu du monde que sa méchanceté a déchiré.

Qu'il n'y ait plus de catastrophes dites naturelles,
qu'il ne puisse ni ne doive y avoir de tempêtes, ni de
tremblements de terre, ni de crues ou déluges de boue
meurtriers, sans que soit aussitôt désignée, derrière
l'événement, la main du diable, c'est-à-dire de
l'homme, c'est un reste de mentalité archaïque, notre
dernière superstition – ou peut-être, au contraire, une
nouvelle manifestation des modernes philosophies du
soupçon. Sous la plume d'un de ces modernistes, pour-

fendeur de la pensée unique, cette formule : la « mondialisation du climat »...

Tellement plus juste, dans « Les chemins qui ne mènent nulle part », cette observation de Heidegger : il y a une histoire des choses, donc aussi des paysages et donc, tout autant, des climats, de leurs régularités muettes, de leurs dérèglements catastrophiques. Heidegger dit bien : une histoire des choses. Il insiste ; il y a une histoire qui n'est pas celle des hommes et où les hommes n'ont pas leur part. L'antihumanisme heideggerien, ou le plus efficace des contre-feux à la sombre fantaisie des causalités diaboliques.

L'islamisme radical est l'ennemi de l'Occident, c'est entendu. Il l'est partout, en toutes circonstances – y compris donc, comme le dit Samuel P. Huntington cité par Jean Daniel (*Le Nouvel Observateur* du 5 janvier), en Tchétchénie. Mais reconnaître cela doit-il nous dissuader de regarder plus loin ? Depuis quand la désignation d'un ennemi dispense-t-elle d'en reconnaître un autre ? Les islamistes, oui. Mais aussi ces autres assassins qui, pour extirper un éventuel terrorisme, pour répondre à des bombes qu'ils ont peut-être eux-mêmes fait exploser, bombardent les femmes et les enfants de Grozny, menacent de raser la ville et se lancent dans une des plus formidables guerres punitives de l'Histoire contemporaine. Un autre intégrisme. Une autre vision noire, cataclysmique, de l'Histoire. Et, sous le masque glacial de l'ex-kagébiste Poutine, une autre menace pour les démocraties occidentales. Réapprendre à compter jusqu'à deux. Refuser de choisir entre Poutine et les « barbus ».

Le plus surprenant, le plus désespérant, dans la Russie de Vladimir Poutine : la popularité de la guerre. Un pays où rien ne marche, sauf la guerre. Une société qui ne croit plus à rien, sauf à la guerre. Un lien social qui, au fond, est peut-être en train de se réduire au seul désir de guerre. Ôter ce désir de guerre. Dissoudre ce dernier ciment qu'est la haine de l'autre, aujourd'hui tchétchène, demain ouest-européen ou américain. Il n'est pas sûr qu'il reste grand-chose de la socialité postcommuniste en Russie.

Le corps obèse de Boris Eltsine. Et, en contrepoint, dans les magazines qui, la semaine de sa démission, retracent sa carrière politique, ces photos d'autrefois : il est en maillot de bain, sur une plage, svelte, étonnamment jeune, corps d'athlète ou d'acteur des années 30. C'était il y a sept ans. Et on dirait un autre homme, une autre époque – jusqu'au noir et blanc des clichés qui semble nous renvoyer dans un lointain passé. Tout est allé si vite ! Le premier chef de l'État russe postcommuniste, le symbole du passage à la démocratie, le jeune Eltsine debout sur son char, défiant les putschistes de 1991, est si vite devenu ce tsar mafieux, bouffi d'alcool et de cruauté ! Jusqu'à ce corps épais qui, en une bien éloquente grimace du destin, rappelle celui des hiérarques brejnéviens. Revanche de la physiologie. Du retard de la politique sur les corps.

Peut-être Jamel Debbouze est-il un provocateur. Peut-être ce formidable acteur jouait-il la comédie jusque dans la scène où on le voit plaqué au sol, inanimé, entre les policiers qui viennent, dit-il, de le frapper. Il n'empêche. Supposons un seul instant que Debbouze se soit appelé Bedos. Imaginons qu'il ait eu la tête de Palmade ou de Laurent Gerra. Imaginons que les CRS, ce soir-là, l'aient tout simplement *reconnu*. Rien ne se serait produit. Cette coproduction Debbouze-CRS n'aurait pas fait la une de nos journaux. Et la police républicaine nous aurait épargné ce qui restera sa première bavure de l'an 2000.

7 janvier 2000.

Hollywood et l'Internet. Gracq vivant. Kojève, lecteur de Poutine. La vérité sur le Kosovo. La ligne Michel-Ange. Le règne de la technique. Tristesse de Bubis.

Rachat de Time Warner par AOL. Autant dire : rachat de l'usine à rêves et à presse, de Hollywood et de Citizen Kane, par l'Internet. Cette fois nous y sommes : le XXIᵉ siècle a commencé.

Ces artistes – Robert Bresson – dont on s'avise, au moment de leur mort, que tout le monde les croyait déjà disparus. Pis : l'effrayant lapsus, relevé par *Le Canard enchaîné* de cette semaine, de ce périodique (*Livres Hebdo*) qui, évoquant ceux qui « *auraient eu 90 ans* » en 2000, cite Julien Gracq aux côtés d'Anouilh et de Genet. Drame (ou grâce ?) de vivre dans un monde qui n'est déjà plus le sien.

Cette brasserie parisienne où l'on sent que chacun, même inconnu, s'attend à être reconnu. Cet air de familiarité gênée, de reconnaissance anticipée, qui fait dire aux États-Unis : « he looks like somebody ».

Ou bien Kojève avait raison et on en aura très vite cette preuve : Poutine réagissant comme un Américain, pensant comme un Américain, gouvernant son pays, et l'opinion dans son pays, à la façon d'un président américain et la deuxième guerre de Tchétchénie apparaissant alors pour ce qu'elle aura toujours été – une parenthèse, une convulsion, un vague et ultime ajustement d'une des dernières « provinces de l'empire ». Ou bien Kojève – après Hegel – s'est trompé, l'Histoire n'en finit pas de finir, d'improviser ses variations et d'avoir, en un mot, plus d'imagination que n'en auront jamais tous les penseurs de la fin : et alors le national-communisme en gestation à Moscou, Belgrade, Bucarest, ailleurs, apparaîtra comme une alternative sérieuse, et crédible, et menaçante, à ce modèle démocratique que l'on a vu, au XXᵉ siècle, triompher du communisme. Islamisme, national-communisme et démocratie : le monde tripolaire de demain.

Plus d'édition de papier de l'« Encyclopædia britannica ». Mais seulement un « Britannica.com » disponible sur l'Internet. Une farce ? Une catastrophe ? Ou un progrès décisif dans la démocratisation de la culture ?

Publication par *Le Monde* de larges extraits du rapport de l'OSCE sur les événements du Kosovo. Enfin les choses sont claires. Primo, les exactions serbes contre les civils, notamment musulmans, ont commencé bien avant les frappes de l'Otan. Secundo, elles sont sans commune mesure avec celles qu'a pu commettre l'UCK, l'armée de libération du Kosovo. Tertio, les enquêteurs ont la preuve, toujours selon *Le Monde*, que ces atrocités se sont opérées selon un plan prémédité et qu'elles auraient donc eu lieu, pour parler clair, *avec ou sans intervention alliée*. Fin du débat.

Les écrivains français qui se sont rêvés fils, non de leur mère, mais de leur grand-mère : Proust, Céline, Baudelaire et, bien entendu, Sartre. Une autre sainte famille ?

Bernard Cousinier, à la galerie Pixi. Tableaux creusets. Reliefs ardents. Le monumental « Passeporte en croix », avec ses volumes en mouvement. La critique dit : « art postmoderne ». Ou : « abstraction géométrique ». Pourquoi ne pas rappeler, plus simplement, cette loi qui va de Michel-Ange à Frank Stella en passant par Delacroix : la meilleure peinture est celle qui se rapproche de la sculpture ?

L'erreur « stratégique » des totalitarismes au XXᵉ siècle : avoir désigné un ennemi et avoir entrepris de le liquider. Nous autres, démocrates du siècle suivant, tomberonsnous, mutatis mutandis, dans le même panneau ? Fantasmerons-nous un monde sans négativité ? Nous assignerons-nous pour « indépassable horizon » l'euphorie triste des mégafusions et du technicisme déchaîné ?

Un général bosniaque de passage à Paris. Le problème, quand on vieillit, c'est qu'on a pris l'habitude d'exister et l'idée même de ne plus être devient insoutenable. Les jeunes, quand ils montaient vers les premières lignes, avaient beaucoup moins peur de mourir.

Élection de Paul Spiegel, nouveau président du Conseil central des Juifs en Allemagne. Je pense à Ignatz Bubis, son prédécesseur, disparu en août dernier. Je pense à la tristesse de Bubis, les derniers temps. Je pense à sa solitude. Je pense au beau combat qu'il mena – le dernier – contre ceux qui, à la façon de l'écrivain Martin Walser, prétendaient et prétendent encore « tourner la page d'Auschwitz ». Je pense à l'éminente bonté de Bubis et à l'absolu naturel avec lequel il se vivait juif et allemand, allemand parce que juif, juif parce que allemand – héritier d'une longue tradition pour qui, dans la formule « juif-allemand », l'important ce n'est ni « juif » ni « allemand » mais le trait d'union entre les deux. Qui, dans le judaïsme allemand d'aujourd'hui, donc dans le judaïsme européen, après Bubis ?

Conseil à un jeune écrivain : prendre, très vite, la place que personne ne vous offre.

14 janvier 2000.

La faute à la couche d'ozone ? Les négationnistes et la loi. Jurisprudence Pinochet.

Je me souviens que, à Moscou, au temps de la perestroïka et de la glasnost, le droit à la catastrophe, la possibilité de vivre une catastrophe naturelle sans être obligé d'en imputer la responsabilité à l'impérialisme, à l'ennemi de classe tapi dans l'ombre, à la réaction, bref, à une causalité humaine, c'est-à-dire diabolique, était revendiqué comme une liberté, voire un quasi-droit de l'homme. Quand nous attribuons, en France, la « tempête du siècle » à un dérèglement climatique dont seraient responsables les modes de production modernes ou postmodernes, quand nous titrons, à la une de nos journaux, sur les raisons économiques, donc politiques, de tous les désastres écologiques sans exception, ne revenons-nous pas en deçà de la perestroïka et de la glasnost ? Et qu'est-ce qui se dégrade alors le plus vite, de la couche d'ozone chère aux écologistes ou de la délicate couche d'ironie qui devrait nous préserver des visions paranoïaques du monde ?

Dans le procès qu'engage le négationniste anglais David Irving contre l'universitaire américaine, professeur à Atlanta, qui l'aurait prétendument « diffamé » dans son beau « Denying the Holocaust, The Growing Assault against Truth and Memory », on trouve tous les ingrédients d'une très mauvaise mise en scène. Un homme seul, d'un côté, se défendant sans avocats, tel Quichotte. Les meilleurs plaideurs de Londres, de l'autre, à commencer par le célébrissime Anthony Julius, qui défendit la princesse Diana lors de son divorce. Un homme (le négationniste) qui prétend ne parler qu'au nom de la libre recherche, du soupçon légitime, de la sainte nécessité de révoquer en doute toutes les idées reçues, jusques et y compris celles qui touchent à l'hitlérisme et à l'existence des chambres à gaz. Des gens qui, face à lui, donnent vite le sentiment, en défendant l'évidence, en se contentant de rappeler la pure réalité des choses, de s'accrocher à un dogme, une vérité révélée, un tabou. Le bénéfice de l'insolence chez le premier, la palme de « l'irrévérence », du « courage » et, bientôt, du « martyre » – l'horrible nécessité, chez les seconds, de rappeler les faits, de les plaider, de déployer des trésors d'ingéniosité et de science pour démontrer que le réel est réel (même s'il n'est pas tout à fait « rationnel »). Et s'il fallait, à la fin, sortir de ce jeu-là ? Et s'il fallait, une bonne fois, décider de ne plus entrer du tout dans les voies du Malin ? Et si l'idée même, en France, d'une loi « anti-révisionniste » était une mauvaise idée dont les effets pervers l'emporteraient sur les mérites ? Vrai dilemme. Vrai débat.

J'ignore, à l'heure où j'écris, si Augusto Pinochet sera réellement libéré et renvoyé au Chili ou si les organisations de défense des droits de l'homme, les familles des victimes, les militants chiliens et européens de la cause de la démocratie gagneront tout de même, in fine, leur bataille pour la mémoire et la vérité. Mais, dans le fond, peu importe. Car de ces longs mois de procédures et de débats resteront, quoi qu'il arrive, trois acquis. 1. Des dizaines d'anciens agents de la police secrète, de criminels de bureau pinochétistes, de militaires de haut rang (entre autres, les généraux Humberto Gordon et Roberto Schmied) auront été, au Chili même, à la suite de l'ancien caudillo, arrêtés, jugés, et ils ne bénéficieront pas tous, heureusement, de la même « grâce médicale » : c'est déjà, quoi qu'il arrive, une victoire et un début de justice. 2. L'idée, ratifiée en juillet dernier par la Cour suprême de justice chilienne, s'est peu à peu imposée que les disparitions de personnes, ces crimes particulièrement horribles parce que sans traces, sans cadavres et donc, pour les proches, sans possibilité de deuil (1 101, selon les chiffres officiels), sont des délits « permanents » qui lèsent la « communauté internationale en tant que telle » : c'est l'ébauche de définition d'un nouveau type de crime qui n'est pas le crime contre l'humanité mais n'en est pas moins, comme lui, imprescriptible – et c'est, comment en douter ? une vraie et belle avancée du droit. 3. Un précédent a été créé, quel que soit, en définitive, son sort, par l'arrestation d'un assassin auquel sa qualité d'ancien chef d'État conférait une immunité de principe ; que le procès se tienne ou pas, que l'instigateur et responsable de tant de meurtres, attentats, tortures, que l'inspirateur de la tristement célèbre opération Condor qui visait à éliminer, dans toute l'Amérique latine des années 70 et 80, les opposants aux dictatures militaires, finisse ou non par mourir dans son lit, il y aura désormais une jurisprudence Pinochet dont il faudra bien que s'inquiètent, de Bagdad à Belgrade et peut-être, un jour, à Moscou ou La Havane, les autres dictateurs en activité : et c'est aussi, quoi qu'on en dise, un *formidable progrès*.

21 janvier 2000.

Haider est un nazi. Le premier fascisme du XXIe siècle ? Vive l'Autriche de Thomas Bernhard et des Habsbourg. L'insulte faite à Dany.

Les Européens ont-ils bien fait de menacer l'Autriche de sanctions pour le cas où Jörg Haider accéderait au gouvernement ? Et le fait que non seulement les conservateurs, mais une large fraction de l'opinion, s'indignent de cette ingérence, le fait que notre sévérité ait apparemment pour premier effet de souder encore davantage, en un réflexe de crispation patriote, la majorité dite silencieuse du pays, invalide-t-il la démarche ? Pour trois raisons au moins, je ne le crois pas.

1. Jörg Haider est un nostalgique de l'hitlérisme. Il l'est quand il veut, en 1995, « *rendre honneur* » aux vétérans de la Waffen SS, ces « *hommes de caractère demeurés fidèles à leurs convictions* ». Il l'est quand, la même année, devant le Parlement autrichien, il qualifie les camps de la mort hitlériens de simples « camps disciplinaires ». Il l'est quand, en 1991, il expose sa

nostalgie de la politique de l'emploi du III⁰ Reich ou quand, un peu plus tôt, en 1988, il qualifie l'Autriche moderne, malheureusement séparée de l'Allemagne à laquelle l'avait rattachée l'Anschluss, comme une « fausse couche ». Face à de tels propos, l'Europe avait le choix. Soit ne pas réagir et accepter implicitement la perspective de voir associer à l'élaboration de la politique communautaire une inspiration clairement néonazie. Soit refuser cela, récuser l'idée même d'un néonazisme participant, si peu que ce fût, de cette élaboration – et il fallait alors contester au souverainisme autrichien le droit de souiller ainsi les valeurs fondatrices de l'Europe.

2. Jörg Haider est ce néonazi. Mais c'est aussi, sans nulle contradiction, le plus moderne, le plus jeune, la presse autrichienne dit volontiers le plus « glamour », des responsables politiques du pays. Un homme du passé ? Oui. Mais qui se présente comme un homme d'avenir. Qui joue de la séduction, de la transgression, davantage que de la tradition. Qui dit, qui ne cesse de dire, que ses maîtres en stratégie politique s'appellent Ross Perot ou Berlusconi davantage que Hitler ou Mussolini. Le tenant, en d'autres termes, d'un néofascisme cathodique, hédoniste, consumériste pour lequel les meilleurs observateurs du phénomène – Arnim Thurnheer, responsable de l'hebdomadaire culturel *Falter* – ont inventé le néologisme de « Feschismus » (de « fesch », élégant, bien sapé), et qui ne l'aurait sans doute pas emporté si, face à une classe politique discréditée, il n'avait incarné une sorte de « renouveau ». Là encore, de deux choses l'une. Laisser faire, laisser passer – et faire comme si rien ne se passait. Prendre, au contraire, Haider au sérieux, entendre l'extrême modernité du premier vrai discours fasciste du XXI⁰ siècle – et alors, quoi qu'il en coûte, dire très haut l'horreur qu'il doit inspirer.

3. Que cette ingérence, car c'en est une, provoque colère et amertume dans toute la frange de l'opinion blessée de voir l'Autriche traitée – sic – comme « un pays du tiers-monde », ce n'est pas très étonnant. Mais quid de l'autre frange ? Quid de ce que l'on appelle déjà, à Vienne, « l'autre Autriche » ? Quid des cinquante mille manifestants anti-Haider de novembre dernier et quid des deux cent cinquante mille hommes et femmes (ramenés à l'échelle française, l'équivalent de deux millions !) qui vinrent, en 1995, sur Heldenplatz, crier leur dégoût de la politique de l'immigration proposée par le leader du FPÖ ? Quid de l'Autriche de Peter Handke et de Thomas Bernhard ? Quid de l'Autriche qui, nostalgie pour nostalgie, nourrit celle des Habsbourg et non de Hitler, du cosmopolitisme austro-hongrois et non de la politique raciale du IIIe Reich ? La communauté européenne, en réagissant ainsi, lui donne courage. Elle lui dit : « vous n'êtes pas seuls ; vous n'êtes ni les damnés, ni les galeux, ni les enfants perdus de l'Europe ». Elle leur adresse, à ces Autrichiens-là, un message, non de mépris mais de solidarité, d'espoir.

Vienne toujours. Post-scriptum. En souvenir, à Vienne, de la fameuse prise d'otages, en 1975, des ministres de l'Opep, un juge vient de demander la levée de l'immunité parlementaire de Daniel Cohn-Bendit (qui aurait, dans les années 80, apporté son aide à Hans-Joachim Klein, l'un des membres du commando). Cette accusation est une infamie. Et la façon dont lui font écho les radios de ce mercredi – « Cohn-Bendit au secours d'un complice du terroriste Carlos... » – est une autre infamie. Klein en effet, quand le député Vert lui apporte son soutien, vient de publier une lettre magnifique (texte intégral dans « La machine à terreur », de Laurent Dispot, Biblio-Essais) où il explique qu'il renonce à la « lutte armée » et qu'il a pris cette décision après avoir reçu l'ordre d'exécuter les deux responsables de la communauté juive allemande, Heinz Galinski et Ignatz Bubis. Il n'est plus un terroriste mais un repenti du terrorisme. Il est, non pas couvert, mais traqué, condamné à mort, par Carlos et les hommes de Carlos. Loin d'être cet assassin dont on brosse le portrait, il est celui qui, au contraire, a sauvé la vie de Bubis et Galinski. Klein et Cohn-Bendit, contre Haider.

4 février 2000.

Boycott, Autriche : le faux débat.

Que l'arme du boycott soit une arme à double tranchant, qu'elle ait autant d'effets pervers que de vertus et qu'elle soit même, le plus souvent, globalement contreproductive, cela s'est observé tout au long du XXe siècle. Saddam Hussein, en Irak, renforcé autant qu'affaibli par l'embargo quasi total imposé par les Alliés. Milosevic, pendant les guerres de Bosnie, puis du Kosovo, tirant parti des sanctions pour parfaire son image de victime et souder autour de lui le peuple serbe qu'il écrasait. Haïti. Kadhafi. Les premiers boycotts de la Société des nations, au moment de l'Abyssinie. Les populations civiles frappées indistinctement, sans nuance. Sans parler de Cuba, où chacun sait que la loi Helms-Burton, c'est-à-dire la mise en quarantaine de l'île voulue par les lobbys anticastristes de Miami, n'a plus, depuis longtemps, qu'un bénéficiaire sérieux : Fidel Castro lui-même mettant sur le dos des boycotteurs la responsabilité des souffrances qu'il inflige à son propre peuple. Bref, une arme bizarre, mal maîtrisée. Une arme dont l'usage laisse toujours un sentiment de malaise. Les États-Unis, pour ne parler que d'eux, boycottent à l'heure qu'il est, sous des formes plus ou moins nettes, une trentaine de pays, soit deux milliards d'êtres humains et quarante pour cent de la population mondiale – à quel effet ? à quel prix ?

Que l'arme du boycott, malgré cette impressionnante série d'échecs, conserve néanmoins, dans l'ordre des principes, une forme d'efficace, qu'elle ait ses lettres de noblesse, son histoire et, inscrites à son actif, quelques vraies victoires morales et politiques, cela ressort, tout autant, de cette même histoire de l'époque dont nous prenons congé. Sait-on que le mot, à défaut de la chose, apparaît à la toute fin du XIXᵉ siècle, près de Dublin, en haine d'un régisseur de domaines, Charles Cunningham Boycott, qui était si cruel que la Ligue agraire décida de ne plus acheter ses produits ? Sait-on que les pratiques de boycott – on disait, aussi, de « mise à l'index » – furent des pratiques extraordinairement vivantes dans les débuts du mouvement ouvrier européen, au temps du « luddisme » et de ses révoltes radicales ? A-t-on oublié, ailleurs, le boycott par Martin Luther King des autobus de l'Alabama ? Et le Mahatma Gandhi faisant du boycott des tissus anglais une péripétie décisive de sa lutte pour l'indépendance ? Et Nelson Mandela exhortant, en 1993 encore, à la veille de prendre le pouvoir, les amis de l'Afrique du Sud à ne surtout pas relâcher la pression des sanctions ? Et les dissidents soviétiques des années 70 nous adjurant de les aider en boudant les manifestations politiques, culturelles, voire sportives, dont le régime allait, comme au moment des jeux Olympiques de 1980, faire des messes à sa gloire ? A-t-on oublié que le premier théoricien de la pratique d'un boycott conçu, dans le cadre des conflits entre États, comme une sorte d'« entre-deux », à mi-chemin de l'impossible guerre et de l'insoutenable capitulation morale, fut le sage Woodrow Wilson (1921 : *« une nation boycottée finit toujours par céder »*...) ? Le boycott est une arme ambiguë – mais c'est, incontestablement, une arme.

L'Autriche, alors ? Que faire dans cette Autriche qui n'est évidemment ni l'Irak ni l'URSS mais qui n'en traverse pas moins une crise morale sans précédent depuis cinquante ans ? Eh bien, forts de cette double leçon, forts de la double évidence de l'inefficacité des boycotts et de leur non moins claire nécessité, on tentera de tenir, sans contradiction aucune, *les deux lignes à la fois*. Boycotter, d'une part, les manifestations officielles, les saboter, les détourner – soutenir, en d'autres termes, ceux des Autrichiens eux-mêmes qui annoncent qu'il ne faudra plus compter sur eux pour faire jouer leurs pièces (Elfriede Jelinek), ou pour accepter hommages et distinctions (la plasticienne Valle Export refusant le prix Oskar-Kokoschka), ou pour continuer de travailler dans le cadre d'institutions étatiques (le critique d'art Robert Fleck, l'Autrichien d'adoption Gérard Mortier). Et puis susciter, de l'autre côté, le maximum de manifestations privées, multiplier les passerelles, circuits non officiels, contacts, accepter, mieux : fomenter et nouer tous les liens possibles et imaginables avec les artistes, les intellectuels autrichiens – mais à la condition qu'ils passent par la société civile (manifestation du 17 février prochain), ou par les rares partis (en fait, les Verts) n'ayant pas trempé dans le désastre nommé Haider, ou par des institutions para-étatiques (la radio culturelle, la municipalité de Vienne). Boycott et antiboycott. Stratégie du coup par coup. À nous, artistes, écrivains, gens de presse ou de télévision, citoyens, de trouver toutes les façons, par l'absence et par la présence, de dire aux Autrichiens qui, quelle que soit leur couleur politique, ressentent comme une honte la formation du gouvernement scélérat : « vous n'êtes pas seuls, nous sommes avec vous : vous avez, pendant trop longtemps, été le cœur battant de l'Europe pour que ne se joue, autour de vous, un peu du destin de chaque Européen ».

11 février 2000.

Pour Roger Vadim.

Le charme de Vadim ? Son allure ? Une façon, peut-être, de ne jamais adhérer à soi. Ce goût qui, en un temps où chacun semble si pressé de coller à son identité, le portait, lui, bizarrement, à se tenir comme en visite dans son propre personnage. Écrivains qui jouent à être des écrivains... Cinéastes qui collent avec méthode à leur identité de cinéastes... Être soi... N'être que soi... Polémiques étranges, et oiseuses, sur les « responsabilités » d'une critique jugée cruelle à l'endroit de Sa Majesté le soi... Et lui donc, Roger Vadim, ce personnage bizarre, cette manière d'antipersonnage, ce type flou, toujours à côté de lui-même, qui faisait du détachement un art de vivre, presque un art. Sa façon même de s'habiller. Grands pulls. Chemises trop larges. Vestes floues, où il avait l'air de flotter comme si un créateur distrait n'avait pas pris le temps de faire le point. Je le regarde sur ces photos des années 60 que reproduisent les magazines et qu'il a, me dit-on, toutes soigneusement choisies, presque légendées, mises en scène, avant de mourir : époque des habits près du corps – et lui à côté, déjà, de l'époque car à côté de lui-même et pas adéquat, non plus, à sa propre silhouette. Paradoxe du comédien. Paradoxe du séducteur. Version séducteur du paradoxe du comédien. Et les femmes qui, comme de juste, voient et comprennent aussitôt. Vadim a-t-il « fait » Bardot, Deneuve, Fonda ? Ou l'inverse : elles qui, comme elles l'ont parfois dit, lui auraient prêté un peu de leur génie ? Autre question oiseuse. Autre question absurde. Bien plus important le fait qu'elles aient élu cet homme comme le plus charmeur d'une espèce avec laquelle elles s'apprêtaient à en découdre.

Le problème avec le détachement, c'est qu'il fait des séducteurs plus aisément que des artistes. Il faut un minimum de conviction ou d'obsessions pour faire un véritable artiste. Il faut, pour fabriquer une œuvre, un minimum d'adéquation, sinon à soi, du moins à un projet, une idée fixe, une étoile. Vadim avait-il ce « minimum » ? Peut-être pas. Il y a de jolis films de Vadim. Il y a le « Sait-on jamais ? » de 1957 que défendirent, en leur temps, Godard, Truffaut, quelques autres. Il y a « Et mourir de plaisir », de 1960. Il y eut le coup de tonnerre, surtout, de « Et Dieu créa la femme », film événement, film bombe, film culte presque tout de suite : chaleur ; eau de mer ; liberté sexuelle ; liberté tout court ; cette liberté toute simple, pour une peau, de prendre le soleil et, pour une chevelure, de se mêler au sable ; la femme comme on ne l'avait jamais filmée ni peut-être vue ; la femme réinventée, inventée ; Courbet au cinéma ; démiurgie absolue ; un autre corps de femme ; une autre image de la chute et de la rédemption ; l'équivalent au cinéma de Poiret libérant les femmes de leur corset ; combien sont-ils, dans l'histoire des formes, à pouvoir se prévaloir – et Vadim ne se prévalait de rien – d'avoir si profondément infléchi le cours des sensibilités, la gravitation passionnelle des corps et des affects ? Reste, pourtant, quelque chose d'inachevé, d'inabouti, dans l'ensemble du parcours. Reste cette désinvolture à l'endroit de cette cinématographie à jamais suspendue et en dette vis-à-vis d'elle-même. Reste cette façon de brader son œuvre et même sa légende qui désespérait, je crois, ses proches. Gary était ainsi. Et Boris Vian. Vadim, Gary, Vian : le club, heureux et sombre, des *désœuvrés*.

Sagan, dans *Libération*, le surlendemain de sa mort. Les virées à Saint-Tropez par la nationale 7. Les dîners avec Bernard Frank, Florence Malraux, Alexandre Astruc. Un bistrot derrière la plage de la Ponche. Croissants à six heures du matin. Douceur immobile de l'air. Insouciance. Légèreté. Un irrépressible parfum de jeunesse. Amour facile. Corps bronzés. La Normandie, parfois. Saint-Germain-des-Prés en fond de décor. Le Saint-Germain-des-Prés de Prévert et de Mouloudji, de Gréco et du Tabou. Ce concentré unique d'idées et de voluptés, d'intelligence et de sensualité. Cette combinaison inédite (Vienne, peut-être, ou le Montparnasse des années 20, ou le New York des années Warhol...) de corps et de concepts en mouvement. Et puis cette étrange propriété, aussi, qu'ont ces années de s'être comme effacées, si vite, de nos mémoires. Sagan dit « Vadim ». Et « Château en Suède ». Et « les premiers pas de Françoise Hardy ». Et on a le sentiment d'un temps très lointain, presque oublié, qui aurait incorporé, programmé, puis impeccablement opéré son propre ensevelissement – plus loin de nous, soudain, que les années 40 ou l'avant-guerre. Feu les sixties. Mystère des climats engloutis. De cette époque, on dirait qu'elle s'est pastellisée comme une aquarelle mélancolique de Pierre Le Tan. Et de tous ces jeunes gens dont Vadim fut le chef de bande, il semble qu'il ne reste rien que des clichés charmants. Normal – et merveilleux – quand on a misé sur le plaisir à toutes les tables du casino.

18 février 2000.

Le sang tchétchène.

Rien à faire, vraiment, face à la guerre de Tchétchénie ? Rien à faire, ni à dire, face au spectacle honteux de ces corps suppliciés, violés à mort, déchiquetés par les obus ou saignés à l'arme blanche et abandonnés ensuite, sans sépulture, dans la neige d'Alkhan-Kala ? Sommes-nous si démunis qu'on nous le dit face aux crimes d'une armée qui ne respecte ni les trêves, ni les évacuations de civils, ni le partage, vieux comme le monde, entre combattants et non-combattants – n'avons-nous aucun recours, réellement, face à cette armée régulière qui se conduit comme le pire des escadrons de la mort, qui bafoue toutes les lois, écrites et non écrites, de la guerre traditionnelle et qui, si les mots ont un sens, est bel et bien en train de mener un Blitzkrieg d'intention génocidaire ? Si, bien sûr. Nous avons – les démocraties ont – toute une gamme de moyens d'action et de pression qu'il serait désormais criminel de ne pas tenter de mettre en œuvre.

1. Geler les prêts à Moscou jusque, au moins, la suspension des opérations et l'acceptation, par le Kremlin, de l'entrée dans les « camps de filtration » en Tchétchénie de ces observateurs internationaux réclamés en vain depuis des mois par Human Rights Watch, la Croix-Rouge ou l'association russe de défense des droits de l'homme Memorial. Le Club de Londres vient, en effaçant le tiers de la dette russe, soit douze milliards de dollars, de faire très exactement le contraire. Le Club de Paris, qui s'apprête à en annuler autant, semble devoir aller dans le même sens. Nous faisons en sorte, autrement dit, que chaque obus tiré contre une maison tchétchène, chaque rouble de la solde payée aux bidasses fanatisés du général Valeri Manilov, soient financés, pour un tiers, par le contribuable européen, américain, japonais. Même eux, les bourreaux, n'en espéraient pas tant.

2. Suspendre, dans le même esprit, et jusqu'à l'arrêt complet des combats, la participation de la Russie aux instances de délibération ou de décision, par exemple le G7, où son absence ne poserait pas de problème majeur de droit international. Nous sommes en train – à juste raison – de placer le nouveau gouvernement autrichien sous surveillance européenne. Ce qui vaut pour l'un ne vaut-il pas, bien plus encore, pour l'autre ? Le procès d'intention légitimement intenté au premier ne nous fait-il pas obligation de sanctionner les crimes atroces qu'a d'ores et déjà commis le second ? Et comment, au jour des bilans, expliquerons-nous que nous ayons pu, dans le même temps, presque les mêmes heures, mettre au ban des nations démocratiques des hommes auxquels nous n'avons encore à

reprocher, grâce au ciel, que des mots, et traiter en « grand patriote » un *serial killer* qui, non content de déclencher une guerre terrible dans le seul but, ou presque, d'assurer son élection, non content d'avoir mis à exécution sa menace de « poursuivre jusque dans les chiottes » les boïviki tchétchènes, réinvente des formes d'exaction que l'on pensait bannies dans le monde civilisé ? Villes et villages anéantis, blocage des secours, corridors humanitaires piégés – et les sales blagues des officiers, les bulletins de victoire obscènes, quand, au bout du corridor, arrivent les éclopés, les déchiquetés ou les corps d'enfants qui ont sauté sur une mine.

3. Menacer enfin les généraux russes responsables de ces forfaits d'avoir un jour à comparaître devant une cour de justice internationale. Car, après tout, pourquoi Karadzic et pas Poutine ? Pourquoi les tortionnaires serbes et pas les gradés de l'armée régulière ex-soviétique ? Pourquoi ne pas étendre aux assassins de vieillards et de bébés tchétchènes les compétences d'un Tribunal pénal international créé après les guerres de Bosnie et Croatie, et qui s'est déjà adjugé l'instruction des violations des droits de l'homme au Kosovo ? Ou pourquoi ne pas imaginer, comme on l'a fait pour le Rwanda, une institution ad hoc dont l'existence serait déjà comme une menace planant au-dessus de la tête des professionnels du crime, des mafieux, qui règnent à Moscou ? Rodomontades lamentables de ceux qui vont partout répétant que plus jamais « les Pinochet » ne dormiront en paix – et qui ne sont pas capables d'imaginer la mise en accusation des possédés qui viennent de raser Grozny.

Prenons garde. Un siècle qui s'ouvrirait sur un tel attentat, impuni, aux principes de la conscience universelle ne pourrait que retomber dans les horreurs fastidieuses du précédent. Puisse Vladimir Poutine n'être pas en train de frapper les trois coups d'une nouvelle tragédie qui, partie de Tchétchénie, viendrait compromettre tous les espoirs placés, çà et là, en un nouvel ordre mondial fondé sur la morale et le droit.

25 février 2000.

Dignité de Lionel Jospin.

Peut-être la diplomatie est-elle l'art, non de dire, mais de ne pas dire. Peut-être n'y a-t-il pas trop de sens à convoquer le parler-vrai dans un ordre où ne devraient l'emporter que le cynisme, les langues de bois. N'empêche... Pour qui se soucie, aussi, de vérité, pour qui a la faiblesse d'imaginer qu'un chef de gouvernement puisse avoir également pour tâche de briser la loi du silence et du mensonge, pour qui croit, en un mot, que la loi du non-dit ne peut pas rester le dernier mot de la politique d'un grand pays, la petite phrase de Lionel Jospin évoquant le caractère « terroriste » des actions du Hezbollah était frappée au coin du bon sens et il faut, pour l'ignorer, toute l'insondable mauvaise foi des tenants d'une « politique arabe de la France » dont il faudra bien, par parenthèse, se décider à vérifier un jour de quels intérêts politiques, idéologiques, voire financiers, elle est l'aimable alibi.

Car enfin... Comment fallait-il qualifier un mouvement qui, depuis vingt ans et plus, s'était fait une spécialité des assassinats à l'arme blanche, des attentats à la voiture piégée ou à la bombe, des détournements d'avions meurtriers ? Comment éviter de dire « terroriste » à propos d'un « parti de Dieu » dont tous les Français se souviennent qu'il fut mêlé à quelques-unes des prises d'otages (Jean-Paul Kauffmann, Marcel Carton, Marcel Fontaine, Jean-Louis Normandin, Aurel Cornea, les fameux otages français du Liban) les plus spectaculaires de l'époque ? Était-il si scandaleux, vraiment, de prononcer ce mot, « terroriste », à propos d'un parti qui, il y a encore trois ans, au moment même où, à Londres ou Buenos Aires, il commanditait des attentats antisémites, mettait un contrat sur la tête de Yasser Arafat et faisait dire à l'un de ses hauts responsables, Cheikh Hassan Nasrallah : puisse un « policier palestinien » avoir un jour « la dignité d'aller voir Arafat », cette humiliation vivante « pour la Palestine, les Arabes et l'Islam », et de le traiter comme Khaled Islambouli traita naguère Anouar el-Sadate, c'est-à-dire en l'exécutant ? Et quant à nous dire enfin que ces terroristes sont avant tout des « résistants » qui ne songeraient qu'à libérer le Liban des forces qui l'occupent, n'est-ce pas ajouter l'absurde à l'odieux quand on sait que c'est l'armée syrienne qui occupe la quasi-totalité du pays (et que les bataillons du Hezbollah sont ses supplétifs sur le terrain) – et quand on sait aussi que, lorsque Israël s'engage à évacuer, avant l'été 2000, l'étroite bande de terre qu'il contrôle au-dessus de Kiryat Schmona et qui lui permettait de sécuriser les villages de Galilée attaqués à la roquette, ces admirables « résistants » répondent qu'ils n'en ont cure et que leur lutte ne s'arrêtera pas pour autant (attendu que leur vrai but est – sic – la destruction totale de l'État hébreu) ?

Ce ne sont pas là des « petites phrases » mais des faits. Ce ne sont pas des interprétations, sollicitations ou objets de discussion, mais l'expression même de la réalité. Que cette réalité ne soit pas la seule, que le Hezbollah, avec le temps, soit aussi devenu un parti politique, représenté au Parlement et ancré dans la société civile libanaise, qu'il gère des écoles par exemple, des équipes de football, une chaîne de télévision, des journaux, c'est exact. Mais cela n'ôte rien au fait qu'un appareil contrôlé idéologiquement par l'Iran et financièrement par la Syrie ne saurait être présenté comme « démocratique » et que, d'une force militaire liée à cette armée d'occupation qu'est, encore une fois, l'armée syrienne, on dirait plutôt que, comparaison pour comparaison, et à tout prendre, elle s'apparente à une *milice collaborationniste.* M. Jospin, de ce point de vue, n'a commis qu'une erreur. Ce n'est pas d'avoir dit, mais d'avoir paru se dédire. Ce n'est pas d'avoir « gaffé », mais d'avoir semblé, revenu à Paris, en retrait sur sa propre audace politique. Mais enfin, l'essentiel était dit. Et fait. L'essentiel ? Un pavé dans les miroirs trop oublieux des chancelleries et, d'abord, du Quai d'Orsay. Un faux pas, peut-être, mais dans la bonne direction, la seule, celle de la paix au Proche-Orient et de la double obligation de garantir la sécurité d'Israël en même temps que le droit des Palestiniens à disposer d'un État. Et puis enfin – et ce n'est pas rien – le spectacle très étrange de ce Premier ministre lapidé, mais qui ne cille pas sous la caillasse. Puisqu'il est partout question de l'image de la France dans le monde, et dans cette région du monde en particulier, en voici une, d'image, dont je parie qu'elle restera. Image de dignité. Et de courage.

3 mars 2000.

Encore les Guignols. Le « Srebrenica » de Gilles Hertzog. Le sourire du spectre. Mais qu'a donc fait Alain Carignon ? Réponse à Jean-François Revel. Balzac et la réforme de la justice. Admirable Bernard Kouchner.

Toujours le moment où le bouffon ne comprend pas qu'il est en train de devenir le roi des rois et que le contre-pouvoir est aussi puissant que les puissants. Alors il devient méchant. Et l'ironie, l'esprit de satire cèdent le pas au goût du lynchage et, donc, au ressentiment. C'est, très exactement, ce qui a fini par arriver aux Guignols.

Srebrenica. Sept mille morts et disparus dans ce qui était supposé être une « zone de sécurité » placée sous la protection de la communauté internationale. On croyait l'affaire enterrée. On pensait que ce crime atroce demeurerait à jamais l'un de ces épouvantables non-dits qui hantent la mémoire européenne. C'était compter sans les quelques enquêtes, livres, films qui paraissent depuis quelques mois et dont le dernier en date est le très beau « Srebrenica, une chute sur ordonnance », de Gilles Hertzog, qui sera diffusé sur Arte ce mercredi 15. Les responsabilités de l'Onu, le double langage des Néerlandais, l'abstention du général français Janvicr, les tergiversations entre états-majors occidentaux, les froids calculs de Juppé, les rodomontades de l'Otan qui ne pense qu'à préserver ses avions : tous les éléments sont là qui montrent avec quel talent la communauté internationale peut œuvrer à son propre déshonneur. Désastre mode d'emploi.

Le communisme, dit Daniel Bensaïd (« Le sourire du spectre », Michalon), ce fut d'abord « un mot de connivence et de conspiration, un mot chuchoté comme une bonne nouvelle »... Peut-être, en effet, fut-il cela. Mais aujourd'hui, c'est le contraire. Un mot de violence ct de tragédie. Un mot qui brûle dans les mémoires de millions d'êtres humains rescapés dc cette autre version de « la liberté par le travail ». Sans mêmc parler de ceux – Chine, Cuba... – qui n'ont pas fini, hélas, de vivre sous la botte. Spectre sanglant du communisme.

« L'homme siècle » : avant de s'appliquer à Hugo, puis à Sartre, le mot naît chez Balzac, à la fin de « Splendeurs et misères », pour qualifier... Vautrin, alias Carlos Herrera, le mauvais génie de Lucien, la figure noire de « La comédie humaine ».

« Mais qu'a donc fait Alain Carignon ? » C'est le titre d'un petit livre paru, il y a quelques semaines, à Grenoble, chez un éditeur – Alzieu – malheureusement trop discret. L'auteur, Michel Tavelle, a repris une à une les pièces du singulier procès qui mena jadis en prison l'une des étoiles de la galaxie Balladur. Présomptions, préventions, acharnement d'un magistrat plus enclin à faire un exemple qu'à juger, témoignages inconsistants, rumeurs, corbeaux, parfum de complot et de délation, preuves qui n'en étaient pas : il fallait que ce procès fût une caricature de justice-spectacle et Alain Carignon, comme je l'ai écrit ici même, tout de suite, le bouc émissaire d'un système qui aurait bien voulu, sur son dos et sur le dos de quelques autres, se faire une vertu. Théorie – et pratique – du blanchiment collectif.

Si le communisme se compare ou non au nazisme ? Et s'il faut regretter que les crimes de l'un ne soient toujours pas l'objet de la même réprobation que ceux de l'autre ? Oui, cher Revel (« La grande parade », Plon). Oui, plus que jamais. Mais à condition d'ajouter que comparaison n'est pas raison et que, quelque *rapprochement* que l'on opère entre les deux grandes machines totalitaires du xxe siècle, rien ne permet de procéder pour autant à leur *identification* – rien ne permet, non, de réduire la singularité du seul crime de l'Histoire universelle dont les auteurs ont tout fait pour qu'il ne demeure rien : ni survivants, ni documents, ni même ruines ou photos. C'est cette absence de reste, c'est, plus exactement, cette façon de faire en sorte – sans, bien entendu, y parvenir – qu'il ne reste rien qui a failli faire de la Shoah le prototype du crime parfait.

Le débat sur l'indépendance de la justice. Balzac encore, dans « Splendeurs... », à la toute fin : « Madame, dit en souriant et à haute voix le procureur général, le roi n'a pas le moindre pouvoir sur le plus petit juge d'instruction de son royaume, ni sur les débats d'une cour d'assises. Là est la grandeur de nos institutions nouvelles. »

« Le sourire du spectre », encore. On pensait que la fin du communisme serait une mauvaise affaire pour le marxisme. Quelle erreur ! Elle le renforce, au contraire. En abolissant le Goulag, en détruisant cette preuve noire, cette contre-épreuve, qu'était l'existence même du système concentrationnaire soviétique, bref, en faisant disparaître et en cachant le cadavre, elle innocente le marxisme, lui rend sa virginité. Autre blanchiment.

L'admirable Bernard Kouchner hurlant dans le désert, c'est-à-dire à New York, que le Kosovo sombrera dans le chaos si la communauté internationale ne se décide pas à prendre au sérieux la mission qu'elle s'est donnée. Aujourd'hui encore, 8 mars, seize soldats français de la KFOR, vingt Serbes et cinq Albanais blessés par balles, caillassage et grenades.

Le faux départ des Guignols ? Vacance du pouvoir médiatique. Leur coup de Baden-Baden. Mais dérisoire.

10 mars 2000.

La grâce de Jean-Paul II.

D'où vient que les communautés juives, en France et ailleurs, aient si fraîchement accueilli l'acte de repentance accompli par Jean-Paul II, dimanche dernier, 12 mars, à la basilique Saint-Pierre de Rome ? Et n'est-il pas navrant d'avoir vu revenir, pour l'occasion, l'étrange et absurde rengaine sur le pape « polonais », donc « réactionnaire » et désespérément « sourd » à l'intensité de la souffrance juive, à sa spécificité, ou aux responsabilités chrétiennes dans l'avènement de la Shoah ?

Quant à la nature même de l'événement, on ne rappellera jamais assez que c'est lui, Jean-Paul II, qui aura été le premier pape à faire du « devoir de mémoire » un thème de prédication central. Auschwitz, en 1979... Mauthausen, en 1988... Majdanek en 1991... La visite à la synagogue de Rome, le 13 avril 1986 : « je voudrais encore une fois exprimer mon horreur pour le génocide décrété, au cours de la dernière guerre, contre le peuple juif... » Et, sept ans plus tard, le 18 avril 1993, place Saint-Pierre, cet hommage trop rarement cité à « l'insurrection – sic – du ghetto de Varsovie » où vient ce mot admirable : « les jours de la Shoah ont été une véritable nuit de l'Histoire, y inscrivant des crimes inouïs contre Dieu et contre l'Homme »... Des crimes inouïs contre Dieu et contre l'Homme : que voudrait-on de plus ? y avait-il façon plus éclatante, pour un pape, de porter le deuil d'une tragédie métaphysique ?

Sur la question des responsabilités catholiques dans ce crime et dans cette tragédie, il y a, c'est vrai, le problème de l'attitude du Vatican pendant qu'étaient gazés les Juifs – il y a, autrement dit, le persistant silence sur les fameux « silences de Pie XII », ancien nonce apostolique à Munich et Berlin, puis maître d'œuvre du concordat entre l'Église et le régime nazi. Mais que savons-nous, d'abord, de ces silences ? Sommes-nous toujours si sûrs, à la lumière de l'historiographie récente, que Pie XII ait été ce « germanophile », voire ce « pronazi », dont l'écrivain protestant Rolf Hochhuth brossa, en 1963, le portrait dans « Le vicaire » ? La seule chose certaine, c'est que ce pape-ci, Jean-Paul II, n'a cessé, bien avant l'acte de repentance d'aujourd'hui, de demander pardon pour « notre passivité face aux persécutions et à l'holocauste des

Juifs » (7 décembre 1991, clôture du Synode européen), pour « l'insuffisance » de l'opposition de l'Église aux nazis (juin 1996, voyage à Berlin), ou pour la criminelle légèreté de ces chrétiens coupables de « ne pas avoir été assez forts pour élever la voix » contre « l'horreur de la disparition de leurs voisins juifs » (16 mars 1998, « Réflexions sur la Shoah »). Jean XXIII, le pape de Vatican II, n'en avait pas tant fait. Il ne fut guère question, à Vatican II, ne l'oublions jamais, de la Shoah elle-même.

Et pour ce qui est, enfin, de la réflexion proprement doctrinale sur l'antisémitisme catholique, libre aux ignorants de trouver choquante la distinction, inlassablement opérée par le pontife, avec l'antisémitisme nazi, fondamentalement païen, donc antichrétien, et qui reprochait aux Juifs, non plus d'avoir tué le Christ, mais de l'avoir au contraire inventé. Cette distinction est juste. Précise. Formidablement opératoire pour prendre la mesure de ce qui s'est réellement passé, en Europe, pendant l'interminable guerre (1933-1945) lancée contre les Juifs. Et elle n'a jamais empêché son auteur, surtout, de dénoncer « les préjugés et les lectures pseudo-théologiques » qui « ont servi de prétexte » à la longue haine contre les « frères juifs » (angélus dominical, 14 janvier 1996). Aujourd'hui encore, dans la troisième des six « demandes de pardon », le vibrant salut à ce peuple, indistinctement qualifié de « peuple d'Israël » ou de « peuple de l'Alliance et des bénédictions », que Dieu a « élu » pour que « son nom soit apporté aux autres peuples »...

Bref, c'est dans ce contexte qu'il faut interpréter le geste d'aujourd'hui. C'est mêlée à toute cette intrigue de déclarations, oraisons, communions, qu'il convient de lire l'exhortation faite aux Églises de se repentir, ensemble, de fautes dont certaines – les Églises du tiers-monde par exemple – eurent tout juste connaissance. Sans doute convient-il d'attendre, avant de conclure, le voyage en « Terre sainte » de la semaine prochaine. Pour l'heure, les faits. C'est-à-dire les textes. Et la magnifique image de ce très vieil homme, épuisé, presque en larmes, qui, aux pieds d'un Christ crucifié, en un geste d'humilité sans pareil depuis cinq siècles et la confession d'Adrien VI, se fait le contemporain, soudain, de toute l'histoire de son institution : pauvres, persécutés de tous lieux et de tous temps, victimes de l'Inquisition, femmes bafouées, Gitans et, plus que jamais, ces « frères aînés » auxquels la chrétienté se trouve liée par un pacte aussi particulier que le fut, hélas, le supplice qu'ils endurèrent. « Nous a-t-on jamais demandé pardon ? » demandait Vladimir Jankélévitch dans son texte classique sur « l'imprescriptible ». Eh bien, oui. Jean-Paul II.

17 mars 2000.

Un pape au mur des Lamentations.

Le pape encore. Le très grand politique qui, du mont Nebo à Bethléem, des églises et des mosquées de Nazareth au mémorial de Yad Vashem, en ces lieux de haute tension où tant de chefs d'État avaient trébuché depuis des années, a su trouver, lui, les mots que l'on attendait. L'homme de foi, aussi. Le pèlerin bouleversé et si terriblement poignant. Et, le dernier jour enfin, la frêle silhouette blanche, voûtée par l'âge et la maladie, marchant vers le mur des Lamentations pour y placer entre les pierres, signée de sa main tremblante, la « lettre de repentance » pour les souffrances du peuple juif tout au long de l'histoire de l'Église...

Cette démarche, cette façon, pour demander pardon, de reprendre le style, presque les mots, des prières juives traditionnelles – *« Dieu de nos Pères, vous avez choisi Abraham et ses descendants... »* – furent, dans le monde entier, l'occasion d'une très vive émotion.

Cette image d'un évêque de Rome, successeur de l'apôtre Pierre et parlant bel et bien, cette fois, au nom de l'Église elle-même, cette image de l'héritier de Pie XII retrouvant tout naturellement l'attitude, presque la posture, de générations de fidèles venus se recueillir, comme lui, devant le vestige du Temple d'Hérode, le saint des saints du judaïsme, cet instant si étrange où il parut mettre ses pas dans ceux de tous les hommes en noir venus, avant lui, au fil des âges, front collé aux mêmes pierres sacrées, accomplir le même pèlerinage, furent un vrai moment de foi partagée qui, mieux que toutes les déclarations de principe, mieux que les paroles de pénitence sur le tort fait au « peuple du Livre », scellait une fraternité de fait.

Ce geste fut, surtout, un beau geste apostolique et prophétique qui, venant au lendemain de la visite à Yad Vashem, faisant suite aux discours, d'inspiration très levinassienne, sur « cet endroit de souvenir » où « l'esprit, le cœur et l'âme » ressentent « un besoin extrême de silence », devrait achever de lever les malentendus entre les deux manières, juive et chrétienne, de dire le deuil des Juifs d'Europe exterminés : peu importe, à partir de là, cette fameuse croix dorée dont il n'a pas cru bon de se départir ; peu importe Edith Stein, la Juive convertie, morte à Auschwitz, dont il a mené à terme le procès de canonisation ; peu importe le mot fameux, et qui ne choque plus, sur la Shoah conçue comme « le Golgotha du monde contemporain » ; il y avait là un très grand catholique parlant – comment faire autrement ? – sa langue de catholique, mais renouant, et cela changeait tout, avec les gestes et l'esprit de ceux qu'il appelle ses « frères aînés ».

Fallait-il demander pardon, non à Dieu, mais aux hommes, et, parmi ces hommes, aux filles et aux fils des victimes ? Autant reprocher au pape d'être pape et de parler, encore une fois, sa pure langue de pape. Autant lui demander de réagir en laïc et non en homme de Dieu qui, lorsqu'un homme est jeté à terre, lorsqu'il est humilié et martyrisé, estime – à tort ou à raison, mais c'est le cœur même de sa foi, de sa vision du monde, de sa pensée – que c'est Dieu qui, à travers lui, est offensé et qu'il n'est, d'une certaine façon, que le témoin de ce martyre.

Eût-il fallu qu'il dénonce plus clairement le lien entre la Shoah et l'enseignement millénaire du mépris au sein de l'Église catholique ? Pas sûr non plus. Car quand il dit et répète que les antisémitismes nazi et chrétien relevèrent de logiques discursives et métaphysiques différentes, quand il martèle que le nazisme fut une idéologie « impie » animée par la haine, non seulement des hommes, mais de Dieu, quand il sous-entend, en d'autres termes, que la Shoah est fille non de « l'Europe chrétienne », mais d'une Europe dont le drame fut, au contraire, d'être insuffisamment christianisée et, au sens propre, mal baptisée, les historiens sérieux savent tous qu'il a raison – ils savent que ce n'est plus seulement, pour le coup, en catholique qu'il se prononce, mais en observateur impeccable de la véridique histoire du siècle.

Ce geste, il ne faut pas se lasser de le redire, est un geste aussi admirable qu'inattendu. C'est, dans l'histoire des rapports entre tenants des deux Alliances, le début d'une ère nouvelle et, en tout cas, du XXIe siècle. Et l'on se réjouit que, cette fois-ci, en Israël mais aussi en Europe et singulièrement en France, les représentants des communautés juives aient partagé cette émotion, perçu cette dimension spirituelle, métapolitique, de l'événement, et exprimé à cet homme, comme l'a aussitôt fait, sur place, le très inspiré rabbin Michael

Melchior, leur « profonde gratitude ». Reconnaissance mutuelle. Respect partagé. La conversation peut commencer. La vraie. Celle qui saura conjurer la double tentation, jumelle, du syncrétisme et de la conversion.

31 mars 2000.

Sollers, Delon, Fabius (SDF).

Philippe Sollers, son œuvre en témoigne, a toujours eu l'obsession de la clandestinité, des conjurations, des déguisements, des loups. Il n'a jamais cédé sur le désir, vital, de jouer l'ombre contre la lumière, de verrouiller son œuvre et sa vie – de mobiliser, en fait, ses livres comme autant de machines dans la guerre de longue durée qu'il a voulu, avec quelques autres, engager contre la monstruosité du tout-montrer et du tout-dire. Son goût du bonheur lui-même. L'insistance avec laquelle il revient, depuis ses tout premiers textes, sur l'éminent « courage » d'être heureux. Il n'est pas jusqu'à cette politique du bonheur qui ne participe de la même volonté de masques et de retrait. Pour vivre caché, vivons heureux. Il y a des vampires, insiste-t-il, qui reculent à la vue de l'ail et des crucifix : eh bien, il y en a d'autres – en langage nietzschéen, « les tarentules » – que l'on tient à distance en leur brandissant sous le nez la seule image du bonheur ou de la jouissance... Bref, par quelque bout qu'on le prenne, l'auteur de « Passion fixe » est un auteur secret. Son ontologie est, fondamentalement, une ontologie du secret. D'où vient alors qu'il décide apparemment, cette fois, de briser les sceaux de ce secret ? D'où vient qu'en acceptant de voir mis un visage réel derrière la « Dora » de son roman, il laisse la vie, tout à coup, demander des comptes à l'un de ses livres ? Peut-être une nouvelle ruse. Ou un nouveau masque. Peut-être marre de soi, de son propre personnage. Ou peut-être, comme il l'a dit lui-même lors d'un mémorable « Bouillon de culture », parce que les grands écrivains n'ont pas leur pareil pour renifler le danger mortel, et qu'il y avait urgence à prendre les devants en « racontant soi-même, de son vivant, comment on vit ». Autre loi, mais identique stratégie. Autre principe, mais au service de la même idée fixe. À l'époque de Bataille, le bien nommé, on appelait cela une « Contre-attaque ».

Un autre artiste qui paraît tout aussi résolu à ne laisser à nul autre que soi-même le soin de contrôler sa biographie : Alain Delon. Bien sûr, il en a fait, lui, un peu beaucoup. Bien sûr, il y a quelque chose d'éminemment discutable dans la décision, pour réduire au silence un biographe, d'en appeler aux tribunaux. Et bien sûr, trois fois bien sûr, on peut, au nom de la liberté d'expression, s'inquiéter de voir demander l'interdiction d'un livre virtuel dont on ne peut incriminer, encore, que l'intention. Mais en même temps... Comment ne pas comprendre, en même temps, la colère d'un homme qui voit sa vie jetée en pâture ? Comment ne pas s'associer à cette colère quand il se dit blessé par l'idée même d'un livre tout entier construit autour de prétendues révélations sur ses liens avec tels ou tels « caïds de la mafia » ? Comment, en un mot, ne pas se sentir en sympathie avec quelqu'un qui se bat comme un chien contre les chiens et qui entend, tant qu'il est là, ne pas laisser la loi du ragot avoir le dernier mot de l'aventure que fut sa vie ? Si je reviens, cette semaine encore, sur cette affaire, c'est que la 11e chambre correctionnelle de la cour d'appel de Paris vient de donner de nouveau raison à l'acteur, mais que celui-ci, devant l'étrange attitude de la presse qui n'en a, pour l'essentiel, pas fait état, a voulu se « pourvoir lui-même » à ce devoir d'information en achetant, il y a quelques jours, une page de publicité dans *Le Monde*. Pas un journal, vraiment, pour rendre justice à Delon ? Pas un pour saluer l'opiniâtreté d'un homme qui entend, par tous les moyens, « dire lui-même, de son vivant, comme il vit » ? Si : ici, celui-ci.

Pourquoi tant d'émotion autour du « retour » de Laurent Fabius ? L'affaire du sang, probablement. La longue ténacité. Des nerfs d'acier. Cet autre spectacle d'un autre homme qui s'est fait une obligation de ne rien céder, jamais, à la calomnie. Et l'indéniable parfum de romanesque qui, dans l'ordre politique cette fois, finit par flotter autour du personnage. Ils ne sont pas nombreux, en politique, les personnages réellement romanesques. Mitterrand, bien sûr. Jadis, Disraeli. De Gaulle (encore que la légende, dans son cas, l'ait emporté sur le roman). Mais Jospin n'est pas, ne sera jamais, « romanesque ». Ni Chirac. Ni Séguin. Ni, malgré sa bonne volonté, Giscard d'Estaing. Fabius, lui, n'écrit pas de romans mais les vit. Et s'il intrigue, si, malgré son visage de plus en plus lisse, il n'en finit pas de suggérer la part d'ombre de son destin, c'est à cause de ce roman vécu dont il semble le héros. Qu'est-ce qu'un homme politique « romanesque » ? Qu'est-ce qui, plus exactement, permet de dire d'un politique qu'il est, aussi, un héros de roman ? Avoir tout obtenu très tôt. Être tombé de très haut. Avoir connu l'extrême adversité et avoir su en triompher. Et à la meute, enfin, avoir le cran de dire : ce n'est pas vous qui me ferez plier le genou – le seul adversaire sérieux, le seul qui sera de taille, c'est la mort. Rien de plus passionnant qu'un personnage de roman égaré en politique. Ni de plus redoutable. Théorème : en politique, pour être invulnérable, il faut être mort au moins une fois

7 avril 2000.

Esprit de Sarajevo, toujours là. Unique et comparable, la Shoah. Véhémence d'André Glucksmann.

Élections municipales en Bosnie et victoire, à Sarajevo, Tuzla, Bihac, Gorazde, Zenica, dans la plupart des villes, autrement dit, de la Bosnie dite « musulmane », de ces partis sociaux-démocrates que l'on avait crus laminés, après Dayton, par l'hystérie nationaliste ambiante. Une pensée, bien sûr, pour Alija Izetbegovic qui, s'il ne compose pas très vite avec cette opposition triomphante et s'il ne se décide donc pas à reconstituer le front de large union dont il fut, du temps de la Bosnie combattante, l'admirable incarnation, apparaîtra tôt ou tard comme le grand vaincu du moment. Mais joie en même temps, bonheur immense et presque inespéré, de voir que la vraie Bosnie, la Bosnie multiculturelle, multiethnique, citoyenne, démocratique, la Bosnie en laquelle nous sommes si nombreux à avoir cru, pour laquelle nous nous sommes mobilisés et battus pendant si longtemps et que nous avons, au fond, tant aimée, n'est pas morte avec la paix. De cette Bosnie cosmopolite, de ce « reste » de Bosnie qui résistait et résiste encore à la fièvre chauvine, raciste, des « Républiques » à majorité serbe et croate, de cette Bosnie que j'étais allé filmer, naguère, dans la boue des tranchées et les caves de Sarajevo bombardée, on a dit et répété qu'elle était une Bosnie imaginaire, une nation rêvée, une idée, une catégorie de l'âme plus que du monde, une Bosnie virtuelle. Mais que veut dire, à la fin, « virtuelle » ? N'y a-t-il pas, dans une « virtualité », autant de réalité que dans bien des « actualités » ? « Virtuel » vient de « virtus », qui lui-même veut dire « force ». Force de l'idée bosniaque. Puissance des songes dans l'Histoire.

Sur France 2, avec Alain Duhamel qui m'oppose une déclaration passionnée de Simone Veil, l'éternel débat, non pas sur la « singularité », mais sur la « comparabilité » de la Shoah. Ce débat, lui dis-je en substance, tourne à la rhétorique et peut-être faudrait-il, une bonne fois, essayer d'en finir avec ce qu'il peut avoir de mécanique, incantatoire, un peu vain. Car, après tout, pourquoi les deux idées (une Shoah unique, radicalement singulière... une Shoah historique éminemment comparable...) seraient-elles antinomiques ? Au nom de quelle étrange logique « comparer » signifierait-il nécessairement confondre, mélanger, réduire les différences, les aplatir ? Et depuis quand le fait de mettre en rapport deux événements distincts (la destruction des Juifs d'Europe d'un côté... la déportation des Tchétchènes par Staline de l'autre...) condamnerait-il à gommer ce qu'ils ont de spécifique et, donc, à les identifier ? Oui, la Shoah fut, par ses méthodes, ses visées, ainsi que par ce goût du mal pour le mal que l'on devine chez ses auteurs, un événement sans précédent dans l'histoire de l'humanité. Non, il n'est pas interdit pour autant de comparer cet événement sans pareil à d'autres événements, d'autres grands crimes, d'autres génocides – à commencer par le génocide cambodgien ou celui perpétré, en 1994, dans le silence des nations ou, parfois, avec leur complicité, contre les Tutsis du Rwanda. Peut-être ne l'ai-je pas dit assez clairement à Duhamel, dans le feu de la parole vive. Mais l'enjeu est bien là. Plaider pour une « comparaison » qui retrouverait son vrai sens : faire ressortir, entre deux crimes, ce qu'il y a de différent en même temps que ce qu'il peut y avoir de semblable ou de parent.

Affrontement, au « Gai savoir » de Franz-Olivier Giesbert, entre un Gilbert Collard verbeux, un peu confus, qui semblait tenir à nous dire que le courage des Tibetains valait, à ses yeux, celui des Tchétchènes, et André Glucksmann, venu présenter sa « Troisième mort de Dieu », et que l'on sentait sur le point d'exploser face aux provocations de l'avocat. Nous ne sommes pas, André Glucksmann et moi, ce qu'il est convenu d'appeler des amis. Mais le temps, n'est-ce pas... Les vingt et quelques années écoulées depuis l'époque des « nouveaux philosophes » et notre participation conjointe à un mémorable « Apostrophes »... Tant de combats communs... Tant de réflexes partagés... Ce sentiment, si souvent, de savoir par avance, sans se voir ni se parler, comment l'autre réagira... Et, aujourd'hui, ce nouveau livre auquel on ne fait pas, dans la presse, toute la place qu'il mériterait et qui raconte la troisième mort, non plus sur la Croix, ni dans les textes de Nietzsche ou de Dostoïevski, mais dans les charniers de Tchétchénie, du Dieu d'amour juif et chrétien... De ce Glucksmann-là, de cet antitotalitaire acharné, de ce furieux que l'on dirait perpétuellement en transit entre deux indignations mais qui est aussi capable, dans son prologue, de rapporter pour la énième fois, avec une émotion inentamée, la scène des corps éventrés de Baïnem, en Algérie, dont on a transformé les viscères en guirlandes, de cet enragé à la fois imprévisible et têtu, ombrageux et boudeur, de cet imprécateur qui semble l'un des derniers spécimens de ce que notre ami commun Maurice Clavel appelait le « grand ton » en philosophie, je reste, au fond, solidaire. C'est de lui que je me suis tout à coup senti si proche devant mon poste de télévision, en le voyant suffoquer face à une mauvaise foi, une bêtise à front de taureau, un Niagara de clichés si poisseux que nul n'en sortait indemne. Sa rage blanche, ce soir-là : le parfum le plus fidèle de notre jeunesse.

14 avril 2000.

« L'idéologie française » vingt ans après. Le cas Esprit. *Quand Debray répond à Plenel. Kahn et les siens. Qui est Avi Primor ? De Clinton à Hésiode.*

La commission Mattéoli rend son rapport sur la spoliation des biens juifs pendant la Seconde Guerre mondiale. L'essentiel, nous dit-on, fut restitué au milieu des années 50. Soit. Mais quel tableau, en même temps ! Quel terrifiant portrait d'une France haineuse, odieuse, voleuse, tricoteuse, dont il s'avère, une fois de plus, qu'elle n'eut guère besoin de pressions allemandes pour se précipiter dans l'infamie. C'est ce que je disais, il y a vingt ans, dans « L'idéologie française ». C'est la thèse qui, en ce temps-là, me fit passer pour un irresponsable, un provocateur, un faussaire.

Ce tract, venu des parages de la revue *Esprit*, qui exhortait – nous sommes en 1981 – les « modernes directeurs de conscience » à tracer autour de ladite « idéologie », et de son auteur, une manière de « cordon sanitaire ». Le temps a passé. *Esprit* a changé. Aujourd'hui ce gros dossier sur les « splendeurs et misères de la vie intellectuelle ». J'y reviendrai. Je reviendrai sur la place, dans le paysage, de cette famille intellectuelle qui, de Mounier à Mongin... Mais n'anticipons pas !

En écho – en réponse ? – à « L'épreuve » d'Edwy Plenel, Régis Debray publie « L'emprise ». Plenel, l'an dernier : défense et illustration, sur fond de guerre au Kosovo, du métier de journaliste. Debray aujourd'hui : une charge étrange, sur un ton où l'on ne saurait dire ce qui l'emporte de la rage, du ressentiment, de la plainte de l'enfant battu et capricieux, contre une caste de nouveaux clercs qui constitueraient « l'Église » des temps modernes. Le livre est bâclé. Peu argumenté. Il faut s'y résoudre : le vrai débat – nécessaire – sur la presse, son rôle, ses grandeurs, ses servitudes n'aura toujours pas lieu.

Jean-François Kahn dans *Marianne* : « N'a-t-on pas assisté, à l'occasion de la guerre dite du Kosovo, à l'une des plus formidables entreprises d'intoxication et de bourrage de crâne des temps modernes ? » C'est l'inverse à quoi j'ai le sentiment, moi, d'assister : une formidable entreprise d'intoxication et de bourrage de crâne, oui, mais dans le but d'effacer la violence serbe ou, à tout le moins, de semer le doute sur son ampleur. On connaît ce type de logique. Il est terrible. Ce qui restera de ce remue-ménage, ce qui, le jour venu, quand se sera calmée toute cette agitation médiatique autour de la petite bande d'apothicaires du crime fédérés autour de Kahn, surnagera dans l'esprit public, c'est une incertitude finale sur la réalité de ce qui s'est passé, à Pristina, pendant dix ans : humiliation d'un peuple, citoyenneté de seconde zone pour des centaines de milliers de musulmans européens, répression policière, destruction d'une culture, déportations massives et antérieures aux bombardements de l'Otan. Qui désinforme qui ?

Quand, à la fin des années 70, le diplomate israélien Avi Primor vint à Paris, quand, pendant trois ans, de réunions communautaires en salles de rédaction ou en manifs, nous le vîmes promener sa haute silhouette, son accent quasi bostonien, son air de n'écouter que des yeux, sa nonchalance blasée qui n'était peut-être que l'expression de son goût du mystère, nous étions un certain nombre à nous demander qui, au juste, il était : un ambassadeur bis ? un émissaire officieux de l'Agence juive ? une sorte de SAS chargé de lutter contre la recrudescence de l'antisémitisme en Europe ? un personnage de roman déguisé en diplomate ? l'inverse ? Vingt ans après, il lève un coin du voile en publiant « Le triangle des passions » (Bayard éditions), chronique de ces années françaises en même temps que de ces autres années, plus tard, où il fut ambassadeur à Bonn et œuvra au rapprochement le plus périlleux : celui d'Israël et de l'Allemagne. Le ton de la chronique. La passion du spectateur engagé. Et parfois, au détour d'un portrait de Ben Gourion, Kohl ou le roi Abdallah de Jordanie, le parfum des secrets que l'heure est venue d'éventer.

La vraie menace sur les marchés financiers ? Non pas la « baisse », le « e-krach », la « bourrasque », la « chute vertigineuse », les « actifs partis en fumée », toutes apocalypses sèches et blanches qui font désormais partie du jeu et dont l'époque semble avoir intégré la récurrence. Mais, bien plus sérieux, cette rage, cette incrédulité générale, ce refus global et, d'une certaine façon, sans mots, que l'on a vu s'emparer des foules de Seattle puis, maintenant, de Washington. Fabius prisonnier de son hôtel... Bill Clinton répétant, d'une voix de crécelle mal réglée : « les fondamentaux sont bons ! les fondamentaux sont bons ! »... Greenspan, debout, sourire crispé, tapotant nerveusement le dossier d'une chaise et, sur le visage, cet air d'animal traqué, ou hanté, je ne sais... L'image même, face à la foule, de la nudité du roi.

Ainsi, dans la Grèce antique, la nudité des dieux : souverains contestés, maîtres impuissants ou bernés, guerriers rusés, princes asservis – et, toujours, de Homère à Hésiode, la même image des Parques qui, hasardeuses mais irrévocables, fixent leur destin et le nôtre.

21 avril 2000.

Balzac et le retour des personnages. Avec les Arméniens. Djian et Berger, les antipodes. Métaphysique de Billetdoux. Chasse à l'homme dans la campagne française. Renaud Camus, antisémite.

Repérer, dans les meilleures fictions d'aujourd'hui, les parties *déjà* mortes – routines de l'art, de l'imagination, de l'époque.

Balzac, à propos de la grande invention qu'est le « retour des personnages » : il y a des gens qui, dans la vie, ont besoin de plusieurs vies pour donner sens à leur existence ; rien d'étonnant à ce que, dans le roman, il y faille parfois plusieurs romans.

La littérature est-elle un métier ou un secret ?

Un exercice de mémoire, une occasion de vérifier que notre mémoire n'est pas vaine, ni vide, ni purement sacramentelle, ni mécanique : le génocide arménien – face à l'incroyable scandale de ce génocide qui, quatre-vingt-cinq ans après, peine à habiter son nom, notre plus ou moins grande capacité à mobiliser la science, les réflexes, toute la formidable expérience d'antinégationnisme vécu que le souvenir de la Shoah a aiguisés. Que vaudrait une piété qui ne nous aiderait pas, aussi, à rendre justice aux Arméniens ? À quoi bon la « probité philologique » si elle ne nous conduit pas, aussi, à refuser l'entrée dans l'Europe à une Turquie qui persévérerait dans son révisionnisme ?

Sentiment, face à certains écrivains, que leur voix, pour arriver jusqu'à moi, a dû transiter par d'autres climats, des espaces insolites et, finalement, une sorte de relais satellitaire qui me les rendrait intelligibles. Djian, que je ne lis guère. Berger, que je connais, lui, depuis vingt-cinq ans, qui est indubitablement l'un de nos derniers grands stylistes à l'ancienne – son « Santa Fe », sommet du genre – mais dont je me suis toujours dit : « il a une idée fixe, mais laquelle ? ». Djian, Berger : les antipodes de la planète littéraire.

Le plus difficile pour un auteur : casser la marionnette, dissoudre son propre cliché. Ainsi Raphaële Billetdoux. Elle donne – « Je frémis en le racontant », Plon – son plus beau texte depuis longtemps. Seulement voilà, il est dur. Étonnamment violent. Il nous raconte d'étranges histoires d'hommes et de serpents qui ne cadrent plus avec l'image de la douce « jeune fille en silence » des débuts. Et si fort est l'éclat du cliché, si éblouissant le préjugé, que la critique ne lit pas, c'est à peine si elle enregistre – une politesse par-ci, une recension par-là, mais personne, jusqu'à présent, pour prendre réellement en compte l'enjeu de l'entreprise : venir, à la jointure des âmes, guetter les aimantations, les chutes, les lentes dérives, les osmoses, qui font notre part animale et disent la monstruosité de l'humain. Le moins « idéaliste » des romans. Pour parler comme Bataille : une fable métaphysique sur « les jeux de l'homme et de sa propre pourriture ».

Saint-Josse et ses chasseurs. Chasse à quoi, au juste ? Et si la vérité de cette chasse dont ils font leur beurre électoral était la chasse à l'homme ? Pas la peine d'aller chercher bien loin – mémoire, relents, spectres pâles, revenants – les fascistes d'aujourd'hui : ils sont là, bien vivants, tantôt s'en prenant à Cohn-Bendit, tantôt à Dominique Voynet ou encore, comme aujourd'hui, à un député plus obscur que l'on aura quasiment lapidé. Fascisme à visage cynégétique. Fascisme au goût de vinasse et de faisan. Il y a dans le Billetdoux, vous verrez, de quoi penser cette autre bestialité, cette violence.

La littérature sera morte, disait Mallarmé, le jour où, à la distinction de la poésie et de la prose, se sera substituée celle de la littérature et de ce qui n'est pas elle – en gros, le « reportage ». Peut-être y sommes-nous. Djian, de nouveau. Ou Bret Easton Ellis.

De Renaud Camus, il faudrait pouvoir dire deux choses, qui sont également et simultanément vraies. Écrivain, bien sûr ; et bon écrivain : et écrivain dont il serait navrant que telle opinion, même ignoble, suffise à disqualifier l'œuvre – ah ! l'éternelle jouissance de l'imbécile qui tient enfin sa bonne raison de ne pas lire un écrivain... Mais antisémite, tout autant ; clairement, incontestablement, violemment antisémite ; par quelle étrange pudeur résiste-t-on à qualifier ainsi quelqu'un qui, non content de compter les Juifs qui sévissent à Radio France, non content de souhaiter qu'un invisible quota vienne réduire ce nombre « inconvenant », ose écrire – et c'est, depuis Drumont et Maurras, l'énoncé même de l'antisémitisme français dans sa version la plus brutale – qu'il doute que des « Juifs, Français de première ou de seconde génération », puissent comprendre et exprimer la « quinzaine de siècles » qui ont fait « la France », sa « civilisation », sa « culture » ? Ne jouons pas sur les mots : bon écrivain ou pas, un homme capable de penser tout haut ce genre de saloperie *est* un antisémite avoué.

L'exercice du journal : littérature ou résistance à la littérature ?

28 avril 2000.

Lagardère, Trichet et la crise de la justice-spectacle.

Quand on voit un capitaine d'industrie mené devant les tribunaux, quand on le voit, comme Jean-Luc Lagardère cette semaine, venir répondre d'un « abus de droit » aussi étonnant qu'insaisissable puisqu'il n'a empêché, semble-t-il, ni l'enrichissement de son entreprise ni celui de la collectivité, il y a deux types de réactions possibles. Soit la clameur populiste, le cri de joie des tarentules – la jouissance de ceux à qui le ressentiment tient lieu de politique et qui se satisferont d'ailleurs, le jour venu, quelle que soit l'issue du procès, d'avoir vu humilier l'un de nos grands « visibles ». Soit l'inquiétude, au contraire, le refus instinctif de la justice-spectacle – une sorte de malaise à l'idée de cette France qui, de Fabius avec l'affaire du sang à

Strauss-Kahn et maintenant Lagardère, n'en finit pas d'accabler ses propres élites. Jeux du cirque. Jeu de massacre. Il y a, cela va sans dire, d'autres types de massacres, autrement plus dramatiques, et qui font l'ordinaire de cette chronique. Mais enfin... N'est-ce pas aussi sur ce terrain que s'apprécient les démocraties ? N'est-ce pas aussi de cette manière que se dégrade notre capacité à penser le pire et à y faire face ? Quand on voit la justice céder si volontiers la place au théâtre, quand on voit l'opinion se délecter de la seule image des puissants mortifiés, abaissés, désemparés, quand on s'aperçoit qu'on les juge déjà moins, ces puissants, sur leurs idées, leurs projets, ou même leurs rhétoriques, qu'en fonction de ce nouveau critère, habituellement réservé aux comédiens, qui est la plus ou moins grande capacité à rebondir, faire front, réussir une sortie, tenir face à l'outrage, n'y a-t-il pas lieu de craindre une spectacularisation grandissante de l'esprit public ? Jean-Luc Lagardère est un ami. J'aime en lui ce côté grand condottiere, ou Cyrano, menant sa propre vie au rythme d'un de ces romans de Paul Féval auquel il pourrait bien, somme toute, devoir réellement son patronyme. Je ne crois cependant pas, avec ces quelques lignes, céder à notre seule passion, commune, du romanesque. Roman n'est pas théâtre : défendre le roman contre le théâtre, c'est plaider, disait Voltaire, pour la culture républicaine.

Jean-Claude Trichet n'est pas un proche. Et je ne sais de lui, pour l'essentiel, que ce qu'en sait le citoyen moyen : éthique de haut fonctionnaire à l'ancienne ; air d'intégrité et de réserve ; quelque chose, dans la juvénilité retenue du sourire, qui semble dire le regret d'une autre vie ; le goût de la littérature ; cette façon, l'autre jour, chez Giesbert, de murmurer qu'il donnerait tous les euros du monde contre un vers de Baudelaire ou une page d'un roman de Sartre – lumières de sa vraie foi... Que tout cela ne suffise évidemment pas à faire un directeur du Trésor ni un banquier central, c'est clair. Et peut-être découvrira-t-on que ce grand commis exemplaire tint bel et bien son rôle, par discipline, dans ce « scandale financier du siècle » que fut la quasi-faillite du Crédit lyonnais. Mais nous n'en sommes heureusement pas là. Et dans cet autre hallali, dans cette façon qu'ont les grands veneurs de l'Opinion de jeter à nouveau son nom en pâture et de se demander aussitôt, quelques minutes à peine après l'annonce de sa probable mise en examen, s'il ne serait pas déjà une sorte de Roland Dumas, c'est bien le même sale parfum que l'on respire que dans l'affaire Lagardère. Question d'époque. Ou de moment. Cette désignation du « bouc émissaire » dont un bon esprit – René Girard – disait qu'elle transforme la communauté qui y procède en une « société primitive devenue folle ». Cette mentalité « magique » ou « prélogique » qu'un autre essayiste – Léon Poliakov – mettait au principe de la recherche effrénée d'une « causalité diabolique ». M. Trichet, lui non plus, n'est pas à proprement parler un martyr. Et, des otages des Philippines aux sacrifiés de la mondialisation, l'actualité ne manque pas de vraies victimes qui ont grand besoin de notre compassion. Reste qu'il y a dans cet empressement à chercher un coupable et à le lyncher quelque chose de nauséabond. Reste, surtout, qu'on ne remédiera pas aux effets les plus pervers de ladite mondialisation en brisant un à un les hommes qui, par culture, tempérament ou compétence, seraient les plus aptes à les maîtriser...

Lagardère... Trichet... Si l'on voulait achever de faire le lien, s'il fallait trouver un autre point commun à ces deux affaires que le calendrier rapproche, il y aurait encore ceci. Aucune, dans un autre grand pays démocratique, ne se plaiderait ainsi, devant un tribunal pénal. Aucune ne donnerait lieu à ce déploiement de forces inquisitoriales qui est la marque, en France, de la justice pénale. Et toutes deux témoignent, par conséquent, de cet autre mal français qu'est la montée aux extrêmes de toute procédure judiciaire un peu sensible : au lieu de la justice civile et de ses procédures laïques, au lieu de l'arbitrage des conflits à la façon des Anglo-Saxons, toute une culture de l'aveu, du crime, de la réparation et, encore, du théâtre... Deux cas pour un symptôme. Deux affaires pour une même crise. Celle de la justice, dont la grande réforme reste à venir.

5 mai 2000.

Le cas Nolte : réponse à Jean-François Revel.

L'historien allemand Ernst Nolte – Jean-François Revel a eu raison de le rappeler, ici même, la semaine dernière – a joué un rôle essentiel dans la construction, après Hannah Arendt, du concept de totalitarisme.

Sa thèse de départ – « communauté d'époque », donc de la possibilité d'« étude comparée », entre communisme et nazisme – était une thèse juste, féconde et frappée, surtout, au coin du bon sens.

Son autre thèse centrale – antériorité du bolchevisme sur le nazisme, le fait que le second se soit souvent voulu une riposte, voire une réplique, à ce qu'avait inauguré le premier – n'avait rien, non plus, de choquant : de Jean-Pierre Faye à François Furet, de l'analyse des « langages totalitaires » à celle du rôle joué, dans la naissance de la grande nébuleuse « rouge-brune » qui a enténébré le XXe siècle, par cette authentique « scène primitive » que fut la boucherie de 1914, la plupart des théoriciens sérieux lui donnent implicitement raison.

Et quant à l'idée, enfin, selon laquelle une certaine façon « mécanique » d'entretenir la mémoire des crimes hitlériens a pu avoir pour effet pervers de nous boucher les yeux et les oreilles face à l'autre grand crime du XXe siècle, quant à la dénonciation de cet insupportable « deux poids et deux mesures » qui a si longtemps permis de dénoncer Auschwitz tout en acceptant le Goulag et en insultant ses morts, ce n'est pas moi qui irai contre : ce fut, il y a presque vingt-cinq ans, à l'époque de « La barbarie à visage humain », le cœur même de mon entreprise philosophique, et c'est aujourd'hui encore, à l'heure où le négationnisme menace de tous côtés, à l'heure où tant de beaux esprits continuent de relativiser l'horreur que furent, jusqu'au Cambodge, les camps de concentration « rouges », une idée sur laquelle il n'est pas question de céder.

Le problème Nolte – car il y a, hélas, un vrai problème Nolte – commence quand, trop occupé à lever le tabou qui empêchait de voir ce qui rapproche communisme et nazisme, il se rend à son tour aveugle et sourd aux traits, non moins nombreux, qui les séparent.

Il tient à son incapacité de penser l'idée même d'une singularité de la Shoah – ce crime inscrit, certes, dans son époque, mais dont l'intention, tout comme les procédures, passe en monstruosité, j'ai souvent dit pourquoi dans ces colonnes, l'extermination par Lénine, puis Staline, de la bourgeoisie russe, des koulaks, des Tchétchènes.

Il tient, plus grave encore, dans le classique mais terrible glissement qui fait que, à force d'expliquer le nazisme, à force de l'inscrire dans son siècle et de l'enchâsser dans cette trame serrée de raisons, on finit par le rendre évident, naturel, presque légitime ou justifié : entre autres textes, ces pages de 1992 (« Martin Heidegger, Politik und Geschichte im Leben und Denken ») où il justifie le ralliement au nazisme de l'auteur de « Sein und Zeit », son maître ; ou encore, l'année suivante, en pleine querelle des historiens, ces autres pages (« Streipunkte – Heutige und künftige Kontroversen um den Nationalsozialismus ») où, mi-provocateur mi-sérieux, il prophétise le jour où l'on concédera au nazisme le mérite d'avoir fait, ou tenté de faire, barrage au communisme.

Et quant au concept enfin de « noyau rationnel » de l'antisémitisme hitlérien, je crains que Revel ne soit beaucoup trop indulgent quand il veut n'y voir qu'une façon d'indiquer le point de rencontre entre la « propagande » nazie et les « aspirations » des masses allemandes : Nolte dit bel et bien que les Juifs furent les adversaires « organisés » du national-socialisme ; Nolte voit bel et bien dans telle déclaration de Chaïm Weizmann demandant, en septembre 1939, aux Juifs du monde entier de rallier la cause de l'Angleterre une sorte de « raison » ou de « fondement » à la décision exterminatrice ; et que dire enfin de telle page, passablement nauséabonde, où, dans un échange de lettres avec François Furet (« Fascisme et communisme », Plon, 1998), il ne craint pas de distinguer, dans la fantasmagorie d'un antisémitisme qui va du Moyen Âge à Hitler, la part d'« affabulation » (meurtres rituels, utilisation de sang chrétien...) et le vrai « noyau rationnel » qui part, selon lui, d'un « constat pertinent » (« monopole juif du prêt financier »...) !

Faut-il brûler Nolte ? demandait l'ami Revel. Non, bien sûr. Il faut lire et relire, au contraire, ce livre important que fut, en 1965, « Le fascisme dans son époque ». Il faut méditer les chapitres qu'il y consacrait, par exemple, au rôle précurseur de Maurras dans la genèse intellectuelle de la folie du siècle. Mais on ne pourra le faire sans avoir présente à l'esprit la dérive d'un grand esprit qui, parti du juste souci de lever les interdits qui empêchaient d'entendre l'effroyable rivalité mimétique opposant, tout au long de l'époque, les deux totalitarismes, en arrive à des considérations où l'historien cède la place à l'idéologue scabreux, ou odieux. Lire Nolte, et le combattre.

19 mai 2000.

Songes, mensonges et chevènemensonges.

Je m'étais promis de ne plus m'en prendre, ici, à Jean-Pierre Chevènement. Je m'étais dit : tant pis pour les sympathies serbes, tant pis pour les propos douteux sur Cohn-Bendit, Kouchner ou moi, tant pis pour le maurrassisme de jeunesse, le saddamisme de l'âge mûr, tant pis pour les erreurs à répétition qui font de ce personnage que j'ai connu, il y a trente ans, à la fois brillant, ardent, brûlant de rénover une gauche française vérolée par le mollettisme, une sorte de clown gris, plus pathétique que réellement méchant. Aujourd'hui, pourtant, ces déclarations sur l'Allemagne. Aujourd'hui, cette profession de foi dont on ne sait s'il faut l'imputer à une crise de folie, à un « déraillement » de l'intelligence, au goût de la provocation ou à la volonté – qui sait ? – d'affaiblir un gouvernement qui aura, dans quelques semaines, la charge de « présider » l'Europe...

Ces déclarations, tout d'abord, sont ineptes. Elles sont, quelque considération que l'on ait pour le personnage ou pour sa fonction, les propos d'un homme que l'on découvre, non sans effroi, tragiquement sous-informé sur la réalité de l'Allemagne et de son Histoire. Car enfin, comment un homme public, même moyennement cultivé, peut-il confondre le système allemand des Länder et le nazisme ? Comment peut-il nous dire, avec l'étrange assurance des cancres, que le fédéralisme, ce modèle inventé en 1949 pour se protéger du retour des démons centralisateurs et autoritaires qui furent, pour partie, à la source de l'hitlérisme, peut en être la matrice ? Comment, du fond de quelle ignorance crasse ou de quelle couche de préjugés puisés à la xénophobie antiallemande la plus vulgaire, peut-il proférer sans rire cette extraordinaire énormité qui fait du Saint Empire romain germanique l'origine du IIIe Reich ?

Ces déclarations sont perverses. Pétries de mensonge, de mauvaise foi, donc perverses. Je ne parle même pas de la mauvaise foi un peu enfantine du type que l'on prend en flagrant délit d'incontinence verbale et qui proteste : « je n'ai pas dit ce qu'on me fait dire, c'est la méchante télé qui a déformé mon vrai propos », alors qu'il a, le lendemain, devant ses militants, dans une réunion publique où il n'y avait, cette fois, pas de télévision du tout, répété mot pour mot la même ânerie. Je parle de l'autre mauvaise foi, la pire, celle qui est dans le texte même et qui accuse de n'être pas « guéri » du nazisme le ministre allemand des Affaires étrangères le plus profondément marqué, depuis la guerre, par la faute d'Auschwitz – je parle de l'incroyable arrogance qui fait que l'on prétend donner des leçons de « patriotisme constitutionnel » au pays qui en a inventé la notion ou qui, plus absurde encore, reproche son « attachement maladif » à l'idée de « nation » fondée sur le « Volk » à celui-là même des gouvernements allemands qui vient (se peut-il que M. Chevènement l'ignore ?) d'introduire les principes du droit du sol dans son Code de la nationalité et de rompre, ce faisant, avec la conception ethnique de la nation.

Ces déclarations sont irresponsables, enfin. Dangereuses et irresponsables. Car elles ne peuvent, c'est évident, qu'entamer, voire fissurer, ce fameux « noyau » franco-allemand qui est le cœur battant de l'Europe. Il y a des gens, en France et en Allemagne, qui réfléchissent aux institutions communautaires de demain. Il y a des gens qui, plus ou moins adroitement, dans l'inévitable tâtonnement de la parole qui se cherche et invente, s'emploient à refonder les principes, à relancer le libre débat européens. Il y a des hommes (Fischer, donc, mais aussi Védrine ou Jospin) qui réfléchissent à la nécessaire articulation des États-nations et des formes supra-étatiques à venir. En voici un, Jean-Pierre Chevènement, qui fait le contraire. En voici un qui, à quelques jours du cinquantième anniversaire de la déclaration Schuman de 1950, simplifie, bêtifie et casse le travail de son Premier ministre.

Le gros œil faussement étonné de Jean-Pierre Chevènement. Sa mine d'entêtement perpétuel que l'on prend pour du caractère alors qu'elle n'est, sans doute, que l'expression d'une manie obscure. Cette voix mielleuse, fielleuse, un peu trop ronde, qu'il a, comme le geste de se caresser la main pendant qu'il parle, empruntée à Mitterrand (mais au moins Mitterrand savait-il, lui, l'histoire de l'Europe et de l'Allemagne !). La répétition grondeuse, un peu radoteuse, de cette sacro-sainte référence à une « République » dont nul n'a jamais bien compris ce que, dans sa bouche, elle désigne ou vise vraiment. Jean-Pierre Chevènement, c'est sûr, est un personnage. Il a un côté vieux comédien qui ne manque pas de pittoresque. Sauf qu'il est ministre, hélas, et passe, parmi les ministres, pour l'un des proches de Lionel Jospin. Est-il permis d'observer que l'on préférerait, à cette place, voir un homme d'État qu'un personnage ? Ce que M. Jospin a fait de son autre « fléau », Claude Allègre, serait-il illogique qu'il le fît de celui-ci ? Songes, mensonges, chevènemensonges d'un trublion qui, pour le coup, fait tort à la République.

26 mai 2000.

Contre le droit à la différence. Chéreau et Bondy. Du souverainisme. Nietzsche et les nazis. Encore Renaud Camus. New York et la fin du monde. « Le miraculé » de Szafran-Domenach. La plume et le bâillon.

Presque pire que les pages antisémites de Renaud Camus et procédant d'une logique à peine moins périlleuse : la demande de ceux qui, à la télévision, voudraient voir exprimée, représentée, bref comptée, telle ou telle minorité – en l'occurrence, les Blacks. Misère de la pensée identitaire. Pauvreté de toutes les pensées qui voudraient nous enfermer dans notre supposée essence. En finira-t-on jamais avec ce faux concept, ce quasi-oxymore qu'est le « droit à la différence » ?

Patrice Chéreau annule (*Libération* du 31 mai) sa participation au Festival de Salzbourg en août prochain. Mais, honnête, il précise que cette participation était parfaitement symbolique (interprétation du rôle du récitant dans « Lelio » de Berlioz) et que sa décision eût été « peut-être différente » s'il avait dû « signer une mise en scène ». Manière de dire que la question de savoir s'il faut ou non boycotter l'Autriche reste ouverte. Manière de dire, surtout, qu'elle demeure extraordinairement complexe, impossible à arbitrer autrement qu'au coup par coup, sans arrogance ni solutions toutes faites. C'est ce que dit Gérard Mortier, le directeur du festival. C'est ce que dit, surtout, un autre grand metteur en scène dont on s'est acharné à caricaturer la position alors qu'il n'a rien fait d'autre, lui non plus, que de s'interroger sur la moins mauvaise façon de résister à Haider et de renforcer donc, sur place, le parti des nouveaux antifascistes : Luc Bondy. Pourquoi pas, à Salzbourg, dans le cadre du festival, un débat avec Chéreau, Mortier et Bondy ?

« Souverainisme » ou « droidlhommisme » ? C'est, hélas, le débat du jour. C'est, de la Tchétchénie martyre au Sierra Leone abandonné, l'alternative – odieuse, foireuse – que l'on voudrait nous imposer. Autre hypothèse, apparemment médiane mais qui n'est pas, tant s'en faut, une position de compromis : souverainisme *des* droits de l'homme ; souveraineté, oui, mais *pour* le sujet en tant que tel et en tant qu'il est, justement, porteur d'un système de droits ; tout le dispositif, en d'autres termes, de la conceptualité souverainiste – mais appliquée aux corps et âmes des grands massacres contemporains. C'est simple, finalement. C'est, ce devrait être, le principe même de nos ingérences. D'où vient que ce principe simple soit si difficile à mettre en œuvre et même à proférer ?

Il y a des vérités qui, disait Nietzsche, doivent être « dites à l'oreille », car « dites à haute voix elles ne seraient pas entendues ».

De Nietzsche encore, dans une lettre à Peter Gast, toujours la même histoire d'oreille et de voix : Beethoven était si sourd qu'il croyait faire de la peinture.

Eh oui, Philippe Lançon, nous faisons, les uns et les autres, bien de l'honneur à ce Camus-là. Et il est vrai que cet écrivain n'avait, depuis vingt-cinq ans, jamais été à pareille fête. Mais le moyen de faire autrement ? Quelle autre solution quand ledit écrivain s'avise que rien ne vaut une bonne transgression pour s'offrir un grand scandale et que, de tous les tabous à transgresser, le tabou sur l'antisémitisme est évidemment le plus sensible ? Peut-être eût-il mieux valu le « mépris rieur » dont Nietzsche – toujours lui – recommandait, dans la partie IV du « Zarathoustra », d'accabler l'imbécile qui « admet la distinction entre homme supérieur et inférieur ». Je ne sais pas. Personne ne sait. Trop tard, de toute façon.

Nietzsche et l'antisémitisme, Nietzsche et le nazisme. Un livre, celui de Jean-Pierre Faye, « Nietzsche et Salomé » (Grasset), fait le point sur cette vraie et grande question philosophique. J'y reviendrai.

Plus de « débats », dit-on. Plus de pluralité des visions, notamment politiques, du monde. Parce que la politique se meurt ? Ou parce qu'il n'y a plus de monde du tout ? Ce mot d'un ami peintre, Américain de cœur et d'adoption, qui passe, depuis trente ans, la moitié de l'année aux États-Unis : « New York n'est plus le centre du monde, mais l'épicentre de la fin du monde. »

Après les « emplois fictifs », voici les « électeurs fictifs » de la Ville de Paris. Et si c'était le système lui-même qui était devenu fictif ? Et le jeu politique tout entier ? Et Chirac ? Et Jospin ? Et leurs affrontements enfantins ? Et leurs querelles de sacristie ? C'est l'impression – douloureuse – que l'on retire de la lecture du « Miraculé » de Maurice Szafran et Nicolas Domenach (Plon), l'un des livres politiques les plus aigus de la saison.

Renaud Camus lynché ? censuré ? Martyrisé ? Qu'ils lisent, ceux qui s'inquiètent de la « violence » du sort qui lui est fait, un autre petit livre, celui de Françoise d'Eaubonne, « La plume et le bâillon », qui paraît ces jours-ci aux éditions de L'Esprit frappeur et qui évoque le destin de trois vrais écrivains maudits : Violette Leduc, Nicolas Genka et Jean Sénac.

2 juin 2000.

La leçon de Pierre Guyotat.

Vous souvenez-vous de Pierre Guyotat ? Vous souvenez-vous de « Tombeau pour cinq cent mille soldats », ce livre de rage et de gaieté, écrit au lendemain de la guerre d'Algérie ? Vous souvenez-vous de cet écrivain maudit, interdit – vous souvenez-vous de « Eden Eden Eden », cet « écrit barricade » qui eut le redoutable honneur, au début des années 70, d'être le dernier grand livre français à déchaîner contre lui les foudres de la censure d'État ? Vous souvenez-vous de *l'affaire* Guyotat – Marcellin, tout le tintouin et, en face, l'active solidarité de Barthes, Leiris, Sollers, Foucault ? Eh bien, Guyotat est de retour. Et il l'est à travers deux textes : « Progénitures » (Gallimard), une fiction de sa façon, à lire à haute voix et si possible à plusieurs voix, mais aussi un long entretien avec Marianne Alphant, « Explications » (éditions Léo Scheer), qui a l'incomparable mérite d'être une vraie introduction à l'œuvre.

Première surprise de ce second texte. Guyotat est vivant. Bien vivant. Cet homme dont les amis savaient qu'il a traversé l'extrême maladie, frôlé la mort, cet écrivain qui était, disait-on, mort à lui-même et qui, de dépression en coma, de salles de réanimation en septicémies, semblait être allé au bout du dérèglement de tous les sens et n'avait rien donné depuis seize ans, cet homme-là, cet emmuré vivant, ce miraculé, nous dit à deux reprises que sa vie n'est pas finie, qu'elle ne fait même que commencer ; il veut vivre, il va vivre – il a tant écrit ! il lui reste à écrire encore et à vivre ce qu'il aura écrit ! il lui reste, ce spectre, à « récupérer » joyeusement son « je » et à faire bouger ses mains « autrement que sur un clavier » !

Deuxième surprise. Une extraordinaire méditation sur la langue, l'écriture, ce que parler veut dire, le double miracle conjoint de la production d'une œuvre et d'un corps, le texte comme geste, le *gexte*, l'éloquence au poste de commande, le fait que la métrique, le rythme syllabique, le calcul des pieds et des silences, bref, la musique, décident de la direction d'une fiction – le goût, encore, du verset et du chant, la Bible et sa nostalgie, le pouvoir intégrateur du roman et sa capacité à avaler toutes choses : le monde n'est pas fait, non, pour aboutir à un beau livre mais, quand un écrivain est dans le livre, quand il habite véritablement sa langue, ce sont les panneaux publicitaires, les titres des journaux, les menus au restaurant, le courrier que l'on reçoit, les indicateurs de chemin de fer, tout l'intarissable et prosaïque murmure du monde, qui entrent dans le roman, sonnent comme du roman, épousent le cours du roman. Quel écrivain ne se reconnaîtrait dans cet autoportrait ? Cela ne nous change-t-il pas des variations convenues sur le monde, l'œuvre, leurs mutuelles contaminations ?

Troisième surprise enfin, troisième bonheur de lecture. Ce provocateur, ce blasphémateur, cet écrivain sacrilège par excellence, cet apôtre de la subversion et de l'apostrophe généralisée, cet émeutier des mots, ce concentré vivant d'obscénité qui n'a jamais conçu la littérature que comme défi à la morale et crime contre l'esprit, cet *écritueur*, ce sauvage, consacre de belles pages à évoquer le visage d'une mère qui lui enseigna, enfant, le culte de la Résistance française et d'autres, un peu plus loin, où, entre deux méditations sur la loi des massacres en Algérie et celle de l'esclavage en Amérique, il évoque les images « sacrées » du ghetto de Varsovie et de la Shoah, ces témoignages d'une épouvante qui touche à « l'absolu » et qu'on ne devrait produire que « très rarement », comme on le fait du « saint suaire de Turin ». À méditer par tous ceux qui, ces jours-ci, voudraient nous voir confondre avant-garde et cynisme, transgression littéraire et politique, le goût de briser les tabous et celui de l'ignominie. À mettre entre les mains de tous les nigauds qui confondent, ou feignent de confondre, les droits de l'écrivain et ceux, par exemple, d'un antisémitisme bon chic bon genre.

Ajoutez des réflexions éparses sur les ruses d'une gloire – ou d'un désir de « postérité » – qui ne sont qu'une autre façon de faire disparaître les écrivains de leur vivant. Une méditation étrange sur cette catastrophe moderne qui veut que toutes les « idéologies de la grandeur », toutes les tentatives de « penser grand pour l'homme », ont tourné court au XXᵉ siècle. Des pages sur la prostitution, son abomination et le fait, en même temps, qu'elle fut la matière pour certains – Baudelaire, Bataille... – d'une authentique expérience intérieure. Ajoutez encore, pêle-mêle, une réflexion sur le repentir en littérature, une autre sur l'inachèvement des « Grandes baigneuses » de Cézanne, une brève notation sur la réalisation libérale du rêve égalitaire marxiste ou un portrait de Le Pen, « ce gros bébé ridicule qui ne cesse de vagir, qui est horriblement malheureux et qu'il faut bien sûr empêcher de grandir ». Autant de raisons de découvrir ou redécouvrir Guyotat. Autant de raisons, pour les lecteurs les plus jeunes, de courir à la rencontre d'un écrivain qui nous dit que la littérature est aussi affaire de morale.

9 juin 2000.

Qui était vraiment Hafez el-Assad ?

Ainsi donc, Jacques Chirac aura été le seul chef d'État occidental à se rendre aux funérailles de Hafez el-Assad. Face à ce geste étrange, face à cette démarche incroyable, incompréhensible à ses amis autant qu'à ses adversaires, face à ces images – car nous avons vu, hélas, les images – d'un président de la République française venant honorer, seul de son espèce, la dépouille d'un des pires dictateurs de la fin du XXe siècle, face aux images, oui, de ce visage grave, ostensiblement recueilli, comme on l'est aux obsèques d'un très proche ami, on hésite entre la consternation, l'incrédulité, la gêne – et on se contentera, dans le doute, de rappeler les faits.

1. Hafez el-Assad, tous les vrais amis de la Syrie le savent, fut un chef politique impitoyable, sans scrupules ni principes, dont le pouvoir n'a pu tenir qu'au prix d'une terreur sans égale dans le monde arabo-musulman. Arrestations arbitraires et disparitions, omniprésence des Moukhabarat, les redoutables services secrets syriens, tortures, enlèvements, exécution sommaire des opposants, la loi martiale et l'état d'urgence pendant trente-sept ans, un culte de la personnalité aussi pesant que grotesque, des consultations électorales qui plébiscitent à 99,9 % le « dirigeant suprême » et, aujourd'hui encore, alors que le régime, depuis la guerre du Golfe, était censé s'être « assagi » et « libéralisé », deux mille prisonniers politiques qui, souvent sans jugement ou à l'issue de procès truqués, croupissent dans des geôles infâmes : tel est le vrai prix payé par le peuple syrien pour les rêves de grandeur de son « raïs » ; tel est, selon toutes les organisations de défense des droits de l'homme, le vrai bilan de celui que l'on appelle si joliment, en Occident, « le Bismarck du monde arabe »...

2. Hafez el-Assad était un massacreur. Un vrai. C'était un authentique boucher, égal des Milosevic ou des Poutine, bien pire qu'un Pinochet ou un fasciste argentin d'autrefois – c'était un assassin de masse qui n'a jamais hésité à écraser dans le sang toutes les velléités de révolte contre lui ou contre son régime. Un cas parmi d'autres : au début des années 80, en riposte au putsch manqué qui faillit lui coûter la vie, le « massacre des prisons » de Palmyre (six cents victimes, toutes des prisonniers politiques, exécutés de sang-

froid, à l'arme blanche ou à la grenade, par des unités d'élite de l'armée syrienne). Un autre : deux ans plus tard, à Hama, cette ville, au nord de Damas, qui avait le malheur d'être le fief des Frères musulmans, une « opération de police » d'un genre assez spécial, dont il est proprement inconcevable que nous n'ayons pas, en Occident, mieux gardé le souvenir (aviation, artillerie, le cœur historique de la ville rasé au canon, entre dix et vingt mille tués selon les estimations – l'équivalent, en trois semaines donc, des morts du siège de Sarajevo). D'autres exemples ? Le Liban. L'interminable martyre du Liban avec cette succession de ruines, dévastations de toutes sortes, meurtres en série, où certains ont le culot de voir une forme de « pacification »...

3. Hafez el-Assad était un terroriste enfin, un très redoutable et très puissant terroriste international, dont le régime a été longtemps inscrit, à ce titre, sur la liste noire du Département d'État américain. Jacques Chirac a-t-il oublié l'assassinat du chercheur Michel Seurat et celui de Bachir Gemayel ? a-t-il oublié l'ambassadeur de France Louis Delamare, assassiné, lui aussi, à l'ombre de la toute-puissante armée syrienne ? a-t-il oublié, deux ans plus tard, l'attentat du commando suicide qui coûta la vie aux cinquante-huit soldats du contingent français de la force multinationale à Beyrouth ? a-t-il oublié l'affaire du poste de radio piégé qui manqua être embarqué, avec la complicité de l'ambassade syrienne à Londres, dans un Boeing d'El Al au départ de Heathrow ? et puis de qui se moque-t-on surtout quand on prétend aller parler de « paix » dans la capitale arabe qui a longtemps abrité, et qui abrite encore, les QG politiques et militaires de celles des organisations palestiniennes – Ahmed Jibril, Abou Nidal... – qui sont le plus hostiles à l'idée même d'un compromis ? S'il y a bien eu, au Proche-Orient, *un* obstacle à la paix, ce fut, jusqu'à la toute dernière

heure, ce parrain du Hezbollah et des pires extrémistes arabes – Hafez el-Assad...

Non, Jacques Chirac ne peut pas avoir oublié tout cela. Pas plus qu'il ne peut avoir oublié – c'est lui-même qui le rappelait, il y a deux ans, lors de la visite d'État d'Assad à Paris – la longue présence à Damas d'Aloïs Brunner, l'ex-nazi traqué par les époux Klarsfeld. Pas plus, encore, qu'il ne peut avoir ignoré qu'il cautionnait, par sa présence lors de cette cérémonie d'obsèques, la vassalisation syrienne de ce pays libre, protégé depuis un siècle par la France, que fut le Liban. Alors ? Alors, il faut espérer que le président de la République savait ce qu'il faisait en donnant ce gage terrible aux ennemis de la démocratie dans le monde arabe. Auquel cas il serait à la fois digne et utile qu'il fasse connaître – aux Français ? à leurs représentants ? – les vraies raisons de son geste.

16 juin 2000.

Abolir la loi Gayssot ? Messier et Lescure contre le provincialisme français. Sollers et les bien-pensants. Le « De Gaulle » de Zagdanski. Pierre Brossolette, ce héros.

La loi Gayssot. Celle qui dit du racisme, et de l'antisémitisme, que ce ne sont pas des « opinions », mais des délits. Ce sont, me rappelle un grand sartrien, les mots mêmes de Sartre dans les « Réflexions sur la question juive ». Et c'est donc, à la lettre, une loi d'inspiration sartrienne. Serais-je donc, puisque hostile, par principe, à la censure, opposé à cette loi sartrienne ? Serais-je, puisque opposé à l'idée même d'interdire le livre de l'antisémite Renaud Camus, prêt à prendre la tête d'une « croisade » pour l'abolition de la loi Gayssot ? Prendre la tête, sûrement pas – question de goût, de dégoût et, au fond, de désir. Mais demander, avec d'autres, la révision des textes, plaider pour que la guerre à la bêtise ne passe qu'en tout dernier recours par les tribunaux et les juges, souhaiter que soient enfin accessibles, par exemple, les pamphlets antisémites de Céline, oui, sans doute – sans joie, sans enthousiasme, mais sans doute.

Je ne connais pas grand-chose à l'économie. Ni, encore moins, à toutes ces affaires d'OPA, OPE, qui défraient la chronique depuis des mois. Mais enfin... Quand des patrons français, en l'occurrence Jean-Marie Messier et Pierre Lescure, s'ouvrent au vent du large, quand, las de voir la culture et, notamment, le cinéma vivre dans la soumission aux grandes entreprises américaines, ils forcent le destin, inversent l'ordre prescrit des choses et partent à l'assaut d'une des entreprises en question, quand ils contribuent, en d'autres termes, à dépoussiérer le capitalisme national pour lui forger un dessein à l'échelle du monde et quand le « marché » les sanctionne si brutalement, qui a raison ? Eux ou le marché ? L'audace des uns ou la pusillanimité franchouillarde des autres ? Le pari sur une France ouverte, ou l'increvable provincialisme hexagonal ?

De qui, me demande un lecteur, la formule : « Quand j'entends le mot Lévy, je sors mon revolver » ? De Paul Thibaud, ancien directeur de la revue *Esprit*. Et c'est Marcelin Pleynet, le rédacteur en chef de *L'Infini*, qui la rapporte dans son « Journal ». *Esprit* face à *L'Infini* : un assez bon partage, finalement. Une des assez bonnes façons de se repérer dans l'espace intellectuel français d'aujourd'hui.

« Les nouveaux bien-pensants », dit Sollers à la une du *Monde* à propos du décidément interminable feuilleton Renaud Camus. Un des mérites, tout de même, de l'affaire : nous rappeler qui est qui, qui pense quoi, et où précisément se tient chacun – une espèce de revue de détail, ou de répétition générale, qui permet à chacun de se mettre au clair avec ses propres réflexes. Dans le cas de Sollers, depuis que je le connais – vingt-cinq ans ! –, le même antifascisme de principe.

Le très beau livre de Stéphane Zagdanski (« Pauvre de Gaulle », Pauvert). Injuste, certes. Souvent faux. Parfois odieux. Mais très beau. Éminemment risqué. Avec cette façon de mettre le doigt sur le point aveugle de la politique française depuis soixante ans : de Gaulle et Pétain, la « sourde estime » du premier pour le second, ses textes si troublants sur le « douloureux courage » de ceux qui, comme Joseph Darnand, se laissèrent séduire par « ce que le national-socialisme pouvait avoir de doctrinal » – la proximité si étrange entre deux visions de la France puisées, dit Zagdanski, aux sources mêmes du barrésisme et du maurrassisme. Pourquoi cet acharnement, demande-t-il, à dire de Vichy qu'il fut « nul et non avenu » ? Pourquoi cette volonté de faire comme s'il n'avait pas été et, selon la formule célèbre, de le rayer donc de notre Histoire ? Peut-être, répond-il, à cause de ces valeurs partagées. Peut-être à cause de cette idée puisée, cette fois, chez Péguy d'une « double mystique » – la « mystique (c'est de Gaulle qui parle, le 4 mai 1943, à la radio) de la croix de Lorraine » et celle du « vieux maréchal ». Tout le mystère, évidemment, est là. Comment l'affinité idéologique a pu programmer des politiques aussi profondément adverses, comment, à partir des mêmes barrésisme, maurrassisme, péguyisme, etc., l'un a pu conclure qu'il fallait se soumettre et l'autre qu'il convenait de se battre, comment et pourquoi, autrement dit, naissent, dans une âme et un corps, les justes réflexes, c'est ce que Zagdanski se refuse à expliquer ; c'est ce dont, compte tenu de son parti pris, il est incapable de rendre compte ; et c'est la raison pour laquelle l'admirateur que je suis de l'homme du 18 Juin et de son geste trouve ce livre, quoique beau, « injuste, souvent faux, et parfois odieux »...

À lire, parallèlement à celui de Zagdanski, le livre de Guillaume Piketty, « Pierre Brossolette, un héros de la Résistance » (Odile Jacob). Où l'on voit ce que le gaullisme a pu signifier – courage, esprit de révolte – aux yeux d'un jeune antifasciste de 1941. Et où l'on voit les limites de toutes les explications en termes d'idéologie – fût-elle « française »... — lorsque l'on est confronté à l'énigme d'une résistance concrète. Au-delà de l'idéologie ? Le réflexe, et encore le réflexe.

23 juin 2000.

Levinas à Jérusalem.

Quelques jours à Jérusalem pour, avec Alain Finkielkraut et Benny Lévy, l'ancien secrétaire de Sartre passé, selon la formule consacrée, « de Mao à Moïse », jeter les bases d'une société de pensée placée sous le signe d'Emmanuel Levinas. Pourquoi Levinas ? Pourquoi Jérusalem ? Pourquoi, dans cet espace à haute tension qu'est devenue la société israélienne, dans la compagnie de deux intellectuels dont tant de choses me séparent – ne serait-ce, avec Finkielkraut, que la navrante « affaire Renaud Camus » –, envisager aujourd'hui un « Institut Levinas » ?

Levinas fut un ami d'Israël. Comme Jankélévitch, comme Buber, comme Gershom Scholem, comme tant d'autres, il n'a cessé, sa vie durant, de dire son émerveillement face à la « noble aventure », au « risque de chaque jour », que fut la construction de l'État juif. Mais il ne fut pas pour autant, à proprement parler, « sioniste ». Il ne crut jamais que l'enracinement dans une terre, et dans la forme canonique d'un État, fût la seule façon, pour le judaïsme, d'accomplir son destin au XXᵉ siècle. Il n'accepta jamais l'idée, autrement dit, qu'un retour en Terre sainte puisse et doive effacer l'autre tradition liée, dans la mémoire juive, à l'expérience millénaire de l'exil. Jérusalem, expliquait-il, est une idée autant qu'une ville. C'est une région de l'être autant que du monde, une catégorie de l'âme autant que la belle couronne, sertie dans la montagne, qui sert de capitale à une nation. Manière d'exhorter à plus d'humilité les amants de la pierre et du lieu. Manière de rappeler aux tenants du « politique d'abord » comme à ceux d'une « révolution spirituelle » ne trouvant à s'incarner que dans des sources ou des bosquets sacrés qu'être juif se dit en plusieurs sens et qu'il y a un sens, aujourd'hui encore, à se réclamer du judaïsme de Jérémie, Rachi, le Maharal de Prague et même – pourquoi pas ? – Spinoza...

Levinas était un philosophe juif. Il l'était éminemment. Et nul n'ignore que les commentaires bibliques et talmudiques, les exégèses inspirées des vieux grimoires de la Torah occupent une place centrale dans l'ensemble de son œuvre. Mais il était aussi un philosophe tout court. Autant que de « Monsieur Chouchani », le maître vénéré qui lui enseigna l'art de lire et aimer la Gemara, il était le disciple de Husserl, Bergson, Heidegger, Descartes et Platon. Et s'il y a une originalité de Levinas, s'il y a une « situation » – au sens baudelairien, donc sartrien – de l'auteur de « Difficile liberté », elle est à l'exact point de rencontre de ces deux grands héritages que sont les héritages phénoménologique et talmudique. Traduire l'hébreu en grec et le grec en hébreu, croiser l'esprit du verset et celui du dialogue et du traité, ne jamais renier Heidegger sous prétexte que l'on se met à l'écoute de la parole de Zacharie ou d'Isaïe, voilà tout le sens de l'entreprise – voilà l'originalité d'une pensée qui s'est toujours refusée à sacrifier Athènes à Jérusalem, ou l'inverse. La Bible plus les Grecs ? L'Europe, disait-il. Très exactement l'Europe. En quoi il fut – et demeure – l'un des pères de l'esprit européen moderne.

Levinas, enfin, était un penseur pétri d'« esprit religieux ». C'était un Juif à l'ancienne, qui écrivit de belles pages sur le messianisme, le sens du prophétisme, ou bien encore sur le rite, cet élan brisé ou retenu, dont il lui est arrivé de murmurer que ses contemporains ne pouvaient ignorer la prescription. Sauf que c'était aussi quelqu'un pour qui le cœur du judaïsme était dans la morale autant que dans le religieux, ou pour qui, plus exactement, le propre de ce religieux-là, sa spécificité dans la longue histoire des paroles saintes, tenait à la très étrange torsion qu'il imprime à l'idée même de sainteté : autant que le souci de Dieu, celui de l'homme ; avant le regard vers le Plus Haut, le regard vers l'autre homme, son visage nu, la dette infinie qu'il signifie ; une optique qui ne fonctionne, si l'on préfère, que parce qu'elle est aussitôt une éthique et qu'elle conçoit le divin, non comme une incitation à être juste, mais comme l'institution même d'une justice entre des sujets concrets, vivants, bouleversants. Que vaut, face à cela, le furieux débat qui oppose, en Israël et ailleurs, les « laïcs » aux « religieux » ? Y a-t-il meilleur antidote à la sottise de ceux qui, dans la ville même où elle devrait n'avoir plus de sens, veulent raviver la guerre juive de l'esprit et de la lettre, de la mystique et de la supplique ?

Voilà ce que nous sommes allés, avec Benny Lévy et Alain Finkielkraut, dire à Jérusalem. Voilà les idées simples qu'il faudra, au fil des mois, avec d'autres, et par-delà, j'y insiste, les désaccords philosophiques ou politiques, continuer de développer dans l'ombre immense de Levinas. Jérusalem ville ouverte. Jérusalem la ville du monde où, disait Chateaubriand, mais ce pourraient être les mots de Levinas, les pierres parlent « toutes les langues ». Lire et relire Levinas. Le lire en Israël, mais en français et traduit, un jour, en hébreu. Universalité, lumières, *génie* du judaïsme.

30 juin 2000.

Jean-Jacques Schuhl, roman.

C'était le temps du Palace et des années de plomb en Allemagne. C'était la fin du warholisme à New York, le zénith d'Yves Saint Laurent à Paris et c'était le moment où, dans un brouillard de poudre blanche, partaient les premiers morts du sida. Il y avait là un jeune écrivain, Jean-Jacques Schuhl, qui mettait son point d'honneur à ne publier, en bon dandy, que des textes rares, presque infimes – « stances ou sonnets », aurait dit Mallarmé, « cartes de visite » adressées aux « vivants » pour « n'être point lapidé d'eux », un bref manifeste par-ci, un texte de chanson par-là et, pour le reste, une sorte d'Arkadin littéraire moins soucieux de construire une œuvre que d'effacer avec méthode les maigres traces que, malgré tout, il pouvait être tenté de laisser. Est-ce lui, alors, qui a changé ? L'époque ? Une femme, Ingrid Caven, à laquelle il aurait voulu adresser la plus éclatante des lettres d'amour ? Toujours est-il que le dandy nous revient, presque vingt-cinq ans après, avec ce livre qui s'intitule simplement « Ingrid Caven ». Une « vie » de Caven ? Une « bio » de cette actrice et cantatrice qui fut, aussi, la femme de Fassbinder ? Non. Un roman. Un vrai roman. Ou, mieux, un roman vrai dont l'auteur prévient d'emblée : tout y est exact, fondé sur des documents inédits – tel Rossellini selon Rohmer, il n'aura eu, lui, d'autre génie que le « manque d'imagination »...

« On sait aujourd'hui, grâce au cinéma, le moyen de faire arriver une locomotive sur un tableau », notait déjà Breton, en 1924, au moment de la première exposition de collages de Max Ernst. Les locomotives de Schuhl, ici, s'appellent le chapeau de Bette Davis ou le calot à pompon de Fassbinder. Le yacht de Mazar, alias Jean-Pierre Rassam, le producteur mythique de Jean Eustache, ou les rouleaux de billets qu'il glissait aux concierges d'hôtels pour se faire raconter les secrets des clients. Ce sont les limousines où Fassbinder se prenait pour Bogart ou James Cagney. Et c'est encore, retrouvée au pied de son lit et reproduite telle une relique, la page où il avait numéroté de 1 à 18 les grandes stations de la vie d'Ingrid Caven telle qu'il aurait pu la filmer. Mais le principe est le même. Celui d'un collage systématique. D'un photomontage généralisé. Celui d'un roman où l'on a le sentiment que c'est la vie qui imite l'art, la littérature qui avale le réel et l'« universel reportage » qui devient la matière du récit. Tout est vrai dans ce livre. Et tout y semble rêvé. Comme si le principe du collage, le fait de prendre appui sur ces grands morceaux de réel, ces clichés, permettait d'aller forer dans l'autre zone : celle dont il n'y a, normalement, pas d'images, encore moins de souvenirs ; celle, non de la mémoire, mais des trous de mémoire ; celle que l'on a traversée en somnambule et que la littérature seule a le pouvoir d'éclairer. Les années 70 ? Oui. Mais pas seulement. Un roman sur maintenant. Un mélange de temps retrouvé et d'envers de l'histoire contemporaine. Dietrich et Hemingway... Le bal des pendus et des pantins dans l'Italie des années corrompues... Une petite fille qui chante en 1943, au bord de la mer du Nord, pour les soldats de Hitler... La même, cinquante ans plus tard, à Jérusalem... Raconter une époque, c'est facile. Raconter son principe et son secret, la force qui fait tenir ensemble tous ces moments qui, épars, seraient comme des songes, ou des mirages, ou des textes qu'effacerait la lumière trop vive du jour, c'est une tout autre histoire et c'est ce que, pourtant, a magnifiquement réussi Jean-Jacques Schuhl.

De son livre on dira aussi – on a déjà dit – que c'est un livre triste et nostalgique, un exercice de mélancolie, une sorte de kaddish pour âges révolus avec squelettes blafards, fantômes qui parlent aux fantômes, sanglots profonds, langueurs, et le parfum doucement navré des résurrections réussies. Rien de plus faux. Car c'est un livre gai. C'est un livre d'une allégresse, d'une légèreté et, donc, d'une vitalité extraordinaires. Et c'est un livre qui, s'il est monté comme un film, s'écoute comme de la musique – fugue, jazz, féerie pour une autre fois, rythmes endiablés, dialogues-rigodon, Patti Smith et Lou Reed. On se rappellera longtemps le cercueil vide de Fassbinder. La scène où Ingrid Caven manque se laisser enlever par un émissaire, mystérieux et cocasse, de la bande à Baader. Ou bien encore, pêlemêle, les conversations entre la diva et sa robe de scène ; les histoires de trafics de voix et de cordes vocales qui enchantent Charles, le narrateur ; Mazar, dont l'extravagance baroque fournit au livre quelques-uns de ses moments les plus désopilants ; ou bien la page, enfin, où le double de Schuhl s'avise que les années 70 ont disparu – volatilisées, oui ; parties en fumée ; « au secours, chef ! plus rien dans les radars ! les seventies ont chuté dans une taille, une crevasse du temps, un trou noir ! » Il y a bien des Atlantides, n'est-ce pas ? des continents engloutis ? pourquoi n'y aurait-il pas des périodes entières ensevelies, déportées dans une autre temporalité ? On rit dans « Ingrid Caven ». On rit d'un bout à l'autre de cette histoire scintillante, servie par une écriture sèche, sans métaphores ni emphase. Loin de la rhétorique dépressive où l'on essaiera peutêtre de l'enfermer, un chef-d'œuvre de liberté et de joie.

8 septembre 2000.

L'Europe face à l'Autriche ? Persister et signer. Surveiller sans punir.

Est-il si sûr que le « rapport des sages » recommandant la levée des sanctions contre l'Autriche soit une « victoire » de Haider et un « désaveu cinglant » pour la France de Chirac et Védrine ?

1. Le rapport en question, contrairement à ce qui s'est écrit un peu partout, n'équivalait en aucune façon à un blanc-seing donné au populisme. Il parlait d'« extrémisme ». Il relevait des cas de « propagande anti-immigrés », voire un climat de « xénophobie », rendus possibles par l'agitation des activistes du FPÖ. Il évoquait la tendance croissante, notamment impulsée par le ministre de la Justice Dieter Böhmdorfer, à une criminalisation des opposants qui n'est pas dans les habitudes, que l'on sache, des régimes démocratiques. Bref, il confirmait bel et bien, dans toute une série d'alinéas que la presse autrichienne, mais aussi, et c'est plus étrange, une partie de la presse française, a cru bon de passer sous silence, la légitimité de l'émoi ressenti, dès le premier jour, par la « société civile » viennoise en face d'un régime qui, s'il n'est pas qualifié de « fasciste », est très clairement désigné comme un adversaire potentiel des « valeurs communes de l'Europe ». Il y a, dit le rapport, un danger. Que ce danger ait été, jusqu'ici, endigué n'implique ni qu'il n'ait pas existé ni qu'il ait cessé de menacer. Et les partenaires de l'Autriche ont eu raison de prendre, France en tête, des mesures de prévention et de défense.

2. Ce rapport ne disait pas non plus que Chirac, Védrine, les Belges, les Portugais se seraient trop vite emballés, qu'ils auraient choisi des mesures mal adaptées et que c'est le principe même des sanctions qui était illégitime ou nocif. Il disait que les sanctions ont été utiles, au contraire. Il disait, ou sous-entendait, que c'est parce qu'il y a eu sanctions, parce qu'elles ont pesé comme une bonne et juste menace sur un gouvernement dominé par « un parti populiste de droite aux caractéristiques extrémistes », parce qu'elles l'ont contraint, ligoté, mis au défi ou en demeure de produire à tout instant les preuves de sa bonne conduite, bref, parce que le gouvernement Schüssel a été mis, aussitôt, « sous surveillance » d'une Union européenne exigeante et vigilante, que l'Autriche a évité le pire. Il

ajoutait simplement qu'il y a un temps pour chaque chose et que, d'utiles qu'elles ont été, les sanctions pouvaient devenir « nuisibles » et qu'il fallait, au nom des mêmes principes qui les ont fait établir, songer maintenant à les lever. Pas de doctrine, autrement dit, pro ou anti-sanctions. Pas de position de principe sur le caractère fondamentalement contre-productif d'une ingérence dans les affaires intérieures d'un État membre de l'Union. Mais une analyse stratégique qui disait en substance : il a fallu des sanctions ; maintenant, il n'en faut plus ; car la lutte anti-Haider doit passer à une seconde phase avec création – je cite – de « nouveaux mécanismes » de « surveillance et évaluation » des éventuels dérapages antidémocratiques.

3. Pourquoi enfin, en vertu de quel singulier masochisme, laisserions-nous dire que cette levée des sanctions signe le triomphe du seul Haider ? J'ai entendu, moi, un homme développer, dès février, une analyse du type de celle des trois sages et demander, comme eux, la levée de sanctions auxquelles il ne croyait déjà pas. Cet homme, ce n'était pas Haider. C'était Ariel Muzikant, président des communautés juives d'Autriche. Et nous nous trouvions sur Heldenplatz, face à la foule des trois cent mille jeunes gens venus huer le FPÖ et porter, dans la joie, les couleurs de « l'autre Autriche ». Muzikant avait-il tort ou raison ? Il exprimait l'avis d'une large fraction de l'opinion qui, tenant pour acquis qu'on ne pouvait pactiser avec un parti entretenant avec le passé hitlérien de si troubles relations, pensait, dès cette époque, qu'il y avait d'autres moyens de l'isoler et de le combattre. C'est à eux que les sages donnent, à la limite, raison. C'est cette frange de l'opinion autrichienne qui serait, à tout prendre, en droit de pavoiser. Ce rapport des sages, c'est la victoire, si victoire il doit y avoir, de Muzikant, pas de Haider.

Bref, il faut beaucoup de mauvaise foi, ou de frivolité, pour voir dans ce rapport l'appel à une révision déchirante de la politique adoptée jusqu'à présent. Il plaide, et c'est tout différent, pour un affinement de cette politique. Il invite, et c'est de bonne guerre, à l'adaptation d'un cadre dont on ne voit pas, en effet, pourquoi il resterait immuable. Il nous assigne enfin, et c'est l'essentiel, d'autres rendez-vous qui seront la vraie mesure, pour le coup, de notre « réussite » ou de notre « échec ». Le 28 octobre, à Vienne, où l'opposition démocratique prépare sa grande manifestation nationale contre l'axe Haider-Bossi, le leader de la Ligue du Nord en Italie. Ou le 10 du même mois, où c'est Haider lui-même qui viendra, dans son fief de Klagenfurt, en Carinthie, célébrer, à grand renfort de haine, d'attaques personnelles, d'injures et de provocations antifrançaises, la prétendue « victoire de l'Autriche sur l'Europe ».

15 septembre 2000.

Si Pivot arrête vraiment... Jospin, Blair et les camionneurs. George Steiner pour Jack Lang. Poivre d'Arvor est-il moderne ? Depardieu au service de Racine. La dernière victoire de Le Pen ? Pasolini, le « luthérien ». Jérusalem comme une impasse.

Du maire de Nice, un certain Peyrat, à qui on demandait d'intervenir en faveur d'un réfugié kosovar : « J'ai suffisamment ma dose de peuplades musulmanes sans souhaiter l'augmenter. » Goethe disait que même Dieu ne pouvait rien contre la bêtise humaine.

Avec Pivot, c'est tout un art qui risque de disparaître et que l'on appellera, faute de mieux, l'art de la conversation littéraire. Byron célèbre en une nuit, grâce à l'éclat de deux reparties. Cocteau qui se donnait autant de mal, disait-on, pour mettre au point une anecdote que pour ajuster une rime. Et Berl. Et le jeune Proust. Et puis tous ces écrivains qui, depuis vingt-cinq ans, d'« Apostrophes » à « Bouillon de culture »...

Jospin cède aux camionneurs : il baisse dans les sondages. Blair tient bon : il baisse, aussi, dans les sondages. Situation assez rare où deux démocraties sont aux prises avec le même problème, où elles apportent à ce problème deux réponses diamétralement opposées – et c'est, dans l'opinion, le même trou d'air politique. Que demande le peuple ? Et s'il ne s'agissait justement plus de pétrole, de taxes, de transport, etc. ?

À l'attention du ministre de l'Éducation nationale, Jack Lang, à l'attention, surtout, de ceux qui, dans son entourage, tentent de repenser le statut, la dignité et la formation des maîtres, cette anecdote que raconte George Steiner. Deux choses à vous dire, lance-t-il aux étudiants de Harvard qui, au lendemain de Mai 68, le chahutent. Primo, je sais tout, vous ne savez rien. Secundo, j'ai juré devant Dieu de tout faire pour renverser la situation en votre faveur.

Vos idées personnelles ? demande un journaliste qui m'interroge sur le nouveau choc pétrolier et à qui je réponds par des considérations sur le concept de « puissance » chez Nietzsche et Heidegger. Pas d'idées personnelles, je lui dis. C'est une affaire trop sérieuse, la pensée, pour être laissée aux seules personnes.

Si Poivre d'Arvor était « moderne », il intitulerait son livre « PPDA roman ». Ou « 120 francs ». Comme il n'est pas « moderne », comme il joue sa partie à l'ancienne et que son registre est, paradoxalement, celui de la distance et de la pudeur, il fait juste le contraire et situe son nouveau roman, « L'irrésolu », dans un XIXe siècle qui voit naître l'anarchisme et la grande presse. Statut de ces écrivains qui dessinent leur autoportrait à l'envers et vont le plus loin possible chercher ce qui leur est le plus proche ?

On peut penser ce que l'on veut – dans mon cas, plutôt du bien – du « Bérénice » diffusé la semaine dernière par Arte et interprété par Depardieu et Carole Bouquet. Mais il y avait dans le geste même, il y avait dans le fait que l'un des plus grands acteurs français vivants s'empare ainsi du chef-d'œuvre de Racine et mette en jeu son poids, son crédit, tout son formidable corps et sa frénésie d'incarnation pour l'imposer de la sorte à une heure de très grande écoute, il y avait, oui, dans le spectacle même de ce corps en métamorphose perpétuelle qui semble n'en plus vouloir finir de prendre la forme de Monte-Cristo, Obélix, Jean Valjean et, maintenant, Titus, quelque chose de très beau, de très émouvant – et qui, à soi seul, mérite le respect.

Trois nouveaux Cubains déboutés de leur demande de droit d'asile en France et renvoyés, illico, dans les geôles de Castro. Toujours, pour celui-ci, la clause de la dictature la plus favorisée ?

Mathieu Lindon condamné en appel pour son roman sur Jean-Marie Le Pen. L'affaire fait moins de bruit – alors qu'elle est infiniment plus grave – que l'interdiction de « Baise-moi ». Pourquoi ?

Cette campagne pour le quinquennat est un festival de non-dits. Comment n'y réagirions-nous pas par un gigantesque non-vote ?

Dans les « Lettres luthériennes » de Pasolini, rééditées ces jours-ci, ces mots qui visent la « jeunesse » de l'époque mais semblent écrits exprès pour un certain cinéma d'aujourd'hui : « rhétorique de la laideur »... « championnat du malheur »... « s'appliquer à ne pas rayonner »...

Un ministre de Barak : « nous sommes, avec les Palestiniens, d'accord sur l'essentiel ; ne reste à régler que la question de Jérusalem ». La phrase n'a aucun sens. Car cette guerre israélo-palestinienne, qu'est-ce d'autre que, précisément, une guerre pour Jérusalem ? une guerre de messianismes, d'eschatologies concurrentes – une guerre pour l'appropriation de la Ville sainte et pour cela seulement ?

Être soi, dit toute une tendance de la littérature contemporaine. Soit. Mais quel soi ? Et si soi n'existait pas ? Et si c'était plus compliqué que cela, et beaucoup moins intéressant, de savoir le soi que je suis ? J'y reviendrai.

22 septembre 2000.

Strauss-Kahn bouc émissaire.

Dans la petite histoire de l'infamie, la journée du lundi 25 septembre et la façon dont, ce jour-là, toute une partie de la classe politico-médiatique aura traité Dominique Strauss-Kahn seront à marquer d'une pierre blanche. Car enfin, que l'ancien ministre de l'Économie et des Finances ait été, dans cette affaire de « cassette », d'une incroyable légèreté et qu'il ait, ce faisant, donné prise au soupçon est une chose. Mais c'en était une autre de déclencher contre lui, sur la foi de soupçons justement, c'est-à-dire d'indiscrétions vagues, de ragots, d'informations non vérifiées et qui se dégonflaient à mesure que passait la journée, cette hallucinante curée médiatique. « Turpitude », cria l'un... « Couper le bras pourri », hurla l'autre... « Plus fréquentable », dit le troisième... « Une honte pour le PS », gronda le quatrième, « indigne d'être membre de notre parti »... Et celui-là encore, Henri Emmanuelli, pour ne pas le nommer – mais si ! il faut le nommer !

car il devrait connaître mieux que personne, lui, la logique terrible du bouc émissaire – : « je demande qu'on fasse le ménage »... On s'émeut, çà et là, du climat « délétère », des relents « nauséabonds », de l'« odeur pestilentielle » dans laquelle baignerait cette précampagne présidentielle. C'est vrai. Mais c'est, aussi, la pestilence de la curée. C'est l'odeur âcre et, malheureusement, trop bien connue de la meute lâchée contre l'un des siens. Strauss-Kahn le pelé. Strauss-Kahn le galeux. Strauss-Kahn ou le mouton noir que l'on écarte du troupeau. Tous innocents, disent-ils, tous merveilleusement vertueux – sauf Strauss-Kahn...

Car que reproche-t-on, au juste, à Strauss-Kahn ? Est-ce d'être responsable de la divulgation, via *Le Monde*, de la fameuse vidéo ? Nul, hormis les grands paranoïaques qui veillent sur l'Élysée, ne l'a sérieusement envisagé. Est-ce d'avoir octroyé une faveur à un couturier en délicatesse avec le fisc ? On apprenait au fil des heures, ce fameux lundi, qu'il n'y a pas eu de faveur, que les montants concernés n'étaient pas les chiffres faramineux sortis de l'imagination enfiévrée de certains journalistes en mal de sensationnel, bref que la belle et bonne rumeur – DSK-Lagerfeld : quel casting ! – devait retomber comme un soufflé. Serait-ce d'avoir envisagé, dans l'éventuelle bataille politique qu'il aurait éventuellement pu mener si, comme on lui en prêtait l'ambition, il s'était porté candidat à l'élection à la mairie de Paris, serait-ce d'avoir imaginé, donc, se servir un jour de l'arme politique que pouvait être cette fameuse cassette ? Le fait est qu'il ne l'a pas fait ; le fait est qu'il n'a pas été, qu'il n'est pas, qu'il ne sera pas ce candidat ; et ce serait bien la première fois, par conséquent, qu'on condamnerait un homme, qu'on le clouerait au pilori, qu'on détruirait sa carrière et peut-être son honneur, au nom d'un crime nouveau qu'il faudrait bien appeler un crime d'intention. L'erreur est-elle d'avoir accepté cette cassette, enfin ? Le ministre aurait-il dû mettre instantanément à la porte

l'avocat qui la lui apportait et, tel Tartuffe, s'exclamer :
« cachez cette cassette que je ne saurais voir » ? Peut-
être, oui. Peut-être est-ce le vrai reproche à lui faire.
Mais franchement ! La faute est-elle si grande ?
Mérite-t-elle ce torrent de fiel et de boue ? N'y a-t-il
pas plus grand crime, vraiment, n'y a-t-il pas, Messieurs les socialistes, n'y a-t-il jamais eu, plus grande
« honte » pour votre parti que de voir l'un des siens
recevoir une vidéo dont il ne fait aucun usage et qu'il
dit – l'enquête devra le confirmer – n'avoir pas vision-
née ? Tout cela est dérisoire. Misérable et dérisoire. Et
l'on rougit de voir le débat public descendre à ce degré
de vulgarité.

Car tout est là. Et les derniers fidèles – ils sont bien
rares – de Dominique Strauss-Kahn ont raison de parler de « diversion ». Qu'est-ce qui est plus important,
en effet, des tribulations de cette cassette ou des révélations qu'elle contient ? Quelle est la vraie question qui
devrait mobiliser non seulement les juges, mais la
presse : savoir si DSK est moins étourdi qu'il ne le dit,
moins désordonné, etc. – ou si Jean-Claude Méry dit
vrai, si le système qu'il décrit et qu'a révélé *Le Monde*
a permis, oui ou non, de détourner au profit d'un ou
de plusieurs partis des centaines de millions de francs
destinés aux HLM, aux crèches, aux collèges et lycées
de la Ville de Paris ? Bref, transparence pour transparence, quelle est la vraie urgence : mettre à plat l'emploi du temps d'un ancien ministre qui dit n'avoir, de
réunions sur l'euro en commissions d'arbitrage sur le
budget, la réforme des banques, la dette du tiers-
monde, l'inflation, jamais trouvé le temps de s'intéresser au contenu de cette maudite cassette, ou mettre à
plat tout le dispositif qui a permis, pendant des années,
de financer non seulement le RPR, mais l'ensemble du
système politique français ? Je ne dis pas cela pour
« innocenter » Dominique Strauss-Kahn. Ni parce qu'il
est mon ami et que je lui conserve, plus que jamais,
cette amitié. Mais parce qu'il n'y a pas d'autre voie

pour poser la vraie question qui empoisonne la vie publique et qui est celle du financement, aujourd'hui comme hier, de la démocratie. Pas d'amnistie, non. Mais la vérité. Toute la vérité. Et déjà, comme le réclament certains magistrats, une commission nationale d'enquête qui, par-delà le cas de tel ou tel, et hors logique du bouc émissaire, dresserait un état des lieux de la corruption politique en France.

29 septembre 2000.

Lettre à un ami serbe.

Ce qui se passe aujourd'hui à Belgrade, mais aussi à Novi Sad, à Nis ou dans les mines de Kolubara, ces centaines de milliers d'hommes et de femmes – soixante-quinze pour cent du corps électoral, quelle leçon ! – qui sont allés aux urnes et qui, se voyant contester leur victoire par un pouvoir aux abois, descendent dans la rue et tiennent bon, le courage des étudiants de l'Otpor, celui des intellectuels du G17 et des journalistes libres de Vreme, cette image d'un peuple qui, sans violence, entame la plus formidable campagne de désobéissance civile de l'histoire de l'Europe moderne, ces citoyens qui, à mains nues, dans le strict respect de la légalité, défient la dernière et la plus sanglante dictature du continent, nous les attendions, nous les espérions et c'est, pour tous ceux qui, depuis dix ans, vivaient à l'heure des guerres des Balkans, un spectacle magnifique. Oublions, pour le moment, les ambiguïtés nationalistes de Vojislav Kostunica. Oublions le trouble passé de certains de ses alliés : Draskovic, Djindic, Cosic – peut-être Seselj. Ce qui l'emporte c'est, pour l'heure, la détermination des sympathisants de l'ODS. C'est ce visage qu'ils offrent, de la dignité retrouvée, du courage. Et ce qui domine, chez les amis du peuple serbe, les vrais, ceux qui ne se sont jamais résignés à le voir réduit à la caricature que voulait Milosevic, c'est une très grande émotion : la satisfaction de voir que la politique des sanctions, si décriée, a tout de même fini par marcher – mais aussi la joie de voir un peuple briser ses chaînes et sortir de sa longue saison somnambule.

Permettra-t-on aux amis, cela dit, de poser aussi, dès à présent, une ou deux questions qui, même si elles semblent à certains prématurées, brûlent les lèvres – à commencer par celle du sort qui, le jour venu, sera fait au dictateur déchu ? Je sais bien que, à l'heure où j'écris, Milosevic est toujours là. Je sais, tout le monde sait, que les tyrans ne se démettent jamais et qu'il reste à celui-ci la ressource de la provocation, de l'état de siège ou même – plus vraisemblable, encore que l'hypothèse semble rarement envisagée – la possibilité de se replier sur les institutions de la République de Serbie dont il contrôle le gouvernement et le Parlement. N'empêche. On sait aussi que, d'une manière ou d'une autre, ces manœuvres feront long feu. On sait, tout le monde sait, que, tôt ou tard, il cédera et qu'il faudra bien décider, alors, ce que l'on fera de cet encombrant personnage. Le laisser filer à l'étranger ? Un suicide, comme Hitler ? Un procès bâclé ? Une amnistie ? Un vague séjour en prison, comme les dirigeants de la RDA ? Un assassinat à la sauvette, comme les Ceausescu ? Les peuples, quand ils les renversent, ont toujours honte de leurs dictateurs. Le peuple serbe, comme tous les peuples, sera, d'une manière ou d'une autre, tenté d'escamoter la grande ombre qui l'aura, dix ans durant, envoûté. Il est *déjà* tenté, d'ailleurs, de le faire et c'est bien ce que veut dire le terrible mot d'ordre que l'on lit, ces jours-ci, sur les calicots des manifestations : « Slobodan pends-toi et sauve l'honneur de la Serbie. » Que mes amis serbes me pardonnent. Mais ce slogan est désastreux. Milosevic ne doit pas être pendu, mais jugé. Il ne doit pas sauver la Serbie, mais lui rendre des comptes. Qu'il ne les rende pas devant le Tribunal pénal international de La Haye, étrangement qualifié par Kostunica d'« institution monstrueuse », soit. Mais il faudra une autre institution. Il faudra, comme les Argentins ou les Chiliens, se donner d'autres moyens de faire la lumière sur cette décennie d'horreur. Il faut, si l'on ne veut pas que la révolution de velours d'aujourd'hui soit une révolution pour rien, se préparer d'ores et déjà à aller au bout des crimes serbes.

Car il faudra bien s'interroger, aussi, sur l'implication du peuple serbe lui-même dans le cauchemar qui porte, pour le moment, le seul nom de Milosevic. Tous les tyrans, c'est bien connu, s'appuient sur le peuple qu'ils oppriment. Et nous savons, depuis La Boétie, Wilhelm Reich, d'autres, que les dictatures qui fonctionnent procèdent toujours d'en bas autant que d'en haut. Ainsi la Serbie contemporaine. Ainsi Milosevic qui a été l'homme le plus populaire du pays, qui a été élu, réélu, sans cesse, depuis dix ans et qui n'a pas mené tout seul, que l'on sache, les trois guerres contre la Croatie, la Bosnie puis le Kosovo. Que lui reprochent, au juste, les manifestants d'aujourd'hui ? D'avoir lancé ces guerres, ou de les avoir perdues ? D'avoir mené une politique infâme ou d'avoir échoué à l'imposer aux peuples voisins et à l'Europe ? Et qui peut affirmer que ce ne sont pas souvent les mêmes qui bloquent aujourd'hui la capitale et qui, il y a onze ans, sur l'esplanade du Champ-des-Merles, au Kosovo, donnèrent au nationalisme grand-serbe sa toute première onction ? Nous connaissons bien, nous, Français, cette situation. Nous avons vu, à l'été 1944, des foules de « résistants » acclamer de Gaulle sur les Champs-Élysées qui, quelques mois plus tôt, faisaient la même ovation à Pétain. Puissiez-vous, amis serbes, lever mieux que nous ne le fîmes ce type d'équivoque. Puissiez-vous conjurer l'autre tentation qui fut, par exemple, celle de l'Autriche et qui consisterait, sans travail de mémoire ni examen de conscience, à présenter le

peuple serbe tout entier comme la « première victime »
de Milosevic. La vraie victoire est à ce prix. Donc la
démocratie.

6 octobre 2000.

Halte à la diabolisation d'Israël.

Voici donc Israël, une nouvelle fois, sur le banc des
accusés. Voici, dans un climat d'hystérie sémantique
que l'on connaît, hélas, trop bien, les dirigeants israéliens montrés du doigt dans le monde entier comme
d'abominables bourreaux. Israël assassin... La guerre
où l'on tue les enfants... On a même entendu une association caritative, Terre des hommes, suggérer que
l'état-major de Tsahal pourrait s'être rendu coupable
de « crimes contre l'humanité »... Est-il encore possible, dans ce concert d'imprécations, vociférations,
simplifications, d'essayer de faire entendre la voix de
la raison – et des faits ?

Les enfants. On répugne à ratiociner, bien entendu,
face à l'insoutenable spectacle de ces enfants tombés sous
des balles israéliennes. Mais enfin... Est-ce ratiociner que
de se demander aussi d'où venaient ces enfants, qui les
avait mis en première ligne, dans le cadre de quelle
lugubre stratégie du martyre ? Est-ce faillir au devoir de
compassion – le rabbin Gilles Bernheim, le jour de Yom
Kippour, à Paris : face au cri atrocement figé du petit
Mohamed, nous n'avons, nous, les Juifs, qu'un devoir,
celui de demander pardon –, est-ce faillir, oui, que de suggérer que la brutalité insensée de l'armée israélienne,
cette débauche et cette disproportion des moyens
employés étaient une réponse à ce qu'il faut bien appeler
une déclaration de guerre palestinienne ? On peut toujours, bien entendu, en rester au choc des images. Mais on
peut, aussi, tenter de voir ce que les images n'ont pas

cadré et qui est aussi la réalité : des policiers et des miliciens palestiniens, arme au poing, mêlés aux lanceurs de pierres ; le fracassant silence d'Arafat paralysé, comme à l'époque de Georges Habache, par la surenchère de ses extrémistes ; le Fatah, son parti, appelant à la guerre populaire contre Israël et ne refusant l'appui, pour cela, ni du Hezbollah ni du Hamas ; sans parler du leader du Hamas, Cheikh Yassine, répétant, comme au bon vieux temps, qu'« Israël est un corps intrus qui a été imposé de force dans la région et sera enlevé de force »...

Barak. Que Barak ne soit pas Rabin, qu'il n'en ait ni la stature ni le talent, que l'on soit probablement même en train de payer, en Israël, la mort de Ytzhak Rabin il y a cinq ans et la longue régression qui a suivi et dont Netanyahou fut la sinistre figure, tout cela est certain. Mais il n'est pas vrai, pour autant, que Barak ait voulu la reprise de la guerre. Il n'est pas vrai, comme on l'entend dire partout, qu'il ait sciemment tourné le dos à l'esprit des accords d'Oslo. Et la vérité, la simple, paradoxale et terrible vérité, c'est que la crise actuelle survient au moment précis où, au contraire, le peu charismatique Ehoud Barak prenait le chemin de concessions politiques sans précédent. Concession sur les territoires. Concession sur le plateau du Golan arraché aux Syriens, en 1967, au terme d'une guerre défensive. Concession, enfin, sur Jérusalem dont le hasard a voulu que, le jour même de la provocation d'Ariel Sharon se rendant à l'esplanade des Mosquées, il ait, pour la première fois, envisagé le partage. Qui dit mieux ? Qui est jamais allé si loin ? Et au nom de quelle incroyable mauvaise foi voudrait-on transformer en « faucon » celui des Premiers ministres israéliens qui, quels que soient ses petits ou ses grands calculs, ses limites, ses maladresses, semble avoir le plus honnêtement réfléchi aux vertigineuses questions posées par la double légitimité des Juifs et des Palestiniens en Terre sainte.

Sharon. Qu'à l'origine de tout il y ait la provocation d'Ariel Sharon, que cette provocation ait été parfaitement mesurée par un spécialiste des coups tordus dont le principal souci était de renforcer sa stature de chef de la droite israélienne, c'est encore probable. Mais la provocation, cela dit, était-elle si grande ? Si monstrueuse ? Et comment se départir du pénible sentiment qu'il continue d'y avoir dans le fait même qu'un responsable juif foule le sol de l'esplanade des Mosquées quelque chose que les Palestiniens assimilent à une souillure ? Sharon, dit-on, n'était pas n'importe quel Juif. Peut-être. Mais les fidèles qui, au même moment, priaient au mur des Lamentations, en contrebas, et que les lanceurs de pierres prirent aussitôt pour cible étaient, eux, des Juifs quelconques. Ajouter à cela le spectacle du tombeau de Joseph saccagé, à Naplouse, par la foule en folie. Ajouter cette vérité de fait que jamais, au grand jamais, même aux heures les plus noires de l'Intifada et même quand on la prêchait, cette Intifada, dans les mosquées, Israël n'a interdit le libre accès aux Lieux saints – alors que, à l'inverse, les vingt années de contrôle arabe sur les mêmes lieux sont celles où l'on y a interdit les Juifs et détruit les synagogues. C'est la mesure d'une haine ancienne dont il y a tout lieu de craindre qu'elle soit encore inexpiable et dont il n'est pas juste de dire qu'elle soit également partagée par les deux camps.

Rien de tout cela n'exonère les Israéliens de leurs responsabilités politiques et policières. Rien, surtout, ne leur interdit de faire preuve, dans ces moments terribles, au bord du gouffre, d'une imagination et d'une audace que seuls les plus forts peuvent se permettre. Mais en attendant – en espérant – finissons-en, de grâce, avec les causalités diaboliques. Surtout quand elles s'exercent, comme aujourd'hui, à sens unique.

13 octobre 2000.

Quand on s'en prend aux synagogues.

Les images du Proche-Orient ont fait le tour de la planète. Elles sont allées, ces images de la nouvelle guerre israélo-palestinienne, d'un bout à l'autre de l'Europe, aux États-Unis, en Russie, au fin fond de l'Asie, en Amérique latine, en Afrique. C'est un événement mondial, repris en boucle dans le monde entier, et c'est sur les cinq continents, sur toutes les télévisions possibles et imaginables que s'est amplifié l'écho de la visite d'Ariel Sharon sur l'esplanade des Mosquées ou celui de la balle perdue – car il faut dire et répéter qu'il s'agit, jusqu'à nouvel ordre, d'une balle perdue – qui a tué le petit Mohamed à Gaza. Or il n'y a qu'un pays où, à ce jour, et à la notable exception près de la tentative de meurtre, mardi, à Londres, d'un jeune Juif orthodoxe par un Algérien, on a répondu à ces images en attaquant des boucheries kasher au cocktail Molotov ; il n'y a qu'un pays où, dans les quartiers difficiles et les banlieues, on a, depuis dix jours, incendié, saccagé, défoncé à la voiture-bélier des synagogues ; et ce pays, ce n'est pas l'Autriche de Haider, ce n'est pas l'Allemagne des pogroms anti-Turcs et de la résurgence des mouvements néonazis, ce n'est pas un pays arabe ou telle République ex-soviétique – c'est, malheureusement, la France. Autre exception française. Navrante, sinistre singularité nationale. Loin, sans doute, de nos débats sur l'« idéologie française » ou la « France moisie ». Encore que... Sommes-nous si sûrs, vraiment, que cela soit sans rapport avec ceci ? Jurerions-nous qu'il n'y a pas de lien, d'aucune sorte, entre la page tournée d'Auschwitz, la fin du tabou quant à l'expression de l'antisémitisme à la française – et le passage à l'acte de ceux qui, sans savoir ce qu'ils font, ni même ce qu'ils disent, crient « Mort aux Juifs » dans les manifs ?

Entendons-nous. Que de tels incidents, si nombreux, odieux, spectaculaires soient-ils, ne fassent pas une Nuit de cristal, c'est évident. Et tout aussi remarquables

furent, presque au même moment, la réaction vigoureuse de Chirac et Jospin, la protestation des autorités
morales et religieuses du pays, la condamnation sans
équivoque de ces gestes de barbarie par les imams des
mosquées de Paris ou de Marseille – tout aussi remarquable est le fait que, dans les quartiers eux-mêmes,
une immense majorité de jeunes, beurs ou non, aient
su garder leur sang-froid et, quelles que fussent leurs
opinions ou positions dans le conflit israélo-palesti-
nien, se soient tenus à l'écart de cet effroyable vent de
folie. Mais peut-on, pour autant, minimiser ce qui s'est
produit ? Doit-on, comme l'a fait le ministre de l'Intérieur, réduire l'attaque contre des magasins juifs ou
supposés juifs à des actes de menue délinquance ou de
vandalisme commis par des gamins qui regardent trop
la télé ? Je ne le crois pas. Car les choses, hélas, portent
un nom. Et ces noms, parfois, portent une histoire.
Quand, dans un pays comme la France, on s'attaque
aux Juifs en tant que Juifs, quand, sans plus s'embarrasser de précautions idéologiques ou oratoires, on vise
leurs lieux de culte et leurs personnes, quand on ne
prend même plus la peine de dire « sionistes » ou
« pro-israéliens », c'est comme un masque qui tombe ;
c'est une machinerie infernale et bien connue qui se
met en branle ; et cette machinerie n'est ni plus ni
moins que celle d'un antisémitisme que nous sommes
quelques-uns à voir venir depuis des années et qui,
adossé à la double image du Palestinien martyr et du
soldat de Tsahal assassin, retournant contre les survivants de la Shoah le dispositif victimaire qui est le fond
commun d'une certaine pensée contemporaine, a le
visage de l'antisionisme.

On verra très vite si les appels à la raison lancés par
les uns et les autres sont entendus et si tout cela n'était,
en effet, qu'un feu de paille. On verra l'impact qu'aura
l'appel lancé, jeudi, par les parrains historiques et les
responsables d'une des rares associations à avoir gardé
le contact avec les banlieues, SOS-Racisme. Peut-être

faudra-t-il d'ailleurs aller sur le terrain, au contact de la bêtise, tenter d'expliquer à des adolescents en perdition qu'ils parlent comme Le Pen, qu'ils pensent comme Le Pen, qu'ils font le boulot que Le Pen, en son temps, n'a pas pu faire et qu'il y en a un, Le Pen donc, qui aujourd'hui se frotte les mains : « ah ! les bons petits gars ! les chers petits vandales brûleurs de synagogues ! » Et il ne faudra pas se lasser enfin de faire et refaire de la pédagogie – il ne faudra pas se lasser de répondre aux salopards qui tentent de ressusciter l'image du Juif tueur d'enfants que ce ne sont pas les soldats de Tsahal qui vont chercher les adolescents lanceurs de pierres pour les buter ou encore que, parmi les responsables du désespoir palestinien, au premier rang de ceux qui s'emploient, jusqu'aujourd'hui, à ce que les enfants de Gaza et Ramallah ne voient surtout pas naître l'État auquel ils aspirent et ont droit, il y a aussi, sinon d'abord, les grands États arabes. Ou bien nous y parvenons et le débat reprendra, comme nous l'espérons tous, le tour qu'il doit avoir dans un grand pays comme le nôtre. Ou bien le délire perdure, la France continue d'être ce lieu où, je le répète, on croit protester contre Sharon en menaçant les écoles juives – et c'est qu'il se sera produit un événement navrant et de grande portée : nous aurons, ce qu'à Dieu ne plaise, participé au pire.

20 octobre 2000.

Schuhl prix Goncourt. À Jérusalem. Truffaut, Flaubert et James Gray. Corneille et la politique. Rinaldi contre Savigneau. Une odeur de chiottes et de sang.

Je lui avais consacré ma chronique de rentrée. J'avais dit, ici même, tout ce qui m'enchantait dans son roman : sa drôlerie, son allégresse, l'art du photomontage et du collage, le goût de la fiction qui avale le réel, l'universel reportage devenu matière du récit, la réinscription du temps perdu dans le temps retrouvé, la musique avant toute chose, le secret de l'époque, le rire encore. Bref, ce n'est pas aux lecteurs du « Bloc-notes » que j'ai besoin de dire ma joie, lundi, à l'annonce de ce Goncourt donné, au terme de débats que l'on nous dit très vifs, voire acharnés, au merveilleux « Ingrid Caven » de Jean-Jacques Schuhl. Mais enfin... Le bonheur tout de même de le redire. L'obscur sentiment de victoire quand se voit reconnu un livre qui domine si manifestement le paysage. Schuhl, le « revenant récalcitrant » et, désormais, couronné. Quelle histoire !

Conversation, à Jérusalem, avec un de ces Juifs religieux dont l'attachement aux pierres, la sacralisation de la terre, l'obstination à faire passer la défense et illustration de la Bible avant les intérêts de l'État, en un mot le « fanatisme », sont supposés faire obstacle à l'idée même d'un partage de Jérusalem et à la paix. « Le mont du Temple ? me dit-il. Ce lieu deux fois saint que les Arabes appellent, eux, l'esplanade des Mosquées et sur lequel ils ne cèdent pas ? Pour nous, hommes de la Torah, c'est assez simple. Il nous est interdit d'y prier. Ce lieu est si saint, oui, que la seule idée d'y marcher est déjà une idée sacrilège. Et le vrai scandale Sharon, son crime, sa provocation la plus odieuse en ce fameux matin d'octobre où il est allé, sous bonne escorte, y faire sa parade, c'est moins les Palestiniens que nous, les Juifs, qu'ils visaient. Que Barak se rassure. Qu'il ne nous fasse pas endosser la responsabilité d'un entêtement qui, sur ce point, n'est pas le nôtre. On peut la rendre, cette esplanade – puisque nous n'avons pas le droit d'y aller. »

Laisser leur chance aux personnages, recommandait Truffaut. Et déjà Flaubert : la moindre des choses – il disait « la moindre des morales » – est de se lier d'amitié avec Bouvard et Pécuchet. Un jeune cinéaste américain d'aujourd'hui soutient le point de vue inverse. Il dit – *Le Monde* du 1er novembre – qu'il est « difficile » d'avoir « de la sympathie pour ses personnages » et que tout son récit est basé, justement, sur un principe de distance et d'anti-empathie radicales. Il s'appelle James Gray. C'était l'auteur, il y a cinq ans, du sublime « Little Odessa ». Et son nouveau film, « The Yards », est encore un chef-d'œuvre. À voir toutes affaires cessantes.

Tiberi le maudit réunit à la Mutualité son dernier carré de fidèles : un triomphe. Séguin le favori, candidat non seulement des droites, mais du Président, prononce, à Charléty, le grand discours-programme supposé lancer sa campagne et rendre à ses partisans des raisons de croire et d'espérer : un climat maussade et découragé. Bizarrerie du spectacle politique et de ses légitimités entremêlées ? Ou bien le tempérament même du député des Vosges qui, avec son œil d'épagneul triste, sa voix perpétuellement cassée, ses impatiences feintes ou réelles, vérifierait, une fois encore, que la mélancolie est le pire de ses ennemis ? C'est dans « La mort de Pompée », ou dans « Suréna », ou ailleurs encore – je cite de mémoire : « Maître de l'univers sans l'être de moi-même, je suis le seul rebelle à ce pouvoir suprême... »

Deuxième fois – chez Pivot il y a trois semaines et, maintenant, au « Gai savoir » de Giesbert – que l'on voit Angelo Rinaldi trépigner, serrer bien fort ses petits poings et s'en prendre sans élégance à sa consœur, Josyane Savigneau, qui aurait eu le tort, semble-t-il, d'exprimer des réserves sur la prose « sinueuse » de son dernier roman. Que se passe-t-il ? Le « critique le plus redouté de Paris » aurait-il le cuir si délicat ? Ce « styliste hors pair », notre « *Tom Proust* » national, expert en métaphores, imparfaits du subjonctif et haute littérature, aurait-il plus de mal à accepter la critique qu'à l'exercer ? À moins que ce ne soit l'autre question que posait Savigneau et qui, peut-être, ne passerait pas : celle de l'énigmatique « magistère » qu'exerça, pendant vingt ans, dans « la situation historique, politique et médiatique, des années 70-90 », cet homme qui, comme Sainte-Beuve (Musset disait Sainte-Bévue), confondit le « ressentiment envers ses contemporains » avec « l'esprit d'indépendance » et « la rigueur ». Une autre exception française ?

Poutine à Paris. Cet homme vient chercher non seulement notre reconnaissance, mais nos investissements et notre argent. Que ne lui imposons-nous, en retour, ce minimum de contrepartie que serait l'arrêt du massacre à Grozny ? Chirac a bien essayé. Il a répété « Tchétchénie ! Tchétchénie ! » à chacune des étapes de ce voyage. Mais il en aurait fallu davantage pour entamer l'indifférence têtue, l'aplomb, le cynisme taciturne et sourd, du kagébiste devenu bête d'État et décidé à ne rien céder. « Nous irons buter les Tchétchènes jusque dans les chiottes », avait-il déclaré, au début de cette sale guerre, avant qu'il ne soit devenu ce « président Poutine », reconnu comme tel par ses pairs et traité avec les égards dus à ce grand peuple qu'est le peuple russe. Eh bien, il y avait à Paris, cette semaine, autour de son passage, une pénible odeur de chiottes et de sang.

3 novembre 2000.

Notes à Venise.

Venise. Au théâtre Goldoni, autour de Juliette Gréco et à l'initiative d'Hélène Tubiana et de son SOS Saint-Germain-des-Prés, la belle idée de « jumeler » un quartier de Venise (la Giudecca) et de Paris (Saint-Germain-des-Prés). Nous, civilisations, savons désormais que les villes, et même les quartiers, sont mortels...

Venise ? La seule ville au monde dont on sache que, si elle ne tourne pas au musée, à la vitrine aux souvenirs, au bazar, elle peut, du jour au lendemain, s'inonder, s'ensabler, s'effondrer sur ses pieux de bois plantés dans la lagune, devenir un autre Pompéi, tourner au labyrinthe définitif, disparaître. Le Saint-Germain d'Apollinaire, Sartre et Picasso meurt doucement, dans le fric et la fripe. Venise, elle, coule bel et bien, s'enfonce dans les sables, l'*acqua alta*, la nostalgie. Ville en suspens. Ville en sursis. Le sentiment, à Venise, d'une ville précaire, luttant, pied à pied, pour sa survie. Sauver Venise, disent-ils. À cette injonction, comment ne pas obéir ?

Le grand projet de sauvetage de Venise, le plan d'installation de digues fixes, d'écluses, de boudins gigantesques, d'éponges, l'idée – où je ne parviens pas à faire la part de l'humour surréaliste, pataphysique ou rousselien – de poser des « portes molles » ou d'immenses « navires-portes » capables, quand monte la marée, de bloquer l'accès à la mer, s'appelle, me dit-on, le « projet Moïse ». Quel Moïse ? Celui de la sortie d'Égypte ? Celui qui est destiné à mourir au seuil de la Terre promise ? Le Moïse sauvé des eaux ?

Elle n'est pas abstraite, me dit encore un des nouveaux doges de la ville, croisé au campiello Pisani, elle n'est ni mystérieuse, non, ni abstraite, la menace qui pèse sur la Sérénissime et qui fait si peur aux Vénitiens. C'est la montée des eaux, certes. Et c'est l'affaissement des terres. Mais si les eaux montent, et si les terres s'affaissent, c'est aussi le fait des cargos et pétroliers qui croisent sur la lagune ; c'est celui des autoroutes aquatiques sillonnées, chaque jour, par les milliers de touristes qui se déversent dans la ville ; c'est aussi la faute, insiste-t-il, au complexe pétrochimique de Marghera avec ses tonnes de produits radioactifs abandonnés, pendant des années, dans des décharges sauvages à la lisière de la ville. Pire que l'« Amoco Cadiz », l'« Erika », l'« Ievoli Sun », la marée noire rampante qui ronge sans fin les églises, les palais, les jardins de Venise.

La Venise dont Chateaubriand disait – mais c'était, lui, pour s'en réjouir – qu'elle est une « ville contre nature ».

La Venise de Proust, ouvrant ses fenêtres sur l'ange d'or de l'horloge de Saint-Marc : « Pourquoi donc les images de Venise m'avaient-elles apporté une joie et une confiance suffisantes pour que la mort me fût indifférente ? »

Ville-labyrinthe, ou ville en miettes ? Marcher dans Venise et apprendre de la bouche de Gianni de Luigi, administrateur du Goldoni, que la fameuse phrase de Nietzsche « Il faut émietter l'univers, perdre le respect du Tout », c'est ici, à Venise qu'elle fut écrite. Ville nietzschéenne, alors ? Venise ou le renversement, enfin, du platonisme politique (« La République », la sombre utopie des « Lois ») ?

Un qui n'a jamais marché, non plus, dans le cliché de la Venise morbide, faite par et pour la mort, et où l'on ne viendrait que pour en finir avec la vie, un qui n'a jamais voulu se résigner à la rengaine de la ville triste, hypnotisée par ses fantômes, prise dans la pierre et dans les algues de son passé radieux, c'est évidemment Sartre et c'est une autre façon de sauver Venise. Lagune ? Amants maudits ? Rêve de pierre et d'eau ? Sarcophages ? Marécages ? Tombeaux glacés ? Gondoles noires pour veilles d'agonies ? Sombres délices ? Embaumements ? TourguenIev et Loti ? Mann et « La mort à Venise » ? Voir Venise pour, comme Barrès, y nourrir ses fièvres, ses dégoûts, ses exténuantes langueurs ? Mais non, s'esclaffe l'auteur de « La reine Albemarle » ! Bien sûr que non ! Il y a, sur Venise, cette ligne Barrès qui est aussi la ligne Maurras dans « Les amants de Venise » : Venise « tombeau des cœurs » de

Sand et de Musset. Mais il y a ma ligne, qui est aussi celle de Titien et du Tintoret pour une fois réconciliés : une ville « lumineuse », une ville « gaie » – il va jusqu'à écrire « une des plus gaies, une des seules gaies d'Italie ».

Sartre à Venise. Le dernier Sartre, impotent, presque aveugle, qui n'a plus d'yeux pour voir, ni de jambes pour le porter. Mais cela ne fait rien. Il est là. Il est seul, à Venise, non pour y mourir, mais pour y revivre. Il est seul, oui, dans sa petite chambre de la Casa Frollo, tous ses autres sens en éveil, écoutant le murmure des canaux – ou bien, plus tard, lorsqu'on sortira son vieux corps, sentant, presque voyant, le corps de cette lumière dont il écrivit autrefois qu'elle est plus riche qu'à Tunis ou Palerme. Venise et ses miroirs. Venise et ses canaux qui se confondent avec le ciel. Venise et son archipel dont il comprend enfin pourquoi il écrivait, dans sa jeunesse, qu'il avait la forme de son cerveau. Gréco chante. Je raconte Sartre, sa gloire, celle de Venise.

10 novembre 2000.

Miami Vice ?

Que le sort d'une élection américaine puisse se jouer en Floride, que l'avenir du pays et donc, d'une certaine façon, du monde puisse être entre les mains de quelques centaines de milliers de retraités, drogués à la DHEA, voilà qui met en joie les beaux esprits parisiens si prompts, comme d'habitude, à moquer le système américain. Soit. Mais est-ce si simple ? Est-on certain, vraiment, que la Floride ne soit que le pays de « Miami Vice » et de Disney ? Et quand bien même cela serait, quand bien même n'auraient jamais existé ni Hemingway ni Tennessee Williams, quand bien même on ferait l'impasse sur ces communautés de Blacks et de Cubains qui font, jusqu'à nouvel ordre, la majorité de la population de Miami, serait-il si malsain, vraiment, de voir le pays du jeunisme triomphant confier à des « seniors » le soin de départager le match présidentiel ? On trouve normal de voir les mêmes retraités régner sur leurs fonds de pension et, donc, les marchés financiers mondiaux – et il faudrait s'indigner de les voir faire ou défaire le quarante-troisième président des États-Unis ? Comme c'est bizarre...

Le problème, nous dit-on, la source de l'« imbroglio », de la « tragi-comédie », de la « farce », du « psychodrame », c'est la paralysie du système, son blocage – le vrai problème, le sommet de la légendaire « bêtise » américaine, le plus nul, en un mot, dans ce quasi-match nul qu'cst, pour l'hcurc, cctte élcction, c'est qu'il soit si difficile, presque impossible, de l'arbitrer. Là encore, notre réaction est étrange. Car ne pourrait-on pas, après tout, soutenir le point de vue inverse ? Ne devrait-on pas dire que les deux cents millions d'électeurs inscrits américains ont apporté, au contraire, la plus fine, la plus juste, la plus ironique des réponses aux questions qu'on leur posait ? Y avait-il une autre façon de réagir, oui, à une campagne si tristement consensuelle qu'on ne savait plus qui, de Bush ou de Gore, *de Bore ou de Gush*, s'épuisait à ressembler à l'autre ? Et puis, surtout, cette rivalité mimétique, ce goût du consensus, cette extinction du débat politique par confusion des programmes et des styles, du haut de quelle arrogance la patrie de la « cohabitation » en ferait-elle l'apanage des seuls États-Unis ?

Ce qui est spécifiquement américain, en revanche, c'est la complexité d'un système dont nous découvrons, tous les jours, une nouvelle anomalie – ici des ordinateurs, là des machines à trous ; ici des appareils qui fonctionnent, là des « bandits manchots » dont le levier vous reste entre les mains ; et puis, plus grave, ce maquis de règles qui, en Floride toujours, peuvent priver du droit de vote quatre cent mille Blacks au casier judiciaire incertain... Mais bon. Faut-il s'étonner, là encore ? S'indigner ? Est-il bien raisonnable de découvrir aujourd'hui que l'Amérique n'est pas la France, qu'elle n'est pas ce pays jacobin et centralisé, avec procédures uniformes d'un bout à l'autre du territoire ? On peut le déplorer. On peut regretter qu'il ne se trouve aucune instance pour imposer le principe d'un bulletin de vote national. Mais on ne peut pas faire semblant de s'aviser que l'Amérique est un ensemble fédéral, fortement décentralisé, s'en remettant à ses États du soin d'organiser ses élections. On ne peut pas faire comme si les États-Unis n'étaient pas une fédération, mais une nation.

De même encore pour le système, tant décrié, du collège des « grands électeurs ». On peut le trouver complexe. On peut craindre qu'il n'ait, comme tous les systèmes, des effets pervers – à commencer par le risque d'envoyer à la Maison-Blanche un président minoritaire en voix. Mais on ne peut pas dire qu'il soit insensé. Et il faut toute la mauvaise foi – l'inculture ? – des commentateurs pour ne pas voir qu'il est, lui aussi, l'inévitable conséquence de la nature des institutions. Le président américain, c'est un fait, n'est pas élu par la nation mais par les États (et seul ce système des grands électeurs garantit à chaque État qu'il pèsera, comme tel, sur l'élection). La démocratie américaine, c'est un autre fait, n'est pas une démocratie « jacobine », mais fédérale (et c'est une de ses singularités de tempérer, par des contrepoids, notre sacro-sainte volonté générale).

Un dernier mot. On se sera beaucoup moqué de ces fameux « recomptages manuels » qui, à l'heure où j'écris, durent encore et qui, laissant planer sur le scrutin une indécision ultime, feraient ressembler l'Amérique à une « république bananière ». Là encore c'est très injuste. Et c'est surtout très bête. Car il y a quelque chose de beau, au contraire, dans cette manière, face à la défaillance des machines, de prendre le temps de tout reprendre et, comté par comté, sous le regard des avocats, de retrouver le vote de chacun, de le peser, soupeser, de scruter même, pourquoi pas, la matérialité des bulletins. Que dit celui-ci ? Celui-là ? Et ce troisième, ce bulletin à demi perforé, est-on bien certain que, etc. ? Un instant, les électeurs ne sont plus un troupeau mais des sujets. Un instant, comme au temps où, sur l'agora, on comptait le nombre des citoyens libres qui levaient la main, chaque individu voit sa voix examinée, comptabilisée. Démocratie scrupuleuse, méticuleuse. Démocratie prudente, artisanale. Leçon de démocratie.

17 novembre 2000.

Chez les Palestiniens de Ramallah.

Bir Zeit, faubourg de Ramallah, le campus palestinien du « caillassage » de Lionel Jospin. Le débat est courtois. Sans concessions, mais sans animosité non plus. Jusqu'à Saleh Abdel Jawad, historien et politologue habituellement considéré comme plutôt « dur », qui me déclare son amitié et raconte comment, le jour du lynchage des deux soldats de Tsahal, il fut de ceux qui tentèrent de s'interposer et d'arrêter la foule en folie. Sauf que, soudain, tout se complique. Il dit, au détour d'une phrase : « le jour où Israël sera devenu un État démocratique ». Et je comprends qu'il entend par là : « le jour où les réfugiés de 1948 auront la possibilité de rentrer dans le pays ; le jour où Juifs et Palestiniens peupleront, au même titre, un État binational ; le jour où, autrement dit, Israël aura, comme tel, cessé d'exister ». Lapsus ? Aveu ? Les meilleurs des Palestiniens continueraient-ils, fût-ce sans le dire, de nourrir la nostalgie d'un monde sans Israël ?

On peut, sur l'origine de cette nouvelle vague de violence, avoir l'analyse que l'on veut. On peut estimer par exemple – et c'est mon cas – que tous ceux qui, au fil des ans, ont favorisé l'implantation de colonies juives en Cisjordanie portent une part de responsabilité dans son déclenchement. Une chose, en tout cas, est sûre. Je suis, à Ramallah encore, au nord de la ville, tout près de la colonie juive de Psagot où chaque soir, à heure fixe, et selon un rituel apparemment réglé, les Palestiniens vont à l'assaut du poste militaire israélien. Et ce que je vois, ce sont des combattants qui sont loin, c'est le moins que l'on puisse dire, des gentils lanceurs de pierres, mi-Gavroche, mi-David contre Goliath, dont les médias européens ont popularisé l'image. Il y a là des armes de poing. Des fusils d'assaut M16. Des kalachnikovs. C'est un mélange, surtout, de civils, de policiers et d'hommes cagoulés – membres soit du Tanzim, la branche armée du Fatah, soit d'autres groupes paramilitaires affiliés à des factions de l'OLP plus radicales et mises en sommeil depuis Oslo. Attente. Face-à-face. Coups de feu échangés et non moins nourris, ce jour-là, d'un côté que de l'autre. Une vraie guerre.

Un argument que je n'utiliserai plus après avoir entendu des mères palestiniennes me dire, comme toutes les mères du monde, leur folle angoisse quand, à l'heure de la sortie de l'école, elles ne voient pas rentrer leur fils : « les enfants délibérément mis en avant, sciemment transformés en boucliers humains, etc. ». Mais il n'empêche. Ces photos couleur géantes, aux carrefours de la ville, d'adolescents tombés sous les balles « sionistes »... L'image omniprésente du petit Mohamed al-Dourra dont je persiste, en revanche, à dire que c'est une balle « perdue » qui l'a tué et non le tir ciblé d'un soldat juif assassin d'enfants... Partout, oui, ce goût du martyre. Partout ce parfum, qu'on le veuille ou non, de viva la muerte. Cette phrase d'un colonel du Fatah entendue à la télévision : « prenez garde, sionistes ! nous aimons la mort plus que vous n'aimez la vie ».

Selon Yasser Abed Rabbo, ministre palestinien de la Culture et de l'Information, les négociations de Camp David auraient échoué à l'instant très précis où les Américains ont proposé un partage de souveraineté sur cette fameuse esplanade, vestige du temple de Salomon, où se trouvent aujourd'hui le dôme du Rocher et la mosquée al-Aqsa : « aux Arabes, le sol ; aux Israéliens, le sous-sol » ; et Arafat qui, moderne Saladin chargé du troisième lieu saint de l'islam, se serait exclamé qu'« il représentait, non pas cinq millions de Palestiniens, mais un milliard de musulmans et qu'il se devait, là, de rompre le dialogue »... L'histoire vaut ce qu'elle vaut. Mais elle illustre bien l'effroyable imbroglio noué autour de ce lieu minuscule : quelques centaines de mètres carrés, à peine la taille de la place de la Concorde – et toute la mémoire du monothéisme concentrée, comme pétrifiée et en guerre, donc, contre elle-même. Et si, envers et contre tout, passant outre le dogmatisme de tous ceux qui, aux hommes de chair et de sang, préfèrent les pierres et les bosquets sacrés, on tentait de revenir à une approche laïque de la paix ?

Une analyse qui circule chez les Palestiniens autant que chez les Israéliens. Un Arafat qui, confronté à la redoutable décision d'avoir à rendre les armes pour devenir le chef d'un petit État du tiers-monde en butte à de vulgaires problèmes de corruption, de maintien de l'ordre, d'adduction d'eau, de voirie, hésiterait une dernière fois, se cabrerait : « quoi ? enterré Abou Ammar, le chef de guerre ? fini le célèbre keffieh à damier noir et blanc volant de sommet en sommet, un jour au Caire, un autre chez Clinton ou Chirac ? et au lieu de ce noble destin de héraut de la revanche arabe, le sort, tellement moins flatteur, d'un humble bâtisseur d'État ? » Jamais les frères ennemis n'ont été, paradoxalement, plus près du compromis. Jamais l'on n'a si clairement perçu, dans les deux camps, que l'alternative à la paix ce n'est pas la guerre mais l'enfer. Mais peut-être Abou Ammar, au plus profond de lui-même, ne veut-il pas de cette paix.

24 novembre 2000.

Rwanda : nuit et brouillard selon Jean Hatzfeld.

Craindre, non pas la mort, puisque l'on sait que l'on va mourir, mais la façon dont elle viendra, le temps que cela prendra, le nombre de coups, leur violence, s'ils couperont d'abord les jambes, ou les bras, ou la tête à moitié – et, en attendant, des nuits durant, sales comme des animaux, couverts de croûtes et de déchets, se cacher dans les marais et donner l'eau des boues à boire aux bébés.

Payer pour mourir du premier coup ; payer, oui, au sens propre ; trouver un « Hutu de connaissance » et lui donner de l'argent pour être tué d'un seul coup de machette ou avoir le droit, quand ils vous auront trouvé, d'être traîné au sec et de ne pas mourir là, dans la crasse boueuse du marécage. Sinon ? Sinon, cet horrible désir de durer qui fait que, les jambes et les bras coupés, on réclame un peu d'eau pour vivre une heure de plus.

Murmurer « sainte Cécile ! sainte Cécile ! », ou « Jésus ! », ou juste de « petits cris », tandis qu'on vous sectionne les omoplates et les jarrets – mais se taire à part cela, se taire tout à fait : ce sont les massacreurs que l'on entend ; ce sont eux qui, tels des chasseurs, chapeau sur la tête ou feuilles de manioc dans les cheveux, arrivent en chantant, riant, tapant dans des tambours, dansant, sifflant ; les massacrés, eux, ne disent rien ; ils sont déjà presque morts, ou ils meurent de ne pas mourir, et c'est sans geindre ni supplier qu'ils reçoivent le dernier coup.

Frénétiques, les tueurs ? Non. Sereins. Même pas ivres. Certainement pas ces « interahamwe » drogués, demi-fous, qu'ont dit les Blancs quand tout fut fini. Des tueries « très calmes » au contraire. Des meurtres méthodiques et « bien accommodés ». Tout juste se demande-t-on pourquoi ils découpaient les enfants plutôt que de les « tuer directement ». Ou comment ils ont pu enfiler six Tutsis sur un long bois pointu pour les faire mourir en brochette. Peut-être l'éternelle énigme de la « petite différence » et de la haine qu'elle suscite. Peut-être la faute à Satan « profitant des trop longues absences de Dieu » pour produire ses hécatombes.

Le visage des tueurs ? Pas de visage. On voit bien les visages des tués. Et celui des survivants. Mais les tueurs, non, on ne voit pas. À croire qu'ils n'en avaient pas. À croire qu'ils étaient comme une masse immense et anonyme, un « ça » sans visage qui massacrait. Les génocides, d'habitude, ont des exécutants. Il y a toujours eu des SS, des SA, une Angkar, pour faire le boulot et, ainsi, s'identifier. Peut-être ce génocide est-il le premier vrai génocide de masse, sans corps constitué de génocideurs. Un bourreau pour une victime, un bourreau derrière chaque victime, autant de bourreaux que de crimes dans les bananeraies et les villages : peut-être le premier génocide sans chef, sans tête, décapité, autogéré.

Se tromper sur les noms, les circonstances, les dates. Oublier certains détails, en mélanger d'autres, les modifier. La mère de cette rescapée de N'tarama est-elle morte dans le marécage ou à l'église ? Et est-ce mentir que de laisser, comme Claudine Kayitesi, les souvenirs en trop grand nombre s'échapper de la mémoire ? Non, non, ce n'est pas mentir. Ce n'est qu'« une façon différente de se souvenir, de raconter ».

Ce n'est qu'une autre manière d'apprivoiser le mystère de ces « avoisinants » avec qui vous avez « trempé les mains dans le même plat du manger » et qui, un beau matin, vous « tuent avec les dents ».

Savoir que les Blancs étaient là. Savoir qu'il y avait là des militaires qui instruisaient l'armée hutu et connaissaient ses intentions comme, autrefois, celles de Hitler. Mais savoir qu'ils s'envolèrent au premier jour du génocide. Savoir, parce qu'on l'a vu, comment l'Europe et la France ont sciemment fermé les yeux. D'où vient que nous ayons tout su et rien dit ? D'où vient que les morts du Kosovo nous aient émus et que les visages des Tutsis, « même taillés à la machette », n'aient éveillé en nous qu'une compassion tardive et trafiquée ?

Ne pas comprendre ni tenter de comprendre. Ne pas tenter, en le comprenant, de ranger le génocide « dans une case de l'existence ». Lanzmann parlait, au sujet de la Shoah, de « l'obscénité » du projet de comprendre. Cela vaut pareillement pour ce dernier génocide du xxe siècle. Cela vaut, tout autant, pour le mystère de ces huit cent mille morts en quelques semaines, record horaire mondial du génocide. Le rescapé parle. Il n'en finit pas, en vérité, de parler. Mais il sait, quoi qu'il en dise, qu'il « ne va jamais savoir pourquoi ».

Écouter sans vouloir comprendre ? Ces scènes, ces récits, ces mots, je les prends dans le livre magnifique de Jean Hatzfeld « Dans le nu de la vie » (Seuil), consacré au génocide du Rwanda et composé, presque entièrement, de récits de survivants. Livre de colère. Livre de piété. Livre d'écrivain et de témoin. C'est simple. Ce livre, une fois ouvert, vous ne le lâcherez pas. C'est un des livres les plus terribles, les plus poignants qui se donnent à lire ces temps-ci.

1er décembre 2000.

Cadavres dans le placard de la République française en Algérie.

Que le parti communiste ne soit pas le mieux placé pour exiger que la vérité soit faite sur la torture française en Algérie, c'est un fait. Et j'en veux d'ailleurs pour preuve non tant sa compromission historique et, pour ainsi dire, consubstantielle avec l'infamie soviétique et totalitaire que sa solidarité de fond, dans l'affaire algérienne elle-même, avec la politique de ceux qu'il entend aujourd'hui condamner. Le parti de Maurice Thorez, on ne le rappellera jamais assez, a voté les pouvoirs spéciaux à Mollet et a donc soutenu, de fait, sa politique de pacification au lance-flamme. Le parti de Maurice Thorez, quoi qu'il en dise aujourd'hui, et contrairement à ce que répètent sottement ses contradicteurs de tous bords, ne s'est rallié que très tard à la cause de l'indépendance algérienne et ne fut donc pas le complice, mais l'adversaire, de ces « porteurs de valises » dont il jugeait la ligne aventureuse, irresponsable, gauchiste. Que, sur ce point comme sur d'autres, il ait fini par changer et qu'il ait changé d'avis, surtout, quant à ce qui, en ce temps-là, était juste et ne l'était pas, c'est une chose. Mais les changements explicites ont toujours plus de force que les reniements honteux. Et il est clair que l'appel des « douze » à la constitution d'une commission d'enquête parlementaire gagnerait en crédibilité s'il avait été précédé, accompagné ou même suivi d'un exercice d'autocritique de la part d'un parti qui – un exemple entre mille – ne bougea pas le petit doigt quand l'un des siens, l'ouvrier Fernand Yveton, acquis à la cause de l'Algérie algérienne, fut guillotiné, le 11 février 1957, dans la cour de la prison Barberousse à Alger.

Qu'un travail de mémoire sur ces crimes de l'armée française ne puisse valablement s'opérer sans que soit mené, en parallèle, un autre travail sur ces autres crimes que commettaient, au même moment, les combattants de l'ALN algérienne, ce n'est pas non plus douteux. Et l'on ne saurait donner tort à ceux qui, quelles que soient leurs arrière-pensées, redoutent que le tapage fait autour des aveux, dans *Le Monde*, des généraux Massu et Aussaresses n'ait pour résultat de passer aux pertes et profits d'une histoire partisane, unilatérale et, somme toute, politiquement correcte le massacre de Melouza et les attentats aveugles dans les bars d'Oran et Alger, l'exécution, dans les Aurès, de l'instituteur Guy Monnerot ou celui, au Maroc, d'Abane Ramdane, les représailles contre les harkis, les tièdes tués à coups de pioche ou égorgés, les villages soupçonnés de « collaboration » méthodiquement décimés, bref toute cette autre histoire noire qui est celle, non de la France, mais de l'Algérie et que la mémoire progressiste européenne a, si longtemps, refusé de prendre en compte. Le FLN, aussi, a torturé. Le FLN, avant le FIS des années 80 et 90, a martyrisé de mille manières ses adversaires politiques ou militaires. Et il le sait bien, du reste, le FLN d'aujourd'hui – il a compris (et c'est la vraie raison de sa gêne face à ce débat venu de France) que la vérité est contagieuse et que poser la question de l'usage de la gégène au pays des droits de l'homme ne peut que conduire, de proche en proche, à réviser l'héroïque, édifiante et longtemps intouchable histoire de la « révolution algérienne ».

N'empêche. Ceci n'excuse pas cela. Et s'il y a bien, en matière pénale autant que morale, un impératif catégorique, c'est que les crimes des uns ne valent jamais absolution de ceux des autres et que la pratique du « sourire kabyle » n'explique ni ne justifie celle du supplice de la baignoire ou du gonflage à l'eau par l'anus. L'armée française a, c'est un fait, pratiqué en Algérie des actes absolument contraires aux lois de la guerre. Le pouvoir politique français a, c'est un autre fait, encouragé ou couvert, François Mitterrand en tête puisqu'il fut ministre de l'Intérieur et de la Justice, des agissements dont nous savons désormais et dont nombre de témoins (Mgr Duval, archevêque d'Alger) ou même d'acteurs (les généraux Buis, Le Ray et Paris de Bollardière) disaient déjà à l'époque qu'ils n'avaient même pas l'utilité militaire (renseignement, etc.) qu'on voulait bien leur prêter. De ces deux faits, de cette double tache sur l'histoire et l'honneur de notre pays, de l'énigme de cette France qui, le fascisme à peine défait, reprenait des pratiques rappelant les siennes, nous sommes tous, comme pour Vichy, collectivement comptables. D'où vient que ce que l'on a fini par admettre pour Vichy semble, concernant l'Algérie, si étrangement inadmissible ? D'où vient que les mêmes qui ont souhaité voir juger Barbie, Touvier ou Papon suspendent leur devoir de mémoire quand s'entrouvre cet autre placard, tout aussi plein de cadavres, qu'est l'histoire de la guerre d'Algérie ? Et pourquoi le légitime souci de ne pas banaliser la notion de crimes contre l'humanité devrait-il nous conduire à absoudre, ou enfouir dans la conscience collective, d'authentiques crimes d'État ? Il n'est pas question, dans cette affaire, de « repentance », mais de vérité. Il n'est pas question d'« humilier » la France, mais de l'aider, toutes tendances politiques confondues, à regarder en face cette page terrible de son passé. Oui à la levée du tabou. Oui à la lucidité, ce « courage de l'intelligence ». C'est toujours à son avantage qu'un peuple se confronte à ses démons.

8 décembre 2000.

Réponse à Hubert Védrine, ministre français des Affaires étrangères.

Puisque Hubert Védrine veut débattre, puisque, dans un texte important (« Refonder la politique étrangère française », *Le Monde diplomatique*, décembre 2000), il semble regretter que « les intellectuels » soient « absents » du débat qu'il souhaite lancer, eh bien débattons !

L'ingérence. On passera sur l'argument, indigne du ministre responsable, avec d'autres, de l'intervention française au Kosovo, qui fait du devoir d'ingérence, c'est-à-dire, pour parler clair, du devoir d'assistance à peuple massacré, un avatar du « devoir de civilisation » cher à « l'homme blanc » de « l'époque coloniale ». On passera sur l'image, insultante pour les milliers de citoyens qui répondent, tous les jours, aux appels de Médecins sans frontières ou d'Action contre la faim, des téléspectateurs « imbus de leur puissance » et « intimant à leur gouvernement l'ordre de faire cesser leurs souffrances de téléspectateurs ». La question centrale est celle des « critères » qui permettent à cette ingérence d'être véritablement fondée en droit et d'être autre chose, donc, qu'un interventionnisme tous azimuts, sans règle ni principe. Il y en a trois, de principes. Il y a trois critères simples qui, n'en déplaise à Hubert Védrine, commencent de se dégager de ces vingt années de débat sur l'ingérence. Celui, comme en Irak, de l'agression d'un pays par un autre. Celui, comme au Rwanda, de l'évidence d'un génocide en marche. Celui enfin, en Somalie ou ailleurs, d'une absence d'État faisant obligation au monde de se porter au secours d'une société civile en perdition. Je ne dis pas que ces critères soient suffisants. Mais enfin ils sont là. Ils sont en gestation. Et à ce nouveau droit international qui, à chacun d'entre nous, impose une double appartenance – celle qui le lie à son propre État et celle qui fait de lui le sujet de ce « droit cosmopolitique » dont parlaient les philosophes des Lumières et qui, enfin, sort des limbes – il me paraîtrait navrant que la « nouvelle diplomatie » védrinienne choisisse de tourner le dos.

La démocratie. Je passe sur les étranges allusions à cette « occidentalisation forcée » que prôneraient, selon le ministre, les apôtres des droits de l'homme. Je passe sur la question de savoir si l'origine européenne du droit, pour un corps, de n'être pas affamé, torturé ou tué est une raison de douter de son universalité. La vraie question est celle du « passage » à une démocratie qui, parce qu'il ne s'est jamais fait, dit-il, « en un jour », parce qu'il est un « processus » davantage qu'une « conversion », aurait besoin de « réalisme » et de « patience ». C'est vrai et faux. Car il y a des cas — l'Espagne après Franco — où le passage s'est fait, d'une certaine façon, « en un jour ». Il y a de petites nations (la Pologne) ou des grandes (l'Inde) qui ont opéré leur révolution vite, sans véritables « traditions démocratiques » et sans s'être adossées, surtout, à ce « processus de progrès global » dont Hubert Védrine voudrait qu'il soit « économique, social, politique » autant que « culturel ». Et ma crainte, en vérité, est que la « refondation » à laquelle il invite ne reste prisonnière du vieux schéma selon lequel l'économique, le politique, le social, cet ensemble de déterminations que l'on subsumait autrefois sous le concept d'« infrastructure », commanderaient nécessairement au droit. Et si c'était l'inverse ? Et si, loin que les libertés soient un luxe destiné à couronner un développement antérieur, elles étaient parfois le moteur ? Et s'il fallait entendre Wei Jingsheng, le grand dissident chinois qui, au moment où les maîtres de Pékin lançaient leur campagne dite des « quatre modernisations », en proposait, lui, une cinquième qui, disait-il, déciderait des autres : la modernisation démocratique ?

Les intellectuels, enfin. Je n'ai ni l'envie ni la place de défendre des intellectuels accusés, avec une violence très étrange, de défendre une « irreal politik » à la fois « narcissique, verbeuse et moralisatrice ». Mais enfin... Le ministre a-t-il la mémoire si courte ? A-t-il oublié le temps, pas si lointain, où ce sont eux qui, en Bosnie, tandis que les diplomates défendaient une politique bel et bien « irréelle », tandis qu'ils abreuvaient l'opinion de leurs considérations « verbeuses » sur l'invincible armée serbe, allaient sur le terrain, menaient des enquêtes minutieuses et défendaient un interventionnisme qui, le moment venu, s'est avéré la seule politique raisonnable, efficace et économe en vies humaines ? Il est de bon ton, ces temps-ci, de couvrir ces intellectuels d'opprobre. C'est bizarre. Mais j'ai l'impression, moi, qu'à de notables exceptions près, à l'exception de ceux qui, par exemple, pendant les déportations de masse au Kosovo, voyaient les pizzerias ouvertes à Pristina et les terrasses fleuries, la génération antitotalitaire, celle qui s'est dressée contre le communisme avant de se mobiliser contre les diverses formes de terrorisme et d'intégrisme, s'est plutôt moins trompée que ses aînées – et moins, surtout, que tant de supposés « experts » qui, après nous avoir expliqué qu'on ne pouvait rien faire dans la Pologne de Solidarnosc, après avoir laissé faire, à Kigali, l'un des quatre génocides du XXe siècle, nous expliquent aujourd'hui que Vladimir Poutine, boucher de Tchétchénie, est d'abord un « patriote russe ».

15 décembre 2000.

L'année 2000.

C'est l'année où un écrivain a pu redire, longtemps après Maurras, qu'il fallait être français de souche pour goûter la langue de Racine.

C'est l'année où l'île Seguin a décidé de devenir un musée.

C'est l'année où, dans le peloton des trois « B » (Bourdieu, Bové, Beigbeder), c'est l'écrivain qui a pris la tête.

C'est l'année où la question des responsabilités internationales, et notamment françaises, dans la tragédie de Srebrenica a fait l'objet d'une commission d'enquête parlementaire : il était temps.

C'est l'année où Jean-Marie Messier est devenu le « patron » de Julia Roberts – et il tient à ce que cela se sache.

C'est l'année où un homme d'État israélien, Ehoud Barak, a annoncé un État palestinien avec « Al-Qods comme capitale » – c'est l'année où, autrement dit, a été brisé le tabou de l'unité de Jérusalem.

C'est l'année où Nicole Wisniak a produit et réalisé le meilleur film de la saison : Avedon, Depardieu, Wei Jingsheng, Robbe-Grillet, Enthoven, Lambron, Rédé, sœur Emmanuelle, dans quelques-uns des rôles principaux.

C'est l'année où Sollers est allé offrir sa « Divine comédie » à Jean-Paul II : beau livre, belle image.

C'est l'année où le débat sur la Corse est devenu – Chevènement... Colombani... – le problème de tous les Français : girondins et jacobins, vrais et faux républicains, tous en piste pour le XXIe siècle !

C'est l'année où Ardisson a voulu casser la baraque, et l'a cassée.

C'est l'année où les Américains ont élu un « serial killer » qui a tué, de sang-froid, cent cinquante-trois personnes ; c'est aussi l'année où l'on a commencé de comprendre que Clinton a été un bon président.

C'est l'année où une grande vivante (Ingrid Caven) a donné son titre à un grand prix Goncourt (Jean-Jacques Schuhl).

C'est l'année du « turnover » des grands tueurs au pouvoir : l'un, Milosevic, s'éclipse tandis que l'autre, Poutine, s'impose et, de Paris à La Havane, se pavane sur la scène internationale.

C'est l'année où Régis Debray a tenté de faire endosser à l'ensemble de ses pairs son faux pas sur le Kosovo ; « l'intellectuel est mort », disait-il ; et il pensait simplement : « je me suis tiré une balle dans le pied ».

C'est l'année où les gazettes ont titré : « Sartre revient » ; mais, pour certaines, j'entendais : « *au secours*, Sartre revient ».

C'est l'année où l'on a eu envie de retourner à certains Israéliens et Palestiniens le mot de Paul, le Juif Paul, aux Grecs idolâtres : « je vous trouve trop religieux ».

C'est l'année de la vraie réhabilitation de Jacques Chardonne : c'était déjà l'écrivain préféré de Mitterrand ; c'était celui de De Gaulle ; mais il aura fallu une adaptation des « Destinées sentimentales » pour faire se pâmer d'aise l'ensemble de la critique.

C'est l'année où j'ai découvert que Raymond Aron a écrit un jour qu'il se sentait « moins éloigné d'un Français antisémite que d'un Juif du Sud marocain ».

C'est l'année (Burundi, Liberia, Sierra Leone, Tchétchénie, Sri Lanka, Angola) où Hegel a eu de plus en plus souvent raison contre Levinas : « lorsque l'on regarde un homme dans les yeux, on regarde une nuit qui devient effroyable ».

C'est l'année où, avec Finkielkraut et Benny Lévy, nous avons fondé un institut d'études levinassiennes à Jérusalem.

C'est l'année où j'ai lu le livre de Marlène Zarader « La dette impensée. Heidegger et l'héritage hébraïque ».

C'est l'année où Yann Moix est devenu, avec « Anissa Corto », une sorte de Musset déguisé en Donald Duck.

C'est l'année où Jospin a commencé de devenir président.

22-29 décembre 2000.

Claudel à Noël. Bataille et le fascisme français. Foucault, Althusser et le passage au XXIe siècle. Proust, personnage de roman. Et les femmes ? Hobbes et saint Thomas. Éloge de l'obscurité.

Pour connaître un homme, disait Claudel, chercher d'abord sa bête. Pas son âme, non. Ni son corps. Ni la jonction, énigmatique, entre ce corps et cette âme. Mais la bête, vraiment. L'animal qui l'habite et le suit. Ce compagnon assidu, plus inséparable que son ombre, qui loge en lui, l'accompagne et, parfois, le trahit. Que dit d'autre ce prêtre catholique bosniaque qui évoque, en cette nuit de Noël, le temps où Sarajevo était la capitale mondiale de la douleur et de l'horreur ?

Georges Bataille, après « Structures élémentaires du fascisme », avait l'intention de donner un petit essai sur la France – sur la *tentation fasciste* en France. Actualité de Bataille ?

Ces reportages télévisés qui font le tour de la planète en-train-de-changer-de-siècle-et-même-de-millénaire. Belle blague, évidemment. Et belle illusion d'optique. Comme s'il n'en allait pas de cette coupure-ci comme de toutes les coupures qui tranchent l'histoire des cultures, des civilisations ou des sciences : chacune coupe à son heure, répondait Foucault à Althusser, qui croyait, lui, dur comme fer, à sa fable de la « grande coupure » ; chacune, selon son rythme ; telle a déjà coupé ici (l'histoire de la sexualité) sans que la coupure ait opéré ailleurs (l'histoire de la folie, celle des manières de parler ou de classer) ; eh bien, de même ce XXIe siècle où les uns entrent pour de bon, les autres à reculons, d'autres encore pas du tout – sans parler de ceux qui, comme ici, à Sri Lanka, en sont toujours à rôder aux portes du XXe, quand ce n'est pas du XIXe.

Chez un bouquiniste parisien, dans un numéro de *La Revue blanche* (1896), « Mystères », de Fernand Gregh, le premier roman dont Proust est le héros.

Le situationniste Mustapha Khayati publiait, en 1967, son mémorable « De la misère en milieu étudiant ». Qui, trente ans après, à l'heure de l'anti-intellectualisme à nouveau triomphant, osera un « De la misère en milieu écrivant » ?

L'an 2000... 2001... Tant de zéros, tout à coup. Peut-être trop. Les zéros du néant qui vient ? Ceux de la table rase et du possible recommencement ? À Sri Lanka toujours, ce « rebelle » tamoul qui, féru de numérologie, me dit carrément : « Pour nous qui ne croyons qu'aux nombres, pour nous qui confondons l'art de la guerre et celui des nombres sacrés, l'aurore du millénaire est formidablement exaltante. » Barbarie, année zéro.

L'intellectuel, celui qui « se mêle de ce qui ne le regarde pas » ? Mais oui. Bien sûr. Puisque se mêler de ce qui ne regarde pas, c'est la définition de la responsabilité, et donc de la liberté. Non plus, comme chez Heidegger, philosophe d'avant la Shoah, angoisse « pour ma mort », mais pour la tienne, la sienne, celle d'autrui en tant que, par principe, il ne me ressemble ni ne me regarde.

Huit femmes dans la liste, établie par *Le Figaro*, de ceux qui ont « fait le siècle ». Huit femmes seulement ? N'y a-t-il eu que huit femmes, vraiment, pour imprimer leur marque à l'ère qui s'achève ? Et Beauvoir ? Et Riefenstahl ? Et Marie Curie ? Et Indira Gandhi ? Et Louise Weiss ? Et Oum Kalsoum ? Et Rosa Luxemburg ? Et la reine d'Angleterre ? Et tant d'autres ?

Question d'Ardisson, à « Rive droite, rive gauche » : « Quand les intellectuels en finiront-ils avec leurs leçons de morale ? » Il ne s'agit pas de leçons de morale, dis-je. Il ne s'agit même pas de morale du tout. Reprenez ce que nous disions, par exemple, au moment des guerres de Bosnie et du Kosovo. Ce n'était pas seulement : « il faut, moralement, intervenir ». Ni même : « il est juste, honorable, bon, moral encore, de tenter de venir en aide à des peuples massacrés ». Mais : « cela est raisonnable ; cette intervention, quoi qu'elle coûte, sera un moindre mal ; se porter au secours de ces peuples martyrs est un geste politique et c'est nous, intellectuels réputés irresponsables, qui sommes donc les derniers à faire encore de la politique ».

Commencer l'année avec saint Thomas (« Commentaire du traité de l'âme d'Aristote », traduction et notes de J.-M. Vernier) et Hobbes (« De corpore », commentaires et notes de Karl Schuhmann), l'un et l'autre réédités par Vrin. Toujours la même affaire de l'âme, du corps et de la bête. Toujours, comme chez

Claudel, quoique en langue philosophique, le même souci de l'ombre de l'homme.

Obscurs, les philosophes ? Non. Clairs, au contraire. Limpides. Sauf à nommer obscurité cette façon qu'ont les grands textes de dérouter le lecteur, de l'obliger à écouter.

Au XXIᵉ siècle, les livres seront réprouvés, non parce qu'ils dérangent, ou supposent un péril secret, mais parce qu'ils prennent du temps, parce qu'ils font prendre et perdre du temps – parce qu'ils ne seront plus raccord avec notre conception du temps.

5 janvier 2001

Index

ABDALLAH DE JORDANIE , 402, 528

ADLER Laure, 151, 479, 481, 482

ADRIEN VI , 518

AGACINSKI Sylviane, 403

AGÇA Ali, 288

AGNELLI Giovanni, 146, 148

AJAR Émile, 214, 363

ALBRIGHT Madeleine, 417

AL-DOURRA Mohamed, 569, 572, 584

AL-FAYED Mohamed, 239, 240

ALGREN Nelson, 190

ALLÈGRE Claude, 540

ALLÉGRET Yves, 85

ALLEN Woody, 181

ALMODOVAR Pedro, 23-25

ALPHANT Marianne, 544

ALTHUSSER Louis, 20, 126, 230, 232, 327, 466, 479, 481, 597, 598

AMAR Paul, 149, 172

AMIEL Henri Frédéric, 86, 383

AMIS Martin, 239, 241, 361

ANDROPOV Iouri, 290

ANGELOPOULOS Theo, 18

ANISSIMOV Myriam, 142

ANNAN Kofi, 301, 303, 331, 468, 470

ANNAUD Jean-Jacques, 264, 266

ANOUILH Jean, 494

ANQUETIL Gilles, 72, 73

ANTONIONI Michelangelo, 66, 67, 69, 78, 81, 142, 144

APOLLINAIRE Guillaume, 413, 578

ARAFAT Yasser, 57, 58, 200, 288, 290, 302, 402, 511, 570, 585, 586

ARAGON Louis, 19, 36, 44, 131, 139, 142, 190, 192, 220, 240, 253, 254, 293, 337, 374, 468

ARBOUR Louise, 420

ARDISSON Thierry, 595, 599

ARENDT Hannah, 243, 245, 270, 241, 310, 470, 535

ARISTOTE , 146, 148, 203, 434, 599

ARKAN , 425

ARLOSSOROFF Haim, 40

ARMAN , 291, 292

ARMAND Inès, 175

ARON Jean-Paul, 482

ARON Raymond, 20, 24, 25, 47, 130, 251, 271, 437, 596

ARRABAL Fernando, 430

ARTAUD Antonin, 235

ASSAD Hafez el-, 139, 369, 402, 546-549

ASSAYAS Olivier, 142, 143

ASTRUC Alexandre, 506

ATTALI Jacques, 12, 13, 62, 63, 275

AUBRAC Lucie, 213, 214, 218, 220, 233, 234, 395

AUBRAC Raymond, 213, 214, 233, 234, 395

AUBRY Martine, 45

AUDI Paul, 432, 433

AUSSARESSES Paul, 590

AUTUN Jeanne d', 362, 363

AVEDON Richard, 595

AZIZ Tarek, 331

BAADER Andreas, 28, 557

BACH Johann Sebastian, 84

BACHELARD Gaston, 292, 409

BACON Francis, 93, 94, 99, 208

BADINTER Élisabeth, 404

BADINTER Robert, 198

BADIOU Alain, 203, 205

BAECQUE Antoine de, 138

BAIGNÈRES 218, 219,

BALLADUR Edouard, 146, 223, 343, 444, 514

BALTHUS , 233

BALZAC Honoré de, 477, 512-514, 529, 530

BARAK Ehoud, 563, 570, 575, 595

BARBARA , 264

BARBEY D'AUREVILLY Jules-Amédée, 188, 190

BARBIE Klaus, 211, 591

BARBUSSE Henri, 374

BARCLAY Eddie, 386

BARDOT Brigitte, 135, 505

BARRAS Paul, 483

BARRE Raymond, 394, 395, 410, 478

BARRÈS Maurice, 91, 130, 131, 316, 374, 378, 579

BARROW Clyde, 203, 204

BARTH Karl, 382

BARTHÉLEMY Victor, 97

BARTHES Roland, 327, 544

BARTOV Omer, 415

BASSAEV Chamil, 475

BATAILLE Christophe, 457, 459

BATAILLE Georges, 188, 224, 227, 239, 241, 253, 332, 334, 336, 338, 340, 374, 410, 412-414, 433, 466, 468, 522, 531, 546, 597

BAUBY Jean-Dominique, 185

BAUDELAIRE Charles, 22, 66, 67, 115, 133, 136, 143, 164, 169, 174, 188, 190, 196, 207, 252, 253, 264, 265, 466, 468, 495, 533, 546

BAUDELOT Christian, 40

BAUDOT François, 479, 480

BAUDRILLARD Jean, 88, 194, 466

BAYROU François, 288, 394, 441, 445

BAZIN Hervé, 77

BEATTY Warren, 466

BEAUCÉ Thierry de, 306, 391, 392

BEAUDOIN Louise, 50

BEAUFRET Jean, 434

BEAUJOUR Michel, 468

BEAUVOIR Simone de, 25, 188, 190, 318, 406, 599

BEAUVOIS Xavier, 57, 58

BECKETT Samuel, 31, 336

BEDOS Guy, 493

BEETHOVEN Ludwig von, 542

BEIGBEDER Frédéric, 595

BEGIN Menahem, 217

BELGIOJOSO princesse de, 175

BEN GOURION David, 528

BEN JELLOUN Tahar, 274, 291, 292

BENAMOU Georges-Marc, 18, 62, 64, 161-163, 165

BENDA Julien, 469

BENHAMOU Guy, 82

BENIGNI Roberto, 371-373

BENMUSSA Simone, 169

BENOIST Alain de, 194

BENOIST-MÉCHIN Jacques, 299

BENSAÏD Daniel, 480, 513

BÉRÉGOVOY Pierre, 63

BERGÉ Pierre, 212

BERGER Yves, 529, 530

BERGMAN Ingmar, 215

BERGMAN Ingrid, 181

BERGSON Henri, 188, 553

BERL Emmanuel, 232, 320, 337, 561

BERLIOZ Hector, 541

BERLUSCONI Silvio, 500

BERNANOS Georges, 167, 330, 332, 421

BERNÈS Pierre, 438

BERNHARD Thomas, 264, 266, 499, 501

BERNHEIM Gilles, 569

BERNIER Jean, 253, 414

BERRI Claude, 181

BERTH Édouard, 186

BERTRAND Adrien, 374

BESANÇON Alain, 382, 383

BESSON Luc, 218, 219, 447, 480, 481

BESSON Patrick, 144, 362, 364

BHUTTO Benazir, 34

BIANCIOTTI Hector, 66, 68

BILLETDOUX Raphaële, 529-531

BIOY CASARES Adolfo, 436

BISMARCK Otto, 547

BLAIR Tony, 224, 416, 461, 560, 561

BLANC Jacques, 312, 313

BLANCH Lesley, 339

BLANCHOT Maurice, 185, 187, 191, 192, 198, 214, 330, 331

BLIER Bertrand, 78

601

BLOCH Ernst, 432, 434
BLOCH Marc, 154
BLONDEL Marc, 41, 43, 44, 46-49, 163, 224
BLUM Léon, 65, 254
BODARD Lucien, 261-263, 303-306
BOEGNER pasteur, 251
BOGART Humphrey, 254, 556
BOLLARDIÈRE général de la, 591
BOLLON Patrice, 198
BONA Dominique, 116
BONDY Luc, 541
BONGO Omar, 35
BONNAIRE Sandrine, 10
BONNARD Pierre, 207
BONNET Bernard, 432
BORDEAUX Henry, 374
BORGES Jorge Luis, 152, 155, 202, 363, 435, 437, 438, 467
BORY Jean-Louis, 181
BOSSI Umberto, 560
BOTHOREL Jean, 332
BOTT François, 41
BOTTICELLI Sandro, 367
BOUKOVSKI Vladimir, 267
BOULANGER Georges, 119
BOUQUET Carole, 562
BOURDIEU Pierre, 40, 47-49, 87, 88, 167, 186, 324, 327, 333, 336, 468, 469, 595
BOURGES Hervé, 27
BOUSQUET Joë, 67
BOUSQUET René, 68, 380, 454
BOUTANG , 364
BOUTIN Christine, 371, 372
BOUTROS-GHALI Boutros, 146, 391
BOVÉ José, 454, 482, 484, 595
BOWIE David, 196
BOWLES Paul, 230, 231, 335-337
BOYCOTT Charles Cunningham, 503
BRANCUSI Constantin, 385
BRANDT Willy, 11
BRAQUE Georges, 65
BRASILLACH Robert, 275
BRASSAÏ , 239
BRAUDEL Fernand, 107
BRAUMAN Rony, 43
BRÉCHON Robert, 145
BRECHT Bertolt, 157, 294-297
BREJNEV Léonid, 90, 267
BRESSON Robert, 494
BRETON André, 171, 253, 340, 374, 413, 414, 467, 555
BROCH Hermann, 59, 88
BROOK Peter, 59
BROSSAT Alain, 400
BROSSOLETTE Pierre, 549, 552
BRUNNER Aloïs, 549
BUBER Martin, 51, 70, 185, 328, 552
BUBIS Ignatz, 494, 496, 501, 502
BUFFET Bernard, 468

BUIS général, 591
BUÑUEL Luis, 85
BUREN Daniel, 207
BURROUGHS William, 230, 232, 335, 337
BUSH Jr. George, 291, 581
BUSH George, 30, 402
BUTEL Michel, 235
BUTOR Michel, 144
BYRON Lord, 560

CAGLIOSTRO Alexandre, 437
CAGNEY James, 556
CAILLOIS Roger, 466
CALVIN , 366
CAMDESSUS Michel, 336, 350
CAMUS Albert, 25, 74, 115, 254, 270, 271, 291, 293, 485, 486
CAMUS Renaud, 529, 531, 541-543, 549, 550, 552
CANGUILHEM Georges, 20, 21, 164, 292, 382, 409
CAPOTE Truman, 103, 104, 335
CARADEC'H Jean-Michel, 225
CARIGNON Alain, 24, 93, 94, 512, 514
CARLOS , 274, 501, 502
CARROLL Lewis, 233
CARTER Jimmy, 402
CARTON Marcel, 510
CARVALHO Otelo de, 21
CASANOVA , 363, 371
CASTRO Fidel, 22, 31, 33, 34, 146, 148, 288, 289, 342, 369, 370, 502, 562
CAU Jean, 62, 63
CAVADA Jean-Marie, 167, 272
CAVAILLÈS Jean, 20, 382
CAVEN Ingrid, 149, 555-557, 575, 596
CEAUSESCU Nicolae, 567
CÉLINE Louis-Ferdinand, 21, 36, 142, 213, 254, 300, 306, 330, 331, 362, 364, 374, 495, 550
CERVANTES Miguel de, 13
CÉSAR Jules, 484
CÉSAR , 384-386
CÉZANNE Paul, 427, 546
CHABAN-DELMAS Jacques, 222, 446
CHABROL Claude, 10
CHAGALL Marc, 414
CHAMFORT Nicolas de, 73
CHANEL Coco, 429, 430
CHAPLIN Charlie, 105
CHAPSAL Madeleine, 67
CHARASSE Michel, 200, 202
CHARDIN Jean-Baptiste, 466-468
CHARDONNE Jacques, 596
CHARLES-ROUX Edmonde, 414
CHATEAUBRIAND François René de, 31, 80, 252, 253, 554, 579
CHATZKY Olivier, 127, 128
CHAUNU , 167
CHEN Duxlu , 474

CHÉREAU Patrice, 541
CHEVÈNEMENT Jean-Pierre, 210, 223, 300, 302, 329, 391, 399-402, 417, 442, 444, 447, 450, 473, 538-540, 595
CHIPAUX Françoise, 450
CHIRAC Jacques, 15, 16, 26, 32, 33, 46, 48, 57, 129, 135, 136, 138, 145, 155, 156, 183, 209, 212, 215, 218, 221-223, 225, 226, 230, 232, 243, 246, 312, 315, 318-320, 346, 402, 416, 444, 445, 454, 457, 461, 471-474, 523, 543, 546, 548, 549, 557, 558, 573, 577, 585
CHOISEUL Étienne, 348
CHOUCHANI Mordechai, 553
CHPAK Gregori, 483
CHRISTOPHER Warren, 70, 129
CHURCHILL Winston, 34, 202
CIORAN Emil Michel, 83, 197, 198, 212, 213, 215, 437
CLAUDEL Paul, 138, 254, 258, 259, 391, 597, 600
CLAUSEWITZ Karl von, 73, 188
CLAVEL Maurice, 84, 133, 135, 317, 446, 526
CLEMENCEAU Georges, 34, 375
CLÉMENT Jérôme, 155, 156
CLÉMENT René, 78
CLÉOPÂTRE , 290
CLINTON Bill, 26, 29, 33, 117, 288-290, 301, 351, 353, 354, 357-359, 362, 364, 402, 410, 461, 526, 529, 585, 595
CLINTON Hillary, 331, 353
CLOUZOT Henri-Georges, 157
COCTEAU Jean, 59, 84, 106, 142, 232, 339, 560
COELHO Paulo, 89
COEN Joel et Ethan, 66
COHEN Albert, 51, 58, 225
COHN-BENDIT Daniel, 334, 376-378, 444, 445, 499, 501, 502, 531, 598
COLET Louise, 253
COLETTE , 233
COLLARD Gilbert, 525
COLOMBANI Jean-Marie, 413, 415, 478, 595
COLUCHE , 261, 336, 377
COMBAS Robert, 207
CONCASTY René, 395
CONDORCET , 357
CONFUCIUS , 259
CONSTANT Benjamin, 383
COOK Robin, 425
COPPOLA Francis Ford, 99, 100, 155
CORNEA Aurel, 510
CORNEILLE Pierre, 253, 574
COSIC Dobrica, 566
COSTA-GAVRAS , 18
COURBET Gustave, 506
COURTOIS Stéphane, 249, 250
COUSIN Victor, 253
COUSINIER Bernard, 495

COUSTEAU Jacques-Yves, 9
CRESSON Édith, 146
CREVEL René, 41
CRONENBERG David, 95, 99
CURIE Marie, 34, 599

DAC Pierre, 261
DAGOGNET François, 292
DALI Salvador, 385
DANEY Serge, 181
DANIEL Jean, 50, 51, 170, 203, 205, 206, 343, 382-384, 485, 486, 492
DANTE ALIGHIERI , 467
DARNAND Joseph, 270, 551
DARQUIER DE PELLEPOIX Louis, 392
DARWIN Charles, 465
DASSIN Jules, 436
DAUDET Léon, 320
DAUMIER Honoré, 477
DAVID Jacques Louis, 196
DAVID roi, 203, 311
DAVIS Bette, 555
DE NIRO Robert, 294, 295
DE PALMA Brian, 155
DEBORD Guy, 72, 73, 370, 479, 480
DEAN James, 79
DEBBOUZE Jamel, 491, 493
DEBRAY Régis, 20, 22, 47, 49, 89, 91, 115, 117, 224, 226, 382, 384, 421, 447, 448, 526, 527, 596
DEBRÉ Jean-Louis, 27, 109, 110, 113, 182-184, 186
DEBRÉ Michel, 105, 108
DELACROIX Eugène, 126, 154, 468, 495
DELAMARE Louis, 548
DELEUZE Gilles, 38, 40, 69, 96, 99, 203, 205, 382, 432, 435
DELON Alain, 78, 79, 180, 181, 521, 522
DELORME père, 27
DENEUVE Catherine, 238, 505
DENG XIAOPING , 473
DENIAU Jean François, 23, 84
DENIS Claire, 18
DENON Dominique Vivant, 41, 44, 157
DEPARDIEU Gérard, 304, 560, 562, 595
DERCOS Xavier, 343
DERRIDA Jacques, 13, 59, 154, 195, 327
DESANTI Dominique, 218, 220, 221, 466
DESANTI Jean-Toussaint, 466-468
DESCARTES René, 120, 433, 553
DESNOS Robert, 467, 468
DESPLECHIN Arnaud, 89, 92
DESPROGES Pierre, 123
DEVIERS-JONCOUR Christine, 371, 372

DIANA princesse, 236, 237, 239-241, 497
DIDEROT Denis, 44
DIETRICH Marlene, 436, 556
DIOUF Abdou, 34
DISPOT Laurent, 501
DISRAELI Benjamin, 523
DIVJAK Jovan, 220
DJIAN Philippe, 529-531
DJINDIC Zoran, 566
DOISNEAU Robert, 239
DOLLÉ Jean-Paul, 92, 382
DOMENACH Nicolas, 541, 543
DONATELLO, 386
DORIOT Jacques, 131
DOSTOÏEVSKI Fedor, 526
DOUCHET Jean, 181
DOUSTE-BLAZY Philippe, 23, 76, 147
DRASKOVIC Vuk, 566
DREYER Carl Theodor, 81, 90, 92
DREYFUS Alfred, 19, 20, 119, 122, 145, 184, 282, 285, 334
DRIEU LA ROCHELLE Pierre, 84, 130, 131, 139, 142, 191-193, 232, 254, 299, 374, 421, 437, 468
DROIT Michel, 156
DRUMONT Édouard, 532
DRUON Maurice, 292, 323
DU PARC marquise, 253
DUBY Georges, 154
DUCHAMP Marcel, 385, 405-407, 413, 414
DUHAMEL Alain, 524, 525
DUMAS Alexandre, 265, 429, 431
DUMAS Roland, 346-348, 477, 534
DURAND Guillaume, 10, 410, 412
DURAS Marguerite, 78-80, 106, 215, 264, 266, 318
DÜRRENMATT Friedrich, 376
DUTOURD Jean, 447
DUTROUX Marc, 115, 118, 194, 196
DUVAL monseigneur, 591

EAUBONNE Françoise d', 543
ECHENOZ Jean, 177
EICHEL Marek, 478
EICHMANN Adolf, 245, 470
EISENSTEIN Serge Mikhaïlovitch, 85
ELGEY Georgette, 413, 415
ÉLISABETH II , 599
ELKABBACH Jean-Pierre, 209, 210, 394
ELKRIEF Ruth, 273, 275
ELLIS Brat Easton, 531
ELTSINE Boris, 33, 35, 90, 150, 349, 350, 362, 402, 461, 475, 491, 493
ÉLUARD Paul, 469
EMMANUELLE sœur, 595
EMMANUELLI Henri, 563

EMMANUELLI Xavier, 162
EMPTAZ Eric, 238
ENTHOVEN Jean-Paul, 87, 595
ERNST Max, 413, 414, 555
ESTABLET Roger, 40
ESTIENNE D'ORVES Honoré d', 299
EURIPIDE , 99, 101
EUSTACHE Jean, 555

FABIUS Laurent, 135, 182, 408-410, 444, 521, 523, 529, 532
FANON Frantz, 228
FANSTEN Jacques, 173
FARRAKHAN , 13
FASSBINDER Rainer Werner, 150, 555, 557
FAULKNER William, 69, 70, 304
FAURÉ Gabriel, 53
FAURISSON Robert, 88
FAYE Jean-Pierre, 535, 543
FERRARI Alain, 39, 267, 269, 270
FERRY Luc, 81, 83
FÉVAL Paul, 533
FINKIELKRAUT Alain, 552, 554, 597
FISCHER Joschka, 377, 417, 540
FITOUSSI , 88
FITZGERALD Ella, 73
FITZGERALD Scott, 23, 25
FLAMAND Paul, 192
FLAUBERT Gustave, 252, 253, 335, 338, 574, 575
FLAVIUS JOSÈPHE , 199, 366
FLECK Robert, 504
FONDA Jane, 505
FONTAINE Marcel, 510
FORD Gerald, 402
FORÊTS Louis-René des, 186, 187, 192
FOUCAULT Michel, 9, 20, 84, 88, 146, 154, 187, 188, 191, 221, 230, 231, 327, 362, 364, 402, 432, 437, 466, 544, 597, 598
FOUCHÉ Joseph, 200
FRANCO Francisco, 342, 593
FRANK Anne, 368
FRANK Bernard, 154, 506
FREUD Sigmund, 265, 335, 464
FRY Varian, 414
FURET François, 88, 535, 537

GABIN Jean, 120, 441
GAILLOT Jacques, 9
GAINSBOURG Serge, 346
GALINSKI Heinz, 501, 502
GALLO Max, 442, 447
GANDHI Indira, 599
GANDHI Mohandas Karamchand dit le Mahatma, 503
GANIC Ejup, 100
GARBO Greta, 436
GARCIA MARQUEZ Gabriel, 289
GARÇONNAT Pierre, 299
GAROUSTE Gérard, 207

GARY Romain, 78, 79, 91, 106, 181, 214, 230, 231, 335, 339, 433, 506
GAST Peter, 542
GAULLE Charles de, 34, 40, 60, 80, 84, 156, 217, 232, 256, 310, 312, 316, 323, 377, 415, 441, 523, 549, 551, 568, 596
GAYSSOT Jean-Claude, 549
GEMAYEL Bachir, 548
GENET Jean, 84, 230-233, 236, 335, 433, 494
GENKA Nicolas, 543
GERLIER cardinal, 251
GERNET Louis, 474
GERRA Laurent, 493
GIACOMETTI Alberto, 208, 385
GIDE André, 84, 214, 233, 252, 300, 378, 383, 468
GIESBERT Franz-Olivier, 401, 422, 525, 533, 576
GILADI Eliahou, 40
GINGRICH Arnold, 25
GIRARD René, 534
GIROUD Françoise, 32, 34, 233, 235, 275, 362, 363
GISCARD D'ESTAING Valéry, 125, 173, 174, 222, 244, 315, 318, 319, 347, 446, 523
GLENDENING Parris, 351
GLUCKSMANN André, 92, 524-526
GODARD Jean-Luc, 66, 78, 105-107, 142, 144, 149, 151, 152, 154, 181, 406, 506
GOETHE Wolfgang, 560
GOLDHAGEN Daniel, 415
GOLDSMITH Jimmy, 442
GOLLNISCH Bruno, 312, 313
GOMBROWICZ Witold, 21, 240
GONCOURT Edmond et Jules, 86
GORBATCHEV Mikhaïl, 30
GORDON Humberto, 498
GORE Al, 581
GORETTA Claude, 269
GORZ André, 287
GOULD Florence, 299
GOUPIL Romain, 142-144, 330, 333
GOYTISOLO Juan, 13
GRACIÁN Baltasar, 62, 73, 99, 101
GRACQ Julien, 300, 494
GRAMSCI Antonio, 93, 95
GRANET Marcel, 474
GRASS Günter, 9, 11, 265
GRAY James, 574, 576
GRÉCO Juliette, 506, 577, 580
GREENE Graham, 215, 217
GREENSPAN Alan, 466, 467, 529
GREGH Fernand, 598
GRÉGOIRE DE NYSSE saint, 199
GRIMM Jakob et Wilhelm, 399-401
GRIS Juan, 391

GRISONI Dominique-Antoine, 191, 192, 467
GROETHUYSEN Bernard, 21, 86
GROSSOUVRE François de, 63
GROTOWSKI Jerzy, 194, 196
GUBLER Claude, 63, 66-68
GUÉNAIRE Michel, 324, 326
GUESDE Jules, 282
GUEVARA Ernesto Che, 117, 288
GUICHARD Olivier, 323
GUILBERT Cécile, 72, 73
GUITRY Sacha, 106
GUYOTAT Pierre, 544, 546
GYSIN Brion, 335

HAAN Jacob Israel de, 40
HABACHE Georges, 570
HABERMAS Jürgen, 338, 463
HAENEL Yannick, 370
HAHN Reynaldo, 58
HAIDER Jörg, 499-502, 504, 541, 557, 559, 560, 572
HALLIER Jean-Edern, 164-166, 200-202, 205
HALTER Marek, 136, 137, 146, 275
HANDKE Peter, 87, 89, 215, 465, 501
HANIN Roger, 224, 225
HARDY Françoise, 507
HARRIMAN Pamela, 173, 175
HATZFELD Jean, 586, 588
HAVEL Vaclav, 34, 261, 262, 264, 267, 306, 320
HAWATMÉ Nayef, 402
HEGEL Friedrich, 329, 402, 467, 479, 481, 494, 596
HEIDEGGER Martin, 17, 19, 131, 194, 195, 198, 213, 235, 240, 242, 329, 432, 434, 463, 465, 491, 492, 536, 553, 561, 597, 599
HEMINGWAY Ernest, 38, 41, 90, 91, 96, 263, 304, 556, 580
HEMINGWAY Margaux, 90
HENRY Edmond-Luc, 408
HÉRACLITE , 17, 19, 239, 240, 465
HERNU Charles, 136, 138
HÉRODE , 519
HERR Lucien, 86, 283
HERTZOG Gilles, 29, 30, 275, 512, 513
HERZL Theodor, 145, 241
HÉSIODE , 526, 529
HITCHCOCK Alfred, 169
HITLER Adolf, 108, 157, 250, 251, 266, 297-299, 302, 312, 324, 326, 332, 364, 440, 500, 501, 537, 556, 567, 588
HOBBES Thomas, 597, 599
HOCHHUTH Rolf, 516
HOLBROOKE Richard, 129
HOMÈRE , 438, 529
HOUELLEBECQ Michel, 370, 465
HUCHON Jean-Paul, 26

HUE Robert, 109, 110, 183, 221, 271, 442, 443, 445
HUGO Victor, 65, 167, 196, 252, 343, 344, 437, 438, 513
HUNTINGTON Samuel, 261, 262, 492
HUPPERT Isabelle, 10
HUS Jan, 366
HUSSEIN DE JORDANIE , 34, 402, 403
HUSSEIN Saddam, 18, 97, 117, 139, 169, 261, 263, 290, 293, 300, 301, 303, 308, 357, 502
HUSSERL Edmund, 107, 254, 432, 467, 480, 553
HUSTON John, 85

ILLICH Ivan, 287
INGRES Jean Auguste Dominique, 468
IOSSELIANI Otar, 169
ISAÏE , 553
ISLAMBOULI Khaled, 511
IVORY James, 155, 157
IZETBEGOVIC Alija, 38, 127, 129, 130, 175, 322, 347, 524

JABER cheïkh, 34
JACCARD Roland, 12, 326
JACQUOT Benoît, 156
JAMES Henry, 91, 167, 169
JANKÉLÉVITCH Vladimir, 382, 383, 518, 552
JANVIER général, 513
JARMUSCH Jim, 59
JASPERS Karl, 240, 242, 327, 328
JAURÈS Jean, 282
JAWAD Saleh Abdel, 583
JEAN XXIII , 517
JEAN-PAUL II , 81, 121, 148, 203, 204, 233, 236, 266, 285, 289, 309, 369, 515, 516, 518, 520, 595
JEANNE D'ARC , 81, 479-481
JELINEK Elfriede, 504
JÉRÉMIE , 553
JÉRÔME saint, 227
JÉSUS-CHRIST , 196, 199, 203, 204, 272, 288, 311, 466, 517, 518
JIANG ZEMIN , 471, 472
JIBRIL Ahmed, 548
JINGSHENG Wei, 258, 260, 267, 320, 472, 593, 595
JIRINOVSKI Vladimir, 72
JONES Paula, 290
JOSPIN Lionel, 48, 135, 202, 210, 218, 221, 222, 224-226, 233, 236, 244-246, 257, 264, 268, 273, 282, 283, 285-287, 343, 345, 373, 375-377, 429, 431, 432, 444, 445, 454, 457, 458, 461, 473, 510, 512, 523, 540, 543, 560, 561, 573, 583, 597
JOSSELIN Jean-François, 29, 30
JOUHANDEAU Marcel, 432, 433
JOUVET Louis, 123, 399, 401
JOYCE James, 105, 107, 252, 326, 332

JUDAS , 196
JULIEN Stanislas, 474
JULIUS Anthony, 497
JULLIARD Jacques, 43, 152, 153
JÜNGER Ernst, 251, 297-300, 374
JUPPÉ Alain, 26, 34, 41, 42, 44, 45, 47, 75, 76, 87, 88, 113, 124, 133, 146, 210, 222-224, 513

KAAN Pierre, 414
KADARÉ Ismail, 188, 189, 209, 211
KADHAFI Muammar al-, 302, 502
KAFKA Franz, 88, 145, 208, 312, 334, 360
KAHN Jean-François, 20, 23, 421, 448, 526-528
KALSOUM Oum, 599
KANDINSKY Wassily, 433
KANT Emmanuel, 194, 382
KANTOROWICZ Ernst Hartwig, 364
KAPLAN Jacob, 251
KAPUSCINSKI Rysjard, 217
KARADZIC Radovan, 15, 74, 96-98, 240, 241, 419, 420, 509
KARINA Anna, 181
KARMITZ Marin, 116
KASPAROV Garry, 75, 216
KASSOVITZ Mathieu, 219
KAUFFMANN Jean-Paul, 510
KAYITESI Claudine, 587
KAZANTSEV général, 483
KÉCHICHIAN Patrick, 166
KELKAL Khaled, 26-29
KENNEDY John Fitzgerald, 358, 402
KERREY Bob, 351
KHAYATI Mustapha, 598
KIIIEU SAMPIIAN , 391, 392
KHOMEYNI Ruhollah, 302
KIEJMAN Georges, 295
KIERKEGAARD Sören, 191
KING Martin Luther, 503
KISSINGER Henry, 144, 461, 474
KLARSFELD Beate et Serge, 549
KLARSFELD Arno, 291
KLEIN Hans Joachim, 501, 502
KLOSSOWSKI Pierre, 233, 414
KOCH Stephen, 32
KOHL Helmut, 528
KOJÈVE Alexandre, 21, 156, 343, 345, 349, 350, 391, 393, 435, 494
KONOPNICKI Guy, 96, 97, 154, 291, 293
KOPP Magdalena, 274
KOSTUNICA Vojislav, 566, 568
KOUCHNER Bernard, 59, 69, 71, 130, 132, 135, 173, 273, 275, 402, 512, 515, 535
KOYRÉ Alexandre, 435
KRAUS Karl, 411
KRIVINE Alain, 109, 110, 183, 443
KUBRICK Stanley, 465

KUNDERA Milan, 240
KUSTURICA Emir, 12, 35-37

LA BOÉTIE Étienne de, 188, 189, 568
LA BRUYÈRE Jean de, 265
LA FARGUE Paul, 282
LA FONTAINE Jean de, 264, 265, 401
LA GORCE de, 23
LA ROCQUE colonel de, 147
LACAN Jacques, 221, 327, 407, 466, 469
LACLOS Pierre Choderlos de, 62, 174
LACOUTURE Jean, 365
LAGARDÈRE Jean-Luc, 139, 141, 532-534
LAGERFELD Karl, 564
LAGUILLER Arlette, 339, 377, 443
LAMBRON Marc, 261, 262, 362, 363, 595
LANÇON Philippe, 422, 542
LANG Jack, 76, 133, 135, 202, 222, 560, 561
LANZMANN Claude, 227, 373, 405-407, 412, 438-440, 588
LARBAUD Valery, 67, 224, 227, 254, 330, 332
LARDREAU Guy, 92
LAROCHE Hadrien, 230, 231
LARTIGUE Jacques-Henri, 239
LAUTRÉAMONT , 41, 291, 292, 368, 370
LAVAL Pierre, 183, 299
LAWRENCE Thomas Edward, 77, 403
LAZARE Bernard,
LE CHEVALLIER Jean-Marie, 153, 312
LE PEN Jean-Marie, 11, 72, 87, 97, 103, 105, 109, 118, 120, 124, 126, 133, 135, 154, 167, 169, 176, 177, 191, 197, 207, 243, 269, 293, 309, 310, 313, 315, 319, 332, 336, 339, 343, 344, 376, 393, 441, 457, 546, 560, 562, 574
LE RAY général, 591
LE ROY LADURIE Emmanuel, 400
LE TAN Pierre, 507
LÉAUD Jean-Pierre, 142, 143
LECLERC Gérard, 121
LEDUC Violette, 543
LEIBOWITZ Yeshayahou, 25
LEIGH Mihne, 125
LEIRIS Michel, 94, 374, 544
LELOUCH Claude, 115-117
LÉNINE , 148, 536
LENNON John, 38
LÉOTARD François, 12, 14, 96, 191
LERICHE , 395
LESCURE Pierre, 549, 550
LEVI Primo, 139, 142

LEVINAS Emmanuel, 51, 59, 67, 69, 70, 152, 155, 185, 230, 233, 312, 362, 382-384, 405, 406, 432, 435, 452, 479, 480, 552-554, 596
LÉVY Benny, 552, 554, 597
LÉVY Bernard-Henri, 213, 550
LÉVY Françoise, 92
LEWINSKY , Monica290, 358, 359, 371, 372
LEYS Simon, 318, 320, 474
LI PENG , 352
LIEBERMAN Joseph, 351, 353, 354
LIGNE prince de, 363
LINDON Mathieu, 562
LOCKE John, 411
LONDRES Albert, 304
LOREN Sophia, 225
LOSFELD Eric, 83
LOTI Pierre, 579
LOTTMAN Herbert, 74
LOUIS XIII , 200
LOUNÈS Matoub, 346
LUCHINI Fabrice, 84, 399, 401
LUCRÈCE , 25
LUXEMBURG Rosa, 599
LYNE Adrian, 293
LYOTARD Jean-François, 333-335

MAC PHILIPS Joe, 231
MAC-MAHON , 297
MACCIOCCHI Maria Antonietta, 275
MACHIAVEL Nicolas, 73, 326, 341, 432
MADANI Abassi, 240
MADELIN Alain, 218, 219
MADONNA , 241
MAGRIS Claudio, 391, 393
MAHLER Alma, 34
MAILLOL Aristide, 385
MALAPARTE Curzio, 50, 263, 305, 336, 339
MALEVITCH Kazimir, 207, 405-407
MALKA Salomon, 70
MALKOVICH John, 481
MALLARMÉ Stéphane, 66, 107, 192, 318, 370, 531, 555
MALLE Louis, 85
MALRAUX André, 31, 38, 39, 75, 77, 80, 90, 91, 93, 99, 101, 106, 116, 139, 142, 143, 191-193, 208, 252, 254, 264, 335, 366, 415
MALRAUX Florence, 506
MANDEL Georges, 270
MANDELA Nelson, 96, 98, 267, 342, 503
MANET Édouard, 207
MANILOV Valeri, 490
MANN Thomas, 155, 320, 334, 579
MAO ZEDONG, 104, 552
MARCELLIN Raymond, 544
MARCHAIS Georges, 261, 309

MARCOS sous-commandant, 89, 91, 103, 454
MARIN Jean, 249
MARTINEZ Jacques, 207, 427
MARTINEZ Jean-Claude, 312
MARTY Éric, 479, 481
MARX Jenny, 34
MARX Karl, 13, 22, 90, 92, 126, 283, 335, 340, 342, 356
MASKHADOV Aslan, 476
MASPERO François, 400
MASSILLON Jean-Baptiste, 29, 32
MASSON André, 414
MASSOUD Ahmed Chah, 136, 137, 366, 367, 382
MASSU Jacques, 590
MATA-HARI , 175
MATISSE Henri, 427
MAURIAC Claude, 84, 86
MAURIAC François, 44, 215, 273, 415, 469
MAURRAS Charles, 130, 131, 186, 316, 532, 537, 579, 594
MÉGRET Bruno, 176, 178, 292, 312, 344, 393
MÉGRET Catherine, 178, 179, 292
MÉHAIGNERIE Pierre, 113
MELCHIOR Michael, 521
MELVILLE Herman, 305
MÉNAGE Gilles, 210
MENDÈS FRANCE Pierre, 146
MÉRIMÉE Prosper, 343
MERLEAU-PONTY Maurice, 25, 439, 480
MERTENS Pierre, 206, 208
MÉRY Jean-Claude, 565
MESSIER Jean-Marie, 549, 550, 595
MEYRONNIS François, 370
MICHAUX Henri, 433, 437
MICHEL-ANGE , 386, 494, 495
MIDAS , 305
MILLON Charles, 96, 312, 313, 315, 318, 330, 333, 343, 344, 395
MILOSEVIC Slobodan, 35, 38, 69, 70, 99, 100, 129, 156, 157, 306, 308, 309, 342, 345, 363, 369, 397, 416-420, 423, 425, 426, 440, 448, 485, 502, 547, 567-569, 596
MILTON John, 438
MINC Alain, 145, 173, 174, 354, 355
MIRABAUD Laurent, 97
MITTERRAND Danielle, 91, 318, 319
MITTERRAND François, 10, 13, 22, 30, 60-67, 80, 83, 88, 155-157, 161-166, 173-175, 200-202, 205, 206, 210, 215, 218, 221-224, 226, 230, 244, 261, 262, 292, 297, 299, 309, 313, 323, 324, 346, 348, 362, 363, 365, 379, 381, 384, 415, 422, 446, 452-454, 523, 540, 590, 596

MITTERRAND Jean-Christophe, 325
MLADIC général, 15, 69, 74, 96, 97, 419, 420
MOBUTU Joseph Désiré, 34, 216, 242, 327
MODIANO Patrick, 399
MOÏSE , 371, 372, 552, 578
MOIX Yann, 597
MOLIÈRE , 253
MOLLET Guy, 589
MONDRIAN Piet, 208, 468
MONGIN Olivier, 527
MONNEROT Guy, 590
MONNET Jean, 350
MONROE Marilyn, 241, 358
MONTAIGNE , 383
MONTAND Yves, 149
MONTESQUIEU , 98, 326, 404
MONTHERLANT Henry de, 233, 299
MORAND Paul, 115, 198, 254, 320, 337
MORILLON Philippe, 421
MORTIER Gérard, 504, 541
MOTHERWELL Robert, 386
MOUBARAK Hosni, 284
MOULIN Jean, 335, 395
MOULOUDJI Marcel, 506
MOUNIER Emmanuel, 527
MOUROUSI Yves, 156
MOUSLI Béatrice, 332
MOZART Wolfgang Amadeus, 151
MURAY Philippe, 410-412
MUSIL Robert, 306
MUSSET Alfred de, 253, 577, 580, 597
MUSSOLINI Benito, 312, 500
MUSY François, 105
MUZIKANT Ariel, 559

NABOKOV Vladimir, 291, 293
NADER Ralph, 484
NAHON Marianne et Pierre, 133, 134
NAPOLÉON Ier, 31, 80, 129, 303, 483, 484
NASRALLAH Hassan, 511
NEGRI Toni, 382
NÉRON , 200
NETANYAHOU Benyamin, 136, 139, 140, 194, 200, 239, 241, 267, 290, 570
NEWMAN Morris, 208
NGUYEN Frédéric, 294, 295, 356
NIDAL Abou, 548
NIETZSCHE Friedrich, 188, 229, 274, 336, 338, 340, 411, 414, 433, 464, 466, 526, 541-543, 561, 579
NIXON Richard, 244
NIZAN Paul, 20
NOBÉCOURT Jacques, 147
NOIROT lieutenant, 31
NOLTE Ernst, 535-538
NORMANDIN Jean-Louis, 510

NOTAT Nicole, 43-45, 133, 134, 224, 479, 482
NOVALIS Friedrich, 107
NUON CHEA , 391, 392

OCAMPO Victoria, 437
OE Kenzaburo, 22
OLIVEIRA Manoel de, 18, 127, 128, 138
OPHULS , 323
ORBAN Olivier, 83
ORMESSON Jean d', 255, 452, 453, 466, 467

PAGNOL Marcel, 106, 225
PAÏNI Dominique, 99, 102
PALMADE Pierre, 493
PAPEN Franz von, 312
PAPON Maurice, 124, 125, 170, 172, 243-245, 249, 251, 255, 256, 261, 262, 269, 270, 292, 309-311, 323, 325, 591
PAQUET Gérard, 136
PARAIN Brice, 343, 345
PARKER Bonnie, 203, 204
PARMÉNIDE , 467
PARSI Jacques, 138
PASCAL Blaise, 125
PASOLINI Pier Paolo, 101, 208, 402, 560, 562
PASQUA Charles, 110, 112, 113, 206, 210, 394, 422, 444, 450
PAUL saint, 267, 596
PAULHAN Jean, 86, 469
PAUVERT Jean-Jacques, 83
PAUWELS Louis, 170, 171
PAVLOV Ivan, 448
PAXTON , 323
PAZ Octavio, 75, 78, 90, 92
PÉGUY Charles, 283, 322, 551
PEIGNOT Colette, 253
PELAT Patrick, 380
PERETZ Martin, 142
PEROT Ross, 500
PESSOA Fernando, 41-43, 142, 145
PÉTAIN Philippe, 10, 251, 299, 551, 568
PETRUCCIANI Michel, 391, 392
PEYRAT Jacques, 560
PEYREFITTE Alain, 474
PICASSO Pablo, 138, 155, 157, 221, 275, 386, 578
PIE XII , 311, 368, 516, 519
PIERO DELLA FRANCESCA , 124, 125
PIERRE abbé, 88, 167
PIERRE saint, 519
PIKETTY Guillaume, 552
PILATE Ponce, 466
PILHAN Jacques, 156, 346, 347
PINGEOT Mazarine, 233, 318, 319
PINGET Robert, 233, 234
PINHAS Rabbi, 491

606

PINOCHET Augusto, 267, 368-370, 383, 391, 496, 498, 499, 509, 547
PINTER Harold, 361
PIRANDELLO Luigi, 82
PIVOT Bernard, 37, 226, 479, 481, 560, 576
PLATON , 75, 93, 95, 338, 341, 371, 372, 464, 466, 467, 553
PLENEL Edwy, 97, 200, 201, 210, 526, 527
PLEYNET Marcelin, 233, 235, 550
POIRET Paul, 506
POIROT-DELPECH Bertrand, 191-193
POIVRE D'ARVOR Patrick, 167, 168, 195, 560, 561
POL POT , 227-229, 232
POLANSKI Roman, 31
POLIAKOV Léon, 273, 534
POLLOCK Jackson, 427
POMPIDOU Georges, 222
PONFILLY Christophe de, 366, 382
PONIATOWSKI Michel, 343, 344
PONS Bernard, 75, 76
POUGET Émile, 282
POULET-DACHARY Jean-Claude, 11
POUND Ezra, 213
POUTINE Vladimir, 474, 476, 483, 487, 491, 492, 494, 509, 547, 577, 594, 596
PRÉVERT Jacques, 239, 506
PRIMAKOV Evgueni, 362
PRIMOR Avi, 526, 528
PROUDHON Pierre Joseph, 186, 219, 283
PROUST Marcel, 58, 105, 107, 213, 252, 306, 320, 326, 336-338, 364, 385, 429, 430, 433, 434, 479, 482, 495, 561, 579, 597, 598

QUENEAU Raymond, 254

RABBO Yasser Abed, 585
RABELAIS François, 252, 304
RABIN Ytzhak, 40, 268, 570
RACINE Jean, 253, 434, 560, 562, 594
RADIGUET Raymond, 38, 41
RAIMU Jules, 120
RAMBAUD Patrick, 330, 333
RAMDANE Abane, 590
RAMUZ Charles, 107
RANCE Armand de, 253
RAPP Bernard, 43
RASSAM Jean-Pierre, 555
RATIER Dan, 290
RAUSCHNING Hermann, 272
RAYSKI Adam, 249, 250
REBATET Lucien, 362, 364
RÉDÉ Alexis de, 595
REED Lou, 557
RÉGY Claude, 399, 400
REHN Élisabeth, 69

REICH Wilhelm, 296, 568
REINHARDT Ad, 208
REMBRANDT , 13
RENAUD Line, 75
RENOIR Jean, 124, 126, 128
RESTANY Pierre, 386
RETZ cardinal de, 73
REVEL Jean-François, 369, 512, 514, 535, 537
REVERDY Paul, 466
REY Florence, 364
RICHIER Germaine, 385
RICŒUR Paul, 43
RIEFENSTAHL Leni, 599
RIGAUD , 41
RIMBAUD Arthur, 252, 433
RINALDI Angelo, 212-215, 574, 576
RIVIÈRE Jacques, 86
ROBBE-GRILLET Alain, 595
ROBERT Marthe, 87, 88
ROBERTS Julia, 595
ROBESPIERRE , 357
ROCARD Michel, 29, 45, 50, 135, 182, 222, 291, 292, 379-381
RODIN Auguste, 196, 385, 387
RODCHENKO Aleksandr Mikhaïlovitch, 208
ROHMER Éric, 89, 555
ROLLAND Mme, 175
ROLLAT Alain, 39
RONDEAU Daniel, 39
RONGJI Zhu, 320
ROSE général, 421
ROSENZWEIG Franz, 51, 67, 70, 185, 188, 332
ROSSELLINI Roberto, 169, 181, 555
ROTHKO Mark, 208, 391-393, 410
ROUSSEAU Jean-Jacques, 98, 139, 140
ROUSSEL Raymond, 192, 224, 225, 264, 266
ROUSSET David, 273, 274, 439
ROUX Dominique de, 20, 21
ROY Claude, 273, 275
ROYAL Ségolène, 135
ROZE Mme, 146
RUDEL Maximilien, 11
RUGOVA Ibrahim, 306, 308, 398, 421, 485
RUIZ Raul, 18, 23, 24
RUSHDIE Salman, 72, 73, 75, 76, 194, 195, 199, 360-362, 365, 399, 400, 468-470

SAADA Nicolas, 100
SACHS Maurice, 142, 143, 201
SADATE Anouar el-, 511
SADE marquis de, 191
SADI Saïd, 171
SAGAN Françoise, 363, 506, 507
SAINT LAURENT Yves, 480, 555
SAINT-EXUPÉRY Patrick de, 327

SAINT-JOHN PERSE , 258, 259 (Alexis LÉGER, 259)
SAINTE-BEUVE Charles Augustin, 434, 577
SAINT-SIMON , 73, 161, 403
SALADIN , 585
SALINGER Jerome David, 156
SALMON Jean-Marc, 336
SAMARANCH Juan Antonio, 102
SAND George, 580
SARAMAGO José, 217
SARDE Alain, 9, 10, 294, 295, 427-429
SARKOZY Nicolas, 267, 269, 339, 441, 444
SARRAUTE Nathalie, 9, 11, 157, 264, 266, 399, 400
SARTRE Jean-Paul, 20, 24, 25, 47, 48, 66, 67, 131, 146, 174, 221, 252, 333, 335, 336, 338, 410, 412, 415, 437, 442, 469, 495, 513, 533, 549, 552, 578-580, 596
SAUTET Claude, 29, 30
SAVIGNEAU Josyane, 574, 576, 577
SAVONAROLE Jérôme, 194
SCHILLER Friedrich von, 438
SCHMIED Roberto, 498
SCHNABEL Julian, 194, 196
SCHNEIDERMANN Daniel, 138, 321, 323, 324, 422
SCHOLEM Gershom, 243, 245, 552
SCHRÖDER Gerhard, 416
SCHUHMANN Karl, 599
SCHUMANN Maurice, 294, 297
SCHUMAN Robert, 540
SCHUML Jean-Jacques, 555-557, 574, 575, 596
SCHUMPETER Joseph, 351
SCORSESE Martin, 103, 104, 115, 117
SEBERG Jean, 181
SÉGUIN Philippe, 174, 206, 215, 217, 232, 243, 256, 257, 288, 339, 394, 444, 466, 523, 576
SEILLIÈRE Ernest-Antoine, 273
SELL Maren, 346
OLIMPKUN Jorge, 68
SÉNAC Jean, 543
SERGE Victor, 320
SERRAULT Michel, 30
SERVAN-SCHREIBER Jean-Jacques, 173
STEELI Vojislav, 189, 423, 500
SEURAT Michel, 548
SHAKESPEARE William, 19, 131, 436
SHARON Ariel, 570-572, 574, 575
SHEA Jamie, 483
SICHÈRE Bernard, 433
SIGNORET Simone, 29, 30, 441
SIMENON Georges, 31, 441
SIMON Claude, 20, 22
SINCLAIR Anne, 291, 292

SIRINELLI Jean-François, 24
SLAMA Alain-Gérard, 23, 24, 469
SLOTERDIJK Peter, 463-465
SMITH Patti, 557
SOCRATE , 233, 341
SOISSON Jean-Pierre, 315, 319
SOLJÉNITSYNE Alexandre, 150, 213, 349, 350, 360, 487
SOLLACARO bâtonnier, 431
SOLLERS Philippe, 41, 44, 93, 94, 127, 128, 215, 362, 363, 371, 372, 473, 482, 521, 544
SOREL Georges, 186, 219
SORMAN Guy, 275, 330
SOROS George, 142, 143, 349, 350
SOULAGES Pierre, 207
SOUSTELLE Jacques, 57, 58
SOUTZO princesse, 198, 254
SOUVARINE Boris, 253, 272, 414
SPENGLER Oswald, 107
SPIEGEL Paul, 496
SPIELBERG Steven, 219, 406, 422
SPINOZA Baruch, 294, 316, 332, 343, 344, 382, 402, 432, 435, 452
SPIRE Antoine, 329
STALINE Joseph, 192, 525, 536
STARR Kenneth, 351, 353, 354, 356-359, 371, 428
STEIN Édith, 368, 519
STEINER George, 327-329, 362-364, 560, 561
STELLA Frank, 208, 495
STENDHAL , 124, 125, 127, 154, 194, 231, 254, 337, 343, 432
STERNBERG Josef von, 436
STERNHELL Zeev, 148
STOCKHAUSEN Karlheinz, 77
STONE Oliver, 364
STRASSER Gregor et Otto, 272
STRAUB frères, 66
STRAUSS Botho, 465
STRAUSS-KAHN Dominique, 224, 226, 230, 231, 477, 479, 533, 563-565
STRZEMINSKI , 208
SZAFRAN Maurice, 541, 543

TADIÉ Jean-Yves, 107
TAGUIEFF , 292
TAILLANDIER François, 190
TALLEYRAND , 348
TAPIE Bernard, 34, 71, 115-117, 120, 161, 173, 175, 346, 348
TAURAN monseigneur, 429
TAVELLE Michel, 514
TAVIANI Paolo et Vittorio, 66
TCHERNENKO Constantin, 90
THATCHER Margaret, 30
THÉROND Roger, 165
THIBAUD Paul, 550

THIERS Louis Adolphe, 31
THOMAS saint, 597, 599
THOMPSON Emma, 331
THOREZ Maurice, 589
THURNHEER Arrim, 500
TIBERI Jean, 477, 525, 576
TILLINAC Denis, 209, 211, 224, 226
TINTORET le, 580
TITIEN 580,
TOCQUEVILLE Charles de, 316, 320
TODD Emmanuel, 48, 49, 211
TODD Olivier, 74
TOHA Mohamed, 228
TOSCAN DU PLANTIER Daniel, 161
TOSCAN DU PLANTIER Sophie, 168
TOUBIANA Serge, 219
TOUBON Jacques, 135, 147
TOURAINE Alain, 43
TOURGUENIEV Ivan, 579
TOUVIER Paul, 591
TRAUTMANN Catherine, 197
TRICHET Jean-Claude, 48, 532-534
TROCHEV général, 483
TROTSKI Léon, 21
TRUFFAUT François, 107, 506, 574, 575
TRVING David, 497
TUBIANA Hélène, 577
TUCKER Karla Faye, 291, 294

VACHÉ Jacques, 374
VADIM Roger, 505-507
VAILLAND Roger, 62, 65, 275, 282
VALÉRY Paul, 161, 164, 169, 192, 253, 254
VALOIS Georges, 139, 142, 421
VARGAS LLOSA Marie, 369
VARIN , 395
VÉDRINE Hubert, 301, 417, 425, 446, 448, 540, 557, 558, 591-593
VEIL Simone, 203, 378, 524
VERCORS , 469
VERDI Giuseppe, 252
VERDIGLIONE Armande, 436
VERGÈS Jacques, 291
VERNANT Jean-Pierre, 479, 481
VERNIER J.-M., 599
VERROCCHIO Andrea del, 386
VERSCHAVE François-Xavier, 327
VIAL Pierre, 333
VIAN Boris, 506
VIANNET Louis, 46, 163
VIDAL-NAQUET Pierre, 457
VIGNY Alfred de, 253
VILAR Jean, 192, 275
VILLÈLE Jean-Baptiste, 31

VILLEPIN Xavier de, 223
VILLIERS Philippe de, 206, 417, 442, 444, 457
VILMORIN Louise de, 152, 175
VINCENT Jean, 303
VISCONTI Luchino, 79, 452
VIVALDI Antonio, 84, 321
VIVIANT Arnaud, 233
VOLKOFF Vladimir, 447
VOLTAIRE , 44, 98, 294, 533
VOYNET Dominique, 376, 445, 531

WAJCMAN Gérard, 405, 407
WALDBERG Patrick, 413
WALDECK-ROUSSEAU Pierre, 282
WALDHEIM Kurt, 148
WALESA Lech, 40
WALLENBERG Raoul, 414
WALLON Henri Alexandre, 297
WALLRAFF Günter, 163
WALSER Martin, 463, 464, 496
WARHOL Andy, 194, 196, 507
WEBER Max, 351
WEBER Olivier, 262
WEIL Éric, 435
WEISS Louise, 599
WEIZMANN Chaïm, 537
WELLES Orson, 108, 433
WENDERS Wim, 66
WHITMAN Walt, 332
WIESEL Élie, 446, 447
WILLIAMS rabbin, 40
WILLIAMS Tennessee, 335, 580
WILSON Woodrow, 503
WISE Stephen, 251
WISNIAK Nicole, 595
WITT Johan et Cornelis de, 382
WITTGENSTEIN Ludwig Josef, 203, 204, 324, 326, 433
WOLFSON Harry, 432, 435
WORTH Charles Frédéric, 480
WYNAENDTS , 306

YASSINE Cheikh, 570
YVETON Fernand, 589

ZACHARIE , 553
ZAGDANSKI Stéphane, 549, 551, 552
ZAMANSKY , 195
ZARADER Marlène, 597
ZÉRO Karl, 121, 123, 152, 154
ZEROUAL Yamin, 14, 31, 32, 39, 77, 171, 174, 246, 279, 284
ZIDANE Zinedine, 343
ZOLA Émile, 282
ZWEIG Stefan, 116, 327, 328

Table

1994-1995 7

1996 55

1997 159

1998 277

1999 389

2000-2001 489

Composition réalisée par NORD

Imprimé en France sur Presse Offs

BRODARD & TAUPIN

GROUPE CPI

La Flèche (Sarthe).
N° d'imprimeur : 9363 – Dépôt légal Édit. 1 3
LIBRAIRIE GÉNÉRALE FRANÇAISE - 43, quai de Gren

ISBN : 2 - 253 - 94311 - 8